"十二五"普通高等教育本科国家级规划教材

员工关系管理

——中国职场的人际技能与自我成长

第2版

刘平青　等著

机 械 工 业 出 版 社

前 言

本书是一本从人际技能与自我成长的角度介绍员工关系管理的著作，也可称为积极的员工关系管理。

以往的员工关系管理多在“扬汤止沸”，主要是人力资源管理部门或工会工作人员“事后救火”；而积极的员工关系管理好比“釜底抽薪”，更多关注“事前”“事中”客观认知自我，正确理解关系，通过提升人际技能与自我成长来积极构建合作共赢的员工关系。

为什么要倡导积极的员工关系管理呢？众所周知，一个人就某方面起诉所在的单位，即便最后他在法律上胜诉了，他仍能在该单位愉快工作的可能性也是很小的。在中国，夫妻关系也类似，“破镜难以重圆”。因而，积极的员工关系管理与我们每个人密切相关，它为我们提供了复杂职场与人生旅程的关系地图及积极策略。

本书是在2012年版基础上的重新创作，为什么重新创作？外在的推力是本书被教育部评为“十二五”普通高等教育本科国家级规划教材，客观上需要不断提升质量。内在的动力是面对身边大量的人纠结于各类关系旋涡之中，他们想构建积极关系包括员工关系，却苦于找不到合适的途径，责任感触动我们用心来修订这本著作。本书力求在问题的聚焦性、内容的系统性、故事的可读性三个方面形成一定的特色。

一、问题的聚焦性

人是一个关系体，关系涉及方方面面，其中的问题也各式各样。我们在大量教学与研究的基础上，将本书聚焦于**生存、成长、晋升、平衡**四个关键词。

首要的是生存。人是自然的一部分，人类的一切活动都可视作生存应对和对生存质量的改进。在自然环境日益恶化，工作难找、人员难招的背景下，无论是个体还是企业，生存下来就好。可以说，从远古的刀耕火种到今天的互联网时代，个体与个体、个体与组织以及个体与环境的第一关系依然是生存关系。我们作为人生路上的行人，走得要快（发展），行得要稳（生存），还要能持久（生命）。人有自信的权利，但要克服自负的弱点。很多人一旦生存下来，就容易忘乎所以而求“大跃进”式的发展，只有生存出现危机甚至快要失去时才懂得其弥足珍贵！

其次是成长。无论是商业竞争还是自然选择，其中的基本逻辑是适者生存、强者制定规则。个体和组织的关系是基于合作的博弈关系。要想在博弈过程中生存下来，唯有自我成长。个体和组织需要从不适应成长为适应，从弱者或不强成长为强者。判断成长与否的一个简单标志就是能够从自身查找问题可能的原因并积极加以改进。成长前是自己去找关系，而成长后可能是关系来找自己。面临跳槽率居高不下的情况，如果企业不成长、不改进管理方式，只是抱怨员工，那招来的越多走的也越多。反之，若企业加强内部建设，好员工则会趋之若鹜。员工也是一样，当羡慕同事升职加薪时，要多从自己身上找到成长的空间。可以说，自我成长与员工关系管理是一个辩证的相互促进的关系。有了自我成长的理念和方法，焦虑、冲突等现象自然会减少。

再次是晋升。我们知道，“不想当将军的士兵不是好士兵”。问题是，如何从士兵到将军？本书在系统介绍积极员工关系管理理论与实用方法的基础上，在组织内重点聚焦于晋升的规律和技巧，分为晋升前要做什么和不要做什么、晋升中要做什么和不要做什么、晋升成功和失败后要做什么和不要做什么，并从个体层面、组织层面和传统文化尤其始于皇权文化的“官本位”等方面加以诊断和分析。组织中人人有获得晋升的想法，至少期望自己得到认可，倘若组织晋升体系不畅通，员工关系的复杂程度是不言而喻的。

最后即最关键的是平衡。个体层面主要是身心的平衡，“我想”和“我能”的平衡，付出与获得的平衡，得到与舍弃的平衡，理想与现实的平衡，工作与家庭的平衡。组织层面的平衡包括个体、组织和社会环境三个层面的平衡，以及国内与国际之间的平衡。

二、内容的系统性

人是一个有记忆、有情感、有理智的整体，每天在家庭、工作单位以及社会舞台之间频繁进行角色转换。互联网让家庭、工作单位间的界线日益模糊。作为积极员工关系管理的倡导者，我们尝试用自我关系、内部关系、外部关系、亲密关系、关系理论五篇内容，较为系统地架构积极员工关系管理的体系。

1. 自我关系篇

本篇包括人生旅程与关系管理、自我认知与关系管理、自我成长与关系管理三章。

（1）**员工关系的主体是人**。脱离对人的关注和关心，关系是毫无意义的。人生旅程涉及诸多关系。人在生命早期形成的关系模式会持久产生影响。人与外在的关系没有处理好，根本原因是自我关系出了问题。

（2）**员工关系的基石是原生家庭中的健全自我与关系模式**。原生家庭是我们出生和成长的家庭，也是每个人自我的起点。原生家庭及早期成长阶段形成的关系模式，对一个人的影响是持久的。知己知彼，才能构建和维系良好的家庭关系和员工关系。自我认知既要认知自己的外在，也要认知自己的内在，更要认知自己与生俱来的关系模式。我们虽然没有办法选择原生家庭，但自我成长的权利掌控在我们自己手中。

（3）**在强大的文化惯性中，自我成长略显脆弱，但也能唤起人们内心的希望**。“一言堂”“官本位”“等级观念”等阻碍了以尊重、平等、对话为基础的互联网时代积极员工关系的建立。

2. 内部关系篇

内部关系与外部关系既对应存在又紧密联系。“内”是指个体目前所辖范围内部的人与事。“外”就是与个体所辖范围紧密相关的外部领域。本篇分下属关系管理、团队关系管理、组织关系管理三章。

（1）**员工关系的关键是直线上司与下属的关系**。员工进入企业首先面对的是他或她的直线上司，直线上司与他或她的关系在很大程度上会影响他或她的归属感和融入组织的有效性，进而会影响他或她与组织的关系。

（2）**员工关系日常表现为团队关系或同事关系**。组织中不是每个人都有下属，但一定会有团队成员或同事，团队关系是需要每个人来打理的关系。组织关系重点阐述入职关系、晋升关系和离职关系。入职关系混乱，离职率肯定低不了。在互联网时代，人们的法律意识日益增强，无论是企业还是个体，处理好离职关系都是十分必要的。

（3）**员工关系的核心是晋升关系**。组织中的人无不希望获得认可和晋升，但由于个人不熟悉晋升规则，或者组织的晋升规则“朝令夕改”“表里不一”，甚至毫无规则而全凭“一把手”一句话，都会导致组织内部员工关系混乱，企业活力受到制约。

3. 外部关系篇

本篇包括上司关系管理、客户关系管理、环境关系管理三章。

（1）**员工关系的关键是上司关系**。企业中员工不与上司处理好关系，很多时候寸步难行。企业员工关系管理的关键在于“一把手”，可谓“成也萧何，败也萧何”。由于上司是组织选择的，自己需要在认清上司的基础上，主动沟通和积极应对。

（2）**员工关系与客户关系在互联网时代不可割裂**。如今的企业大都越来越重视客户关系，殊不知，客户关系是通过员工关系来实现的，企业投资员工关系管理是持久获得客户关系的基础。互联网时代，人们无须争议是客户重要还是员工重要，员工和客户本质都是人。只有尊重人、重视人与人之间的关系，才能把握住企业的未来。

（3）**员工关系管理依赖于内部治理与外部治理的均衡**。个体和企业既互相依靠共同生存，又彼此博弈甚至产生冲突，个体与组织都有可能产生机会主义倾向。因此，和谐的员工关系一方面需要企业内部治理结构的建立，另一方面也离不开外部治理结构包括商业生态、政府关系和传媒关系的制衡。

4. 亲密关系篇

本篇包括家庭关系管理、社会关系管理两章。

（1）**互联网时代，没有爱的员工关系难以持续，而爱是需要学习的**。每个人都离不开爱，更需要在爱与被爱中成长。夫妻双方从陌生、认识、相知、恋爱到身心的结合，可以说是一场艰难的修行。一个连配偶都不知道如何爱的人，他或她会得体地去爱同事、下属和上司吗？很多人极少获得系统的有关家庭的理念、知识与技能，这不仅影响到和谐的夫妻关系，还会对良好的亲子关系以及员工关系产生影响。“问题儿童”和“问题员工”的根源多与家庭有关。“三岁看大，七岁看老”，也不是没有道理。

（2）**优秀企业开展积极的员工关系管理时，应将家庭建设提到议事日程**。人是一个整体，每个人都期望家庭幸福和事业成功，员工关系与亲密关系可以相互促进。此外，企业实施员工援助计划（EAP），发现个人心理问题的根源主要在原生家庭或早期成长阶段。在进行心理辅导和治疗时，通常需要个体回溯其早期成长经历，整理留在潜意识里的“秘密”，从而想办法“切断”它。个体的康复无论如何离不开家庭的关爱和密切配合。

（3）**员工关系与社会关系唇齿相依**。互联网时代，人与人的关系正在发生变化，互联网让联系更为便捷，关系越来越多样，强关系与弱关系并存。中国古代社会关系在社会惯性的作用下依然发挥着影响力，影响了现代社会关系。而在对关系的认识、构建与处理上，中西方存在着明显的差异。

5. 关系理论篇

本篇介绍了生存关系、亲密关系、经济关系、政治关系和社会关系的基本理论及脉络。

有兴趣的读者可以根据需要选读。

三、故事的可读性

为什么《西游记》家喻户晓？为什么《圣经》在全世界有如此多的读者？其奥秘是故事。我们倡导通过“小故事、大道理”的方式来学习积极的员工关系管理。本书约有200个故事，包括年轻人身边的故事、发人深思的哲理故事以及古今中外的名人故事三大类。

1. 年轻人身边的故事

本书的读者首先是年轻人，他们刚刚步入职场或还在职业生涯的早中期阶段，对于“好好干”“要听话”之类的话耳朵已经听得起了茧，甚至十分反感。我们根据本书的系统性架构，将大量一手访谈的资料用故事的形式展现出来，让年轻读者身临其境，引发大家的共鸣和思考。

2. 发人深思的哲理故事

几个学生问哲学家苏格拉底：“人生是什么？”苏格拉底把他们带到一片苹果树林，要求大家从树林的这头走到那头，每人挑选一个自己认为最大最好的苹果，不许走回头路，不许选择两次。在穿过苹果树林的过程中，学生们认真细致地挑选自己认为最好的苹果。等大家来到苹果树林的另一端，苏格拉底已经在那里等候他们了。“老师，让我们再选择一次吧！”其他学生也不约而同地请求。苏格拉底笑了笑，然后坚定地摇了摇头，语重心长地说：“孩子们，这就是人生——人生就是一次无法重复的选择。”

类似的哲理故事，在一定程度上能够帮助我们认识自我，了解组织和熟悉复杂的社会，能够启发我们对于财富、权力、上下级关系、幸福、家庭、子女教育、生命的终极价值等有更为透彻的理解。

3. 古今中外的名人故事

是伟人成就历史还是历史成就伟人，这是一个耐人寻味的问题。其实，众多的伟人和名人，在他们成为伟人或名人之前以及之后，他们都有普通人的一面。美国第一任总统乔治·华盛顿在任满两届总统之后，坚决拒绝连任第三届总统，其行为的结果的确是伟大的，而当事者却只是朴素地想卸任后，能平静地过几年安闲的晚年生活（遗憾的是，两年后病魔便夺走了华盛顿的生命，在生存关系面前，伟人与普通人是平等的）。本书列举的大量古今中外的名人故事，帮助我们来读懂人性，读懂人与人、人与组织之间关系的规律。

本书是团队创作的结果。具体章节执笔人如下：前言由刘平青执笔，第一章由刘平青、史俊熙执笔，第二章由刘平青、马悦执笔，第三章由刘平青、郭慧超执笔，第四章由刘平青、张丹青、金海鑫执笔，第五章由刘平青、程波执笔，第六章由刘平青、赵洋、侯成平执笔，第七章由刘平青、张伟执笔，第八章由刘平青、侯成平执笔，第九章由刘平青、王雪执笔，第十章由刘平青、陈洋执笔，第十一章由刘平青、王晓婷执笔，第十二章由刘平青、王雨丝执笔。全书由刘平青统稿，张丹青、侯成平、程波等协助完成。在企业工作的朋友匡振兴、刘俊强、邴宇峰、周湘、刘海丽、王浩、钱欣、秦洪建、张伟峰、林广、高占伟、李晓一、齐伟刚、韩蕾、高素梅、吴海英、吴晓磊、赵雪云、李静、李婷婷、高永辉、刘鹏、邢乃千、王国恩、方晓岚、高春景、延超波、杨馥榕、王旭东、肖慧丽、石凯兵、于洋、屈金照、谭论、孔瑜、宋小威、董立兴、苏雪琴、任昆、张亮等多次参与研讨，已毕业的博士生刘维政也参与了部分资料的整理工作。

本书是两项国家自然科学基金项目（项目编号依次为71172173、70872011）[⊖]的部分研究成果，感谢国家自然科学基金委员会管理学部的领导和相关评审专家，以及被调研企业的管理者和员工的大力支持！中国人力资源开发研究会劳动关系分会的常凯教授（中国人民大学）、杨河清教授（首都经济贸易大学）、姚先国教授（浙江大学）、程延园教授（中国人民大学）、崔勋教授（南开大学）、唐鑛教授（中国人民大学）、冯喜良教授（首都经济贸易大学）、吴培冠教授（中山大学）、李震研究员（中国人力资源开发研究会秘书长）、乔健副教授（中国劳动关系学院）、易定红教授（中国人民大学）、李丽林副教授（中国人民大学）、石美遐教授（北京交通大学）、于桂兰教授（吉林大学）、王晶副教授（首都经济贸易大学）、李敏教授（华南理工大学）、谌新民教授（华南师范大学）、王长城教授（中南财经政法大学）、傅志明教授（山东工商学院）、黑启明教授（海南医学院）、朱飞教授（中央财经大学）、李建新教授（南开大学）、张立富教授（南开大学）、任巍教授（广东财经大学）、谢茂拾教授（南京审计大学）、滕元良教授（山东管理学院）、王君玲副教授（山东工商学院）、何勤教授（北京联合大学）、路军（山东财经大学）、黎煦（首都经济贸易大学）、王少波副教授（北京物资学院）、孟泉博士（首都经济贸易大学）等同仁也给予了很多指导和帮助，本书如期出版，得益于北京理工大学管理与经济学院领导和同事、教务处领导和工作人员、机械工业出版社领导和编辑的大力帮助和卓有成效的工作，在此一并致谢！

写作本书第1版时女儿仅四岁，而今已是九岁的姑娘。日常生活中她脱口而出的“您”“请”“谢谢”，让人听起来很舒服。前几天一句“奶奶餐馆的饭，真好吃！”让奶奶开心了一晚上。感谢她让我得以观察自我成长的过程，感谢全家人的大力支持！

刘平青

⊖ 项目名称分别为：国家自然科学基金面上项目“‘竞次’背景下中小企业员工关系：数据库、形成机理及心理援助机制研究”（2012—2015）；国家自然科学基金面上项目“全球价值链上中小企业劳动关系研究：从‘违规’到合规的组织社会化研究”（2009—2011）。项目主持人为刘平青。

目录

第二篇　内部关系篇

第四篇 亲密关系篇

第五篇　关系理论篇

第一篇

自我关系篇

第一章

人生旅程与关系管理

【培养目标】

1. 向读者介绍原生家庭对个人成长与关系建构的持久影响。

2. 向读者呈现职业生涯中可能面临的复杂关系。

3. 引导读者从生存与成长的视角看待与处理关系。

【培养要点】

1. 在原生家庭中习得的关系模式将会对人的一生产生持久的影响。好的父母是天赐的运气，可以让我们有一个好的心理基础。学会与原生家庭的负向影响做好“切断”，正确地认知自己，主动构建自己的关系模式。

2. 一个人踏入职场首先要面对的是生存关系，只有融入组织、站稳脚跟，才能算生存下来，然后再考虑生存得怎么样以及如何成长的问题。

3. 人生旅程中每个人要与不同的个体、群体、组织、环境建立和保持关系。有些关系是个体根本无法选择的，当个体没有能力改变关系中的另一方时，就只能调适心态，改变自身，通过不断地自我成长，学习并掌握关系管理的工具和方法，从而达到有效的关系管理。

【本章框架】

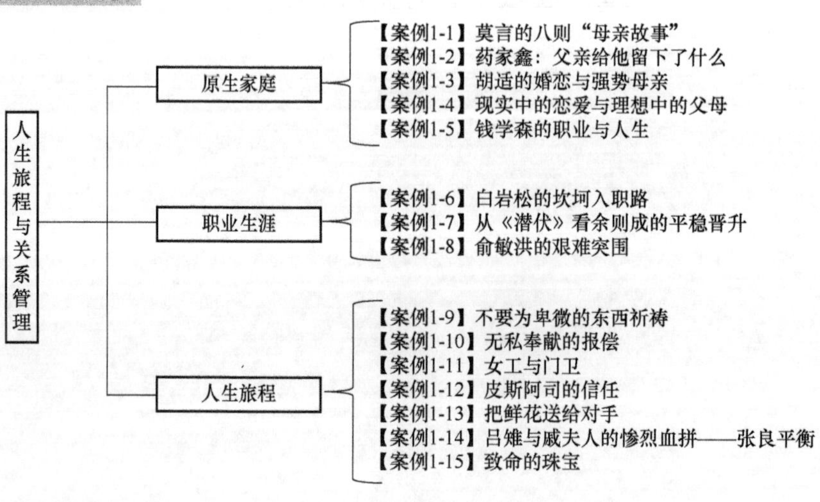

第一节 原生家庭

虽然本书聚焦于组织中的员工关系，但每位员工都来自一个独一无二的家庭，在员工进入组织工作之前，他们的人格特质基本稳定，价值观已然定型，组织所能做的只是挑选到与岗位匹配的员工，而绝非重塑一个组织需要的员工。因为员工出生、成长与生活的主要场所就是原生家庭，对他的人格塑造和习惯养成起到关键作用的就是他的家庭成员。原生家庭是人生的起点，对每个人的人格塑造和身心成长的影响都是持久而深远的。企业中的员工关系管理之所以复杂，是因为员工关系真正属于企业能够管理范畴的太少。就如“人不能抓着自己的头发离开地球一样”，企业的力量是十分有限的。

但是，仔细观察不难发现，在当前的工作场所中，员工关系管理更多的是关注“事”的层面，例如劳资纠纷、劳动争议处理、劳动合同签订或解除等，而恰恰忽视了“人”的层面，例如，我们的员工是从哪里来的？他们在想些什么？如何与员工在互动中建立起合作共赢的员工关系？

一个连与家人亲属的亲密关系都处理不好的人，怎么能指望他处理好与其更为疏远的同事关系、上下级关系、员工—组织关系呢？另外，一个人每天的24h，绝大部分是在工作场所或者家中，如果亲密关系处理不好，就有可能影响到工作的质量和效率。试想，一个带着满腹怨气的人会是一个容易相处、高效工作的员工吗？

因此，请各位读者朋友回溯到原生家庭，看看我们是如何一步步变成了今天的自己的。

一、原生家庭如何塑造人

一个人出生后最先与父母建立关系，并且亲子关系会一直伴随着人的成长，因而，在原生家庭中习得的关系模式将会对人的一生产生持久的影响。

母亲是对人一生有着重大影响的关键人物，从弗洛伊德的“恋母情结”到“依恋理论”，无一不强调母亲的作用。看看我们周边的母亲，有的是“望子成龙”型，给孩子报各种各样的课外辅导班，不断鞭策孩子实现自己眼中的“成功”；有的是“放任自流”型，沉迷于打牌、搓麻将等活动，忽视孩子的教育；有的是“角色缺位”型，由于夫妻感情问题，将孩子的抚养权给了孩子的父亲，导致孩子成长过程中母亲的角色与作用缺失；也有“人生导师”型，为孩子的成长保驾护航，指引方向；还有“民主授权”型，她们不太干涉孩子做出的决定，给孩子自由成长的空间。而莫言的母亲带给我们内心的震动却无与伦比。

◆【案例1-1】

莫言的八则“母亲故事”

2012年12月8日零点30分，2012年诺贝尔文学奖得主莫言在瑞典文学院发表领奖演讲，他演讲的主题是“讲故事的人”（Storyteller）。莫言并未像许多人预期的那样谈文论志、吟古颂今，却讲述着自己贫穷的、裹了小脚的、不识字的母亲。莫言的母亲，正像那个年代千千万万的母亲一样，不识字，没有读过书，更没有系统地学习过教育学、心理学和教学法，但这并不妨碍这位母亲成为一名成功的“教育家”。没有振振有词的大道理，只有平实朴素的小故事。解读影响莫言一生的八个“母亲故事”，不得不让我们重新审视教育、审视自我。

故事一：我记忆中最早的一件事，是提着家里唯一的一把热水壶去公共食堂打开水。因为饥饿无力，失手将热水瓶打碎，我吓得要命，钻进草垛，一天没敢出来。傍晚的时候我听到母亲呼唤我的乳名，我从草垛里钻出来，以为会受到打骂，但母亲没有打我也没有骂我，只是抚摸着我的头，口中发出长长的叹息。

母亲教会了儿子什么是大爱和亲情。

故事二：我记忆中最痛苦的一件事，就是跟着母亲去集体的地里捡麦穗，看守麦田的人来了，捡麦穗的人纷纷逃跑，我母亲是小脚，跑不快，被捉住，那个身材高大的看守人扇了她一个耳光，她摇晃着身体跌倒在地，看守人没收了我们捡到的麦穗，吹着口哨扬长而去。我母亲嘴角流血，坐在地上，脸上那种绝望的神情我终生难忘。多年之后，当那个看守麦田的人成为一个白发苍苍的老人，在集市上与我相逢，我冲上去想找他报仇，母亲拉住了我，平静地对我说：“儿子，那个打我的人，与这个老人，并不是一个人。”

母亲教会了儿子什么是宽容和理解。

故事三：我记得最深刻的一件事，是一个中秋节的中午，我们家难得包了一顿饺子，每人只有一碗。正当我们吃饺子时，一个乞讨的老人来到了我们家门口，我端起半碗红薯干打发他，他却愤愤不平地说：“我是一个老人，你们吃饺子，却让我吃红薯干。你们的心是怎么长的?”我气急败坏地说：“我们一年也吃不了几次饺子，一人一小碗，连半饱都吃不了！给你红薯干就不错了，你要就要，不要就滚!”母亲训斥了我，然后端起她那半碗饺子，倒进了老人碗里。

母亲教会了儿子什么是怜悯和同情。

故事四：我最后悔的一件事，就是跟着母亲去卖白菜，有意无意地多算了一位买白菜的老人一毛钱。算完钱我就去了学校。当我放学回家时，看到很少流泪的母亲泪流满面。母亲并没有骂我，只是轻轻地说：“儿子，你让娘丢了脸。”

母亲教会了儿子什么是诚实和耻辱。

故事五：我十几岁时，母亲患了严重的肺病，饥饿，病痛，劳累，使我们这个家庭陷入了困境，看不到光明和希望。我产生了一种强烈的不祥之兆，以为母亲随时都会自己寻短见。每当我劳动归来，一进大门就高喊母亲，听到她的回应，心中才感到一块石头落了地。如果一时听不到她的回应，我就心惊胆战，跑到厨房和磨坊里寻找。有一次找遍了所有的房间也没有见到母亲的身影，我便坐在院子里大哭。这时母亲背着一捆柴草从外面走进来。她对我的哭很不满，但我又不能对她说出我的担忧。母亲看出我的心思，她说：“孩子你放心，尽管我活着没有一点乐趣，但只要阎王爷不叫我，我是不会去的。”

母亲教会了儿子什么是坚强和不屈。

故事六：我生来相貌丑陋，村子里很多人当面嘲笑我，学校里有几个性格霸蛮的同学甚至为此打我。我回家痛哭，母亲对我说：“儿子，你不丑，你不缺鼻子不缺眼，四肢健全，丑在哪里？而且只要你心存善良，多做好事，即便是丑也能变美。”后来我进入城市，有一些很有文化的人依然在背后甚至当面嘲弄我的相貌，我想起了母亲的话，便心平气和地向他们道歉。

母亲教会了儿子什么是人生和处世。

故事七：我母亲不识字，但对识字的人十分敬重。我们家生活困难，经常吃了上顿没下顿。但只要我对她提出买书买文具的要求，她总是会满足我。她是个勤劳的人，讨厌懒惰的孩子，但只要是我因为看书耽误了干活，她从来没批评过我。有一段时间，集市上来了一个说书人，我偷偷地跑去听书，忘记了她分配给我的活儿。为此，母亲批评了我，晚上当她就着一盏小油灯为家人赶制棉衣时，我忍不住把白天从说书人那里听来的故事复述给她听。起初她有些不耐烦，因为在她心目中说书人都是油嘴滑舌、不务正业的人，从他们嘴里冒不出好话来。但我复述的故事渐渐吸引了她，以后每逢赶集日她便不再给我安排活，默许我去集上听书。为了报答母亲的恩情，也为了向她炫耀我的记忆力，我会把白天听到的故事绘声绘色地讲给她听。

母亲教会了儿子什么是学习和生活。

故事八：我在故乡生活了21年，期间离家最远的是乘火车去了一次青岛，还差点迷失在木材厂的巨大木材之间，以至于我母亲问我去青岛看到了什么风景时，我沮丧地告诉她：“什么都没看到，只看到了一堆堆的木头。”但也就是这次青岛之行，使我产生了离开故乡到外边去看世界的强烈愿望。1976年2月，我应征入伍，背着母亲卖掉她结婚时的首饰帮我购买的四本《中国通史简编》，走出了高密东北乡这个既让我爱又让我恨的地方，开始了我人生的重要时期。

母亲教会了儿子什么是梦想和志远。

（资料来源：笔者依据相关资料整理）

莫言的母亲虽然不识字，但通过日常生活中的点滴小事教会了她的儿子如何为人处世，怎样面对人生中的挫折与不如意，最终塑造了莫言坚毅的性格和高尚的品格。正是有了这样一位伟大的母亲，才为莫言在事业上的成功奠定了坚实的基础。

在我们5000多年的历史上，诞生过无数杰出的巨人，他们或者创造历史，或者留下了不朽的思想和文章名垂青史。探询他们成功的足迹，我们惊奇地发现，他们的背后几乎毫无例外地都站着一位伟大的母亲！

◆【案例1-2】

药家鑫：父亲给他留下了什么

2010年10月20日，西安音乐学院钢琴系大三学生药家鑫驾车回家途中撞上同向骑电动车的张某。因为“怕特别难缠”，他对伤者张某连捅数刀，致其当场死亡。

事件发生后，随着在微博上的传播，药家鑫一时被贴上“军二代”“富二代”的标签，舆论的矛头迅速指向了药家鑫的父亲。随着媒体的深入了解，人们认识到药家鑫的父亲只不过是一名普通的转业军人而已，但药家鑫的行为与其长期经历的家教不无联系。

药家鑫在法庭上多次表示："我一直觉得爸爸对我比较严厉，比较凶。""从4岁开始到中学阶段，因为弹琴和学习的问题，我经常遭受父母的打骂，有时还被皮带抽打。""有一段时间，爸爸看我的成绩不好，认为我没有努力学习，就把我关在地下室里面，除了吃饭时能上楼以外，其他时间都在地下室里待着，我觉得看不到希望，压力特别大。"

药家鑫的父亲不但对儿子很严厉，而且也很少表现出对儿子的关爱。在接受采访时，药家鑫的父亲解释说："我对他的鼓励还是少了一些，其实我心里是很喜欢他的，对他的表现很满意。但是因为我害怕他骄傲，还是会时不时地敲打敲打他。感觉他有点沾沾自喜的时候，就会对他说，世界之大，外面比你强的人多得很，不要取得了一点儿成绩就以为了不起了。"

过于严厉、缺少关爱，这些都使药家鑫感受不到来自父亲的慈爱与温暖，他对父亲充满了畏惧感。

父亲的过分苛求导致了药家鑫的极度自卑。从青春期开始，他几乎没有再拍过照片，还导致他害怕犯错误，更害怕承担错误的后果。这种心理可能就是其驾车肇事后杀人灭口的原因。

药家鑫被判处死刑后，他的父亲反省说："我平时管教孩子过于严厉，令孩子在犯错后害怕面对，不懂处理，最终酿成大错。"

（资料来源：孙云晓，李文道. 好好做父亲：男人最有价值的投资［M］. 北京：中信出版社，2012.）

可见，父亲在孩子的成长过程中同样扮演着举足轻重的角色。父爱能够让一个人体验人生的温暖。药家鑫的父亲在严厉管教孩子的时候，忽视了孩子的感受，让孩子感受不到他深藏心底的父爱，而留给儿子的仅仅是恐惧、自卑和逃避责任，留给自己的则是悔恨、自责与无尽的痛苦。

意大利教育家玛丽亚·蒙台梭利（Maria Montessori）认为，童年时期的不幸经历将导致个体产生心理畸变，包括障碍、依附、占有欲、权力欲、自卑、恐惧、说谎等。因此，作为父母，应该注意反思自身在子女教育方面是否存在不当之处并及时改进，个体也要学会如何"切断"与原生家庭的负向影响。

父亲是孩子由家庭通向世界的桥梁，是规则之源。美国教育家杜布森（James Clayton Dobson）博士曾有一句名言："让一个男孩和一个合适的男人在一起，这个男孩永远不会走上邪路。"美国父亲角色研究的专家罗斯·派克（Ross Parke）发现，人的发展有两个方向：一是亲密性，如慈爱、宽容、合作等；二是独立性，如勇敢、坚强、责任等。母亲在培养孩子亲密性方面具有天然优势，而父亲在培养孩子独立性方面则有天然优势。所以最好的家庭教育一定是父母密切合作的。没有父亲参与的教育，孩子会缺乏规则教育和必要监督，也缺乏一个可以信赖与参照的权威与榜样，这可能导致青少年出现许多社会问题。

家庭作为一个人最初生活和成长的环境，在人的社会化过程中发挥着举足轻重的作用。无论是否赞成父母的处世之道，事实上，个体的性格特点、行为方式、人际关系模式、管理情绪的能力等方面都潜移默化地受到原生家庭的影响。家庭对个体的行为模式起着不可忽视的作用。在进行关系管理的过程中，很多时候我们是在仿照自己在原生家庭里不知不觉中学到的一些行为，有时也会反其道而行之。

然而，每个人的原生家庭又是自己无法选择的。因此，既要善于利用家庭因素所带来的有利条件，也要能够跳出家庭造成的束缚与禁锢，与原生家庭的负向影响做好“切断”，正确地认知自己，主动构建自己的关系模式。对于自己，努力改善受原生家庭影响所致的沟通“短板”；对于他人，尊重彼此的差异将有助于增进沟通。

需要注意的是，我们从小在父母的关爱下长大，以为天下人都像父母一样关爱自己，长大后接触社会，发现无私的爱太少，大部分人都在忙着自己的事情，关心着自己的利益，于是觉得这个世界很冷漠，开始感到失望。有的人甚至因为承受不了别人的冷漠或势利而深感痛苦。

二、原生家庭的消极影响

◆【案例 1-3】

胡适的婚恋与强势母亲

胡适与他的结发妻子江冬秀的婚姻是他的母亲一手包办的。胡适的母亲叫冯顺弟，19 岁时成了比她大 30 岁的胡铁花的续弦。胡适的父亲胡铁花是清末贡生，曾在东三省、广东及台湾省任官职，然而天不假年，50 出头便撒手人寰，抛下了孤儿寡母。成了寡妇的冯顺弟无奈中不得不带着胡适回到老家寻找生路，让孩子接受教育。23 岁的冯顺弟成了乡村大家族的主母。

胡适和他的母亲，也曾共同经历过许多的“辛酸刻苦”。在艰苦的环境中，胡适成为她唯一的指望。她苦心孤诣地培养他，在点滴小事上打磨，帮他择取老师，支付远高于一般学生的费用，极其难堪地帮他争取读书的费用。后来胡适出国读书，一去就是七年，她独自承担难以想象的寂寞不说，有次得了重病，还特地让人不要告诉胡适。

她要他读书上进，这件事碰巧也为他所爱，他欣然遵从；她要他娶自己择定的女子，他纵然一千个心不甘情不愿，也要说服自己欣然接受。他打心眼里痛恨这个婚姻，但是他不敢下定决心拒绝。他始终活在他母亲的世界里，每一件事上都不能体现个人意志。

俗话说“养儿方知父母恩”，胡适的第一反应却是，告诉他儿子“我也无恩于你”。这是他对于被“恩情”绑架命运的抵抗，是多年自居服从之后潜意识里的一种反弹。表面上看，这是说给他儿子的，但那么激烈的情绪，是否也是针对母亲的呢？

除了江冬秀之外，还有两个女人令胡适刻骨铭心过：一个是韦莲司，另一个是曹诚英。

1914 年，胡适与韦莲司在美国相识。韦莲司在写给胡适的信中说：“没想到，我会如此地爱你……我崇拜你超过所有的男人！”可是，胡适在以后的几十年中，很少与她见面。韦莲司在极端孤独中，天天思念着远方的胡适，再也没有去爱别的男人。

曹诚英小胡适 11 岁。胡适与江冬秀结婚时，她是伴娘。曹诚英在胡适结婚后的第三年嫁人，三年后因不生育而离婚。1923 年 3 月，胡适在杭州烟霞洞养病三个月期间，绩溪同乡汪静之与曹诚英结伴来看他。胡适与曹诚英彼此产生好感，可谓一见钟情。之后几个月，曹诚英单独去陪胡适，达到难分难解的程度。胡适回京之后，原想与江冬秀解除婚姻。当江冬秀知道他这个想法时，顿时大怒，要死要活，甚至以杀死两个儿子相威胁。胡适只好作罢，从此再不敢提离婚的事。胡适在后来的日记中写道："假如我那时忍心毁约，使这几个人终身痛苦，我良心上的责备，必然比什么痛苦都难受。"而曹诚英再无心考虑嫁娶之事，在此后几年中，曹诚英孑然一身。

胡适是一个获得过 30 多个博士头衔的风云人物，却败在了封建礼教之下。在胡适的一生中，除了结发妻江冬秀之外，还有好几个传闻女友。但胡适最终没有和这些人中的任何一位走到一起，而是和江冬秀走到了最后，蒋介石评价胡适是"新文化中旧道德的楷模，旧伦理中新思想的师表"。

（资料来源：笔者依据相关资料整理）

胡适觉得母亲为他付出太多，对不住母亲，若是再忤逆母亲的想法，就是没良心。胡适在性格上受到强势母亲的影响，但胡适很早就外出求学，与不同类型的人打交道，让他不断地自我成长，最终实现了学术上的卓越成就。

一般而言，家庭里女人过于强势，不仅丈夫受到压制，对儿子的成长也非常不利，甚至会出现这种情况，女人越强势，培养出的儿子不仅不会像她一样坚强，反倒越懦弱。一般来讲，当父亲在家庭中的作用越来越边缘化之后，母亲就会变得日益强悍，甚至说一不二。从孩子总会向同性父母一方形成认同这个角度来看，女儿就会向强悍的母亲形成认同，久而久之，女儿也会变成强悍的女儿。如果在女儿成长过程中，总是看到母亲对父亲存在太多愤怒的情绪，女儿长大后，可能会不自觉地把这种情绪转移到自己的亲密关系中，莫名其妙地生男友或者丈夫的气。

在强悍的母亲面前，女儿选择无条件认同，儿子则会出现另一种情形，那就是无条件逃避。对此，奥地利心理学家阿尔弗雷德·阿德勒（Alfred Adler）有个论断："假如母亲较富于权威性，整天对着家里其他人唠叨，女孩子们可能模仿她，变得刻薄好挑剔；男孩子则始终站在防御的地位，怕受批评，尽量寻找机会表现他们的恭顺。"所以，胡适性格中懦弱的成分大抵也缘于此。

◆【案例 1-4】

现实中的恋爱与理想中的父母

24 岁的张莉在一家外贸公司工作，她爱上了大她三岁的同事王江，因为王江符合她理想中男人形象的标准。

张莉在城市长大，3 岁时，她爸爸和另外一个女人离家出走，直到她 16 岁时才回家重新与妈妈复合。因此，张莉恨爸爸，她发誓一定要找一个和爸爸完全不同的人，"不能让孩子重复我童年的灾难"。

王江正是这样一个与她爸爸完全不一样的人。张莉的爸爸风流倜傥、能言善辩，而王江则稳重诚实、不善言辞，但很聪明能干。王江在农村长大，虽然过去的日子艰苦，但爸爸妈妈爱他，他也爱爸爸妈妈，一家人其乐融融。

恋爱第一年，两人相处得很好，张莉将王江的生活照顾得井井有条，对王江的父母也很尊敬。王江对张莉也非常在乎，虽然在农村长大，但他非常浪漫，每一个节日他都会给张莉制造意想不到的惊喜，无论去哪里出差，都记得给她带回她喜欢的礼物。

但到了第二年，两人有了一些麻烦。张莉经常为一些小事情和王江吵架，慢慢地对王江越来越不放心，开始查王江的电话和电子邮件，甚至他的行踪。王江一开始比较宽容，但这些事情多了以后，他也逐渐失去了耐心。两人终于在家里狠狠地吵了一架。吵到最后，张莉坐在地上伤心地哭了起来，就像一个小孩子那样。

就在那一刻，王江仿佛明白了什么，他问张莉："你是不是怕我和你爸爸一样，所以才跟踪我，不相信我？"这句话击中了张莉的伤心处，她抱住王江，号啕大哭起来，仿佛要将童年的那些伤心都哭出来。王江一句话也不说，只是紧紧地抱着张莉。

等张莉平静下来之后，王江和她谈了很久。最后，张莉明白了她跟踪王江是在重复童年的错误，经常为一些小事和王江吵架也是在重复童年的错误。原来，张莉的妈妈工作非常繁忙，经常早出晚归，把幼年的张莉一个人丢在家里，而且回家后也常忙于自己的工作而忘记了张莉。这时候，张莉只有用吵架的方式赢取妈妈的注意，而且一旦她生起气来，妈妈就会过来关心她。这样一来，吵架就成了张莉赢取亲人注意力的方式。现在，她之所以总和王江吵架，也是因为她在潜意识中认为，可以用吵架的方式赢得王江的关注。

经过这一次深谈，张莉终于明白，王江不是她爸爸，也不是她妈妈，是她最亲的亲人，但他是一个全新的亲人，与她以往的亲人都不同，她不需要用对待爸爸妈妈的那些方式来对待他。明白这一点之后，张莉不再查王江的行踪，也尽量控制自己不和王江吵架。而王江也清楚了张莉这些"不合理行为"的原因，对张莉更多了一些宽容。

（资料来源：武志红．为何家会伤人［M］．北京：北京联合出版公司，2014.）

恋爱是与家庭分离的最后一步，并且恋爱是对亲子关系的复制。但对于很多人来说，过去的生命中充满错误，而恋爱是一个修正错误的机会。以前有一个不爱自己的爸爸，那么一定要找到一个和爸爸类似的男人，让他爱上自己；以前有一个爱自己的妈妈，那么一定要找一个和妈妈类似的女人，她会好好爱自己。

我们心底都埋藏着一个梦想：重复童年的幸福，修正童年的不幸。但问题是，无论我们选中的是怎样的"理想父母"，那只是我们的投射。因为对方有完全不同的生活经历，有一套属于他的"理想父母"的形象，而自己却未必符合。因此，建立一个好的关系是非常不容易的，因为每个人都永远无法完全左右另一个人，关系是不可预测的。

婚姻成为爱情的坟墓，一个很重要的原因在于，婚姻只是我们过去家庭模式的复制。恋爱过程没有完成之前，我们彼此将对方当作自己理想中的父母，我们也彼此努力去扮演对方理想父母的形象。但结婚后，"理想父母"回归到现实，我们不再扮演彼此"理想父母"的形象，不愿意再给予无条件的积极关注。

从上述两则案例不难看出，一个人的性格特征或多或少地与原生家庭中父母的教养模式有所关联，表 1-1 列举了几种典型的性格特征以及可能来自原生家庭的原因。

表 1-1　几种典型的性格特征以及可能来自原生家庭的原因

性格特征	可能来自原生家庭的原因	原生家庭的类型
自卑、懦弱	父母其中必然有一人是苛求之人	干涉型家庭
奴性十足	有一个喜欢打骂的家长	干涉型家庭
胆小害羞	父母管得过多，时常责怪，包办代替	干涉型家庭
小心眼	缺乏宽容的家庭环境，指责是家庭主基调	干涉型家庭
脾气暴躁	必然有一个家长脾气不好	干涉型或暴力型家庭
敏感、多疑	家庭不包容，缺乏温暖	干涉型或暴力型家庭
喜欢埋怨	必然有一个负面思维的家长	干涉型或暴力型家庭
不善良	父母必有一个人缺乏同情心	暴力型家庭
不快乐	夫妻不和或父母与孩子关系紧张	干涉型、暴力型或放任型家庭
冷酷、孤僻	必然有一个放任不管或喜欢暴力的家长	放任型或暴力型家庭
自私	必然有一个溺爱的父母	溺爱型家庭
懒惰	父母替孩子做得太多	干涉型或溺爱型家庭
不懂是非	必有一个专制、喜欢替孩子做决定的家长	干涉型或溺爱型家庭
自以为是	父母溺爱的必然结局	溺爱型或放任型家庭
不会关心人	父母宠爱过度，不让孩子表现	溺爱型或放任型家庭

三、原生家庭的积极影响

◆【案例 1-5】

钱学森的职业与人生

著名科学家钱学森（1911—2009），是我国航天事业的奠基人，在科学领域做出了令人瞩目的杰出贡献。钱学森在事业上取得如此巨大的成就，与其祥和的原生家庭不无关系。

钱学森的父亲钱均夫长期从事教育工作，为人忠厚，守正务实，富于爱国心。他国学功底深厚，并有广泛的文史爱好，博学多才且谦恭自守。他的性格营造了和睦的家庭氛围，加上其酷爱读书与实事求是的精神，这些对钱学森的健康成长起了重要作用。在钱学森幼年的知识启蒙里，他的父亲钱均夫首先向他开启了人生与智慧之窗，养成了他勤勉、认真与负责的品德。

钱均夫对钱学森的管教非常严格而又得法，从小就培养他良好的学习与生活习惯。每天按时起床、就寝，按时复习功课和休息；出门上学必须衣着整洁，书包整理得井井有条；回家以后，鞋袜、衣帽、书包放在什么地方，都有一定的规矩，不能乱来。这对钱学森后来在科学事业上严谨仔细、井井有条、一丝不苟作风的形成是有一定影响的。

钱学森的母亲章兰娟，是杭州一位富商的女儿，因她的父亲非常欣赏钱均夫的才华，就将她许配给钱均夫。章兰娟性格非常开朗热情，心地善良，聪明过人。计算能力与记忆力很强，具有极高的数学天赋，而且心灵手巧，善针织刺绣。她随手绣出的金丝珍珠鞋，就可以称为巧夺天工的工艺品。这样的女子在清末可属凤毛麟角。

有人说，推动世界的手是摇着摇篮的手。一个家庭，哪怕家徒四壁，只要有一位正直、勤劳、善良、乐观的母亲，这样的家庭就是心灵成长的圣殿。母亲对孩子的影响力就像一股永不间断的力量，将伴随孩子的一生。钱学森在回忆他母亲的时候说道："我的母亲是个感情丰富、纯朴而善良的女性，而且是个通过自己的模范行为引导孩子行善事的母亲。每逢母亲带我走在北京大街上，总是向乞讨的行人解囊相助，对家中的仆人也总是仁厚相传。母亲的慈爱之心给了我深远的和连绵不断的影响。"章兰娟的一言一行，给了儿子示范，为他注入了中华民族优秀的传统美德。

（资料来源：苏建军．钱学森人生故事全集［M］．北京：石油工业出版社，2010.）

好的父母可以让我们有一个好的心理基础。一个人在事业上能否成功，与其心理素质和个性特点有很大关系。在这方面，家庭对一个人从幼年的塑造至关重要，有着不可忽视的影响。钱学森从小受到了良好的家庭教育。原生家庭对他的全面培养、健全人格的发展，造就了钱学森不屈不挠、追求完美、关心社会、上进敬业的品质，使钱学森养成了谦虚、谨慎、平易近人、思想开放、坚强、执着、不妥协的个性特征。这对钱学森的科学技术生涯无疑产生了重要的影响。

当然，与钱学森的幸福家庭相反，历史上许多大众所熟知的人物，虽然没有完满的家庭生活，但凭借自身的才华依然取得了不错的成就。

第二节 职业生涯

一、入职后首要的是生存

◆【案例 1-6】

白岩松的坎坷入职路

1989 年，白岩松在北京广播学院（现中国传媒大学）读大四。对于北京广播学院的毕业生来说，想留在北京工作，中央电视台、中央人民广播电台、中国国际广播电台是首选，接着是北京的其他新闻单位。但白岩松作为来自内蒙古少数民族地区的毕业生，只有留在中央三大台或者留校任教才能解决户口问题。当时他面临的局面是中央电视台不招人，中央人民广播电台竞争激烈，权衡再三，白岩松选择了把握大一点的中国国际广播电台实习。

转眼间，迷迷茫茫两个多月的实习期过去了。直到 1989 年的元旦，能否分在中国国际广播电台还没有正面的说法。清冷的元旦过后不久，实习中带他的老师悄悄地告诉他，由于他在实习中表现不错，中国国际广播电台打算要他。好日子过了不到一个月，忽然有一天，实习老师通知白岩松，由于当年国际台接收毕业生的计划发生更改，不再接收中文编辑，因此他分到国际台的安排也相应更改。一瞬间，白岩松感到仿佛从虚幻的梦里醒了过来。

之后白岩松又和很多单位见过面，甚至打算离开北京到外地的单位工作，就在他准备远赴广东深圳求职之际，中央人民广播电台通知系里，是否还有毕业生可以来面试一下，他们希望能拥有更多的选择机会。系里通知了白岩松，于是他抱着试一试的心态去面试，由于心中所抱希望不大，因此态度十分自然平和。几天过后，消息传来，他被中央人民广播电台认可。这是一个颇具戏剧性的结局，本来奔的是国际台这个目标，日夜兼程竟是竹篮打水一场空，而中央人民广播电台本不敢想，却在一个下午无心插柳柳成荫。

当盛夏结束，白岩松从内蒙古老家回到北京，按照单位报到时间去中央人民广播电台报到时，有人让他赶紧去广电部干部司去一趟。接待他的干部告知他："经过认真考虑和一些特殊的情况，你的档案被我们退回到北京广播学院，我们不打算接收你了，请你回学校吧。"对于白岩松来说，这如同五雷轰顶，他感到前面的路仿佛被堵死了。

下了楼，他赶紧到招他的老师那里了解情况，原来几封匿名信罗列了他的一些问题，而那些问题恰恰是当时极其敏感的，于是他就被拒收了。白岩松知道了真相，也知道这几封信出自同一人之手，而且就来自于身边的同学。他忍住了爆发的冲动，一个人精神恍惚地在圆明园的湖面划船。最终他意识到，前路的大门还没最后关死，即使只有一线光亮，他也要全力去争取。

白岩松回到学校，住在朋友的宿舍里，开始整理各种证明材料，寻找各种证人，以帮助自己拥有一部分主动权。然后每天骑车长途奔波把相关材料送到广电部，一天只吃一顿饭，当时，支撑他的就是：别人要打倒你，但你自己却要努力站住。事情终于出现了转机，通过学校老师和领导出面沟通协商，在报名截止的最后一个下午，白岩松被告知可以和中央人民广播电台其他新来的大学生一起去北京郊区学习一个月，未来是否发工作证要视其工作学习情况而定。

一个月的培训过后，却还远没有到上岗的日子，他们又得到了一种特殊的待遇，将在农村锻炼一年，和人民群众打成一片，之后才能上岗。这段无所事事的乡居生活，他们收获了友情，和音乐的感情也在这一年中深化。尽管不是他们主动选择的日子，但只要是在生命中留下痕迹，日后回忆时总是夹杂着一种温情。

当白岩松下乡锻炼结束回到单位后，本以为作为新闻专业的毕业生，可以分到新闻部，退一步也是其他专题部门。但万万没想到的是，他被分到了《中国广播报》。当时他怎么也想不通，莫非获得这种结局和一年前那莫名其妙的匿名信有关？其他同事由于被分到了意料中的部门，大都是精神抖擞，只有白岩松低头不语，似乎又一次遭受打击。工作之路就将注定从《中国广播报》开始，他不禁扪心自问：前途是什么？但毕竟是分配的工作，只有先干起来。由于求学时偏重于广播电视，报纸对于他还是陌生领域，不管情愿与否，先修炼自己才是最重要的。上班第一天，他买了一本《报纸编辑》，在学习了解后，就开始了报纸生涯。

由于报社年轻人少一些，且人手并不富余，因此他比其他部门的同龄人有了更多的机会。白岩松不满足于总为他人做嫁衣，进了报社，他的笔就没停下来。于是从评论到散文，从专访到年终回顾，一篇接一篇，成了他文字创作的高峰期。他抱着既来之则安之的心态，把一件又一件的小事做得还算不错之后，拥有了改变的机会。1993 年年初，当时在电台《午间半小时》工作的崔永元打电话找到他，为他牵线搭桥，介绍他到中央电视台新成立的《东方之子》栏目组帮忙。栏目组制片人事前仔细看过白岩松过去采访任务的文章后，拍板决定让他担任该栏目的策划，进而，又有了他后来在电视上出镜、采访、主持等为人们所熟知的经历。

（资料来源：白岩松．痛并快乐着［M］．武汉：长江文艺出版社，2010.）

今天家喻户晓的“名嘴”白岩松当年在入职时遇到的波折甚于常人，如图 1-1 所示。这告诉我们，一个人踏入职场首先要面对的是生存关系，即使那些我们眼中的成功人士也莫不如此。白岩松的心境一次次在喜悦与失望间跌宕，他的入职历程更是颇具戏剧性，而正是这些经历促使他不断地自我成长，从不适应成长为适应，从弱者成长为强者。《易经》中说，“君子安其身而后动，易其心而后语，定其交而后求。”人在职场，先谈生存，后谈发展。只有融入组织，站稳脚跟，才能生存下来，然后才可以考虑生存得怎么样以及如何成长的问题。

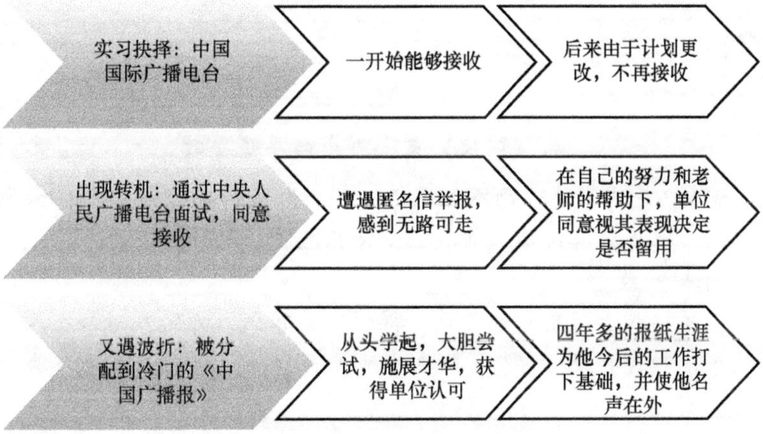

图 1-1　白岩松的坎坷入职路

今天的职场“菜鸟”，很多人都经历过“简历被筛”“面试被拒”“新人受排挤”等境遇。于是有的人开始自我否定，甚至自暴自弃，一直消沉下去，在职业生涯的起步阶段就落在了其他人的后面。而有的人则把这些经历当作了锻炼的机会，不断调适自己，尽快自我成长，学会恰当地待人接物，努力适应职场生存规则，很好地完成了向成熟的职场人士的转型，最终适者生存，他们成为同龄人中的佼佼者。

白岩松的职业生涯起点在与他同批入职的毕业生中不算高，不幸地被分配到冷门部门，但他并没有整天抱怨或是消极怠工。设想如果他当初在报纸部门整天碌碌无为，没有拿得出手的成果，他是否还会拥有后来的机会呢？让组织中那些职位更高的人知道普通员工的工作成果，最好的方法就是告诉他们或者让他们容易看到，要有证据意识。白岩松在报纸上发表的文章，他担任责任编辑的报纸版面的变化，就成为认识他、了解他的“阵地”和“证据”。

“塞翁失马，焉知非福”，白岩松职业生涯早期阶段的经历告诉我们，并非一开始找的工作不好，或者分配的岗位不如意，之后就再没有机会改变。职业生涯之旅不仅要看谁跑得快，更要看谁跑得远！如何对待手头的工作，能否抓住工作中稍纵即逝的机会，能否端正态度做好点滴小事，这些都事关能否在平凡的工作岗位上取得不俗的成绩，也关乎能否在组织中立足，生存下来。

案例中，那位写匿名信的同学也许与白岩松并没有个人恩怨，甚至彼此间的距离也很远，但在强大的生存压力下，那样的举动算是一种挣扎，而白岩松恰巧成了他挣扎中的一个目标。我们在职场中也可能会遇到下绊子、穿小鞋、打小报告的“小人”，处理与“小人”的关系是生存关系中非常重要的一环。许多人遭到“小人”的陷害后会难以释怀，然而，我们的职场不仅需要高人指路、贵人相助，还需要“小人”监督。当我们将身边的“小人”视作鞭策自我成长的外在推力时，我们的心态是否会好一些呢？当多数人都在试图避免困难的、充满冲突和压力的环境时，有的人却可以有效地处理它们，那么这些人就具备了一些优势。若在自我成长后再回头看过去的“小人”，就会发现他们是帮助自己成长的人，所以要感谢他们的督促和监督。

二、晋升的背后是自我成长

◆【案例 1-7】

从《潜伏》看余则成的平稳晋升

《潜伏》与其说是间谍片，倒不如说是一部不可多得的职场教程。余则成的经历有绝对的现实意义，他用亲身经历教导我们如何在险恶的职场生存。

1. 与上司保持一致

办公室里，保持和上司良好的关系，得到他的赏识和肯定，对每个人来说都是重要的。余则成从来不对领导说“不”。只要是站长的命令，就全都应承下来，私底下再想办法解决。

站长在自己的心腹位置空缺的时候，急于寻找新的人选。至于人选的确定，站长是有自己的考虑的，就是一定要找能够准确理解自己意思的人，并且是能够为自己争取利益的人。余则成在这一点上做得非常到位，他能够深刻理解领导的意图，所以余则成在这点上能够很快上位。深谙门道的余则成受命“敲诈勒索”汉奸穆连成，替站长弄到了不少古玩字画，甚至还包括南方的一个酒厂。放下是非曲直暂且不论，余则成始终坚守着这个秘密，他因此博得了站长吴敬中的信任，并被视为心腹，稳固了在职场中的地位。而行动队队长马奎，先是察觉到了站长的贪污行为，继而怀疑他走漏消息，背后对上司展开秘密调查，并趁机潜入站长办公室偷偷翻看资料。“你敢在背后查我?!”当吴站长说出这句话的时候，马奎的下场就可想而知了。

2. 低调隐忍

余则成表面上憨憨的，说话小心翼翼，喜怒不形于色，永远一副低调收敛的小人物形象。他是军统官员，却一直自称平头百姓。在同事们纷纷觊觎副站长职位时，他更是有意降低姿态：“你们都是中校，我就是个小小的少校，怎么可能呢?”然后咧开嘴憨厚地嘿嘿傻笑，让人不自觉地放松了警惕。

反观马奎和陆桥山，都是风头太盛，太想证明自己，结果把办公室斗争的矛头引到了自己身上，最终搞了个落魄下场。余则成巧妙地利用了两个竞争对手之间的矛盾，表面上不动声色，在两个竞争对手面前表现出对这个职位不感兴趣。在鹬蚌相争、两败俱伤的时候，余则成在半推半就之中逐渐成了这个副站长职位最有力的候选人。

3. 自身有价值

如果仅仅做到以上两点，余则成不过是一个中庸的下属，用不了多久就会沦为办公室的边缘人物。而他之所以始终在职场占有一席之地并且成功升迁，就是因为他把握时机，制造了职业生涯的几个亮点。

先是单枪匹马刺杀汉奸李海丰，得到总部嘉奖和大老板戴笠的赏识，这为他的职业生涯奠定了一个高起点。此后，他又成功抓捕逃犯季伟民，得到了中校晋升令，并很快升任副站长。如果说前面都是务虚的话，这两个职业亮点可是实打实的业绩了。余则成向来是有靠山的人，一开始的吕宗方，后来的站长，甚至是戴笠。正是这些靠山的存在，才让余则成多次转危为安，不引人怀疑。但要知道，如果没有军统背景，吕宗方绝不会争取他；如果没有立下大功，戴笠也不会青眼相加；如果他不能帮站长弄钱，也不可能获得庇护。在职场中，比靠山还可靠的，是让自己有价值，成为每一个上司都要拉拢的对象。

紧跟形势，了解并掌握与本行业有关的最新信息，用最先进的知识和技能武装自己，这也是职场生存的必需。

（资料来源：笔者依据相关资料整理）

余则成作为潜伏在敌方的卧底，首要的是要能生存下来，不被敌方发现或识破，如图 1-2 所示，因此不能有一丁点破绽。在生存下来的基础上，他还要获取尽可能多的情报并发送出去，这就要求他最好能够占据一个重要的位置，他必须小心地周旋于他的上司、同事之间，周密地处理好方方面面的关系。

首先是余则成与上司的关系。从余则成处理与吴站长关系的细节上，我们不难看出与上司保持一致的重要性。作为下级，首先应该清楚地知道上司对哪些事情比较在意，对什么工作特别看重，上司要求紧急处理的事一定要排在日程表的优先位置，上司否定掉的决议即便再不满意也要就此打住。根据经验不难发现，雷厉风行的领导一定赏识麻利干练的下属，事必躬亲的上级肯定容不下太有主见的团队成员，穿得邋邋遢遢去见注重品质的老板一定见不到好脸色，在思维保守喜欢搞平衡的人手下彰显个人能力注定是不明智的。因此，研究上司的需求，并把个体的目标与上司的需求结合起来，尽可能地与上司保持一致。

其次是余则成与同事的关系。他知道他的身边有无数双眼睛盯着他的一举一动，不容许他有一丝闪失。职场可以不聪明，但不可以不小心。不聪明的人，最多笨拙一些，事情做得差一些。但不小心就随时可能会触犯到别人的利益，犯下得罪人这个职场大忌。到那时，被穿小鞋都不知道是为什么。管牢嘴，多做事少说话，能说人好话时就别说坏话。同时，要记住，每一句对公司的议论，最后都会传到老板耳朵里。所以在与任何人说话时，都要好好想想，该说什么，不该说什么。不该说的绝对不能说，可说可不说的也不要说。

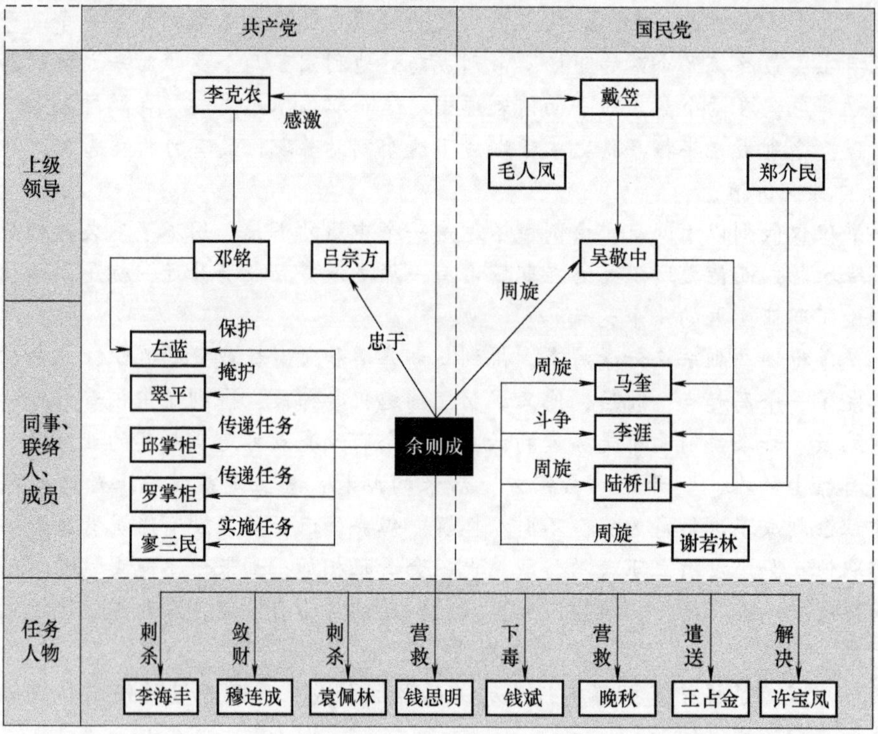

图 1-2　余则成的潜伏任务关系图谱

最后是余则成与自我的关系。余则成身处“敌窝”，面对利诱艰险，从不畏惧，靠的是什么？答案是信仰。他的信仰在爱人左蓝为共产主义献出生命后，变得更加坚定。而这也成为他在险恶的环境里坚持下来的动力。正因有了坚定的信仰，他才不为眼前的功名利禄所迷惑，也能够在同僚的钩心斗角中保持冷静，不被他人算计。其实，剧中其他人也有他们的信仰。比如吴站长的信仰是金钱，所以他贪婪无比。马奎和陆桥山是为了追逐功名，为了当上副站长，无所不用其极。李涯是为了他所追求的党国事业奋不顾身，可惜他不明大势，随着国民党的败落而黯淡退场。我们生活在和平年代，大部分人的工作还不至于需要接受生与死的考验。但是，有多少人认真思考过自己每天忙碌工作是为了什么？而工作是需要一个目标、一个理想的。否则，我们与流水线上的机器有什么区别呢？

三、平衡好方方面面的关系

◆【案例 1-8】

俞敏洪的艰难突围

俞敏洪，被称为中国教父级首席执行官（CEO），入选《亚洲周刊》“21 世纪影响中国的社会人物”。于己而言，他实现了由一个农家子弟到老师、个体户、中国最大的英语培训机构校长，直至一个上市集团公司董事长的转变，完成了从一个知识分子到企业家的完美转型。而由他一手创办起来的新东方，从最初的单打独斗、学生不足 13 个人的培训班，发展到现在精英云集、分校遍布全国、拥有海外分校的民营教育机构，在美国纽约证券交易所上市，完成了现代化企业集团的飞跃。这每一次突破和超越背后，都包含着俞敏洪与自我、组织、环境的互动与关系，离不开他对自我的不断突破、成长与超越。

第一阶段关系：与妻子

俞敏洪自己说，他弃教从商的决定在一定程度上归功于妻子没完没了的唠叨。

俞敏洪的妻子是他的学妹，结婚以后，因为他不成功，而且联系出国四年都没有成功，妻子恨铁不成钢，俞敏洪就拼命努力。第一步努力就是拼命想出国，没有成功；就转了个方向努力，做起培训班。

到了1991年年底，俞敏洪从北京大学辞职，先在别的培训机构待了两年，到了1993年办了新东方，当时的目的就是赚够他留学的经费，再到国外读书。等到真开了新东方以后，学生越来越多，当他在1995年年底拿到了美国大学的录取通知书时，却舍不得走了，就决定留在中国，把新东方做大。

这一阶段刚开始实际上就是俞敏洪一个人，后来慢慢学生多起来，这时他发现自己忙不过来了，也没钱请别人来帮忙，就对妻子说："你看我们现在自己办学校好像没有问题，你在中央音乐学院那么辛苦，每天要骑自行车去上班，挺远的，干脆就别做了，往前台一坐，说不定能多招几个学生呢。"后来妻子从中央音乐学院辞职，和俞敏洪一起工作了四年，分管行政、后勤和招生。

第二阶段关系：与竞争者

创业早期，俞敏洪请人贴广告来宣传，因为阻碍别人招生，遭到竞争对手的报复，麻烦多多，困难重重。

俞敏洪说，新东方那句"在绝望中寻找希望"的校训，就酝酿于这一阶段。

第三阶段关系：与北京大学

俞敏洪说，北京大学一直是他的心灵家园，是改变了他一生的地方，是使他从一个农村孩子最后走向世界的地方。北京大学给俞敏洪留下了一连串美好的回忆，大概也留下了一连串的痛苦。正是在美好和痛苦中间，在挫折、挣扎和进步中间，俞敏洪最终找到了自我，开始为自己、为家庭、为社会做一点事情。

每到春秋两季的雨天，俞敏洪一定会开车到北京大学，在未名湖畔坐上一两个小时。新东方的办公地点选在中关村，也是为了能看北京大学一眼，看博雅塔一眼。

俞敏洪在北京大学的学生时代其实有很多苦闷。一是普通话不好，二是英语水平一塌糊涂，尽管他高考经过三年的努力考到了北京大学，但是实际上他的英语水平很差。因此，俞敏洪从走进北京大学到走出北京大学的11年间，一直生活在自卑里。但是自卑也有好处，在自卑中他学会了两个本领。第一个是察言观色的能力，因为不相信自己，他总要揣摩别人是怎么想的，因此看到别人的眼神、动作，俞敏洪就会琢磨他的心理状态是什么。后来他发现，这个用在管理中非常有效，管理中就得揣摩员工想要什么，要揣摩与员工的关系怎么发展。第二个本领是他练就了坦然的心态。人最怕的就是飞起来的感觉，动不动就会瞧不起周围的人，有的时候一不小心就会做出格的事情。

那个年代，俞敏洪毕业留校任教的时候心里比较郁闷，而同学们找的工作都比他好。

当他下定决心申请美国高校，却没有学校愿意给他提供奖学金或助学金，他只能自己筹措十几万元人民币的学费。于是，俞敏洪决定到外面兼职上课。1989 年夏末，他到英语培训班当老师，每小时 20 元。1990 年秋天的一个傍晚，北京大学的高音大喇叭播放了北京大学对英语系教师俞敏洪的处分决定，说俞敏洪私自在外授课，严重影响教学秩序。处分决定连播三天，北京大学有线电视连播半个月，处分公告在北京大学著名的三角地橱窗里锁了一个半月。处分这么重，俞敏洪事先不知道，没有思想准备。第二天，俞敏洪走进教室，学生异样的眼神告诉他，他待不下去了。1991 年秋天，28 岁的俞敏洪离开了北京大学。

离开北京大学第二天，宿舍就被学校收回。他拖家带口，像打游击一样租了四五次房子。流离失所的俞敏洪，下决心凭借在北京大学练出来的头脑和一张嘴，当“个体户”。他在中关村第二小学租了间平房当教室，一个窄窄的胡同里，门外支一张桌子、一把椅子，“东方大学英语培训部”正式成立，妻子打下手，当出纳和会计。上午俞敏洪骑自行车出去，拎着糨糊桶，在电线杆上贴广告，下午守株待兔。

第四阶段关系：与朋友和同学

1995 年，挣得第一桶金的俞敏洪很想去美国、加拿大游览一趟，不过他更主要的目的是去寻找同学徐小平、王强。“看他们混得怎么样，如果混得好，就把新东方关掉，出国留学；如果他们混得不好，就把他俩拉回国内，一起把新东方做大。”

徐小平是俞敏洪在北京大学时的音乐老师，说起来两人算得上是亦师亦友。1991 年秋，徐小平在国内的创业宣告失败。后来，他凭着自己顽强的毅力攻克了托福，先去了美国，之后又去了加拿大。彼时他已近不惑之年。

王强是俞敏洪在北京大学英语系的同班同学，是班长和团支书。后来到美国求学。俞敏洪找到他的那年，王强已在美国新泽西定居，而且任职于著名的贝尔实验室，过着优越的生活。一开始俞敏洪压根没敢奢望把王强请回北京。他认为自己讲课根本讲不过王强，王强的领导才能也比自己强多了。

1995 年 11 月，俞敏洪奔赴徐小平在加拿大温哥华的家，一起住了 10 天。彼时的徐小平正处于失业状态。俞敏洪诚恳地对徐小平说：“新东方不缺英语老师，但缺有思想的人物，诚恳地希望你跟我回去管理新东方。”随后，两人之间进行了一场“温情”的对话。徐小平问：“我回去之后利益如何分配?”俞敏洪说：“没有利益分配，你上课我付工资，这不符合我和朋友交往的原则。我也不会让你做我的下属，否则你也不会答应。你可以使用新东方的牌子，开创留学咨询的新业务，新业务的收入全部归你自己。”1996 年 1 月，徐小平回到了北京。

成功说服徐小平后，俞敏洪在美国找到了王强。王强领着俞敏洪参观普林斯顿大学，两人正在校园里转悠，迎面走来几个中国面孔的男女生，他们惊讶地叫起来：“你是不是北京的俞敏洪老师？我们上过新东方的培训班啊！”王强很诧异俞敏洪这么有名，紧接着又发生了类似的事，这让王强开始服气了，并萌生了回国创业的冲动。

徐小平、王强相继回国，俞敏洪做了几件事：花“巨款”购置帕萨特，淘汰掉“红大发”面包车，解聘了原来做移民咨询业务的老外，放手让徐小平开展移民咨询业务，试图将管财务、行政、后勤的妻子请出，逐步弱化“夫妻店”格局，重新划分地盘，确定新的利益格局——徐小平负责留学、签证、移民和咨询，王强负责基础英语培训。新东方“三驾马车”的格局就此奠定。

第五阶段关系：与父母

俞敏洪的父亲对所有人都很宽厚，从来不跟别人吵架和计较，总是喝着酒悠闲地过自己的日子。俞敏洪从父亲那里学到了宽厚，学到了退一步海阔天空的态度。

俞敏洪从小就知道生活的艰辛和不易，知道人需要坚毅和努力，这要归功于他的母亲，俞敏洪从母亲那里继承了坚忍不拔、绝不放弃的精神。他的母亲一辈子最大的梦想就是成为“国家领导人”，但她最大的职务就是村上的妇女队长。她特别希望儿子成才，所以从小就让俞敏洪看书、识字，虽然她自己斗大的字不认识几个。她不光培养了一个中文水平不错的儿子，而且培养了一个改变了中国英语教学格局的人。

开办新东方以后，俞敏洪把母亲接到北京。但老太太闲不住，经常会到新东方转转，虽然没有参加过新东方的具体工作，但她这一来带来两个大问题：第一，同在一个屋檐下，俞敏洪的母亲个性比较强，妻子个性也强，两个个性强的女人在一起——大家应该知道是什么结果了；第二，老太太特别喜欢干活，一看新东方地脏了没人扫，她就要扫地，可她扫着扫着就变成领着新东方的人干活了，并且有时会干预新东方的一些事务。

但无论怎样，俞敏洪的父母成就了他的个性，今天俞敏洪做事的风格和为人处世的态度，几乎每一点都能够从他父母的身上找到根源。

第六阶段关系：与股东

1998 年年末，以徐小平、王强为首的“海归”派就开始要求俞敏洪将妻子、母亲请出新东方。

早年以“夫妻店”、个体户创业起家的新东方，自 1995 年后培训人数连年翻番，培训收入飞速增长，但产权不清、机制不顺，内部管理相当混乱。当时王强、徐小平和包凡一——三位新东方历史上最为重要的创业元老做出表率，没有允许自己的任何家族成员进入新东方，也正是基于此，他们敢向俞敏洪发出“清剿令”。

俞敏洪被推到了一个转折关头。那段时间，俞敏洪基本处于崩溃状态。当徐小平、王强提出清理“家族制”时，俞敏洪是有抵触情绪的。但是他后来说，“今天，我不得不承认，他们是对的，他们看得远。”在之后大概五年的时间里，俞敏洪的家族成员逐渐全部离开新东方。

2001 年前后，俞敏洪在新东方推行一场“削藩运动”，目的是使新东方和谐和睦、整体强大。但在这场事关资本运营的产业实践过程中，高层在发展思路、战略、公司治理结构和节奏等方面思想不统一，冲突不断，争执不下的三人纷纷声称要离开“新东方”。首先是王强要转让自己所持有的所有新东方股权并离开新东方；随后，徐小平效仿王强，宣布辞去董事一职；而俞敏洪表态要辞去董事长兼总裁职务。后来，王强成为新东方教育科技集团的董事长。然而不久之后，王强又将董事长之位让给俞敏洪，只因“太累”。

当然，俞敏洪、徐小平和王强三人的纷争，并没有在那次事件后彻底画上句号。现实中的情况是，王强、徐小平的回归，争执的继续，两人担任虚职，最终选择再次离去……

（资料来源：笔者依据相关资料整理）

纵观俞敏洪的创业史，不难发现其中交织着各种各样的关系元素，正是这些积极或消极的关系元素帮助俞敏洪不断成长、成熟，从一个内心自卑的农村孩子，成长为一个掌控大教育培训集团的企业家。具体而言，从案例中可以看出，俞敏洪需要平衡好至少八大关系，如图 1-3 所示。

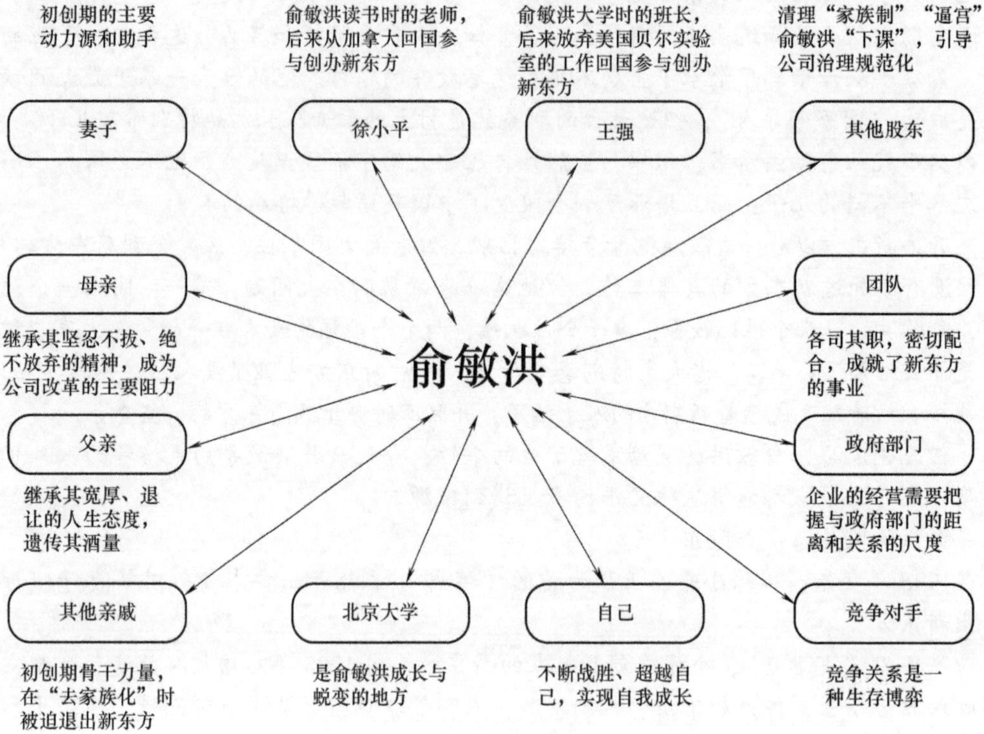

图 1-3　俞敏洪创业的关系图谱

一是与父母（原生家庭）的关系。他的个性特质很大一部分来自他的原生家庭，从父母身上习得的品性形成了他做事的风格和为人处世的态度。同时，他的母亲及其他亲戚也是新东方草创时期的重要参与者，平衡好亲情与事业的关系需要高超的艺术。

二是与妻子的关系。为了改变妻子怒其不争的抱怨，也为了他和妻子能更好地生存，俞敏洪毅然在校外办培训班，最终创办新东方。

三是与创业元老的关系。当他请徐小平、王强回国创业时，就考虑到要妥善平衡好利益、权力、人情三者之间的关系。但当他在利益和人情中找平衡时，也筋疲力尽、狼狈不堪，最终寄希望用严厉的美国上市公司管理规则来规范内部，以制度说话，避免出现人情和利益纠葛，从而不仅实现自身的救赎，也让企业顺利发展。

四是与北京大学的关系。北京大学给俞敏洪留下了美好的回忆，也留下了一连串的痛苦。正是在美好和痛苦中间，在挫折、挣扎和进步中间，最终俞敏洪找到了自我。

五是与竞争对手的关系。创业初期他派人贴小广告被竞争对手伤害，因为新东方的存在对竞争对手而言，威胁到其生存，这本质上也是生存关系下的挣扎。

六是与团队的关系。领导的实质就是让拥有不同能力和视角的人或部门协作，共同完成一项任务，俞敏洪带领团队开创的新东方教育帝国就是他驾驭团队能力的体现。

七是与政府机构的关系。在中国经商不可能不与政府部门打交道，如何把握好距离与尺度显得非常关键。

八是与股东的关系。当企业发展到必须清理“家族制”，俞敏洪和他的家人也有强烈的抵触情绪，清理的过程很痛苦。最终在其他人的帮助下，俞敏洪把家族成员都清理出了新东方，代价也是比较惨重的。目前，新东方还在不断转型，从家族式到合伙人制，到中国国内股份公司，到国际股份公司，再到国际上市公司。

对于俞敏洪而言，平衡好方方面面的关系，还需要正确地看待权力。美国斯坦福大学的组织行为学家杰弗瑞·菲佛（Jeffrey Pfeffer）的研究[⊖]表明，有五种需要为追求权力支付的成本：①盛名之下的压力；②丧失自主权，每天的日程很容易变得爆满，而你也只能超时工作；③牺牲家庭和个人生活，想要掌控权力，登上高位，就需要投入时间、精力和对成功的专注，这些都是不可避免的代价；④不是每个人都可以信任，需要辨别出那些暗中搞破坏的人，并坚定地清除掉他们；⑤权力让人欲罢不能，当失去那个位置后，就失去了这些关系，因为有人只是在你有权有势时，才有兴趣和你在一起。

第三节　人生旅程

人一生的不同阶段都会与不同的个体、群体、组织、环境建立关系，有些关系是个体根本无法选择的，比如原生家庭、子女、成长的环境；有些关系是个体在一定时间范围内难以左右的，比如上司、同事，甚至是同寝室的舍友；还有些关系是个体可以主动选择的，比如夫妻关系、朋友关系。也就是说，与他人建立关系是人的一生自始至终都要面对的事情，每个人都要学会在人生的不同阶段与不同的人建立并处理好关系的技能。

如图1-4所示，人生旅程就是关系之旅，其中最为关键的四个环节是原生家庭、自我成长、组织平台、信仰与价值观。我们没有办法选择出生、成长在什么家庭，但我们可以在自我认知的基础上，选择自我成长。自我成长既表现为外在有形的“证据”（例如学历、职务等），还表现为内在无形的品格力量（包括友善、关爱、信任等）。每个人的成长离不开组织平台，组织是人的集合，人与人的竞争必不可少，平衡的艺术也不是可有可无。随着人的成长，信仰与价值观所起的作用也越来越大。

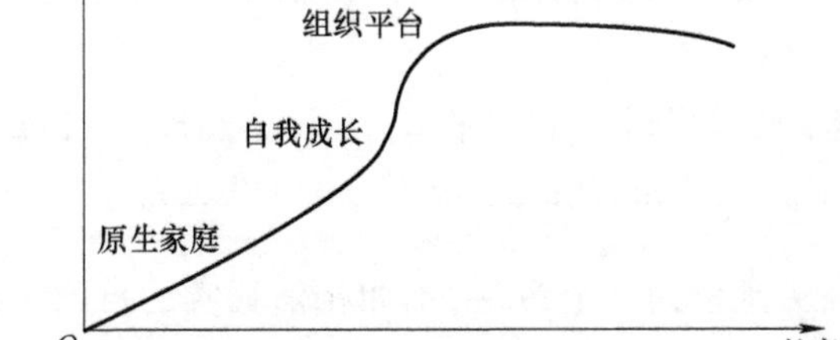

图1-4　人生的成长曲线

⊖ 杰弗瑞·菲佛. 权力：为什么只为某些人所拥有［M］. 杨洋，译. 北京：中国人民大学出版社，2012.

一、天助自助的人

◆【案例 1-9】

不要为卑微的东西祈祷

四岁的小克莱门斯上学了。教书的霍尔太太是一位虔诚的基督徒，每次上课之前，她都要领着孩子们进行祈祷。有一天，霍尔太太给孩子讲到“祈祷就会获得一切”的时候，小克莱门斯忍不住站了起来，他问道：“如果我祈祷‘上帝’呢？他会给我想要的东西的吗？”“是的，孩子，只要你愿意虔诚地祈祷，你就会得到你想要的东西。”

小克莱门斯特别想得到一块很大很大的面包，因为他从来没有吃过那样诱人的面包。而他的同桌，一个金发的小姑娘每天都会带着一块这么诱人的面包来到学校。她常常问小克莱门斯要不要尝一口，小克莱门斯每次都坚定地摇头，但他的心是痛苦的。放学的时候，小克莱门斯对小姑娘说：“明天我也会有一块大面包。”回到家后，小克莱门斯关起门，无比虔诚地进行祈祷，他相信“上帝”会被自己的诚心感动！

然而，第二天起床后，当他把手伸进书包的时候，除了一本破旧的课本，什么也没有发现。他决定每天晚上坚持祈祷，一定要等到面包降临。一个月后，金发的小姑娘笑着问小克莱门斯：“你的面包呢？”小克莱门斯已经无法继续自己的祈祷了。他告诉小姑娘，“上帝”也许根本就没有看见自己在多么虔诚地祈祷。因为每天肯定有很多孩子都在进行这样的祈祷，而“上帝”只有一个，他怎么会忙得过来？小姑娘笑着说：“原来祈祷的人都是为了一块面包，但一块面包用几个硬币就可以买到了，人们为什么要花费这么多的时间去祈祷，而不是去赚钱买面包呢？”

小克莱门斯决定不再祈祷。他相信小姑娘所说的正是自己想要知道的——只有通过实际的工作才能获得自己想要的东西。而祈祷永远只能让你停留在等待中。小克莱门斯对自己说：“我不要再为一件卑微的小东西祈祷了。”他带着坚定的信心走向了新的道路。

多年以后，小克莱门斯长大成人，当他用笔名马克·吐温发表作品的时候，他已经是一名为了理想勇敢战斗的作家了。他再没有祈祷“上帝”，因为在无数个艰难的日子中，他都记着：不要为卑微的东西祈祷！只有奋斗和努力是真实的，只有自己的汗水是真实的。

（资料来源：贝纳德．哈佛家训［M］．张玉，编译．北京：中国妇女出版社，2006.）

天助自助的人。祈祷天堂里的“上帝”，不如相信真实的自己；祈祷虚无的恩赐，不如付出诚实的劳动。为卑微的东西祈祷，只会使我们更加卑微。

用自己的力量获取财富是人类最崇高的目标之一。许多成功的人不是靠运气，而是靠自己的努力取得了成功。这个世界对任何人都是公平的，世界上任何人的努力都会有回报，没有经过努力得到的东西永远不属于自己。

二、友善关爱的报偿

◆【案例 1-10】

无私奉献的报偿

多年以前，在荷兰的一个小渔村，全村人都以捕鱼为生。而大海瞬息万变，危机四伏。因此，为了应对突发的海难，村里人组织了一个自愿紧急救援队。那是一个漆黑的夜晚，海面上乌云翻滚，狂风怒吼。巨浪掀翻了一条渔船，船员的生命危在旦夕，他们发出了 SOS 求救信号。救援队的队长听到了警报，火速召集自愿紧急救援队的成员，乘着划艇，冲入了汹涌的海浪中。忧心忡忡的村民们都聚集在海边，翘首眺望着云波翻卷的海面。

一个小时之后，救援队的划艇终于乘风破浪向岸边驶来。渔民们喜出望外，欢呼着上前去迎接。当救援队长清点人数时，发现漏掉了一个人！刚才还欢欣鼓舞的人们顿时安静下来，才落下的心又悬到了嗓子眼儿。救援队长急忙组织另一队自愿救援者前去搭救那个丢下的人。

16 岁的汉斯自告奋勇地报了名。他的母亲抓住了他的胳膊，用颤抖的声音说："汉斯，你不要去。10 年前，你的父亲就是在海难中丧生的，3 个星期前你的哥哥保罗也出了海，可是到现在连一点消息也没有。孩子，你现在是我唯一的依靠了！求求你千万不要去！"看着母亲憔悴的面容和近乎乞求的眼神，汉斯心头一酸，泪水在眼中打转，"妈妈，我必须去！"他坚定地答道。"妈妈，您想想，如果我们每个人都说'我不能去，让别人去吧！'那情况将会怎样呢？"汉斯张开双臂，紧紧地拥抱了一下他的母亲，然后义无反顾地登上了救援队的划艇，冲入无边无际的黑暗之中。

10 分钟过去了，20 分钟过去了……一小时过去了。这一个小时，对于汉斯的母亲来说，真是太漫长了。终于，救援船再次冲破黑暗，出现在人们的视野之中。只见汉斯站在船头向岸上眺望，救援队长把手握成喇叭状，向汉斯高声喊道："汉斯，找到了吗？"汉斯高兴地大声回答："队长，我们找到啦！请您告诉我妈妈，我找到了我的哥哥——保罗！"

（资料来源：笔者依据相关资料整理）

我们之所以在人间还能感到温暖，是因为有人愿意付出。人生就是这样得到回报的。有时候它好像很偶然，很出乎意料，但无数事实证明，无论是好的回报还是坏的回报，一定有其深刻的原因。这个原因是：我们一定曾经为这个结果做过什么，我们的为人或习惯一定有导致这种结果的某种因素。

◆【案例 1-11】

女工与门卫

一位女士在一家肉类加工厂工作。有一天，当她完成所有工作安排，走进冷库例行检查时，突然门意外地关上了，她被锁在了里面。虽然她竭尽全力地尖叫着，敲打着，但是她的哭声没有人能够听到。这个时候大部分工人都已经下班了，在冰冷的房间里，没有人知道里面发生的事情。五个小时后，当她濒临死亡的边缘，工厂保安最终打开了那扇门，奇迹般地救了她。

后来她问保安，他怎么会去开那扇门，这不是他的日常工作。他解释说："我在这家工厂工作了35年，每天都有几百名工人进进出出，但你是唯一一位每天早晨上班向我问好，晚上下班跟我道别的人。今天，你像往常一样来上班，简单地跟我问声'你好'，但下班后，我却没听到你跟我说'再见，明天见'。于是，我决定去工厂里面看看。我期待你的'嗨'和'再见'，因为这话提醒我，我是某人。没听到你的告别，我知道可能发生了一些事。这就是为什么我会在每个角落寻找你。"

（资料来源：笔者依据相关资料整理）

日常生活中，我们是否会注意到身边那些平凡的人？每个人都希望遇到生命中的贵人，可是又不知道贵人到底在哪里。事实上，人生处处皆贵人，只要自己有心，也许身边那些不起眼的人也能成为自己的贵人。所以，善待每一个人，随时随地地严格要求自己，把最好的一面展示出来，让身边的贵人注意到自己。贵人不会从天而降。能够得到别人帮助的人，总是那些乐意给别人帮助的人，俗话说"种善因才能得善果"，也许自己不经意间的一丝善举今后会有意想不到的收获。

三、信任的价值

◆【案例1-12】

皮斯阿司的信任

公元前4世纪，在意大利，有一个名叫皮斯阿司的年轻人触犯了法律被判绞刑，将在某个择定的日子被处死。皮斯阿司是个孝子，在临死之前，他希望能与远在百里之外的母亲见最后一面，以表达他对母亲的歉意，因为他再也不能孝敬母亲了。他的这一要求被国王准许了，但交换条件是，皮斯阿司必须找一个人来替他坐牢。这是一个看似简单其实近乎不可能做到的条件。假如皮斯阿司一去不返怎么办？谁愿意冒着被杀头的危险来干这件蠢事呢？

这个消息传出后，有一个人表示愿意来替换坐牢——他就是皮斯阿司的朋友达蒙。达蒙住进牢房以后，皮斯阿司就赶回家与母亲诀别，人们都静静地等着事态的发展。日子如水一样流逝，眼看刑期在即，皮斯阿司却音讯全无。人们一时间议论纷纷，都说达蒙上了皮斯阿司的当。

行刑日是个雨天，因为皮斯阿司没有如期归来，只好由达蒙替死。当达蒙被押往刑场时，围观的人都笑他是个傻瓜。也有人对他产生了同情，更多的人却是幸灾乐祸。但刑车上的达蒙，不但面无惧色，反而有一种慷慨赴死的豪情。追魂炮被点燃了，绞索已经挂在达蒙的脖子上。胆小的人吓得紧闭了双眼，他们在内心深处为达蒙惋惜，并痛恨那个出卖朋友的小人皮斯阿司。千钧一发之际，风雨中皮斯阿司飞奔而来！他高声喊着：

"我回来了！我回来了！"这真正是人世间最感人的一幕，大多数人都以为自己是在梦中，但事实不容怀疑，皮斯阿司已经冲到达蒙的身边，他们紧紧地拥抱在一起。大概只是一会儿的工夫，国王便知道了这件事。他亲自赶到刑场，要亲眼看一看自己如此优秀的子民。喜悦万分的国王立即为皮斯阿司松绑，下令赦免了他，并且重重地奖赏了达蒙。

（资料来源：笔者依据相关资料整理）

皮斯阿司与他的朋友达蒙的故事令人感动，达蒙冒着送命的风险信任自己的朋友，而皮斯阿司也没有背弃他。信任是建立社会秩序的主要工具之一。信任之所以能发挥这一功能，是因为信任可以使一个人的行为具备更大的确定性。

信任也是企业管理的关键要素，对于任何组织的正常运行都是不可或缺的。有学者研究发现，管理者和员工之间建立信任，是一个基于重复行为的循环过程。当管理者的行为值得信赖时，员工就会更加信任他们，进而鼓舞自己以更大的热情投入工作，并展现出组织公民行为。反过来，员工更加热情地投入，又会增进管理者对他们的信任。就这样，组织内形成了信任的良性循环。这个循环的开端，在于管理者通过自身行为向员工灌输信任。因此，作为管理者，要想赢得员工的信任，需要做事始终如一，遵守诚信，公开透明，并把工作分派给员工，并且授权给他们。同时，要对员工表现出真正的关切，留意他们如何融入团队。

四、把鲜花送给对手

◆【案例 1-13】

把鲜花送给对手

这是一场激烈的世界职业拳王争霸赛。正在比赛的是美国两个职业拳手，年长的叫卡菲罗，35 岁，年轻的叫巴雷拉，28 岁。上半场两人打了六个回合，实力相当，难分胜负。

在下半场第七个回合，巴雷拉接连击中老将卡菲罗的头部，短暂的休息时，巴雷拉真诚地向卡菲罗致歉。他用自己的毛巾一点点擦去卡菲罗脸上的血迹。巴雷拉始终是一脸歉意，仿佛这一切都是自己的罪过。接下来两人继续交手。也许是年纪大了，也许是体力不支，卡菲罗一次又一次地被巴雷拉击倒在地。按规则，对手被打倒后，裁判连喊三声，如果三声之后仍然起不来，就算输了。每次卡菲罗都顽强地挣扎着起身，每次都不等裁判将"三"叫出口，巴雷拉就上前把卡菲罗拉起来。卡菲罗被扶起后，他们微笑着击掌，然后继续交战。裁判和观众都感到吃惊，这样的举动在拳击场上极为少见。

最终，卡菲罗以 108：110 的成绩负于巴雷拉。观众潮水般涌向巴雷拉，向他献花、致敬、赠送礼物。巴雷拉拨开人群，径直走向被冷落一旁的老将卡菲罗，将最大的一束鲜花送进他的怀抱。两人紧紧地拥在一起，相互亲吻对方被击伤的部位，俨然是一对亲兄弟。卡菲罗真诚地向巴雷拉祝贺，一脸由衷的笑容。他握住巴雷拉的手高高举过头顶，向全场的观众致敬。

（资料来源：笔者依据相关资料整理）

卡菲罗虽然败了，但败得很有风度；巴雷拉赢了，也赢得十分大气。在自己失败的时候，还能够坦然为成功的敌手庆贺，表现出的是一种难得的宽容和自信；在自己胜利的时候，还热情地给失败的对手以鲜花，这是一种人格境界上的更大成功。保持一颗平常心，心中有阳光，生活才能充满希望。

五、平衡的艺术

◆【案例 1-14】

吕雉与戚夫人的惨烈血拼——张良平衡

戚懿的出身可能不是显赫的官宦之家，所以史书上没有提过她的身世。

她最初并没有雄心大志，但当她为刘邦生下一个儿子，也是她唯一的儿子刘如意之后，她开始有了野心。她向刘邦要求封刘如意当皇太子，希望母凭子贵。

皇太子刘盈是一位敦厚善良的青年，随着生母吕雉一直留在长安皇宫里面，跟刘邦虽是父子，但父子感情比较疏远。而戚懿带着刘如意，却始终和刘邦形影不离，刘邦对刘如意疼爱有加。在戚夫人枕边风的煽动下，公元前 197 年，刘邦早朝时在金銮殿上表示要立刘如意当皇太子。文武百官们吓了一跳，皇太子不是雇工，一不顺眼，就赶走再找一个。

吕雉躲在金銮殿的东厢侧房里偷听到要换太子，朝会散后赶紧派她的兄弟吕释之去找刘邦手下三杰之一的张良。史书上说，吕释之用的不是“求”，而是“劫”，大概威胁张良，他如果不出主意，就要跟他同归于尽。吕释之警告曰：“你是皇帝的智囊，而今皇帝要换皇太子，你以为你能高枕而卧，置身事外乎哉？”

张良不愧智足谋多，他分析他之所以不能出面的缘故——因为他即使出面，也没有用。他曰：“当初皇帝老爷都是在困顿危险的时候，才听我的。而今天下已定，全国统一，由于一点私心的爱憎，要换皇太子，骨肉之间，外人插不上嘴，纵然有一百个张良，也无能为力。”

吕释之勉强他非出个主意不可，曰：“不管怎么说，你也得帮这个忙，救救吕皇后母子。”张良不得已，曰：“这不是单靠嘴巴就可以办到的事。这样吧，我另推荐别人。刘邦自当上皇帝，总以为天下的人都会拍他的马屁，可是，却有四个老头，他们对刘邦那种傲慢无礼的态度深为厌恶。他也曾找到他们，他们就逃到山里，誓死不当他的部下。正因为如此，刘邦对他们反而更为尊重。阁下如果不吝惜金银财宝，教皇太子再亲笔修书，恭请他们做他的宾客，经常随他入朝，故意让刘邦发现，刘邦一定奇怪，会问他们是谁，这对皇太子是一个大的助力。”

这四个老头，当时称为“商山四皓”——东园公、角里先生、绮里季、夏黄公。商山，位于长安之南，即他们逃匿之处。四皓，四个白头发也。“商山四皓”不久就贡献出了他们的智慧。

（资料来源：柏杨．皇后之死［M］．北京：人民文学出版社，2007.）

老子说："夫唯不争，故天下莫能与之争。"在组织中的位置取决于"距离"。位置、资历、和老板的个人交情、对别人的影响程度、在组织中发言的活跃程度等，往往是测定这种距离的要素，人们在这种既定的距离中维持一种平衡。新来者要暗中揣摩这个距离，从而得到组织的认可。

许多公司机构都存在着或明显或隐藏的派系之争，日本管理学家大前研一在《工作力》第一章就劝请工薪族不要卷入公司的任何派系。他认为，工薪族一旦介入派系中，很可能自毁前途。不加入派系，就应避免和派系色彩强烈的同事外出喝酒玩乐，若和这些人交往下去，会被与该派系无关的人怀疑"那家伙属于那个派系"。同时，在工作以外的时间与具有强烈派系色彩的人交往，要谨慎说话，最重要的是，不要说其他派系的坏话，更要不传话。

六、放弃是智慧

◆【案例 1-15】

致命的珠宝

商人狄利斯和他的儿子一起出海远行，他们随身带了满满一箱子珠宝。一天，狄利斯偶然听到水手们交头接耳。原来，他们发现了他的珠宝，并且正在策划着谋害他们父子。狄利斯吓得要命，他在船舱内踱来踱去，试图想出一个摆脱险境的办法。儿子问他出了什么事情，狄利斯就把自己听到的全部告诉了儿子。"同他们拼了！"儿子说道。"不！"狄利斯回答说，"他们会制服我们的！""那就把珠宝交给他们？""也不行，他们还会杀人灭口。"过了一会儿，狄利斯突然怒气冲冲地奔上甲板："你这个混蛋！"他冲着儿子叫喊道："你从来不听我的忠告！""你疯了，老头子！我怎么惹你啦？"儿子不解地回应，"你到底为什么暴跳如雷？"当父子俩开始互相谩骂的时候，水手们好奇地聚集到周围。老人愤怒地冲向船舱，拖出了他的珠宝箱。"忘恩负义的家伙！"狄利斯尖叫道，"我宁愿死于贫困，也不会让你继承我的财富！"说完这些话，他打开了珠宝箱，在大家猝不及防的时候，狄利斯一个健步跨向栏杆，将箱子里的宝物全都倒入了大海。父子俩瘫倒在甲板上，目不转睛地注视着那只空箱子，为他们所干的事而哭泣不止。众人一边惋惜，一边规劝他们和好，然后一一散去。当父子俩先后回到船舱时，父亲对儿子说："我们只能这样做，孩子，再也没有其他办法救我们了！""是的，"儿子欣慰地答道，"您这个法子是最好的。"轮船驶进码头后，狄利斯同他的儿子匆匆忙忙赶去见地方法官，他们控告水手们犯了企图谋杀罪。法官通过调查，逮捕了与此事有关的水手。结果狄利斯的全部损失都得到了赔偿。

（资料来源：笔者依据相关资料整理）

有的时候，如果想要得到或者留住一些东西，首先必须放弃一些东西。如果不"舍弃"这一些，会连同其他一些一起失去。所以，为了生命，将珠宝倒进大海，就是唯一的选择。老子说："五色令人目盲；五音令人耳聋；五味令人口爽；驰骋畋猎令人心发狂；难得之货令人行妨。"大千世界五光十色，面对诱惑，有时舍得放弃，也不失为一种智慧。

创造了巨额财富的洛克菲勒家族成员把大部分钱用于捐献。从洛克菲勒家族对待财富的态度中，不难发现舍得放弃是一种自守。把名利地位看得淡一些，特别是把身外之物看得淡一些，顺其自然，就不会将有限的生命搅到无限的名利场中，就不会为职务的升迁劳神费力、刻意追求，就会表现出宽阔的胸怀和高尚的风格，自觉用有限的生命追求无涯的知识，用自己的才能和智慧为社会创造财富。追求与放弃都是正常的生活态度，有所追求，就应有所放弃。有价值的人生，需要开拓进取、成就事业，但更要懂得正确和必要的放弃——这不是无奈，而是一种智慧。

【思考题】

1. 请问原生家庭对你的个性特质产生了怎样的影响？
2. 你认为职场中与谁的关系最重要？你是如何维系与他的关系的？
3. 请举例说明你在与职场中不喜欢的人建立关系时采取的策略。

【案例分析题】

1. 通过阅读案例1-6，你如何看待职场中首要的关系是生存关系？如何辩证地看待生存与成长二者的关系？
2. 请结合案例1-7中余则成的晋升策略，谈一谈对你的启示。
3. 案例1-8中，假如你是俞敏洪，当你与创业元老矛盾加深时，你会如何处理？
4. 请找出本章对你触动最大的案例，并说明原因。

第二章 自我认知与关系管理

【培养目标】

1. 帮助读者在关系中看到“我”的重要性。

2. 帮助读者从不同角度、以不同的方法认知自我。

3. 帮助读者学会在互动中积累智慧。

【培养要点】

1. 在员工关系中看到“自我”。员工关系既包括人与人之间的关系，也包括人与自我的关系。在员工关系中，我们往往只看到他人在关系中的作用，尤其是副作用，而忽视了自己在关系中所扮演的角色。错综复杂的关系网总会不经意间游离在我们的控制之外，甚至让我们焦虑不安。而细想其中缘由，很多是因为“我”出了问题。因此，在员工关系中，读者首先应该认知的便是“自我”。只有正确的自我认知，才能保证健康的员工关系。

2. 认知自我不是让读者一味反思自我的不足，而是客观地看待自我，接受自我，从而寻找到自我的成长路径。因此，塑造自尊、自信的自我，拥抱自身的情绪，合理纾解情绪至关重要。我们每个人都可以直面最真实的自己，接受自己，并找到恰当的方式自我成长。

3. 在进行合理自我认知的基础上，作为社会人，我们需要有效进行人际互动，在人群中扮演各式各样的角色，在人际互动中学会赞美、学会爱，懂得距离、灵活应变，突破现有“井盖”，看到更广阔的人生。

【本章框架】

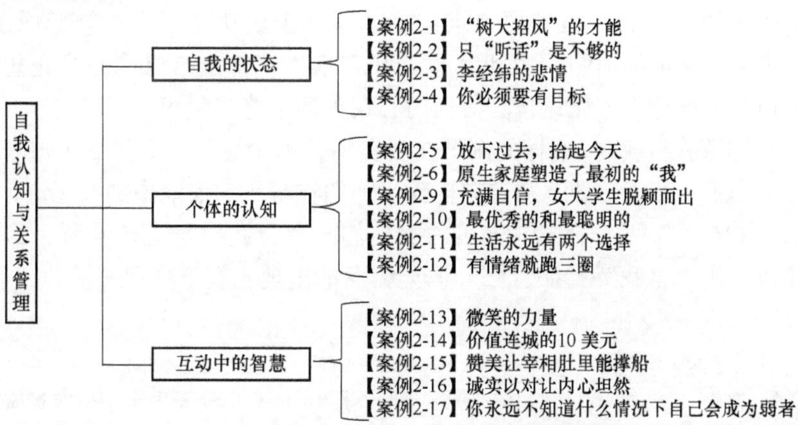

谈到员工关系，读者可能会不由地想起职场中错综复杂的关系网。作为职场人，小心谨慎地处理好人与人之间的关系是除工作本身之外最重要的“必修课”之一。然而，这堂“必修课”贯穿于整个职业生涯之中，需要读者静下心来了解和体味。

每当回想起紧张的员工关系，很多人会焦虑不安，自我的盲目让这些人看不到解决办法，找不到解决途径，只能一步步地被关系“牵着鼻子走”。面对每一种关系，我们总会说“他（或她）怎样怎样……”，却较少看到“我”在关系中所扮演的角色。很多时候，我们在关系中是完全“忘我”的。这种“忘我”并非无私奉献，而是忽略了自己在关系中应有的作用。梁漱溟先生曾将人类面对的关系大致分为三种：一是人与自然的关系；二是人与人的关系；三是人与自身的关系。[⊖]“当局者迷，旁观者清”。清醒的“自我认知”才是解决关系问题的第一步。

第一节　自我的状态

自我状态因人而异。没有一模一样的人，也没有一成不变的人。

为了探究不断变化的自我，不同的学者对自我状态进行了不同视角下的分类，包括：哲学家克尔凯郭尔的“不知道有自我”“不愿意有自我”“不能够有自我”；根据时序分类的“现在的我”“过去的我”“将来的我”；哲学家尼采的“骆驼我”“狮子我”“婴儿我”。

一、“不知道有自我”“不愿意有自我”“不能够有自我”

有这样一个人，他觉得没有人能真正了解自己，所以在婚前与未婚妻解除了婚约。然而，当他的未婚妻与别人谈恋爱，开始新的生活时，他又表现出无限的留恋。这个人就是丹麦的哲学家克尔凯郭尔。

经过这般经历的克尔凯郭尔从生活中悟出了人生三绝望——“不知道有自我”“不愿意有自我”“不能够有自我”，因而成长为一位知识精英——哲学界存在主义的代表人物。

（一）“不知道有自我”

一个人在世界上努力地奋斗，却不知道自己奋斗是为了什么。

有追求说明有欲望，有欲望则代表一个人愿意激发内在的潜能，朝着目标不断奋斗。然而，很多的“我”从小便被“格式化”了。我们所接受的教育、被灌输的价值观并不是用来引导我们建立不断成长的“自我”，而是将社会认同的“自我”通过反复强调，硬生生强加给了我们。

这个社会认同的“自我”也需要追求成功，而这个成功一不小心就变成了有权有势、有车有房的代名词。这个强加的“自我”也让我们根本不知道自己内心真正想追求的是什么，更不可能知道追求什么才能让自己得到内心真正的宁静与幸福。

很多人“不知道有自我”。这样的例子在现实中并不少见。计划体制下成长起来的很多人，辛辛苦苦工作了一辈子，却不知道有自我。他们在时代的浪潮中随波逐流，或无力于有“自我”或不知道有“自我”。随着改革开放，他们的“自我”被逐步唤醒，而“自我”认知能力的不健全也让“自我”膨胀，“59岁现象”[⊜]的出现也就不难理解了。

⊖ 梁漱溟. 中国文化要义［M］. 上海：上海人民出版社，2005.

⊜ 59岁现象：拥有一定权力和地位的主体在即将离岗时，采取不合规、不合法手段，最大限度地扩大个人利益的现象。

人的生命绝对不应该在无知中度过。庸庸碌碌的一生、被外界操纵的一生将赋予自我“无意义”。

◆【案例 2-1】

“树大招风”的才能

2013 年年底，某单位财务科的老科长即将退休，选谁做他的接班人成了单位上下纷纷猜测的问题。

在候选人中，最具有竞争力的就是张会计和小孙了。张会计工龄长，工作认真踏实，老科长很是器重。小孙，大学毕业，能力突出，在会计师事务所工作五年就做到了项目经理的职位，有一定的审计经验，是集团的重点培养对象。

2014 年 3 月，老科长退休。在一次工作会议签署文件时，老书记直接请张会计以“财务科副科长”的名义签署了文件。这一签字，没有公示没有说明，张会计摇身一变，成了张科长。不久张会计被提拔的红头文件便传达了下来。

到此，“接班人疑云”似乎已经得到了答案。小孙也逐渐整理心情，调整心态，继续认真地做自己的本职工作。然而，让小孙不解的是，不公正的选拔机制已经让自己觉得备受委屈，好不容易平静下心情开始好好工作时，走马上任的张科长又开始“没事找事”。单据装订得整不整齐、章盖得清不清晰、每天有没有按时上下班、卫生做得好不好成了张科长检查小孙工作的重点。作为财务能手的小孙开始因为这些小事焦头烂额，与张科长的关系也变得越来越紧张。

（资料来源：笔者依据相关资料整理）

小孙的能力是他参与职场晋升的资本，但他忘了，对于张科长而言，他的能力是张科长最害怕的威胁。“怀才不遇”往往是职场上“不知道有自我”所造成的。因此，无论是职场新人还是“江湖老手”，都要将自我放在团队、组织中，主动认知自我，避免“无知”造成不必要的麻烦。

（二）“不愿意有自我”

当一个人发现自我之后，“愿不愿意有自我”成为一个两难的选题。

“不愿意有自我”，意味着不需要自我控制，甚至可以放纵自我；而“愿意有自我”，就意味着打破了原有的“舒适区”，自我管理，自我控制，自我负责，自我成长。面对自我、接受自我，不是一件容易的事。

2004 年年底的一天，笔者担任本科生毕业论文的指导教师，约见学生小李来讨论毕业论文的选题。讨论过程中，笔者提醒小李，毕业论文选题尽量与自己现有的课程优势、学术兴趣、未来的职业取向等方面结合起来。小李听后显得不知所措，说道：“老师，让我回家和我妈商量一下，好吗？”无独有偶，2013 年春节刚过，笔者受人之托，给一位 1978 年出生的男士介绍女朋友，当电话打给对方后，对方的回应是：“谢谢您，这事您同我妈商量吧。”

生活中，总有那么一些人，习惯了对他人的一味听从和依赖，“懒”到将“自我”交予他人，不愿意承担一点责任。畏惧选择让这些人习惯了听之任之，逃避责任让这些人学会了埋怨他人。最终，“不愿意有自我”让这些人抱着遗憾和埋怨走过一生。

在职场上，也有这么一群人“不愿意有自我”。他们勤勤恳恳，任劳任怨，却总因不能顺利晋升而牢骚满腹。其问题就在于：一味听从。

◆【案例 2-2】

只“听话”是不够的

在美国的佛罗伦萨市曾发生过这样一个故事。两个年轻人，一个叫约翰，一个叫哈里，同时进入了一家蔬菜贸易公司。3 个月后，哈里很不高兴地向总经理抱怨说：“我和约翰同时进入公司，现在约翰的薪水增加了一倍，职位也上升到了部门主管。而我，每天勤勤恳恳工作，从未迟到早退过，按时按量完成任务，可我的薪水一点也没有增加，职位依然是普通职员，这是为什么？”

总经理没有马上回答哈里，对他说：“这样吧，公司现在打算预订一批土豆，你先去看一下哪里有卖的，回来我再回答你的问题。”

于是，哈里走出了办公室。半个小时后，哈里急匆匆地来到总经理办公室，汇报说：“20km 外的集农蔬菜批发中心有土豆卖。”

总经理问道：“一共有几家卖的？”哈里挠了挠头说：“我刚才只看到有卖的，没看到有几家，您稍等一会儿，我再去看一下！”说完又急匆匆地跑了出去。

20min 后，哈里喘着粗气回来汇报：“总经理，一共有三家卖土豆的。”

总经理又问道：“土豆的价格是多少？三家的价格都一样吗？”哈里愣了一下，又挠了挠头说：“总经理，您再等一会儿，我再去问一下。”说完，哈里就要向外跑。这时，总经理叫住他，说：“你不用再去了，你去帮我把约翰叫来吧。”

3min 后，哈里和约翰一起来到总经理办公室。总经理先对哈里说：“你在这里先休息一下。”又对约翰说：“公司打算预订一批土豆，你去看一下哪里有卖的。”

40min 后，约翰回来了，向总经理汇报：“20km 外的集农蔬菜批发中心有三家卖土豆的，其中两家都是每千克 1.80 美元，只有一家老头卖的是每千克 1.60 美元。我看了一下他们的土豆，发现老头家的最便宜，而且质量也最好，因为是自己农园里种植的。如果我们需要很多的话，价格还可以更优惠一些，并且他们家有货车，可以免费送货上门。我已经把那老头带来了，就在公司大门外等着，要不要让他进来具体洽谈一下？”

总经理说：“不用了，你让他先回去吧！”这时，旁边的哈里已经目瞪口呆。总经理问道：“如果你是总经理，你会给谁加薪晋职？”哈里惭愧地低下了头。

（资料来源：笔者依据相关资料整理）

职场上，完全的服从是远远不够的，认知自我、接受自我、改变自我，将大大助力职场人在工作和竞争中脱颖而出。

（三）“不能够有自我”

中国人由于深信价值之源内在于心，对于自我的解剖长远浓厚：上起孔、孟、老、庄，中经禅宗，下迄宋明理学，都是以自我的认识和控制为主要目的。

在中国的先哲们看来，自我是一个整体，整体的自我一方面通向宇宙，与天地万物为一体；另一方面则通向人间世界，成就人伦秩序。儒家以修养为核心的自我认识，往往把外在的社会规范和内在的价值之源混淆，并且过于重视人性中“高层”的一面，忽略了人性的弱点，对真正属于个体层面的“自我”的认识不够全面。

直到明清时期，中国人才有了个体层面的“自我”意识，如李贽、顾炎武、颜元、龚自珍、魏源等，他们给“自我”以肯定或推崇。

◆【案例2-3】

李经纬的悲情

曾经的改革“标杆型企业”健力宝，是20世纪80年代最值得称道的公司，在成功赞助于美国洛杉矶举办的第23届奥运会后，广为人知。随着中国女排姑娘们的三连冠，“中国魔水”与“东方魔女”交相辉映，使得健力宝一夜而为天下知，企业迎来蓬勃发展期。但被西方称为“中国魔水”的健力宝却于2002年低价转卖，健力宝神话一去不返。究其原因，不外乎其掌舵人李经纬在面对企业经营不善、外界压力激增时，本想坚持力挺健力宝，但来自外部众多的压力使得他不能有“自我”，更是无法表达自己对健力宝深沉的“爱”，李经纬与健力宝悲情的落幕正是对一个当时不能有“自我”的企业家最直观的写照。

（资料来源：笔者依据相关资料整理）

直到今天，一些有待改变的机制、一些与自我背道而驰的价值观教育让很多人“不能有”自我。不少人即使努力保持自我，努力做一个真诚的人，最后却发现，外部环境让他们“不能有”自我。

作为良性运转的组织，管理者要主动将部门与员工诉求进行合理融合，为员工提供适当的成长环境和公共服务，从而激发员工自我成长的潜力，在自我实现的过程中实现组织目标。

二、“现在的我”“过去的我”“将来的我”

课堂上教师为调节氛围，问：“大学里谁最有学问?”学生的答案很多：有回答“校长”的，有回答“院士”的，有回答“教授”的……在五花八门的答案中，教师给出了自己的答案——学校大门口的门卫。因为他每天都在问哲学的问题——“你是谁?”“你从哪里来?”“你到哪里去?”

纵观时间轴，可以把人群大体分为三类，如图2-1所示。

（一）“现在的我”

“现在的我”看似简单，可要回答起来，还真不那么容易。正所谓“不识庐山真面目，

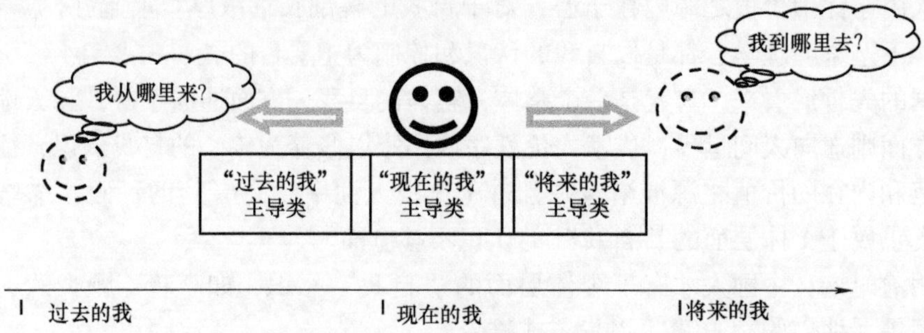

图 2-1　时间轴上的“我”

只缘身在此山中”。每个个体都是来自过去、走向未来、活在当下的。人是一个时序上的整体，过去的经历和未来的憧憬都会对“现在的我”产生影响。至于影响的大小，因人而异。

1. “过去的我”主导类

总有这样一些人，活在过去。

如果把人的记忆比作硬盘，他们的“移动硬盘”从未被格式化过。这些人保留了过去的经验和美好经历的同时，也忘记删除痛苦的过往，以至于新的生活、工作资讯没有“存储空间”。

在这群人里，一些人放不下的是过去的成功，一些人放不下的是过去的伤痛。曾经有一个在职研究生，无论是课程上的自我介绍、课程作业，还是论文撰写，主线只有一个，就是他毕业于某某著名的中学和某某著名的大学，以及当时的辉煌成就。至于说他现在干什么、为什么干、怎么干，却一概不知。有些企业家或有过成功经历的人越来越放不下过去成功的包袱，经常把过去打江山的故事挂在嘴边。还有一些人，“一朝被蛇咬，十年怕井绳”。

这些人，现在即是过去，走不出过去便只能现在不断回忆、感慨。职场上，“歌功颂德”活在过去的人大有人在，抱怨着过去做出了怎样的成绩，付出了多少心血，却没有得到领导的关注、职位的晋升。他们需要从过去回到现在。

他们忘记了：现在才是最重要的。

2. “将来的我”主导类

与“过去的我”主导类相反，有这样一群人，怀揣着“我要……”的梦想，“飘飘然”度日。

“我将来会成为伟人，怎么能干现在干的这种小事情呢？”

“我的理想是当总裁，现在做的普通职员的工作我干不了。”

“凭我的能力，以后一定能在公司出人头地，现在的领导应该对我态度好一点儿。”

他们的内心被自己幻想着的未来的“海市蜃楼”所占据。这种“将来的我”主导类的人，不单单是个体对自我认知存在偏差，其原生家庭以及过往经历也在其中起着重要的作用。

有这样一位父亲，在儿子毕业季时托人帮儿子找工作。当受托者问道，想找什么样的工作时，这位父亲毫不犹豫地说：“要求不高，只要让儿子坐办公室就行。”这种停留在原生家庭认知上的“将来的我”，势必会影响其对“现在的我”的判断和最直接的工作选择。

梦想如果没有脚踏实地地践行，就会变成幻想。职场上的“将来的我”不应该只是幻想或是海市蜃楼。作为个体，职场人要有梦想（“将来的我”），要总结和合理切断过去（“过去的我”），更要了解自我（“现在的我”），明白梦想与“现在的我”之间的差距，并设立切实可行的短期目标，一步步走向成功。

3. “现在的我”主导类

一个人要有历史感，也要有梦想，但不可否认的是，我们每个人都生活在当下。认识并接纳“现在的我”是一个人负责任的表现。

当我们若干年后回想起现在，我们不至于懊恼为什么“现在”没有做得更好，不至于因为没有更好地把握“现在”而常常后悔。古希腊学者库里希坡斯曾说过这样一句话：过去与未来并不是“存在”的东西，而是“存在过”和“可能存在”的东西；唯一“存在”的，是现在。现在的生活是由三年前决定的，而三年后的生活是由现在决定的。

“钱多、事少、离家近”是多少初入职场的新人梦寐以求的状态，想象着未来更高的职位、更多的权力，却忘记了当下踏实做事、点滴积累的人又有多少？“不扫一屋，又何以扫天下？”忘记了“现在的我”等于放弃了成长的可能性。

职场中人，要清楚地认知自我，了解当下的自己。活在当下，踏实做事，在自我成长过程中一点一滴地建立起与组织的信任。

（二）“过去的我”

人生是一个过程，我们没有办法重新选择，客观地看待“过去的我”，做好点滴总结和合理切断，为“现在的我”和“未来的我”增加经验和自信，不失为一种聪明的选择。

中国有句老话，叫“三岁看大，七岁看老”。无论是三岁还是七岁，我们都存在于原生家庭之中。因此，“过去的我”与原生家庭有密切的联系。作为一个人最初生活和成长的环境，原生家庭对于自我及关系模式等方面无不发挥着举足轻重的作用。

现实生活中，我们常常看到这样一些人，他们会以自己的出身来确定自己未来的生活前景；他们经常会因自己角色的卑微，而用可怜的声音与世界对话；他们总是因暂时的生活窘迫而放弃了自己的梦想；他们总是因其貌不扬被人歧视，低下了充满智慧的头颅。

首先，不要用卑微的姿态面对世界。一个人只要知道自己要去哪里，全世界都会给他让路。因此，接受过去，感恩过去，但不要被过去所束缚。原生家庭影响“自我”，但不决定“自我”。面对未来，我们要学会自我肯定，做好充分的准备，在不断的自我学习过程中重塑自我、超越自我。

其次，学会不伤害自己，与自己和解。有时候我们会莫名生气，有时候我们会过分敏感，有时候我们会不免伤怀。我们就像个孩子，无法控制自己的情绪、思维，感觉全世界都在与自己作对。安静下来，看看住在我们内心的那个受伤的小孩，给予他理解和关爱，疗愈自我。

接下来，我们要学会合理切断“过去”。感恩原生家庭，因为我们每个人最初都依附于原生家庭才得以成长，合理切断原生家庭，智者与凡人的差别就在于是否能够扬长避短。合理切断与原生家庭的联系，从原生家庭中接管自我，学会对自己的今天负责。

作为不断成长的职场人，我们要学会理性认知“过去的我”。这种认知不是对过去完全否定，也不能完全承接。扬长避短、点滴总结、合理切断才是面对“过去的我”的正确态度和做法。

（三）“将来的我”

辩证地来看，一方面，“将来的我”与“现在的我”和“过去的我”密切相关。例如，一个新入职员工为下一个小时做准备，公司的总经理为未来 3 ~ 5 年做准备，伟大的企业领袖预见未来 10 ~ 20 年。另一方面，“将来的我”又对“现在的我”和“过去的我”产生重要的影响。例如，大学生一旦确立了考研的目标，学习的动机和时间安排都将服务于这一目标。但凡成功的人，大都有一个远大而清晰的“将来的我”。

哈佛大学有一个非常著名的关于目标对人生影响的追踪调查：27% 的人，没有目标；60% 的人，目标模糊；10% 的人，有清晰但比较短期的目标；3% 的人，有清晰且长期的目标。25 年后，这 3% 的人，不曾更改过目标，后来都成了社会各界的顶尖成功人士；10% 的人，大都生活在中上层，成为各行业不可缺的专业人士；60% 的人，大都生活在中下层，毫无建树；27% 的人，生活在最底层，常常失业。

成功的人，他们既有伟大的梦想，更有合理的目标，且脚踏实地地不断践行。大成功是由小成功累积起来的，每一个成功的人都是在达成无数的小目标之后才实现了他们伟大的梦想。

◆【案例 2-4】

你必须要有目标

有一对年轻的夫妇，他们有两个孩子，一个叫莎拉，另一个叫迈克尔。当莎拉 6 岁、迈克尔 4 岁时，父母决定为他们养一只小狗，并请驯兽师来训练它。

驯兽师问：“小狗的训练目标是什么？”夫妻俩面面相觑，一脸迷惑地嘟囔着：“训练一只小狗还有什么目标？”他们实在想不出训练一只狗还能有什么目标。

驯兽师极为严肃地摇了摇头说：“训练每只小狗都得有一个目标，否则我们根本没法训练它。你们是想训练它守门，还是和孩子们一道玩耍，或者只是作为你们的宠物？我必须知道这些，这就是训练它的目标。”

驯兽师的这一课让这对年轻的夫妇明白了该如何教育自己的孩子：为他们树立目标。

最终，莎拉成了一家电台的主播，迈克尔则成了纽约市第 108 任市长。

（资料来源：笔者依据相关资料整理）

人生是一次远航，唯有那些目标明确的人，才能到达他们期望的地方。没有目标的人，会做的只是盲目地跟从——他们到达了，却不会有任何收获——因为他们不知道到达那里意味着什么。

我们要学会建立清晰的“将来的我”，理性拆分实现“将来的我”的合理路径，从短期目标到中期目标，再到长期目标，一步步走向属于“自我”的成功。

领导力权威之一沃伦·本尼斯（Warren Bennis）在论述“如何成为领导者”时，给出了以下行之有效的操作建议：

（1）认识你想要什么与你的现有能力两者之间的差距。

（2）认识什么给予你动力与什么给予你满足两者之间的差距。

（3）认识你的价值观和优先关心的事情与你的组织的价值观和优先关心的事情两者之间的差距。

（4）认识到前面三个差距之后，你是否能够而且愿意来克服这些差距。

每年年底时，写出明年想要达成的全部目标，然后选四个最重要、最想要、也具有可行性的，并从中选一个为核心目标，其余三个再排出优先顺序，定出具体的完成期限。在列出目标之后，制订一个详细的计划，把计划依照优先顺序排列好，这样会使目标达成的概率大幅度地提升，这是每个具有领导力的人所做的事情。

三、“骆驼我”“狮子我”“婴儿我”

每个人都渴望早日成功，而年轻时的尼采是幸运的。1869 年 2 月，年仅 25 岁的尼采被聘为瑞士巴塞尔大学古典语言学教授。教授十年，就没了新鲜感。1879 年，尼采辞去了巴塞尔大学的教职，开始了十年的漫游生涯。而这十年，恰恰是尼采创作的黄金时期，成就了他哲学家的梦。

这其中还有一段令人玩味的“师生恋”。辞职后的尼采无所事事，在梅森葆夫人和另一位朋友雷埃的邀请下到罗马旅行。在那里，两位朋友把一位富有魅力、极其聪慧的俄国少女莎乐美介绍给他，做他的学生。尼采深深地坠入情网，莎乐美也被尼采的独特个性所吸引。两人结伴到卢塞恩旅行，沿途尼采向莎乐美娓娓叙述往事，回忆童年，讲授哲学。但是，羞怯的性格使他不敢向莎乐美吐露真情，于是他恳请雷埃替他求婚，殊不知雷埃自己也爱上了莎乐美。莎乐美面对这两位追求者的求爱，最后都没有允诺。

哲学家在行动方面未必擅长，但他们一定是思想的强者，给人们以启迪。尼采在《查拉图斯特拉如是说》中，以骆驼、狮子、婴儿三种生物来比喻人类精神的变化。精神会由骆驼变成狮子，再由狮子变成婴儿。[⊖]骆驼代表的是背负着传统道德的束缚，狮子则象征着勇于破坏传统规范的精神，婴儿则代表破坏传统规范后创造新价值的力量。

（一）“骆驼我”

“骆驼我”，学会生存。

骆驼是沙漠之舟，在戈壁沙漠的恶劣环境下，可以吃苦耐劳、艰难跋涉，这样才可以到达胜利的彼岸。所以尼采就把骆驼比喻为强者人生的第一台阶。因为要想成为一个强者，就必须要经历一些坎坷，必须经历一些困苦，以磨炼心志和体魄，这样再遇到波折时才不会气馁脆弱。正所谓：天将降大任于斯人也，必先苦其心志，劳其筋骨，饿其体肤，空乏其身，行拂乱其所为，所以动心忍性，曾益其所不能。

对于职场新人，要学会在现有规则下先进行融入，这是职场新人生存的第一步。与此同时，无论是职场新人，还是身居要位者，做事的能力都是最基本的能力。这是获得职场成功

⊖ 尼采．查拉图斯特拉如是说［M］．杨恒达，译．南京：译林出版社，2013.

的基础。

勤恳是职场人敬业的表现，但只埋头做事，不抬头看路，自我仍然是迷失的，成长更会变成无稽之谈。因此，当我们成长到一定阶段时，像"骆驼我"一样只会一味地吃苦耐劳是不够的。职场人要在做事的同时找到自己的目标，并在实现目标的过程中与组织和组织中的成员共同成长。因此，人与人、人与组织关系的建立需要"骆驼我"不断摸索，不断学习。

（二）"狮子我"

"狮子我"，学会成长。

狮子之所以可以称霸一方，就是因为它是一种具有坚毅品质、冒险精神、渴望成长的群居动物。"狮子我"从不畏惧失败，持之以恒的坚毅品质让他们成为众多行业的佼佼者。马尔科姆·格拉德威尔曾在他的书中提到，"只要肯花一万个小时练习，就可以在任何领域内成为大师"。人是这样，组织也是这样。纵观中国企业史，没有一个企业的成长史是一帆风顺的。史玉柱失意过，褚时健落马过，即使是马云、冯仑、俞敏洪，也都受到过或是分家或是产业低谷的打击。而他们的不凡是因为他们的坚持。

除了坚毅的品质，敢于冒险的精神也会让"狮子我"与众不同。"骆驼我"终生行走在沙漠中，除了吃苦便是平淡无奇。而"狮子我"恰恰不同。他们敢闯敢干，这让柳传志创建了联想，李书福生产出属于中国人自己的汽车。

并不是只有坚持和冒险就能成功。不会学习会让冒险家成为莽夫，不渴望成长，坚持就等于原地踏步。

众所周知，由于家庭贫困，李嘉诚初中就被迫失学了。但是，他一直铭记，如果没有知识，没有学问，他将来就不可能在社会上立足。因此，李嘉诚白天当推销员，晚上上夜校，他到废品收购站去买别人废弃的旧教材，用旧报纸练字，利用各种方式疯狂地学习知识。直至今日，80 多岁高龄的李嘉诚仍然坚持学习。当别人向他请教如何决策时，他说："你自己应该知识面广，同时一定要虚心，多听专家的意见。自己作为一家公司的最后决策者，一定要对行业有相当深的了解，不然的话，你的判断一定会出错。"

"狮子我"要学会"试错"，敢于"试错"，勇于承担。尝试是成长的第一步，也是抵抗自身脆弱性的有利机会。

（三）"婴儿我"

"婴儿我"，释放自我。

随着"狮子我"的逐渐发展，人的精神进入了第三个阶段——"婴儿我"。"婴儿"代表新生力量，是新的开始。

婴儿是天真的，没有伪装，没有欺骗，没有恶意，始终保持着纯净的人性源头。婴儿是无知的，因为无知才会产生出无限的求知欲望，才会去好奇地接受新鲜事物，才会不断地去看、去问、去想、去学，以增加自己的知识和能力。婴儿是人生的起点，总以难以置信的速度在茁壮成长，因而也代表着成长。婴儿对"我是谁"的回答是"我就是原来的我，真实的我，无须面具的我"，是对自己过去的一种肯定。

只有当人成长到一定阶段，有了对人生更多的洞见时，职场人才能走向"婴儿我"，从而在了解人生真谛的基础上追求真我，自由释放。"婴儿我"其实是超我的另一种诠释。我们生而为人，无论是在职场上，还是在生活中，都要踏实勤奋，成为“骆驼”，要敢闯敢干，成为“狮子”；当我们拥有了不断积淀下来的阅历，在书本和行走中不断开拓我们的视野，我们开始追求本真的自己，成为“婴儿”。

第二节　个体的认知

一、找到了自己就找到了世界

人类使用最多的一个词是“我”，最视而不见的也是“我”。一个看不见“我”的人既不知道自己想要什么，也不知道自己能做什么。因为看不见自己，只能乖乖“听话”；因为忘记了“我”，只能默默“跟从”。最终，生命的意义只是为他人而活，平庸地消失于芸芸众生。因此，成就自我的第一步便是找到“自己”。

（一）拒绝过去与幻觉

奇普·希斯（Chip Heath）和丹·希斯（Dan Heath）在书《开关》中写道：在一个变化的情况中，缺乏认知度是最大的障碍。因此，解答“我是谁”的自我认知命题就变得尤为重要。“我是谁”，这是一个让很多人既好奇又害怕的问题。我们好奇，因为它可以让我们更深层次地了解自我，发现未知，同时看到自身生存和成长的原动力。我们害怕，因为探讨这个问题就像打开了“潘多拉的盒子”，发现我们所期望的“我”的同时，另一个一直被“逃避”的“我”也逐渐呈现出来。这些被逃避的“我”给我们出着一道道难题，让我们选择如何面对、如何平衡、如何解决问题。它让我们不安，甚至恐惧，但换一个角度看，它也给了我们成长的空间。

自我认知的第一步：我不是谁。

1. 不可信的记忆

在我们的人生旅途中，我们经历过成功，当然也不免失败。大量的记忆充斥着大脑，有清晰的，也有模糊的，有真实的，也有虚假的。它们在我们的大脑中一遍遍地回放，这成为很多人以为的“自我”。然而，我们的记忆是建设型的，不是复制型的。⊖大脑存储记忆是将每个记忆点重新连接。在这种连接过程中，大脑时常会出错。纵横交错的记忆碎片加之其他敏感内容，往往让经历变得不真实。

2. 主观认知误导

在我们的认知过程中，主观认知也时常误导我们进行自我认知。过去怎样的我就塑造了今天怎样的我。因为一篇二年级没有背下的课文就断然认为自己记忆力弱，一次糟糕的数学成绩就确信自己逻辑能力不强，多少人将自己禁锢在“过去的我”当中，又有多少人“画地为牢”，守着主观臆造的自我生活着。

拒绝过去与幻想，才能遇见真正的我。

⊖ 贝南·塔布里兹，迈克尔·特雷尔．掌控：如何规划自己的时间和生活？[M]．高天航，译．北京：现代出版社，2014.

◆【案例 2-5】

放下过去，拾起今天

46 岁那年，纳尔逊·曼德拉被南非的种族隔离政府监禁起来，理由是曼德拉带领人民暴力反抗这个政府的统治。当时，他可能要面临长达 27 年的牢狱生活，且其中前 18 年都要在罗本岛上的劳改集中营度过。

在罗本岛上的头几年，曼德拉都处于身心压力最大的状态中，对那些剥夺了他自由的人和机构充满了怨恨。他被迫在采石场里日复一日地劳动，还要受到残忍可恶的狱警的监视。回忆起囚居罗本岛的这段生活，曼德拉说，他和他的战友"需要直面现实——他们的生活将变得不可思议的残酷"。

尽管如此，在年复一年的牢狱生活中，曼德拉还是集聚了坚定的意志和无穷的勇气。随着时间的流逝，他已可以放下他的满怀恨意和复仇故事了，他也饶恕了那些夺走他生活和自由的家伙。最后，他意识到："在罗本岛的监狱里，如果一直心怀仇恨，就如同借酒消愁，希望被酒精麻痹后能在梦中消灭敌人一样。"于是，曼德拉开始放下过去的愤怒和戾气，对他所面对的新的机遇张开了怀抱。

最后，曼德拉终于被释放了。他出狱时说："我向全世界的和平、民主与自由致敬。现在我站在你们面前，绝不是一位先行者，而是人民卑微的仆人。是广大人民用不懈的努力和壮烈的牺牲换来了我今天站在这里。所以，我要把我剩余的生命奉献给你们。"他把他自身和他的国家的过去一笔勾销，一切从头开始。曼德拉成为南非第一位全票当选的总统，并于 1993 年获得诺贝尔和平奖。

（资料来源：笔者依据相关资料整理）

有人将人比作鱼缸里生活着的鱼。在我们出生时，被放进了一个干净、漂亮的鱼缸里生活。但随着时间的推移，不断积累的经历和记忆被编成了故事，定位了我们是谁，鱼缸开始变得浑浊不清。随着鱼缸越来越脏，我们开始看不到周围的世界。对过去的怨恨、对将来的恐惧禁锢着我们，我们只好在一团团自己制造的污秽物中游来游去。请谨记：及时打扫干净我们自己生活的鱼缸。

（二）发现独一无二的自己

每个人都有不同的生活方式、态度、梦想和追求。而这些差异与不同都是基于自我认知基础之上的。我们可以建立自己的参照系，但永远不可能完全复制。我就是我，独一无二的我。我们需要自我认知。知人者智，自知者明。自我认知不是一件一蹴而就的事情。一步到位的自我认知不仅不可能，即使做到也会让我们很难面对。因此，我们要运用一些方法，循序渐进地认识独一无二的"我"。

1. "九型人格"分析法

"九型人格"分析法是一种自我诊断法，由古代文化中的"九点图"演变而来。它可以帮助我们对自己有一个基本判断。在这里，我们提供了唐·里索（Don Richard）和拉斯·哈德森（Russ Hudson）开发的"简便式九型人格分类测试"。在测试时，我们需要放弃自我控制，心态开放，坦诚面对。

本测试分为两部分。请认真阅读每部分的三段文字，按您的实际情况进行3、2、1排序

（3表示最符合您实际的行为描述，1表示最不符合您实际的行为描述）。

第一部分

A级：我总是相当独立和果断。我认为只有直面生活，才能够过上最好的日子。我给自己设置了目标，为此全身心投入，希望事情能够成功。我不喜欢无所事事——我希望有所成就并获得影响力。我不会无缘无故地挑衅，但也绝不允许别人冲撞我。绝大多数时候我知道我想要什么，以及我该如何去获得想要的东西。我努力工作、努力表现。

B级：我好静，喜欢独处。我通常不会太关注自己的社交生活，且对我而言，我也很少强有力地对自己下断言。我不喜欢领导他人，也不喜欢竞争。很多人也许会说我是那种充满不切实际幻想的人——我的快乐大多来自想象。就算做不到时时刻刻都充满活力，我还是觉得挺心满意足的。

C级：我责任感超强，满怀奉献精神。如果我没有信守承诺，或者没达到别人的期待，我就会感觉糟糕透了。我希望别人都知道，我在时刻准备着为他们付出，而且我会为他们做我所认为最好的事情。无论别人知不知道都没有关系，我总是一心为他们着想，自己经常因此做出巨大的牺牲。我对自己往往照顾不周——我需要完成所有需要做的工作，然后如果有时间，我才能放松一会儿。

第二部分

1级：我一直都很乐观，认为每件事情都可以做到最好。我经常会对一些事情燃起激情，并用不同的事情填满自己的时间。我喜欢和大家共处，帮助他们也给我带来快乐——我也愿意与他们分享我的好东西。（我不是时时都会开心，但我努力不把郁闷表现出来。）不过，为了保持良好的心态，我有时会把自己亟待解决的问题一推再推。

2级：我是一个喜怒形于色的人——在我不开心的时候，大多数人都可以看得出来。与他人在一起时我会表现得很自制，但其实我比表面上更加多愁善感。我很想知道，我与谁的立场是一致的，我可以指望谁——而对大多数人而言，他们很清楚我什么时候能够与他们立场一致。当我生气的时候，我希望别人能够对此有点反应，能够顺着我。我当然懂得为人处世的规则，不过我不要别人指挥我做事。我要自己做决定。

3级：我这个人相当自制，而且很理性——我不愿意流露感情或过分沉溺于感情。我做事效率很高——甚至是追求完美——无论是对工作还是对我喜欢的其他事情。如果遇到问题或私人冲突，我也会尽力不使自己的行为受到情绪的影响。有人说我太冷酷、太超脱，但我其实只是不喜欢因为个人原因而影响到重要的事情。我很高兴当别人冒犯我时，我能够控制住自己。

测评方式：第一部分的最高得分项和第二部分的最高得分项组合，就是您最可能归属的性格类型。

里索—哈德森分类	九型人格分类	主要性格特点
A1	7	自觉，多才多艺，好学，散漫
A2	8	自信，果断，固执，富有反抗精神
A3	3	适应性强，要强，自我鞭策，注重形象
B1	9	容易接触，令人安心，顺从随和，心满意足
B2	4	表现欲强，富有戏剧性，自我，喜怒无常
B3	5	感知力强，善于发明创造，守口如瓶，孤立
C1	2	慷慨，感情外露，受欢迎，占有欲强
C2	6	迷人的，责任感强，易焦虑，疑心重
C3	1	原则性强，目的性强，有自控力，完美主义者

2. “迈尔斯-布里格斯”分类法（MBTI）

“迈尔斯-布里格斯”分类法是以瑞士心理学家荣格（Carl Jung）划分的八种类型为基础，由美国人凯恩琳·布里格斯（Katharine Briggs）和她的女儿伊莎贝尔·布里格斯·迈尔斯（Isabel Briggs Myers）设计的。它通过四个维度（I——内向，E——外向；S——感觉，N——直觉；T——思维，F——情感；J——判断，P——理解）的划分，可以让测量者了解自己更偏向于哪种性格。

3. DISC 分类法

20 世纪 20 年代，美国心理学家马斯顿（D. M. Marston）博士发展出一套理论，用以解释一般人的情绪反应。该方法通过测量支配（Dominance）、影响（Influence）、稳健（Steadiness）与服从（Compliance）四方面来判断被试者的性格特征。而这套方法也以这四项因子的英文名首字母而命名，即 DISC。

在国内，人们将这四个方面的典型性格进行了人物化处理：

支配型（D 型）——孙悟空：行动力强，以结果为导向，脾气大，有魄力。

影响型（I 型）——猪八戒：性格温和乐观，对人敏感，爱说爱笑，有魅力。

稳健型（S 型）——唐僧：中规中矩，以和为贵，没脾气，有亲和力。

规则型（C 型）——沙和尚：规则性强，谦虚拘谨，不说不笑，有执行力。

4. 高峰与低谷

高峰、低谷的方法是让我们以学习者的心态，通过思考自己经历过的最好（高峰时期）和最不好（低谷时期）的时光，来审视自己。在认真思考高峰（低谷）时，要注意当时是如何做到的（包括态度、行为等）。很多事情的发生都有其不易发现的微妙之处。认真学习后，我们会发现：自己想做的是什么，在某些环境下应该避免什么。

5. 生活中的“即兴”

我们的自我意识是一直存在着的。但是有一个干扰它的最大问题就是，我们常常陷入陈规旧习中无法自拔。帕特里夏·马德森（Patricia Madson）教授在她的著作《即兴的智慧》中写道：“我们有一条‘不拒绝’规则，它召唤出我们的想象能力，去创造崭新、正面的形象。”因此，请接受生活中的各种选择。当家人提议来一场说走就走的旅行或是太太（先生）提议来一次浪漫约会时，请你回答“是”，然后去做准备。这将帮助你挖掘内心潜在的意愿。

6. 真实的反馈

自我认知是一个非常困难的事情。因此，为了更为客观地认知自我，我们可以借助他人的力量，包括父母、爱人、恋人和亲密朋友等。根据“乔哈里窗”（见图 2-2）理论，我们可以通过自己的亲密关系，在精心设计的题项帮助下，来了解他们眼中的我，并将他们眼中的“我”与我眼中的“我”进行对比，从而进行自我认知。

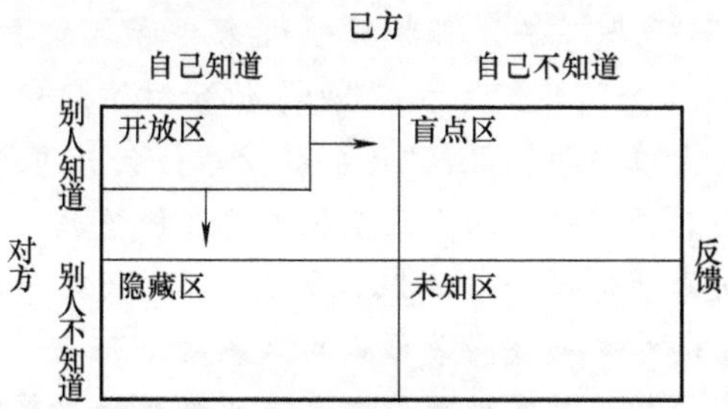

图 2-2　乔哈里窗

此外，写日记、冥想都是可以选择的自我认知方法。

（三）在自我认知中学会成长

自我认知是为了自我成长。自我成长的核心是解决内在的无力感。“我可以成为怎样的人”成为自我认知后的重要人生议题。

海伦·凯勒曾说过：眼明却没有愿景，这是多么可怕的事情。富有传奇色彩的通用电气总裁兼 CEO 杰克·韦尔奇（Jack Welch）曾这样描述优秀的领导者：“要能够提出愿景、描述愿景并且充满热情地拥有愿景，最后还要最大限度地实现愿景。”如果能够跟着愿景的指导行事，放开心胸不断随着时间的推移完善自己的愿景，自己就会变得很强大。因此，我们要了解“我们可以成为怎样的人”。

花一点时间，可能是几个小时，也可能是几天，安静下来，准备纸、笔，写出自己内心真正想要的愿景。在进行内心真正想要的愿景描述时，要注意清晰、激励自我、简洁、符合现实情况、对他人的影响。

自我成长永远没有“为时已晚”。畅销书作家哈利特·杜尔（Harriet Doerr）在 65 岁那年回到学校里去接受正规教育，并完成了斯坦福大学的创意写作课程。8 年后，她写出了《伊瓦拉的宝石》一书，这是她第一本获得国际大奖的作品。

不要害怕成长，不要拒绝成长。生命除非走到尽头，否则没有“为时已晚”。

二、回溯原生家庭认识自我

（一）原生家庭会影响到关系模式

在上节自我认知中，我们介绍了一些当下流行的自我认知方法，如九型人格、MBTI 等。这些方法都在一定程度上让我们了解了自己的一些性格。反视性格的来源，除了所谓的“天生”以外，环境也扮演着重要的角色，尤其是家庭环境。

◆【案例 2-6】

原生家庭塑造了最初的“我”

性格是融于骨髓的，性格的养成大多取决于家庭背景和成长环境。

我在商业银行人力资源部上班。去年，我们这里招了大概60名实习生，由我负责管理。印象最深的是去年3月他们第一次来银行报到。

因为第一天报到，我们准备了一间办公室。在等待过程中，同事跟我说："我告诉你，我知道哪些孩子来得早，哪些孩子进来会和我们打招呼，哪些孩子会和我们聊几句，哪些孩子进来会给我们倒水。"如果他猜对了，我中午请他吃必胜客。

说着，他挑出了一大堆简历，说："这些孩子来得会相对早点。"然后把这部分简历交给了我。当结果揭晓时，最早来的十几个孩子都在他给我的简历里面。随后陆陆续续来的一些孩子，有的进来紧张得一句话都不多说，有的笑嘻嘻地和我们聊几句，有的会很自然地给我们倒水。其结果与我同事预测的只差两个。

后来，他传授了我绝招。其实很简单：看简历资料的户籍所在地和父母工作的单位即可。

来得很早的孩子大多是农村的孩子。因为他们很重视这份实习工作，得到工作后，他们自然会打电话给家里，家里父母能给予的指导无非是早点到，好好珍惜。因此，来得最早的自然是这些孩子。但他们都很紧张，几乎和我们无交流。

进来与我们打招呼并且还倒水的那几个孩子无一例外，父母都在党政机关工作。

进来大大咧咧还开几句玩笑的几个孩子，家里都是经商的。他们受到父母的熏陶，自己身上也便有了商人的影子。

还有那么两三个孩子，感觉挺冷傲，相对自信，对我们不卑不亢，这几个无一例外地是大城市知识分子家庭的孩子。

（资料来源：笔者依据相关资料整理）

原生家庭是一个人一生中接触最早、关系维持最久，也是最错综复杂的社会生活单位。个体将来的员工关系如何，在一定程度上能够在原生家庭中找到初始的影子。一个人自出生后，一方面在物质上靠原生家庭维持生命的成长，另一方面在精神上靠原生家庭帮助心理发展，原生家庭的社会化功能教导儿童学习生存及生活技能，也提供给个人情绪上的支持和安全感。因此，原生家庭是子女社会化的初始单元，也是自我认知的重要组成部分。

（二）在原生家庭中寻找自我

或许很多人都想过这个问题：我为什么是这个样子？某些困扰自己很久的"问题"，也许正是自己对父母的忠诚之爱。在18岁之前，父母的婚姻状况、与自己相处的情况、家庭的规条、兄弟姐妹的关系等，很多因素都对自己有或明或暗的影响。今天我们身上的大部分东西——生活习惯、性格特点、价值观、思想信念等——基本都来自原生家庭。

在自我认知阶段，梳理原生家庭是很重要的一个步骤。家庭图（见图2-3）是一个很好的工具，它可以清晰地呈现个体与家庭之间的关系，让人一目了然地看清家庭如何塑造人。

但我们需要注意的是，家庭图中包含的内容是个体离家之前的。当个体脱离原生家庭，组建核心家庭后，原生家庭对其的影响就没有那么大了。

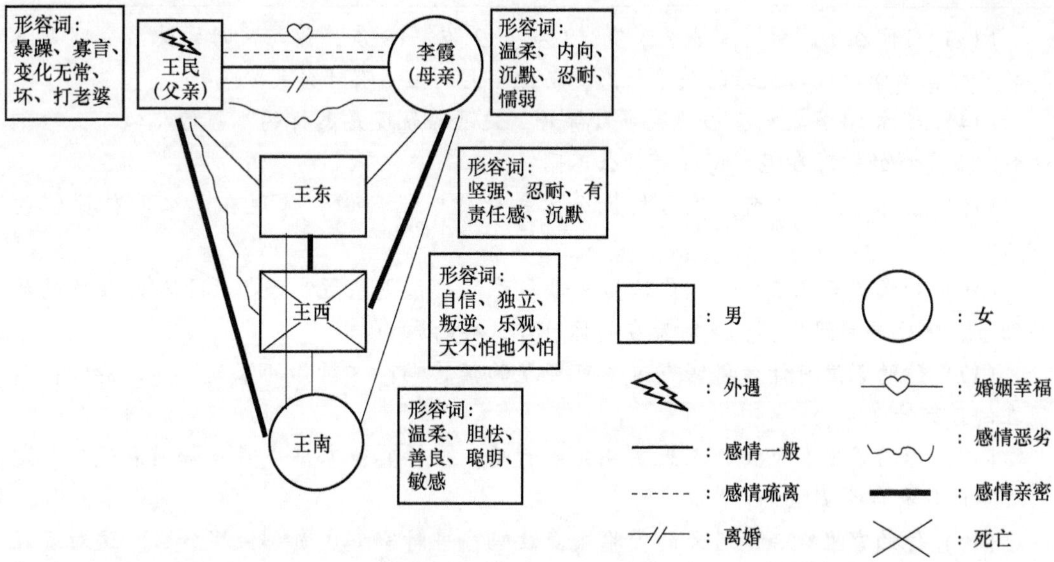

图 2-3　王东的家庭图

接下来，认真思考并回答以下问题⊖：

1. 情感关系的影响

（1）在你 18 岁之前，你父母的婚姻状况是怎样的？恩爱？普通？恶劣？三角关系？分居？离异？他们的关系对你有什么影响吗？当时有什么让你记忆深刻的事情吗？那事情对你的影响是什么？

（2）你猜父母亲认为自己是怎样的人？他们眼中的对方呢？

（3）父母的婚姻是怎样开始的？有一些什么样的故事？

（4）父母之间怎样表达爱情？主要是什么因素在维系着他们的关系？

（5）如果他们有了矛盾，通常是怎样解决的？吵架？沟通？冷战？出走？压抑？逃避？假装没有事？父母解决矛盾的方式对今天的你有什么影响？

（6）如果他们吵架，通常是怎样开始的？然后又是如何和好的？

（7）当他们吵架时，你在哪里？当时你的感受如何？你会想什么？你现在怎么看待父母的吵架？

（8）你印象最深的一次争吵是怎样的？当时你几岁？你做了些什么？

（9）你用什么样的形容词，来形容童年时期父母的婚姻和当时你们家庭的氛围？这些对今天的你有什么样的影响？

（10）如果父母是离异的，那么父母在离异时的关系表现是怎样的？他们的表现对当时的你有什么影响？你现在怎么看待当时发生的事情，以及怎么看待父母的离异？

（11）现在回想起来，你觉得父母的婚姻模式对如今你的婚恋关系有什么样的影响？

（12）你的哪一个恋人或哪一段恋爱关系，让你觉得与父母的婚姻模式有些许相似？这让你想到了什么？

⊖ 肖雪萍．成长，长成自己［M］．北京：九州出版社，2014.

(13) 当你在不同的年龄段：5 岁、8 岁、12 岁、18 岁，你与父母的关系分别是怎样的？你在不同阶段与父母的关系状态，与你今天的生活有什么关联吗？

(14) 在你 18 岁之前，当你某事做得好，父母的表现是怎样的？当你犯错了，他们的表现是怎样的？现在呢？情况有什么不同？

(15) 在你 18 岁之前，父母用什么方式让你听话照做？你现在怎么看待他们的方式？

(16) 如果你有兄弟姐妹，你认为父母与谁的关系更亲近？回想几个与此相关的故事细节，然后再问问自己：这对现在的你有什么样的影响？

(17) 你的家里有什么秘密或者不可提及的禁忌吗？这对你的家庭有什么影响？对现在的你有什么影响？

(18) 你的家里有重要的人患重病或死亡吗？当时其他家庭成员是如何表现的？这对现在的你有什么影响吗？

(19) 你的家里曾经遭遇大的灾难或变故吗？当时家庭成员都做了什么？这对现在的你有什么影响吗？

(20) 回答完这些问题，你的感受如何？让你想到了自己的什么？

2. 人格、价值观等方面的影响

(1) 请用五个以上的形容词，形容父母给你的印象（性格、习惯、情绪表现、人际社交等），然后问问自己：父母的这些特点对你的影响是什么？你决定继续受到影响的部分是什么？决定不再受到影响的部分又是哪些？

(2) 如果他们不是你的父母，而是一对普通的夫妻，你认为他们是怎样的人？你怎么看待你对父母的看法？

(3) 你的原生家庭里有什么样或明或暗的规矩？这些规矩对现在的你有什么影响吗？你决定要延续到你的核心家庭的规矩有哪些？而哪些规矩是你决定要丢弃的？

(4) 父母期望你成为什么样的人？他们的期望与你对自己的期望有没有不同？你们是怎样解决这些不同的？

(5) 你认为父母亲谁对你影响更大？主要在哪些方面影响你？你决定继续受到影响的部分是什么？决定不再受到影响的部分又有哪些？

(6) 父母亲有什么样的口头禅，或者他们常说的一句话是什么？你认为这个口头禅意味着父母是怎样的？这口头禅对你有影响吗？有影响的话，是什么？

(7) 分别写出父母的优点和缺点，尽量多地写。

(8) 父母的优点和缺点你身上有吗？是怎样体现的？你怎么看待这些优点和缺点？这些优点和缺点对你有什么影响？你决定继续受到影响的部分是什么？决定不再受到影响的部分又有哪些？

(9) 你觉得父母的职业和他们的性格特点、价值观等有什么样的联系？

(10) 父母亲怎么使用金钱？两个人的消费方式有不同吗？他们的金钱观对你有什么样的影响？你决定继续受到影响的部分是什么？决定不再受到影响的部分又有哪些？

(11) 父母亲最关心或最感兴趣的事是什么？他们的关注点对你有影响吗？

(12) 当父母亲发现自己犯错了，他们会是什么表现？当父母亲发现你犯错了，他们又是什么表现？你现在怎么看待这个部分？如果这个部分对你有影响，那么你决定继续受到影响的部分是什么？决定不再受到影响的部分又有哪些？

(13) 父母认为做人应该要如何？他们的观点对你有什么样的影响？你决定继续受到影响的部分是什么？决定不再受到影响的部分又有哪些？

(14) 父母的职业和原生家庭的经济状况，与今天你的职业、经济状况、教育背景等现状，是什么样的关联？你怎么看待这之间的关联？你对这之间关联的看法，反映了你怎样的内心世界？

(15) 让你印象深刻、父母常提及你小时候的故事是什么？仔细回想，你为什么对那个故事那么印象深刻，那个故事对你的意义是什么？或者，那个故事对你今天的影响是什么？

(16) 思考父母的成长环境，即爷爷奶奶和外公外婆的家庭，以及父母所生活的年代、受教育的情况，这些因素分别会带给他们什么样的影响？综合这些因素来看，你认为父母亲为什么是他们今天的样子？他们对你的教养方式与他们的原生家庭有什么样的关系？

(17) 回答完上述所有问题之后，你现在如何看待你的父母？如何看待父母教养你的方式？如何看待你与父母之间发生的一些事情？

3. 如果你不是在父母身边长大

(1) 抚养人与你是什么关系？是什么原因让你去他们家生活？

(2) 当你去抚养人家里时，你几岁？抚养人当时的年龄和家庭状况如何？当你第一天去他们家时，有什么样的故事？你当时的感受和想法是什么？

(3) 抚养人与你的父母有什么样的异同？你与抚养人的关系如何？你们之间发生过哪些让你记忆深刻的故事？

(4) 试试看把上两组问题中的“父母”换成“抚养人”来回答。

回答完以上这些问题，就对自己有了更深的认识。同时，也可能会换一个视角——成人的视角——去重新看待父母。我们不能强加给父母“完美父母”的形象和标准，父母也是普通人，以他们的原生家庭和当时的背景，差不多已经做到了最好的状态，我们无须苛责。[⊖]

找一个适合的时间与父母交流一下自己早就想说的话，面谈或写信都可以。当然，信写完也可以直接烧掉，这些都不重要，最重要的是，自己有机会把心里话说出来。在学会理解和释怀后，我们就要合理切断原生家庭的“我”，开始迎接新的生活。

（三）合理切断原生家庭的“我”

原生家庭是孕育个人状态的起点。从对事物的认知到行为表现，再到价值观的形成，原生家庭扮演着重要的角色。它赋予了我们很多正确的认知、价值观、行为方式，同时也可能强加给我们不少错误的认知、价值观、行为方式。

终有一天，我们会脱离原生家庭，步入社会。在自我认知的过程中，我们反视自己。但这种反视并不是否定，也不是追责，而是以“独立的我”出现，适时改变，自我成长。因此，合理切断原生家庭的“我”是自我认知回溯原生家庭的目标。

⊖ 肖雪萍．成长，长成自己［M］．北京：九州出版社，2014：73-81.

◆【案例 2-7】

做自己，别为他人活着

兰迪·科米萨是硅谷一位著名的风险投资者和卢卡斯电艺的前任 CEO，他是一个很好的强迫自己质疑自己所建设的生活的例子。他用难题拷问自己，并且勇敢地寻找答案。

20 世纪 90 年代中期，兰迪的事业出现了一个转折点。这时，他刚刚结束了卢卡斯电艺 CEO 的任期，接着成为卢卡斯电艺的对手公司水晶动力的 CEO。但是他面临着难以置信的失落，对他正在做的这份工作十分不满意。他努力地想要改变自己的生活轨迹，于是他开始定期练习冥想，并且开始勇敢地质疑自己的生活，看这份生活是否真正是自己梦寐以求的。经过一段时间的内省后，他意识到，自己根本过着与自己的价值观和梦想相悖的生活——他过的不过是其父想要其过的日子罢了。

兰迪的父亲是一名习惯了残酷竞争的销售人员。他视物质财富高于一切，而且喜欢不断地投资。小时候，兰迪就从父亲那里学到，唯一衡量成功与否的标准就是能赚多少钱，能取得多高的地位。就如兰迪所说："从孩童时期起，对金钱的不安全感已经深深地植入我心里。"

经过内省之后，兰迪意识到，他必须把从父亲那里继承来的金钱梦想从自己心里清除出去。他需要重新设立目标，寻找自己真正的愿望。他说："我现在是在快车道上行驶，但这条车道并不适合我。我真正的满足感与父亲及社会对'成功'的标准发生了激烈的冲突。现在，我应该从所谓'成功'的天梯上下来，去走自己的路，尽管我要走的是一条漫长的曲径。"

得出了上述结论后，兰迪摆脱了父亲灌输给他的愿景，开始重设自己的生命。渐渐地，兰迪的自我意识出现了，他开始追求更加符合自己内心意愿和价值观的生活。最终他选择了做风险投资人，给那些他认可的公司老板提供帮助。他用钱帮衬他们的生意，同样重要的是，他也帮助他们做了他们自己真正想做的事情。

（资料来源：笔者依据相关资料整理）

三、自信和自尊源于内心

◆【案例 2-8】

自信和自尊建筑于自己的内心

曾经有这样一个女孩，总觉得自己不讨男孩子喜欢，因此有一点自卑。

一天，她偶尔在商店里看到一支漂亮的发卡，当她戴起它的时候，店里的顾客都说漂亮。于是她非常高兴地买下发卡，并戴着它去学校。接着奇妙的事情发生了，许多平日不太和她打招呼的同学，纷纷来接近她，男孩子也约她出去玩，更有不少人向她表示好感。原本死板的女孩儿，似乎一下子变得开朗、活泼多了。

这个少女心想，都是因为我戴了奇妙的发卡。随即她想到店里似乎还有很多其他样式的发卡，应当都买来试试。于是放学后，她立刻跑回那个商店。岂知她才进店门，老板就笑嘻嘻地对她说："我就知道你会回来拿你的发卡。早上我发现它躺在地上时，你已经一溜跑地上学去了。所以我就暂且替你保存了。"

这时她才发现，其实自己的头上根本就没有戴什么神奇的发卡。

（资料来源：笔者依据相关资料整理）

自信与自尊源自内心。在自我认知的过程中，很多我们不想看到却真实存在的东西会逐渐浮出水面。而在此时，我们要学会与自己和解，接受自我，尊重自我，相信自我。要切记：自我认知不是自我否定，而是坚守着自信与自尊逐渐实现自我成长。

（一）无形的力量

◆【案例 2-9】

充满自信，女大学生脱颖而出

一位刚毕业的女大学生到一家公司应聘财务会计工作，面试时即遭到拒绝，因为她太年轻，公司需要的是有丰富工作经验的资深会计人员。女大学生没有泄气，一再坚持。她对主考官说："请再给我一次机会，让我参加完笔试。"主考官拗不过她，答应了她的请求。结果，她通过了笔试，由人事经理亲自复试。

人事经理对这位女大学生颇有好感，因她的笔试成绩最好。不过，女孩的话让经理有些失望，她说自己没有工作过，唯一的经验是在学校掌管过学生会财务。他们不愿找一个没有工作经验的人做财务会计。人事经理只好敷衍道："今天就到这里，如有消息我会打电话通知你。"

女孩从座位上站起来，向人事经理点点头，从口袋里掏出了一美元双手递给人事经理："不管是否录取，请都给我打个电话。"

人事经理从未见过这种情况，竟一下子呆住了。不过他很快回过神来，问："你怎么知道我不给没有录用的人打电话？"

"您刚才说有消息就打，那言下之意就是没录取就不打了。"

人事经理对这个年轻女孩产生了浓厚的兴趣，问："如果你没被录用，我打电话，你想知道些什么呢？"

"请告诉我，在什么地方不能达到你们的要求，我在那方面不够好，我好改进。"

"那一美元……"

没等人事经理说完，女孩微笑着解释道："给没有被录用的人打电话不属于公司的正常开支，所以由我付电话费，请您一定打。"

人事经理马上微笑着说："请你把一美元收回。我不会打电话了，我现在就正式通知你，你被录用了。"

就这样，女孩用一美元敲开了机遇的大门。

（资料来源：笔者依据相关资料整理）

自信和自尊有着巨大的无形力量。它帮助我们学会成长、学会挑战、学会不断突破自我。具有自信和自尊的人比自负、自大或过于自卑的人更容易站在理性的角度认知自我，实现成功。

（二）人贵有自知之明

汉朝时，在西南方有个名叫夜郎的小国。它虽然是一个独立的国家，可是国土面积很小，百姓也少，物产更是少得可怜。但是由于邻近地区以夜郎这个国家最大，从没离开过国家的夜郎国国王就以为自己统治的国家是全天下最大的国家。

有一天，夜郎国国王与部下巡视国境的时候，他指着前方问："这里哪个国家最大呀？"部下们为了迎合国王的心意，于是就说："当然是夜郎国最大啰！"走着走着，国王又抬起头来，望着前方的高山问："天底下还有比这座山更高的山吗？"部下们回答："天底下没有比这座山更高的山了。"后来，他们来到河边，国王又问："我认为这可是世界上最长的河川了。"部下们仍然异口同声地回答："大王说得一点都没错。"从此以后，无知的国王就更相信夜郎是天底下最大的国家。

后来，汉朝使者来到夜郎，骄傲无知的国王因为不知道自己统治的国家只和汉朝的一个县差不多大，竟然不知天高地厚地问使者："汉朝和我的国家哪个大？"

"人贵有自知之明。"几乎人人都以为自己最了解自己，其实这只是一种一厢情愿的说法。歌德曾指出，看别人仿佛在看戏，就是没有看透过自己。

无论在生活中还是在职场上，我们都要理性培养自我。正所谓"人比人，气死人"。我们不能不切实际地将自己的短板与他人的长处不断比较，也不能目中无人地将自己的长处与他人的短板进行较量。我们要建立一个"参照系"，这个参照系既可以让我们看到自己的优点，帮助我们适时发挥，同时也可以让我们看到自己的不足，寻找自己恰当的成长空间。

（三）培养自信与自尊

1. 树立自信的外部形象

一个人，保持整洁、得体的仪表，有利于增强自己的自信心。举止洒脱，行为端方，助人为乐，目不斜视，就会有发自内心的自信。同时，加强锻炼，保持健美的体形，对增强自信也很有帮助。要保持一定的自豪感。一个人，谦虚是必要的，但不可过度。过分贬低自己，对自信心的培养是极为不利的。人不可有傲气，但不可无傲骨。要相信自己，充满对自己的自豪感。

2. 学会微笑

微笑会增加幸福感，进而也能增强自信心。经常对着镜子对自己微笑，时间长了，自己就会从内心潜移默化地肯定自己；经常对着他人微笑，他们便会报以微笑，自己将会在众人面前抬起头来。

3. 多阅读名人传记

很多知名人士，成名前的自身资质、外部环境并不比自己好，有的甚至在同一年龄阶段时，比自己现在的情况差很远。多看一些这方面的材料，会知道其实自身是具备成功的条件的，这样有助于提升自信心。

4. 懂得扬长避短

在学习、生活、工作中，要经常抓住机会展现自己的优势、特长，同时注意弥补自己的不足，不断求得进步。这样，就会提高成功率，也会得到更多的赞扬，肯定能增强自信。

5. 进行积极的自我心理暗示

不断对自己进行正面心理强化，避免对自己进行负面强化。在做任何事情以前，如果能够充分肯定自我，就等于已经成功了一半。当碰到困难时，一定不要放弃。要坚持对自己说："我能行""我很棒""我能做得更好"等。重复对自己念叨有信心的词语，是一种很重要的自我正面心理暗示，有利于不断提升自己的自信心。这已为心理学的研究所证实。

◆【案例 2-10】

最优秀的和最聪明的

1960 年，哈佛大学的罗森塔尔博士在加州一所学校做过这样一个实验。新学年开始时，罗森塔尔博士让校长把三位老师叫进办公室，对他们说："根据你们过去的教学表现，你们是本校最优秀的老师。因此，我们特意挑选了 100 名全校最聪明的学生组成三个班让你们教。这些学生的智商比其他孩子都高，希望你们能让他们取得更好的成绩。"

三位老师都高兴地表示一定尽力。校长又叮嘱他们，对待这些孩子，要像平常一样，不要让孩子或家长知道他们是被特意挑选出来的。老师们都答应了。一年之后，这三个班的学生成绩果然排在整个学区的前列。

这时，校长告诉了老师们真相：这些学生并不是刻意选出的最优秀的学生，只不过是随机抽调的最普通的学生。老师们没想到会是这样，都认为自己的教学水平确实高。这时校长又告诉了他们另一个真相，那就是，他们也不是被特意挑选出的全校最优秀的老师，也不过是随机抽调的普通老师罢了。

（资料来源：笔者依据相关资料整理）

6. 多与自信的人接触和来往

"近朱者赤，近墨者黑。"若常和悲观失望的人在一起，自己也将会萎靡不振。若经常与胸怀宽广、自信心强的人接触，自己一定也会成为这样的人。因此，需要多与有志向、有信心的人交朋友。

7. 经常关注自己的优点和成就

总想自己的缺点和失败，自己当然会越来越没信心。一个人总会有许多优点和成就，把它们列出来，写在纸上，至少写出五个优点和五项成就。对着这张纸，经常看看、想想。在从事各种活动时，想想自己的优点，并告诉自己"我能行"。这叫作"自信的蔓延效应"。这一效应对提升自己的自信效果很好，有利于提高从事某项活动的成功率。

8. 做好充分准备

从事某项活动前，如果能做好充分的准备，那么，在从事这项活动时，必然较为自信，从而有利于顺利完成这项活动。一旦这项活动做得很成功，必会反过来又能增强整体自信心，形成良性循环。给自己确定恰当的目标。目标太低，太容易实现，不能提高自信心。但目标也不能太高，目标太高，不易达到，反而对自信心有所破坏。恰当的目标是：用力跳起来刚好能碰到。

四、认知并管理好情绪

（一）情绪影响人生

情绪是什么？《菲雷蒂埃词典》将其解释为：一种使身体或精神兴奋的非常态变动，影响人的性情或仪态，表现为体温开始上升，心跳越发加快，变得激动不安。当人在经历某些剧烈冲击后，便会感觉到整个身体都激动起来。查尔斯·达尔文（Charles Darwin）在 1872 年提出了“Big Six”，将情绪分为六种：喜悦、惊讶、悲伤、恐惧、厌恶、愤怒。看似小小的情绪，却拥有着无限的能量。

◆【案例 2-11】

生活永远有两个选择

杰里是一个永远充满快乐的人，他不仅自己生性乐观，并且善于激励别人。他有一套独特的人生哲学，他坚信：任何时候人都有两种选择，你应该去选择积极的那一种。

一次，杰里遭人抢劫，腹部被三颗子弹击中，他住进了医院，很多人都为他担心，可是不久他便痊愈了。同事们关切地问他：“中弹的时候．你想些什么呢？”杰里拍了拍同事的肩膀，哈哈一笑：“在那一瞬间，我想到我有两个选择，一是选择生，二是选择死，而我选择了生，所以我认定我去的那家医院，是全国最好的，那里的医疗技术更是一流的。”杰里喝了点水继续说，“可是，他们在手术时，好像是把我看成一个垂死的人。我向医生们做了个鬼脸，使劲地喊了起来：‘啊，我过敏呀！’当他们问我对什么过敏时，我说：‘我对子弹过敏！还对冷漠过敏！’医生们都大笑起来，我的手术顺利地做完了。”

一天，一个朋友问杰里：“我不明白，你怎么可能一直都保持积极乐观呢？你是怎样做的呢？”杰里笑着回答说：“每天早晨醒来，我就对自己说：杰里，今天你有两个选择——你可以选择一个好心情，也可以选择一个坏心情，而我选择了好心情；每当有坏事发生的时候，我可以选择受害者的角色，也可以选择主宰者的角色，而我选择了后者；每当有人向我抱怨时，我可以消极地听取抱怨，也可以给他们指出解除烦恼的方法，而我总是选择主动帮助别人，向他们提出好的建议。生活永远是由两个选择构成的，你要永远选择好的那一个。”

（资料来源：贝纳德．哈佛家训［M］．张玉，编译．北京：中国妇女出版社，2006.）

不同的人看待事物的方式不同。怀揣着悲伤看世界，自己就会变成一个可怜的人，而怀揣着乐观看世界，自己就会变得幸福、快乐。这就是人生，角度不同，人生也会在灰暗与绚烂中转变。

（二）接受我们的情绪

在我们的身体里，除了住着我们的思想和情感，还住着所有我们知道的和不知道的情绪与感觉。有些情绪让我们欢喜，时常想拥抱它，常常去寻找它。有些情绪我们要闪躲，刻意去回避它，尽量去无视它。我们下意识地去区分，哪些情绪是好的，哪些情绪是坏的，就像稚嫩的孩子，将人简单地分为好人与坏人一样。我们努力去寻找所谓“好”的情绪，却发现自己不是真正的快乐；我们刻意去回避“坏”的情绪，却发现自己越来越容易被伤害。

其实，情绪无所谓好坏。它就像住在自己身体里的小孩，有喜有怒有哀有乐。情绪是爱自己的，它无时无刻提醒着自己，要注意自己的感受。正是因为有了情绪，人们才能有机会了解自己，知道自己的真实感受和选择倾向。当自己愿意张开双臂迎接这些情绪，让它们在自己的身体里停留，它们就会被唤醒。那么当自己参与生活时，它们就能敏感地查探到自己的一切，并温柔地提醒关于自己的一切。

喜悦的情绪，表明自己欢迎某个东西；生气的情绪，意味着自己不喜欢被对待的方式。任何一种情绪都在告诉关于自己的需要、渴望、期待和希冀，也在告诉关于自己是什么样的人，还包括自己想要什么样的生活，自己要和谁在一起，自己要去往哪里。

有了情绪和感觉，人们才能剥开来自外界的迷雾，真正了解自己，知道自己喜欢什么，不喜欢什么，热爱什么，厌恶什么。也只有知道了这些，人们才能知道自己是谁，坚定地选择自己想要的；看到自己的价值，从而勇敢地接纳自己的独特性。自然地感受自己的情绪，这对自己实现自身的幸福、获得心灵的自由、找回内心的力量都至关重要。

在心理学领域，水常常被认为是情绪的化身，情绪来了，只要看着它，纾解它即可。而当我们可以去评价它是“正面的”或是“负面的”时，我们是在阻滞它，让它变成负担。待人们能够轻易地感受到情绪和感觉，就真的可以做到跟着感觉走，也能真切地理解到，该怎样用“追随内心的声音”的方式，勇敢地、自由自在地生活。

（三）学会纾解情绪

◆【案例 2-12】

有情绪就跑三圈

在西藏，有一个叫艾迪巴的人，每次和人起争执的时候，就以很快的速度跑回家去，绕着自己的房子和土地跑三圈，然后坐在田地边喘气。艾迪巴工作非常勤劳努力，他的房子越来越大，土地也越来越广，但只要与人争论生气，他还是会绕着房子和土地绕三圈。所有认识他的人心里都疑惑，他为何要这样做。但是不管怎么问他，艾迪巴都不愿意说明。

直到有一天，艾迪巴很老了，他的房地已经很广大了，他拄着拐杖艰难地绕着土地转，好不容易走了三圈，太阳都下山了，艾迪巴独自坐在田边喘气，他的孙子在身边恳求他：“阿公，你年纪都这么大了，这附近也没有人的土地比您的更广大，您不能再像从前，一生气就绕着跑啊！您可不可以告诉我这个秘密，为什么您会这样做？”

艾迪巴禁不起孙子的恳求，终于说出隐藏在心中多年的秘密，他说：“年轻时，我一和人吵架、争论、生气，就绕着房子和土地跑三圈，边跑边想，我的房子这么小，土地这么少，我哪有时间、哪有资格去跟人家生气，一想到这里，气就消了，于是就把所有的时间用来努力工作。”孙子问道：“阿公，您年纪大了，又变成最富有的人，为什么还依然这样做？”艾迪巴笑着说：“我现在还是会生气，生气时绕着房子和土地走三圈，边走边想，我的房子这么大，土地这么多，我又何必跟人计较？一想到这，气也就消了。”

（资料来源：笔者依据相关资料整理）

要找到适合自己纾解情绪的方法，我们不是要控制，这会让我们疲惫，我们只是让它的力量纾解出去。你可以选择倾诉，可以选择大声咆哮，可以选择哭泣，可以选择体力劳动，可以选择奔跑，也可以选择转移注意力。方法很多，适合自己的才是最好的。

在情绪纾解的过程中，不要让情绪肆意妄为。

与此同时，情绪的纾解不能建立在伤害他人和自己的基础上。要知道，学会爱自己，才能懂得爱别人。生活中是这样，职场上也如此。

第三节　互动中的智慧

自我认知是为了自我成长。我们终将走向社会，成为各种组织中的一员，扮演着生活中的多重角色，与周遭不同的人打交道。因此，建立在自我认知之上的社会互动，就需要我们在建立“参照系”的过程中不断积累智慧。

一、微笑的时候

世界就像一面镜子，你对它微笑，它就会对你微笑。

◆【案例 2-13】

微笑的力量

威廉·史坦哈已经结婚 18 年了，在这漫长的岁月里，每天从早上起来，到晚上睡觉，他很少对自己的太太微笑，甚至连说几句开心的话也没有过。同样，太太也很少对他微笑，也不和他说多余的话。史坦哈觉得，自己是百老汇最郁闷的人。

后来，史坦哈参加了一个继续教育的培训班。结业时，老师给每个学员布置了一份作业，老师要求史坦哈以“微笑的经验”为题发表一段演讲。他决定先亲自体验一个星期。

现在，史坦哈要去上班的时候，就对太太微笑着说：“再见，祝你今天过得快乐！”路上，他对地铁售票小姐微笑着说：“谢谢！”到了上班地点，他对大楼的电梯管理员微笑着说：“早安，玛瑞拉小姐。”他还试着以微笑的面孔和大楼门口的警卫打招呼。当他站在交易所时，他对那些以前从没见过自己微笑的人灿然微笑。

史坦哈很快就发现，每一个人也对他报以微笑。他以一种愉悦的态度，以开朗真诚的自由自在应对那些满腹牢骚的人。他一面听着别人的抱怨，一面微笑着，问题也很容易地解决了。

史坦哈发现，微笑给自己带来了更多的收入，每天还带来了更多的快乐。史坦哈和另一位经纪人合用一间办公室，对方是个很讨人喜欢的年轻人。史坦哈告诉那位年轻人最近自己在微笑方面的体会和收获，那位年轻人听了点着头承认说：“当我最初和您共用办公室的时候，我认为您是一个非常枯燥乏味的人。直到最近，我才改变看法——当您微笑的时候，你的脸上充满了幽默和活力。”你的笑容就是你善意的信使，你的笑容能照亮所有看到它的人。对那些整天都只看到紧皱眉头、满面愁容的人来说，你的笑容就像穿过乌云的太阳。尤其对那些受到上司、客户、老师、父母或子女指责而压抑不快的人来说，一个笑容能帮助他们渡过痛苦和挫败的难关，让他们在绝望中看到希望。

毫无疑问，威廉·史坦哈的演讲受到了好评，他衷心地感谢老师，因为老师的指点使他的人生发生了改变。

（资料来源：笔者依据相关资料整理）

无论是最亲密的家人、经常联系的老友、每天会遇见的工作伙伴，甚至是陌生人，请都不要吝啬自己的微笑。因为微笑可以在最短的时间、以最直接的方式拉近距离，将爱传递出去。

无论身居何位，请适时微笑。这会让自己的同伴感受到愉快的合作，会让自己的下属感受到来自领导的关怀，会让自己的上司感受到来自下属的动力。不仅是在工作中，生活上也应如此。不论是父亲还是母亲，微笑会让家庭变得更加温馨。

二、爱，价值连城

人来到这个世界，是为了爱与被爱。爱，才是我们面对这个世界最本真的东西。

◆【案例 2-14】

价值连城的 10 美元

很多年以前，一个富有的老人和他年轻的儿子生活在一起，两人都非常热爱收藏，他们拥有大量世界各国的珍贵的艺术品。一年冬天，他们的国家卷入了战争，年轻人毅然应征入伍。不幸的是，几个星期后他便战死在沙场。

圣诞节的早晨，一阵敲门声唤醒了这位日夜思念儿子的老人。他打开房门，看见一位手里提着大包裹的士兵正向他敬礼。士兵向老人介绍道：“我是您儿子的战友。我给您带回了他的一副画像。”儿子的这幅肖像画成了老人最为珍贵的财产，他将它挂在客厅的正中央，天天对着它凝视。相比之下，他觉得家里收藏的所有珍品，此时都黯然失色。

第二年春天，这位可怜的老人得了一场大病，不久就去世了。根据老人的遗愿，他收藏的所有艺术品将在这一年圣诞节那天拿出来拍卖。

这个时候终于到来了。收藏家们从世界各地聚集到拍卖现场，希望竞购到慕名已久的稀世珍品。出乎人们意料的是，拍卖会由一件非常普通的作品——老人儿子的肖像画开始。拍卖师介绍了这幅画的来历后，向众人征求一个拍卖底价，但是会场里一片沉寂。

“有谁愿意出价 100 美元买下这幅画吗？”拍卖师问道。没有人说话。“50 美元呢？”还是没人答应。

这时，人群中间传来一个不耐烦的声音：“谁会对那幅粗劣的画像感兴趣呢？快把所有的珍品展示出来吧！”赞同声、附和声此起彼伏。

“不，我们必须首先拍卖这一幅，这是遗嘱的要求。”拍卖师坚决地说。“谁愿意买下这幅肖像？”过了很久，拍卖师再一次问道。

“10 美元你会卖吗？因为我身上只有这么多钱……”在后排的走道上，老人家里的一个清洁工十分难为情地问道。不少人扭过头看他，脸上露出不屑的神色。

“还有没有人愿意出更高的价钱？”拍卖师大声问道。没有人回应。拍卖师扫视了一眼拍卖厅，然后高声喊道：“10 美元一次！10 美元二次！10 美元三次！好，成交！”拍槌重重地落了下来。

顿时，拍卖厅里的人群开始骚动起来：“正式拍卖现在可以开始了吧？”

拍卖师无声地环顾了一下四周，郑重地宣布：“拍卖到此结束！”“为什么？为什么？我们千里迢迢赶来，难道是要看你拍卖一幅名不见经传的10美元的肖像吗？”

“不！不止这些。按照这位老人——也就是肖像中这位儿子的父亲的遗嘱，谁买下那幅肖像画，”拍卖师顿了一下，遗憾地看了看众人，“谁就可以同时得到他所收藏的全部珍品！”

（资料来源：笔者依据相关资料整理）

没有什么东西可以像爱一样创造奇迹。为巴西捧回第一个世界杯冠军奖杯的贝利就是最好的证明。

贝利曾经只是里约热内卢贫民窟里众多男孩中的一个。他热爱足球，但又买不起，于是就踢塑料盒、汽水瓶、从垃圾箱捡来的椰子壳。他在巷口里踢，在小菜场边的马路上踢，在能找到的任何一片空地上踢。有一天一位足球教练看见他又在踢一个东西，他发现这个男孩踢得很专注，就送给男孩一个足球。小男孩有了足球踢得更卖力了，不久，他就能准确地把球踢进远处随意摆放的一只水桶里。圣诞节到了，为了感谢送他球的人，贝利来到足球教练别墅前的花园里，选了一个合适的地方挖了一个树坑。教练知道后，便让贝利到自己的训练场练球。三年后，这个 17 岁的小伙子在第六届世界杯上独进 6 球，为巴西第一次捧回冠军奖杯。

我们总能听到人们抱怨，抱怨这个世界的冷漠，抱怨这个社会的物质。可又有谁扪心自问过，自己给别人多少爱、多少关怀？往往是我们先忽视了别人，别人才忽视了我们。

三、赞美也是一种力量

◆【案例 2-15】

赞美让宰相肚里能撑船

从前，有个宰相请一个理发师修面。理发师给宰相修面修到一半时，也许是过分紧张，不小心把宰相的眉毛刮掉了。他顿时惊恐万分，深知宰相必然会怪罪下来，那可吃罪不起呀！

理发师是个常在江湖上走的人，深知人的一般心理：盛赞之下无怒气。他情急智生，猛然醒悟！连忙停下剃刀，故意两眼直愣愣地看着宰相的肚皮，仿佛要把五脏六腑看个透。宰相见他这模样，感到莫名其妙，迷惑不解地问道：“你不修面，却光看我的肚皮，这是为什么呢？”理发师忙解释说：“人们常说，宰相肚里能撑船，我看大人的肚皮并不大，怎能撑船呢？”

宰相一听理发师这么说，哈哈大笑："那是宰相的气量最大，对一些小事情，都能容忍，从不计较。"理发师听到这话，"扑通"一声跪在地上，声泪俱下地说："小的该死，方才修面时不小心，将相爷的眉毛刮掉了！相爷气量大，请千万恕罪。"宰相一听啼笑皆非："眉毛给刮掉了叫我今后怎么见人呢？"不禁勃然大怒，正要发作，但又冷静一想：自己刚讲过宰相气量最大，怎能为这小事给他治罪呢？于是，宰相便豁达温和地说："无妨，且去把笔拿来，把眉毛画上就是了。"

（资料来源：笔者依据相关资料整理）

在人际交往中，赞美往往具有"化干戈为玉帛"的力量。受到赞美的人，往往更能体谅对方，从对方的角度考虑问题。中国有句俗语叫"打是亲，骂是爱"。我们不否认"严师出高徒""严父出孝子"，但凡事过犹不及。有多少家庭因为过度打骂造成亲人间的伤害事件，有多少孩子在不断被否定的环境下成长起来，让他们没有自我，只会埋头做人。大家都知道赞美的力量，却有很多人吝啬给他人赞美。这让人与人之间的鸿沟越来越深。

四、诚实让自己站着做人

◆【案例 2-16】

诚实以对让内心坦然

故事发生在 1954 年的岁末。那时，杰克只有 12 岁。他是一个勤劳懂事的孩子，上学之余还给附近的邻居送报纸，以此赚取他所需要的零用钱。在他送报的客户中，有一位慈祥善良的老夫人。现在杰克已经记不起她的姓名了，但她曾经给他上的一堂有价值的人生课，他依然记忆犹新。

在一个风和日丽的午后，杰克和一个小朋友躲在那位老夫人家的后院里，朝她的房顶上扔石头。他们饶有兴味地注视着石头像子弹一样飞出去，又像彗星一样从天而降，并发出很响的声音。他们觉得这样玩很开心、很有趣。杰克又拾起一枚石头，也许因为那块石头太滑了，当他掷出去的时候，一不小心，石头偏了方向，一下子飞到老夫人后廊的一面窗户上，当他们听到玻璃破碎的声音时，就像兔子一样从后院逃走了。

那天晚上，杰克一夜都没睡着，一想到老夫人家的玻璃就很害怕，他担心会被她抓住。很多天过去了，一点动静都没有。他确信已经没事了，但内心的犯罪感却与日俱增。他每天给老夫人送报纸的时候，她仍然微笑着和他打招呼，而杰克却觉得很不自在。杰克决定把送报纸的钱攒下来，给老夫人修理窗户。

三个星期后，他已经攒下 7 美元，他计算过，这些钱已经足够了。他写了一张便条，把钱和便条一起放在一个信封里。他向老夫人解释了事情的来龙去脉，并且说出了自己的歉意，希望能得到她的谅解。杰克一直等到天黑才小心翼翼地来到老夫人家，把信封投到她家门口的信箱里。他的灵魂感到一种赎罪后的解脱，重新觉得自己能够正视老夫人的眼睛了。

第二天，他又去给她送报纸，这次杰克坦然地对她说了一声“您好，夫人！”她看起来很高兴，说了“谢谢”之后，就递给杰克一样东西。她说：“这是我给你的礼物。”原来是一袋饼干。吃了很多块饼干之后，杰克突然发现袋子里有一个信封。他小心地将信封打开，发现里面装了7美元纸钞和一张彩色信笺。信笺上大大地写着一行字：“诚实的孩子，我为你感到骄傲。”

（资料来源：笔者依据相关资料整理）

做错事并不可怕，可怕的在于回避。敢于认错才能让我们放下“错误的我”，在人际互动中抬头做人。人们愿意谅解一个做了错事的人，但决不愿意原谅一个掩饰错误的人。做了错事是遗憾的，如果做了错事还加以掩盖，挖空心思躲避谴责，那么这就是更大的遗憾了。

随着年龄的增长，我们越来越重视自己的形象，尤其是自己在他人眼中的形象。我们怕自己犯错，即使犯错也不愿承认是自己的原因。尤其是在我们有了一定的社会地位或家庭地位后，“皇权”思想像幽灵般逐渐控制了我们。“我说了算”“凡事我来做主”让我们更加恐惧犯错和承认错误。我们在心里一直希冀自己的错误被遗忘，却在心里不断提醒自己“我错了”。我们忘记了“有错误改过来就好”。

五、弱者的力量

◆【案例2-17】

你永远不知道什么情况下自己会成为弱者

故事一：

有一天，一只老虎在太阳下睡觉。一只小老鼠经过时碰到了它的爪子，把它吵醒了。老虎正要张嘴吃它，小老鼠哭道：“别吃我，请让我走吧，先生！有一天我会报答你的。”老虎心里冷笑，小小的老鼠怎么可能帮一只老虎呢？但它是一只好心肠的老虎，就把老鼠放走了。

不久以后，这只老虎被一张网罩住了。它使出全身力气，使劲挣扎，但网太结实了。于是它大声吼叫，小老鼠听到了它的吼声，就跑了过去。“别动，亲爱的老虎，我来帮你。我会把绳子咬断的。”

老鼠用它尖锐的小牙齿咬断了网上的绳结，老虎就从网里逃脱出来了。“上次你还耻笑我呢！”老鼠说，“你觉得我太小了。没法为你做什么事。你看，现在是一只可怜的小老鼠救了你的性命。”

故事二：

芝加哥的一位退休老人，买了一栋住宅打算安度晚年。谁知有三个无聊的年轻人，经常闲着无事踢房屋周围的垃圾桶。老人受不了这种噪声，决定想办法让他们停止。

他给这三个年轻人每人1美元，说：“我特别喜欢听踢垃圾桶的声音。如果你们每天都来踢这些垃圾桶，我将天天给你们每人1美元的报酬。”年轻人很高兴地同意了，于是他们更加使劲地踢垃圾桶。

几天后，这位老人愁容满面地对青年们说：“通货膨胀减少了我的收入，从现在起，我恐怕只能给你们每人50美分了。”这三个年轻人有点不满意，每天下午继续踢垃圾桶，可是没有从前那么卖力了。

又过了几天，老人说：“我最近没有收到养老金支票，所以每天只能给你们20美分。”其中一个年轻人很不满意地大叫道：“区区20美分，我们不干了！”从此以后，老人和邻居都过上了安静的日子。

故事三：

卡尔森在纽约深夜的街道上被一个手持左轮手枪的劫匪抢走了钱和手表。在劫匪准备离开之际，卡尔森叫住了他。卡尔森说：“先生，你抢走了我的钱和手表没有关系，可是，我家里有一个极其凶悍的老婆，我回到家里，要是告诉她我被抢了，她一定不肯相信，她会以为我因赌博而把钱输光了。您是否可以用手枪在我的帽子上射一个洞，这样我回去会好交代一些。”经不起卡尔森再三恳求，劫匪勉为其难地在他的帽子上开了一枪。

随后，卡尔森又说，为了逼真，最好在外套、裤管、靴子，甚至于手帕上都留下弹孔。做完这一切，身材瘦小的劫匪准备扬长而去，卡尔森却拦住了他，要求还回手表和钱夹。劫匪准备举枪威胁，卡尔森却平静地笑着说：“六颗子弹都打完了。”于是，皮夹和手表又物归原主。

在这个世界上，没有谁注定是强者，也没有谁注定就是弱者。正所谓三十年河东，三十年河西。面对未知，我们能做的便是善待和主动应变。智慧是让弱者变强的重要法则，学会用大脑解决问题才是我们努力的方向。

（资料来源：笔者依据相关资料整理）

【思考题】

1. 仔细回想一段让你感到紧张的关系。
2. 想想自己在这段关系中扮演了怎样的角色，客观地讲出来。
3. 自己之所以会扮演这样的角色原因是什么？请追溯到原生家庭。
4. 找到自己的问题后，如何总结过去，并与过去合理切断？
5. 面对未来，自我认知后我还有哪些不足，将如何改进？

【案例分析题】

根据案例2-1的内容，结合实际经历，回答以下问题：

1. 案例中，小孙犯了哪些错误，让张科长给他“穿小鞋”？
2. 作为职场中人，假如你是小孙，应该如何通过自我认知来改善与张科长的关系？
3. 你是否也曾是张科长的角色？面对专业能力比较强的下属，你会以怎样的方式与其相处？在相处过程中，从自我认知的角度评价一下自己的表现。对于做得不到位的地方，从原生家庭开始寻找内在原因，并思考相应的解决途径。

第三章

自我成长与关系管理

【培养目标】

1. 在读者自我认知的基础上，进一步关注自我成长。

2. 帮助读者厘清自我成长过程中关系管理的各个方面，并加以实践。

3. 读者通过对本章的学习，对自然成长、主动成长和被动成长有新的认识和感悟，并促进自我的总结反思与成长规划。

【培养要点】

1. 无论是自然界还是商业社会，基本上是强者制定规则，因而作为个体要想在复杂社会得以生存和发展，就需要在顺其自然的基础上主动成长，外界的各种“生存检验”也迫使个体不断成长。

2. 成长之前是自己去找关系，而成长之后是关系来找自己。可见，自我成长与员工关系管理是一个辩证的相互促进关系。

3. 关系管理离不开与自我的关系，而自我关系的管理需要通过自我成长来逐渐完善。

【本章框架】

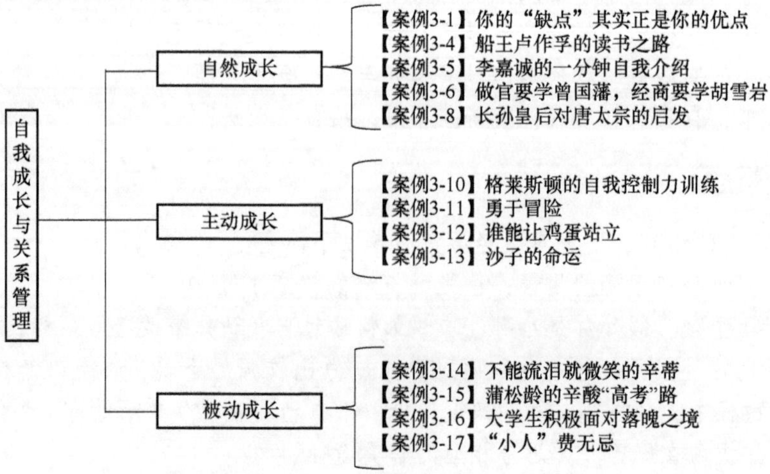

第一节 自然成长

人类是顺应自然发展规律而生存的物种，且不同个体又都有其不同的自然成长环境，个体应该认识到彼此有所差异又各具特点这一事实。在成长过程中，个体首先要遵循自然成长的规律，并在此基础上不断地提高自我，完善自我，如图 3-1 所示。

图 3-1 自我成长图

一、顺其自然

顺其自然，首先要接纳自己的优势与不足。在成长过程中，切莫妄自菲薄，尤其不能拿自己的弱势强行去和他人的优势比较，以免落得东施效颦的结果。做到扬长避短，才能成长为更好的自己。

无论是对自我的认知还是对自我的接纳，都不是一蹴而就的，第二章中已经详细地介绍了自我认知的方方面面，个体的自我认知需要一个过程，同时认知后的自我接纳仍然需要一个过程。而自我认知、自我接纳本身就是自我成长的一部分。

（一）自我接纳

自我接纳，首先是坦然正视真实的、客观的自我，不要去过分地强调改变自我，包括身体特征、家庭背景、成长经历、个性特点等一切与自我相关的内容，此时仅仅是正视，不做任何好或者坏的评价。就像是看着一棵树，仅仅是看着它，看到它的高度、大小、枝丫数量等，而不去评论它是否高大是否葱绿。

其次，在正视自我的基础上，再审视自己还可以做得更好的地方，甚至可以进行一场自我批评，但之后就要将这种不满转化为对自己的合理期望。即承认了自己嫌弃那棵树的枝丫不够整齐漂亮、树叶不够翠绿茂密的事实，然后将“嫌弃”转化为期望：期待树的枝丫可以更加整齐，树叶能够更加繁茂。

再次，自我接纳是一系列的行动，在真实自我的基础上，按照自己喜欢的样子，一步一步地去塑造期待中的自己。这个行动的过程，就像是给树浇水施肥、修剪枝丫，以使它长成自己期待中的枝繁叶茂的样子。

最后，自我接纳除了要接纳自我本来的样子，接纳对自己的期望，还要接纳完成对自己的期望是个并不短暂的过程这一事实，更要接纳在完成对自己的期望的过程中，那个可能时而前进、时而后退、时而又原地徘徊的自我。也就是说，当给大树浇水施肥时，也要接纳那棵大树不可能“立刻”枝繁叶茂，而是一点一点地慢慢蜕变，而且在经历暴风雨之后，它的状况还可能有些倒退。

◆【案例 3-1】

你的“缺点”其实正是你的优点

小时候，我对自己很不满意，有些时候，我真的非常讨厌我自己。长大以后，我的情况也没发生什么变化。我搬到了另一个城市，以为这样就可以彻底抛开我的过去，以为这样我所有的缺点就都不会被人发现。结果我发现我错了。无论我搬到哪里，总还是原来的那个我。

到了新的城市之后，我在一家公司的培训部工作。有一天，我所在的部门举行了一场心灵成长主题讲座，主讲者的一段话让我至今仍然难以忘怀。她说：“你那些所谓的‘缺点’，你身上那些自己都不喜欢的特质，其实是你最宝贵的财富，只不过表达的程度有点过于强烈了。这就好比放音乐，如果音量开得太大，就会让人感觉有些不适应。只要你能把这种特质的‘音量’调回去，你自己以及你周围的所有人就会意识到：你的‘缺点’其实正是你的优点。它们可以为你所用，而不是成为你的绊脚石。你唯一需要做的，就是在适当的时候，以适当的方式，把这些特质表现到适当的程度，不要过度。”

我当时的感觉是仿佛被雷击了一样。我本能地感觉到，她说的每一个字都是对的。我所谓的吹牛，其实是自信心的过度表达。我所谓的浮躁，其实是积极思考过度的结果。至于我所谓的爱出风头，其实是我的领导力、说服力和表现欲过度表达的结果。这些东西本身并没有任何问题。我意识到，我这些所谓的“缺点”，其实也是别人经常夸奖我的优点。

（资料来源：黛比·福特．接纳不完美的自己［M］．严冬冬，译．北京：吉林文史出版社，2009.）

当个体能够正视自己内心的阴暗面，正视自己的所有缺点时，也就意识到了这些“缺点”的积极意义。积极引导自己的行为，既不刻意压抑自己，也不刻意否定自己，就可以化缺点为优点。

然而，如果个体当前无法接纳自己时，就尝试静下来，回到身体的感觉里，让自己与那不接纳的感觉在一起，不要评价自己，不要勉强自己，只要与自己的感觉在一起，就会发现，当允许自己不接纳时，其实就是接纳了那一份不接纳，这也是自我接纳很重要的一部分。

（二）扬长避短

关于自我成长，只有接纳是远远不够的。要成长自己，让内心有力量，重要的是接纳之后的行动；接纳那些不能改变的部分，改变那些能够改变的部分，才是关键。

个体需要接纳自己不能改变的，比如国籍、民族、地域、法律法规、社会文化、人性的本质、自然万物的发展规律、父母以及与父母相关的所有、别人以及与别人相关的所有、自己的身体发肤和气质基础、过去的经历和情绪感觉、过去每个阶段的自己等。尤其是在关系中，也许个体可以选择某个公司就职，但无法选择自己的领导和同事是什么样的人。

当然，个体注定有可以改变得更加完善的部分：当下的自己和一些与自己相关的东西，比如发型和穿衣风格、习惯、行为、思想、感觉、生活内容、选择等，此外，还可以有机会改变未来的生活。

个体应该认识到，每个人都有优势和弱势两个方面，对待优势，需要进一步加强并发挥，形成自己的核心竞争力；对待弱势，也不要自卑，应认识到个体间的差异，在掌握必备的技能后学会在差异中妥协，接纳自我，并与不好的过去切断，做到扬长避短。

◆【案例 3-2】

顺其自然的力量

河堤的树丛里，有三只毛毛虫，从很远的地方爬来，正准备渡河，到一个开满鲜花的地方去。第一只说，我们必须先找到桥，然后从桥上爬过去，这样才能抢在别人的前头，找到含蜜最多的花朵；第二只说，在这荒郊野外，哪里有桥？我们还是各造一条小船，从水上漂过去，这样才能尽快到达对岸；第三只说，我们走了那么多的路，已经疲惫不堪了，现在应该静下来休息两天，到时候，也许自然就有办法了。第一只和第二只毛毛虫很诧异。休息？简直是笑话！没看到对岸花丛中的蜜都快被喝光了吗？我们一路风风火火，马不停蹄，难道是来这儿睡觉的？

话未说完，一只已开始爬树，它准备折一片树叶做成船，让它把自己带过河去；另一只则爬上河堤上的一条小路，它要寻找一座过河的桥；剩下的一只躺在树荫下没有动，它想，畅饮花蜜当然舒服，但这儿的习习凉风也该尽情享受一番。于是，就钻进一片树林，找了一片宽大的叶子，躺了下来。河里的流水声如音乐一般动听，树叶在微风中如婴儿的摇篮，它很快就睡着了。

不知过了多少时辰，也不知自己在睡梦中到底做了些什么，总之，一觉醒来，它发现自己变成了一只美丽的蝴蝶，翅膀是那样美丽，那样轻盈，轻轻扇动了几下，就飞过了河。此时，花开得正艳，每个花苞里都是香甜的蜜汁。它很想找到两个伙伴，可是，飞遍所有的花丛都没找到——因为它的伙伴一只累死在路上，另一只被河水冲走了。

（资料来源：笔者依据相关资料整理）

从整个自然界到人类社会，生态系统按照一定的规律不断进化，维系着自身的稳定。作为生态系统的一员，人类主要生活在人工生态系统中，通过自己的力量认识并改造自然。然而，随着生产力的不断提高，人类在生态系统中越来越以主人自居，人与自然的矛盾也就越来越尖锐。不论是在自然生态系统中，还是在社会生态系统中，抑或是商业生态系统中，都存在着激烈的竞争。

适者生存是生态系统的进化法则，但是竞争又是与合作相互依存的，竞争最理想的结果是双赢，既有竞争又有合作才能维持生态系统的稳定。组织也是人与环境组成的共同体。作为组织的核心人物，领导者要更加深刻地理解生态系统，体会人与生态系统的关系，并从生态系统的基本规律中得到一些启示。

二、向自然学

(一) 生态系统的竞合法则

“物竞天择，适者生存”，是生态系统发展的基本规律。为了生存下去，生态系统的组成成员必须进行激烈的竞争去争夺有限的资源。

尽管竞争是生态系统中不可缺少的，但竞争并不意味着你死我活。在生态系统当中，竞争与合作从来都是相伴而生的，只有合作而不竞争，生态系统就不会向前发展，而没有合作的竞争也只会带来两败俱伤。

下过跳棋的人都知道，如果想获得成功，就必须相互之间保持着竞争与合作的关系。在跳棋项目中，六个人各执一方，都想先将自己的六颗棋子移到预定地点，相互之间是竞争的关系。但是为了将球向前移动，大家就必须先合作，主动为彼此牵线搭桥。如果只是一味地竞争，或者一味地合作，那么结果终会是失败。

不仅在自然生态系统中如此，在当今竞争日益激烈的环境下，竞合也已成为现代社会竞争各方普遍认同的规则。不论是个人还是组织，都要具有竞合意识，不仅要保持独立的个性、敢为天下先的果敢，更要有集体观念和团队精神。领导者本身首先就要具有这样的意识，以开放的、自信的心态去面对竞争与合作，这样才能努力引领组织营造一个融洽和谐的竞合环境，从而更好地发挥个体的智慧和创造力，使组织在激烈的竞争中把握核心竞争力，实现可持续发展。

(二) 自然万物的哲学启示

生态系统的建立、循环和发展都遵循着一定的规律，从司空见惯的水流、土壤到珍稀宝贵的生物物种，生态系统都用它固有的方式维持着自身的平衡与稳定，也给予人们生存的启迪和引导。在我们赖以生存的环境中，只要我们用心，总会感悟到生命最原始、最质朴的东西，而恰恰是这些东西教会了人类最基本的生存之理。

1. 水的大道

水是包括人类在内的所有生命赖以生存的重要资源。水对于人类的重要作用不言而喻，它不仅是生物体最重要的组成部分，也是人类在生产和生活活动中广泛利用的自然资源。人类从很早开始就对水产生了认识，古代朴素物质观更把水视为宇宙的基本组成元素之一。在西方，水是古希腊的四元素之一；在中国，水也是“五行说”的一种元素，代表着智慧和生命。水是生命之源，而它的奇妙之处还在于它的坚持、谦虚、包容……在于它教给我们的哲理。

牺牲自己的清洁去洗净他人污浊的是水；能够用自己的宽宏大量容清纳浊的是水；永远将头低下，以较低的姿态面对世界的是水；虽然力量薄弱，但不言放弃，能够滴水穿石的是水；遇到高山就绕过去，遇到平原就漫过去，遇到纱网就渗过去，遇到闸门就停下来等待时机，能够随机应变、随遇而安的是水；可以蒸发为云，可以凝聚成雨，可以结晶为雪，有时是汪洋大海，有时是川流小溪，有时是深潭湖泊，能够变幻莫测但仍不失其本性的，也是水。

老子认为水是天地间最有善性、最有道德的事物，而他所追求的处事之道也是与水的特性相契合的。上善若水，这是老子的人生态度和处世哲学，但在千百年后的今天却依然没有过时。我们应该学习水的种种好品质，把自然作为老师，倾听自然，敬畏自然，从自然中培养自己更加宽广的视野。

好的领导者更应如此。一个优秀的领导者要像水一样善于自处而甘居下地，和员工真正打成一片；要像水一样善于容纳百川而泰然自若，真心接纳员工的优点，帮助员工改正缺点；要像水一样随机应变，培养自己更加敏锐的洞察力，善于把握时机适时而动。

松下幸之助也将水的哲学运用到企业的经营中，他说："水具有清浊并吞、随方亦圆、上波下静、变化无穷、渗透扩散、久储必臭、急流澄清、生存至宝等生命及经营管理的道理。"这是水的大道，更是我们为人处世的哲学。

2. 大地的包容

大地承载万物，就像一个慈祥的母亲，用自己的身躯哺育着它的每一个孩子。大地是善良的，我们播下一粒种子，它就会回报给我们丰富的果实、美丽的花朵和参天的大树；大地是无私的，它用自己广袤的身躯孕育了森林、山川与河流，甚至在地下蕴藏了丰富的宝藏来养育活跃在地球上的所有生命，却从来不索取回报；大地是伟大的，无论我们是在它的躯体上丢弃垃圾，还是改变它的原貌，它都用博大的胸怀去容纳和包容。

"地势坤，君子以厚德载物"，胸怀博大，宽厚待人，这是大地的精神，也是人类应有的人生态度。人类在大地面前是渺小的，作为生态系统的一员，人有时却显得狂妄，我们应该认识自然的规律，从大地身上汲取生存的精神养料。只有首先包容，组织才能真正留得住人才，培养起接班人。包容不仅是一种文化，也是一种生产力，能让员工感受到关怀，从而能够激起员工的归属感和凝聚力。

◆【案例 3-3】

沃尔玛的包容度

沃尔玛能够从一个小镇商店发展为全球大型连锁超市，与它尊重员工、追求卓越、服务顾客的文化信仰是分不开的，而它尊重员工就体现在它的包容度上。"零售企业大同小异，所不同的是沃尔玛的员工"，这是沃尔玛的口号之一，充分体现了沃尔玛对员工的重视，而实际上沃尔玛也是这样做的。沃尔玛真心接纳和包容每一名员工，视他们为"合伙人"，不仅让员工拥有公司股份，还让员工参与决策和管理，这种营业状况和员工利益相关联的经营体制，大大调动了沃尔玛员工的积极性和主动性。可以说，正是沃尔玛的包容，让它的员工对沃尔玛产生了认同，大大降低了员工的流动性，也让员工的潜能得以发挥，从而推动了企业的发展，实现了企业的辉煌。

（资料来源：笔者依据相关资料整理）

包容并不是简单的认可、赞美，更不是无原则的兼容并包，它包含着多个层面的含义。当一个人或一件事很好时，我们要学会欣赏和赞美，从中汲取优点；当一个人或一件事不好不坏时，我们要学会审视，学会尊重和接受，从中发现问题，去其糟粕，取其精华；当一个人或一件事很坏时，我们要学会面对，学会发现，发现缺点中的优点，发现困境中的出路。

3. 生命可贵

成长的过程是生命绽放的过程，如果不懂生命的规律，不会珍惜生活，就很难理解成长的真正含义。地球上最宝贵的就是生命，有了生命一切才会有意义。生命的宝贵体现在：任何生命都只有一次，任何生命也都是有限的。

首先，我们要学会热爱生命，关爱自己的生命。身体是革命的本钱，充分的精神和体力也是一个领导者“带兵打仗”所应该具备的。在市场竞争日益激烈的今天，人们面临着更大的压力和工作量，承担着更多的责任，也背负着更大的压力，因此，学会自我调节成为我们的必修课之一，也是我们每个人应该注意的问题。劳逸结合、张弛有度，合理安排工作和生活，不要超负荷地工作，坚持体育锻炼，倾听身体、了解身体，这些都是健康管理很好的方法。

其次，要学会关怀其他生命，了解生命对于自身及周围人的价值。自然界中的任何生命都是有价值的，我们应该认识生命的规律，尊重生命。懂得珍惜生命的人能够与人为善，懂得关怀生命的领导能够真正关心员工，使他们奋勇向前实现个人和组织的价值。每个人都无权更改生命的规则，所以我们只能珍惜生命，积极、正确地认识昨天、今天和明天的自我，把握人生的规律，用有限的生命去拓展人生的意义。

大自然给人们带来的启示数不胜数。大雁南飞便是众人所熟知的自然现象，雁群时而“人”字、时而“一”字形队列，飞越遥遥征途抵达南方，何尝不是对秩序和规则的完美阐释呢?

三、向书本学

每个人的精力有限，时间有限，不可能凡事都自己亲自去经历，然而通过系统学习、专业阅读，广泛接受人类积累的知识营养，可以弥补这种限制所带来的缺憾，从而不断开阔自己的视野。

◆【案例 3-4】

船王卢作孚的读书之路

卢作孚从小就酷爱学习，很想进学堂念书。父亲因为吃够了目不识丁的苦头，所以咬紧牙关，一家人节衣缩食，把卢作孚和哥哥卢志林送进了学堂。小作孚学习也很刻苦。然而不幸的是，后来忽然生了种怪病，家中无钱请医生，母亲只好自己采来草药为儿子治病，哪知药不对症，小作孚竟成了哑巴！两年后的一天，小作孚追着燕子玩耍，不小心重重地摔了一跤，没想到这一摔他居然能说话了！他回到了久违的学堂里，在14岁那年，以优异的成绩毕了业。然而，由于家庭的贫困，他只好再次离开学校。第二年，家中的经济情况稍有好转。卢作孚向父亲提出继续读书的请求，父亲同意了。

15岁的卢作孚只身来到省城，进成都补习学校自修。他以惊人的毅力，仅用几个月的时间，就学完了中文版的数学；为了学习英文版的数学，他又奋力攻读英语，从此踏入了高等数学的大门，并且将学习心得和解题方法等编辑成书，著有《代数》《三角》《解析几何》《数学难解题》等。

更重要的是，卢作孚在广泛阅读古文、历史、地理、物理、化学等书籍的同时，还精读了学校图书馆所藏的国内外重要书刊，如卢梭的《社会契约论》、达尔文的《进化论》、赫胥黎的《天演论》，以及孙中山先生的讲演。他几乎能一字不漏地背诵孙中山先生的《实业计划》和《建国大纲》，还特别抄下了《建国大纲》中的一段话，把它贴在自己的书桌上，作为座右铭。

后经历将近20年的风风雨雨，他对中国社会有了更深刻的认识，也能够冷静地思考自己所走过的道路。他终于明白了，把自己的事业同军阀联系在一起，是没有出路的。他认为，四川政治、经济和文化的落后，主要是交通的不便造成的，因此当务之急是发展省内交通事业。在综合分析之后，他认为从事内河航运，会比修建公路、铁路容易收到成效，而投资也相对少一些。他决定创办一家以经营航运为主的股份公司。

1925年10月，在朋友们的大力帮助下，民生公司诞生了。到20世纪40年代末，民生公司已拥有140艘轮船、3个附属企业和95个投资企事业，成为中国近代规模最大的民族资本集团。卢作孚也成为名副其实的“中国船王”。

（资料来源：笔者依据相关资料整理）

当然，书的类目繁多，面对众多的书籍该如何选择呢？不同年龄阶段应当有所侧重和规划，选对了书，可以促进个体更好地成长。

在儿童时期，适合读童话故事。个体在年幼的时候，经历的事情不多，所思所想也比较简单，生活在幻想的“象牙塔”中，如果太早打破他们的幻想，他们难以面对残酷的现实。而童话故事往往都是“王子和公主幸福地生活在一起”的美好结局，可以给孩子以生活的希望。

少年时期，从小学入学开始，就有了学校的学业指导要求，一直到中学结束。此时，也需要通过阅读来养成读书的习惯，但世界名著通常都是悲惨的结局，注意不要过分受小说的影响。除了阅读，少年时期还要注意培养起对歌剧、电影等艺术作品的欣赏能力。

到了青年时期，基本从大学开始。除了读大学的专业书以外，可以读一点心理学方面的书，这个时候个体正处于心理适应期和转变期。没有人是完全正常的，如果个体过分地认为自己与他人不同会导致心理压力和困扰，进而出现抑郁等症状。因而需要懂得自我调适。同时，由于中学时代的文理分科倾向，很多人有严重的偏科现象，这时可以适当读些其他领域的知识加以拓展。

进入职场之后，读一些名人传记、社会历史、职场小说，洞察人性，了解社会。在复杂的社会中，如果不懂历史、不懂人情世故、不懂法律，而只有梦想和天真，那么到头来人生很可能只有一场空。

人到中年，所谓“四十而不惑”。这时候其实到了面临孩子教育、夫妻关系、父母赡养、职业前景等问题最多的阶段。中年时期需要读文学和哲学的书，哲学包括西方哲学和中国哲学，哲学讲的是一些道理，即把人生作为一个整体来讲。

到了老年，最好读一些经典书籍。历史悠久的民族文化底蕴深厚，特别值得学习。一个人如果不重视自己的传统，生命就没有底蕴，就不够深厚。

◆【案例3-5】

李嘉诚的一分钟自我介绍

2013年，福布斯全球华人首富李嘉诚有一段著名的一分钟自我介绍：“我是李嘉诚，12岁就开始做学徒，还不到15岁就挑起了一家人的生活担子，再没有受到过正规的教育。当时自己非常清楚，只有我努力工作和求取知识，才是我唯一的出路。我有一点钱都去买书，记在脑子里面，才去再换另外一本。到今天来讲，每一个晚上在我睡觉之前，我还是一定得看书。知识并不决定你一生是否有财富增加，但是你的机会就更加多了，你创造机会才是最好的途径。”

李嘉诚晚上睡觉前一定要看半小时的新书，了解前沿思想理论和科学技术。据他自己讲，除了小说，文、史、哲、科技、经济方面的书他都读。这其实是他几十年保持下来的一个习惯。他回忆过去时说：“年轻时我表面谦虚，其实内心很‘骄傲’。为什么骄傲？因为当同事们去玩的时候，我在求学问，他们每天保持原状，而我自己的学问日渐增长，这可以说是自己一生中最为重要的。现在仅有的一点学问，都是在父亲去世后，几年相对清闲的时间内得来的。因为当时公司的事情比较少，其他同事都爱聚在一起打麻将，而我则是捧着一本《辞海》、一本老师用的课本自修起来。书看完了卖掉，再买新书。”

（资料来源：笔者依据相关资料整理）

每个个体所面对的情境和问题都不会相同，这些情境和挑战不是静止不动的，而是动态变化的。个体在一生的成长过程中，每个阶段都需要通过读书来汲取能量，学习文学、哲学和历史的课程，广泛阅读各类书籍，持续进行，拓宽眼界。

四、向他人学

个体在向他人学习的过程中，不仅要向古今中外的名人学习，还要善于向身边的人学习，从社会关系、同事关系、亲密关系中不断学习他人的优点，从而促进自我的成长。尤其是常常被人忽略而往往又最能影响人的亲密关系，在自我成长中发挥着莫大的作用。

（一）向名人学

名人，确实如一座丰富的矿藏，在那里可以挖掘到无尽的宝藏。学习名人的思想，可以引导前进的方向；学习名人的做人，可以提升品性；学习名人坚忍不拔的毅力，可以锤炼意志。名人的成长道路常常充满了坎坷，布满了荆棘，而他们总是以常人难以想象的毅力，披荆斩棘，勇往直前。

◆【案例 3-6】

做官要学曾国藩，经商要学胡雪岩

“做官要学曾国藩，经商要学胡雪岩。”这句话在民间流传百年，也深刻道出了一个洞悉中国传统内圣外王之术的名臣曾国藩和一个深谙中国传统智慧权谋的传奇商人胡雪岩，在人们心中不可拒不撼摇的崇高地位。

曾国藩和胡雪岩的影响如此之深远，在于他们在特定历史条件下所取得的巨大成就。曾国藩一步一个脚印，从湖南山村的一个穷秀才跻身于近代史上有名的人物，直至成为晚清“中兴第一名臣”“大清圣哲”，无人能出其右。而胡雪岩则从一个出身贫寒的钱庄小伙计，赤手空拳在商界开辟出一番天地，既富且贵，成为名动天下的“红顶商人”。

他们取得的成功，在于他们都拥有一套为人处世以及经商的绝学，这使得他们能从常人之中脱颖而出，并开一代风气之先，成就其丰功伟业。这些绝学是他们历经官场、商场磨难之后精心提炼出来的，是他们对人生成败得失的一种深刻总结。同时，这些绝学也表达了他们对中国5000年传统智慧的独特应用，体现了他们对变化莫测的人生现实的深刻感悟。这些绝学对于今天那些建功立业的人来说，是值得参考和借鉴的。

（1）稳慎之绝。曾国藩认为，为人处世须在“稳慎”二字上用心。世上之事风云变幻，处处藏着危机，稍不小心就有可能使事业陷入困境甚至绝境，而凡事求稳慎则可以使人稳打稳扎，少犯错误，有助于事业的长远发展。要做到稳慎，必须以耐烦为第一要义，凡事力求稳妥，谨言慎行，戒骄戒傲。

（2）磨砺之功。曾国藩认为：“不为圣贤，便为禽兽；不问收获，只问耕耘。”人如果不通过不断的磨砺来提升和完善自身，就会让自己的私欲、情欲变得膨胀，从而让自己的意志变得软弱，浪费自己的时间和精力，而妨碍自己事业的成功。人要成就一番事业，除了不断磨砺自己、不断调试自己以外别无他途。这需要做到自强不息、坚忍不拔、身心兼治、培养浩然之气。

（3）圆融之道。曾国藩认为：天地之道，刚柔互用，不可偏废，太柔则靡，太刚则折。因此，处世也必须刚柔并用，以圆融为做人的基本原则。圆融是一种做人的智慧，它告诉我们要根据客观情况审时度势，凡事留有余地，把握好事物的度，灵活处理意外情况，让自己在任何情况下都能游刃有余。

（4）牵手之智。曾国藩认为，人生在世，须借他人之力以成自己之事。越善于注重与人“牵手”，个人的人际关系越好，人脉资源越丰富，就意味你做事情所得到的机会和资源会越多，成功的可能性就越大。做到这一点要注意在广交朋友的同时选择朋友，学会借梯登高，宽和得众，不占人半点便宜。

（5）用人之律。曾国藩认为，天下人才“大抵皆由勉强磨炼而出”。众人拾柴火焰高，曾国藩手下人才辈出，这为他成就丰功伟业奠定了良好的基础。而这些都离不开曾国藩的用人之律。他在求才、选才、育才、用才、驭才方面有一套独特的方法，这仍然值得我们今天在进行管理时学习和借鉴。

（6）进退之智。曾国藩认为：凡办大事，以识为主。在人生的进退问题上，尤其是如此。人生是一个不断进退的过程，如果在该进的时候不前进，在该退的不回收，就会让自己失败。曾国藩把握了进退的智慧，该进则进，该退则退，这不但成就了他的成功人生，也使他成为一代中兴名臣。

（7）圆世之智。胡雪岩认为：为人处世必须以“圆世”为圭臬。“圆世”哲学是大智慧与大容忍的结合体。一代“红顶商人”胡雪岩，正是一个真正懂得“圆世”哲学之人。胡雪岩的圆世态度，既在通，又在活，还在融，归结在一起，无非是要达到圆满无憾。通是权和变，活是趋向、目际，融是状态，满是结局。人生如此，又有什么事情做不成呢？

（8）结交之术。胡雪岩认为：在家靠父母，出外靠朋友，我是在家亦靠朋友，所以不能不为朋友着想。胡雪岩喜欢处处交朋友，时时帮人忙。这让他四面都被朋友环绕，处处都见友情赞助。朋友多，事情当然好办。而这正是胡雪岩结交之法的妙用。

(9) 用势之妙。胡雪岩认为：顺势是眼光，取势是目的，做势就是行动。这是他用势绝学的精妙阐释。中国古代有一句成语说，"与其待时，不如乘势。"许多看起来难办的大事，胡雪岩居然都顺顺当当地办成了，就是因为他懂得用势的缘故。

(10) 谋划之策。胡雪岩认为：无论是处世还是经商，都必须要有谋划。有了这些谋划之策，胡雪岩对整个时事的了解和把握总能够先人一步，他就能开风气，占地利，享天时，并从容应对各种事件，从而建一己之功。与一旦处于纷乱时事就茫然无措的人相比照，胡雪岩的优势也就显现出来了。

(11) 掌控之招。胡雪岩认为：对于人才必须学会掌控，只有这样才能让其为我所用。胡雪岩通过对掌控之招的运用，使他身边人才济济，并且时刻忠诚于他，为他出谋献策、出力卖力，为他成就商业上的胡氏帝国奠定了坚实的基础。

(12) 泰然之要。胡雪岩认为：一个人无论在什么时候都要沉住气，达到泰然处之而不乱的境界。胡雪岩的这种境界来自于他的对己泰然，对事泰然。对己泰然是充分相信自己，什么时候都能不放弃对自己的信心。对事泰然就是勇于决断，对于事情的结果拿得起，放得下。处事泰然造就了胡雪岩这个"一等一"的成功商人。

尽管曾国藩、胡雪岩离我们的时代已有100多年，但是他们的"绝学"却还不会过时，它们仍然是我们在这个时代走向成功、走向卓越的智慧来源。

(资料来源：赵凡禹. 做官要学曾国藩·经商要学胡雪岩［M］. 北京：企业管理出版社，2010.)

当然，学习名人，也要抓住根本，把眼光放在名人的杰出品质上。至于名人的癖好、轶事乃至成功的秘诀，这些在名人那里，可能是佳话、趣事，又常是大家茶余饭后感兴趣的话题；可若是真的去模仿，往往有东施效颦的结果。

(二) 在职场学

任何一件重要的事都不能由某个人独立完成。在职场中，个体同样需要同他人合作，向他人学习。个体在职场上接触得最多的是同事，不论是上司、下属还是同级，都有值得学习的地方。个体要善于在工作中看到他人的长处并加以吸收和借鉴。

◆【案例3-7】

善于向上司学习职场礼仪

小瑛是一家大公司的业务人员，刚从大学毕业进入一家香港公司。小瑛的上司是一个30岁左右的男士，穿着相当职业，永远穿着干净的衬衫、笔挺的西装，头发梳得一丝不乱，气宇轩昂地出现在众人面前。有时，公司为了赶工不得不通宵加班，结束时员工们个个蓬头垢面、睡眼迷离，唯独上司西装还是笔挺笔挺的，头发仍然整整齐齐，连眼神也还是那样坚定。

有一次小瑛和上司一起去上门推销，连续走访了20多家都吃了闭门羹。小瑛此时的情绪已低落到了极点，她焦躁地摆弄着背包，真想就此放弃，她真想和上司说不如我们先回去，明天再来吧。但上司似乎毫无疲态，从那挺直的身形中，竟看不出一丝失意的迹象，他坚持要继续下去。上司要小瑛去洗手间整理一下那被风吹乱的发型，并微笑着告诉她不要灰心，结果一天下来，他们竟成功地拿到了六份订单。

从那以后，小瑛不管遇到怎样的挫折都努力坚持，同时也学着和上司一样，特别注意自己的仪表，并把心态调整到最佳状态，不管走到哪里，遇到什么困境，都保持整齐端庄，并始终以微笑的姿态出现在客户的面前。现在的小瑛已经是一家国际知名大企业的销售经理了，她回忆起原来的上司时常说，上司教会了她很多东西，上司让她知道了锲而不舍的重要，同时也明白了，在人生中，即使是失败，也必须保持美好的姿态。

（资料来源：笔者依据相关资料整理）

此外，联系纽带的本质决定了每个人只能与少数人建立直接的关系，而个体还会有很多泛泛之交，比如一起参会的与会者、老同学、旧同事或者在日常生活中遇到的人，社会学家将这些关系称为“弱连接”：彼此接触时间很短，强度很低，但关系友好。弱连接可以成为联系另一个世界的桥梁，更有可能带来新的信息和机会。随着弱连接影响的扩大，个体也需要善于从弱连接的人际关系中学习新领域的知识和内容。

（三）在家庭学

在向他人学习的过程中，我们常常会忽视身边的亲人。尤其是在亲密关系当中，正是双方互相学习的过程促进了彼此的不断成长。

◆【案例 3-8】

长孙皇后对唐太宗的启发

魏征是唐太宗时期有名的直言敢谏的大臣。有一次，魏征在上朝的时候，和唐太宗争得面红耳赤。唐太宗实在听不下去，想要发作，又怕在大臣面前丢了自己接受意见的好名声，只好勉强忍住。退朝以后，他憋了一肚子气回到内宫，见了他的妻子长孙皇后，气冲冲地说：“总有一天，我要杀死这个乡巴佬！”

长孙皇后很少见太宗发那么大的火，问他：“不知道陛下想杀哪一个？”

唐太宗说：“还不是那个魏征！他总是当着大家的面侮辱我，叫我实在忍受不了！”

长孙皇后听了，一声不吭，回到自己的内室，换了一套朝见的礼服，向太宗下拜。

唐太宗惊奇地问道：“你这是干什么？”

长孙皇后说：“我听说英明的天子才有正直的大臣，现在魏征这样正直，正说明陛下的英明，我怎么能不向陛下祝贺呢！”

这一番话就像一盆清凉的水，把太宗满腔的怒火浇灭了。

后来，他不但不记恨魏征，反而夸奖魏征说：“人家都说魏征举止粗鲁，我看这正是他可爱的地方！”

公元 643 年，那位直言敢谏的魏征病死了。唐太宗很难过，他流着眼泪说：“一个人用铜作镜子，可以照见衣帽是不是穿戴得端正；用历史作镜子，可以看到国家兴亡的原因；用人作镜子，可以发现自己做得对不对。魏征一死，我就少了一面好镜子了。”

（资料来源：罗斌．中华上下五千年［M］．长春：吉林出版集团有限责任公司，2015.）

在日常生活中，个体不要忽视自己的家人，无论是伴侣、父母还是孩子，都有值得自己学习的地方，也都有促进自我成长的地方。

五、向实践学

在自然成长的过程中，除了要向自然、向书本、向他人学习以外，还要注重自己总结和反思，在实践中不断成长，从而调整目标和价值观。同时，也要在实践中突破传统文化和以往经验的束缚，不断创新。

在实践中，要善于总结。我们都知道，曾国藩的相人之术，百不失一，那么他有什么诀窍呢？首先，就是善于总结。曾国藩有一个鉴人日记，每遇到人，就将其特征与判断书写于其上，例如，他在日记中写道：喻科癸，平江亲兵百长，年二十四，满面堆笑，可爱，矮而精明……智慧源于积累，记上三年日记，自然就养成一双识人的慧眼。

无论是每日、每周还是每月，再忙也要抽出时间回顾，以便于自己在好的方面继续沉淀积累，在不好的方面及时做好调整。

根据经历总结，调整目标和价值取向，在吸收传统文化的过程中，有所突破，并在此基础上学会和自己对话。在总结的同时，还要有所创新，只有这样才能在实践中不断提升自我。

在实际生活中不能囿于理论而缺乏实践。勇于创新、敢于实践，才能从传统经验中找到突破口，解决现实问题。

◆【案例 3-9】

绝处逢生

一天，一艘在大海中航行的商船遭遇了风暴的袭击，强劲的海风和巨浪颠覆了这艘商船。幸运的是，船员们靠着船上的救生设备漂流到了一个孤岛上，在岛上等待过往船只救援。

三天过去了，寂静的海面上看不到一点风帆的影子，缺水成了对生命最大的威胁，许多人已经干渴得开始迷糊了，但他们都知道海水是不能喝的。

第四天终于有人忍受不了干渴的煎熬，跳入附近的海水中喝了个够，然后躺在沙滩上等待死神的降临。

但是，一天两天过去了，他还活着，于是继续靠饮用岛边的海水维持生命，直到被人发现而获救。而其他人却因坚持不肯饮用海水而失去了生命。

后来发现，那个岛屿的地底下是个巨大的泉源，泉水涌出来冲淡了周围的海水，岛屿周围的水实际上是泉水。

（资料来源：笔者依据相关资料整理）

对常识存疑，并非只是消极地不接受，而是提出不同的意见，然后重新求证。换句话说，无破不立，只有勇于怀疑常识、挑战常识，才有可能创立新的认知和理论。除了应该仔细分析所谓的常识，还要同样仔细分析相反的论点。这种思考习惯以及逻辑论证的能力，才是实践创新的关键所在。

第二节　主动成长

个体的成长，首先是以自我的力量为中心。无论环境如何，个体都需要建立自我的主观能动性，首先求得生存，并在此基础上不断走出自己的舒适区，培养自己的先见力，发展自我的核心专长，修炼忍耐心，当然，此过程也需要有良好的时间管理能力加以平衡。

一、首要的是生存能力

（一）独立自主的能力

当下，一些年轻人生活在优越的环境里，父母的溺爱使他们失去了独立的机会，养成了依赖别人的习惯。他们在父母的羽翼下可以安然无恙地生活，感受不到外界的任何干扰，但是一旦走出家庭，面对社会，缺陷就会暴露无遗。陶行知说过："滴自己的汗，吃自己的饭。自己的事情自己干，靠人靠天靠祖上，不算是好汉。"独立也是成功者不可或缺的品格。

（二）自我控制的能力

每个人都有惰性，都有欲望，但一味地放纵自己，任由欲望支配行为是不理性的。在生存和成长的过程中，首先要学会自我控制，当一个人具有了自控能力时，才具备掌握自己人生的条件。

◆【案例 3-10】

格莱斯顿的自我控制力训练

夏天是催人欲睡的季节，教徒们被牧师又长又臭的布道轰得个个昏昏欲睡。只有一个绅士，上身挺直，专心听道，跟四周的人完全不一样。有人好奇，问他："为什么您那么用心地听？"

他笑着说："老实讲，我也很想打瞌睡。可我又想，何不用这件事来试试自己能忍耐到什么程度？我聚精会神地从头听到尾，刚才还告诉自己：忍耐得好。以这种耐心去面对事业上的种种难题，还有什么不能解决的呢？今天的讲道，对我的好处和启示，可真是太大了。"

这个人是谁呢？威廉·尤尔特·格莱斯顿，英国政治家，曾作为自由党人四次出任英国首相，在英国人四次关于十佳首相的评选中，格莱斯顿平均排名第三，仅次于温斯顿·丘吉尔和劳合·乔治。

（资料来源：笔者依据相关资料整理）

人的欲望有很多种，过分地放纵和过分地控制都难以达到理想的效果，个体需要在促进生命健康和谐的前提下，求得生存，而后养成良好的习惯。尤其对于身体的健康，年轻时往往依靠年轻的活力，不注重健康饮食和锻炼身体，随着工作的逐渐深入，一旦感觉身体难担重任，常常已经埋下了深深的隐患。因此，必要的自我控制首先是为了获得生存力，而后促进我们更好地成长。

（三）适应环境的能力

俗话说，适者生存，强者发展。个体在社会上只有先适应环境，特别是适应组织内部的特定环境，才能获得生存的权利与发展的机会。但是年轻人，特别是独生子女对社会的适应能力往往很差。年轻人从学校步入社会，会形成一个较大的反差，使初涉社会者无所适从，从而成为开展工作的一种障碍。

因为从某种意义上来讲，学校里师生关系是一种相对平等的关系，学生与老师是一种知识与思想的接受者与传授者的关系，而职场上领导与被领导者的关系则是一种相对不平等的关系，被领导者对领导是一种工作与行为上的服从关系。这种关系上的变化，是大学毕业生走向社会后最难适应的。要想生存和发展，必须克服这种障碍。人最大的敌人是自己，必须首先战胜自己，才能战胜别人。敢于剔除掉自己的缺点和不足，不断割舍生命中多余的“石屑”。这样的人生才能凸现生命的质感，镂刻出别样的景致。

（四）整合资源的能力

对于个人生存和创业团队生存来说，资源整合能力显得尤为重要。团队一般是根据企业的发展战略和市场需要，由组织内部彼此相关但却彼此分离的职能部门人员共同组成的。它可以根据需要对企业内部现有的资源进行重新配置，以凸显企业的核心竞争力，并且寻求资源配置与客户需求的最佳结合点。

优秀的领导者总是能够根据企业的发展战略和市场需求对有关的资源进行优化配置，以凸显组织的核心竞争能力，这就是资源整合能力。其实，一个组织所拥有的资源除了人还有很多，如信息、资金、产品等。如何将这些资源有效地整合到一起，达到每种资源的最佳使用效果，这就需要个体具备资源整合能力。

二、主动离开舒适区

每个人都有一定的安全区，且天然地具有一种待在舒适区中的惰性。但个体若想跨越自己目前的成就，就不能划地自限，需要勇于接受挑战，充实自我，才能发展得更好。

◆【案例3-11】

勇于冒险

对于那些害怕危险的人来说，危险无处不在。有一天，龙虾与寄居蟹在深海中相遇，寄居蟹看见龙虾正把自己的硬壳脱掉，只露出娇嫩的身躯。寄居蟹非常紧张地说：“龙虾，你怎么可以把唯一保护自己身躯的硬壳也放弃呢？难道你不怕有大鱼一口把你吃掉吗？以你现在的情况来看，连急流也会把你冲到岩石上去，到时你不死才怪呢？”

龙虾气定神闲地回答：“谢谢你的关心，但是你不了解，我们龙虾每次成长，只有先脱掉旧壳，才能生长出更坚固的外壳，现在面对的危险，只是为将来发展得更好而做的准备。”

寄居蟹细心思量一下，自己整天只找可以避居的地方，而没有想过如何令自己成长得更强壮，整天只活在别人的荫庇之下，限制了自己的发展。

（资料来源：笔者依据相关资料整理）

就社交关系而言，人们的社交小圈子通常由一群拥有共同点的人聚在一起。从感情的角度来说，这样彼此是非常舒适的，但从信息获取的角度来说，这种交往往往会局限在一定的圈子里。强关系（详见第十一章）通常会在信息、活动以及人脉上互相重合；相反，弱关系（指和联系不频繁的人的关系）通常处于关系网的外围，更有可能带来新的信息和机会。弱关系可以成为联系另一个世界的桥梁，因此可能会带来我们不知道的信息和机会。

拓展社交圈不仅需要桥梁，也需要成为他人的桥梁。而帮助他人的一个好办法，就是将他们介绍给他们无法接触到的某个人，或者与他们分享某种经历。这样就需要横跨不同的社交圈，成为朋友走到对面的桥梁，这也就更需要个体主动离开自己的舒适区。

三、培养先见力

先见力也称预见力，指的并不是用统计学方法，分析现况以推定未来走势的能力，而是将注意力放在一般人从未正视过的地方，能察觉看不见的事物的洞见力。先见力和知识的多寡、视野的开阔度、所站角度的不同以及一个人的境界、所能取得的信息量大小以及悟性、天赋等都是密切相关的。

美籍日本学者大前研一在其所著的《专业》一书中对“先见力”进行了详尽的阐述。他认为培养此种能力最重要的就是破除陈旧思想，凡事抱有追根究底的态度，不断尝试错误。先见力主张对问题进行创造性与建设性的猜疑、批判。

◆【案例 3-12】

谁能让鸡蛋站立

为了横越大西洋，哥伦布精心筹划了 18 年。其间，他受尽别人的嘲笑和奚落，被认为是愚蠢的梦想家。经过无数次辩论和游说，他的真诚和信念最后感动了西班牙国王和王后，他们给了哥伦布远航的船只。哥伦布成功地渡过了大西洋，并发现了美洲大陆。当哥伦布回到西班牙时，举国上下一片欢腾，人们对哥伦布充满了崇敬之情。国王和王后在宫廷里宴请他，异常兴奋地听他讲述航海过程中遇到的奇闻轶事。哥伦布的成功和荣耀引起了很多人的妒忌。他们说：“不就是一个因贫穷而做白日梦的穷水手吗?只要有足够大的船只，谁不能横渡大西洋呢?”听了别人的议论，哥伦布没有恼怒。他从容地站起来，对大家说：“如果你们有兴趣，我想提议在座的每一位做一个小小的游戏。很简单，看谁能把一个鸡蛋竖立起来。”每个人都尝试着把鸡蛋立起来，结果却失败了。最后大家一致认为，这是不可能办到的事情。这时，哥伦布顺手拿起一个鸡蛋，把尖端往桌面上轻轻一磕，鸡蛋就稳稳地立住了。哥伦布表情严肃地说：“各位，你们都说这件事情不可能办到，但我做到了。这是世界上最简单的事情，但等你们知道应该怎么做之后，谁都能做到了——关键在于谁先想到。”

我们总是说：“机会都没有了。”飞机让莱特兄弟发明了，相对论已经让爱因斯坦发现了，小说让海明威写了，计算机让比尔·盖茨做了……殊不知，我们的身边每时每刻都充满了创造奇迹的机会。哥伦布把发现美洲的机会抢走了，当人们表示不满时，他把让鸡蛋立起来的机会给了大家，结果人们还是没有抓住。“关键在于谁先想到”。要记住这句话，然后问：“我想了吗？我在怎么想？”

（资料来源：笔者依据相关资料整理）

在这个不断剧烈变化的世界中，如果要经得起变化，就得经常客观地审视自我，不断求变。只有毫不设限地自我变革，才能让预见与构想的过程不断重复实现。在激烈的竞争环境中，不知道何时会遭遇危险，而机遇的到来同样也是无法预测的。那么如何发挥自己的先见力呢？下面给出了三个步骤供参考。

第一，提早准备，抓住时机。

首先要准，也就是能够在各行各业中准确发现既适合自己去做，又能给自己带来良好发展机遇和发展空间的事业。其次要远，也就是不能总盯着一门一行，甚至把眼睛仅仅放在眼前利益之上，而是要能在变幻莫测的职场中看出发展的大方向，按照这个大方向来经营自己的人生将是愉快而有意义的。有了先见力，在关键的时候，还要做出准确的判断。

第二，怀疑常识，勇于质疑。

过去的经验或累积的知识常成为处理事情的参考，这是不变的常理。处在变动的时代，对于过去成功的经验，只能作为参考原则，不能一成不变全盘吸收，否则会趋向失败。个性中具有喜欢变化和不怕失败的特质，有好奇心和勇气，并勇于接受挑战及新事物，更能适应变动。

过去的经验或积累的知识，在大脑中形成“常识”。然而，在当今这个日新月异的时代，若是被旧有的常识束缚，恐怕就不能正确解读新世界瞬间产生的新事物，更别说拥有先见力了。要想“独具慧眼”，首先要做的就是对自己根深蒂固的常识持怀疑的态度，并有意识地将这种怀疑态度变成习惯。

第三，因势利导，开创蓝图。

发现职场中的一种趋势之后，接下来可以放眼未来，思考一下如果这个趋势按照其逻辑发展下去，职场会变成什么样。通过这样一种方式来考虑，就会知道如果要找到蓝海战略，目前需要做什么变革。穿越传统竞争的边界，开创具有长远意义的蓝海，从而规避竞争。

个体在成长的过程中，埋头干活的同时也需要抬头看路。先见力，正是确定目标的关键，确定目标之后，在不断回顾与展望中，沉淀并发展自我的核心专长。

四、沉淀核心专长

个体想要实现自己的理想，就必须找到自己的核心专长。一个核心专长突出的人，也具备了与人合作的条件。综合起来，核心专长主要有以下七个方面：

一是技术及学习能力。如果职业定位是技术型的人才，那么技术及学习能力无疑非常重要；即使职业定位是其他类型的人才，懂得相关领域的技术，或是能够拥有较强的学习能力，也能让自己的工作如虎添翼。譬如一位软件开发公司的经理，如果懂得软件方面的知识，就可以对下属的工作进行有效的审核和监管；如果不懂，但学习能力很强，也会较快地适应工作环境。

二是读写表达能力。这方面的能力常常是筛选人员的第一关。任何一个猎头顾问或人力资源部的主管，对于履历中有错别字或文法不通的求职者，往往会首先淘汰。

三是语言沟通能力。在电话沟通和平时交往中，最易发觉的还是语言表达能力。说话最好是词能达意，如果说出颠三倒四的话，往往给人以逻辑混乱的感觉。

四是创新能力。任何一个企业都不愿意雇用对企业没有价值的人，如果只想安稳地躲在角落，企业很快就会发出解雇通知。其实许多企业这么做并非不仁义，因为压力要求企业必须不断地改进和创新。老板一旦发现有创意的个体，能解决问题，一定会抓住这样的人才。

五是变革能力。现在的企业在不断“变脸”，不是合并、并购，就是整合、裁员。情况越复杂，老板就越需要冷静自信、不断变革的员工，让他们发挥最大的潜能。如果个体能通过勤奋工作来不断改进自己，适应企业的不断变化，自然会有收获，职业生涯必然会有保障。

六是组织能力。个体是否可担当领导大任，如果懂得如何带领一个组织或团队，必然是最后的赢家。强有力的领导对企业来说是无价之宝，他们的影响力能真正促进企业的发展。

七是协调和合作能力。现在的企业无不在积极地在企业内部或外部寻找、训练可带动团队合作的灵魂人物，这些人都是企业的宠儿。

这几方面的核心专长对每个人来说都很重要。拥有一种或一种以上都可以成为个体笑傲职场的利器。当然这都是在工作中一步步积累的，没有人生来就是卓越的人才。一个人只有在工作中逐步提高自己的工作能力，才能达到事业的巅峰。获得这几种核心专长，自身的学习是最主要的。也可以做一种有累计性效益的工作，在工作中提升自己的能力。什么叫有累计性效益的工作呢？简而言之，就是越做这种工作个人产生的价值越大的工作。其特点就是可以让自己的价值不断地得以提升。只有具备了这样的能力才能不断提升自己的人际关系和员工关系管理中的身价。

五、修炼忍耐性

工作需要忍耐，交往需要忍耐，升职需要忍耐，职场中首先要学会的就是一个“忍”字。在这“忍”字当头的职场中，如何提高忍耐力，使自己迈向成功呢？

第一，要有自己的目标，设立自己的目标并朝着目标前行，哪怕过程艰险，但总会逆境重生，在完成自己目标的过程中，忍耐力也在不断提高；第二，面对事情要坦然，将压力转化为动力；第三，善于对自己进行心理暗示，遇到不顺利不要把所有的情绪都爆发出来，学会忍耐，通过心理暗示，使自己的情绪得以控制，长期下来就会培养出良好的心态；第四，要懂得发泄情绪，消极情绪太多会导致人出现身心疲惫的情况，所以利用好自己的休息时间，通过适合自己的方法来发泄自己的情绪，这样才能保持身心健康；第五，要保持积极的心态，要想让自己随时保持积极的态度就要给自己补充正能量，只有自己信心满满，工作效率才会高，才会在遇到困难的时候勇敢应对。

◆【案例 3-13】

沙子的命运

很久很久以前，有一个养蚌人，他想培育一颗世界上最大最美的珍珠。他去大海的沙滩上挑选沙粒，并且一颗一颗地问它们，愿不愿变成珍珠。那些被问的沙粒，一颗一颗都摇头说不愿意。养蚌人从清晨问到黄昏，得到的都是同样的结果，他快要绝望了。就在这时，有一颗沙子答应了。因为它一直想成为一颗珍珠。旁边的沙粒都嘲笑它，说它太傻，去蚌壳里住，远离亲人朋友，见不到阳光、雨露、明月、清风，甚至还缺少空气，只能与黑暗、潮湿、寒冷、孤寂为伍，多么不值得！那颗沙子还是无怨无悔地随养蚌人去了。斗转星移，几年过去了，那颗沙子已长成了一颗晶莹剔透、价值连城的珍珠，而曾经嘲笑它的那些伙伴们，有的依然是海滩上平凡的沙粒，有的已化为尘埃。

（资料来源：笔者依据相关资料整理）

个体忍耐着，坚持着，当走完黑暗与苦难的隧道之后，就会惊讶地发现，平凡如沙子的自己，不知不觉中已长成了一颗珍珠。不要嫉妒成为珍珠的沙子，当初它选择成为珍珠的时候，别人都不愿意；也不必过分去仰慕珍珠，毕竟每个人都有自己的人生，沙子也有沙子的幸福，虽然它不能闪光。

六、管理好时间

随着高效时代的来临，时间对于我们来说有了更深一层的意义——能赢取更多时间，优化时间安排，充分利用时间，成为重要的资源优势。

在自己手忙脚乱、竭尽全力才勉强能应付日常事务时，其他人已经找到了足够的时间，不仅做完了他们非做不可的事情，而且悠然自得地做完了他们想做的事，而他们生活和工作中拥有的时间数量却和你一样多。那么如何管理好自己的时间呢？以下为大家提供几点参考。

（1）在什么阶段做什么事。人生分为几个年龄阶段，不同阶段的任务是不同的，只有保质保量完成，才能促使人生正常发展，取得圆满的结局。

婴幼儿期、儿童期，迫切需要获得厚重的父母之爱。孩子需要父母这第一任老师的言传身教，需要使之产生内心满足感和安全感。这个任务绝对不能缺少。儿童期、少年期、青年期的主要任务是学习，接受基础教育和职业教育。知识、技能的储备将为今后成才奠定良好的基础。古有“三十而立”之说，符合现代人生成长规律，意指30岁左右成家立业之事已有定局。

人生不同的年龄阶段都有多项任务要完成，而且个体也存在差异。阶段任务完成不好往往会给日后带来麻烦，影响下一步任务的实施。因此，在不同的人生年龄阶段，还是要尽力做到该做什么就做什么，不要拖拉，更不要欠账。

（2）短期规划与长期规划相结合。做任何事都需要有计划性，短至今日计划，长至人生规划。根据事情的重要程度和轻重缓急，安排日计划、周计划、月计划、年计划，并根据自己的目标做好长期规划。同时，在平时的时间管理中也要用一些简单的时间管理工具。合理的时间规划会给我们带来意想不到的效果，例如每天能够早起一会，提前到公司，就能够有更多的时间去思考和安排一天的事情，也不用担心因为完不成工作而总在加班。

（3）聚焦精力，学会做减法。人的精力都是有限的，在有限的时间里，需要将时间集中在优势的锻炼上，突出特色，将优势发挥到极致。同时，学会拒绝不重要的应酬，切掉不重要的人际关系，减少对时间的占用。

（4）合理利用空隙时间。合理利用时间首要的一点就是充分利用每一秒可利用的时间来自我增值。在日本的地铁上，常常能够看到的一幕就是人手一本书，或是专业书籍，或是管理类书籍，利用每段空闲进行学习已经成为他们的习惯。例如，在北京上班族的上下班时间平均为1.3h，若能将这段时间加以利用，日积月累，就会得到更多的收获。两个人在大学毕业的时候差别不大，而工作之后的几年内差距可能越来越大，有很大一部分原因是对业余时间的利用不同。

（5）调整自我，注重效率。注重效率，首先要利用好自己精力充沛的时间段，找到自己的作息规律，将攻坚的任务放在自己精力充沛的时间段来完成，会获得事半功倍的效果。其次，也要在工作中寻求新方法让工作变简单。同时，在工作中应注意转换工作内容，劳逸结合，学会调节自己的状态。

第三节 被动成长

个体无论是在家庭还是在工作单位，都难免遇到批评和挫折，其实这恰恰是自我成长的机会。很多成功人士，正是在这些外在力量的推动下不断成长起来的。如何化被动为主动，化危机为转机，是值得个体学习和思考的。而被动成长在员工关系管理中，显得更加重要。

一、被批评之后怎么做

（一）正确认识批评

从某种角度讲，被批评是一件好事。

首先，批评是一种关爱。在“爱之深，恨之切”“打是亲，骂是爱”的传统理念下，对一个人的要求与期盼越高，对他的批评也就越多，我们应该看到，之所以被人批评指责，是因为自己在工作事务中已具有一定的重要性，是一个被人看重的人。俗话说，“忠言逆耳利于行”，被批评得凶，说明被关切得多。如果有一个能当面指出自己缺点和错误的人，应该为自己结交了一位诤友而感到高兴。

其次，批评是一把标尺。“玉不琢，不成器。”我们要把别人的批评当作镜子，时刻检验工作和学习的疏漏。人非圣贤，孰能无过？随着能力增强，工作也越来越多，遭遇批评的机会就会越多。换言之，批评的严厉与否是衡量人际关系的一把标尺，而批评的多寡则是测量我们工作能力的一把标尺。

最后，还应认识到，批评是一股正气。唐太宗李世民说过：“以铜为镜，可以正衣冠；以古为镜，可以知兴替；以人为镜，可以明得失。”正是因为唐太宗能刻意纳谏，大臣们才敢于直言进谏，所以，中国才会出现历史上有名的“贞观之治”。因此，单位中如果有直言批评的现象，说明单位风气正派，是一个具有发展潜力的地方。从长久来看，对将来的发展是有利的。

（二）闻过则喜的态度

“闻过则喜”出自《孟子》，意思是听到别人批评自己的缺点或错误就高兴，会虚心接受意见。对于别人的当面批评，如果是自己的错误，要勇于认错，并赔礼道歉；如果是误解，可以解释清楚，切忌反唇相讥，指桑骂槐，惊慌失措。

（三）被批评后的行动

任何人在工作和生活中都不会一直都很顺利，有时候工作中难免会出现失误，这样自然会受到批评，被批评后应该怎么做，如何在批评的促进下更好地自我成长，是我们应该关注的事情。

（1）在心理上，要缓和自己的情绪，不要产生怨气。受到批评后情绪自然会有些低落，自尊心会受到打击，从而产生一系列的逆反心理，这时要调整自己的情绪，不要把所有的思绪都放在发怨气上，这样会让自己变得消极。可以深呼吸缓和自己紧张的情绪，控制好情绪，不要产生过激行为。

（2）在思想上，要进行自我反思，仔细回想自己为什么受到批评，检讨自己哪里出现了失误，为什么会出现失误，在检讨中改善自己，是为以后的工作做基础。找出导致自己出现错误的源头在哪里，在源头上解决问题，也是为了避免以后自己在工作中出现类似的失误。要深刻地反省自己，对这件事情进行归纳总结，从而吸取经验教训。

（3）在行动上，弥补自己出现的错误，吸取教训。当失误出现的时候就要想办法弥补自己出现的错误，这样可以提高自己的应急能力，也能在他人面前挽回自己的形象。当一切都成为定局无法弥补的时候，不如在批评中吸取经验教训，这样也是警醒自己以后工作中不要出现类似失误。

做点别的事情来转移自己的注意力。受到批评后肯定会对这件事情放不下，不如找点别的事情做来转移注意力，反而会忽略掉被批评这件事，通过一段时间来缓和情绪。

受到上司的批评，虚心听完批评后再发话，这样也是对上司的尊重，就算有什么要解释的，也不要中途打断上司说话，同时，如果有必要的话，在听完批评后该解释的地方要进行解释，因为有的时候失误并不是自己导致的，也是防止自己背黑锅。

（4）在心态上，把批评当作一份贵重的礼物。上司批评，说明他还重视员工，当他不批评的时候，说明员工离被解雇不远了，所以把批评当作礼物，从中吸取教训，要拿得起放得下，所以既然已经被批评了，该出现的失误已经发生了，就不要太纠结于被批评的事而影响到自己的工作，要回归积极心态迎接工作。

二、不能流泪时就微笑

当灾难降临，人可以努力回避；如果回避不了，可以抗争；如果抗争不了，就得承受；要是承受不了，就哭泣流泪；如果连流泪也不行，可能就只有绝望和放弃。可是，案例中的辛蒂不同，当她无法流泪时，她选择了微笑！看来，生活并不是我们想象的那样已成定局，如果不喜欢，一切都可以改变！

◆【案例 3-14】

不能流泪就微笑的辛蒂

1985 年，辛蒂还在医科大学念书，有一次，她到山上散步，带回一些蚜虫。她拿起杀虫剂为蚜虫去除化学污染，这时，她突然感觉到一阵痉挛，原以为那只是暂时性的症状，谁料到自己的后半生就从此变为一场噩梦。这种杀虫剂内所含的某种化学物质，使辛蒂的免疫系统遭到破坏，使她对日常生活中接触的一切化学物质一律过敏，连空气也可能使她的支气管发炎。这种“多重化学物质过敏症”是一种奇怪的慢性病，到目前为止仍无药可医。

1989年，她的丈夫吉姆用钢和玻璃为她盖了一所无毒房子，一个足以逃避所有威胁的“世外桃源”。辛蒂所有吃的、喝的都得经过选择与处理，她平时只能喝蒸馏水，食物中不能含有任何化学成分。多年来，辛蒂没有见到过一棵花草，听不见一声悠扬的歌声，感觉不到阳光、流水和风的快慰。她躲在没有任何饰物的小屋里，饱尝孤独之苦。更可怕的是，无论怎样难受，她都不能哭泣，因为她的眼泪跟汗液一样也是有毒的物质。

坚强的辛蒂并没有在痛苦中自暴自弃，她一直在为自己，同时更为所有化学污染物的牺牲者争取权益。辛蒂在生病后的第二年就创建了“环境接触研究网”，以便为那些致力于此类病症研究的人士提供一个窗口。1994年，辛蒂又与另一组织合作，创建了“化学物质伤害资讯网”，保证人们免受威胁。目前这一资讯网已有5000多名来自32个国家的会员，不仅发行了刊物，还得到美国上议院、欧盟及联合国的大力支持。在最初的一段时间里，辛蒂每天都沉浸在痛苦之中，想哭却不敢哭。随着时间的推移，她渐渐改变了生活的态度，她说：“在这寂静的世界里，我感到很充实。因为我不能流泪，所以我选择了微笑。”

（资料来源：笔者依据相关资料整理）

三、逆境商是培养出来的

（一）逆境商的内涵

当工作出现困难时，你会有怎样的反应？是责怪别人，而且一天都想着工作的苦恼，还是继续埋头工作，甚至因具有挑战而更加兴奋？如果是后者，则说明你的逆境商（AQ，Adversity Quotient）很高，极具成功的潜质。为何在智力差不多、情商也差不多的情况下，有些人能坚持到底，而有些人却半途而废呢？逆境商则很好地回答了这个问题。具有高逆境商的人，自然能够在任何情况下都秉承自己的信念，坚持到成功为止；而低逆境商的人则没有这种坚持到底的勇气与毅力。

人的一生不可能一帆风顺，逆境已经是生活中不可避免的一部分了。正因如此，正确对待和突破逆境，是所有人都应关注的问题。在逆境中，我们该如何实现突破呢？

著名学者梁实秋曾说：“求人不如求己。”在逆境中，我们必须要靠自己的信念、智慧和力量来面对现实，接受挑战。不管怎样穷愁潦倒，首先要咬紧牙关挺住、顶住、坚持住，只有不放弃才会有希望，才会有转折，才会成功。或许，只要再多一点坚持，命运就会出现根本性的转机。有时候，逆境还会变成机遇。吃一堑，长一智，这对将来的发展更有好处。逆境不放弃，还需要学会保持一种心情，要平和宁静，不要浮躁，不要急于求成。孟子曾说“天将降大任于斯人也，必先苦其心志”，古今中外，成功之人无不经历过逆境，并且战胜了逆境。

逆境商是保罗·斯托茨（P. G. Stoltz）在综合当今世界数十位著名科学家的研究成果的

基础上于20世纪90年代中期提出来的概念，他在其风靡世界的著作《逆境商：将障碍化为机会》中将逆境商界定为用以衡量人们消除或克服困难或逆境的能力，它由控制（Control）、归因（Attribution：Origin & Ownership）、延伸（Reach）和忍耐（Endurance）构成，简称为CORE。简言之，它是指人们在面对逆境或失败时的反应能力，是一种不败于任何逆境的生活态度和思考方式。

控制是指个体自己主观感受到的对逆境的控制能力。面对逆境，控制感弱的人认为自己无能为力，没办法控制；控制感强的人则会相信自己，积极主动地采取措施改变所处环境。

归因是指个体所认为的导致逆境的原因以及愿意承担责任、改善后果的情况，可分为内部归因与外部归因。内部归因是在逆境中把失败或逆境的原因归咎于自己的内部因素，外部归因是把失败或逆境的原因归结为外部因素。

延伸是对逆境影响范围的评估与觉察。一般而言，逆境商越高，越把逆境视为特定事件，越觉得自己有能力处理，能够将其消极影响程度降至最低。而对低逆境商的人，逆境的消极影响范围则会不断扩展，直至影响到其学习、生活和工作的方方面面。

忍耐是指认识到问题的持久性以及它对个体的影响持续时间。逆境商低的人，逆境带给他的消极影响时间比较长，他在主观上也会认为这种影响很难消除，而逆境商高的人则与之相反。⊖

（二）逆境商的培养

斯托茨认为，逆境不会产生不可逾越的障碍，每一个困难都是一次挑战，每次挑战都是一次机遇，战胜困难就抓住了机遇。变化成为高逆境商者人生历程中最受欢迎的一部分，他们尽管面对着似乎不可战胜的逆境，却能努力设法不停止前进的脚步，而他们在前进的过程中，技术日渐提高，力量不断壮大，自身不断进步，最终取得突破。

◆【案例3-15】

蒲松龄的辛酸“高考”路

在中国古代作家中，很少有人像蒲松龄那样，热衷科举却又不满科举，深受其害却又坚忍不拔，才华横溢却又名落孙山，科场失败却在文学上大获成功……蒲松龄的人生确实是十分矛盾的。一方面，他在文学上成绩巨大，被誉为“世界短篇小说之王”，他的《聊斋志异》被称作“中国最伟大的短篇小说集”；另一方面，他在科举道路上却屡战屡败，落魄一生。他除了19岁那年考中秀才外，其后数十年间又参加了十几次相当于高考的“乡试”，皆名落孙山，无缘仕途。他悲愤交加，痛定思痛，在晚年又写成长诗《历下吟》，将考试中的辛酸屈辱、录取中的种种弊端以及考官的骄横贪腐等，一股脑儿暴露出来，读了让人感动，也发人深思……

考生们辛辛苦苦地来到省城济南应考，一开始就遭到监考官的打骂，不仅如此，“上头”规定的考试时间也异常苛刻。且考生考完后，仍不准回家，要留在济南等待发榜。这次“高考”，蒲松龄又名落孙山。他心灰意冷地回到家乡淄川，听到乡亲们议论

⊖ 谭春虹．哈佛逆商课：献给奋斗中的你［M］．北京：人民邮电出版社，2013.

纷纷：有人行贿打通了门子，考官便营私舞弊，把原定录取的人一笔勾销，把原来赏识的文章视若寇仇，再从已被废弃的试卷中抽出“照顾者”的卷子，作为录取对象。他们如此颠倒黑白，委实世所罕见。当知县前来劝慰蒲松龄时，他仍抑制不住内心的愤怒。

那时，对于多数考生来说，“落榜”的打击让他们痛不欲生，他们悲观失望，哭声载道，感到无脸回家见亲人，有些人甚至想一死了之……

当然，蒲松龄“高考”不中，也有主观原因，他有时太过自信。例如，他48岁那年参加乡试时，一拿到考题他就感到太容易，于是思如泉涌，笔如有神，洋洋洒洒，一挥而就。但写完回头一看，忽然发现“越幅”了。所谓“越幅”，就是违反了书写规则，不仅要取消录取资格，还得张榜公布。还有一次，他考试时状态很好，却突然拉起了肚子，又一次失去了“飞升”的机会……

蒲松龄科场失败，文学上成功，这之间并非没有联系。正是因他在仕途上碰得头破血流，才转而发奋图强，潜心创作，写出了《聊斋志异》这样的不朽巨著。可以想象，假如他在科场上春风得意，飞黄腾达，又焉能在文学上取得如此辉煌的成就？

（资料来源：笔者依据相关资料整理）

不管是顺境也好，逆境也好——不管自己处在何种境遇，都要抱着积极的心态朝前看，任何时候都要认真工作，持续努力，这才是最重要的。

◆【案例3-16】

大学生积极面对落魄之境

一名大学生毕业后到深圳求职，在奔波了一个星期后毫无收获，而且糟糕的是在乘公交车时钱包被偷。在受冻挨饿了两天后，他决定开始拾垃圾；虽然受白眼，但至少能够解决吃饭问题。一天，他正低头拾垃圾时，忽然觉得背后有人注视自己。回头一看，发现有个中年人站在他背后。中年人拿出一张名片，说：“这家公司正在招聘，你可以去试试。”

那是一个很热闹的场面：五六十个人同在一个大厅里，其中很多人都西装革履，他有点儿自惭形秽，想退下来，但最终还是等在了那里。当他一递上名片，小姐就伸出手来，说：“恭喜你，你已经被录取了。这是我们总经理的名片，他曾吩咐，有个青年会拿着名片来应聘，只要他来了，就成为我们公司的一员！”

就这样他进入了这家公司。几年后，由于个人努力，他还成了副总经理。“你为什么会选择我？”闲聊时他几次问总经理这个问题。“我偶然看见你在拾垃圾，就观察了你很久，你每次都把有用的东西拣出来，将剩下的垃圾归类好再放回垃圾箱。当时我想，如果一个人在这样不利的环境下还能那么认真地做事，无论如何我都应该给他一个机会。”

（资料来源：笔者依据相关资料整理）

能够坦然面对挫折，是一个人成熟的标志之一。世界上一帆风顺的事情很少，在人生道路上遭遇挫折在所难免。坚强是我们对付挫折与逆境的有力武器，坚强能使人把挫折变为动力，以此激励自己百折不挠地去战胜困难；坚强能使人正确地对待别人的议论，认准目标走自己的路；坚强又能使人头脑清醒，采取变通方式去争取胜利，激发和挖掘自己无穷的潜力，甚至创造奇迹。

四、与“小人”和睦相处

早在两千多年前，孔子就把君子和小人划分开来。孔子曰：“君子坦荡荡，小人长戚戚。”君子成人之美，故心怀坦荡，小人成人之恶，因为小人嫉妒心强。

（一）如何识别“小人”

任何地方都不乏小人，通常小人为人处世不太厚道，常以不良手段达成目的。与小人相处，稍不小心，会吃大亏；学会分辨小人，非常重要。

余秋雨将小人归纳出了八条重要的行为特征：

（1）小人见不得美好。他们总是眯着眼睛打量美好的事物，只要一有可能就忍不住要去扰乱、转嫁，竭力作为某种隐潜交易的筹码加以利用。

（2）小人见不得权力。不管在什么情况下，小人的注意力总会拐弯抹角地绕向权力的天平，在旁人看来根本绕不过的地方，他们也能飞檐走壁绕进去。他们表面上是历尽艰险为当权者着想，实际上只想着当权者手上的权力，但作为小人他们对权力本身又不迷醉，只迷醉权力背后自己有可能得到的利益。

（3）小人不怕麻烦。小人知道越麻烦越容易把事情搞混，只要自己不怕麻烦，总有怕麻烦的人。

（4）小人办事效率“高”。小人急于成功又不讲规范，用明明暗暗的障眼法掩盖着，办起事来几乎遇不到阻力，能像游蛇般灵活地把事情迅速搞定。他们善于领会当权者难以启齿的隐忧和私欲，把一切化解在顷刻之间。

（5）小人不会放过被伤害者。小人在本质上是胆小的，他们的行动方式使他们不必害怕具体操作上的失败，但却不能不害怕报复。设想中的报复者当然是被他们伤害的人，于是他们的使命注定是要连续不断地伤害被伤害者。

（6）小人需要博取同情。他们反复向别人解释，自己是天底下受损失最大的人，自己是弱得不能再弱的弱者，似乎生就是被别人欺侮的料。

（7）小人必须用谣言制造气氛，要借权力者之手或起哄者之口来卫护自己，必须绘声绘色地谎报“敌情”。说谎和造谣是小人的生存本能，他们编造的谎言和谣言要取信于权势和舆情，大体上合乎浅层逻辑，让不习惯实证考察的人一听就产生情绪反应。

（8）小人最终控制不了局势。小人精明而缺少远见，因此他们在制造一个个具体的恶果时并没有想到这些恶果最终组接起来将会酿造出一个什么样的结局。小人没有大将风度，完全控制不了局面，但是，人们不会忘记全部灾难的最初责任者。

◆【案例 3-17】

“小人”费无忌

在《史记》中，司马迁写到过发生在公元前 527 年的一件事。那年，楚国的楚平王要为自己的儿子娶一门媳妇，选中的姑娘在秦国，于是就派出一名叫费无忌的大夫前去迎娶。费无忌看到姑娘长得极其漂亮，眼睛一转，就开始在半道上动脑筋了。他认为如此漂亮的姑娘应该献给正当盛年的楚平王。尽管太子娶亲的事已经国人皆知，尽管迎娶的车队已经逼近国都，尽管楚宫里的仪式已经准备妥当，费无忌还是骑了一匹快马抢先直奔王宫，对楚平王描述了秦姑娘的美丽，说反正太子此刻与这位姑娘尚未见面，大王何不先娶了她，以后再为太子找一门好的呢。楚平王好色，被费无忌说动了心，但又觉得事关国家社稷的形象和传承，必须小心从事，就重重拜托费无忌一手操办。三下两下，这位原想来做太子夫人的姑娘，转眼成了公公楚平王的妃子。

费无忌办成了这件事，既兴奋又慌张。楚平王越来越宠信他了，这使他满足，但静心一想，这件事上受伤害最深的是太子，而太子是迟早会掌大权的，那今后的日子怎么过呢？他开始在楚平王耳边递送小话："那件事之后，太子对我恨之入骨，那倒罢了，我这个人也算不得什么，问题是他对大王您也怨恨起来，万望大王戒备。太子已握兵权，外有诸侯支持，内有他的老师伍奢帮着谋划，说不定哪一天要兵变呢！"

楚平王本来就觉得自己对儿子做了亏心事，儿子一定会有所动作，现在听费无忌一说，立即下令杀死太子的老师伍奢、伍奢的长子伍尚，进而又要捕杀太子，太子和伍奢的次子伍员（伍子胥）只得逃离楚国。从此之后，连年的兵火就把楚国包围了。逃离出去的太子是一个拥有兵力的人，自然不会甘心，伍员则发誓要为父兄报仇，曾一再率吴兵伐楚，征战此起彼伏。

然而楚国人民记得，这场弥天大"火"的最初点燃者，是小人费无忌，大家咬牙切齿地用极刑把这个小人处死了，但整片国土早已满目疮痍。

（资料来源：余秋雨. 历史的暗角［M］. 郑州：河南文艺出版社，2009.）

在职场中，我们会发现"小人"的言行常有以下特点：

（1）喜欢造谣生事。通常是另有目的，并不单纯以此为乐；有时为了升迁，衬托自己的优秀，不惜丑化对手。他们唯恐天下不乱，惯用"听说"造句，歪曲事实，无中生有。

（2）喜欢挑拨离间。分化同事感情，制造纷争和事端，鹬蚌相争，结果渔翁得利。他们口才好，善于撇清责任；事后扮演和事佬，双面间谍。

（3）喜欢奉承。"赞美鼓励"和"奉承拍马"不同，后者舌灿莲花有心机，热情又嘴巴甜，让人晕乎乎而迷失方向。他们更刻意亲近上司，常伺机打小报告，备受上司宠爱。

（4）喜欢阳奉阴违。工作方面，言行不一，善于表面功夫，也善于伺机邀功抢功。待人方面，他们是表里不一的两面人，有时面前夸你套出你的秘密，背后就损你出卖你。

（5）喜欢见风转舵。谁得势就依附谁，谁失势就舍弃谁，所谓西瓜偎大边。他们利用别人的权势以提升自己的地位，没有利用价值的人，他们不会想亲近，顶多虚与委蛇。

（6）踏着别人的"鲜血"前进，踩着别人的肩头攀高。你种树，他乘凉；利用你替他们开路，成功时，不会报答你，甚至翻脸无情抹杀你，他们将占人便宜视为当然，怎会感激？

（7）喜欢落井下石。只要有人或跌倒或失败，他们会追上来再补一脚，例如，四处渲染那人"罪有应得"云云。他们也是事后诸葛，常说一些幸灾乐祸的风凉话。

（8）喜欢找替死鬼。明明是自己言行有过错，却死不承认，昧着良心硬拗瞎掰，也要找一个冤大头（软柿子）来背黑锅。他们口才犀利又敢发誓，很能误导大家以讹传讹，日久则众口铄金，积非成是。有时“真相”就此石沉大海，永远被扭曲蒙蔽了。

事实上，小人的特色不止以上这些，凡是藐视法律、鄙弃道理、刻薄寡情、不遵循伦常道德、唯利是图、损人利己、容易鬼迷心窍的人，通常都带有小人的性格。

（二）如何应对“小人”

职场如战场，既有激烈竞争，也须团队协作。有时我们往往很努力，但可能会被身边的卑鄙无耻之徒中伤陷害，因此，在职场，绝大多数人害怕的并不是正当竞争的对手，怕的是被身边那些丑陋卑鄙的“小人”打击陷害。

在我们的现实生活中，有时还不一定能完全避免与这类人打交道，不一定能完全做好自我保护和免遭他们的暗算，不一定能完全避免自己会受到致命的恶毒伤害。

古人说“画虎画皮难画骨，知人知面不知心”，又说“害人之心不可有，防人之心不可无”，这都是教导人们看清社会，保护自己。因此，我们应学会如何主动应对“小人”，学会自我保护。

(1) 坚决不能将其列入好友名单。进了一个群体（如学校或工作单位等）时，千万不能将小人列入核心朋友或知心朋友名单，只要有表面上的礼节就可以了，防止在自己真心付出的时候受到伤害，更避免自己会遭到这类人的致命暗算。

(2) 避免与其商议重要核心问题。每个人都会有自己的隐私或者是相对重要的问题需要得到朋友的意见和建议，如果是领导更会有公事或业务上的重大决策需要事先听取意见。这时，要尽量避免让这类“成事不足败事有余”的人参与进来，他们肯定不会帮别人保守秘密，他们会为了显示自己能够比别人掌握更多的核心机密而到处显摆，为显示自己与领导的特殊关系或地位而沾沾自喜。

(3) 避而远之或者躲之不及。由于小人经常采用“人前一套背后一套”的阳奉阴违手法，因此，这类人有的是自己的直接领导，有的是自己的工作拍档，有的是自己的同事。怎么办？既然在工作和生活中无法与他们隔绝往来，那么，可以在面对这些人时，尽量不要或减少与他们的来往，尽量避免或减少与他们有工作或生活上的接触，不要把自己的隐私透露给他们。

(4) 团队组建时坚决弃用这类人。一个团队要有战斗力，首先这个团队的每个人都应有团队精神、合作精神、奉献精神，“小人”首先考虑的不是团队的战斗力和团队的聚集力，他们往往更多考虑的是自己在这个团队中能够得到多大利益，他们想得最多的是如何算计同事而能让自己名利双收，有时，他们会为了自己的蝇头小利而毫不犹豫地牺牲团队和集体利益，这就是这类人的可怕之处。

(5) 做足防火墙防止小人破坏。对于小人，我们心中应该有杆秤，与这类人打交道时，害人之心不可有，防人之心不可无。

对付这种人的最好方法就是只听不说，心里时刻更新防火墙，时常提醒自己不要轻易暴露自己的真实思想，特别是如果对领导或朋友有什么想法，千万不能让他们知道而去造谣生事和搬弄是非。

(6) 择机提醒领导防范“小人”。对于被领导重用的“小人”，记住千万不能在领导面前直接述说其卑鄙之处，这样做往往会收到适得其反的效果。大多数领导会认为这是在怀疑领导的用人标准，是在怀疑领导任人唯亲，是在怀疑领导的工作能力，这是领导相当忌讳的

"死穴"，有的领导还会认为这是员工在嫉妒和吃醋，从而怀疑他的人品人格是否存在问题，进而最终会影响到在领导心目中的印象。最好的办法就是选择合适的机会，针对某一件没有做好的事情帮助领导分析原因，可以隐约告知领导其人在单位里的为人处世的情况，如为什么得不到同事的协助等，潜移默化地影响领导对其的信任程度。

当然，对付这类人，尽量不要发生正面冲突，以免误伤自己。古人说：忍一时风平浪静，退一步海阔天空。"小人"在我们人生的修行中也充当着"监督"的角色，从一定程度上说，他们能促进我们成长，赢得更多尊敬。

五、情场失意寄情职场

我们都希望收获完美的亲密关系，但实际上有很多人难以在感情上获得成功。我们需要在亲密关系中不断成长，追求所期望的感情，但如果结果不能如我们所愿，也不应一味懊恼。

细细数来，国外有柏拉图、达·芬奇、伊丽莎白一世、牛顿、伏尔泰、诺贝尔等名人，国内也有很多名人，都没有因情场失意而放弃人生追求，皆取得了重要的成就。情场失意或许会让一些人萎靡不振，对于另一些人来说，却是职场得意的开端，这何尝不是"失之东隅，收之桑榆"呢？

【思考题】

1. 请从自我成长的角度分析在公司的晋升过程中，没有达到自己的预期标准是什么原因？试着总结并制订晋升计划。

2. 你的核心专长是什么？在既有的环境或者换到新的环境中，你是如何首先保证生存能力的？

3. 面对不顺的环境、不喜欢的人、不愿意做的事，你通常是如何做的？读完本章之后，你有什么新的感想？

【案例分析题】

1. 你是否也有和案例 3-7 中相似的经历？试着回忆一下上司的哪些细节、品质值得学习。

2. 案例 3-10 中描述的情境很多人都曾遇到过，你通常是如何处理的？思考如何进一步提高自我控制力。

3. 阅读案例 3-16，想想自己遇到困难时的态度是怎样的？遇到逆境该怎样面对？

第二篇

内部关系篇

第四章

下属关系管理

【培养目标】

1. 帮助读者认识心态管理，这是下属关系管理的基础。

2. 帮助读者掌握下属业绩管理的技能，认识业绩与关系之间的联系。

3. 让读者了解与下属沟通的基本方法和处理下属关系的基本技巧。

【培养要点】

1. 帮助读者认识心态管理在员工关系管理中的重要作用，从而规避自身以及员工在心态上的失衡。

2. 帮助读者学会如何制定目标、优化考核和激励下属来改善员工关系。掌握必要的绩效沟通技巧，提高员工业绩。

3. 帮助读者掌握沟通的基本技能以及处理冲突的技巧，了解如何改善与特殊员工的关系。

【本章框架】

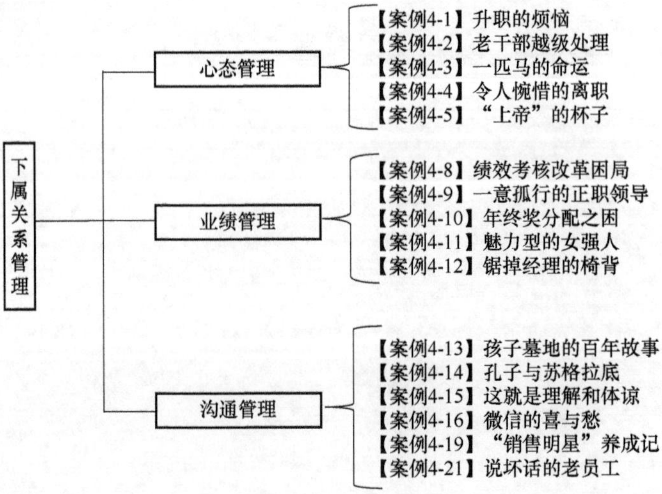

第一节　心态管理

心态是对事物发展的反应和理解表现出不同的思想状态和观点。心态是一个人思想的先导，人的行动受思想指挥。每个人都有自己的心态，心态端正、乐观，整个生活都是积极乐观的；相反，心态不好、悲观，整个生活就是消极悲观的。心态不仅对人的健康影响很大，同时也影响家庭生活、社会交往，以及工作能力及创造力的发挥等。

员工心态是指组织个体对组织环境、工作条件以及价值观、信念等产生并保持的较为稳定的心理态度。员工心态一般包括三方面内容：情感，即个体对组织的情绪及感受；认知，即个体对组织的知识和认可程度；意向，即个体面对组织所表达出的意愿及价值取向。正是这三个方面的内容决定了个体对组织的综合印象，及其在工作中可能采取的行为态度。个体因为有了某种固化的行为态度，才产生了在组织中的种种行为表现。诸如，对待工作任务是积极承担，还是消极应付，是主动请缨，还是被动接受；对组织、对领导是忠贞不贰，还是心存芥蒂；是乐于奉献，还是借机利用等。

心态管理的目的是在企业管理中规范员工的言行，矫正变态心理和行为障碍，调动员工的生产积极性，提高企业的经济效益。可见摆正心态是提高业绩的必要条件，也是提高员工对组织满意度和认可度的有效手段，更是建立良好员工关系的基础。

一、自我心态管理

“知彼者，智也；知己者，大智也。”只有对自己十分了解的人，才拥有大智慧。换言之，若不知己，就没办法知彼。作为一个管理者，只有调整好自身的心态才能更好地处理与下属的关系。

（一）认知自我角色

升职后成为管理者，升职与加薪的喜悦往往会提高工作热情，岗位职责也会促使管理者担负更多的责任。新上任的管理者往往都希望能够有所作为，通过展现自己的领导才能来巩固自己的领导地位，得到下属的拥护。新的职责也使得管理者对待工作格外认真，甚至达到较真的地步。所以会出现新官上任三把火，最后将“火”引到自己身上的情况。

◆【案例 4-1】

升职的烦恼

王麦是北京一家写字楼租赁部的经理，自从升职后发现原先关系非常好的同事都不爱搭理自己了，甚至给同事的生日短信也得不到回复，为此他十分苦恼。当初王麦能得到领导的提拔一部分原因是他在同事中很有号召力。现在这种情况让王麦担忧领导会找一个更有能力、更有凝聚力的人替换掉他，升职带来的愉悦也不复存在。对于这种现状，王麦认为除了平常板着脸之外，自己并没有什么问题，原因在于同事不爱理他，不愿意和他沟通了。

经过心理专家的分析，发现王麦平日与同事交流语速很快，给同事造成了心理压力。自己也没有真正融入团队中，平时只关注团队目标的实现，不注重情感维系，甚至认为自己比老板更有能力，连老板都不放在眼里。

（资料来源：笔者依据相关资料整理）

升职后作为管理者首先要做好角色转变，正确认识自己的角色，及时进行自我调整。作为一个管理者自己起到的是协调作用，但自己并非企业的老板，要准确把握自己的定位，切不可狂妄自大。要想在新的岗位赢得领导的信任只有在其位谋其政，只有创造新的价值才能赢得新的信任。

其次，升职之后要注意与原来的同事的关系维护，明枪易躲，暗箭难防，并非所有人都愿意拥护新领导。特别是不排除部分竞争对手的嫉妒，不要让自己升迁的兴奋激怒他人。所以上任后要感恩以前的同事即现在的下属，主动与其多沟通，切不可认为领导必须有领导的样子。《论语》有言："君子信而后劳其民；未信，则以为厉己也。"信任是良好关系的基础，要高效地进行工作首先应当建立高效率的工作关系，增强团队的凝聚力，然后再关注业绩。

最后，职位升迁固然是得到了领导的认可，但切不可仗着领导对自己的信任滥用权力。要明确自己的岗位职责，即使想大干一番也不能越级处理事情。否则会导致工作混乱，同僚关系紧张。

◆【案例 4-2】

老干部越级处理

某单位的一位领导经部队转业后一直在该单位工作，已 20 余年。此前一直担任某部门科长，主管 X 科与 Y 科。现在晋升为局里的二把手，主管 A 科和 B 科。但是晋升后仍然经常直接联系在 X 科和 Y 科的老同事，插手 X 科与 Y 科的事情。又因为其级别高、年龄大，导致 X 科和 Y 科的主管领导只能睁只眼闭只眼，部门的员工也无所适从，不知该听谁的，使得工作有些混乱。该领导也利用自己长期在局里的关系，经常和新任的局长分庭抗礼，越权处理一些事情，令下属无所适从。

（资料来源：笔者依据调研资料整理）

（二）影响而非操控

在某些企业内部，一面是"一把手"文化，员工关系管理若"一把手"不支持可谓寸步难得；另一面是不少人"宁为鸡头，不为凤尾"，"官本位"盛行，"等级观念"根深蒂固，严重阻碍以尊重、平等、对话为基础的新型员工关系的构建。身居高位的领导者自视为组织的"小皇帝"，内心优越感油然而生，凭借个人权威造就影响力。但是影响力不等于操纵控制，作为上司要摆正心态，应该视下属如知己良朋，而不是自己的奴仆，自己顶多是带领士兵冲锋陷阵的将军。

（三）秉持任贤使能

"差序格局"好像把一块石头丢在水面上产生的一圈圈波纹。"差序"就表示有轻有重、有近有远、有亲有疏、有高有低，各个层次的重要性是不同的，各层次是不具有平等地位的。著名的奥格威法则也揭示了管理者往往喜爱招聘比自己差而且习性相近的下属，这样做能保证沟通高效而且下属也没有威胁。作为上司不要惧怕下属超越，要有容人之心。企业组织就如同俄罗斯套娃，从核心到外层是一个比一个大，管理者是核心，外层就是企业吸引的各类人才。所谓“术业有专攻”，企业要做强做大，管理者就要善假于物，善于用人。

任人唯贤——聘之以胜任，授之以技能。作为领导要善于运用下属的长处，有效的管理者择人都以一个人能做什么为基础。用人的决策不在于如何克服人的短处，而在于如何发挥人的长处。才干越高的人，其缺点也往往越多，有高峰必有深谷，如果只能见到下属的短处，只能证明上司自己也是一个弱者。作为上司要认识到用人是来做事的，而不是用来投自己所好的。㊀对于优秀的人才要热情地欢迎，绝不能将其踩在脚下抑制其才华。

（四）要有容人之心

作为一个上司如果胸怀狭隘，没有容人、容物的肚量，不仅难以成就大事业，恐怕也难以与下属亲切地交往，和睦地与人相处，自己内心也会感到孤单、寂寞、痛苦。河马是世界上最危险的动物之一，它们的速度比人类想象的快许多，只要敌人挡路，它们便会把对方踩扁（或是咬死）。职场中的“河马”同样十分可怕。㊁

当下属做了领导认为冒犯了自己或不利于自己的事情时，可能乐于利用权力给下属“穿小鞋”。这样不仅给其他员工造成上司心胸狭隘的印象，而且下属会自动远离此类上司，以免受牵连，严重影响组织的凝聚力。此外，作为上司处处针对下属，会自动屏蔽下属的优点，使能人得不到重用，严重影响组织的绩效，从而造成恶性循环。

◆【案例 4-3】

一匹马的命运

一匹马多年独享一块肥沃的草地，后来有一只鹿也发现了这块草地。本来按这匹马的食量，就是活一万年，也吃不完这块地上的草，但它却对鹿的闯入心存不快。于是，它想借助人的力量征服可恨的鹿。但狡猾的人却说：“我抓不到鹿，除非你让我骑着追上它。”马同意了，结果人骑着马追上了鹿。本来马和鹿的奔跑速度是人远不能及的，但为了报复鹿，马甘受其缚，结果它成了人的俘虏。直到这一刻，马才感到悔恨，但一切已无法改变。最终的胜家，不是跑得最快的马，也不是跑来分一杯羹的鹿，而是有智慧的人。直到今天，马依然被人带上辔头，为其劳作，马是否反思过自己的错误呢？

（资料来源：笔者依据相关资料整理）

海纳百川，有容乃大。当今社会是服务的社会，人人为我，我为人人，只有能容人，才能为他人所容，谁也不能独自生存。因此，宽大的胸怀不仅是一个人处世之基本，也是事业成功的基础，身为企业领导，容人是首要。能容一个班的人，只能当班长。能容一个团的

㊀ 彼得·德鲁克. 卓有成效的管理者［M］. 许是祥，译. 北京：机械工业出版社，2009.

㊁ 埃里克·施密特，等. 重新定义公司：谷歌是怎样运营的［M］. 靳婷婷，译. 北京：中信出版集团股份有限公司，2015.

人，只能当团长。能容亿万人的人，才能为首脑和领袖。马云曾说：“心中无敌则天下无敌。”这便是领导者胸怀的最好诠释。

二、下属心态管理

积极的心态不仅表现为下属对组织的行为做出正面的评价，而且工作积极性高，有责任心；消极的心态则主要表现在下属心态失衡，会对企业做出不利的行为，例如消极怠工甚至集体跳槽等。下属心态管理是指通过心态调整的方法使员工认知角色、激发情感、主动参与，实现意动引导积极行为。积极的心态不仅可以提高工作绩效，也可以提高员工对组织的认可度和满意度，改善与组织的关系。

（一）融入新组织

初入组织的新人从踏入组织起，就要面对职场复杂的各种关系。下属关系实质是直线上司与员工的关系。员工进入企业，直线上司与他的关系在很大程度上会影响他融入的有效性和归属感。⊖

◆【案例4-4】

令人惋惜的离职

小高和小李是大学同学，博士毕业后进了同一所大学的不同专业任教。小高的领导是一位德高望重的老教授，他对小高的发展颇为关心。他认为年轻教师一定要有所作为，经常传授自身的经验指导小高怎样教书育人，学院分配的各种学习指标也优先考虑小高。为此小高十分感谢老教授，也十分感谢学校对自己的重视。而半年之后，一同进校的小李却提出了离职，原来小李的领导是学院的行政领导，平常工作十分繁忙，只在小李进校时与其交流过一次，告诉小李要多做研究后再也没有过交流。小李觉得自己在学校没有一点存在感，甚至觉得是自己的领导故意冷落自己，压制自己的发展。再加上平时与同事交流甚少，小李始终觉得自己无法融入这个集体，有种被骗到学校的感觉。

（资料来源：笔者依据调研资料整理）

新人在入职时的人际交往和沟通技能欠缺，导致新人在团队融入过程中的主动性往往不够，与岗位需求存在部分脱节，工作技能相对欠缺不能完全满足工作的要求。再加上工作、生活环境的变化，现实和理想的差距，新人往往会变得心浮气躁，对工作或者自身产生怀疑。此时，直线上司要主动与下属沟通，消除人际关系的陌生感，让员工感受到关怀，并帮助员工调整心态，转换角色，尽早融入组织。

（二）态度很重要

现在很多员工还未进入组织或刚踏上岗位就要求高报酬、高职位，生存关系作为第一关系，关心回报无可厚非。但是职场新人头两年的主要精力都在“学”和“吸纳”上，并没有为组织创造与之相称的价值。而员工往往仅计算自己的回报，缺乏自我积累和自我准备的理念，因

⊖ Wong C S, Kung H L. An exploratory investigation on commitment to specific constituencies in Taiwan [J]. Chinese Journal of Psychology, 1999, 40 (1): 1-13.

此，刚进入职场时会急于获得认同与表现，不能很好地沉下心来做事，总觉得组织亏待了自己。

“蘑菇管理”是许多组织对待新员工的一种管理方法。它主要是指新员工进入组织后常常被置于阴暗的角落，被安排到不受重视的部门，或做一些打杂跑腿的工作，有时还会被浇上一头“大粪”（无端的批评、指责、代人受过），组织任其自生自灭，新人得不到必要的指导和提携。相信很多组织都这样对待过新人。

◆【案例 4-5】

“上帝”的杯子

进入日本帝国酒店工作的年轻人，最初都必须经过一段全方位的职业培训，然后再根据各自的不同情况被安排到不同岗位。有个女孩原以为自己会得到一份和她身份相符的工作，但出乎意料的是，经理却让她洗扫厕所。这个女孩是接受“贵族教育”长大的，在她心目中，这份工作卑贱而且低俗。第一天伸出手洗马桶时，她几乎呕吐。勉强干了两个多星期，她就再也不想在这里待下去了。她的心情糟糕到了极点。

和她一起做厕所清洁的是一位 50 多岁的老人，他在帝国酒店做了 23 年的清洁工。有一天，她看见这位前辈在洗完马桶后，居然伸手从马桶里盛了满满一杯水，当着她的面一饮而尽。她顿时目瞪口呆。那位前辈却很自豪地说：“你看，经过我的手清洗的马桶，干净得连里面的水都可以喝下去。”

这位前辈的举动给了她很大的启迪。从此以后，每次洗完一只马桶，她就会想，我可以从中舀一杯水喝下去吗？培训的期限到了，当经理验收考核时，这位女孩当着很多人的面，从自己洗过的马桶池里盛出一杯水，仰头喝了下去。

37 岁以前，她是日本帝国酒店的普通员工，是那里工作最出色的人。37 岁以后，她开始步入政界，最后成为日本内阁邮政大臣——野田圣子。在很多场合，她都这样介绍自己的身份：最出色的厕所清洁工，最忠于职守的内阁大臣。

（资料来源：笔者依据相关资料整理）

员工有过这样一段“蘑菇”的经历，不一定是坏事，尤其是在刚刚开始的时候，当几天“蘑菇”，能够消除员工很多不切实际的幻想，让员工更加接近现实，看问题也更加实际。无论多么优秀的人才，在刚开始的时候，都只能从最简单的事情做起，“蘑菇”的经历，对于成长中的年轻人来说，就像蚕茧，是羽化前必须经历的一步。作为上司要时刻关注员工的心理动态，帮助他们培养积极的态度，戒骄戒躁，脚踏实地从小事做起，不断地努力“生长”，最终成长为团队的核心人才。

（三）从小事做起

◆【案例 4-6】

一根尽孝的烟

治国从小学习就很努力，篮球打得很好，在大学里也是一个公众人物。暑假期间申请到某银行实习，他聪明乖巧，在实习生中也非常受欢迎。最后治国被安排在风控部实习，风控部几乎是银行工资最高的部门，业务来往较多。治国在这批实习生中的优异表现大家都看在眼里，尽管转正名额紧张，但大家都认为他的机会非常大。当转正名额公布时，出乎大家意料的是治国并没有被留下来。

后来风控部的老总在一次饭局中说出了没有留下治国的原因。风控部老总说，有一次看见治国把接待用烟往口袋里偷偷塞了两盒，这事让他彻底否定了治国。而当一起实习的小胖说出了治国拿烟的原因后，一群人也唏嘘不已。原来治国家是农村的，他说自己的父亲从来没有抽过这么好的烟，而部门有许多好烟，况且本来就是接待用的，拿几盒也没多大关系。治国想在回家的时候带上两盒给父亲抽。治国本身没有坏心，就是想给父亲拿点烟抽尽下孝心。但是这个细节让治国的形象在风控部老总那里大打折扣，一件小事让其觉得治国讨厌，彻底否定了这个优等生。

（资料来源：笔者依据相关资料整理）

“恶魔效应”告诉我们，当对人的某一品质有坏的印象时，会使得对这个人的其他品质评价偏低。职场中大家都是带着放大镜在观察周围，即使一件自认为很小的事情在别人眼中很有可能被无限放大。而对应的“光环效应”告诉我们，当认知者对一个人的某种特征形成好的印象后，他还倾向于据此推论，给予该人其他方面较好的评价。

所以，勿以善小而不为，勿以恶小而为之。亚里士多德曾经说过：“优秀不是一种行为，而是一种习惯。”领导对部下的印象往往都是从小事累积起来的，是一个从量到质的积累与转换过程。不积跬步无以至千里，从小事做起，养成良好的工作习惯，是金子总会发光的。

（四）把握职业角色

每个人一生都会经历三个阶段，即“自然人——学生人——职业人”，在企业里都扮演着不同的职业角色，担当着不同的职业责任。当疏于对下属进行心态管理时，无论是新员工还是老员工都容易出现角色错位、角色不当、角色迷失的现象。角色错位最突出的表现就是家庭角色与工作角色、生活角色与职业角色混淆不清。角色不当主要表现为不知道自己是谁，不服从管理，喜爱使性子、撂挑子。而角色迷失主要表现在事不关己高高挂起、公私不分、工作情绪恶化等。[⊖]当员工无法正确认识自我角色时，将会对员工关系、工作业绩造成负面影响。

◆【案例 4-7】

老建筑师的礼物

有个老建筑师准备退休，他告诉老板，他要离开建筑行业，回家与妻子儿女享受天伦之乐。老板舍不得他走，问他能否再建一座房子，老建筑师说可以。但是后来大家都看得出来，他的心已经不在工作上了，他用的是软料，出的是粗活。房子建好的时候，老板把大门的钥匙递给他：“这是你的房子，是我送给你的礼物。”老建筑师顿时目瞪口呆，羞愧得无地自容。如果他早知道是在给自己建房子，他怎么会这样呢？

（资料来源：笔者依据相关资料整理）

⊖ 宋振杰．新员工职业化六大关键［M］．北京：北京大学出版社，2008.

为了防止员工对职业角色的认识不当，企业需要对员工进行心态培训。心态培训不同于知识技能培训，必须保持它的长效性。而长效性的保持又不能完全依靠专门的培训活动，因为这样一方面会增加企业的成本，另一方面可能会引起部分员工的逆反心理。正确的方式是企业在培训活动的基础上将心态培训理念贯穿于日常工作中。例如优秀的管理者应清楚地向员工描绘企业远景，同时彻底让员工了解所从事工作的神圣意义，有了远景及使命感，员工自然会心态积极乐观，效率的提升与目标的达成也将指日可待。

第二节　业绩管理

业绩管理是企业管理的大难题，很容易造成上司与下属之间的关系紧张，也容易引起团队间的不和谐、不合作。业绩考核目标制定得是否合理、考核全过程是否持续优化改进、上司是否能够合理地采取适度激励并保持有效的绩效沟通，都有可能影响业绩管理的效果，也有可能直接对员工关系带来不可弥补的伤害。

在企业中，虽然有老板亲戚、领导熟人等各类关系户存在，但企业发展要赚钱，靠的是真正的实力，靠的是真才实干，所以一定需要能干实事的人才，业绩管理在任何情况下都是帮助上司管理好团队与业务的重要手段。业绩管理做得好，团队实力才会越来越强，下属晋升与发展也才会越来越好，才能真正实现下属忠心、努力、满意，员工关系也才会越来越和谐。

一、制定目标

（一）目标沟通与分解

业绩管理的总目标是通过与员工开展沟通来提高员工的工作绩效，从而带动企业战略目标的达成。在确定了业绩管理的总目标后，也不能忽视支持总目标的分目标的确立，确立绩效管理的分目标实际上也是对每次具体沟通拟定了一个沟通期望。即在沟通的准备阶段，业绩管理人员应该为沟通制定总目标与具体的分目标；在沟通的执行阶段，核心是如何才能完成这些目标。前期沟通与分解做得好，具体分目标的实现实际上就是完成已定的工作任务。但要注意确立分目标一定要有针对性，不能凭空设立，要从考评表和工作分析表中提炼出依据的信息。

目前国内很多企业虽然实行了绩效考核，但没有设置目标沟通与分解的环节，平时上下级领导间也很少就绩效问题进行沟通，有些企业的员工甚至不知道自己的考核标准是如何制定的。这样实行业绩管理的初衷是好的，但实施方案不久后往往会导致员工之间或员工和主管之间关系紧张，部门之间协作效率也越来越低，反而违背了绩效考核的初衷。

◆【案例4-8】

绩效考核改革困局

A公司从2013年对公司绩效考核进行改革，考核结果主要来自主管对员工完成工作情况的主观打分，并根据绩效分数及排序实施绩效强制比例分布，设置5%的不合格率，对于不合格员工，实施末位调岗。此举主要是为了加强对公司员工的绩效管理，提升员工工作效率，然而实施后却引起了员工和主管之间的关系紧张，许多被列入末位调岗序列的员工对调岗事宜极度不满，还有员工因不满岗位调整直接辞职。之后，公司意识到实施过程中存在的问题，引入绩效沟通机制，对于需要调岗的员工进行绩效反馈面谈，员工关系得到缓解，但仍未能切实解决根本问题，很多员工对绩效考核实施的科学性、主管评分的公平性仍心存质疑与不满。

（资料来源：笔者依据相关资料整理）

案例中的公司后来虽然实施了绩效反馈面谈，但仍有员工对绩效考核实施的科学性、主管评分的公平性存在质疑，这其实是绩效考核实施前员工沟通工作未做到位、未让员工真正理解考核标准所导致的结果，员工并没有真正接纳考核。实施有效的目标沟通与分解是完善业绩管理的关键所在。目标设定好了，通过沟通让员工理解、认可目标，认可考核标准，从而也会水到渠成地奔着目标努力工作，即便是最后没能完成绩效目标，被实施末位调岗等绩效负激励手段，员工的负面情绪也可以得到避免。

（二）将目标变成需求

卢梭曾经说过，天底下只有一个办法可以影响别人，就是想到别人的需要，然后热情地帮助别人，满足他们的需要。在企业中，上级常常强调团队目标、强调企业业务需求，这极容易导致在目标不能完成或者效果不尽如人意的时候，团队成员彼此抱怨、推脱责任。试想，如果团队的目标就是团队整体或员工个体的需求，为完成既定目标每个人都非常努力，如此事半功倍的事情才是一个聪明的领导应该学会并坚持做的事情。

很多人都认为服务是海底捞的核心竞争力，但董事长张勇自己却认为不是。他认为，海底捞之所以强大，核心竞争力是他自己独创的，能够激发员工创意、热情、积极性的一套海底捞人力资源体系。海底捞确立了“双手改变命运”的核心理念来凝聚员工，围绕这个理念规划员工的职业发展，管理团队用心思考不同层级的员工想从工作中得到什么，评估其在职业生涯中所处的位置，然后结合员工需求确定业绩目标。海底捞的职业发展路径一定是从基层一级一级往上走，它的员工流失率在餐饮行业中是很低的，管理者流失率几乎为零，海底捞服务的创意很多都出自员工。把员工的需求变成团队的目标，合作共赢才能持续。

二、优化考核

（一）多角度选择考核标准

◆【案例4-9】

一意孤行的正职领导

年初，B单位某正职领导提出：必须实行基层干部队伍的考核制度，因为这些干部的素质和成效如何，直接决定着他们所管辖部门的具体工作成效，首先必须对所属各科的负责人进行全面的考核。但在干部考核会议上很多人提出了不同意见，他们认为，调动第一线的科长们的积极性是当务之急，但如果一味地加大考核，科长们压力一定很大，一旦影响了情绪，今后工作或许更难以开展。正职领导态度坚决，一个星期后正职领导制定的《考核细则》出台，很多科长纷纷表示同意首先从自己做起，愿意接受考核。

一个月的考核工作顺利进行着，科长们比过去忙多了，各项工作多多少少有些起色。

在12月底，正职领导收到了全处25位正副科长交来的自评表，出乎意料的是，科长们几乎都给自己打满分。群众评分表和其他部门的打分表又带有浓厚的个人成见。例如行政科长工作负责，原则性强，得罪了一些人，结果被其他部门打了最低分。正职领导认为，只有处领导的评分才比较合乎实际，可以公布。在第二天的全处科长会议上，正职领导公布了处领导对科长们12月份的考评结果，宣布季度奖金数额，六位得分少的科长当场要求处领导说明理由，会议难以进行下去。当天下午这六位科长还联合起来到组织部、人事处告状，说处领导的考评不合理。由于六位科长连续几天没有在本科主持工作，闹得不可开交，直接影响了正常的工作秩序。一周以后，经人事处调解，B单位正副25位科长的第四季度奖金仍按最高等级别发放。面对这一切，正职领导陷入了苦闷的沉思之中。

（资料来源：笔者依据相关资料整理）

在日常工作中，有时候会遇到这样的领导，他们一拍脑门就出政策，制定出的政策往往执行不了，最后给自己增添了许多麻烦。在业绩管理中，规则是极其重要的，要拒绝一把手文化。案例中的正职领导在工作中没能及时听取大家的意见，而是一意孤行；在考核标准上，又将处级领导的意见作为评价标准，认为只有处领导的评分才比较合乎实际，这就使考核标准片面化。综上所述，考核标准在哪里，人们的行动就在哪里，切记不能光站在自己的角度订立标准，漏洞有时是致命的，多角度选择考核标准有利于优化考核效果。

（二）多方面衡量业绩实况

只有认真全面解读业绩考评结果，真正获取结果所反映出的信息，才具有与被考核对象展开沟通的“共同语言”基础。衡量业绩实况、解读业绩考评结果应回答四个问题：①下属应该做什么？②下属已经做了什么？③下属为什么会得到这样的考评结果？④下属应该朝什么方向改进？通过对这四个问题的思考，业绩管理才会有的放矢地进行。上级若不能够多方面衡量业绩实况，极其容易造成与下属间沟通的隔膜。

◆【案例4-10】

年终奖分配之困

某能源站项目自2013年进入正式运维阶段，因公司增收节支需要，项目在公司认同后，于2014年主动在周边地域开拓业务领域，项目人员在自身本职职务外，均为新开拓业务提供了大量支持，协助项目部为公司创造了大量收益。对于项目部所做的贡献，公司在2015年进行了表彰并批准了一笔奖金，交由项目部自行分配。因项目在2014年处于高速发展阶段，工作内容变动较大，故项目领导层未预先设立奖金分配方案，造成该笔奖金落实后项目经理在分配时极为困惑。因项目运行组、检修组、技术组在2014年的工作中，均在不同环节有显著贡献，奖金分配事宜在与各专业小组讨论后出台，仍使许多员工感到缺乏依据，对自身所得金额不满，公平性成为项目部急需解决的一大难题。

（资料来源：笔者依据相关资料整理）

奖金是在对员工工作绩效进行考核的基础上，对工作绩效突出的人员进行物质上的奖励而采取的一种激励措施。只有准确掌握各员工工作完成度，适时进行公示，给予奖励，才能激发员工的工作动力，调动员工的工作积极性和创造性，使奖金起到其应具备的杠杆作用。若员工工作成效缺乏准确统计，便会造成员工自觉工作努力度无法为上层所知悉，对自身所期望的晋升事宜动力不足，最终会造成员工工作积极性与工作质量下降。即使员工每月所完成工作不确定是否会有奖金奖励时，项目也应具备相关汇总体制，定期将员工工作完成情况进行公示，以使项目员工均能感受到领导层的关注度。

在项目管理中，项目经理是实质的“灵魂性人物”。此案例中，项目领导团队缺乏预见性，在为员工增收方面不够重视，没有有效地进行多层次的绩效影响优化，是造成上述问题的主要原因之一。导致奖金分配无法落实的原因也包括对各组人员在工作中的贡献度未进行准确记录，最终无法依据员工的工作完成量与完成度对个人贡献度进行评分。

（三）多层次优化考核影响

考核结果对于员工个人和组织都有极大的影响，进行考核优化时也要注意时机和场所环境的选择，绝不能马虎了事。恰当的时机和舒适的环境将有助于沟通达到“事半功倍”的效果。

比如，一家外资企业董事长习惯性的做法就是在考评结果公布后的第一时间，本人立刻亲自邀请考评成绩靠后的20名员工共进晚餐，共同开展绩效沟通。这种做法颇得企业员工的称赞，沟通效果也较为明显。考评结果的差异性对每个考评对象的影响不尽相同，同时，也可能有些员工对绩效考评结果和考评机制本身存在异议，这些情况的存在也就使得绩效沟通应当快速展开。值得注意的细节是沟通不宜安排在临近下班的时间，因为双方的注意力有可能由于下班这个干扰因素的存在而受到干扰。

三、适度激励

（一）皮格马利翁效应

就算上级无权帮助他人更好地活出真我，也仍可以通过让下属喜欢上级来帮助下属、影响下属。人们对他们崇拜的领导特别信任、期待值更高，这种现象就被称为皮格马利翁效应。

皮格马利翁是一个古代雕塑家，他爱上了自己雕刻出来的女子雕塑，最终使这名女子雕塑获得了生命。这一效应于20世纪60年代被哈佛大学心理学教授罗伯特·罗森塔尔（Robert Rosenthal）和小学校长勒诺·雅各布森（Lenore Jacobson）通过研究正式形成理论，如图4-1所示。

那些深信下属很有能力的领导，会不断鼓励、优待自己的下属，因此，他们的下属大多会对自己高标准严要求，表现得更加出色。反之亦如是。如果领导者认为下属浑身缺点，最后他们往往会因自己的团队或员工表现不佳而大失所望。

皮格马利翁效应不仅用在判断他人时，在判断自己时也同样适用。与皮格马利翁效应紧密相连的是与时俱进的心态，如果上级能把皮格马利翁效应用在下属关系管理中，说明他是以积极的心态去看待下属的——把下属看作有价值、败不馁、永远渴望学习和成长的人。

（二）栽培并服务下属

约翰·巴肯（John Buchan）说过，“领导者要做的不是把下属变强大，而是要激发出下属的强大能力"，管理者的角色是"造钟"而不是"报时"。别让员工觉得上级在管理，让员工觉得上级是在帮助，在上级的带领下，整个工作组织更容易形成服务的氛围，从而有利于员工服务外部顾客。⊖

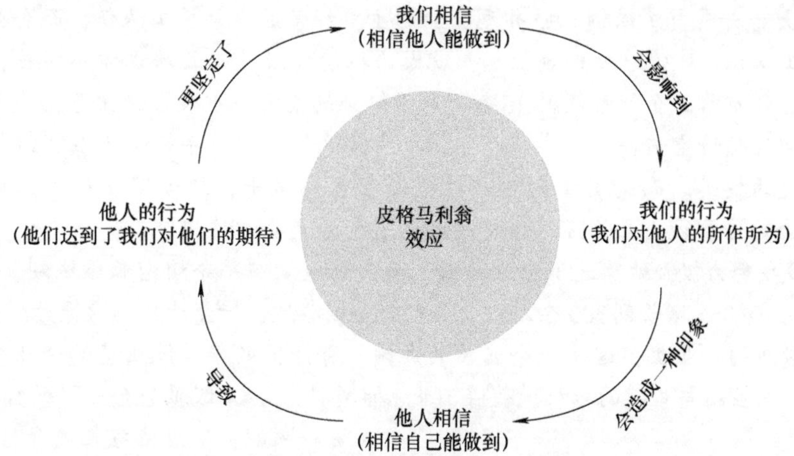

图 4-1 皮格马利翁效应示意图

怀着栽培下属的心态去与下属接触，会产生多方面的好处。抽出时间真正了解下属的需求，感受他们的工作境遇，可以帮助领导者亲眼看到下属在工作中所面临的挑战，领导者需要积极投入那些让下属更成功而真正需要的东西，真正指导并服务于下属。

◆【案例 4-11】

魅力型的女强人

领导 L 是一位女性，时年 55 岁，临退休前被委派到 C 企业任职一把手。企业员工本来并没有对她抱有多大的希望，甚至部分中高层领导对她的到来还抱有敌意。可是她的一系列所作所为，都让人对她刮目相看。

(1) 关怀下属。作为女性，她拥有比男性管理者更多的体贴和细心。她对企业的绩效改进，首先从关怀下属开始。从她入职后的第二个月开始，她制定了"员工家访制度"，亲自带头了解员工的家庭实际情况和困难，向员工的家属送去问候，并汇报员工的表现情况。这项措施达到了几个目的：①使员工备感关怀与温暖，拉近了员工与管理者之间的距离，用情感打动员工，激发其工作积极性；②通过走访，了解员工工作态度的深层次原因，找到解决方法；③带领企业的中高层管理者一起走访，展现个人亲民的工作风格，改变管理团队中的不良习气。这一举措在短时间内收到了奇效，在没有高额投入的情况下，通过管理团队的付出，换来的是企业员工队伍的绩效改善。

(2) 提出愿景。在员工热情初步调动之后，L 开始向员工灌输新的企业文化，并提出了企业的经营愿景，不再直接向普通员工过分强调绩效。这种用词让员工和客户更多

⊖ Corsun D L, Enz C A. Predicting psychological empowerment among service workers: the effect of support-based relationships [J]. Human Relations, 1999, 52 (2): 205-224.

感受到的是来自企业的温暖和专业的服务，得到了企业上下乃至上级主管单位的肯定和赞许。此外，企业在获得了一定发展后，开始在薪酬和福利、荣誉与晋升通道等方面对员工给予激励。这更加赢得了广大员工的好评，进一步激发了他们的工作潜能。

(3) 大力开展员工培训。服务型企业的主要经营成本是员工队伍，而企业的主要资产也是员工队伍。L从进入C企业起，就大力推动各级员工的培训体系实施，每年对培训的投入达到空前的企业利润的15%。对于培训的重视，也使企业上下形成了强烈的学习氛围，学习热情空前高涨。学习型组织初步建立。一大批年轻员工在实践和理论方面得到了极大的提升。而老员工则较以往提高了理论水平，结合实践后，更具导师的作用，对经验的传承和企业的可持续发展起到了十分重要的作用。

L的多年努力极大地改进了企业绩效，使企业连续四年年均增长率达到360%，企业员工总数从10余人增长到300余人，业务辐射全国各地，行业地位迅速提升。在一个低利润、竞争激烈的行业里，这是一个非凡的成绩。曾经低效率、低业绩的企业成为业内知名、具有良好业绩与口碑的标杆，获得了北京市首批“AAA级服务企业”的称号。

（资料来源：笔者依据相关资料整理）

（三）交换与激励并存

领导-成员交换理论讲的是成员绩效的高低取决于其个人能力和可觉察到的资源及权力的获得程度，而权力往往是领导授权的结果。[1]吸引人们进入企业的某些因素也许并不是让他们决心留下的原因。在大多数时候，永远不要认为金钱可以买到忠诚，金钱和忠诚是完全没有交集的两种截然不同的概念。

交换与激励要因人而异、因时而异、因事而异、因情而异，这样才能事半功倍，切忌千篇一律、千人一面。例如，针对不同年龄的下属：对年轻人要及时鼓励，因为他们持久性相对较差；对年长者要延时奖励，因为他们自尊心相对较强。针对不同觉悟的下属：对后进要及时奖励，目的是超前引导，防患于未然；对先进要延时奖励，目的是保护先进，减少压力。针对从事不同任务的下属：从事日常工作的要规范奖励；进行技术竞赛的要及时奖励；从事突击性工作的要灵活奖励；从事质量管理类工作的要延时奖励。针对下属的不同情绪：对情绪低落者要及时奖励，以振奋精神；对情绪高昂者要延时奖励，以稳定情绪。

四、绩效沟通

绩效沟通是指企业的管理者与员工为了达到绩效评估目的，在共同工作的过程中分享各类相关绩效信息，以期得到对方的反应和评价，通过双方多种形式、内容、层次的交流，提高企业绩效的过程。

绩效沟通贯穿于绩效管理的各个环节，是保障和提升绩效管理效果的重要纽带与策略。[2]如果没有绩效沟通，那么整个绩效管理就不能称为绩效管理，至少还只是停留在绩效

---

[1] Graen G B, Uhl-Bien M. Development of leader-member exchange (LMX) theory of leadership over 25 years: Applying a multilevel multi-domain perspective [J]. Leadership Quarterly, 1995 (6): 219-247.

[2] Gordon M E, Miller V, Stringerc, et al. Conversations about Job Performance: A Communication Perspective on the Appraisal Process [M]. New York: Business Expert Press, 2011.

考核的阶段。但是，企业在实际绩效管理过程中，由于受各方面因素的影响，使得绩效沟通的有效实施存在很多问题。

（一）深入了解绩效需求

有效的绩效沟通能清晰地了解员工的期望，在设定绩效目标的过程中，能使制定的目标信息互通，并帮助企业设定合理的绩效目标。如果管理者忽视了这一环节中的沟通作用，会导致绩效目标信息是下达而无上传的单流向。这样不但会影响员工对绩效目标的了解和认可，甚至还可能导致目标的实现与预期不符或难以完成的局面。

◆【案例 4-12】

锯掉经理的椅背

麦当劳之父克洛克，原来不过是芝加哥一家名不见经传的纸杯和乳精机械制造商，如今他已被企业界誉为没有国界的“麦当劳帝国之王”。克洛克不喜欢坐在办公室发号施令，他把60%以上的工作时间都用于“走动式管理”。通过到各公司、各部门进行实地考察，他会从中发现很多问题，然后及时加以解决。

曾经有一个阶段，麦当劳公司面临严重的财务亏损。经过调查，克洛克发现，是公司各部门经理的官僚主义作风导致了这一场危机，他们习惯于舒舒服服地躺在靠背椅上指手画脚，看不见问题的根源，把许多时间耗费在空谈和相互推诿上。克洛克为此寝食不安，他觉得，扭转这种积弊仅靠发几个老生常谈的文告，或者板着脸进行几次训话是解决不了的。为了彻底清除经理们的怠惰习气，克洛克想出了一个奇招：他向各地麦当劳快餐店发出一份紧急指示——把所有经理的椅子背锯掉！立即执行！所有人都疑惑不解，他们不知道总裁的用意何在，但面对严厉强硬的命令，经理们只好依章照办。他们坐在没有了靠背的椅子上，觉得十分不舒服，不得不经常站起来四处走动。终于，他们慢慢领悟出了克洛克的苦心，纷纷走出办公室，仿效克洛克的样子，深入基层进行“走动式管理”。依靠这个秘诀，麦当劳公司不仅解决了财务危机，而且终于成为全球500强企业。

（资料来源：笔者依据相关资料整理）

有椅背依靠的经理，不能将公司带向成功；有椅背依靠的个人，不能为自己营造辉煌。因为有依靠，团队会产生不切实际的幻想，团队的意志会懈怠消沉。只从办公桌的后面看世界，后果是可怕的。一旦步入管理层，也许就会有“已无须在一线工作”的想法。但是如果领导愿意为了完成部门目标而与大家并肩战斗，那么，领导将很快获得团队成员的敬重。这种方法同样也是获悉下属优劣势的不二法门，因为领导可以直观地看到下属的工作，而不是仅仅凭借人事档案上只言片语的评价。

（二）用心提供绩效支持

通过绩效沟通，上下级都能充分认识到绩效考核对个人和企业的好处，清除和澄清对绩效考核的错误及模糊认识。绩效考核者和被考核者都认识到，绩效考核不是为了制造员工之间的差距，不是把员工分为三六九等，而是实事求是地挖掘员工工作的长处，发现其短处，以扬长避短，以史为鉴，有所为有所不为，有所改进有所提高。

绩效支持在业绩管理中发挥着极其重要的作用。在对待绩效支持这一重要问题上，企业管理人员往往存在不少问题和误区。下级要及时向上级反馈预定的工作目标完成情况，以便从上级那里得到支持和帮助。同时，上级也需要及时了解下级在完成绩效目标的过程中的工作进展情况，了解他们所遇到的问题和障碍，他们在工作中有什么样的期望和要求，提供了绩效支持的业绩管理才是有效的。

（三）持续跟进绩效优化

从绩效管理流程来看，绩效沟通贯穿于整个绩效目标实施的过程之中。跟进优化要求上级把本次评估的结果向员工说明，同时把打分的结果、依据和相关证明资料向员工展示，让员工感到主管的评估是有理有据的。同时，上级要听取员工对本次目标自评的结果和相应的依据。这样双方对照，并根据实际情况对评估结果进行适当的修正。这样的评估结果就会更有说服力。

双方就结果进行充分沟通和修改后，需要对原因进行深入分析，特别是对于没有完成的目标，看看是客观原因还是主观原因造成的困难。如果是内因，要分析是员工的知识能力不足、经验不够，还是态度欠缺。如果是态度欠缺，还需要仔细分析，到底是什么原因导致的，是企业激励措施不好、内部管理有问题，还是员工自身态度有问题。对这些问题，都需要穷根究底，找出背后真正的原因，并采取相应的解决措施。如果是员工知识能力不足，就需要安排相应的培训辅导；如果是经验不够，就需要多安排锻炼机会；如果是员工自身态度问题导致完不成任务，就需要进行批评教育，必要时进行惩罚甚至辞退。对于完成或超前完成的目标也要分析是怎样完成目标的，把员工所采取的有效方法措施在内部进行分享，让集体共同进步。

但更重要的是对于不理想的目标进行下一步改进的沟通与计划制订，通过制订一个明确有效的下一阶段改进计划，来实现员工业绩和能力的提升，是保证绩效持续改进的关键步骤，因为一个考核周期的结束就是下一阶段的开始。这时也需要对实现目标所采取的措施和资源支持达成共识。

第三节　沟 通 管 理

松下幸之助有句名言："企业管理过去是沟通，现在是沟通，未来还是沟通。"管理离不开沟通，沟通已经渗透于管理的各个方面。正如人体内的血液循环一样，如果没有沟通，组织就会趋于衰亡和倒闭。

一、认识下属

每个人都有不同的特征，为了保证沟通的有效性，上级首先必须认识下属，对于下属的差异要有所了解。上级要选择便于下属接受的沟通方式，抓住沟通重点，更好地传递信息，改善和巩固关系。

（一）原生家庭

家庭作为一个人最初生活和成长的环境，在子女社会化过程中发挥着举足轻重的作用。家庭被认为是个体发展特别是社会化的重要环境和影响力量，而一个人的社会化程度如何，将在很大程度上影响着他未来的职业发展和在组织中的员工关系。家庭作为个体所接触的最早社会关系形态，反映了最早的人际关系，赋予其种族、阶级、宗教信仰、经济状况、地区等多种社会特征，为个体提供与人相处环节的信念、价值观和最初的行为模板。个体将来的关系如何，在一定程度上能够在原生家庭中找到初始的影子。

每个人都有不同的原生家庭，由于生长环境的影响，每个人都是一个独立的个体，有着自己独立的思维方式，想要对这些人进行合理的管理，就要学会辨别每一个人，看清每个人的个性与特点，以便更好地对人进行管理。例如，成长的差异使得他们接收同样的信息时会产生不同的反应。上级在与不同的下属交流时要考虑到这种差异性，充分了解员工的原生家庭，尽量选择与他个人特征相接近的方式与其沟通，消除双方的冲突，建立良好的关系，最终达成一个完美的结果。

（二）年龄阶段

当今的管理人员必须擅长调节、平衡代际劳动力之间的差异。为了做到这一点，首先需要审视年代的差异和共性，了解员工们属于哪一年代，这样才能更好地了解他们的前进方向，才能最有效地管理他们。当然，并不是同一年代的人都一样，但是需要通读每个年代的故事来透彻地了解他们的特征。员工在职场中表现出的不同代际特征不仅影响员工对待工作的态度和行为，也影响员工对领导方式的偏好和反应。

与新生代员工沟通时，要给予其一定的鼓励和积极性评价，注重与他们建立积极互动的关系，了解他们对管理行为的感受和评价。老员工已参加工作多年，他们为组织奉献多年，资历深厚，甚至高于其领导，而中国一直注重论资排辈的传统观念，所以对于老员工要表示尊重，关注其心态变化，加强交流，保持他们的忠诚度。否则当他们对组织感到失望时，其失望、怨恨、报复等负面情绪比新生代员工更加强烈。

（三）成长阶段

组织行为学教授保罗·赫塞（Paul Hersey）站在提出X、Y理论的道格拉斯·麦格雷戈（Douglas McGregor）、提出人类五种需求的亚布拉罕·马斯洛（Abrahan Maslow）以及心理学大师卡尔·罗杰斯（Carl Rogers）的肩膀上，提出了情景领导模型。他将职场中每一位员工的成长分为四个阶段，如图4-2所示。

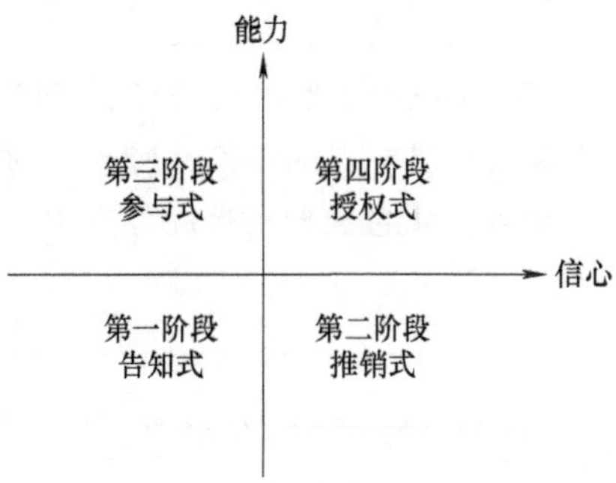

图4-2 员工成长阶段图

组织中的新员工初入职场没有工作和社会经验，也没有自己的工作方法，大多处于既没有信心也没有能力的阶段，他们往往处于迷茫状态，这时管理者应采取“告知式”的沟通方式，来指导并引导员工的工作方向。

随着工作的不断深入，有2~3年工作经验的员工能慢慢胜任相应的工作，他们进入了有信心但没有能力的阶段。这时管理者就应该适当安排工作，让他独立行动，沟通重点在于了解员工工作并劝服员工。

然而在单独执行任务时，员工会遇到各种问题和障碍，因此员工也就进入了没有信心但有能力的阶段，这时管理者就要适当激励员工，要积极帮助员工解决问题，给予他们足够的信心，帮助他们达到成长的“既有信心也有能力”的第四阶段。

当员工到了第四阶段时，管理者则要采取“授权式”管理，将工作真正交付给员工，管理者更多的是监控和考察，宏观掌控工作进展，这时就不太合适过多地插手工作。管理者只需要静观其变，适当给予指点即可。

二、沟通的基石

与下属沟通最大的目的，就是要通过沟通充分调动下属的积极性，使他们的潜力得以最大限度的发挥。[⊖]沟通就好比盖房子，有效的沟通也需要基础，否则没有基石即使说得再多也没有任何意义。

（一）有契约精神

没有信任基础的沟通，每个人都藏着自己的真实想法，这样沟通只会浮于表面，流于形式，没有任何意义，因此要有契约精神，要有诚信。

◆【案例 4-13】

孩子墓地的百年故事

在美国纽约哈德逊河畔，离美国第 18 任总统格兰特陵墓不到 100m 处，有一座孩子的坟墓。在墓旁的一块木牌上，记载着这样一个故事：1797 年 7 月 15 日，一个年仅 5 岁的孩子不幸坠崖身亡，孩子的父母悲痛欲绝，便在落崖处给孩子修建了一座坟墓。后因家道衰落，这位父亲不得不转让这片土地，他对新主人提出了一个特殊要求：把孩子坟墓作为土地的一部分永远保留。新主人同意了这个条件，并把它写进了契约。100 年过去后，这片土地辗转卖了许多家，但孩子的坟墓仍然留在那里。

1897 年，这块土地被选为总统格兰特将军的陵园，而孩子的坟墓依然被完整地保留了下来，成了格兰特陵墓的邻居。

又一个 100 年过去了，1997 年 7 月，格兰特陵墓建成 100 周年时，当时的纽约市长来到这里，在缅怀格兰特的同时，也重新修整了孩子的坟墓，并亲自撰写了孩子墓地的故事，让它世世代代流传下去。

（资料来源：笔者依据相关资料整理）

这份延续了 200 年的契约揭示了一个简单的道理：承诺了，就一定要做到。信任就像是银行账户，为了建立信任而做的每件事都相当于一次存款。存得越多，建立起来的信任也就越多。任何人都不愿意和自己并不信任的人共事。如果上司言行一致、情绪稳定、注重规则与流程，并具有相当的人格魅力，下属关系管理则相对容易。建立起高度信任的管理者，下属往往都会自告奋勇地、高效率地完成他交付的各项工作。没有信任也就没有承诺与责任担当。如果上司说一套做一套，下属会不乐于完成安排的各项工作和要求，他们会常常怀疑上司的动机和意图。

⊖ Howard C M. How Your Employee Communications Programs Can Boost Productivity and Pride［J］. Public Relations Quarterly，1998（43）：15-23.

（二）说教与启迪

对于管理者来说，与下属沟通大多是为了指导工作或激发出下属的能力。如果管理者没有对自己意图的坚持，没有下属的服从，可能一事无成。下属如果个个独立思考，人人见解不同，那就什么事情也做不成。但是如果下属被动地接受命令，没有自己的思辨和否定，就有可能被成见所俘虏，更有可能人云亦云，失去创造性。

◆【案例 4-14】

孔子与苏格拉底

古代中西方有两位教育大师可以媲美。一位是中国的孔子，另一位是希腊的苏格拉底。然而，他们两位的教育方式又截然不同。比较两人的差异，不无启发。

孔子的教学方法是正人君子型的。尽管《论语》中的孔子不像后来经过从董仲舒到朱熹的神化那么威严，在教书之余，不失为一个和蔼可亲的老头，但他却确立了师道尊严的基本规范。大体上，孔子教学生采取的是知识传授的方式，他也会提示学生，但这种提示的用意是想方设法让学生更好地理解老师说的是什么。所以，他对于违背老师的意图是不大高兴的，对于学生的言行同老师相反并不赞成。这种方式更多的是培养学生对老师的忠诚和理解。对于老师充满尊崇，“仰之弥高，钻之弥坚”，从而形成自己坚定意志的颜渊，自然是孔子最好的学生。

苏格拉底也教学生，却同孔子的教法大相径庭。他从来不给学生现成的答案，而是采用反问、辩驳、追问等方式，迫使学生自己思考，自己找到问题的答案。他不在乎学生同老师想的不一样，更不在乎学生对自己说的东西不相信。这种方式更多的是培养学生自己的推理能力和自我认知。于是，善于思考、追求辩证方式的柏拉图成为最具有苏格拉底教育风格的传人。

从教育方法来讲，孔子是传授知识，而苏格拉底是迫使学生自己形成知识；孔子教人以信，而苏格拉底教人以疑。这里的信和疑，是方法论意义而不是伦理学意义的概念。

（资料来源：笔者依据相关资料整理）

这里无意区分二者的优劣对错，仅仅从方法差异角度谈谈二者对管理学的启迪。面对管理的复杂性和不确定性，管理者需要适度学习苏格拉底，也要向孔子表示尊崇。说教过多则听不到下属的意见，引起下属反感；启迪过度很有可能表现为中国人的“含蓄文化”，说话点到为止下属却领会不到精髓。所以与下属沟通要把握说教与启迪的度。

（三）平等的人格

上司与下属人格上是平等的，职位的不同不等于人格上的贵贱。有句话说：“伟大来源于对待小人物上。”尊重下属，实际上所获得的是不断增进的威望。事情往往就是这样奥妙，越是在下属面前摆架子，让下属服从自己，就越被下属看不起，认为是“小人得志”；但越是对待“小人物”放下架子，尊重他们，反而他们会越尊敬上司。

职位只是一个称呼，要认识到职位只意味着各自承担着不同的工作，而与地位高低没有关系。不要因为自己的职位高而狂妄自大、指手画脚，更不要将自己的意志强加于人。上司与下属之间的评价基准只有成果，取得成果的人才会被刮目相看，受人尊重。上司应当将激励和刺激下属发挥最大的潜能作为自己最优先的工作目标。

（四）情绪的掌控

沟通的目的不是去不断证明对方是错的，而是证明自己是对的。但是只有少数人才懂得这一点，大多数人在沟通时表现得更像在指责对方，而不是解决问题。在直线上司中类似于孙悟空式的“有能力、脾气大”的人不少。本来“脾气大”的人，员工就不宜亲近，领导也未必喜欢。加之他们总认为自己“有能力”，晋升提拔的机会非自己莫属，结果是期望越大失望也越大。这种逻辑一旦进入恶性循环，员工关系就卡在这些节骨眼上了。要知道一个只知道冲下属发脾气的上司是无法取得成果的。

古希腊思想家亚里士多德曾经说：“人人都会发怒，那是轻而易举的事。不过，要找到合适的对象，用合适的目的与方式，恰如其分地在恰当的时间发怒，这就不那么容易了。”每一次愤怒，人体所付出的代价，相当于辛苦工作8h。这是愤怒对自身的伤害，而愤怒之时的恶言恶语还会对别人造成更大的伤害。恶言恶语可以伤人于无形，一时不经大脑脱口而出的话语，很有可能对自身、对周围人甚至整个组织造成严重的后果。如果不能控制自己的脾气，那么至少要懂得控制自己的嘴巴。生气时，不要随便开口，这时说的话往往是不理智的。适当地将注意力转移到其他令人感到愉快的事情上，与令自己感到快乐的人交流，进行换位思考等都是控制负面情绪的有效方法。㊀

三、积极的沟通技巧

（一）真心地认可

一个优秀的上司具备三个特点：认可下属、与下属产生共鸣、激励下属。所谓“认可”，指的是承认这个人的存在本身，了解这个人的过人之处。“称赞”要在下属达成自己的期待时进行，即是有条件限制的。虽然“认可”和“称赞”非常相似，但实际上仍有比较大的区别。与有条件限制的称赞相比，人们更重视承认自身存在的“认可”。一旦得到别人的认可，很容易充满干劲，并且快速地成长。㊁

每个人的内心都有自己渴望的“评价”，希望别人能了解，并给予认可。在需要尊重和欣赏时，能被恰好及时地提供，这个提供者就会成为一个极受欢迎的人。认可下属、与下属产生共鸣、激励下属，有一个非常简单的方法，给每个下属找出至少10个优点，然后将这些优点传达给下属本人。即使下属暂时没有取得任何成果，但他一定有努力的地方，例如总是面带笑容、穿着品位很高等，将缺点先放在一旁不予考虑，认可他的优点，得到认可的下属心情自然很好，潜力也会被激发出来，并且对自己的上司充满信赖，这也是有助于提高整体工作成果的。

（二）排除干扰源

谈话是最主要且最有价值的沟通方式，但随着科技的发展和工作节奏的加快，管理者们无时无刻都能收到邮件和手机短信。谈话却成了最为少用的沟通形式之一。工作场所的计算

㊀ Diefendorff J M, Richard E M, Yang J X. Linking emotion regulation strategies to affective events and negative emotions at work [J]. Journal of Vocational Behavior, 2008 (73): 498-508.

㊁ 大岛祥誉. 麦肯锡工作法：麦肯锡精英的39个工作方法 [M]. 朱悦玮，译. 北京：北京时代华文书局，2015.

机和智能手机无疑是把双刃剑。这些先进硬件设备在提高生产力的同时，也大大改变了人们对于信息接收期限和对话次数的预期。对于信息即时反应的预期已经对工作中的沟通质量造成了重要影响。

当正与别人交谈却有电话或者短信进来时，是打断正在进行的面对面沟通而走开去接听电话，还是不接电话或不看短信而继续与之交流。这些行为，不论是有意为之，还是无心之举，都给正在沟通的对方传递了复杂的信息。而这些复杂的信息却淡化了需要试图传递的信息。我们可以有一整天甚至一整晚的时间来回复邮件、信息和来电，然而却只有一丁点儿有限的时间与下属面对面沟通，所以一定要珍惜与下属面对面的交流。

（三）同理心思考

俗话说："设身处地，将心比心，人同此心，心同此理。"作为领导，在处理许多问题时，都要换位思考。同理心就是设身处地地了解别人的感受，站在对方的立场来看问题。通常一个人与别人有争执时，常常只想到自己的立场，或许他自己并没有错，但是，可能对方也没有错，只不过立场不同，或想法不同罢了，假若相互转换立场来想一下，可能就能谅解对方了。

同理心是一个比较抽象的心理学概念。它可以分为两个层面：表层次的同理心和深层次的同理心。表层的同理心就是站在别人的角度上去理解、了解对方的信息，听明白对方在说什么。而理解对方的感情成分，理解对方隐含的成分，才是真正听懂了对方的"意思"，才是深层的同理心。

◆【案例 4-15】

这就是理解和体谅

某天下午，W从一个奠基剪彩仪式场地回单位，县领导A通知W到他的办公室，说要安排一些工作。当天下午，天公不作美，不但刮起了6~7级西北风，而且还断断续续下起了雨，已近深秋，天气着实寒冷。由于单位没有交通工具，W只好骑自己的摩托车。W患有严重的胃寒疾病，所以，这样的天气在野外骑摩托车，W穿上了皮夹克避寒，着实穿得厚了一些。

一进领导A的门，他脱口便说："你就那么冷吗?"顿时，W像被雷击了一般不知所措，心里像打翻了五味瓶……W也不知道从哪里来的勇气，竟与领导顶了嘴，随口说了一句："我骑摩托车啊!"作为国家公务员，应该按照国家公务员的标准着装。W穿得确实不太正式。

8月中旬，白露节刚过，天气的特征是早晚寒冷，中午暖和。一天中午，W骑着辆摩托车上班。这天下午，县里要召开一个会议，办公室的工作人员给W通知了，要求着白色上装。其他领导都穿的白色短袖，而W穿上了乳白色长袖夹克衫，当然与众不同了。下午下班时，W顺路带上了领导B。骑了不到1km，领导B便说："这样的天气骑摩托车就是冷，我还说你中午怎么穿上夹克衫呢!"

W没有回答他，只是淡淡地一笑。这就是理解，这就是体谅啊!

（资料来源：笔者依据调研资料整理）

这样有同理心的领导既体现了自己的人格魅力，又做出了明智的情感投资。先理解人，再争取让人理解自己，这是沟通达成认同的关键。上司与下属的关系，唯有以互助、互谅为基础，让下属觉得受到尊重与认可，进而卸下心防，坦然而谈，这样工作才会变得轻松而富有意义。比如说服下属，并不是没把道理讲清楚，而是由于领导者不替对方着想。关键在于领导者谈的是不是下属所需要的。如果换个位置，领导者放下架子，站在被劝说人的位置上思虑周全，同时，又把被劝者放在领导的位子上陈说苦衷，抓住被劝说人的关注点，这样沟通才能容易成功。

（四）运用互联网

QQ、微信等网络通信应用已经成为年轻人生活中不可或缺的一种沟通方式。对于许多新生代员工来说，每天早上一打开手机或计算机，第一件要做的事情便是登录QQ或者微信。在与新生代员工进行沟通时，采用这类沟通形式，能够更快地融入年轻人的圈子。虽然借助互联网拉近了与员工的距离，但是这种紧密性又给工作带来了冲击，主要表现在员工容易将生活的状态带入工作之中。

◆【案例 4-16】

微信的喜与愁

H公司是刚成立两年的新公司，J是公司的负责人，带领着一批有活力的年轻人。L是公司的第一批员工，为公司的成立可谓是立下了汗马功劳。最近J发现L工作时总有点心不在焉，一下班就不见了踪影。J为此感到非常奇怪，直到后来通过微信的朋友圈得知L的父亲生病住院了。第二天，J带领着公司的同事一起看望了L的父亲，并特意批准休假允许L专心照顾生病的父亲，为此L感激不尽。J也感叹道："要不是朋友圈，我就可能误会他了。"但是没过多久刚感受到朋友圈力量的J就遇到了一件苦恼的事。她发现在网上进行工作交流的时候，极个别员工经常把生活的状态带入工作中。比如，员工Y只会一味地问问题，而不知道自己去寻找答案，有时候还会表现出不耐烦的状态，会说"得了，不问你了"之类的话，让J觉得他还把自己当成了在家娇生惯养的孩子，而非职场人。

（资料来源：笔者依据调研资料整理）

互联网工具的运用不仅使得工作更加便捷，而且使工作与生活更加紧密，工作更加渗入生活。家庭幸福和睦、生活宽松富裕无疑是员工干好工作的保障。上司要主动帮助员工平衡工作与家庭的关系，及时地掌握员工的生活和心理动态，帮助员工进行调整。这样既可以帮助员工提高工作效率，而且也增进了与员工的感情。对于生活与工作角色的错位，上司要帮助员工进行心态调整，认知自我，帮助员工自我成长。

四、应对麻烦的策略

（一）用心倾听

谈话是一门艺术，听人讲话也是一门学问。领导者在谈话中是否善于倾听，是谈话能否成功的决定因素。有些领导者总觉得比下属知道得多，高明得多，或高高在上，不愿听取别人的意见，或在下属反映情况时打断其谈话，而自己发一通高论。如此，往往阻塞了信息渠道，使人们对其敬而远之。领导者要善于独创性地倾听，做一个“听话”能手。“听”，先是要用耳朵听，再是要用逻辑听，即在听取对方信息的基础上进行自己的分析判断。学会用 80% 的时间去倾听，再用 20% 的时间去说话。

◆【案例 4-17】

最有价值的金人

曾经有个小国的人到中国来，进贡了三个一模一样的金人，金碧辉煌，把皇帝高兴坏了。可是这小国的人不厚道，同时出了一道题目：这三个金人哪个最有价值？皇帝想了许多办法，请来珠宝匠检查，称重量，看做工，都是一模一样的。怎么办？使者还等着回去汇报呢。泱泱大国，不会连这个小事都不懂吧？最后，有一位退位的老大臣说他有办法。皇帝将使者请到大殿，老臣胸有成竹地拿着三根稻草，插入第一个金人的耳朵里，这稻草从另一边耳朵出来了。第二个金人的稻草从嘴巴里直接掉出来，而第三个金人，稻草进去后掉进了肚子，什么响动也没有。老臣说：第三个金人最有价值！使者默默无语，答案正确。

（资料来源：崔佳颖 . 360 度高效沟通技巧［M］. 北京：机械工业出版社，2010.）

最有价值的人，不一定是最能说的人。老天给人类两只耳朵一个嘴巴，本来就是让人们多听少说的。倾听本身就是一种鼓励方式，可以提高下属的自信心和自尊心，加深彼此的感情。倾听还可以消除误解。在很多组织中，人与人之间的误会都是因为没有机会申述或彼此没有认真听而造成的。如果领导者在工作中经常听取下属的谈话，就可以获得更多的信息，知道自己的不足，更好地了解下属，减少不必要的麻烦、误解和摩擦，增加人际交往的成功因素。

根据美国加州大学教授艾伯特 · 梅拉比安（Albert Mehrabian）1967 年的研究，高达 93% 的高效沟通是由非语言因素决定的。非语言沟通包括面部表情和肢体语言。有些专家认为，非语言沟通所占的百分比要高于 70%。[⊖]因此，我们倾听时，要注意观察下属的非语言信息，通过观察下属的表情、动作、姿势等来判断其态度、情绪等，发现下属存在的思想问题，及时了解下属的情绪，以便进行相应的处理，免得问题积压，难以解决。

（二）批评的艺术

“领导力”加上“赏惩力”，等于领袖。精英上司会尽可能地认可下属，但仅仅认可是不够的。下属有可能会在工作之中犯错，所以适当地“训斥”也是必要的。关于“训斥”，上司主要分为两种：一种是并不擅长训斥别人，就算真的有必要对下属做出提醒，他们也希望尽可能地避免；另一种是本来自己也知道应该控制情绪，可是一遇到问题就感到焦急，训斥下属时不由自主地变得非常激动。虽然事后他们也对自己的行为感到后悔，但发火之后才

⊖ 罗伯塔 · 科恩斯基 · 马图森. 职场是最好的商学院——如何驱动他人达成你的目标［M］. 杨娜，译. 北京：中国友谊出版公司，2013.

想起补救为时已晚。要明白“愤怒”和“训斥”是完全不同的行为。“愤怒”只是单纯地发泄自己的情感，“训斥”则是希望对方能够做出改善。

◆【案例 4-18】

不欢而散的离职

在一次业绩通报会上，小郭由于持续几个月未能完成工作指标，被总经理当众点名批评。会后，小郭对老总的批评无法释怀，他觉得老总只看到了自己的缺点，没看到自己的努力，自己在领导眼里一无是处，这样的领导根本无法继续相处下去。于是在凌晨给部门经理发出了辞职信。部门经理老胡收到辞职信后感觉很诧异。他知道小郭工作很努力，也很有潜力。作为一个刚入职的员工，没能迅速进入状态，业绩不好也是可以理解的。但是，他对总经理老周很了解。老周这人是个急性子，经常批评人，已经成为习惯，老员工都见怪不怪了。会上老周刚好对小郭回答问题不是很满意，就多批了几句，言辞也激烈了一些，根本无意让小郭难堪。所以，老胡对小郭的做法也有些许不满，觉得员工业绩不好，大领导批评几句，也是天经地义的事。如果小郭连这一点点批评都接受不了，要走到离职这一步，这抗压能力也未免太差了。所以，老胡决定对这件事做冷处理。

（资料来源：笔者依据调研资料整理）

情绪是人类生存过程中的正常生理与心理反应。所以训斥下属首先要控制情绪，要明白即使大发雷霆对结果也是没有任何好处的，这样只会让下属更加畏缩，对上司产生恨意。这样下属的工作效率不仅没办法提高，品质还会有所下降，关系也会恶化。

其次，尽量避免当着他人的面训斥下属。因为被训斥的人是十分在意他人眼光的，就算上司的语言很冷静，但仍然会感到难为情。如果选择在单独的场合训斥下属，那么下属会认为是在为他着想。所以在训斥下属时一定要考虑周全。

再次，帮助员工健全自我。当员工被训斥时都会产生挫败感。这种挫败感大致可以分为三类：外惩型、内惩型和无惩罚型。受到上司的训斥时，内惩型的下属往往会马上道歉，之后还会反思为什么会犯错，非常容易在心中积累挫败感。而外惩型下属则会立刻反驳，无论发生什么都认为是他人的错。无惩罚型的下属不会指责任何人，对于训斥并没有太大的反应，只会淡淡地回应，之后敷衍了事。每种类型的好坏不能一言以蔽之，上司要依据他们的表现疏导挫败感或者培养他们的责任心。

最后，要同自己的下属共同分析失误的根本原因，思考具体的工作方法，找出改进的方法和措施，将内容彻底地“具体化”，慢慢诱导，让下属自己整理问题点，并鼓励他一定会做得很好。这样才能帮助下属成长，这才是训斥下属的真正目的。

（三）特殊情境

在工作中总有一些特殊群体让下属关系管理变得十分困难，在此结合一些常见的情况给出参考技巧。

1. 如何与不合拍的员工相处

有种现象在心理学上被称为警觉的假想。曾经有人做过一个实验，让被试者列举出自己喜欢的人与讨厌的人的特征，实验后通过比较发现讨厌的人被列出的特征比较多。相关分析表明人们时刻都在检验交往的对方是否对自己不利，所以才能更多地列举出讨厌的人的特征。反过来，喜欢对方时会放松警惕，便不会去注意细节，这就是所谓的警觉的假想。这样看到讨厌的人的讨厌之处而越发讨厌对方。[⊖]

在工作中与自己不合拍的员工见面是无法避免的，所以此时最好的办法就是搁置自己的情绪，给自己施以心理暗示，告诉自己“我从来没有遇到讨厌的人，员工都是可爱的。”这样才会从不同的角度看待对方所做的事情，在看到员工的另外一面后，渐渐地之间的交往也会变得更加轻松。其实讨厌的员工也是自己在意的人，因为对毫无兴趣的员工是不会有任何感情的。在这种“感情”基础上，讨厌也是可以转化为喜欢的，只要产生了一点好感，都要以之为突破口来更多地了解对方。

2. 如何与不喜欢自己的员工相处

当与感觉不喜欢自己的员工相处时，首先不要妄下结论，先摸清楚员工的状况，员工很有可能是因为工作外的原因导致情绪不高，并不针对个人。

其次，不要自己单方面臆断。有时候员工并不讨厌你，有这种想法完全是因为自己消极地看待而没有看清真正的关系。

再次，会有这种感知很有可能是因为自己本身就讨厌对方。这在心理学上被称为反向形成。有时实际是自己讨厌对方但是没有说出来，于是会强加“对方也讨厌自己”的意识来寻求平衡。每个人考虑被他人喜欢还是讨厌时都是从自己出发的，换句话说，我们大都表现出对他人的喜爱或厌恶。

最后，要坚持保持善意地去接触对方，只要自己不在意，依旧用正常的方式交往，由于好感的相互性，对方对自己的态度很有可能会发生变化。否则总想着“反正他讨厌我”而不做任何改变，这样将永远不可能与对方和谐相处。

3. 如何与“有背景”的员工相处

◆【案例 4-19】

“销售明星”养成记

A 先生和几个朋友一起组建了一个小公司，公司建成后，A 作为销售负责人开始着手销售员工的招聘工作。其中一位合伙人推荐了朋友的孩子 L，但公司创业初期需要精兵强将，而推荐来的候选人非行业内从业者，非正规高校毕业，并不符合要求。碍于合伙人面子，A 先生勉强同意将 L 留在公司试用。

L 到了公司以后，表现得很差，性格有些叛逆，没有任何客户资源，没有任何工作经验，写作水平很差（邮件里面错别字、标点误用比比皆是），A 于是便计划在试用期内找个借口将其赶走；但是随着在日常的不断接触，A 发现了 L 的几个优点：对人有礼貌、学习能力比较强、工作态度非常积极等。于是 A 作为团队的负责人开始着手将 L 转换成合格的销售人员，而这个转变就是从沟通开始的。

⊖ 涉谷昌三．好感心理学［M］．江瑜，译．北京：北京师范大学出版社，2014.

在L入职三周左右的时候，A设计了一次长期出差，针对L的问题，A的整个出差日程安排得非常紧凑，旨在对其性格进行磨炼。通过十几天时间的接触，A和L进行了许多次沟通交流，A了解了L的家庭背景以及家庭成员的情况，了解了L的学习经历、业余喜好等方面，对L有了一个更加全面的认识，更加坚定了帮助其转换的决心。在沟通过程中A的细心和一路对L的照顾也获取了L的认可。

在出差回来后，A对L的工作进行了细致的安排，针对他每天暴露出来的问题，进行逐个突破，对所拨出的每一通电话进行逐个分析，通过高频次的沟通帮他提高业务水平，对他提出的种种问题也给予及时的回复，经过一个月左右时间不懈的沟通，L的业务水平较入职之初已有很大进步，公司同事对L的评价也逐步正面。两年之后L成为公司的"销售明星"。

（资料来源：笔者依据调研资料整理）

在以上案例中，可以深刻感受到沟通的重要，如果不是通过沟通，可能在试用期内L就会被清理出销售团队。作为上司不能对"关系户"存有偏见，要通过沟通全面地了解员工，客观地评价员工，善于发现员工的闪光点，通过沟通建立信任，帮助员工逐步成长。

◆【案例 4-20】

不思进取的关系户

M公司是典型的老国企，公司的员工多为总经理亲自招募来的老员工，已经签订无固定期限合同。其中员工B家境殷实，工作只是消遣来打发时间，工作积极性不高，不愿承担更多工作，也不图有所发展。近期，在新的项目中员工B也承担了部分重要工作，但在工作过程中员工B表现平平，因此被项目负责人旁敲侧击说过好几次。但其性格十分刚烈，不服管理，经常顶撞直接上司，导致两人之间关系十分紧张。由于无固定期限劳动合同的签订，再加上员工B还与总经理有亲戚关系，上司并不敢轻易解雇员工B，为此十分头疼。

（资料来源：笔者依据调研资料整理）

企业中总会存在一些关系户，像此类无法塑造的员工颇为头疼。在此，可以利用"十字分类法"，根据"是否有价值"和"是否可得罪"将员工划分到四个象限，如图4-3所示。

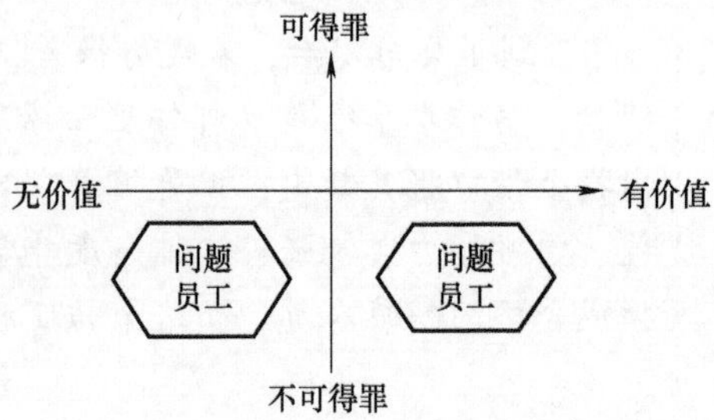

图4-3　十字分类法

其中"不可得罪"且"有价值"这个象限里的员工，其"不可得罪"的前提条件无法改变，但是其价值可以根据承担的工作来进行"转化"，将其工作内容进行调整，把重要的工作交给别人来做，让其只承担价值相对低的工作任务，将其从"有价值"变成"无价值"，这样就可以将员工转化至

"无价值"且"不可得罪"象限，来降低不良影响。

4. 如何与上司派来的"卧底"相处

工作中上司的不信任是正常的，所以下属中往往会有上司派来的"卧底"来监督工作。"卧底"员工的身份往往难以识别，要想鉴别出来，可以尝试求助于组织中的"弱势群体"。弱势群体往往是组织中不太受欢迎、不被领导重视或即将要离职的员工。所谓当局者迷旁观者清，这些员工虽然在组织中默默无闻，但对于组织中的关系却了然于心，很有可能会从他们那里打听到一些有价值的信息。

识别"卧底"后，不用刻意远之，可以通过工作之外的社会交往活动来建立与他的私人关系。情感是交往的纽带，真诚地和他交朋友，要使他感到自己不抱有任何个人目的，没有丝毫不良企图，而是真心实意地改善工作。此外，要更加频繁地向自己的上司报告工作情况，因为上司若从"卧底"处得到情报，他就会认为自己在做小动作，而自己主动报告则会显得很坦诚。

5. 如何与不服气的员工相处

◆【案例4-21】

说坏话的老员工

某外企的中层女主管M，手下管理了300人，其中一位男员工做了八年的老组长，资格比她老很多。这个老组长表面上什么都听她的，吩咐他的工作也都会去做，但实际上却和她唱反调，经常在背后说些挑衅或不服她的话。除非迫不得已，否则从不会和她主动打招呼或谈工作。该组长本身技术还可以，管理水平一般，与自己的下级关系也不好，心眼很小。为此她找组长谈过话，表示很重视他，希望他不要做一些不利于团结的事，可是感觉没什么成效。

这位女领导说："以前历届主管都很提防他，怕他玩心计，所以一直不敢提拔他，虽然他一直很想当主管。在我来之前有半年时间他虽然职务上不是主管，可实际上许多事情都是他处理。他和我不友善的原因主要是因为他认为我是半路杀出的程咬金。我和他谈过两次，但他给我一种'死猪不怕开水烫'的感觉。"为此，女领导M十分苦恼，自己做主管以来第一次遇到这样的下级，自己从未想过要整谁，却一直要忍受着他背后的挑衅。

（资料来源：笔者依据相关资料整理）

在上述案例中，老组长认为上司是自己升官路上的"拦路虎"，于是心中愤愤不平。诚然，在企业中工作多年没有功劳也有苦劳，该领导虽然找组长谈过两次话，很显然并不是有效沟通。组织中还有许多诸如此类不服气的员工，首先可以考虑与员工进行情感沟通，在一个对方心情比较好、比较放松、气氛比较和谐的情况下进行。与员工进行角色心理互换，直率坦诚地说出工作成效和目前的处境，相互了解想法。

其次，对自己在员工态度上的期望值进行调整。人无完人，金无足赤。要做到被所有人都认同几乎是不可能的。有个别不服气的员工也是正常现象，是否自己太过于敏感，过分在意自己在员工中的形象，对自己进行反思，调整自己对员工评价水平的期望程度。

再次，根据弗洛伊德的排除不良情绪的第三种方式，利用意志力通过自己在事业上的奋斗来提高业绩，这样既能排遣被员工饶舌的不快，同时也能赢得下属的信服。

最后，也可以设法调整员工对自己的期望。每个人都有自己的优势和弱势，对自己有清晰的认识，在工作中充分发挥自己的特长弥补其他方面的不足。这里可以坦诚告诉员工自己擅长的部分和欠缺的部分，表达希望能用他的特长协助自己工作。当员工对上司的优势和弱势有了认识之后，会愿意帮助去做上司不擅长的部分。

【思考题】

1. 请思考自身的心态是否端正，该如何调整自己的心态？

2. 应当如何对下属进行业绩管理？

3. 在与下属沟通时有哪些注意事项？

【案例分析题】

1. 案例 4-1 中，王麦在处理与下属的关系时有何不当之处？在晋升后遇到类似的烦恼，该如何解决？

2. 案例 4-11 中，该女上司是如何带领企业成为“AAA 级服务型企业”的？对自己有何启发？

3. 案例 4-21 中，女主管该如何应对喜欢在背后说坏话的老组长？请结合自身的经历，谈谈自己的感想。

第五章

团队关系管理

【培养目标】

1. 熟悉团队成员，认清自我在团队中的角色，了解中国与西方团队的异同。
2. 学习从团队凝聚力与团队沟通两方面巩固团队文化。
3. 重视团队规则构建，掌握处理冲突的方法，避免陷入失败团队的陷阱。

【培养要点】

1. 团队关系是每个人需要面对的员工关系的重要内容。作为社会人，个体只有在组织和团队中，才能对自我产生更加深刻的认识。团队成员分为领导者和追随者这两种不同的角色，只有知己知彼，才能在团队中学习成长，合作共赢。

2. 中国式团队相比于其他国家及文化下的团队具有其自身的特点，以“情理”为标尺，动态平衡。学习西方的管理模式，但不能照单全收。

3. 团队文化是团队建设的灵魂。具体来说，团队文化包括团队凝聚力、团队沟通和团队仪式三个方面。

4. 没有规矩不成方圆，团队的成功需要制度的约束。在制度失灵的状况下，不要畏惧冲突，要学会有效化解冲突。

【本章框架】

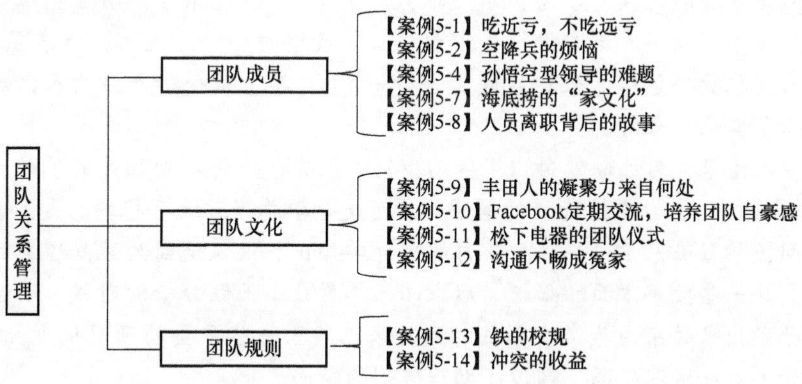

第一节　团队成员

在员工关系当中，并非每个人都是领导，也并非每个人都仅是下属。然而，几乎每个个体都身处于组织和团队当中。因此，认识团队成员，认清自我角色，了解团队类型，是积极的员工关系管理中不可或缺的一部分。

一、追随者与领导者

团队的概念在过去的20年里备受企业关注，有关团队的研究越来越多，团队的重要性就不言而喻了。一个人在团队中担任什么样的角色，处于什么样的地位，能不能得到团队其他成员的信任，能不能建立自己的权威，都是决定自己能否在团队中与大家和谐相处、团结合作并最终实现目标的关键因素。

（一）追随者

根据追随者是否属于领导者所在的团队，可分为团队内的追随者和团队外的追随者，前者是指下属，后者是指团队外的联盟者，这里着重分析前者。给领导当追随者，这个工作一点都不简单。尤其是作为领导者身边的人，优秀和出色是必要条件，但踏实肯干、不较真，才能走得更远。

◆【案例5-1】

吃近亏，不吃远亏

小王刚大学毕业就给李总当助理。但是她做事非常体贴到位，李总第一次注意到她，是因为有一次，小王进办公室问李总有没有签署一份文件，李总当时走神了，就很随便地打发小王说："我从来没看见过这份文件。"小王"噢"了一声后，想说话但是什么都没有说，她立即走回工位，在计算机上找出文件，重新打印了一份，再次让李总签字。后来，李总在自己的公文包里发现了这份文件。想起小王做事的态度，李总就对小王格外留心。

有一次，有份工作报告，他让小王做一下试试看。小王做得很用心，她找了很多人，问了很多方法，虽然做起来很费劲，但这个女孩没有投机取巧，终于做好了报告。做好报告交给李总的时候，李总扫了一眼，说了几句："花架子是有了，但是这个报告最需要的是数字，数字才是这份报告中最核心、最难的部分。这部分内容虽然你不懂，但是你还需要把数字总结上来然后试着分析一下。"李总是个很严肃的人，后期这个报告还是交给了其他人来做。

在一般人看来，自己额外付出了劳动，写了报告，还得不到领导的赏识，肯定以后再也不会干这种"出力不讨好"的事情了。可是令李总万万没有想到的是，小王居然利用业余时间报学习班，学习了三个多月的会计学知识。仅仅是因为她知道自己本科学的是中文，欠缺一些数字方面的知识。后来，李总再让小王做分析的时候，明显能够看到这个女孩子做出来的东西非常有章法。到后来，甚至一些重要的项目他也让小王来做，小王的工资当然也水涨船高，超过了助理级别的待遇。

（资料来源：笔者依据相关资料整理）

案例 5-1 告诉我们，在职场中，作为一个积极成长的追随者，个体的努力并非时时刻刻都会被注意到。就算是一件极小的事情或一件从未做过的事情，也需要认真对待。细微之处方显本色。

◆【案例 5-2】

空降兵的烦恼

W 是公司的一名技术骨干，在公司技术部门工作了很多年，属于技术部门的技术型管理人员，对公司的技术与业务了解比较全面，近期公司其中一个后台部门负责人离职，原有的该部门的副手 F 是该部门的业务骨干，临时被提升为该部门负责人，因 F 一直无法适应新的岗位，没过多久公司经综合考虑调 W 去该部门担任负责人，原有的副手 F 继续担任副职。

W 作为空降兵，因对该部门内的具体工作不够熟悉，对部门人员的性格特点也不是太了解，走马上任后工作安排上出现了下属员工不满的情况。与此同时，员工对负责人管理方式的不适应、部分人员离职导致的部门人员短缺、工作岗位分工模糊等一系列问题摆在了 W 面前。上级领导对 W 能否胜任该部门负责人一职也产生了些许怀疑，W 作为空降兵陷入了苦恼之中。

（资料来源：笔者依据相关资料整理）

在案例 5-2 中我们可以看到 W 面临的几个问题：

首先，准备不足。作为空降兵新上任，对部门的情况没有及时全面地了解，初期没有很好地完成自我角色的转变。

其次，沟通不畅。缺乏与员工之间必要的交流与沟通，没有对员工的性格特点进行全面了解，没有建立良好的信任关系，没有科学地使用权力并与民主管理相结合。

最后，人员短缺，分工不明。部门人员短缺，工作无法有效地开展，也没能进行合理分工，在一定程度上造成上级领导对 W 出现不信任的局面。

人在职场难免成为空降兵。作为职场空降兵，只有了解团队状况，主动进行自我角色转换，构建良好团队关系，才能实现空降兵的“稳着陆”。

W 原来的身份是技术骨干，专注于技术管理，对新环境的管理模式比较陌生。因此，W 在空降后首先需要迅速转变自身的角色，与员工一起全面了解部门的工作情况，加强自身的学习，迅速了解和掌握部门工作的相关内容，做到心中有数。

其次，在团队管理中，W 要与团队的成员多沟通交流，特别是副职 F。通过交流，W 可以了解每个员工的性格特点与工作能力，建立良好的团队互信关系，保证部门日常工作的顺利推进。

再次，积极与公司沟通确定招人事项，完成部门人员的扩充，确保团队补充新鲜血液，部门年轻人比较多，不定期组织一些不同形式的部门活动，增强部门员工间的凝聚力，逐步形成新的部门工作氛围。

最后，要积极向上级主管领导汇报部门的工作情况，确保上级领导的信任与支持。

◆【案例 5-3】

职场新人切忌当“炮灰”

小王大学毕业后进入一家私企当了销售员。身为名牌大学优秀毕业生的小王做事积极主动，头脑灵活，业绩不错，同事们平时也都很喜爱她，唯独一位较年长的同事例外。这位同事在公司中已工作很多年，业务不错，但脾气暴躁，总是朝其他同事发火，对小王更是这样，总是找她碴儿，在工作中处处给她出难题，其他同事都为她感到委屈，时时为她抱不平。

在一次和该同事发生争执后，小王气愤不已地去找了自己的直属上司“告状”。本以为其他同事都会站在自己这一边，没想到真到了“冲锋”的时候，其他同事却都一副事不关己的态度，隐身而去，状没告成，却反被上司指责不会处理同事关系，太自我。这时小王才知道，原来自己不知不觉地成了“炮灰”。

（资料来源：笔者依据相关资料整理）

新人是企业员工中的一个特殊群体，他主要面临着以下四个方面的问题：①工作技能相对欠缺。由于大学的课程教育与社会实际需求存在部分脱节，造成新人所具备的工作技能不能完全满足工作的需要。②团队融入过程中的主动性不够。由于新人在入职前的人际交往和沟通技能欠缺，导致其在团队融入过程中的主动性往往不够。③急于获得认同与表现，不能很好地沉下来做事，缺乏自我积累和自我准备的理念。④由于现实和理想的差距，加之工作、生活环境的变化，新人在工作、角色方面的转换较为缓慢。

刚入职的追随者，首先要做的就是融入整个团队，逐步得到团队成员尤其是领导者的信任。想要建立他人对自己的信任和权威，追随者还需要处理好与同事之间的关系，初入职场要手脚勤快，让自己成为大家需要的人，同时要积极参加集体活动。但是要注意，这里的集体活动指的是整个团队的活动而非小的团体的，不要把自己划进某一个小圈子中，否则很容易成为两个存在竞争关系的小团体的“炮灰”。

（二）领导者

领导者是团队的领航人，其领导艺术和管理能力直接决定一个团队的效率与成败。一个喜欢一手包办的领导，长期来看，他的团队效率不可能高，因为没有充分调动每一个人的积极性；一个过于拘于传统的领导，团队的创造力可能不强，因为没有创新思维带动团队的成长。要想成为一名优秀的领导者，必须不断改进领导方式，学会灵活应变，将领导能力提高到一个更高的水平。

◆【案例 5-4】

孙悟空型领导的难题

李某是某制造公司的副总经理，负责公司销售部门。李副总在工作中不仅兢兢业业，而且工作能力也很强，曾一度为公司的发展创新做出过重大的贡献，受到公司总经理的好评。

在公司总经理即将升迁时，总经理推荐李副总做公司的一把手（总经理），并且提前把公司的实权交到了李副总手上，好让李副总实际操练一把。李副总得知后非常高兴，雄心勃勃地发誓要带着公司员工做出更好的成绩。各个部门的主管也开始向李副总汇报工作，由李副总主持公司的大方向。

由于李副总是技术工程师出身，后来负责公司的销售部门，天天和技术打交道，给客户讲技术、定方案。在他的潜意识里，技术部是公司的核心部门，是最重要的部门。每当技术主管和人事主管同时有事要给李副总汇报工作时，李副总总是让技术主管先说，人事主管等着。久而久之，人事主管觉得李副总不重视人事部门，给李副总提了几次意见强调人事的重要性，未果后，人事主管离职了。

李副总是个急性子，工作起来也不考虑时间，经常下班了想起来还有工作，就立马给员工安排工作，他也陪着不走，引起了许多员工的不满。李副总还经常跨级安排工作，真有“今日事今日毕”的作风。

经过将近半年的时间，在李副总的带领下，公司的业绩有所提高。然而，经过单位的投票选举后，李副总得票很少，最终没能成为总经理，总公司只能从兄弟公司重新选拔了一位经验丰富的总经理。李副总一心为工作，兢兢业业，为什么大家不支持他当总经理呢?

首先，角色转换失误。李副总没有认识到角色的转换，副总可以只负责一方面的工作，然而作为总经理，就要负责全面工作，主持大局，且要一视同仁。各个部门同等重要，不能因自己错误的潜意识而有所偏向。人事部门主管认为李副总不重视人事工作，提了意见也未被接纳，认为自己将来也不会在工作中有所发展，因而离职。主管的离职势必会给人事部门带来影响，培养一个主管是多么不容易啊。

其次，“推己及人”用错了地方。《劳动法》规定了8h工作制，李副总经常在下班后给员工安排工作，势必引起大家的不满。自己愿意加班是自己的事，但让员工加班确实不合适，员工的休息时间是应该保证的。当然，如果真是有急事，偶尔加班，大家肯定也不会有意见。

最后，不善授权。李副总经常跨级安排工作。分配给下属的工作应该是他职责范围内的，而且应该由他的直属上级领导来安排。总经理直接安排，员工也不好意思说不干，又不好意思给直属上级说总经理安排了他工作，让直属上级先别给安排工作了，这样容易导致直属上级认为员工太受总经理重视了。这样，可能有两份工作同时下达给了一个员工，弄得员工忙不过来，不能按时完成，两头受气。作为公司的大领导，应该把工作安排到中层，由中层再去安排。

在一个团队中，团队领导者首先要有自己的角色定位，按着这个角色的基本原则去行事，团队成员的积极性才会调动起来。孙悟空型的领导可能有助于任务的开展，但不利于团队的长远发展。

（资料来源：笔者依据调研资料整理）

1. 领导者权威的来源

当追随者逐渐成为领导者后，能否形成自己的权威是下属能否服从自己，从而能够为了共同目标努力的关键因素。马克斯·韦伯（Max Weber）认为，领导者的合法权力分为三个类型，分别是理性-法定权力、传统权力、超凡权力。进一步研究表明，领导者的权力来源有五个：①法定性权力，即领导者所在的职位所固有的合法权力，与人无关；②奖赏性权力，即领导者能够以奖金、升职等手段令下属愉悦的权力；③强制性权力，即领导者强制要求下属服从的权力；④专家性权力，即领导者因具有某种特长或者专业知识所产生的权力；⑤参照性权力，即领导者因自己独特的人格魅力、背景、经验等产生的权力。

根据这五种权力来源，可以将领导者权威归纳为两种：权力性权威和非权力性权威。权力性权威指的是伴随着法定性权力、奖赏性权力和强制性权力的获取自然而然产生的一种权威，与领导者本身无关。

当个体被任命为某个领导时，他就直接获得了法定性权力、奖赏性权力和强制性权力，与此同时也就拥有了权力性权威，不管其下属是心甘情愿还是被逼无奈，都必须服从这种权威。非权力性权威则是在领导者具备了专家性权力、参照性权力之后才会产生的，是领导者依靠自身综合素质而产生的权威，可能是由于领导者具备其他人不具备的专业技能，也可能是因为领导者经验丰富，不具备强制性，下属对非权力性权威的服从大都是出自真心。

2. 建立领导者权威

领导者权威的建立是非常必要的，体现了领导者在追随者心中的地位和威望，是一个企业能够顺利发展的重要因素。因此如何建立领导者的权威十分关键。权力性权威与人无关，只要身居其位便自然具备了该种权威，想要建立权力性权威，只需要赋予其相应的权力即可。

对于团队领导者来说，更重要的是如何建立非权力性权威。非权力性权威是正确行使权力的基础，领导者需要培养独创性思维和深邃的洞察力，塑造独特、清晰、可及的愿景，并且将其传导到团队的每一个方面，使其产生效力，让其成为团队所有活动的行动纲领。因此，可以从引领、传导、效力这三个维度来讨论如何建立领导者权威。

身为领导者，想要在下属中建立权威，让他人对自己心服口服，从而起到引领的作用，与其视野、思想和专长是分不开的。一个人如果拥有了开阔的视野，能够想到或看到下属想不到的、看不到的或者不敢想的，就能够从中把握大局，发现更多的机遇。正所谓“视野宽则思路变，思路新则全盘活”，一个领导者如果视野开阔，能够引领下属紧跟时代，求得发展，自然能够建立权威。而当领导者在技术上形成了专长，下属遇到问题后，就会自然而然对其产生依赖，权威就会在无形中建立起来。同时，当领导者具有了开放的思想，就能够接纳新事物，研究新问题，能够应对不断变化的市场，推动企业的发展，从而使下属服从自己。

拥有权力不代表具备领导力。领导力的核心是影响力。影响力是可以让下属心甘情愿追随的领导者身上渗透出来的一种人格魅力，拥有了影响力，就能够让追随者去做，并且心甘情愿去做某事。传导维度包含的内容是关系、沟通和团队。人人都处于被“关系”重重包围的环境之下，领导者更需要重视关系管理，要正确处理和应对上级、下级、团队、组织内外的各种关系，这样才能取得各方面的信任，逐渐建立权威。

作为一名领导者，在团队内，如果能经常与追随者沟通，了解他们的困难并帮助解决，这势必会提高员工的积极性，取得员工对自己的信任；在团队外，如果能够多与外界沟通，掌握更多的信息，就能够拥有更多的主控权，建立权威。

在现代企业中，层级组织日益为团队所取代。团队作为一个任务单元，不仅可以提高人力资源的利用率，还有助于加强成员之间的交流与协作。因此，作为领导者，面对不同类型、不同功能的团队，要明确团队的定位，适时调整好自己的角色，明确每个人的分工，指导员工履行好自己的职责，一起为团队的共同目标而努力。

在现如今的新形势下，建立领导者权威也有了新的途径和方法。由于现在属于知识经济社会，出现了大量的知识型员工，他们的综合素质和能力都很高，因此就希望上司能够适当放权，让自己有更大的空间实现自我成长。

二、团队人际关系

身在职场，有时候人际关系可能关系到个人的职业生涯发展，学会尊重、学会合作和学会感恩，是任何一个职场人和团队成员必备的人际技能。

（一）多说“您”——学会尊重

相互尊重是处理好任何一种人际关系的基础，在团队中也不例外。[⊖]同事之间的关系都是以工作为前提，一旦失礼，创伤将难以愈合，所以在与同事沟通时，态度要诚恳，实事求是，要给同事一种信赖感、亲近感，这有利于同事之间关系的继续深入。所以，处理好人际关系，最重要的是尊重对方，待人要热情忠诚。

（二）多说“我们”——学会合作

◆【案例5-5】

高盛的团队协作

20世纪70年代末到80年代初，领导高盛的约翰·怀特黑德（John Whitehead）是一位不可多得的金融天才，他接手高盛后，一再强调“在这里只有‘我们’，没有‘我’”。高盛的团队精神容不下任何特立独行的超级领袖，也不可能容忍哪一个人以自己的私利凌驾于团队利益之上。这种团队精神成为高盛文化的主要组成部分之一。

我们知道，高盛从来都不缺乏金融怪才、超级专家和数一数二的天才级人物，像格斯·利维（Gus Levy）、罗伯特·鲁宾（Robert Rubin）、马克·温克尔曼（Mark Winkelman）等人的能力与成就都可以比肩于华尔街的任何金融巨头，相比于彼得·林奇（Peter Lynch）或者罗杰斯（Jim Rogers）也毫不逊色。但高盛并没有让他们的个性脱离严密的团队文化而独具一格，使得其个人精神控制集体命运，高盛也并没有因为这些人的离开就大伤元气。

高盛在140多年的历史中，大部分时间一直奉行着共同领导的团队精神，并且一脉相承。比如高盛总是由两个CEO共同领导，能够被授予公司高级合伙人职位的是盈利最高的两位合伙人，而且高盛的其他各个主要业务部门也都由两人共同负责。在绝大多数时间内，这种共同领导的团队精神和团队文化在高盛表现得非常成功。

（资料来源：赵伟．给你一个团队，你能怎么管［M］．南京：江苏文艺出版社，2013.）

⊖ Henry P J. The role of group-based status in job satisfaction: workplace respect matters more for the stigmatized [J]. Social Justice Research, 2011, 24 (3): 231-238.

多说“我们”就是指同事之间工作上要相互协作，真诚相助；切忌不闻不问，袖手旁观，包办代替，越组代庖。

从“我”到“我们”，一字之差，却千差万别。在团队中，这是在思维上的根本性调整，是唇齿相依的信任。

（三）多说“谢谢”——学会感恩

真诚的感谢会让人感到心情舒畅。在团队工作中，“谢谢”是对别人为自己付出劳动价值的承认与尊重，是人际关系的黏合剂。说声谢谢，应该遵循以下七条原则：

（1）不能客套，必须诚心诚意，发自内心，使“谢谢”两字具有生命的活力。

（2）要认真自然，直截了当，不要扭扭捏捏，不好意思。

（3）道谢要专一化，泛泛的感谢谁也不会领情。

（4）要使用体态语言配合——要轻轻点头，目光注视对方，脸露微笑。

（5）当对方对感谢感到茫然时，要及时向他说明道谢的原因。

（6）选择场合，增强效果——要尽量在对方认为不可能、不值得感谢的时候对他表示感谢。

（7）进行道谢，达到情理之中、意料之外的心灵震撼效果。

三、中西团队的差异

费孝通先生把中国社会结构的特点归纳为“差序格局”，并与西方社会进行了系统的比较。他认为，西方现代社会中人与人的关系可以被归纳为一种“团体格局”，就像“一捆一捆扎清楚的柴”。在同一个团体中，每个人与这个团体的关系是相同的，因此人与人之间的地位也是平等的，在团体成员之间，人际关系就像是“柴束”中那一根根并排平行束在一起的柴枝一样，平等而简明。

与“团体格局”相比，中国传统社会的人际关系被形容为“差序格局”，“社会关系是逐渐从一个一个人推出去的，是私人联系的增加，社会范围是一根根私人联系所构成的网络”，“好像把一块石头丢在水面上所发生的一圈圈推出去的波纹”。

由于文化具有异质性，中西方的团队有很大的不同，中西双方对权威的认识和感悟也是不同的。

（一）日本团队的特征

◆【案例5-6】

日本人的营养午餐

日本人无论是上学还是上班，中午都有营养午餐供应。日本的很多学校都统一定制营养午餐，一到中午下课的时候，值日生负责把饭盒抬过来，分发下去。

这种做法在很多国家都一样，但是，日本人有个做法却与众不同，就是日本的学生一定要等到全班所有人都吃完以后才可以出去玩，只要有一个没有吃完，全班同学都不可以出去。对小孩子来讲，这一点很难做到。一般男生都是狼吞虎咽地吃完，争取多玩一会儿。但是一些女生，尤其是比较斯文的女生，经常吃得慢吞吞的。男生吃完后，会围着吃得最慢的女生："拜托，快一点！时间都被你耗掉了。"于是，那个女生为了不影响他人，就加快速度，甚至连平时不吃的食物也一股脑地吞下去。

吃营养午餐体现了日本小孩子所具有的团队精神：即使很想出去玩，也要遵守学校的规定；女生为了不影响团队的其他成员，强迫自己加快吃饭速度，并吞下自己不愿意吃的食物。

（资料来源：曾仕强．中国式团队［M］．北京：北京大学出版社，2010.）

日本人的团队是世界公认的组织力最强的团队之一。日本人强调绝对服从组织，员工具有高度的一致性。一方面，这种团队的优点是易管理，另一方面，团队一旦决策失误，可能导致团员盲目服从。

日本人具有如此强大的凝聚力，并不是天生的，而是由其生存环境、社会约束和基础教育等方面造成的。

（二）美国团队的特征

美国式团队与日本式团队不同，美国人的忠诚只对事，而不对人。他们大多认为，对公司的忠诚是一件可笑的事情，美国人只在乎"我向谁报告"，人与人的关系依靠法律约束。他们对自己的专业非常专一，可能跳槽很多家公司，但做的都是同样的工作。美国人的人际关系比较疏离，这与个人主义及神本位的思想不无关系。美国式的团队容易造成团队各自为政、不断跳槽、归属感差的问题。

（三）中国团队的特征

与西方社会的"团体格局"相比，中国社会形成了一种以亲属关系为主轴的"差序格局"。在中国团队中，团队成员更希望可以在团队中获得融洽的人际关系，更讲求情与理的糅合，而不是把二者完全割裂和对立起来。在此背景下，"家文化"成为中国团队的重要特征之一。

◆【案例 5-7】

海底捞的"家文化"

海底捞董事长张勇说："人心都是肉长的，你对人家好，人家也就对你好；只要想办法让员工把公司当成家，员工就会把心放在顾客上。"

张勇道出了海底捞的秘诀：善待员工，把员工当成家里人。海底捞也正是这样做的。善待员工首先要信任员工，而信任的标志就是授权。张勇在公司的签字权是 100 万元以上的；100 万元以下的由副总、财务总监和大区经理负责；大宗采购部长、工程部长和小区经理有 30 万元的签字权；店长有 3 万元的签字权。这种放心大胆的授权在民营企业实属少见。张勇对一线员工的信任更让同行匪夷所思。一线普通员工有给客人先斩后奏的打折和免单权。不论什么原因，只要员工认为有必要，都可以给客人免一个菜或加一个菜，甚至免一餐。这等于海底捞的服务员都是经理——这种权力在其他所有餐馆都是经理才有的。

大多数餐饮业的打工者居住在简陋的地下室，而海底捞不仅为员工提供公寓，还配套24h热水与空调。公寓内电话、电视和网络一应俱全，有专人打扫卫生，换洗床单。员工生病了，公司会送上药品和病号饭，下夜班的员工还能享受到夜宵服务。对那些夫妻员工，公司还考虑给单独房间。除了关怀员工外，海底捞还会给每个店长的父母发工资，他们的子女在海底捞做得越好，他们父母拿的工资就会越多。海底捞在简阳建了一所私立寄宿制学校，海底捞员工的孩子可以免费在那里上学，只需交书本费。也许海底捞的员工并不比其他餐厅的服务员赚得多，但是他们所得到的关怀和享受到的福利超过了一个打工者的待遇。这大大提高了他们的工作积极性。

（资料来源：笔者依据相关资料整理）

四、中国团队的类型

讲完中西方团队的差异，再来分析一下中国的团队类型。这里，仅按企业内业务职责、企业内不同层次团队进行介绍。

（一）不同业务职责团队类型

◆【案例5-8】

人员离职背后的故事

X企业资本性质属外资，但管理方式却是典型的民营企业管理方式，公司辉煌时员工有700多人，经精简、重组、整合，人数保持在250人左右。但无论是辉煌时还是缩减后，公司每年的人员流动率都在30%以上。2010年全年新招人数达到183人，但离职也达到120人，其中有58人是当年招聘当年离职的。

对几年下来离职员工的访谈进行分析后，离职的主要原因就是缺乏人性化管理，其中包括公司缺乏企业文化、领导工作方法简单粗暴、员工意见得不到重视、内部管理不公平、内部缺乏沟通交流等。

对于当年入职当年离职的员工进行离职访谈时，谈及的主要原因更多的是不适应该公司的管理方式。管理层也早就意识到人员频繁流失带来的负面影响，于是在人力资源部设置专人来做员工交流工作。其实，公司日常管理中存在严重的沟通缺陷，诸如：决策层不听取下层的意见；高度集权，授权不够；工作只问结果而不讲过程；对中层、员工都缺乏信任；没有公共信息平台；部门负责人只管业务，不做员工关系；等等。结合现实的问题，人力资源部几次正式提出改善计划，希望从管理方式上和管理细节上进行改进，然而半年下来，管理层却始终维持原状，没有任何要改善的意思，只是一味要求人力资源部去做员工的思想工作，让人力资源部独立承担提高员工工作积极性的责任。人力资源部的工作无法开展，最后导致人力资源部成了离职率最高的部门。

（资料来源：笔者依据调研资料整理）

1. 人力资源部门

人力资源部门存在以下问题：很多从事人力资源工作的工作者并没有系统学习过人力资

源相关知识；人力资源管理以外企为标杆，与中国传统不相适应；现有的人力资源管理理论和方法比较生硬，缺乏人性关怀；人力资源部门以女性为主的格局会产生一系列人际交往的问题。因此，人力资源团队管理应当注意以下几点：

（1）根据企业发展阶段，认清团队职责重点。不同的企业发展阶段人力资源的角色和作用是不同的。在企业发展初期，人力资源往往就是处理基础事务，可以说是作为配角出现的，从事的基本是一些辅助工作。在企业成长阶段，人力资源部门角色蜕变为合作者，大多从基础性工作变为支持性工作，大量的规划性工作开始出现。在企业成熟期，人力资源部门和业务部门逐渐建立起伙伴关系，更多的是双方之间的协同，人力工作开始模块化，提供专业化的人力建议与措施。

（2）重视以女性成员为主的人际关系。同事之间交往的基本原则是：多议事，少议人。尤其是在团队成员大多是女性的状况下，在与人交往的过程中，要注意对方的年龄、民风习俗、与自己的亲疏关系、对方的层次与性格特征以及对方的心境。男同事和女同事交谈，言语要文明，举止要收敛，衣着要得体，切不要开不着边际的玩笑。

（3）注重人力资源部门团队文化建设。人力资源部门应该以人力资源管理基本知识为工具，以中国式“情理关系”为灵魂。人力资源部门应该将企业文化精神融入所有制度体系中，将企业文化与人力资源部门用人机制相互结合，能够更好地推进企业经营发展和实现员工自身价值。

2. 技术部门

技术的竞争是当今企业间竞争很重要的一个方面，技术的竞争在企业研究与开发中得以体现，其最终产物便是新产品。新产品开发日益成为企业成功经营的核心。持续推出新产品将使企业立于不败之地，而卓有成效的新产品开发取决于优秀的新产品开发团队。可见，技术研发团队是企业核心竞争力形成的基础。技术研发团队管理应当注意以下几点：

（1）任务目标化。目标管理在团队中已经非常常见，要将目标化成为工作习惯，融入团队的血液，布置的每一个任务都要有目标。研发过程通常任务重，周期长，长期目标、阶段性目标、短期目标、具体目标的分别设立并跟进，才可以全面控制技术团队开发新产品的进度，随时根据市场情况进行微调。

（2）环境娱乐化。研发团队是企业的“创新大脑”，成员们从事的并不是一成不变的标准化工作，内容需要创新，需要突破现有的框架创造全新的产品系列。这就需要给研发团队营造轻松的工作环境，举办一些娱乐活动，赋予他们最大的自由空间。研发类人员通常比较闷，这时候就需要领导带头，鼓励活跃员工实现娱乐自治，提高研发人员的积极性。

（3）结果可视化。结果可视化是任务目标化的延伸，既然有了任务，有了目标，就进行数据统计，并予以公布，让员工看到“记分牌”，即使只给予名誉的表彰，也会有很强的促进作用，使得员工每天都能看到自己的进步，有成就感，有赶超的方向和目标。研发团队比较“闷”的原因主要在于忽视目标、结果不可视和信息不对称。过程的不透明会导致干劲不足，影响研发效率。

3. 销售部门

销售部门是整个企业的“摇钱树”，正视营销团队所发挥的重要作用，妥善管理，可以为企业带来长远发展与丰厚利润。因此，营销团队管理应当注意以下几点：

（1）团队内部相互协调，有配合意识。团队中都会面临利益和责任，利益大家都要图，责任也需要大家共同承担。在出现问题时，如果不及时想办法解决而相互推诿，就会降低工作效率。营销团队需要具备配合意识，尽量形成统一意见。同是一条战线的战友，切不可为了各自的提成利润划分界限，形成敌对，这样会弱化整个营销团队的力量。

（2）不仅仅注重结果，过程管理也要落到实处。随着企业营销进程的发展，“只重视结果，不重视过程”的营销管理模式随着企业在市场上的规范运作而逐渐退出历史舞台，国内企业开始注重过程，向先进的营销方式靠拢。加强过程管理的重要方法就是借助互联网，通过统一的表格化管理和报表管理等形式对营销人员的工作进度、行程、绩效进行监督和考核。过程好，自然会取得好的结果。

（3）重视激励，设立合理的薪酬福利机制。激励是相对的，主要目的是树立榜样，培养团队的开拓进取意识，如果没有合理的激励措施，让付出的员工没有得到合理的回报，就会影响营销团队成员的工作积极性。薪酬待遇不单纯是高薪，而是一个科学的薪酬体系，企业应制定一套有自己特色的灵活的薪酬制度。在薪酬制定过程中，既要注重薪酬的外部竞争性，也要注重薪酬的内部公平性，将保健因素和激励因素相结合。

（二）企业不同层次团队类型

1. 高层团队

有些高层团队不可避免地将官僚式思维带入了企业，这不利于企业的发展。“一把手”和“二把手”之间经常会出现意见不一等摩擦，影响团队的工作氛围。因此，高层团队成员之间必须不断磨合，尽量在工作目标、工作方式上达成一致，同时，在工作过程中不要损害他人利益，以免产生团队冲突。

企业高层团队一般由创业元老或者家族成员和职业经理人共同担当，董事长有时兼做总经理。由于企业内部规章制度随意性非常大，人情、关系大于制度，经常出现家族成员与职业经理人之间的冲突。而当家族成员与职业经理人发生了冲突之后，解决途径无非两种。一种是职业经理人向家族成员妥协，但这种妥协可能会使企业失去很好的发展机会或者做出错误的决定。另一种是职业经理人坚持己见，但这很可能让职业经理人“以卵击石”，最终被解雇或者主动辞职。无论哪种可能，都会对企业产生持续性的负面影响。尤其在私营企业中，职业经理人难以担当最高职位，他上升到某一职位后将无法晋升，这种情况就会导致职业经理人只顾眼前利益，引发对企业发展不利的短期行为、道德风险等。

2. 中层团队

中层团队最大的特色是稳定，他们是企业的中坚力量，如果说高层团队是领头羊，中层团队则是企业能够稳定发展的支柱。作为中层团队的成员，要提高自己的非职务影响力，树立良好的形象，要爱才惜才，营造和谐的团队氛围，要提高自己的领导能力，增强团队的凝聚力。

从某种角度讲，企业部门的一名中层影响着一个组织或团队能否顺利发展。在实际工作中，中层会遇到来自上下左右、方方面面的矛盾和问题。因此，提高沟通能力，讲究工作方法，就成了中层的重要任务。

3. 创业团队

创业团队中的大多数人都能在团队规模较小时，担任高管的职位。因此在创业成功且企业步入正轨之后，创业团队的成员一定要不断地学习，进行自我完善，开放自己的思想，不要因循守旧，要紧跟时代的变化，及时做出应对。同时，创业团队成员要总结成功的历史，如可以成立某个纪念日等，使得公司好的文化得以传承。

在我国，有许多创业团队源于家族成员的鼎力协作。然而，家族成员之间也很容易出现利益纷争。所以家族成员一定要守规矩，遵守企业的规章制度，因为他们掌握的都是关键部门，一旦家族成员为了私利做出不利于企业发展的事情，将会对企业产生不可挽回的伤害。在任用家族成员时，要合理利用“亲情”“规则”相结合的方法，一方面让家族成员因为亲情的原因不会做出不利于企业的事，另一方面又利用完善的制度来约束他们的行为，双管齐下。同时，也要注重对家族成员的培养，不能只利用关系就让其担任关键岗位，还应及时对其进行培训等，提高他们的能力，让他们更能胜任自己的工作。

第二节 团队文化

文化建设是员工关系管理的灵魂，在团队中同样需要创建团队文化。文化作为团队的软实力，有助于团队成员构建共同的核心价值观，增强团队凝聚力。

一、团队凝聚力

一个团队就像一个球体，成功的团队内部员工都向着球体的球心，在整体前进的过程中重心稳定，更容易沿直线运动。而一个松散的团队，员工领导都各自为政，球体重心偏离了球心，在整体前进的过程中或者偏离轨道，或者举步维艰，更有甚者开始倒退。对于团队而言，员工的凝聚力是团队得以维系和发展的根本。

◆【案例 5-9】

丰田人的凝聚力来自何处

丰田公司的成功经验是：积聚人才，善用能人，重视员工素质的培养，树立良好的公司内部形象。丰田公司的总裁曾说过：“人事管理和文化教育的实质是，通过教育把每个人的干劲调动起来。”丰田公司拥有一套独有的教育模式，这种“人与人之间关系的各种活动”的核心在于解决车间里人与人之间的关系，培育团队凝聚力。这些教育活动有以下几个方面：

1. 公司内的团体活动

“公司内的团体活动”是根据员工的特点，将员工分成了更小的团体。小团体可使参加者更加随意、亲近地接触，这对于培养员工的团队意识是很有帮助的。一个人可以根据各种角色身份参加不同的团体聚会。通过参加这些聚会，既开展了社交活动，又有了互相交谈的机会。为了举行这种聚会，公司建造了体育馆、集会大厅、会议室、小房间等设施，供自由使用。公司对聚会活动不插手，也不限制。员工用个人的会费成立这种团体，领导人是互选的，并且采取轮换制。所以每一个人都有当一次领导人来“发挥能力”的机会。这些聚会都有一个共同的条件，就是把这些聚会作为会员相互之间沟通亲睦、自我启发、有效利用业余时间、让不同职务的会员进行交流的场所。

2. 个人接触仪式活动（PT），即个人接触和“前辈”制度

丰田公司为了让新参加工作的员工熟悉新环境，曾提出了“热情欢迎新员工”的课

题，采取了“个人接触”的形式。这种形式的做法是，选出一位前辈，把他确定为新员工的“专职前辈”。这位前辈担负着对新员工所有事情的指导工作，这种做法产生了很好的效果。专职前辈的任职期一般为六个月。在工作上、生活上、车间里，专职前辈都给予新员工指导和照顾，对人际关系、上下级关系给以协调。公司方面把这个“前辈”的做法加以制度化。此外，还有“领导个人接触”的制度，这是对工长、组长、班长施行“协助者”的教育，是一种进行“商谈”的训练。

3. 采用“故乡通信”做法

班组长每日轮流给新员工的家里寄信。新员工进公司的第一个月，由组织写信，并将信和小组照片、丰田画报和丰田报一块寄到员工家里。如何使这股团队亲情不断、不倦地持续下去？这是丰田领导者一直在思考的问题。这个问题不是单纯的福利保健活动，而是要作为企业长远的精神建设方面的问题对待，他们正为开展更加多种多样的活动而冥思苦想。20 世纪 70 年代以后，20 岁以下的员工占到 50%。他们的思想意识、价值观念和欲望同 20 世纪五六十年代的员工相比发生了很大变化。为这些人创造出一个使他们满足且“有吸引力的工作环境”，是很不容易的事情。因此，公司正在不断地进行积极的努力，继续创造能培养“生存的意义和干劲”的土壤。

（资料来源：杨月坤．企业文化［M］．北京：清华大学出版社，2011.）

（一）创造共同的对手

行业与行业之间、领域与领域之间都存在着竞争。如果一个行业没有竞争，那只有两种可能：其一，这个行业是垄断行业；其二，这个行业根本就赚不到利润。让团队的每一个成员充分了解竞争对手，每天都明确自己的竞争对手，才能做到知己知彼，百战百胜。所以，要想打造出色的团队，必须为团队成员创造一个共同的目标，共同的“敌人”。

（二）提高进入的门槛

人不珍惜的往往就是那些容易得到的东西，团队也是这样。一些人总感觉，自己这么容易就进加入了这个团队，是不是因为这个团队没有实力，因为没有实力，团队就随随便便招人。这种认知上的错误会让团队成员否定团队，进而不加珍惜。

团队如何才能强大？不是一个领导强大了这个团队就强大了，而是团队的每一个成员都强大了，而且每一个强大的成员能够协作完成任务，团队就强大了。团队的每一个成员都去珍惜，都去努力，团队才会越来越强大。因此，团队在选聘过程中可以适当提高进入门槛，让可能的团队成员形成利于团队发展的认知，即认知团队是优秀的团队，从而珍惜机会，努力发展，实现个人与团队的协同成长。

（三）培养团队自豪感

◆【案例 5-10】

Facebook 定期交流，培养团队自豪感

一个语言逻辑不同、无法自由沟通的企业，思想的碰撞怎能产生火花？马克·扎克伯格（Mark Zuckerberg）要找的人得具备两个特征：第一，高智商；第二，要对整个团队的事业有认同感。对于第二点而言，一个人无论多聪明并极富效率，但如果缺少认同感，他就不会真正努力。扎克伯格曾从斯坦福大学挑选了几个工程师，他们没有多少工作经验，但绝顶聪明，同时很想从事这个行业，愿意从最基础的工作做起，如创建Facebook相册。在他看来，这样的人比很多资深程序员更具价值。

在一个成员间说着不同逻辑的语言、不能自由沟通思想的企业里，拿出20%的时间给员工去理解他人的想法是十分必要的。在Facebook，有一点扎克伯格非常关注，那就是友好的企业文化。他让员工抽出20%的工作时间泡在一起，而不是去忙各自的业务。让他们待在一块儿，不强迫他们非得成为朋友，但可以让他们在与同事相处时感觉更舒适，交流更顺畅。通过这样的方式，Facebook公司营造了一种自由而有效的沟通文化，这是个不太成文的规定，但扎克伯格觉得企业氛围就该如此。交流顺畅了，思想才得以相互碰撞，并最终促成一个又一个项目。

（资料来源：笔者依据相关资料整理）

为什么要培养团队自豪感呢？员工的自豪感对工作的效率和企业的稳定性有着密不可分的关系，只有保证了自豪感，才能使员工真正对企业百分百效力。低自豪感的员工缺少工作的积极性，甚至可能做出损害企业利益的事情，同时低自豪感导致的人员流失对于企业来说增加了人力资源成本。

（四）工作场所的布局

工作过程中会遇到一些问题，需要请教别人，如果说团队几个人都离得特别远或是一个人一间办公室，彼此之间交流起来特别困难，这样可能会给团队增加很多不必要的负担，让团队慢慢走向死亡。因此，企业要让员工之间保持适当的距离，增加团队的凝聚力，从而提高整个团队的工作效率。

（五）打造团队文化

团队文化就是为了增加团队内部成员之间的文化联系，让他们在精神上具有一定的共同点，在价值观上有相似的地方。[⊖] 这样久而久之大家会为共同目标去努力奋斗，这样的团队还怕做不出成绩吗？如果团队没有自己的文化，没有自己的信仰，那团队则很难有凝聚力，不能够创造“1+1>2”的团队价值。

（六）构建团队仪式

◆【案例5-11】

松下电器的团队仪式

日本松下电器历来都非常重视团队仪式对于员工精神和感情的培育作用。公司内常举办各种以企业精神为主题的文化活动，每天早上8点，公司的全体员工都要诵读公司的七条精神、唱公司的主题歌，每人每月要做一次以企业精神为内容的个人演讲，公司

⊖ Visagie J C, Linde H M. Employees' Perception of Organisational Culture in a Multi-national Construction Company [J]. The Business Review, 2011 (18): 61-68.

每年都会隆重地举行新产品的出厂仪式……这一系列的活动是从感情和行为上强化员工对团队内部精神的感知，牢记自己的使命，更好地统一全体员工的步伐。

在企业前进的步伐中，团队不仅需要个人的智慧，也需要集体凝聚的力量。团队的仪式文化是汇集员工的一种最直接、最便捷的方式。松下电器反复强化这种内在力量，使员工的凝聚力大大提升，员工的协调配合和工作效率也能相应得到提高。

（资料来源：笔者依据相关资料整理）

人类活动从原始社会开始，就与仪式息息相关。人们在进行狩猎、收获等活动之前，都要举行某种仪式，他们相信这种仪式与活动的成败是紧密相连的。仪式的历史随着人类文明流传至今，作为一种规范的形式和制度，仪式在企业团队的内部起着至关重要的稳定与凝聚结构的作用。对于团队而言，仪式活动是指由团队组织的具有纪念意义的活动，如产品的庆功仪式、员工的加盟仪式、公司的年会等。仪式活动是团队文化活动的重要组成部分，不仅是团队生产之外的活动方式，也是增强企业凝聚力、增加沟通交流渠道的方式。

二、团队沟通

（一）团队沟通的主要形式

团队沟通的主要形式如图 5-1 所示。

1. 会议

会议是团队沟通最常用也是最重要的形式，通过会议可以直接地沟通团队状况、存在的问题，并及时处理。会议可以按照人数、开会方式和开会目的进行分类，每一种分类都从一个方面反映会议的特点，每一种分类都与人们的实际需要、组织的不断发展密切相关，如表 5-1 所示。

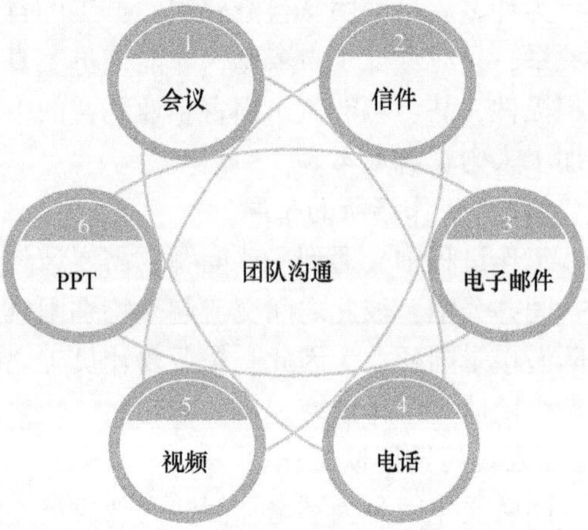

图 5-1　团队沟通的主要形式

表 5-1　会议的种类

按人数分类	按开会方式分类	按开会目的分类
• 团体会议 • 一对一会议	• 面对面会议 • 电话会议 • 视频会议	• 宣布人事安排、讲解政策的会议 • 当众表扬或批评别人的会议 • 处理突发事件的会议 • 固定的部门会议 • 集思广益的会议

下面具体介绍几种会议形式。

（1）固定的部门会议。部门会议建议至少每月一次，注意不能多于每周一次，否则容易形成拖沓的不良习惯；将会议时间记录在笔记本上，以防因一时疏忽造成工作上的被动。

（2）全体会议。团队全体会议建议至少每两月一次。要利用全体会议通报政策，但不能频繁，否则会给公司造成沉重负担。

（3）处理突发事件的会议。突发事件会议随时可开，但是又不要太频繁。否则会使员工感觉日日有危机，会让公司陷入做事无条理的可怕境地。

（4）一对一会议。按需要确定频率，甚至可以按需要天天发生，但是会议时间最好不要超过1h。

2. 信件

对于一些重要的、需要双方确认的信息，可以采取信件这种正式的方式进行沟通。例如，在团队管理中，对沟通过的、认可的、重要的事项需通过书面材料的形式予以备案留存。把想法转化成文字不仅展示了一个人的写作能力和交流技能，也展示了其作为专业人士的身份。通过信件和同事、老板、客户交流，个体可以展示自己和所代表公司的很多方面。别人可以据此判断出个体对语言的驾驭能力如何，是否注意质量，以及是否注意细节等问题。给潜在客户发一封很糟糕的信件，可能会对个体的业务关系甚至整个事业都产生毁灭性的影响。信发出去之前，要确定商务书信没有错误，选择合适的称呼和结尾，确定公文写作有个正确的“外表”。清楚写信的因由，明晰写信的对象，确定写信的必要，安排写信的时间，给自己一个期限。要明白，写作质量永远都是重要的。还有一些小技巧：让段与段的长度有所不同；删除多余的文字；写信时要用“您”，这说明自己的重点在对方身上；使用日常用语。

3. 电子邮件

通过电子邮件可以及时、方便地传递与客户、供应商以及团队成员之间、上层管理者之间的文件，比如团队计划、备忘录、会议纪要、工作报告、预算、文档等。应用电子邮件时要仔细、考虑周全。许多电子邮件写得太随便，发得太仓促、草率，没有引起收件人员足够的重视，还可能导致不必要的疑惑。如果有网络，电子邮件就可以快速发送给分散在不同地区的人们，这是电子邮件显而易见的优点。当然他们必须有时间去阅读、消化并将洪流般的信息付诸行动。

在使用电子邮件时要注意以下问题：知道写作规则，不要给别人的邮箱造成负担。未经允许，不要随意散发别人的电子邮箱。除非确定客户习惯这种交流方式，否则不要给他们发电子邮件。定期查收电子邮件。不要堆积邮件，在合理的时间段内定期回复电子邮件，惯例是24h之内。除非某条信息确实很紧急，否则不要把它标注为“紧急”。如果对方只希望你一个人看到，就不要把他的电子邮件转发给他人。如果可以，使用“不在办公室自动回复”功能。如果必要，做好电子邮件的备份。打开电子邮件之前一定要先查毒——尤其是当计算机处于某个网络中，可能影响到整个部门甚至整个公司的时候。在发送之前确定你发送的文件没有遭到破坏。电子邮件的内容要简短，给出主题，不要过多使用大写字母。每条信息只涉及一个主题。发信息之前要进行校对，不要在工作时间内收发私人电子邮件。切记不要发送任何涉及公司保密信息的电子邮件。如果有些话你不愿意当面说，也不要写在电子邮件中。而且注意，在愤怒或烦恼的时候不要发电子邮件。

4. 电话

电话由于其方便快捷已成为目前最常使用的一种沟通方式，也成为人们不可缺少的一件生活必需品。使用电话联系要注意：当天回复电话。如果办公室有访客，不要接电话。打电话时不要未经允许就让对方等。让电话那端的人等待时告诉对方需要等多久。工作时不要使用电话的等待功能。同事打电话时，与他保持一定的距离。不要打扰别人打电话。如果使用电话的免提功能，让对方知道房间里还有什么人。如果和别人共用一个办公室，不要使用免提功能。对待电话会议要像对待平常的会议一样。无论是谁主持这次电话会议，一定要让参加这次会议的人知道还有哪些人参加了这次会议。电话会议途中不要悄悄溜出去。即使从号码就知道对方是谁，也不要直接称呼对方的名字。

此外，在用手机发短信的时候也要注意恰当使用一些技巧。人们希望得到别人的关心和重视，但是当发现自己得到的关心和重视是如此廉价，那么不但不会对对方产生好感，反而有被轻视的感觉。尤其是在逢年过节时，大家都希望自己被重视，希望自己是对方心中值得用心的一个，流水作业的、没有一点个人感情的短信的确有可能引起对方的不满。所以即便你觉得转发短信会使所有人省时省力，那么你至少还是输入几个字：××敬上。××是自己的名字，在短信的末尾处加上它，有三重含义：

首先，它将你的短信从千篇一律的短信中区别开来。

其次，表示自己在这条短信上用了心，至少做出修改使它成为你独有的短信，而不是简单地转发那样没诚意。

最后，不同的署名代表着自己和对方的特别关系："坐在你后面的那个胖家伙敬上"会博得对方一笑，而"感谢您在我感冒时送药的已愈病人"则让对方感到温馨；如果还能用上双方之间特定的昵称，那么完全可以抵消非原创短信的不足，展现一方最真诚的心意。

5. 视频

当团队跨越好几个区域而又需要进行沟通交流时，视频为身处异地的团队成员提供了一个既快捷、直观也可多方讨论的沟通方式。视频会议由于互联网的不稳定和操作复杂，对使用视频会议的人员有一定的技术要求。网络视频会议存在音频延迟、抖动和网络断线等问题，视频会议要注意具备回声抑制、自动增益控制、噪声消除等语音处理功能，以保证系统的语音效果更加流畅自然。视频会议需要避免的一个误区便是：唯"高清"马首是瞻。很多人通常认为只有高清的视频会议系统才是值得选择的，可以说是言必谈高清，而往往忽视自己的使用环境。对于高清视频会议效果的保证，除了设备，相匹配的网络环境也是十分重要的。

6. PPT

PPT 由于其表现力强、信息形式多媒体化而成为团队沟通经常使用的形式。PPT 报告中的信息除语言和文字、图片、表格外，还可以加入动画、音乐、影视等形式。这使得呈现的内容丰富多彩，有利于对方的理解。PPT 使信息的呈现方式更加快捷方便，PPT 中的信息也可以通过粘贴复制进一步保存，且信息有更大的适用性和可加工性。

使用 PPT 一定要有创新思想，每张 PPT 之间的逻辑很重要。同时 PPT 要习惯用少量的文字搭配有意境的图来表达思想，用恰当的页数来抓住想要表达的核心，有总有分，主干明确，这样才能收到好的效果。

在使用 PPT 时要注意以下问题：PPT 动画效果制作的时候注意叠放次序，还有各个元素之间的动画衔接，比如什么时候用单击进入下一元素，什么时候自上一动作之后进行。至于 PPT 加背景音乐或者是影片的时候，切记要把音乐或影片和 PPT 放在同一个文件夹下，还有如果用下载的模板，要记得看说明，不要把网站的名字留在上面，那样不太好。在呈现 PPT 之前有彩排的话最好去现场看一下，根据内容找背景图片，图片尽量用高清图片，保存之后剪切一下，尽量不要留下网址，幻灯片最好为粘贴上的图片，不要直接用图片做背景，这样图片长宽比例不会改变，比较美观。幻灯片中如果需要添加比较复杂的动画效果，要经过一段时间的练习，才能熟练运用。还有一些背景模板也需要日常的积累，一些整理好的模板在有些网络群里会有分享。另外，放映幻灯片之前需要数一下幻灯片的张数，以便放映时注意控制时间。

（二）沟通的主要原则

团队一般都有众多的参与方，各方既有共同目标，又有各自目标，既有整体利益，又有各自利益。因此，需要各参与方沟通和协调，最大限度地减少冲突。沟通是在整个团队生命周期内，各参与方之间知识、信息等在团队内部和团队之间进行共享、交换和传递的过程。它是团队计划、实施、控制、决策等的基础和重要手段。通过团队沟通，对相关部门和活动进行调节和协商，调动一切相关组织的力量，使之紧密配合与协作，提高其组织效率，最终实现团队和组织的特定目标和环境、社会、经济相互间的可持续发展。

◆【案例 5-12】

沟通不畅成冤家

小贾是公司销售部的一名员工，为人比较随和，不喜争执，和同事的关系处得都比较好。但是，前一段时间，不知道为什么，同一部门的小李老是处处和他过不去，有时候还故意在别人面前指桑骂槐，对跟他合作的工作任务也都有意让小贾做得多，甚至还抢了小贾的好几个老客户。起初，小贾觉得都是同事，没什么大不了的，忍一忍就算了。但是，看到小李如此嚣张，小贾一赌气，告到了经理那儿。经理把小李批评了一通，从此，小贾和小李成了绝对的冤家。

（资料来源：笔者依据相关资料整理）

小贾所遇到的是在工作中常常出现的一个问题。在一段时间里，同事小李对他的态度大有改变，这应该是让小贾有所警觉的，应该留心是不是哪里出了问题。但是，小贾只是一味地忍让，忍让不是一个好办法，更重要的应该是多沟通。

但结果是，小贾到了忍不下去的时候，他选择了告状。其实，找主管来说明一些事情，不能说方法不对，关键是怎么处理。但是，在这里小贾、部门主管、小李三人犯了一个共同的错误，那就是没有坚持“对事不对人”，主管做事也过于草率，没有起到应有的调节作用，他的一番批评反而加剧了二人之间的矛盾。正确的做法应该是把双方产生误会、矛盾的疙瘩解开，加强员工的沟通，这样做的结果肯定会好得多。

每一个团队成员都应该学会主动地沟通，真诚地沟通，有策略地沟通，如此一来就可以化解很多工作与生活中完全可以避免发生的误会和矛盾。

其实，在一个公司里，这样的情况每一个人都经常遇到，而且还会遇到非常多类似的情况，怎样合理地处理这样的沟通问题是非常有实际意义的。在团队沟通中，良好的沟通原则必不可少。

1. 沟通要一致

沟通管理有助于团队建设制定统一的运转管理模式，从信息的产生、传递、接收到信息的反馈全过程是一致的。沟通与团队建设的有关规定、说明、报告及规范操作办法紧密相连。沟通需要随着团队的进展与经验的积累而不断充实、调整与完善。因此，沟通必然要具有统一性，这样一个模板的建立，越来越体现出沟通管理统一性原则的实用价值和关键所在。

2. 沟通要有效

所有的沟通工作都是为了使某一事件或问题与矛盾得到解决，使矛盾各方最终达成一致而开展的。对信息的接收与理解是否符合信息发出者的思维宗旨是衡量沟通是否有效的标准。有效的沟通起始于积极有效的聆听，在沟通中经常会出现这样的情况：虽然你听到了我的话，并表示理解了，但是，你的理解并不是我说话的本意。因此，有效聆听是首要的。在团队管理实践过程中，口头和会议沟通时沟通各方要集中精力，适时提问以真正弄清概念，避免词不达意或理解偏差，造成“你讲你的，我想我的”，聆听者要有耐心，听清、弄懂讲话者的整个思路，不打断、不跑题、不排斥不同意见、不拒绝不同观点，更不要带着偏见去听。

其次，信息发布者在表达时要使用准确、坦白的语言，尽量避免由于婉转客套的表达方式带来的误解。为了确定接收者是否足够准确地接收到了信息，可以请其表述其对信息的理解。在书面沟通中，对于已被确定使用的文件格式要坚持正确运用，文字简单明了，消除不必要的论述和评论，避免模棱两可的结论和意见，使人易于理解。只有信息发布者与接收者的理解一致了，沟通才可称为有效。

3. 沟通要适时

沟通管理也是要付出代价的，如果因过度的沟通工作或繁杂的文档规定使团队管理工作效率低下，那将是得不偿失的。因此，沟通工作的时机与频率的把握至关重要，一切要以必要原则为准绳，在团队中适时开展。

4. 沟通要有据

所有的信息都有可能是团队建设过程中的基准与依据，对团队的规模、工作内容等造成影响，产生变更，这也将直接关系到建设目标能否实现。在按照团队规划进行具体操作的同时，变更不可避免。要使各项团队活动的合理性有据可查，在沟通过程中，要注意收集沟通资料、信息和数据。随着时代的发展与科技的进步，现在可以依据录音、录像、图片等先进手段来更为准确、细致地记录下大量不断产生的沟通过程与结论。它们作为传统的备忘录的有力补充，更能充分说明实际工作的原始情况，为团队建设中问题的产生与解决、变更的处理提供了不可缺少的依据。

5. 沟通要及时

信息的产生、传递与接收就是为使团队建设顺利进行，沟通得及时可以使团队建设中出现的问题尽快得到解决，团队建设得以持续进行，这也是团队目标能够实现的重要保障。

团队沟通即采用口头语言、文字、身体语言、各种专业符号、影音资料等形成的信息进行的人与人之间的交流，使彼此间能知道并理解其意图。沟通可以是口头的或书面的，可以是面对面式的或是通过沟通媒介进行的，如电话、文件、书信、电子邮件。沟通可以是正式的，如例会、报告会、发布会，也可以是非正式的。

（三）团队沟通的会议管理

会议使团队内不同的人、不同的想法汇聚一堂，相互碰撞，从而产生“金点子”，如图 5-2 所示。许多高水准的创意就是开会期间不同观念相互碰撞的产物。有的会议只需要带上一双耳朵，有的会议则马虎不得。一次成功高效的会议可以为今后的工作开展指明方向，明晰各部门的工作任务。

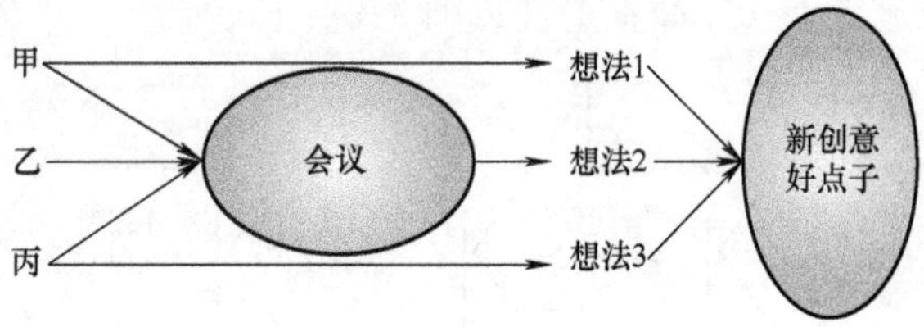

图 5-2　集思广益图

德鲁克在《卓有成效的管理者》里说，凡是会议过多，一定是管理出了问题，会议运营管理能体现一家公司的管理水平。会议的主要目的就是解决问题，但由于开会技巧不佳或过于频繁，不但无益于解决问题，反而使问题愈趋复杂。频繁的会议与主管层的随意决策，常常是员工的梦魇；员工花太多时间在无效率的会议上，不仅浪费公司成本，也造成工作效率低下。在会议中高效率且有效果地解决问题，是会议管理的意义所在。

1. 提前进入状态

人的大脑兴奋点的切换需要时间，从繁忙的工作中直接步入会议室就可能导致以下问题：需要一段时间才能把思维调整到会议议题上来，可是最重要的东西已经讲过了；为这个会议准备了很久，但是错过了表现时机，一切努力付诸东流；思维散乱，无法完整清晰地表述自己的意见，甚至使上司认为自己不够用心。

为了避免这些后果，自己应该提前进入会议状态。这并不是要求在所有人到场之前就坐到会议室里自言自语，而是要在会议开始之前就将思维拨到会议的指针上，让大脑有足够的时间调兵遣将，因为真正的会议在既定时间前 15min 就开始了。

（1）会前 15min：中断手头的工作，让大脑从工作中脱离出来，同时给自己一个休息的间隙。

（2）会议前 10min：想想这是个什么样的会议？主题是什么？议程是什么？自己扮演什么角色？要达成什么样的目的？还有什么可以取得的附加值？与会人员有哪些？老板重视程度如何？同事重视程度如何？对自己的工作有什么作用？如果有必要，不妨在草稿纸上将这些问题列出来，一一答复以整理散乱的思维。

（3）会前 8min：通过对会议的说明和定位，明确自己要做的事情，根据这些事情整理一些要用到的资料：PPT、文档、要用到的数据资料整理件、样品、移动存储、连接线、纸、笔等。把所有的东西放在一起，用一个文件袋或者其他便于携带的东西装好。

（4）会前 5min：如果需要发言，这时候可以默诵一下自己要说的内容，可以在草稿纸上列一个备忘提纲以免疏漏；如果需要解决问题，把问题和其衍生矛盾写出来以便会上一一提出求解；如果自己希望得到更多信息，那么根据会议的主题和议程，想想自己要了解些什么。

（5）会前 2min：在大脑中飞速想象整个会议过程，整理资料，确定没有遗漏和补充。

（6）会前 1min：去趟洗手间，喝点水润润嗓子，向会议室出发吧，将会拥有一次完美的会议效果。

2. 提高会议效率

不管是哪种会议形式，最重要的是，会前点明困难或问题所在，分析风险，会上讨论方法，最后达成协议。一定要让大家会前就知道问题，对风险进行透彻分析，这样有时间充分思考，会上讨论的时候才能有的放矢，帮助最后达成决议。

要使会议高效，应从以下几方面着手（见图5-3）：

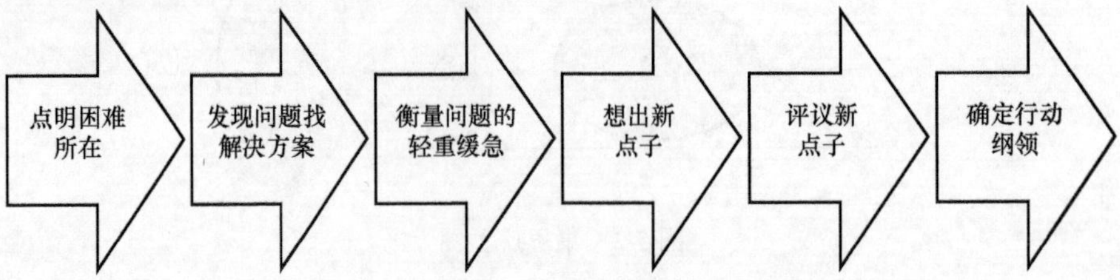

图5-3　达成协议与解决问题的几个步骤

首先，事先做好充分的会议准备工作，把议题交代清楚，给别人留好作业的同时，自己也要完成自己的作业。不打无准备之仗，作业要简单明了。可以适当准备一些模板，但不一定太长。谁也不会有兴趣听完十几页的报告。

通常，会议议程包括以下几个要素：时间、地点、必须参加的人、欢迎参加的人、会议的议题、会议的议程（包括强调会前要做的工作）。把这几个要素安排得井井有条，也是会议高效的保障。

然后，尽可能敦促在会上做决议，并将责任落实到个人，时间落实到点。

最后，高效会议的根本是"拒绝一切和会议议题无关的讨论"。开会之前必须有议程，分条写。哪怕是非常简单的几句，也要让别人知道你要干什么。

3. 做好会议记录

会议记录是团队的航海日志，看似简单的会议记录，需要分析问题、解决问题、时间管理、会议管理、统筹规划等诸多技能。善用会议记录，能帮助团队沟通更顺畅地进行，避免很多不必要的反复讨论。同时，这些会议记录也能帮助我们有更多的时间来管理沟通过程中各种突发的意外情况。

会议记录应确保准确而清晰，并保证记录的顺序与议程上的顺序一致。在做会议记录的时候要写成笔记形式，简短但观点要明确；及时递交会议记录可以促进对讨论的事项采取果断行动；如果对某一个问题不太明了，切不可含糊其辞，要主动与主持者进行讨论。一份恰当的会议记录应能让缺席者完全理解。

在会议记录中，应当记录会议的时间和地点、与会者姓名（如果适当）、提出的全部团队工作（可不必包括讨论的细节）以及做出的全部决定、协议和任命。在会议过程中做笔记，然后及时尽早据其写出完整的记录。会议记录必须公正、风格简明、清晰准确。准备很重要，特别是当会议记录可能作为以后辩论的依据时。当会议内容量大、要点较多时，可以用数字标出每一个新要点，这样可以明确显示出一个要点的结束及下一个要点的开始。如果会议记录特别长，应为其做简单的索引。

4. 会后跟踪反馈

一份份会议记录连起来就好似团队的生命线。只有会后切实地跟踪和落实，团队沟通才会推进。一旦做好会议记录，应迅速将它们分发给有关人员。如果会上取得一致的行动却没有进一步实施，汇编会议记录就毫无意义。会议记录会清楚地指出每项工作应完成的最后期限，以及由谁负责执行。经过一段适当的时间，但必须在下次会议之前，追踪所记录团队工作的进展情况，敦促大家把需要完成的内容抓紧完成。如果在预定的时间段内不能完成，就要考虑拆分成小项，以便于跟踪进展。

跟踪会议记录是一件持之以恒才能见到成效的事。开始的时候，总会有人不重视，不放在心上。凡事贵在坚持。管理学里有个词条叫“飞轮效应”。为了使静止的飞轮转动起来，一开始必须用很大的力气，一圈一圈反复地推，每转一圈都很费力，但是每一圈的努力都不会白费，飞轮会转动得越来越快。达到某一临界点后，飞轮的重力和冲力会成为推动力的一部分。这时，无须再费更大的力气，飞轮依旧会快速转动，而且不停地转动。用会议记录推动团队工作进展就是贵在行动和坚持。会议记录不起眼，很麻烦，即使写了，也不一定会有人看，即使有人看了，也不一定照着做。但如果因为这个，就觉得它不重要，那对企业的发展将是一种损失。坚持做好会议记录，并进行跟踪和反馈，会推进团队工作破浪前行。

第三节　团队规则

团队需要规则的约束，不讲规则的团队只能是一盘散沙。个体的差异性决定了团队工作不可能一帆风顺，只有讲求规则、尊重规则的团队才能不断成长和壮大。

一、团队制度建设

俗话说：“没有规矩，不成方圆。”在本章第一节中提到了团队成员包括追随者和领导者，二者都应该努力得到其他团队成员的信任。信任似乎总是和友谊、情感、亲密关系等联系在一起，而与之相对的就是规矩，它总是给人一种严谨、不近人情的感觉。那么在团队建设与发展的过程中，除了培养信任之外，有没有必要建立规矩呢？

答案是肯定的。任何一个团队都是由各种各样的人组成的，团队成员之间必然存在着共同利益和冲突，处理这些冲突的有效办法就是根据团队的具体情况制定出团队成员都能认可的制度。就算是内部工作环境十分融洽、大家都彼此信任的团队，也需要非常完善的内部流程、方法和工具才能高效运转。因此，建立比较完善的规章制度，对于一个团队的顺利成长是很有必要的。⊖

◆【案例 5-13】

铁的校规

美国哈佛大学的创始人曾经留下一笔遗产——250 本书，这些书被学校当作珍宝一直保存在图书馆内，并且明文规定任何人都只能在馆内阅读这些书籍，不能带出馆外。

1764 年，哈佛大学发生了一场火灾，大火几乎烧毁了图书馆。恰巧在火灾发生之前，有一名学生将一本叫作《基督教针对魔鬼世俗与肉欲的战争》的书带到馆外阅读，因此使得这本书幸免于难。当这名学生得知火灾的消息之后，他意识到自己手中这本书已经成为那 250 本宝藏中唯一的一本，于是在经过激烈的思想斗争之后，他鼓起勇气找

⊖ Hackman J R. New rules for team building [J]. Optimize, 2002, July: 50-62.

到了校长，说明了情况。校长将书收下之后，非常感谢他，但仍然下令将他开除，原因是他违反了校规，将书带出了馆外。

有人觉得不可思议，因为正是由于他违反了校规才使得唯一一本书可以幸免于难，并且在事后他完全可以置身事外将书自己留下。但是校长却认为，他很感谢这个学生，因为他很诚实，同时他保护了学校的珍藏，但是校规不可违反，开除他的决定必须执行。因为哈佛的理念是：让校规看守哈佛的一切，比道德更安全有效。法理第一，坚持制度化管理，这便是哈佛大学的行事态度。

（资料来源：笔者依据相关资料整理）

哈佛行之有效的制度管理体系决定了它的成功。对于企业来说也是一样，因为团队成员之间完全的信任几乎是不可能存在的，哪怕是亲人之间都会存在利益上的纷争，更何况是来自各地的同事。如果一个企业没有比较健全的管理制度，总有一天会让整个企业陷入混乱之中。

“分粥”的故事大家都听说过，有这样几个人，大家每天都要共吃一桶粥，每次都要把这桶粥分给每个人。刚开始大家轮流分粥，每个人都想多吃一点，所以大家总是在轮到自己分粥的那天才能吃饱。于是大家便选举了一位德高望重的人负责分粥，但是其他人纷纷开始讨好这位负责人，搞得整个团队乌烟瘴气。最后，大家制定了一项制度：团队成员轮流分粥，但负责分粥的人要吃最后一碗。此项制度实施之后，分粥的人为了避免自己吃得最少，所以都尽可能地公平分粥，于是每个人都能吃饱了。

这个故事告诉我们，一个好的团队必须要有行之有效的规章制度，否则就会在团队成员发生利益冲突时缺乏一个大家都能认可的解决方案，便很容易产生各种不满，影响团队的团结和氛围。制度就是企业的法官，纪律就是胜利的保障，只有做到令行禁止，团队才会战无不胜，否则充其量只是一群乌合之众，当没有冲突时能够风平浪静，一旦出现问题就会溃不成军。因此，行之有效的制度能够带动整个企业和团队的发展，能够在团队遇到难题时为其指引正确的方向，给予组织和团队充分的能量。制定完善的制度，做到奖罚分明，才能够培养出强有力的团队。

二、团队冲突处理

冲突是团队和组织创建、运行过程中的必然产物。一般认为，冲突对团队具有负面影响，表现为处理团队冲突需要耗费一定的人力、物力和时间，如果处理不合理、不及时，将对团队造成难以挽回的影响；然而，冲突也具有正面和积极的作用，冲突可以将问题及早暴露，使团队可以用较低的代价及时处理矛盾及障碍，可以激发队员的积极性和创造性。

传统观念害怕发生冲突，力争避免冲突、消灭冲突。而现代观念认为，冲突是不可避免的，冲突本身并不可怕，可怕的是冲突处理不当。⊖

（一）冲突的类别

按照冲突的性质，冲突主要表现为以下三类（见图5-4）：

⊖ Palferman D. Managing conflict and stress in the workplace: theory and practice [J]. Legal Information Management, 2011, 11 (2): 122-125.

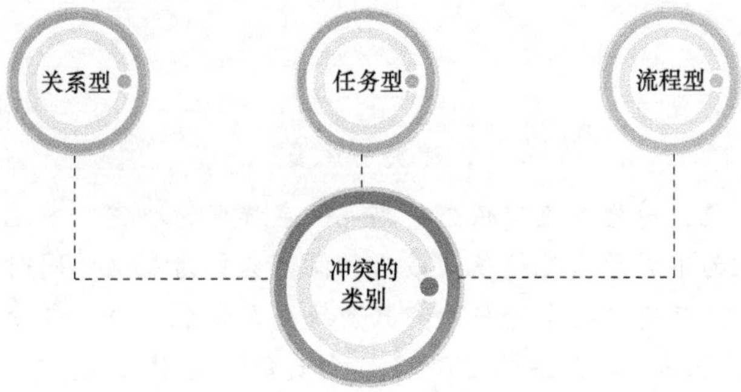

图 5-4 冲突的类别

1. 关系型冲突

关系型冲突是指由于人与人不同而造成的冲突，这其中包括性格差异、敌意对抗和个人反感。对于关系型冲突而言，冲突往往是关闭沟通渠道的根源。发生关系型冲突的部门，可能表现为两个极端：①热冲突，即爆发语言和肢体冲突；②冷冲突，相互几乎没有正面的积极语言沟通。在两类冲突背后都是对抗思维，表现出的都是故意或不经意的消极工作态度。不协作、相互拆台、钩心斗角现象增多。

关系型冲突更多的是围绕人与人之间的复杂的钩心斗角的冲突，其产生原因主要有以下两种：

（1）在某些实质性问题上的利益冲突。多数关系型冲突归根结底是利益差异导致的分歧和矛盾。因此，利益分化引起冲突是冲突常见的主因。大多数经理和团队成员都部分地受利益驱动，当个人利益与团队利益或他人利益相悖时，就会产生冲突。

（2）负面情绪的冲突。不信任、恐惧、拒绝和愤怒等不相容的行为都属于负面情绪的冲突。通常，由于个性问题而产生冲突的起因非常简单，仅仅是因为一方对另一方的行动、态度、语气、外表和言语不满。这种不满会导致减少和拒绝合作，他们之间的关系也由团队协作走向冲突。

关系型冲突中有一种角色冲突，一般来说，角色冲突的类型包括：

（1）同一指令的矛盾要求。这是指同一个指令者要求角色接受者同时充当两种或两种以上的矛盾的或不一致的角色。例如，要求下属在不违反规定的情况下完成无法完成的工作，严格维护规定又要完成工作，这就产生了矛盾。

（2）来自不同指令者的矛盾要求。这是指当不同的指令者对同一个指令接受者的行为要求不一致时，指令接受者就很难做出选择。

（3）个人充当不同角色的矛盾。当个人同时充当了两种或两种以上的角色，而且两种角色的期望不一致时，就会出现冲突。从某种意义上来说，这一类冲突是由于资源引起的。

（4）角色要求与个体之间的矛盾。当角色的要求与个人的能力、态度、价值观或行为不一致时，就会出现这类冲突。这可能是个人的能力超过了角色要求，也可能是由于角色要求过度而出现的一种情况。

2. 任务型冲突

任务型冲突是由各方对团队任务和技术见解等方面的差异而造成的冲突。

◆【案例 5-14】

冲突的收益

盛名卓著的索尼公司总裁盛田昭夫就倡导一定程度的冲突。索尼公司鼓励大家广泛提出意见。公司认为不同的意见越多，最后的结论会更为高明。同时，也从不压制对于工作有益的冲突，认为有益的争论与冲突只会给公司带来活力与激情。

盛田昭夫认为，许多日本公司之所以喜欢使用"合作"或"共识"这样的字眼，实际上是因为他们不欣赏特立独行的员工。经常把合作挂在嘴边的主管，就代表他不能善用员工不同的意见，将之综合成完善的方案。在盛田昭夫看来，员工们应当敢于将自己的意见公之于众，如果员工们与领导者的看法有冲突，那么越多越好。因为这样能使领导的意见提到一个更高水平。索尼公司的成功，部分原因在于索尼各级的管理都具备这种能力。

当盛田昭夫还是副总裁时，与时任董事长的田岛道治有过一次激烈的冲突。田岛是一位非常有威望的领导，曾任宫内厅长官，负责皇宫的一切事宜。盛田昭夫的一些意见激怒了他，他愤怒地说："盛田昭夫，你我主张不同。既然你我思想不一致，又常常发生冲突，我不想再待在这样的公司了。"

而盛田昭夫则仍据理力争并且理直气壮地回答："阁下，如果你我在一切问题上均一致，那么这家公司就没有必要同时给我们两个薪水，这种情况下，不是你就是我必须辞职。正是因为你我有不同意见，这个公司才会少犯错误。"

（资料来源：乔治·大卫. 管理就是打破常规［M］. 孙海芳，译. 北京：地震出版社，2004.）

事实证明盛田的坚持是正确的，这也就让他有了一个坚定的信念，往往那些伟大的构想均是由争论而来的，如果在一个企业里只强调"共识"，想方设法压制特立独行，上下"一团和气"，那么无异于给企业加上重重的壳，在激烈的竞争中，企业也就只能如蜗牛般慢慢爬行。

3. 流程型冲突

流程型冲突包括在行政管理流程和资源分配方面的意见分歧。每项团队工作都有一定的流程，部门之间的协调要到位，否则就可能导致管理混乱，冲突不断。

（二）冲突处理的思路

在工作中遇到冲突时，应在分析其原因的基础上分类解决。原因不同，冲突解决的方法就不一致，但总体上来讲，处理冲突可以按照以下思路来进行：

1. 冲突管理不是压制冲突

在传统意义上，冲突从来都被认为是导致不安、紧张、不和、动荡、混乱甚至分裂瓦解的重要原因之一。冲突破坏组织的和谐与稳定，造成矛盾和误解。基于这种认识，管理者从来都将防止和压制冲突作为自己的重要任务之一，并将化解冲突作为维系现有团队稳定和保证团队连续性、有效性的主要方法之一。当然，传统的观点有其合理的一面，但将冲突完全压制显然是不够全面的。冲突并不一定就是坏事，甚至是创新的源泉。有时候，适当的冲突能给团队内部带来活力，激发团队的激情。

2. 冲突管理的基本要领

处理冲突的手段是多种多样的，每个团队领导者要选用自己最方便、最擅长的方式来处理冲突，即用最低的成本来解决冲突，这也有助于提升团队领导者自身的职场影响力。

（1）信任重建。失信往往是导致冲突的关键，当冲突双方彼此有所怀疑后，任何事都有可能被误导。因此，一定要清楚发生的事情，逐步减少不信任，重新建立信任，并要求冲突双方重温昔日的合作共事，从而在感情上拉近距离，只有这样才能使双方关系的裂痕有所修复。然而并不是所有人都能用这种重温的手段来达到修复的效果，针对这种冲突的办法是坦诚沟通。

（2）直接交流。想要真正建立信任关系，还是需要面对面地进行直接交流。在中国，人们喜欢利用吃饭的时间来谈论事情，很多问题都可以在饭桌上得到解决。由于吃饭的气氛比较缓和，许多平时说不出的话在这时可能不再那么难以启齿，有助于拉近彼此的距离，使冲突得以解决，收到意想不到的效果。中国人也喜欢先交朋友再做事，在平时多一些拜访和沟通，那么关键时候就可以少走很多弯路。另外，对于好面子的人，在交流过程中一定要给足对方面子，而不要让其下不了台。

（3）监督对话。冲突的双方是否会按照初步的计划进行坦诚的沟通交流，是能否顺利解决冲突的关键。事实上，许多情况下冲突的双方一开始根本不可能真正地沟通，他们所交流的信息大多停留于表象，因为他们试图以此探讨对方是否有诚意。因此，第三方的介入就十分必要，设立一个中立的第三方密切监视冲突双方的行为，从而引导冲突双方的良性对话。

（4）表达感情。隐忍是在冲突调解中的潜在杀手，然而很多人在调节冲突的时候，总是要求冲突双方能够忍让对方，这实际上是有害的。因为此时的冲突已十分明显，如果不能从根本上把问题解决掉，冲突将会像慢性病一样纠缠不休。因此，要让冲突双方说出主观的感受，例如失望、受委屈和伤害，让双方了解对方的真实情感。

（5）反省过去。当冲突双方表达出自己的真实情感后，应当要求双方针对对方提出的问题进行自我反省，在这场冲突中自己做了什么让对方不可原谅的事，对方的情绪是不是真的都是有敌意的，还是那只是一时的发泄？

（6）达成共识。冲突管理的目的是清除障碍、达成共识。因此，应共同制定一个长远的解决办法。双方在这时最好的举措是，跳出自己的阴影，协商解决办法，照顾双方的利益。习惯于合作才是化解冲突的关键，才有助于克服新的冲突，不至于重新陷入争吵之中。

3. 冲突的处理方式

处理冲突主要有回避、强迫、迁就、合作和折中等方式，如图 5-5 所示。

（1）回避方式。回避方式是指不武断和不合作的行为。个体运用这种方式来远离冲突、忽视争执，或者保持中立。回避方式反映了对紧张和挫折的反感，而且可能包括让冲突自己解决的决定。由于忽视重要的问题会使他人感到灰心，所以总是使用回避方式常导致他人的不利评价。这一方式可以由以下的表述来阐明：

1）如果有规则，我引用规则。如果没有，我让其他人自由做出他的决策。

2）我通常不会说出引起争议的观点。

3）我避开那些引起我与朋友们争论的问题。

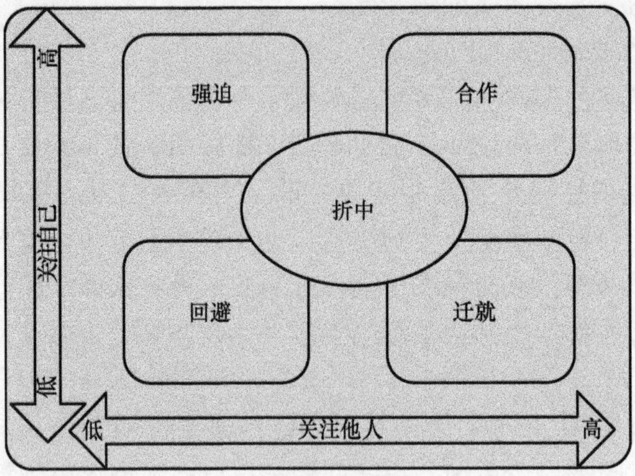

图 5-5 冲突的处理方式

4）这就行了。不管怎样，那都不重要，让我们不要画蛇添足了。

当尚未解决的冲突影响到目标的实现时，回避方式将导致对团队的消极结果。这种方式在某些情况下可能是适当的：

1）问题很细小或者只有短暂的重要性，所以不值得个体耗费时间和精力去面对冲突。

2）个体在当时没有足够的信息来有效地处理冲突。

3）个体的权力对其他人而言太小以至于没有机会来形成变革。

4）其他人可以更有效地解决冲突的时候。

（2）强迫方式。强迫方式是指武断和不合作的行为，同时也代表了对人际冲突的赢-输方法。那些运用强迫方式的人努力达到他们自己的目标而不考虑其他人。这一方式包括强制性权力和控制的方面。它将帮助个体获得个人目标，但是就像回避方式一样，强迫倾向会导致他人不利的评价。强迫方式可以由以下的描述来阐明：

1）我喜欢直截了当。无论是否喜欢，按我说的去做，也许当其他人有了我的经验时，他们将记住这一点并给予更好的评价。

2）我使其他人确信我的主张的逻辑和好处。

3）在争执中我坚持自己的见解。

4）在争论开始后，我通常坚持自己对一个问题的解决方案。

强迫倾向的个体认为冲突解决意味着非赢即输。当处理下属或部门之间的冲突时，强迫方式的管理者会威胁或实际运用降级、解雇、否定的绩效评价，或其他惩罚来获得服从。当同事之间发生冲突时，运用强迫方式的员工将通过向管理者求助来尽量按照自己的主张行事。这种方式代表了一种通过管理者将决定强加给对方的企图。

（3）迁就方式。迁就方式是指合作和不武断的行为。迁就代表了一个不自私的行为、一个长期的被他人所鼓励的合作策略，或者是对其他人愿望的服从。运用迁就方式的个体是典型的被他人给予积极评价的人，但是他们也会被认为是软弱和顺从的人。迁就方式的表现可以表述如下：

1）通过暂停我的个人目标，以保持与那些我所重视的人的良好关系来使冲突得到最好的控制。

2）如果可以使其他人高兴，我完全赞成。

3）我喜欢通过使争议显得不那么重要来消除它。

4）我通过建议我们的分歧是细小的以及将我的观点与其他人的观点相结合，以表示友好来缓和冲突。

当运用迁就方式时，个体会表现得好像冲突将最终消失，同时他也求助于合作。个体将通过安慰和支持来努力降低紧张和压力。这种方式表示出了对冲突的情感方面的关注，但却对于关注它的实质问题没有什么兴趣。迁就方式仅仅导致个体掩饰或掩盖个人的情感。如果它作为主要解决冲突的方式，则基本上是无效的。

（4）合作方式。合作方式对人际冲突的解决而言是双赢的方法。运用合作方式的个体想使共同的结果最大化。这种个体倾向于把冲突看作是自然的、有助益的，以及如果处理得当会带来一个更有创意的方案；表示对他人的信任和对他人的正直；认识到当冲突的解决使所有人满意的话，则所有人也将对这个解决方案给予承诺。运用合作方式的个体通常被视为是有能力的，并能得到他人的积极评价。对这种方式的描述如下：

1）我首先努力克服任何存在于我们之间的不信任。接着我努力得到我们双方对这个团队的共同感情。我强调没有什么是不可改变的，同时建议我们找到一个可以进行尝试的方案。

2）我告诉其他人我的想法，积极主动地获得他们的观点，同时寻找一个对双方有益的方案。

3）我喜欢提出新的并建立在已表达观点的基础上的方案。

4）我努力深入研究一个问题以找出对我们大家都有利的方案。

通过这种方式，冲突被公开地认识并被所有有关的人所评价。分享、检查和评价冲突的原因将会发展出一个有效解决冲突并使所有相关的人都可以接受的解决方案。

（5）折中方式。折中是被广泛使用和普遍接受的解决冲突的方法，可由以下描述予以说明：

1）我想知道其他人如何感觉。时间适合时，我会解释自己如何感觉并尽力告诉他们错在哪里。当然，在适中的基础上解决问题是非常有必要的。

2）在我自己的方法失败之后，我通常发现为我们大家寻找一个收益和损失的合理结合点是很有必要的。

3）当他人想迁就我时，我对他们做出让步。

4）就像那句古老格言说的，有总比没有好，大家都折中一下。

一位同他人妥协折中的个体将更可能被积极地评价。对于折中方式的积极评价有很多解释，包括：它基本上被视作一种合作性的“退让”；它反映了一种实用主义的解决冲突的方法；它有助于为未来保持良好的关系。与合作方式相比，折中方式没有使双方的满意最大化。

【思考题】

1. 在团队中自己处于什么样的位置，是领导者、追随者还是二者兼有？
2. 中国团队和西方团队有何异同？
3. 在团队中如何进行会议管理，如何开高效的会议？

4. 如果团队中发生关系型冲突，应当如何处理？

【案例分析题】

1. 在案例 5-2 中的 W，应当如何完成空降的工作？如何与上下级建立良好的关系？

2. 在案例 5-4 当中，李副总的工作发生了什么问题？应当如何处理？

3. 在案例 5-7 中，海底捞的“家文化”体现了中国式管理的哪些特征？有何值得借鉴之处，还存在哪些不足之处？

4. 在案例 5-9 中，丰田公司的做法如何促生团队凝聚力？

第六章

组织关系管理

【培养目标】

1. 了解员工关系是从入职伊始就开始构建的。

2. 了解个体与组织层面晋升实现的规律与技巧。

3. 正确处理好离职关系，维护员工关系。

【培养要点】

1. 组织关系将重点阐述入职关系、晋升关系和离职关系三个重要的环节。如果入职关系混乱，员工对企业的第一印象会大打折扣，如不及时调整会直接影响员工对企业的认知以及员工的工作热情，长此以往，员工的离职率肯定低不了。

2. “不想当将军的士兵不是好士兵”，组织中的人无不希望获得认可和晋升，但由于个人不熟悉晋升规则，或者组织的晋升规则“朝令夕改”“表里不一”，甚至毫无规则而“全凭某人一句话”，都会导致组织内部员工关系混乱，公司政治复杂，企业活力受到制约。

3. 在法律意识日愈增强的背景下，无论对于企业还是对于个体，处理好离职关系是十分必要的，离职并不等于关系的终结，离职员工可以和企业以其他形式维系关系。

【本章框架】

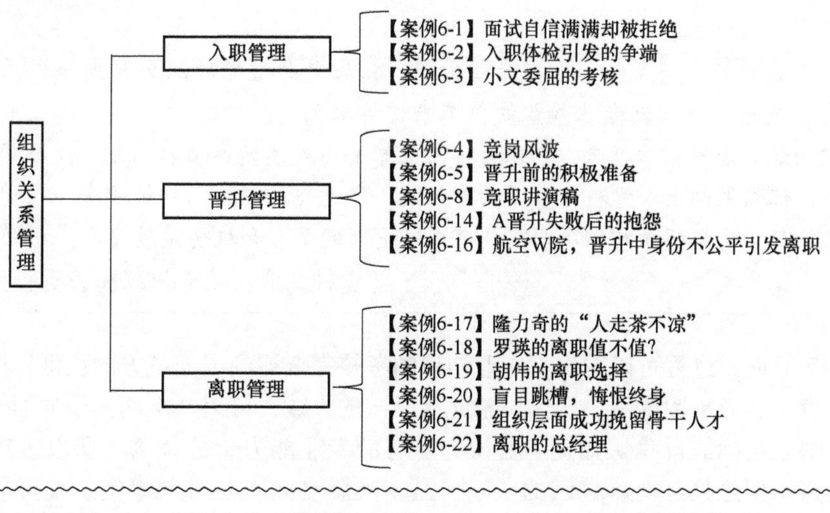

第一节　入职管理

入职管理是员工与企业建立关系的第一步，入职关系的建立直接影响到未来员工关系的巩固和维护。第一印象十分重要，无论是员工还是雇主，都要在入职过程中把握好细节，为以后双方关系的进一步发展打下坚实的基础。其中，入职管理主要分为入职面试、入职手续、主动融入。

一、入职面试

◆【案例6-1】

面试自信满满却被拒绝

小贾是互联网行业的从业者，工作中更多的是与用户需求打交道。当他作为一名产品经理职位的候选人去A公司面试时，信心满满和自我感觉良好的他最终却收到了该公司的婉拒信。面试经过如下：

面试官：请列举你日常工作中经常遇到的问题和困扰。

小贾：做产品来讲最主要的就是把握好用户的需求，最令人头疼的就是需求变更。

面试官：面对需求变更的时候，你一般会怎么把控?

小贾：做任何服务类的项目需求变更的现象是再正常不过了。但作为项目的整体管理者而言，必须把握好可允许的需求变更的度。打个比方说，如果在完成正常需求的计划时间内已无多余时间处理其他需求项，那么我们应该把合同作为最终的参考依据。合同中约定的需求是工作范围，其他可做后期考虑。如果在完成正常需求的时间内有多余精力来处理变更项，那么我会考虑将用户的变更项纳入工作任务中。

之后面试官又提出了一些相关专业知识问题，小贾也是对答如流。

面试官：你为什么离开上一家公司?

小贾：上一家公司的环境不利于员工的成长。

面试官：为什么?

小贾：公司没有满足员工学习专业知识、拓展自身技能的配套制度和资源。对于想学习更多、更深入行业或专业知识的员工来讲诉求无门。

这次面试后小贾信心满满，本以为可以坐等公司发邀请函直接入职。A公司的回应也确实很快，但结果却出人意料：尊敬的贾某某，经过公司相关领导慎重考虑，觉得本公司不适合成为日后您发挥才智的平台。您可以有更大的平台和机会施展才能，再次感谢!

（资料来源：笔者依据相关资料整理）

从该案例的面试过程可以看出，专业知识的考核完全得到了面试方的认可，但并未得到公司的最后肯定，而是回绝了小贾。对于此次面试的失败，可以从下面两个方面进行分析：

首先，缺乏正确的自我认知。小贾认为自身的专业能力十分优秀，所以表现出自信满满，感觉良好。但这只是他对自己的认知，是主观感受而不是客观事实。很可能在他人看来，他的业务能力只有他自认为的 80% 的水平。所以，在面试过程中，应聘者要注意对自我认知度的把握，降半格认识自我，放低姿态，客观审视自身条件与面试需求的匹配度，这样才能理智应对面试，做到不卑不亢。

西班牙著名作家塞万提斯曾说过："把认识自己作为自己的任务，这是世界上最困难的课程。"能力的评估是一种重要的自我认知手段，可以判断一个人的能力优势与成功发展的可能性，为个人职业设计与开发提供科学依据。

其次，没能准确把握面试官的心理。任何一个人都是有惰性的平凡人，当一个面试官在面试他的合作者或日后工作的下属的时候，他会本能地更倾向于选择那些专业能力过关但也要有一定缺点或劣势的候选人。相反，小贾在表达观点的时候稍显"用力过猛"，把自己包装成了一个具有专业能力又积极进取甚至不甘于现状的形象。这种形象在职场里是不太受欢迎的。

面试不只是一场专业技能的展示，更是一场心理战，在面试中如能正确把握面试官心理，则面试自然水到渠成。知无不言更多的要体现在"专业"能力上；"言无不尽"却绝不可取，尤其是谈到针对公司的个人观点的时候，往往中性的、平和的表达更容易让对方接受。过于强调自己的"完美主义""进取主义"往往会适得其反，令面试官感到威胁和不安。

入职是企业与未来的员工建立关系的第一步，而面试是入职的第一步，更是十分重要的一步。无论是员工还是雇主，在面试中的表现都会影响双方对彼此的认知，这种第一印象无论是在平常的生活交往中还是在求职的面试中都占有重要地位。

（一）面试前充分的准备

首先是自我介绍的准备。作为求职者，得体的自我介绍就像一张有力的名片，能够帮助自己敲开企业的大门。

在求职面试时，大多数面试官会要求应聘者做一个自我介绍，一方面以此了解应聘者的大概情况，另一方面考察应聘者的口才、应变和心理承受、逻辑思维等能力。自我介绍既是打动面试官的敲门砖，也是推销自己的极好机会，因此一定要好好把握。

自我介绍注意不能千篇一律，要根据不同企业的不同性质做出改变，注意在自我介绍中就要主动建立自身与企业的联系，了解企业背景以及历史等，用自我介绍拉近与面试官的距离。面试前自我介绍的草拟中要注意背景、思路、开头语、逻辑、案例、细节、习惯、方法等要点，如图 6-1 所示。

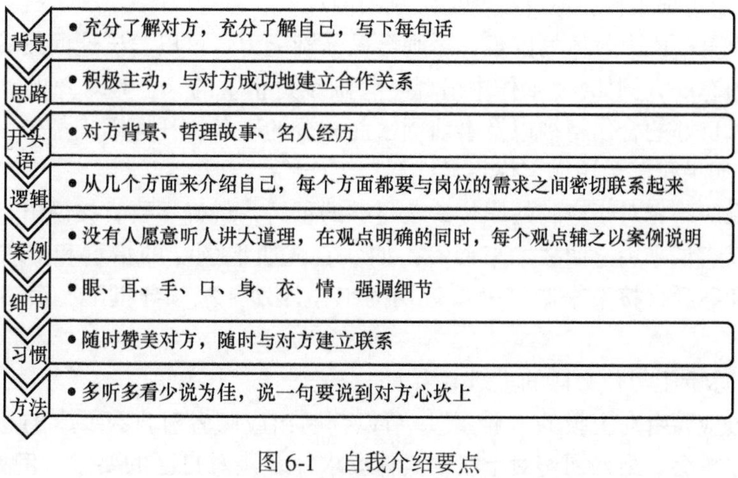

图 6-1 自我介绍要点

围绕企业的招聘需求与自身建立密切联系；在面试过程中一定要牢记“关系思维”，将企业的需求变成自己的目标，牢牢建立两者的关系，证明契合度。

在面试前一定要仔细分析企业的招聘需求，然后逐条与自身实力对应，找到恰当的连接点。需要注意的是，在阐述联系时要多结合案例，如之前的项目经历表现等，在生动的案例中展现自身的优势和高匹配度。

一般来说，在面试过程中面试官主要会提及如下大类的问题，作为面试者，应逐一做好准备。

问题一：“谈谈你的家庭情况。”

思路：家庭情况对于了解应聘者的性格、观念、心态等有一定的作用，这是招聘单位问该问题的主要原因；简单地罗列家庭人口；宜强调温馨和睦的家庭氛围；宜强调父母对自己教育的重视；宜强调各位家庭成员的良好状况；宜强调家庭成员对自己工作的支持；宜强调自己对家庭的责任感。

问题二：“你有什么业余爱好？”

思路：业余爱好能在一定程度上反映应聘者的性格、观念、心态，这是招聘单位问该问题的主要原因。最好不要说自己没有业余爱好，不要说自己有庸俗的爱好；也不要说自己仅限于读书、听音乐、上网，否则可能令面试官怀疑应聘者性格孤僻。最好能有一些户外的业余爱好来点缀自己的形象。

问题三：“谈谈你的缺点。”

思路：不宜说自己没有缺点；不宜把那些明显的优点说成缺点；不宜说出严重影响应聘工作的缺点；可以说出一些对于所应聘工作“无关紧要”的缺点，甚至是一些表面上看是缺点，从工作的角度看却是优点的缺点。

问题四：“谈一谈你的一次失败经历。”

思路：不宜说自己没有失败的经历；宜说明失败之前自己曾信心百倍、尽心尽力，失败后自己很快振作起来，以更加饱满的热情面对以后的工作。

问题五：“你为什么选择我们公司？”

思路：面试官试图从中了解你求职的动机、愿望以及对此项工作的态度，建议从行业、企业和岗位三个方面来回答。

问题六：“对这项工作，你有哪些可预见的困难？”

思路：不宜直接说出具体的困难，否则会被怀疑能力；可以尝试迂回战术，说出应聘者对困难所持有的态度，例如，“工作中出现一些困难是正常的，也是难免的，但是只要有坚忍不拔的毅力、良好的合作精神以及事前周密而充分的准备，任何困难都是可以克服的。”

问题七：“如果我们录用你，你将怎样开展工作？”

思路：如果应聘者对于应聘的职位缺乏足够的了解，最好不要直接说出自己开展工作的具体方法；可以尝试采用迂回战术来回答，如“首先听取领导的指示和要求，然后就相关情况进行了解和熟悉，接下来制订一份近期的工作计划并报领导批准，最后根据计划开展工作。”

问题八：“你希望与什么样的上级共事？”

思路：通过应聘者对上级的“希望”，可以判断出应聘者对自我要求的意识，这既是一个陷阱又是一次机会。最好回避对上级的具体要求，多谈对自己的要求。例如，“作为刚步入社会的新人，我应该多要求自己尽快熟悉环境，适应环境，而不应该对环境提出什么要求，只要能发挥我的专长就可以了。”

问题九：“你在前一家公司的离职原因是什么？”

思路：最重要的是应聘者要使招聘单位相信，应聘者在过往单位的离职原因在此家招聘单位不存在。避免把离职原因说得太详细、太具体。不能掺杂主观的负面感受，如“太辛苦”“人际关系复杂”“管理太混乱”“公司不重视人才”“公司排斥我们某某的员工”等。但也不能躲闪、回避，如“想换个环境”“个人原因”等；不能涉及自己负面的人格特征，如不诚实、懒惰、缺乏责任感、不随和等。尽量使解释的理由为应聘者的个人形象添彩。

例如，“我离职的原因是因为这家公司倒闭。我在公司工作了三年多，有较深的感情。从去年开始，由于市场形势突变，公司的局面急转直下。到眼下这一步我觉得很遗憾，但还是要面对现实，重新寻找能发挥我能力的舞台。”

问题十：“你是应届毕业生，缺乏经验，如何能胜任这项工作？”

思路：招聘单位对应届毕业生的应聘者提出这个问题，说明招聘单位并不真正在乎经验，关键看应聘者怎么回答。对这个问题的回答最好要体现出应聘者的诚恳、机智、果敢和敬业。

例如：“作为应届毕业生，在工作经验方面的确有所欠缺，因此在读书期间我一直利用各种机会在这个行业里做兼职。我也发现，实际工作远比书本知识丰富、复杂。但我有较强的责任心、适应能力和学习能力，而且比较勤奋，所以在兼职中均能圆满完成各项任务，从中获取的经验也令我受益匪浅。请贵公司放心，学校所学及兼职的工作经验使我一定能胜任这个职位。”

同一面试问题并非只有一个答案，而同一答案并不是在任何面试场合都有效，关键在于应聘者掌握了规律后，对面试的具体情况进行把握，有意识地揣摩面试官提出问题的心理背景，然后投其所好。

（二）面试中细节的把握

面试一般为 2～3 次，每次约 1～2h，应聘者在这短短几小时内的每个细微表现都会被面试官看在眼里，都可能成为应聘成功或者失败的关键点，所以需要十分重视细节。

面试的时候，清爽的个人形象、精神面貌，良好的心态、措辞和回答问题的技巧都是很重要的。工作机会永远都是稀缺的，只有比身边的人更好才能得到就业机会。

1. 清爽的外形

对于陌生人，我们的第一印象就是外貌、发型、体态及着装。首先脸上的皮肤尽自己最大的努力保持最好，气色一定要好，不要一脸枯槁，死气沉沉。设计一个适合自己的发型，头发一定要干净，不要头屑丛生、泛油光、有异味。体态是完全可以由自己控制和修正的，不要找任何借口。过胖或过瘦都会给自己带来不必要的困扰，因此，积极锻炼身体，有一个匀称的体态和健康的体魄是非常必要的。求职的时候，如果面试单位没有特殊的要求，以穿得舒服、大方和协调为原则。

参加面试不要迟到，如果道路不熟悉应提早出发，早到了在外面等候。外在表现、谈吐举止尽量靠拢企业文化风格，不要太休闲或不修边幅。

2. 怡然自得的面试心态

在众多的面试者中显得特别，给面试官留下区别于他人的印象，优雅的神态和气质是必不可少的。坐在大厅等待面试或面试期间不畏畏缩缩、慌慌张张、吞吞吐吐，而是神态自若，举止从容，淡定地微笑，这时整个人的气质就出来了。

如果不是有充分的自信或是平时一贯如此，要做到怡然自得很难，需要在面试之前做充分的准备。对着镜子锻炼最佳的微笑姿势，要点是即使长久地保持这种微笑姿势也不会让嘴角难受，又能让对方感觉到善意。练习站姿、坐姿以及其他小动作，让动作看起来很优雅，具有亲和力。眼睛要有神，要特别练习和别人对视的技巧。眼睛不要睁得太开，用眼神注视对方的瞳孔不要乱转，眼角稍稍上扬，配合嘴角微笑和问好，让别人从眼睛里看到善意和温暖。

标准的普通话可能会为面试加分，同时要注意吐字清晰，语速适中，保持说话的通透度。

3. 聪明的面试问答

面试时充分展示亮点，注意技巧与分寸，适度表露，不过不失，让面试官体察、感受求职者的价值。

我们天天在对话，但要把话说好非常不容易。聪明的大脑不是一朝一夕就可以练出来的，即使学富五车、博览群书，也不一定聪明。有小聪明的人一般都很会说话，思维很活跃，与之对话可以明显地感觉到对方的狡黠以及快速的思维跳跃；有大智慧的人也很会说话，但他们不做咬文嚼字的口舌之争，而更多的时候是展现大局观，视野开阔，气度非凡。面试的时候，压力与紧张往往让我们来不及思考聪明的问答，因此，需要在面试之前做充分的准备，了解一些问答的技巧。

聪明地说话，说聪明的话，最基本的要求是不要结巴、不要反反复复，要有重点和结论。暂时不知道的问题要学会绕开，不要出现冷场，也最好不要出现最后只能说不知道的情况。回答提问的时候要有层次，要跳出对方问题的限制，不要被一些假设的问题限制，要知道人即使是被真实的问题困扰都可以想办法解决，应该学会突破一些假设的限制。

在面试快结束时，要利用提问环节。这时可以把没机会说的素材或者话题表达给面试官，如果利用提问机会提出高质量的问题会给面试官留下深刻的印象。

4. 针对不同面试形式的面试技巧

（1）一对一面试。最常见的面试形式是一对一谈话，最常用的方式是追问式。面试气氛、问题类型、追问深度等完全依面试官的风格和经验而定。公务员招募严格按照固定问题提问，而企业基本采用个性化的结构面试。结构面试问题集中在个人基本情况、学历教育、供职单位和岗位内容、核心技能、爱好特长、家庭情况、变动动机、职业发展等方面。

在面试中，有一些人力资源主管常用的问题，应聘人应做好准备。以下是常见问题和回答要点：

面试官：请用三分钟简单介绍一下你的基本情况。

回答要点：言简意赅，介绍基本情况，选择与所聘岗位关联紧密的内容说。全面介绍后再详细说明具体例子，免得被中途打断后不能叙述完整。

面试官：你的特长是什么？

回答要点：回答优缺点，分别从工作角度、为人处世、性格等方面概括和举例。谈优点时，要尽量与岗位需求吻合，谈缺点时避开公司的忌讳或岗位任职条件中有明确要求的。

面试官：你心中的理想平台是什么样的？

回答要点：不要触及公司的底线。比如已知所聘公司加班很多，是企业文化的重要组成部分，则不要说“我想找个轻松的工作”之类的话。

面试官：你对薪酬是怎么考虑的？

回答要点：工作是第一考虑因素，薪酬不是考虑重点。问一下应聘公司的薪酬结构是怎么样的，不要一开口就是“我要100万元”之类的豪言壮语。

面试官：你有什么问题吗？

回答要点：一定要问一两个有深度、体现你对工作有思考的问题。

面试官：我们有下一步的安排会主动联系你的。

回答要点：“请问我还需要做什么准备吗？”以此探问留给对方的初步印象。

(2) 无领导小组讨论。无领导小组讨论也是常用的面试方式。题目大体上分两类：一是与现实工作相关的；二是假设情景，集中考察应聘者的综合素质、处事风格。第一类题目更可考察出真实状况。

第一类题目比如：

一个单位良好的发展机会有吸引力，还是可观的薪水有吸引力？

杂志社下一期的重点栏目是中国文化主题，结合当今社会热点组织稿件，请写出你的工作思路及栏目编排方案。

大学生毕业后选择高薪还是选择自己喜欢的工作？

相关的应试技巧是：

无领导小组讨论，顾名思义即大家可以各抒己见，但应试者不可天马行空，不切实际，应综合个体的职业预期与能力，给出自己的答案，最好要有理有据，即有“故事”支撑自己的观点，将“故事”生动形象地描述给小组成员，尽力使得多数人认同自己的观点或与自己在某方面取得共鸣。还要注意学会总结其他小组成员的描述，展现自己在无领导小组讨论中的驾驭能力和归纳能力。

第二类题目比如：

现在发生海难，一游艇上有八名游客等待救援，但是现在直升机每次只能够救一个人。游艇已坏，不停漏水。寒冷的冬天，刺骨的海水，游客情况如下：

将军，男，69岁，身经百战。

外科医生，女，41岁，医术高明，医德高尚。

大学生，男，19岁，家境贫寒，参加国际奥数竞赛获奖。

大学教授，50岁，正主持一个科学领域的项目。

运动员，女，23岁，奥运会金牌获得者。

经理人，35岁，擅长管理，曾将一大型企业扭亏为盈。

小学校长，53岁，男，劳动模范，“五一劳动奖章”获得者。

中学教师，女，47岁，桃李满天下，教学经验丰富。

请将这八名游客按照营救的先后顺序排序。

(3min阅题，1min观点陈述，20min小组讨论，3min总结陈词。)

这类题目的面试技巧是：

第一，没有绝对的正确答案，或答案不唯一，不是非此即彼。

第二，因为题目能引起争论，不会产生一边倒的结果，因此求职者应有两种表现：第一种是站到对立面上去；第二种是为一致的结论附加上别致的、深刻的理由或将结论进一步引向深入。

第三，现实题目也好，虚拟题目也好，都要表达出自己的思考路径、思辨方式、性格特点、处事风格、合作意愿等。

（三）面试后以平常心面对结果

面试结束后调整心态，以平常心对待面试结果。如面试成功，不能过于松懈，一方面再次客观审视职位与自身的匹配度，确信做出了正确抉择；另一方面则按照入职邀请函积极准备入职资料，如有问题提前联系企业人事部，以便顺利办理入职手续。

如面试失败，也不可气馁，总结面试中的过失，为下次面试打好基础。如果公司发出拒绝邮件，也要回复邮件表示感谢；而且之后也要与企业继续联系，争取成为企业的人才储备或者请面试官推荐给其他合适岗位或企业，便于日后的成功入职。切忌因面试失败到处散布有关该企业的不良言论，一旦其他企业发觉，会对应聘者产生严重的信任危机。

（四）企业在面试中注意的问题

面试官在面试中不仅仅代表自己，更是代表了整个企业。面试官的个人魅力以及在面试中表达出来的亲和力会使应聘者对该企业好感倍增，在面试过程中双方的关系也随之加强；相反，如果面试官在面试过程中给以应聘者不切实际的许诺，导致应聘者对企业产生很高的期望，一旦发现期望落空则会对企业严重失望，应聘者和企业刚刚建立的关系便很难维系。

二、入职手续

◆【案例6-2】

入职体检引发的争端

小张是一名本科应届毕业生，毕业后应聘一家民营企业做行政前台的工作。她凭借自己开朗的性格和良好的教育经历通过了公司的层层面试，顺利地拿到了公司的入职邀请函。按照公司规定，她带齐所需文件以及证书等准时到公司办理入职手续。当天入职手续的办理也十分顺利，只差入职体检就全部完成。负责办理入职的同事明确告诉她需要在近期去指定医院做入职体检。由于医院就在公司附近，请半天假就可以完成体检，下午就可以拿到体检报告，十分便利。小张在办理入职手续后随即投入了工作交接中忽略了体检的事情。两天后，人事部同事打电话催交体检报告，她表示抱歉并保证第二天请假体检，人事部同事很理解地答应了。可是后来小张因为感冒、工作事情繁多以及惧怕抽血等缘由拖延入职体检达一个月之久，在此期间人事部开始对小张产生意见，因为她的个人原因耽搁了档案的归档进度，对她的态度也越来越强硬。当小张意识到自己拖延体检的严重性时为时已晚，由于小张体检未做，她的入职一直处于未完成状态，相应的正式员工福利等全部没有，人事部的同事也对她产生了很大意见。

（资料来源：笔者依据调研资料整理）

小张并没有意识到入职手续办理的重要性，一直拖延入职手续的完成，一方面使自己的既得利益受到了损失，正式员工的福利流失；另一方面使得人事部的同事对其产生了很大意见，不利于其以后在公司的立足和发展。

入职是新员工角色转变的过程，代表新员工从试用期步入正式的工作流程，也代表员工进一步对企业文化、公司历史、管理制度、工作流程、人事制度、组织结构等内容进行深入的了解。入职更意味着员工与企业契约的达成，这种契约不仅仅是指合同上的契约关系，更是心理上的契约建立。

（一）心理契约的建立

心理契约虽然不是有形的，但却发挥着有形契约的作用。企业清楚地了解每个员工的需求和发展愿望，并尽量予以满足；而员工也为企业的发展全力奉献，因为他们相信企业能满足他们的需求与愿望。

心理契约是由员工需求、企业激励方式、员工自我定位以及相应的工作行为四个方面的循环来构建而成的。企业在构建心理契约时，要以自身的人力资源和个人需求结构为基础，用一定的激励方法和管理手段来满足、对应和引导员工的心理需求，促使员工以相应的工作行为作为回报，并根据员工的反应在激励上做出适当的调整；员工则依据个人期望和企业的愿景调整自己的心理需求，确定自己对企业的关系定位，结合企业发展目标和自身特点制定自己的职业生涯规划，并因此决定自己的工作绩效和达成与企业的共识。

（二）实用的入职流程有助于推进员工关系

入职手续的办理更是加强企业与员工关系的重要一步，实用合理的入职流程会使员工对企业增加好感，进一步加深企业和员工的关系；相反，烦琐的入职流程，使得员工在办理入职手续时苦不堪言，耽误本职工作的进行，员工会渐渐对企业产生抵触情绪，威胁到员工关系的维系。所以，企业管理者应该重视入职流程的合理规划，删繁就简，方便员工快速入职，让其融入企业环境，使其快速接手新工作。

通常情况下，新员工入职流程分为六大步骤：入职准备、入职报到、入职手续、入职培训、转正评估、入职结束，如图 6-2 所示。管理者要依据入职流程，为新员工能更好地适应企业环境制定相应的管理制度，同时管理过程也是不断学习的过程，管理者更要严格要求自己，将新员工入职的管理方法熟记于心。

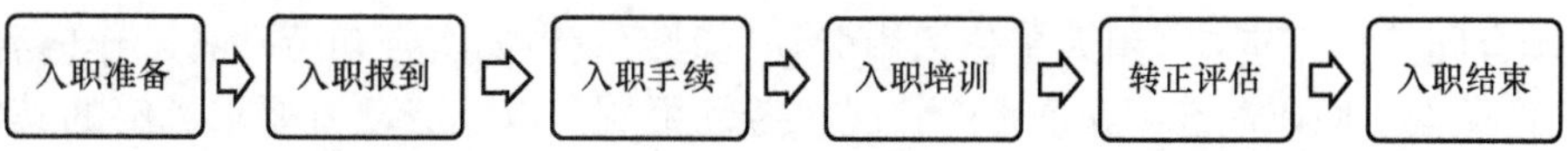

图 6-2　入职流程

（三）员工入职过程中企业的注意事项

在员工入职过程中，企业尤其应该注意以下十方面的内容，如图 6-3 所示，做好组织层面的入职管理：

图 6-3　入职过程中企业的注意事项

1. 入职登记要详细

《中华人民共和国劳动合同法》（简称《劳动合同法》）第八条规定："用人单位有权了解劳动者与劳动合同直接相关的基本情况，劳动者应当如实说明。"可见，按照《劳动合同法》的规定，劳动者没有向用人单位主动告知的义务，单位要预防欺诈，必须主动向员工了解情况。那么，最便捷的方式，通常是合理设计入职登记表，将用人单位想要了解的内容全部囊括其中。

例如，《北京市劳动合同规定》将如实告知的内容进行了规定，劳动者如实告知的内容是与劳动合同直接相关的基本情况，主要是指劳动者的姓名、年龄、有效身份证件号码、家庭住址、健康状况、学历、工作经验、工作现状等；另外，用人单位可结合自身需求，将与劳动合同直接相关的基本情况更具体化。

2. 入职审查要慎重

企业除要求劳动者在入职之初进行基本信息登记之外，还应当尽到慎重的审查义务，主要有以下几方面的内容：

（1）入职材料的真实性审查。企业如未慎重审查，使得员工以欺诈手段入职，将会导致劳动合同无效；对于因员工的过错而导致劳动合同无效，给用人单位造成损失的，员工应当按照《中华人民共和国民法通则》（简称《民法通则》）所确立的实际损失原则，承担因其过错而对用人单位的生产、经营和工作造成的直接经济损失。因此，认真审核员工材料至关重要，包括核实员工个人资料的真实性，比如学历证明、从业经历、职业资格、通信住址等，必要的情况下，还要进行适当的调查，以尽到审查义务。

（2）劳动合同解除或终止的审查。招用与其他用人单位尚未解除或者终止劳动合同的员工，给其他用人单位造成损失的，应当承担连带赔偿责任。因此，招用员工时，要求其提供与前单位的解除或终止劳动合同证明，并保留原件。如尚未解除劳动合同的，要求其原单位出具同意该员工入职的书面证明。

（3）竞业限制义务的审查。要求员工承诺未承担竞业限制义务，并向原单位进行核实，以免发生不可预测的诉讼风险。

3. 告知义务要尽到

《劳动合同法》规定："用人单位招用劳动者时，应当如实告知劳动者工作内容、工作条件、工作地点、职业危害、安全生产状况、劳动报酬，以及劳动者要求了解的其他情况；用人单位有权了解劳动者与劳动合同直接相关的基本情况，劳动者应当如实说明。"可见，员工与企业均有如实告知义务，区别在于：企业告知义务要主动，员工则无须主动告知。如果企业未履行告知义务，员工则有权以企业未履行告知义务为由，主张合同无效，对于无效的劳动合同，在确认其无效的同时，如给员工造成损害的，员工有权要求企业承担赔偿责任。

4. 合同签订要及时

《劳动合同法》实施后，劳动合同的重要性非同一般。因此，在劳动合同的签订上，企业应予以高度重视，高效的劳动合同签订不仅能有效地避免双倍工资的风险，同时，也能有效强化企业的用工自主权，更能在劳动争议发生后有效地控制企业的举证责任。

5. 规章制度要告知

《劳动合同法》的实施对企业的规范用工提出了更高的要求，因此，企业需要通过完善自身的管理制度来实现企业的用工自主权，以达到有效管理的目的。根据法律规定，企业在制定、修改或者决定有关劳动报酬、工作时间、休息休假、劳动安全卫生、保险福利、职工培训、劳动纪律以及劳动定额管理等直接涉及劳动者切身利益的规章制度或者重大事项时，应当经职工代表大会或者全体职工讨论，提出方案和意见，与工会或者职工代表平等协商确定。

企业还应当将直接涉及劳动者切身利益的规章制度和重大事项决定进行公示，或者告知劳动者。因此，只有内容和程序均做到合法的劳动规章制度，才能作为仲裁机构或人民法院裁判的依据。

6. 入职体检要严格

员工的健康状态不仅决定着企业的形象，还潜藏着企业的用工风险，因此，一般情况下企业对入职体检还是比较重视的。同时，要注意在录用条件中约定不得患有精神疾病或按国家法律法规规定应禁止工作的传染病等。

7. 录用条件要明确

企业应当在员工入职之初，通过劳动合同、员工手册或专门的试用期条件与员工办理明确的录用条件确认手续。因为在劳动争议纠纷裁判中，企业负有较多举证义务，在录用条件方面，企业有义务证明自己已向劳动者明确了录用条件。

8. 岗位职责要具体

岗位职责是确定员工是否能胜任工作的条件，针对不同的岗位，企业一般会设定岗位职责，根据法律规定，如果员工被证明不能胜任工作，企业可以培训或调整该员工的工作岗位，培训或调岗后，仍然不能胜任工作的，企业可以提前一个月通知或在多支付一个月工资的情况下与员工解除劳动合同。

9. 社会保险要缴纳

实践中，很多企业为了降低企业成本，不为员工缴纳社会保险或与员工约定以现金补助代替缴纳社会保险，上述做法均不符合我国现行法律规定。同时，还可能导致员工据此提出离职而要求企业支付经济补偿金的风险。在我国，缴纳社会保险是企业的法定义务，因此，人力资源部门应当在员工入职时做好如下工作：

（1）从新员工入职起，企业应当在30日内为其向社会保险经办机构申请办理社会保险登记，并按时足额缴纳保险费，缴费基数可以按双方劳动合同约定的工资标准或员工社保转移单记载的基数确定（首次参保的员工，以其第一个月的工资为基数）。

（2）对于已在外地缴纳社会保险的员工，人力资源部门应当要求其提供相应的“参保证明”或缴费凭据。

（3）对于员工拖延提交社保登记所需个人资料的，人力资源部门应以书面形式通知其拖延提交的法律后果，并要求员工在通知上签字确认。

10. 带薪年休假要重视

我国《职工带薪年休假条例》已经于2008年1月1日起施行。该条例规定：“职工累计工作已满1年不满10年的，年休假5天；已满10年不满20年的，年休假10天；已满20年的，年休假15天。”为了实施该条例，人力资源和社会保障部第六次部务会议通过了《企业职工带薪年休假实施办法》，规定：“职工连续工作满12个月以上的，享受带薪年休假，年休假天数根据职工累计工作时间确定。”因此，这就要求企业在员工入职时，做好带薪年休假的把关：确认员工的入职时间，明确年休假条件，核实员工的累计工龄，确定年休假天数。

同时，企业在带薪年休假方面还要注意以下几点内容：

（1）带薪年休假是企业主动安排的假期，而非劳动者主动申请的假期。

（2）年休假在一个年度内可以集中安排，也可以分段安排，一般不跨年度安排。企业因生产、工作特点确有必要跨年度安排职工年休假的，经职工同意，可以跨一个年度安排。

（3）企业确因工作需要不能安排职工休年休假的，经职工本人同意，可以不安排职工休年休假。对职工应休未休的年休假天数，单位应当按照该职工日工资收入的300%支付年休假工资报酬。

（4）用人单位安排职工休年休假，但是职工因本人原因且书面提出不休年休假的，用人单位可以只支付其正常工作期间的工资收入。

（5）记录员工的真实考勤，排除不需安排年休假的情形。具体为：

1）职工依法享受寒暑假，其休假天数多于年休假天数的。

2）职工请事假累计20天以上并且单位按照规定不扣工资的。

3）累计工作满1年不满10年的职工，请病假累计2个月以上的。

4）累计工作满10年不满20年的职工，请病假累计3个月以上的。

5）累计工作满20年以上的职工，请病假累计4个月以上的。

在入职手续过程的规划和设计过程中，企业应十分注意将流程规划落实于纸质文件，形成企业的规章制度进行管理，编制员工手册发放到员工手中，让员工了解相应的规章制度，这样可以避免双方因沟通不畅而造成的误会，入职相关环节的纰漏会为员工关系埋下隐患。

三、主动融入

◆【案例6-3】

小文委屈的考核

小文大学毕业之后来到了一家国企内部党报工作，新毕业的学生都是先被分配到记者室，从记者开始做起，之后慢慢了解办报的整个流程。小文也是如此，而且还是同期新入职的学生中在业务方面上手比较快的。

大概半年左右，小文被要求和上级领导一起到贵州出差，并进行采访。去了一个星期，上级领导给小文指派了几个采访的专题，让他利用周末的时间写出来，星期一交给他。任务很紧急，两天的时间很勉强；不巧的是，小文接到上级领导的任务之后，主管领导得知他出差回来了，便找到小文，让他周六一整天去跟随一个采访，周日交稿。这就和小文刚刚领到的任务发生了冲突，小文便和主管领导说明了情况，原本以为肯定会被理解，没想到主管领导听到解释之后，却大发雷霆，冲小文嚷嚷了半天，言语有些过激：

“你别以为你跟着上级领导出去采访了，就怎么样！你刚毕业没多久的一个毛孩子，你还造反，不听我的安排？别跟我强调客观，什么困难不能克服啊？你要是不去，我就扣你这个月的奖金……”对着小文发了一通火之后，气冲冲地就离开了，并没由得小文解释一句，结果，那个月就真的按他说的考核了小文，扣发奖金。

（资料来源：笔者依据调研资料整理）

作为刚入职的新员工，怎样快速融入环境是摆在他们眼前的难题，主要包括与上司以及同事的关系处理等。案例中的小文没有处理好与上司的关系，而导致了考核的失败。

对于刚从大学毕业的职场新人，从校园生活一下转变为职场生活，忽然间的改变带给职场新人的可能是恐惧不安，还夹杂着不同程度的焦虑，一个初来乍到的新人需要快速适应身份转变，更快融入职场生活。

1. 了解职场礼仪

职场礼仪是进入职场必须了解的事。对于职场新人来说，业务能力不强可以通过努力来提高，如果不了解职场礼仪，则会影响别人对你的第一印象，而这个第一印象很难改变。

2. 把握和领导的距离

把握和领导的距离，防止引起别人的嫉妒；不要越级汇报自己的工作，积极向直接领导汇报工作，随时让其了解自己的工作进度与节奏。

3. 融入团队工作

想要快速融入团队，首先要有良好的人际关系，再者就是不断地提高自己，不要让自己成为团队中的短板，恰到好处地与团队和谐相处，共同努力。

4. 维系职场关系

要和同事建立起好的人际关系。对于职场新人来说，好的人际关系可以让自己在今后的职场生活中更加顺利，同时也可以培养与同事间合作的默契。

5. 感恩他人的帮助

职场中还是友善的人更多，对于给予自己帮助的人要表示感谢。懂得感恩的人才能更加珍惜眼前的一切，也能更加得到别人的认可，加强彼此之间的关系。

6. 虚心请教问题

作为职场新人要懂得不耻下问，这样才能更快地提升自己的业务水平，也能避免自己在工作上出现错误，请教问题时更要注意礼貌问题。

第二节 晋升管理

“不想当将军的士兵不是好士兵”，组织中的人无不希望获得认可和晋升，但由于个人不熟悉晋升规则，或者组织的晋升规则“朝令夕改”“表里不一”，甚至毫无规则而“全凭某人一句话”，都会导致组织内部员工关系混乱，公司政治复杂，企业活力受到制约。无论对于员工个体还是企业组织，厘清企业的晋升制度是很有必要的。当然，组织中并不一定全是晋升，还有可能是职位调动、岗位轮换等。

一、个体与组织共同成长

个体成长是员工组织关系发展的关键。对于个体而言，当自身能力不足时则要抓住机会寻求能力的提升；对于组织来说，组织的管理模式要随着员工的成长而不断调整。如果个体的成长跟不上组织的发展速度，则会被组织淘汰；如果组织管理模式的发展跟不上员工前进的步伐，则会导致员工的离职。

（一）个体与组织的交换关系

社会交换理论兴起于20世纪50年代后期，该理论以特定的人性假设为基础，主张人类的一切行为都受到某种明确的或隐性的，能够带来奖励和报酬的交换活动支配。[⊖]人类的一切活动都可以归结为一种交换，而人们在社会交往中所结成的社会关系也是一种交换关系。具体而言，交换是指存在于人际关系中的社会心理、社会行为方面的交换，其核心是“互惠原则”。

组织在建立初期，员工与组织之间的交换关系是一种简单的依附关系，表6-1为员工组织关系交换内容概括。员工通过辛勤工作与忠诚，交换组织的工作酬劳与赡养。随着组织市场化的推进和员工个体能力的差异，彼此交换的内容、层次逐渐产生区别。员工从组织中得到的回报与其对组织的贡献是相对应的，即如果组织只关注给予员工短期的、经济利益的回报，而不注重长期的、发展方面的投资，则员工对组织的责任和忠诚度也是有限的。

表6-1 员工组织关系交换内容

类　别	交换内容条目
物质性投入，即组织给予员工的物质性报酬	高额报酬、合理的薪酬、绩效奖励、公平的工资、有吸引力的福利、薪酬与绩效挂钩
发展性投入，即组织对员工成长和发展的培养或帮助	丰富化的工作、成长机会、晋升、充分的工具和资源、支持性的工作环境、培训、职业发展、领导支持、人事支持、参与决策、授权、工作认可与绩效反馈、公平对待、尊重、关心、长期工作保障、工作/非工作生活平衡、组织社会氛围、交流沟通
任务绩效，即员工表现出的与工作任务直接相关的结果或行为	高品质工作、勇于创新、加班工作、产生积极的（工作）结果、增加明显的价值、理解组织与业务的本质、以顾客为中心、接受内部工作调整、主动参加培训提高技能、有在团队中工作的能力
非任务绩效，即员工表现出的与工作任务不直接相关的有利于组织的行为	自愿从事职责外的工作、同事间的利他行为（帮助同事、与同事分享信息、友好相处）、发挥主动性、认同目标、支持决策、合理建议、诚实使用组织财产和资源、适应变革、遵守组织的政策和程序
忠诚感，即员工对组织的忠诚态度和忠诚程度	忠诚、不帮助竞争对手、有职业道德、离职前预先通知、保守公司商业机密、不接受其他组织提供的工作机会等

组织对员工的投入可以归纳为物质性投入和发展性投入两个层面，物质性投入主要是指薪酬，发展性投入包括职业生涯管理、参与决策、授权、公平对待等。员工对组织的回报可以归纳为任务绩效、非任务绩效和对组织的忠诚感三个方面。

（二）个体的成长离不开组织

个人成长必须依附组织平台，离开组织这个平台谈员工个人目标的实现只能是一句空话，这好比大海与小溪的关系，组织是海，员工是溪，离开大海，小溪是会干涸的。组织为个体搭建了实现自身价值的平台，使个体有用武之地。组织为个体提供满足物质与精神诉求的机会，为个体拼搏奋斗提供源源不断的动力，并对个体的努力予以肯定和奖赏。因此，个体若要追求成功，达到自我价值的实现，必然是离不开组织的。

（三）任何一个组织都是由个体构成的

任何一个组织都是由个体构成的，组织的事业是由各个个体去完成的。组织的发展目标，没有个体的努力，就是无源之水、无本之木。组织目标和需要的实现，不仅要靠组织的

⊖ Homans G C. Social Behavior as Exchange [J]. American Journal of Sociology, 1958 (63): 597-606.

力量，更重要的是要靠个体或团体的努力与合作。个体目标和需要的满足是个体主动性、积极性和潜能发挥的直接动力，是实现组织目标的基本保证。

（四）组织具有单个个体之外的特质

组织是由个体组成的，但组织具有单个个体之外的特质。个体首先要服从组织，组织为个体搭建舞台，个体的成功是在组织的基础上实现的。所以，组织的利益是基础。组织获取利益不完全是个体努力的总和，还有其他很多因素，比如资源与机会的猎取等，这些类型的因素是不为单独的个体所能把握的。

有不少管理者把眼光集中在个体，而不是组织，看中的是个体作用，而忽视了组织的作用，这即使有效，也绝对是一种管理短视。个体价值的实现一半在于自身的努力，另一半在于对组织的认同，特别是要与组织建立起可以产生价值的关系。关系的混乱造成组织生态的恶化，最终会降低组织的整体效率，个体的利益也会因此受损。

（五）个体可以同时跨越多个组织

组织是指人们为了实现一定的目标，互相协作结合而成的集体或团体，如党团组织、工会、企业、军事组织等。在现代社会中，人们已普遍认识到组织是人们按照一定的目的、任务和形式编制起来的社会集团，组织不仅是社会的细胞和基本单元，而且可以说是社会的基础。

组织的发展，其影响已深入到社会政治生活、经济生活、文化生活和家庭生活等各主要的社会生活领域之中，可以说组织对人类生活的渗透已经无所不在。个体在整个发展过程中，可以同时跨越多个组织。个体在不同组织中扮演了不同的角色，并同时在这些组织中发挥着不同的作用。一个人从生到死，无不处于这种或那种组织之中，如医院、保健站、幼儿园、学校、机关、工厂、商店等，五花八门，无不与个体的生活密切相关。

（六）个体的职业生涯涉及多个组织

一般情况下，个体的职业生涯涉及多个组织。组织没有永远的员工，员工也没有永远固定的组织。受到对组织内的人际关系（包括与上、同、下级关系）、工作岗位、工作内容、工作环境、待遇、发展机会等方面满意程度感知的影响，以及自身兴趣、寻求挑战等的作用，个体会根据自身需求选择和更换组织。所以，个体在职业生涯过程中必然会与多个组织产生联系。

二、个体层面的晋升管理

◆【案例6-4】

竞岗风波

小陈于2002年从湖南老家考入北京大学，毕业后，通过选拔来到对口的某区任某村委会主任助理（大学生村干部）。由于工作努力、出色，小陈很快就被镇党委借用，从事调研等文字工作，并凭借好文笔、高悟性和谦虚低调的作风得到重用。2009年7月，小陈顺利考上公务员，正式进入镇政府工作；10月，被调往现单位Q，在A科锻炼了半年，于2010年4月定岗在B科，并于2011年年初晋升为副科级干部。

2012 年元旦前后，单位内部传闻，A 科副科长和 C 室副主任两个岗位空缺已久，可能要搞一次竞争上岗，但具体怎么竞争，小陈没有经验，也不方便去问他人。春节放假前，办公室组织年会，小陈和 A 科老科长住同一房间。出于老上下级关系，夜聊的时候老科长又提醒小陈为即将开展的竞岗做好准备。小陈很珍惜这次机会，也非常感谢老科长的关心，尽管他知道竞争将会非常激烈，但他在接下来的工作之余精心地为竞岗演讲做准备，颇费了一番功夫，而且在撰写演讲稿的过程中还积极征求 B 科长的意见，写出了令自己比较满意的稿子，并且背得滚瓜烂熟，迫切地希望站在演讲台上。

春节后不久，竞岗工作正式列入日程，报名的结果出来后，共有六人参加竞岗，其中竞争 A 科副科长的除了小陈之外，还有和小陈同在 B 科的小王。小王毕业于中国地质大学，由于作风扎实、谦和肯干、能力较强，和小陈同期晋升为副科级干部。令小陈感到意外的是，他曾认为是最大竞争对手的小强却竞争了 C 室副主任，小强原是 A 科骨干及老成员。现在小陈只有小王一个竞争对手了，小陈心里多了一些底气。

竞岗演讲那天，小陈和小王的表现在六位选手中优势较明显，博得了领导和同事的认可，其中小陈的表现更出色，得到全场最高分（当然本人现场不知道得分情况，之后得知）。演讲过后，还有民主测评环节，即所有在场同事对选手在工作中的表现按优秀、称职、基本称职、不称职匿名投票。综合演讲和测评两个环节，计算出总得分，所竞争岗位综合得分最高的一位胜出。该两个环节结束后，所有人退场，召开主任办公会研究。小陈自认为表现尚可，但也很忐忑地等待结果。大约半小时后，办公会散了，小陈被主管王主任叫去谈话，被告知自己综合成绩位列六位选手第二，尽管演讲环节得分最高，但测评得分和综合得分均略低于小王，所以落选了。领导安慰小陈可能是因为小王比他早来单位两年，人脉自然有优势，“你还年轻，机会还很多”。小陈虽然在领导面前表现得很坦然、大度，表示没有关系，不会受此影响，但内心却是五味杂陈，有一种说不出的难受，特别是在接下来几天回家后心情很不好。

竞岗尘埃落定，小陈继续回到原岗位，努力平复自己的心情，投入到工作中。这段时间，极少有领导和同事表示过对他的关心和安慰，小陈感激这极少数人，但内心毕竟失落得很，回想起自己学生时期的出类拔萃、在前工作单位时的重用，他开始觉得自己并不受重视，自己是不是选错了路子？在这个组织中自己将来有没有发展前途？小王等同等条件的同事（年龄、学历、工作背景相似）将来有朝一日会不会成为自己的领导？自己名牌大学毕业的优势到底体现在哪儿……可这一切，他都无力左右。就这样，小陈在强烈的自尊和无奈的现实双重冲击下，表面上极力若无其事地继续做好手头工作，而在内心深处却始终无法摆脱翻江倒海的感觉，只是煎熬着，挣扎着，重复着上班、下班的线路。

（资料来源：笔者依据调研资料整理）

个体进入组织工作，适应组织的工作环境与节奏，解决生存问题后，就需要考虑个体成长即晋升。但绝大多数个体对于晋升只知其表，不明其内涵以及如何才能开展有效的个体晋升管理。案例中小陈只考虑到了晋升过程中的行为与表现，却忽视了晋升前的人际关系，导致其晋升失败；晋升失败后小陈陷入迷茫期，不知道组织晋升失败后如何调整工作状态。所以，要想得到晋升必须掌握“个体晋升公式”的内涵。

个体的晋升取决于对个人的收益、对组织的收益、对个人的威胁以及对组织的威胁的综合效益：

$$晋升=f(对个人的收益+对组织的收益-对个人的威胁-对组织的威胁)$$

对个人的收益，在组织中主要表现在对领导的收益，如让领导感觉良好、和领导有正常的交往、让领导感觉安全、维护领导的权威、把功劳记给领导、为领导解决困难、和领导目标一致、与领导共同成长等。对组织的收益，即个体对组织的贡献，如良好的业绩、对组织忠诚、维护组织的利益等。对个人的威胁也主要表现在对领导的威胁，如顶撞领导、越位越权和越级报告、恃才傲物、骄傲自大、与领导争功等。对组织的威胁，如消极怠工、离职、“出卖”企业等。员工个体在了解晋升公式后，应在晋升时凸显收益、规避威胁。

（一）个体晋升的形式

组织是一个系统，如图6-4是大多数组织普遍的层级结构示意图。任何一个个体在组织中都处于相应的层级，想要通往上一层级，唯一的方式就是晋升。然而令许多个体困惑的就是，有时晋升却没有使自己的层级得到调整，这就是员工对个体晋升形式不了解的原因。

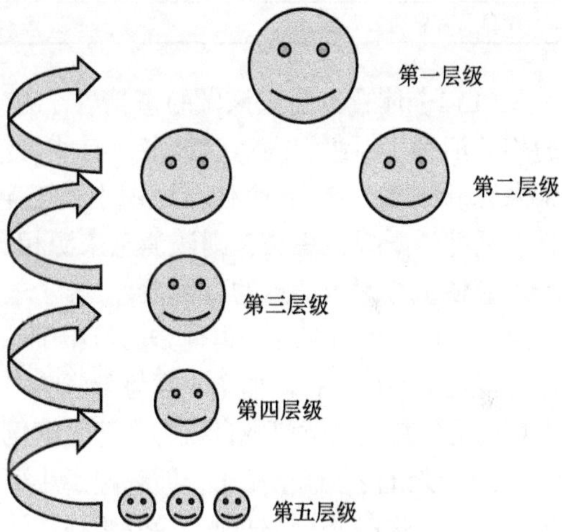

图6-4 组织层级结构示意图

组织中晋升最常见的形式就是直接升级到上一管理岗位，如图6-4所示，个体在组织中处于第四层级，如果晋升成功，那么个体就应处于第三层级，即直接晋升后，个体在组织中的层级上升，领导权限与范围扩大，相应承担的责任也就越大。但需要注意的是，直接晋升就是对个体直线领导的取代，因此直接晋升最应该处理好与其直线领导的关系。

组织中个体晋升的另一种形式就是跨部门晋升。如上述案例中，原A科骨干级员工小强放弃A科副科长岗位的竞争，转而竞争C室副主任。跨部门晋升可以有效地避免个体与组织内同级同事的直接竞争，避免因彼此间竞争而导致组织内关系紧张的现象。但跨部门竞争的弊端在于跨部门后，所有的工作环境与同事都是陌生的，还须个体重新建立员工关系，否则很可能止步于该级别。

在组织晋升中，存在着另外一种情况，即表面上个体是被晋升了，但实际上其所能行使的权力却被剥夺了。例如某局由于个别原因局长职位一直空缺，该局副局长已经主持工作半年，肯定是副局长升任局长。但突然被上调到市里政策研究室任主任，该主任是正局级，但没有实权。这种晋升在组织中被称为“明升暗降”。个体在面对这种情况时，可以拒绝此次晋升。

（二）个体层面晋升策略

不想当将军的士兵不是好士兵。似乎没有人愿意在一个位置上干一辈子，获得晋升几乎是每个职场人士所追求的目标。晋升，意味着得到组织的认可，获得更高的地位，得到更多的发展机会，常常被认为是事业成功的外在表现。每个人都要努力超越自我，不管自己目前是怎样的，都应该考虑将来要更好，不断奋斗，往上发展。

1. 个体晋升前应该做及不应该做的事情

个体希望在组织中晋升时，需要处理好晋升前的各类事项，熟知在组织中晋升前应该做及不应该做的事情，尽量规避不应该做的事情。表6-2是个体晋升前应该做与不应该做的事情。

表6-2 晋升前应该做与不应该做的事情

应该做的事情	不应该做的事情
有可靠信息来源	不能明要位置
降半格认清自己	不能明显树敌
分析优势与劣势	不能太张扬
理性看竞争格局	不要有硬伤
评估概率后出牌	不能不沟通
有详细周密的计划	不能总认为自己最合适
高人指点细行动	不要抱100%的期望
让自己有意消失	不要寄希望于某个人

（1）个体晋升前应该做的事情。个体在确定晋升目标后，应用心留意组织内关于晋升的相关消息。但组织内消息繁多，有些可信，有些不可信，个体在晋升前应有可信的晋升信息来源。回顾图6-4，个体在组织中处于第四层级，此时如果组织中二级或一级领导直接找其谈话并透露提拔想法，则该消息来源相当可靠。若仅仅是三级甚至是下属在传达该消息，个体应慎重考虑该消息的可靠性。

组织内的晋升是在一群优秀的员工中选拔出一个，因此每次晋升都是一次竞争，个体应理性看待竞争格局。在评估个人优势与劣势时，个体容易陷入个人偏见误区，将更多的目光聚焦于自己的优势而刻意忽视自己的劣势。案例6-4中，小陈只看到自己毕业于北京大学，比小王优秀，且演讲得分优于小王，而忽略了小王在组织内的人际关系远胜于自己，最终导致小陈竞选失败。因此在个人评估时，应降半格认清自己，即将个体的优势砍半，更加关注劣势。

晋升是一种博弈，是个体与组织之间、个体与同事之间的博弈。既然是博弈就有概率，个体在晋升前应评估晋升成功的概率，在概率低于70%时，是不适合争取晋升的。当概率高于70%时，可以参与晋升选拔，但同时还应做好“绿叶”衬托“红花”的准备。

晋升前最好有高人、前辈的指点，这样能帮助自己少走弯路，如案例6-4中小陈找到机会向原部门老科长请教晋升经验。另外，晋升前个体要对晋升有详细的规划，了解晋升程序，积极做好晋升前的准备工作。

我们在实践调研中，接触到一些有成功晋升经验的中层管理者，他们纷纷表示在明确自己的晋升意愿时，不要过于表现自己，而要让自己“有意”消失，但又时刻存在于组织之内，这不失为一个绝妙的方法。

◆【案例6-5】

晋升前的积极准备

李锐在一家刚成立一年的机构工作，同批入职的十余个工作人员在入职一年后竞聘五个不同部门的部门负责人岗位。竞聘方案和规则提前进行了公布。因为大家都是刚刚入职一年的新人，年龄相仿、起点基本相同、接触的业务虽然有分工不同，但都涉及不深，依然可以通过此次竞聘选择转到心仪的岗位工作。

李锐在分析其竞争格局时，认为其优势在于：有工作经验，对工作比较上心，有责任感，上一年的工作完成得还不错，也和领导交流过工作想法和心得建议。因此，在仔细阅读了竞聘方案，明确了时间、地点、考试流程，装好笔试用具、思考好面试着装之后，李锐认真地完善着竞聘的准备工作。在报名截止公布名单后了解竞争对手情况，再次认真规划了自己的晋升计划，撰写了一份工作总结作为竞聘演讲。现在回过头去看，李锐很庆幸自己当时的额外努力，不然错过了这一次的竞聘机会，真是不知何年何月才会再有机会晋升。而且如果当时没有竞聘成功，也不会有更高的眼光来看待问题，整个人也都不一定会像现在这样上进，努力希望多学知识、多长见识、多受锻炼。

（资料来源：笔者依据相关资料整理）

晋升前还应处理好个体对领导的利益与威胁，个体晋升前要表现出对领导的忠诚，争取领导的信任。不干扰上级领导的工作，不超越自己的职位去行使应该由上级行使的职权。

（2）个体晋升前不应该做的事情。晋升前，个体切忌树立明显的敌对势力，与同事、领导处好关系是很有必要的。最典型的例子莫过于著名影视剧《潜伏》中国民党天津站副站长职位的竞争。

◆【案例 6-6】

潜伏——副站长之争

李涯、陆桥山同属中校，按职级晋升副站长当他俩中其一，但最终却偏偏选择了当时为少校的余则成。这当然有编剧的成分，但当对这三人仔细思考时，就能发现该副站长当为余则成。

陆桥山，中校。按资历，在天津站他仅次于站长，是服务年限最长的“二把手”，工作能力较强，在天津站有较强的人脉关系。最让他依仗的当属其在保密局的一个关系，保密局的关系可以为站长带来极大的利益，考虑到利益，就连站长夫人也支持陆桥山。综合以上几点，陆桥山认为该副站长职位非他莫属。几次与站长沟通，都是直接向站长声明“希望担任天津站副站长，以帮助站长分担工作压力”。但站长却认为陆桥山野心太大，是他控制不了的下属，故迟迟不给其答复。

李涯，中校。性格上的火爆脾气是李涯晋升的软肋，也正是由于性格的原因，李涯在工作中曾出现过重大纰漏，导致处处遭陆桥山歧视，双方有着明显的敌对情绪。李涯深知自己晋升无望，故将全部精力放在与陆桥山扯皮上，目的就是不让陆桥山当上副站长。甚至为了阻击陆桥山，宁愿支持当时仅为少校的余则成。

余则成，少校。按理副站长当属陆桥山或李涯，因为余则成职级上就低二者一级，但余则成在天津站人际关系最好，且深得站长赏识，而且在南京有关系。且仅仅用了三天就逮捕一名逃犯，深得站长欢喜，余则成仅仅说了一句话“这都是站长精心布局的结果，则成仅仅是执行了站长的安排”，将功劳献给了站长。因此站长很快为其申请了中校，然后就顺利当上了副站长。

（资料来源：笔者依据相关资料整理）

虽然有些领导不喜欢个体直接要求晋升，但领导更不喜欢不善沟通的个体。个体晋升前的大忌就是消失在领导的视野范围内，不与领导沟通。晋升前，应与领导适当沟通，让领导知道自己的晋升意愿与目标，假如太含蓄，自己不说，领导并不一定知道个体有晋升意愿。

◆【案例 6-7】

业绩突出却得不到提升

王越是某私企的销售主管，在工作的几年中他的销售业绩一直位于前茅，并且销售业绩也是屡创新高。他不但是一位销售高手，而且能很好地整合自己的团队，团队成员的销售能力也是逐步提高，他带领的团队表现很出色。尽管王越业绩很突出，但是他平时都忙于工作，很少有时间与上级沟通交流。在最近的一次人事升迁中，他的直属上级经理推荐了另一个业绩和能力都不如他的人担任副经理的职位，王越一直想不明白为什么被选择的不是他。

（资料来源：笔者依据相关资料整理）

个体在组织工作过程中不仅要有良好的业绩，更要让领导知道自己的业绩。有的个体只会埋头干活，不懂恰当沟通，不会积极呈现自己；还有的活干得多，纰漏出得多，甚至威胁到组织内其他成员；更有甚者业绩平平，晋升意愿却十分强烈。这些情况都会对个体晋升造成影响。

2. 个体晋升中应做与不应做的事

◆【案例 6-8】

竞职讲演稿

各位领导、各位评委、全体同志：

大家好！

首先，感谢市局党组和同志们给予我这次展示自我的机会和舞台。我演讲的题目是“竞争上岗，全面创新”。

我叫周新春，中共党员，本科文凭，会计师、税务师，××省国际税务学会理事。2005 年在××县参加税务工作，2009 年调入原市税务局，2013 年调入现在市地方税务局。

回顾本人近几年来的工作情况，可以总结为四个方面：

一、尽职尽责，为地税的建设和发展做出了应有的贡献

我市地税组建初期百业待兴，针对征管工作上下空白的实际，本人牵头先后制定了

一系列规章制度并且狠抓征管基础建设。经过全体成员的努力，全市地税的征管建设从无到有，从小到大，不断走向规范、走向成熟。

二、尽心尽力，使征管工作不断有了新突破

饮食行业的发票管理方面有新突破。改革了传统的发票形式和税款征收方式，被××省科委授予软科学成果奖，在全省系统内全面推广。另外在制度创新上有新突破，先后制定了税款清算责任追究制、组织申报及税款核算制度、办税厅运行规则等，使全市征管工作有章可循，有规可约，运行良好。

三、在市区管户管理上有新突破

大胆实践了地域化管理的办法，使我市地税局、市直分局、平朔分局、开发区地税局四家纷争管户的历史问题得到了彻底的解决。

四、在全省位置上有新突破

2007 年参加了全省征管改革方案的设计工作，2010 年与省局汇编了《××省地方税务局征管规则》，在全省具有良好的影响。

以上成绩的取得得益于领导的培养和支持、同志们的帮助和自己辛勤的努力。当然也存在着不足，我一定加倍努力。那么如何做好一个合格又称职的环节干部呢？我认为首先应该认清角色，摆正位置，行权不越权，到位不越位，抓重点攻难点，认真履行好工作职责，具体概括为“一个原则”“两大主题”“三个转变”“四个做到”，简称“一二三四”。

“一个原则”就是上为领导分忧，下为群众服务，并把它作为全部工作的出发点和落脚点。

“两大主题”就是围绕改革与管理两大主题，突出思想政治建设和业务素质建设。

“三个转变”就是进行换位思考，实现由一般干部向环节干部的转变，实现由事务型工作向综合型工作的转变，实现由自我管理向全面管理的转变。

“四个做到”就是：第一，全面提高自己的综合素质，努力做到政治上成熟、思想上坚定、业务上过硬、纪律上严明、作风上优良、为人上正派、工作上突破、政绩上突出。第二，增强改革创新意识，做到守法不旧、创新不变，全面推动各项工作水平。第三，妥善处理三个关系，做到对上级要尊重，充分发挥自己的参谋助手作用；对待下级要多关心、多帮助，充分调动他们的积极性、主动性、创造性；对待同级要多沟通，多交流，相互配合，亲密合作。第四，廉洁从政、树立形象，做到有权不滥用，有名不专争，有功不专居，有责不专推，以自己良好的形象和表率作用感召人、影响人、带动人，增强本部门的凝聚力、战斗力。

尊敬的各位领导、各位评委、全体同志，竞争上岗有上有下、有进有退，上也好、下也好，一如既望；进也好、退也好，一片青心。最后我用这么一句话结束我的演讲，“你选择了我，我选择了你，让我们一起风雨同舟，为了地税事业的美好而努力奋斗吧。”

谢谢！

（资料来源：笔者依据调研资料整理）

在组织竞聘过程中，一份优秀的演讲稿是必不可少的。上述案例为某优秀员工在组织竞聘过程中的演讲稿，一份优秀的晋升演讲稿最重要的一点就是简短精练。案例中的竞聘者首先为自己的演讲稿题名，方便评委们记忆。为在简短的几分钟的晋升评审中让领导、评委记住自己，个体应浓缩自己的优点，给自己贴上标签。例如案例中竞聘者在工作总结中先概括为四个方面与“一二三四”原则，条理清晰，且在突出个体成绩时，恰当地将优秀的成绩与领导、同事分享。

个体在晋升过程中，除须认真准备演讲稿外，还需要了解晋升过程中其他相关应该做及不应该做的事情，如表 6-3 所示。

表 6-3　晋升中应该做与不应该做的事情

应该做的事情	不应该做的事情
研究自己的标签	心比天高
研究领导的需求	缺少准备
研究评委的心理	一意孤行
撰写演讲稿	居功自傲
打磨演讲稿	打击对手
适当沟通	没有计划
得体呈现	紧张胆怯
请评委支持	表现出无所谓

（1）个体晋升中应该做的事情。晋升是为组织选拔人才，因此晋升中个体应表现出对组织的忠诚，因为评委大多都是与组织利益切身相关的重要领导，对组织的忠诚就是对领导的忠诚。

◆【案例 6-9】

忠诚于组织

小姜所在的公司正面临着困境，2000 万美元的资金砸在了工程上，成了一笔死钱，小姜主动请缨去做另一个公寓项目，为公司重整旗鼓争取希望。隔了几天，小姜被派去做那个项目。两个月后，那片位置不算好的公寓全部先期售出，小姜为公司拿到了 3800 万美元的支票，公司终于有了起色。以后的四年，小姜作为公司的副总经理，帮着老板做了几个大项目，又忙里偷闲，帮公司进行股票投资，为公司净赚了 600 万美元。又过了四年，公司改成股份制，老板当了董事长。董事会要聘请一位总经理，有很多副总经理都很优秀，纷纷被推荐，而董事长极力推荐小姜，最后小姜成为新公司第一任总经理。

小姜说：“我为公司炒股盈利了，许多炒股高手问我是如何成功的，我说一要用心，二没私心。”确实，很多人一面在为公司工作，一面在打着个人的小算盘，怎么能让公司盈利呢？

（资料来源：薛灿宏．如何当好中层管理者［M］．北京：东方音像电子出版社，2010.）

如晋升公式中，对组织的利益直接影响到个体的晋升。案例中小姜的身上，可以看到忠诚的魅力，它是一个员工的优势和财富，它能换取领导的信任与坦诚。忠诚于组织，就是心中始终装着组织，总是把组织的兴衰成败与自己的发展联系在一起，愿意为组织的兴旺发达贡献自己的一分力量。这样的员工是组织的财富，也是领导喜欢重用的人。

晋升评审过程只有几分钟时间，个体还应注重日常工作中的呈现，与领导适当地沟通，自己了解领导的需求，更让领导认识、了解自己。沟通的力量是伟大的，尤其是能和上级良好沟通，顺利的沟通可以给人留下深刻的印象，所以多沟通才能让别人认识自己，关注自己。

◆【案例6-10】

让领导了解你

叶某善于与人打交道，为人慷慨大方，乐于助人。毕业后，叶某到某公司任职，任职期间他认为与上级良好交往、赢得上级的赏识很重要。他从周围同事那里了解到，上级为人保守严谨，于是他总以循规蹈矩的形象出现在上级面前。但如何让上级了解自己的工作能力呢？总得有个突破口吧！

后来，叶某听说上级是个铁杆球迷，自己也很喜欢足球，于是时常邀请上级一同观看比赛直播。每次，叶某和上级单独相处的时间至少有一个半小时，叶某也在上级面前自我表现了一番。在交往中上级渐渐放松了心理防卫，与叶某成了朋友。

经过一番交往，上级也逐渐地了解了叶某工作的能力，在工作中对他予以重用。

（资料来源：笔者依据相关资料整理）

叶某投其所好，出色地把自己推销给领导，从而得到了领导的赏识。作为下属应该积极地与领导沟通交流，让领导有机会充分了解自己的优点。

领导不会用自己不放心的人，领导不会用自己不了解的人。人是一个多面体，如果在工作之外和领导交流较少，领导仅了解个体工作的一面，对其他方面了解不多，这可能不利于个体晋升。因此积极地呈现自己、推销自己，和领导保持正常的交流是有必要的。

（2）个体晋升中不应该做的事情。个体晋升中切忌骄傲自大、恃才傲物、打压同事。同事之间的钩心斗角在竞聘中是不可取的。组织是一个相互合作的平台，没有同事（无论是上司还是部下）的支持，个体将很难办成一件大事。

如何获得支持就是个体在组织中的人际关系。在图6-4的组织层级结构示意图中，处于第五层级的员工要想晋升，除个体努力外，还需要另外两名同事的支持、领导的扶持，如果其中一人故意给自己使绊子，那么晋升之路就会更加坎坷。

◆【案例6-11】

晋升需要同事的支持

英杰是一家墙纸卖场的主管。对他来说，同事们的支持至关重要。过去20年来，他是从生产线上开始，一步步晋升到高级管理层的。英杰以前经常代表大家与领班谈判，解决纷争，员工们都十分信任他。正是这种信赖，使得他屡屡升职。公司管理层深知，凭借他在员工中的威信，英杰完全可以当一名干练的经理。

（资料来源：笔者依据相关资料整理）

正如晋升公式中提到的，个体晋升应规避对其他人，尤其是直线领导的威胁。一些能力较强的个体，在工作上有突出的业绩，因此便恃才傲物，工作上很少请示汇报，把某些方面不如自己的上级不放在眼里，不支持、不合作甚至扮演反对派角色，让上级感到难堪。

◆【案例 6-12】

傲慢的年羹尧

年羹尧为雍正谋求皇位起到了关键作用。雍正登基以后，年羹尧掌握了御林军军权。一次阅兵时，雍正皇帝对御林军发号施令，而御林军一动不动，雍正皇帝奇怪地问年羹尧御林军为什么不听指挥，年羹尧说："我是御林军的统领，他们只听我的。"果然，年羹尧对御林军发令很有效，时隔不久，雍正皇帝就罢免了年羹尧。

（资料来源：笔者依据相关资料整理）

在雍正皇帝面前，年羹尧就是一名员工，其骄傲自大、情绪无限膨胀的结果是被罢免。所以个体一定要明确，自己究竟应该对谁负责，自己是否对领导构成了威胁。有的个体，在某一部门做出一点成绩就自命不凡，骄傲情绪无限膨胀，认为自己在本部门比上级更具有专业权威和个人威信，事实上这种心态是很危险的。

3. 个体晋升成功后应该做与不应该做的事情

晋升是组织对优秀员工的嘉奖，个体应明确晋升成功后应该做及不应该做的事情，调整工作状态。表 6-4 为晋升成功后应该做及不应该做的事情。

表 6-4　晋升后应该做与不应该做的事情

应该做的事情	不应该做的事情
放松心情	骄傲自大
答谢支持者、竞争者	没有事后感谢
自我沟通、平级沟通、下级沟通、上司沟通	不思进取
制订新的计划	疏远下级

（1）晋升成功后应该做的事情。组织内员工形象地将晋升过程比喻为"一场没有硝烟的战争"，在经历了这场战争后，无论成败，个体都需将自己从紧张的氛围中抽离，让自己放松。晋升成功，可以在放松过程中调整状态，转变身份，适应新角色；晋升失败，就在放松过程中调整心态，重新规划下一次晋升或另作安排，案例 6-4 中小陈就是未能及时从晋升失败中调整状态，导致个体在之后一段时间内工作相当迷茫。

在职场中得到晋升，自己的位置发生了变化，今后的整个人际环境和工作重心都会发生转变，应制订新的工作计划，职场晋升成功后，切忌有"小富即安、不思进取"的思想。

晋升后，个体与上司的沟通明显会比之前多得多，所以平常沟通中要谨言慎行，尽力协调好与上司的关系，这样才能得到更好的发展。回顾图 6-4，处于第四层级的个体晋升到第三层级后，其直线领导变为第二层级的副总，这时应积极与新领导接触，搞好关系。晋升后抓住第一次工作任务的完成质量，向上司及同事证明，他们的选择与支持是正确的，用自己的热情做出点成绩给大家看，这样就可以证明个体是有能力胜任这个工作的。

◆【案例 6-13】

新晋升的刘经理

某企业销售部新晋升刘经理工作能力相当强，由于是销售部员工直升的经理，刘经理将自己改革的想法与上级领导协商后，得到领导的支持。在之后的一段工作时间内，刘经理紧抓销售部改革，使产品的市场占有率不断提高，产品的需求量不断扩大，然后迫使生产部提高效率，改进工艺，加大生产，以保证供应，带动了生产部的业绩提高，继而又迫使供应部供应出、采购部采购到优质优价的原料，财务部通过使用企业资源计划（ERP）软件降低原材料浪费。整个企业工作效率得到了提升，也推进了其他部门共同进步。这位销售部新经理也因为自己出色的业绩被领导与同事认可。

（资料来源：笔者依据相关资料整理）

（2）晋升成功后不应该做的事情。许多刚刚晋升的领导会表现出“新官上任三把火”的情况，以彰显自己的权力，但殊不知这样却背离了组织晋升的本意。

给下属安排工作时，要讲究工作艺术，要以协商的口吻使其愉悦地接受。切忌自以为是，装腔作势，更不能采取命令式、家长式和压制式的态度。越是从基层做起的人越应该坦诚地跟以前的同事沟通，让大家感觉到不是升职了就换了一个人，这个度一定要把握好。

4. 个体晋升失败后应该做与不应该做的事情

凡是晋升，必有成功或失败，晋升失败后的个体更应该规划自己的行为，努力做到表 6-5 中所提到的。

表 6-5 晋升失败后应该做与不应该做的事情

应该做的事情	不应该做的事情
自我沟通	立马辞职
自我反思	找领导抱怨
制订新的计划	散布言论

晋升失败后：①应自我沟通，放松心情，莫要给自己太多压力；②自我反思，仔细思考此次晋升失败的主要原因，学习借鉴成功晋升者的优点，改正自身不足；③接受失败的事实，制订新的工作计划，努力在以后的工作中积累更多成功的经验，以待下次晋升。

最不应该做的事情就是四处抱怨，在组织内传播负面思想。

◆【案例 6-14】

A 晋升失败后的抱怨

某员工 A 在单位的竞争上岗中没有竞争上，其朋友 B 就成了他情绪的宣泄口，A 一直不停地抱怨说：“这个竞聘太不厚道了，本来就存在潜规则，还让我们来当靶子，领导们操纵着这次的竞聘结果，所有的上岗人员都已经是他们内定的了，还要我们陪着演戏！假不假！真是不甘心，不想干了，真想辞职算了。”

作为朋友的B，听着他的描述，也一度为他打抱不平。但事后仔细回想，B发现，其实，A输的原因大部分应该在他自身。他把失败的原因都放在了别人身上，而没有从自己身上找原因。B总结了A在竞争上岗中失败的原因，有以下几点：

(1) 同事A从学校一毕业就考到单位工作，工作时间以外从来不与同事沟通，生活在自己的圈子里面。一方面，自己封闭了自己，也失去了让别人了解自己的机会；另一方面，就是自身得不到提高，处于闭门造车的状态。

(2) 一直表现对此岗位很无所谓。A的家庭条件比较优越，从小养尊处优，对于工作只是个人爱好，家里面也不需要他赚钱养家。所以他开始就觉得，这个岗位对于他来说可有可无。但是，竞聘结束后，他觉得不如他的人都上去了，而他没能竞聘上，一下子心理发生了很大的变化。

(3) 太过于自信。A相较于其他竞聘的同事而言，确实具有一定的优势。例如，学历比其他几个都高，工作能力也较强。所以，在竞聘之前，他就自认为这个岗位一定非他莫属，完全一副志在必得已收入囊中的必胜心态。

(4) 怯于与领导接触，总躲着领导，不善于表达自己，也没有让领导充分认识自己。缺乏必要的请示汇报，所以他和领导也缺乏基本的沟通交流。他总觉得自己只要做好自身的工作就已经足够了，和领导沟通与否无所谓，如果有什么事情的话领导会来主动和自己沟通，自己绝对不主动和领导沟通。

(5) 总是会时不时地炫耀自己的过去：想当年在学校怎样怎样，学习如何，所读的学校如何，某某领导又是他的什么亲戚之类的。这是适得其反的做法，即使曾有过十分非凡的过去，但说者无心，听者有意，同事们立刻就会产生反感，认为是在吹嘘、炫耀自己。这些导致了他在单位失去了好人缘。这也是他竞聘失败的原因之一。

（资料来源：笔者依据调研资料整理）

三、组织层面的晋升管理

（一）员工的职业通道

受员工欢迎的企业，其职业发展通道是清晰可见的。清晰的职业通道可以增强员工职业的确定性，减少员工的迷茫，降低员工与领导沟通的成本。一个企业中会有各种不同类型的员工，不同员工的职业通道是不同的。一般来说，员工会有营销类、生产类、财务类、研发类、技术类等不同的类型，这里以营销类为例加以介绍。

1. 营销类员工的职业和个性特点

营销类工作专业技术要求低、工作压力大、工作流动性强、稳定性差。营销类员工要具有较高的商务谈判、信息分析、人际沟通和解决问题的能力。

2. 营销类员工的职业发展定位

营销工作最大的特点就是“入行容易出行难”。因此，在构建营销人员的职业发展路径时，需要针对其工作特点慎重选择职业发展方向。

针对营销类员工的特点，其职业发展定位可以从表6-6所示的四个方面加以选择。

表 6-6 营销类员工的职业发展定位

职业发展定位		具体描述
企业内部发展	专业岗位提升	在积累了一定的经验后，从企业的分支机构、片区或分公司的营销岗位，到更上一级的企业总部做营销部门的工作，或者可以带领更大的营销团队管理大区市场
		在企业总部营销部门积累一定的工作经验后，到下一级或多级的分支机构带领营销团队管理大区/省市场，或到某细分市场开辟新的业务，为晋升管理岗位奠定基础
	转向其他岗位	向与营销经理相关的岗位，如市场分析、公关推广、品牌建设与管理、渠道管理、供应商管理等岗位发展
		如果有管理专业背景或者对管理感兴趣，可以发展的方向包括市场信息或情报管理、行业研究、战略规划、人力资源管理、项目管理等
		如果在产品或行业的生产制造、运营、研究开发、设计等技术方面拥有一定的基础和优势，则可以往技术含量较高的岗位流动，包括运作管理、售前技术支持、产品测试、售后技术服务等
横向跳槽		在积累了一定的工作经验，且在本企业内缺乏进一步发展的空间，或者薪酬、企业文化等同预期存在差距时，也可以通过选择其他行业的相关职业来满足自己进一步发展的要求
个人创业		具有市场发展基础的营销工作经理，个人创业时具有优势，因为个人创业的市场开拓是最重要的工作，而且具有营销经验的人员恰恰拥有这方面的资源和经验
转做营销咨询或培训		在积累了丰富的营销经验后，转行从事营销咨询和培训工作也是很好的选择，其优势在于深刻理解营销行业背景和企业营销实践的环境。许多营销咨询公司的咨询顾问或培训师都是从做营销工作转过来的

3. 营销类员工职业发展的路径

通常情况下，企业可以为营销类员工提供的职业发展路径如图 6-5 所示。

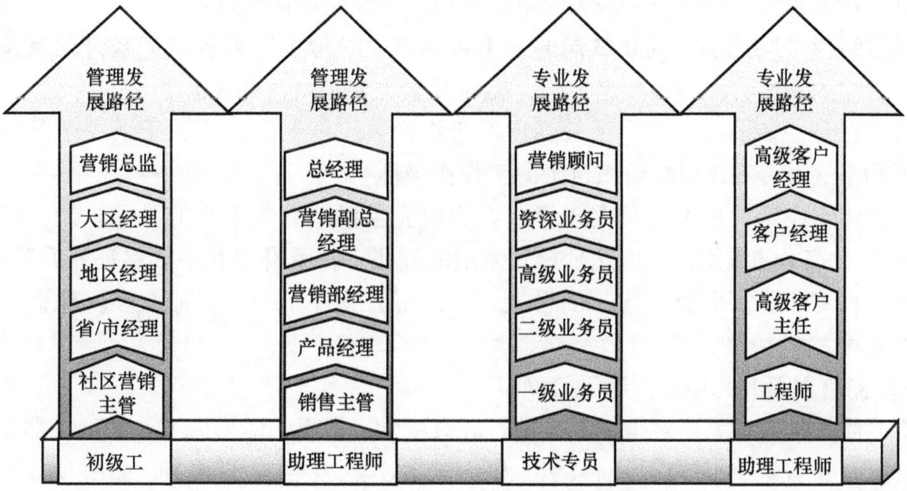

图 6-5 营销类员工常见的职业发展路径

（二）规避组织“一把手”负向现象

◆【案例 6-15】

“一把手”集权现象

某单位部门主管郑某精明强干，具有很强的能力和气魄，部门的大小事情都了如指掌并由他亲自拍板决定，几个副职仅仅起有限的辅助作用。部门在郑某的精心管理下，一切都井井有条，每年都顺利完成单位交给的科研和生产任务。由于家庭原因，去年10月份他辞职赴美国与家庭团聚。此时，单位没有任何一个人能担负起这个部门领导的重任。最后，张某（任副职七年）被勉强推上了“一把手”的位置。他上任才三个月，部门就一片混乱，有时连基本的科研和生产任务都难以完成。单位的人议论纷纷，有的说：“还是郑某领导得好。”有的说：“今天这种局面主要是郑某造成的，不完全是张某的错。”

（资料来源：笔者依据调研资料整理）

一把手离职，企业瞬间陷入窘境，是人力资源管理的缺失，没有良好的人才培养规划及实施过程。没有良好的晋升机制就会造成无才可用，有才也荒废。单位缺乏针对部门正职领导和副职领导的培养计划，并缺失职位晋升机制，造成了郑某长期担任部门正职而未进一步晋升，最终为家庭生活远赴美国；张某知识渊博，工作能力也不差，但在七年的时间里一直担任副职，个人才华无法施展，未能进一步提升自我，无法起到中流砥柱的作用，使得部门在郑某走后陷入了混乱的状态。

郑某的集权型管理近似“独裁”，不能放权、授权、分权的结果是一旦“一把手”缺失，单位整体受到巨大影响。郑某的大权独揽在一定程度上提高了部门效率，但其着眼于短期效率，不利于组织长期的发展。如果郑某能够放权、分权，可能会在短期内降低效率，但是能够培养下级的工作能力，最终会提高部门的整体效率，在一人缺失的情况下能够由其他人员顺其自然地顶替，避免一人缺失给单位造成巨大影响的情况发生。

在规避组织“一把手”揽权的同时，更要规避“一把手”操控员工晋升的现象。晋升结束后，组织内最常听到的话就是×××能够升职主要是由于和某某领导“走得近”，领导安排了这次晋升。如果“一把手”长期操控组织内员工的晋升，不利于组织晋升制度的建设，更不利于通过晋升来提高组织员工的工作积极性。

为规避组织中“一把手”负向现象，组织应完善以晋升为中心的激励机制，以制度制约“一把手”权力的滥用，从而达到晋升激励的效果。在晋升过程中要保证晋升程序公平，员工都有一种“不患寡而患不均”的思想，如果晋升程序不公平，那么难以保证员工对晋升机制的认可。

（三）完善以晋升为中心的激励机制

为提高组织绩效，就要对组织成员进行有效激励。如果不能形成有效激励，那么，组织绩效的降低意味着组织有被淘汰的可能。相比于绩效奖金的一次性激励，晋升所起到的激励作用要更持久、更有效。

组织晋升管理应有明确的制度可循，并将制度通知到全体组织成员，在组织内明确以制度、靠绩效来晋升的原则。组织晋升管理的目的就是发现优秀员工，提升他们在组织中的职位，同时起到激励其他员工的作用。晋升应该是一件严肃而谨慎的事情，必须要有章可循。如果组织中的晋升毫无章法，仅仅是某个员工与直线上司关系好，就被破格提拔，这样不仅起不到激励的作用，更会使优秀而得不到晋升的员工心寒，导致组织工作绩效降低。组织晋升原则主要有：公开公正、竞争择优、人职匹配。

(1) 公开公正。公开公正即指晋升制度所具有的把公正作为制度建立的首要目标，并科学地制定规则和秩序、公开实施规则和程序、公开运行结果来确保公正目标实现和公正过程展示的原理。主要包括三个要点：公正是晋升管理的首要目标；公开是实现公正目标和展示公正过程的必要条件；公开的程度与公正目标的实现和公正过程的展示程度成正比。

(2) 竞争择优。竞争择优即指晋升制度所具有的把选拔优秀领导人才作为核心目标，并通过竞争的途径保证择优目标实现的原理。择优是领导干部晋升运行的核心目标；竞争是实现择优目标的唯一途径；竞争范围的大小、方法和标准、科学性同择优目标的实现程度成正比。

(3) 人职匹配。人职匹配即指晋升制度运行中所具有的从领导职位的要求出发确定选拔领导人选的标准和条件，保证选拔任用的领导人选与领导职位实现最大限度的匹配，从而提高工作绩效的原理。这一原理是领导干部晋升管理的根本目标；人职匹配与工作绩效的高低成正比，人职匹配度越高，工作绩效就越高；人职匹配度越低，工作绩效就越低。

在优秀个体得到晋升后，其相应的薪酬待遇也应及时调整，薪酬执行要跟进落实。晋升带给员工的利益不仅仅是职位的变动，更重要的是薪酬的变化。但如果组织内对于晋升员工薪酬变化执行不到位，会使应该起到的晋升激励效果大打折扣。

(四) 组织晋升管理的公平性

组织内员工会将自己工作中所得到的报酬（例如薪酬、升职和认可）与自己的投入（努力、经验、教育、能力）相联系，然后与相关的人比较其“产出/投入”比率。当自身比率与相关者比率相等时，就认为是公平的。当比率不相等时，如果感到自己得到的奖酬少于应得的数量，这种不公平造成的紧张感会导致愤怒感；而当认为自己得到的奖酬多于应得的量，紧张感会导致负罪感。

在选择比较对象时，一般来说有以下四种：

(1) 自我内部比较：与员工在当前组织内部其他岗位的经历比较。

(2) 自我外部比较：与员工在当前组织外部其他情景或岗位的经历比较。

(3) 他人内部比较：与员工在当前组织内部的另一员工或另一群体比较。

(4) 他人外部比较：与员工在当前组织外部的另一员工或另一群体比较。

◆【案例 6-16】

航空 W 院，晋升中身份不公平引发离职

夜晚 10 点，基建部人力资源处的办公室仍然灯火通明。办公室的桌面上，摆放着离职人员的辞职信和访谈记录。杨帆坐在座椅上，揉了揉紧皱的眉心，详细地翻看着。这些资料都是人力资源处近期整理出来的。为了深入探明员工的离职原因，杨帆在员工离职前后与他们进行了谈话，而这其中有几次谈话令她印象深刻。拿起赵静的离职资料，看着照片上笑容甜美的女孩，杨帆陷入了沉思。

毕业于重点大学的赵静是编外人员，生于 1984 年的她出生在河北省一个农村家庭，从小就能吃苦、爱学习，大学期间学习成绩在班级名列前茅。除了学习，她还利用业余时间当家教，打零工，是个非常懂事、有上进心的年轻人。

2007 年秋季，赵静在校园双选会上被基建部选中。在得知被录用后，赵静激动得整晚都睡不着觉，觉得以自己当时的能力和资历，能够找到这样的工作，实在是太幸运了。

赵静进入基建部计划财务处后，负责项目的预决算工作。和她同期报到的还有一位事业编身份的大学生孙晓晓，身为 W 院子弟的她，毕业后正好赶上航天城二期建设。为了支持基建部的工作，航天 W 院也会给基建部几个事业编指标，但基本上是凤毛麟角，考虑到孙晓晓的爷爷、父亲都为航天 W 院做出很多贡献，就在符合规定的情况下优先录用了她。

刚到基建部那会儿，赵静工作勤勤恳恳，学习能力特别强。只要是学过一遍的业务知识，她马上就能记住，几位老员工也特别喜欢在工作时帮助她。很快全处上下都认为她是这批“80 后”中能力最强的新人，没过多久赵静就开始被安排单独审核一些面积较小的项目。她对每一项工作、每一个环节都反复计算审核，虽然需要耗费很多精力，但至少可以防止工作中出错。除了工作努力以外，赵静在业余时间还在加强学习，怀孕那年还考取了注册造价师，能力被公认超出同龄人一大截。

赵静通过了注册造价师考试的消息很快在处里传开，几个同事跑过来起哄让挺着大肚子的她请客，赵静很痛快地答应了，她还诚恳地邀请了坐在对面的孙晓晓一起庆祝。众人离去以后，孙晓晓突然阴阳怪气地冲着赵静说：“唉，赵静，你说你这么拼为了啥啊，看你这几年累得气色多差。就算你不为自己着想，也得想想孩子啊，你说你们两口子都北漂，这么辛苦何必呢，一个编外员工干一辈子也只能是个基层，不如混混日子就得了。”说完，孙晓晓头也不回地走出了办公室。

孙晓晓的恶语相向让赵静无法接受，从农村出来的她一直想靠自己的努力改变命运，她知道孙晓晓看不起她，可是让她“认命”，又感到十分不甘心。一时没有忍住的赵静躲到洗手间哭了起来。在洗手间洗了把脸后，赵静感觉轻松了很多，她看着镜子中的自己，不断地思考着。孙晓晓说的话狠了些，但还是说中了赵静最近在想的问题，那就是关于她还能在基建部待多久。现在注册造价师在市场上很受欢迎，更何况她有这么多年的项目经验，走到哪里都是一技之长。拿到证书以后出去找工作，必然会比在基建部发展前景要好，可是面对培养她多年的基建部，赵静心里还是有些不舍，心想走一步算一步吧。

有了孩子之后，赵静感觉自己的责任更大了。产假后的第一天，赵静回单位上班。进了办公室，赵静发现自己对面的位置空了。

“孙晓晓的位置怎么空了?”赵静问。一位同事回答说：“她呀，升职了呗，你不在的这段时间发生了不少事儿。隔壁谢主管升职了，孙晓晓就过去补缺了。她现在也是主管了，事业编升职都是早晚的事儿。”得知情况以后，赵静十分失落。虽然基建部对她有培育之恩，但是这几年她也付出了很多，到头来自己还是个基层员工，而孙晓晓轻轻松松就当上了主管，这让她觉得十分不公平。因此，赵静坚定了离开的决心，唯有离开才有发展。

（资料来源：笔者依据调研资料整理）

组织在晋升管理过程中应满足员工的公平需求。公平感直接影响员工的工作动机和行为。制定公平的晋升管理制度，会使员工的付出有一个获得公平回报的机会，且满足员工的需求。

为体现组织晋升管理的公平性，可在组织内部公开竞争上岗。竞争上岗也称竞聘，是指组织根据自身人才需求，在一定的范围内按照一定的岗位要求公开发布需求信息，凡是符合岗位要求的人员，均可站在同一起点上，按照“公开、平等、竞争、择优”的原则参与竞争，组织据此选拔和任命最合适的岗位人选的活动。许多员工表示，组织通过竞争上岗给予员工公平竞争的机会，即便是没有得到想要的，也让他们受到公平、公正的对待，公平的需求得到一定程度的满足，他们的工作积极性就不会受晋升挫败的影响。

公开竞聘能为组织带来深远的影响，有利于拓宽管理人员的选拔任用渠道，体现管理人员选拔任用的公正性和科学性，激发全体员工的工作热情，形成人尽其职、团结和谐的良好氛围，给员工一次难得的展现机会，激发员工的潜能，是改革传统管理机制的突破口，为下一步组织深化人事改革奠定基础，是无投资的培训，有平衡和化解矛盾的作用。

第三节 离职管理

离职代表了企业作为雇主、个人作为员工的雇佣关系的终结，但是并不代表双方友谊关系的终结，所以，在离职过程中双方都要以公平和互相理解的心态办理好离职手续。雇佣关系虽然伴随着员工离职而不复存在，但个体仍然可以与组织保持其他友谊关系，离职绝不等于“鱼死网破”“老死不相往来”。

一、个体与组织的博弈

◆【案例6-17】

隆力奇的“人走茶不凉”

一般情况下，随着员工的离职，公司对员工的关心、照顾等也就到此为止。人走茶凉，这在职场上很常见。但在江苏隆力奇公司，却是“人走茶不凉”。每年年终，隆力奇公司人力资源部都必须做两件事。一件事是给那些曾经在隆力奇工作过、如今已经离职的员工，精心设计一份新年贺卡，由董事长亲自审阅并签名后寄出。在贺卡中，除了新年祝福之外，更多的是对他们现在工作、生活境况的关心、问候，并表示公司热情欢迎他们有机会再回隆力奇：“如果在外干得不顺心、不如意，欢迎随时回来。隆力奇的大门始终是敞开的。”另一件事是针对那些昔日在隆力奇高层管理岗位上工作过、也因种种原因离职的管理人员，邀请他们借新年休假之际回“娘家”看看。距离公司较近的，公司会派专车去接；较远的，公司为他们负担来回机票。每到见面这一天，董事长都会在公司总部早早地恭候，陪同他们到公司各处参观，介绍公司的发展变化以及公司最新的发展战略，真心实意地听取他们的意见和建议。

（资料来源：笔者依据相关资料整理）

有一个著名的论断称：“重复博弈是道德之母。”意思是说如果人们预期交往关系还会持续下去，即所谓重复博弈，那么在现期会更加倾向于约束自己的行为，使其符合社会规范，因为人们会顾忌到声誉损失和在以后的交往中遭到报复；而如果预期关系不会持续下去，即一次性博弈，则易使人的行为偏离规范——反正以后也不用打交道了。隆力奇的做法实际上是将一次性博弈延伸成了重复博弈。

职场上，人员离职司空见惯，那么，员工与公司的这种博弈是否随着员工的离去而结束，从而是一种一次性博弈呢？

这就要看管理者的处理方式了。如果管理者在员工离职时严加指责、百般刁难，在离职后不闻不问，员工与公司的博弈就会成为一次性博弈。如果像隆力奇这样，对离职员工仍然关爱有加，则员工与公司的关系在员工离职后完全可以延续，成为重复博弈。重复博弈相对于一次性博弈更有利于激发员工的良性行为，从而对公司的发展更为有利。㊀

二、个体层面的离职管理

◆【案例6-18】

罗瑛的离职值不值？

罗瑛是S公司唯一的一名采购人员，同时兼任商务性的工作。S公司共有四名销售人员，罗瑛的采购工作主要是为这四名销售人员服务。罗瑛的专业能力比较强，性格也非常好强。罗瑛初到公司时，发现公司的进口物流这方面的工作比较烦琐，有待改进，于是她简化了物流转运程序，从而使公司的采购成本降低了近30%。对于此番工作成就，罗瑛很得意，她以为公司领导对于她的工作成就一定知道，并会对她刮目相看。可是后来她发现她错了，她对于公司节省成本的贡献，公司领导一概不知，对此她心里很不满，但是也没有想办法补救，而是继续埋头干着自己的工作。

刘杰是S公司的一名销售人员，由于业务突出，很快就升职为公司的副总经理。刘杰聪明能干，做事认真细致，事必躬亲。在刘杰还是销售人员时他就对罗瑛的工作有些不满。比如罗瑛跟踪货物不及时，工作中有些马虎等。刘杰升职后在公司的周例会上也常常指出罗瑛工作中的一些问题。罗瑛非常好面子，为此她和刘杰在好几次周例会上发生了争执，但争执之后两人并没有采取有效的解决方法。

对此罗瑛对于刘杰很有意见，而不是好好反思自己工作中的问题。比如罗瑛的工作强项是供应商开发以及进口清关，而刘杰所看重的跟踪货期、工作中不细致的问题主要是商务方面。罗瑛的工作其实是需要两个人才能完成的，由于工作的繁多，罗瑛自然会出现马虎的问题，对此，罗瑛没有向刘杰分析自己的工作情况。刘杰觉得罗瑛不服从自己的管理，而罗瑛觉得自己工作已经很尽力了，领导不但看不到，还经常不给自己面子在同事面前指责自己。

后来，公司出台了一项绩效考核制度，由公司的财务人员和两位副总经理给公司的其他员工打分，分数出来后，罗瑛的得分比较低，而销售助理的分数却比她高，对此罗瑛很不满，她觉得自己一个人干两个人的工作，并且为公司节省了很多成本，绩效考核却得不到高分。刘杰把对罗瑛工作中的一些问题都反映给了总经理，公司总经理后来找

㊀ 周骏宇．人走茶不凉——隆力奇的HR策略［J］．中国人力资源开发，2006（10）．

她谈话，总经理对她更多的是责问和不满，一气之下，罗瑛提出了辞职，总经理对此有点意外，也欣然接受了她的离职要求。

（资料来源：笔者依据相关资料整理）

对于罗瑛来说，她自身很能干，但是她没有把自己在工作中取得的成就汇报给领导，让领导知晓她对公司所做的贡献。自己工作任务繁多的情况，她也没有向领导汇报，陈述自己工作中的问题，给领导的印象是她很忙，但是老出错，还不服从管理。

对于领导来说，和下属沟通也存在问题，比如刘杰经常不给罗瑛留面子，在公开场合批评她，如果他能私下和罗瑛进行沟通，商讨解决问题的方法，就不至于最终导致员工离职。罗瑛应该明白自己所做的工作，在老板眼里永远只有60分，所以要适时向老板汇报，说明自己的成绩与遇到的困难，要学会“哭穷”，而领导也应该掌握和下属沟通的技巧，认识员工的长处，充分发挥他们的优势，只有这样才能充分提高工作效率，才能营造和谐的工作环境。

◆【案例6-19】

胡伟的离职选择

2006年，胡伟毕业后被航天W院基建部工程处录用。虽然是编外员工，但胡伟看重航天的氛围和浩大的工程，曾几何时，他在电视上看到神舟飞船进入太空，感到无比的骄傲和神秘，他认为能够参与航天城的建设是一个锻炼自己能力、让自己成长的机会，也希望自己将来能在基建部有更好的发展。受到光环效应影响的他带着期望来到了基建部。入职后，他一直非常努力地学习，在短短几年时间内，从一个“菜鸟”成长为项目的骨干力量，并考取了一级建造师。

2012年夏天，胡伟参加了大学同学聚会，多年未见的同学谈起了目前的工作和生活。在酒桌上胡伟侃侃而谈，把这几年来在航天城干了多少项目、管了多少事儿、解决了多少困难跟大家一起分享，很多人听完后都特别佩服，不停地和胡伟讨论专业上的问题。

“你上学的时候学习就很好，工作几年又干了这么多重要的大项目，真叫人羡慕，来，胡总，我敬你，以后别忘了我们这帮兄弟。”当年同宿舍的好友向胡伟敬酒。这时候的胡伟喝了不少，舌头开始有点不听使唤：“什么？胡总，挤对我是吧，我就是一个工程助理。”听完胡伟的话，同学们都露出非常惊讶的表情。

“是你逗我们吧？你干那么多重要的工作，怎么可能只是个工程助理？以你现在的能力，到我们这说不定能当上总监。你看我们几个上学时一直比你差，工作单位也没你的响亮，但在各自公司都已经是项目经理、主管之类的。”一位同学说。

听到同学们的议论，胡伟陷入了沉思。胡伟告诉大家，由于自己是编外员工，不符合当前基建部选拔干部的标准，因为只有事业编才能进入管理层。这几年，领导也尽量给他向上调整工资，可是由于体制的限制，调整幅度十分有限。

“我说老胡，要不你来我们这里吧，正好我们需要人，你可以试试，要是留下来了咱们还能相互帮衬着。”同学说。

听到这里，胡伟有些犹豫，毕竟这么多年过去了，他对基建部的感情很深，忘不了这个地方对他的栽培，可是经过今天的谈话，他骨子里萌生的去意越来越坚决。

同学聚会在大家的欢声笑语中继续进行，可是胡伟却已兴致全无。此后，他与几位当年的同学又聚了几次，在了解其他同学的工作情况之后，胡伟犹豫了很久，最终选择了辞职。

在离职访谈中，胡伟反复强调，自己是真心喜欢这个单位，也确实在单位收获了很多。但是看到自己和同学之间的差距越来越大，他实在接受不了这种心理落差。希望通过自己的努力，能有更好的发展前景，而不是一辈子困在这里做一位基层员工。

（资料来源：笔者依据调研资料整理）

胡伟的离职选择是由于与其他同学的身份不对等的心理落差所引发的，一个员工在离职前需要考虑包括内在与外在各个因素来客观评估该不该离职，谨慎对待离职问题，以免造成遗憾。

（一）离职评估

员工离职的原因是复杂多样的。由于就业市场的多变，员工个人观念的更新，各种主、客观因素交织在一起，员工在进入企业之后，因为各种问题产生离职的想法。员工在离职前会首先评估是否需要离职，在评估过程中主要考虑三方面因素：一是外部因素，二是组织文化及工作因素，三是个人因素。

（1）外部因素。外部因素主要包括经济政策及法律因素。经济政策的实施影响着整个就业市场环境的变化。从经济扶持的角度讲，国家的经济政策对某一地区越支持，其就业市场环境将会发生变化，劳动力的需求将会越大；从行业扶持的角度讲，某个行业越发展，对相关人才的需求也越大。员工可以关注国家相关政策来评估工作地点以及行业是否具有发展空间和潜力，做出离职判断。

（2）组织文化及工作因素。组织文化是指组织全体成员共同接受的价值观念、行为准则、团队意识、思维方式、工作作风、心理预期和团体归属感等群体意识的总称。组织文化是影响员工离职的关键因素，一个新员工在进入组织之后，他的个人价值观念会和组织文化及整个组织的管理运行机制经历一次磨合的过程。个人的价值取向如果无法适应组织的文化，则不可能在组织中长久地工作和学习，离职自然不可避免。一个强大的组织文化能够降低员工的离职率，组织文化使组织中的人员具有共同的目标和价值观念，员工才能对组织保有忠诚度。所以，组织文化是否和员工自身价值观契合也是评估离职与否的重要因素。

工作因素则体现在工作满意度和工作报酬方面。工作满意度涵盖了工作内容、工作压力和工作环境等。工作内容如果超出员工的能力范围，不仅影响员工工作的绩效，而且会给员工带来巨大的工作压力。而工作环境则是员工完成工作一个重要的辅助条件。员工的工作满意度来自工作的方方面面，工作满意度高的员工比工作满意度低的员工离职率要低。所以，评估以往工作中的满意度也是决定是否离职的重要因素。

工作报酬是员工最关心的问题。工作报酬与员工的工作岗位和工作绩效挂钩，因此合理的职位设计和公平的考评体系很重要，工作报酬的发放要体现公平，员工的公平感是员工信赖企业的重要因素。所以，公平的绩效以及晋升机制能坚固地维护员工关系，降低离职率。

反之，如果员工在工作中感到绩效不公等，会直接引发离职。

(3) 个人因素。个人因素是相当复杂的，涵盖了家庭因素、人格特质、职业属性以及个人成就动机因素等。女性员工可能因为家庭因素而选择离职，男性员工可能因为个人成就动机因素选择离职，这一方面的因素在离职中起到的作用是因人而异的。

◆【案例 6-20】

盲目跳槽，悔恨终身

王伦是一家汽车公司的经理，MBA 毕业，在公司颇受器重，前途一片光明。就在他事业蒸蒸日上的时候，他准备跳槽。因为他觉得凭自己的能力应该有更好的发展。很快，王伦就得到了一家热门行业公司的青睐，开出的条件也比较诱人，王伦没有犹豫，很快便加盟了新公司。

到了新公司，“蜜月期”还没过完，王伦就陷入了困境：热门专业与自己的专长相距较远，原来以为没什么问题，现在才知道，并没有那么简单；老板对他这个高薪请来的人才期望很高，数次交给他“不可能完成的任务”，王伦很难完成；由于业绩不佳，下属也因为他没有像他们预期的那样出色而少了尊重等，一段原本美好的“姻缘”很快便走向了末路。在一次较大的决策失误后，压力之下，王伦黯然离职。

王伦盲目离职跳槽后导致了后续一系列的问题——当初，他不了解新公司的环境、不清楚自己所擅长的专业就盲目跳槽，结果导致了入职后难以适应新环境和新工作；他误判了工作难度，结果应付不了老板的要求，但是他又碍于面子没有向老板说明，结果老板只是把更重的任务压在他的头上，最后直接导致他在重大项目上出现大的失误，最后被迫离职。而这次被动离职势必对王伦今后的职业发展有很大的影响，并严重影响了他的职业信心，而这一切，起因只是当时的王伦做了不太恰当的跳槽决策。

（资料来源：笔者依据相关资料整理）

在当今社会，人的一生很少有在一个单位从一而终的，跳槽与辞职已经成为一种职场上正常的现象。但是，跳槽和辞职毕竟是人生路上重大的选择，我们不能掉以轻心、随意而为，应该谨慎考虑，三思而行。

(二) 离职流程

对离职的人来说，最实际的目标其实就是三件事：第一，拿到应得的工资福利；第二，尽快离开；第三，能够给领导和同事留下一个良好的个人印象。但因为有比较多的企业，员工缺乏、用人紧张、企业处于亏损阶段等，在员工离职的问题上，往往建立不利于员工的制度，或者就算有合理的制度，也照样出现各种形式的克扣工资、福利等违规行为。

这种违规行为首先损害了离职员工的个人利益，其次更是给离职员工留下了企业恶劣的印象，影响企业的信誉和形象，企业得不偿失，丢了西瓜捡芝麻，损害了长远利益。所以规范离职流程，按照法律程序和规则办理离职手续，不仅维护了离职员工的正常利益，更是为以后企业与离职员工其他关系的建立种下信任的种子。

离职流程一般包括申请离职、交接工作、核算工资等数据这三个方面的内容。

1. 申请离职

如果是纯粹想离职，不打算留余地，那可以在申请离职之前的时间，向同事传出消息。但是要注意离职的理由必须是合理的，让企业能够理解，如结婚、搬家、回老家、照顾老人、小孩读书、家庭原因、考公务员等。领导得知你在事先就已经公开进行了宣传，知道你去心已定，不会挽留。

不管离职单内容填写如何，领导一般还是会找准备离职的员工交谈一次，有些是真心想留你一下，有些是走形式，有些是直接跟你谈工作交接程序。在交谈中，务必保持礼节礼貌，一日为“师”，终身为“师”。下属的离职本身是企业前期投入的一种浪费、损失，所以在交谈中更多应该表达谢意。关于交接工作，明确表态会按照公司或者领导的要求，百分之百地交接好。让曾经的领导不要因为交接工作没做好而受到更高领导的批评甚至是处罚。离职程序是否会出问题、是否会受到阻碍，非常重要的环节就是直接领导。

2. 交接工作

不管企业有没有要求，一个有职业素养的人，应该主动编写完成自己的工作交接内容，如果没人和自己交接，就主动发给人力资源部或者直接给上级领导。工作交接内容通常包括：以 Word 格式或者是 Excel 格式清楚地列出需要交接的工作事项，包括计划进行中的项目、未完成内容、需要跟进的内容、需要特别注意事项的环节、涉及哪些人员，甚至是联系方式以及文件存放处等。这样使得跟你交接的人，一目了然，清清楚楚，通过交接文件就可以直接操作。

要注意很多企业对工作交接是非常重视的，离职员工必须配合执行，不要有任何不利于交接的想法和行为，否则可能会造成企业对离职员工的变相惩罚或处罚。

3. 核算工资等数据

离职员工在提出离职申请后、完全离开企业前，要注意把未结算的工资及相关福利进行明确的统计、核算。这是因为有很多企业并不一定是当场就结算工资，而是在企业规定的工资发放日统一发放。经常有员工在离开前没有核对清楚，而在离职后收到工资时，发现有问题，而在离职后电话联系是很难一次性解决问题的。所以，离职前的核算工作是十分重要的。核算的主要项目通常为：考勤情况，如是否有请假、是否有迟到等情况；考核奖励等方面是否正确；是否有明确需要处罚的事项，额度是多少，凭据是否标准正确；福利是否被取消，如果规定的正当福利被取消，可以向人力资源部据理力争；明确餐费、水电费、话费、工作服、工作证等任何会涉及金钱的项目。最后由人力资源部和本人对核实过的数据结果共同签字，并且将签字后的材料复印一份自己保存。

三、组织层面的离职管理

◆【案例 6-21】

组织层面成功挽留骨干人才

张扬和王斌都来自山东。上班第一天，张扬到工程处报到时遇见了王斌，两人十分投缘，一聊就是一上午。通过长时间的交谈，王斌很欣赏这个性情直爽、为人耿直的老乡，他隐约在张扬身上看到年轻时的自己。航天城二期刚开始，后面将有很多工程陆续启动，院里要求把安全和质量都放在第一位，质量问题王斌不担心，但安全问题他打算自己来抓。

“我想设置一个安全助理的岗位，能和各项目上的总包安全负责人形成对接，及时了解各项目的安全管理情况，及时发现隐患，协助我总抓航天城所有项目的安全工作。我发现你比较适合这个岗位，性格直，敢说话，做安全管理就要不怕得罪人，而且你是学工民建的，干这个肯定没问题，你愿意干吗?”

当王斌提出这个要求的时候，张扬先是愣了一下，记得以前听学长说过，干施工安全管理责任大，想到这里张扬有点想退缩，但是通过交谈，他也觉得自己和王斌可以算是脾气相投，看到领导殷切的眼神，就痛快地答应了做王斌的安全助理。王斌高兴地一拍桌子笑着说道：“咱们山东人就是爽快！以后你就是我徒弟了，我带你！走，咱们去项目上转转，先熟悉环境吧。”就这样，张扬开始了第一天的工作。

进入工作后，张扬非常热情、积极，经常主动向王斌请教一些项目上的问题，王斌也不厌其烦地为他解答，并且经常挤出时间带他在各项目上巡视，指导他的工作。通过王斌的指导，张扬成长很快，所以王斌开始让他独自负责几个项目的安全管控，作为甲方代表掌握各工程项目安全生产状况。为了能够更好地完成工作，多积累经验，张扬索性吃住在这些项目上，不知疲倦。二期建设的安全管控在张扬的努力协助下井井有条，王斌总是在别人面前夸赞张扬是他不可多得的爱将，是个好徒弟，两人的关系越来越密切。

除了工作，王斌在学习和生活方面像亲人一样关心张扬，张扬报考一级建造师，王斌就利用业余时间为他辅导，并且在考前一周让他带薪备考，最终张扬顺利拿到证书。张扬要参加航天系统的工程师职称评审，王斌亲自指导他编写评审材料。生活中，王斌也经常带张扬一起打球、游泳、吃饭，逢年过节都买些礼物让张扬带回去孝敬其父母。张扬对王斌一直都非常感激，两人既是上下级关系，又是师徒关系，有时候还有点像哥们。

几年下来，张扬不断成长，独当一面的能力越来越强，也渐渐收到了来自不同单位的工作邀请，这些单位给出的薪酬和待遇都高出基建部不少，然而张扬总记着王斌的恩情，也考虑到短期内实在没有人手能够接替自己的工作，就一直没有离开。在一次次拒绝其他企业的邀请后，张扬的妻子与他发生了矛盾。妻子认为张扬在现在的单位该学的都学了，应该往更好的单位去找工作，毕竟夫妻俩的工资都不高。几次吵架下来，张扬十分心烦，终于在一次吵架后跟王斌聊起了这件事。

听了张扬的诉苦，王斌的眉头紧皱。他也多少明白张扬现在的处境，以他的能力完全可以找到更好的工作，但是看在基建部这几年的栽培和他这个好兄长的份上，张扬才没有选择离开。他拍了拍张扬的肩膀，说：“这事儿我明天和杨帆商量，你先别着急，凡是你应得的我都会尽力争取。”如此说了许多，总算安抚了张扬的情绪。

第二天一早，王斌就来到人力资源处，为张扬申请涨薪。他一一列举了张扬的能力和资历，要求杨帆尽量想办法给张扬提升待遇，“不是我想跟你争，实在是不争不行，再这样下去，我担心这位难得的人才就走了。”王斌无奈地说道。经过几次讨论和汇报，张扬的待遇得到了提高，虽然涨幅并不大，但也表示出对张扬工作的肯定，暂时安抚住了张扬的情绪。从那以后，张扬仍旧勤勤恳恳地干活，只是不知道这样的平衡会在哪天被打破。

（资料来源：笔者依据调研资料整理）

王斌代表组织层面通过情感维系和信任挽留住了骨干人才，避免了人才的流失。王斌与张扬正是通过平等亲切的沟通以及相互的理解和信任，才成功避免了离职事件的发生。

（一）化解冲突，避免离职

往往是因为员工与企业沟通不畅，产生了矛盾和误会，随着矛盾加深而最终导致离职。在误会刚开始发生时如果处理得当，就可以轻而易举地化解矛盾，避免企业骨干人才的流失。所以，作为企业一方需要积极沟通，化解员工矛盾，避免离职现象的发生。

1. 引咎自责，自我批评

若责任在企业一方，应勇于找员工承认错误，进行道歉，求得谅解；为了更好地开展工作，作为企业可以主动灵活一些，承担一些冲突的责任，给员工一个台阶下。这样的胸襟容易感动下属，从而化干戈为玉帛。

2. 放下架子，主动搭腔

作为上司遇到下级特别是与自己有隔阂的下级时，应及时主动搭腔问好，热情打招呼，以消除冲突所造成的阴影，这样给下属和公众留下一种不计前嫌、大度处事的印象。

3. 不与争论，冷却处理

当与员工发生冲突之后，作为管理者或上司不计较，不争论，不扩散，可以把此事搁置起来，在工作中一如既往，该指示仍指示，该表扬还表扬，冷却处理。这样随着时间的流逝，误会和隔阂就会逐渐冲淡，冲突造成的副作用也就会自然而然地消失。

4. 请人斡旋，从中化解

找一些对员工有影响力的第三方，带去自己的歉意，以及做一些调解说服工作，不失为一种行之有效的策略。尤其是当事人自己碍于情面不能说、不便说的一些语言，通过调解者之口一说，效果极明显。调解人从中斡旋，就等于在企业和员工之间架起了一座沟通的桥梁。但是，调解人一般情况下只能起到穿针引线的作用，重新修好、起决定性作用的还是要靠当事人自己去进一步解决。

5. 避免尴尬，线上沟通

线上沟通可以避免双方面对面交谈可能带来的尴尬和别扭。线上沟通时要注意措辞，应亲切自然，不管是由于自己方法不当造成的碰撞，还是由于彼此心情不好引发的冲突，不管是员工的傲慢引起的冲突，还是由于自己思虑不周造成的隔阂，都可以利用电话、微信、邮件等解释，求得理解，形成共识，这就为恢复关系初步营造了一个良好的开端，为下一步的和好面谈铺开了道路。

6. 寻找机会，化解矛盾

选择好时机，掌握住火候，积极去化解矛盾。譬如：当下属遇到喜事（如结婚、生日）时及时祝贺道喜，这时员工情绪高涨不会拒绝，反而能够感受到你的诚意和对他的尊重，当然也就乐意接受道贺了。

（二）员工离职前的表现

在当下人才竞争愈演愈烈的情况下，留住人才是每个人力资源工作者的重要职责。通常，一个人做出辞职的决定是要经过长时间的深思熟虑、考察和论证的，一旦提交辞呈，意味着他已经接受了另一家公司的入职邀请，这时一般人不会因为公司的挽留而动心，因为他与另一家公司已经有了契约关系。其实一个人离开公司前的1~3个月里，一定会表现出不同以往的言语或行为，如果仔细观察，就可以发现异常，提前采取稳定人和留人的措施。

（1）对工作的积极性和主动性突然下降。一个一贯积极主动的人，突然变得消极被动，对什么事情都无所谓，这是很危险的信号。当一个人决定离开的时候，已经是“人在曹营心在汉”，因此出于职业道德的约束，会继续做好已经启动的工作，但不会做任何需要长期承诺的事情。

（2）对公司的态度骤然变化。原来对公司牢骚满腹、意见多多，突然变得沉默寡言，别人议论公司也不参与。当一个人对公司有抱怨、有意见的时候，他暂时不会离开，因为他还对公司抱有希望，希望有所改善。但是当他已经决定离开时，他对公司的改善也就不抱希望了，或者是无所谓了。

（3）表现低调。在各种场合，表现得比过去低调，开会不发言、讨论不讲话、有任务不主动请缨、有矛盾不卷入。为了淡出公司，他不会再主动请缨担当任何新的项目，也不会启动长期的工作项目。

（4）工作纪律散漫。并非所有人都会这样，但在低级岗位的员工中会见到。一个一贯遵守工作纪律的人，突然出现一些迟到、早退、上班聊天、上网等小毛病。既然要走了，在这个公司的表现就不那么重要了。但是，职业化的员工往往能做到善始善终，主要原因是：①职业素养使然；②对于离职员工，可能会有背景调查，会影响他能否拿到下一家公司的聘书。

（5）休长假，申请休一两个星期以上的假。如果一个岗位可以空缺那么长时间，老板就要质问公司是否需要这个岗位。但是对于要走的人，他休假一方面是为了跳槽，如到外地考察、准备和参加面试等，另一方面，因担心个人的带薪假可能在离开时得不到公司补偿，因此会长时间休息。

（6）经常离开办公室接打手机。和对方公司的人事部或猎头通常是通过手机联系，接到这样的电话，该员工会神秘地快速离开办公室，走到僻静的场所接听，电话一般是关于安排面试、参观公司等事项。

（7）到人力资源部门询问有关年终奖金和休假的政策。各公司对于年终奖和带薪假有不同的规定。例如，有的公司规定，发放奖金时已经离职的人无权获得奖金，遗留未用的带薪假以工资补偿；而另一些公司则规定，凡是工作到上年度 12 月 31 日的人，来年 2 ~ 3 月发奖时，仍有资格享受年终奖。

（8）做退出的准备。有职业道德的人，为了降低自己离职对现雇主的不利影响，会开始辅导自己的属下，把工作移交给称职的部下，让自己从各种课题和项目中脱离出来，以便能毫无牵挂地离开。否则，现公司可以以项目未完成为由而拖延其离开。如果不顾一切地逃脱，给现公司造成损失，会损害自己在业内的名誉。

作为组织层面，如果发现员工有以上表现，一定要及时沟通，了解情况，争取留住人才，做到防患于未然。

（三）企业应对离职的策略

事前的预防充其量也仅仅是将损失的程度降低，应对员工跳槽的关键，还是要从企业自身找原因，是什么原因导致了企业向心力不足？本企业吸引员工的动力是什么？搞清楚了这些问题，然后从体系制度上加以修缮，这样才能一劳永逸。

1. 离职事件前

离职事件前的管理是第一道关口，把握好离职事件前的相关事宜可以使企业处于主动地位。

(1) 全面薪酬管理。全面薪酬管理是有效防止跳槽的策略之一。公司给受聘者支付的薪酬分成直接薪酬和间接薪酬两大类，应该将那些给员工提供的不能以量化的货币形式表现的各种奖励价值也纳入激励体系。例如，提供培训的机会和互相配合的工作环境，以及公司对个人的表彰等。它们相互联系，互为补充，从而让员工具有胜任感、成就感和责任感。

(2) 员工生涯规划管理。很多稳定的企业多是基于一种温情的企业氛围和员工关系，让员工有种备受尊重和关心的感觉，而员工职业生涯规划就是一种非常有价值的方法，是企业主动表达对员工关爱的手段。

职业生涯规划就是对员工的发展不是单一地以晋升角度考虑，而是根据员工自身的兴趣、特点，帮助员工规划职业生涯；而企业也可以通过对内、外部环境优劣势的详细估量，在企业整体战略目标的指导下，设计出员工合理且可行的职业生涯发展方向，从而为员工的未来发展指明方向。

(3) 人才梯队管理。实际上，企业能否持续发展，关键在于是否后继有人，形成持续的动力。因此，企业应该根据关键岗位，定期进行风险评估，如某岗位的人做得怎样、该人才流失对公司有多大风险等。并且以此做出接班人计划，甚至培养后备梯队。如果有人离开，就应该有人能立即接替，特别是关键岗位不能出现真空。

(4) 企业文化管理。要想阻止集体跳槽，就要找出其根源，还需要从源头上预防，就是让员工感受到有归属感的企业文化氛围。如果一个公司的文化氛围一片和谐，外界是很难挖墙脚的。

(5) 晋升通道管理。给予跳槽高管比原单位时高一级别的职位对他来说极富吸引力，在他们看来职场机遇比金钱或者其他东西更为重要。所以，应对跳槽的一个办法是完善晋升通道，不让员工触及天花板。

(6) 竞业限制管理。跳槽一般发生在知名企业的高层管理、市场销售人员和技术研发人员当中，企业领导要未雨绸缪，提前和这些人签订《聘用合同》及《竞业限制协议》。通过竞业限制管理防止与降低“圈里跳”给企业带来的负面影响。例如，微软就是通过这种限制将员工流失的损失降到最低，同时也保护了企业技术竞争力。

(7) 招聘管理。招聘到合适的人，对跳槽的管理就成功了一半。如果企业找到的是不够忠诚、缺乏职业道德的员工，便很难通过后期的培养和共事让他对企业忠诚。所以，一定要抓好招聘关。

2. 离职事件中

如果员工已经提出辞职，那么就需要真诚面对，通过离职恳谈，不仅可以将负面效应降到最小，而且还会收集到员工对企业真实的意见表达。

(1) 离职恳谈管理。一般情况下，如果员工坚持离开，企业就不应该强行挽留。因此，离职恳谈首先要尊重员工离开公司的选择。

由于离职者的心态多半是对公司产生不满，一旦离开可能会有诋毁公司的情形发生，对于企业形象会有很大的影响，因此做好离职面谈可以预防很多不利于公司的行为发生。并且，如果坦诚相待，可以引发他谈出很多对企业的负面看法。找出原因就可以采取有效的措施，而不是为了挽留而许诺很多空头支票。

(2) 对症下药管理。其实，这是恳谈之后的继续，在恳谈中发现员工的犹豫机会，完全可以对症下药。比如，有人是在丰厚薪水的诱惑下跳槽的，这时你就需要考虑，这个人是否值得加薪；如果值得，就可以采取奖金许诺留人。又如，有的人是因事业心膨胀而跳槽的。如果此人可以胜任，而且企业也有更好的舞台，完全可以实现双赢；或者告诉他，跳槽虽然是职场上升的捷径，但“卧槽”才是职场上的阳关大道，给他“一亩三分地”耕种，从而开拓出新的市场。

3. 离职事件后

“你的心胸有多大，你的世界就有多大”，这是对离职员工关系管理的最好诠释。离开公司的员工，如果对其管理得法，那么他们同样是一笔不小的资源，这是对离职延续管理提出的严峻课题。

(1) “校友”管理。麦肯锡公司在旧雇员关系的管理方面投入巨大，他们给离职员工建立了一个名为“麦肯锡校友录”的花名册，他们把员工离职称为“毕业离校”，但这些身处各个领域的社会精英们随时都会给麦肯锡带来更多的商机。

近年来，许多跨国公司的人力资源部都出现了一个新的职位：“旧雇员关系主管”，专门负责保持与旧雇员的联系和交流工作。通过交流与沟通，这些离职员工不仅可以为原公司继续传递市场信息，提供合作机会；同时也可以结合现供职岗位的实际工作经验和感受给原公司反馈职业信息。

(2) “回头客”管理。美国《财富》杂志曾研究发现：一个员工离职以后，原公司从找新人到顺利上手，仅仅是替换成本就高达离职员工薪水的1.5倍，而如果离开的是管理人员，则代价更高。

因此，随着公司内“任务理念”或“灵活用工”的兴起，以前对吃“回头草”的离职员工紧闭大门毫无意义，反而需要更多的吃“回头草”的“千里马”。

企业要做好员工的稳定工作，不能眼光仅仅盯在管人上，而是应该端正企业对人力资源工作的基本认识，不要抱着重视挣钱的部门、压缩花钱的部门这种陈旧思想，也许这才是应对员工跳槽的思想基础。

(四) 离职管理中的法律问题

◆【案例6-22】

离职的总经理

陈某是某影视公司的总经理，2007年10月，董事会一致通过对陈某的聘任，任期五年，职务为公司总经理，年薪60万元，享有公司给予的一系列商业保险、家庭旅游等福利。陈某以列席人员的身份参加了会议，并与其他董事一同在会议纪要中签字确认。第二天陈某就收到了公司的聘书。陈某雷厉风行的风格确实在上任之初为公司带来一些起色，但遗留问题依然没有得到解决，公司又配备了一位副总经理和一位运营总监分管不同的业务，来缓解经营与管理上的矛盾。陈某的权力与所管辖的事务逐渐被分解，两位副手的工作又颇为董事会认可，陈某深感公司对他越来越不信任，便于2009年5月向公司提出辞职，并要求公司向他支付未签订书面劳动合同的双倍工资及解除劳动合同的经济补偿金。

公司认为陈某是公司的高级管理人员，聘用手续与其他员工不同，况且在董事会中对陈某的职位、服务期限、薪酬都明确宣布，其本人也在记载了以上内容的会议纪要中签字确认，事后陈某不仅收到了书面的聘书，也依据约定履行工作职责。因此，会议纪要就是公司与陈某之间的书面劳动合同，公司不应支付其双倍工资，辞职更不应该享有经济补偿金。

（资料来源：笔者依据相关资料整理）

首先，董事会对陈某的聘任属于公司行为，代表公司做出，该聘任具有法律效力。其次，原劳动和社会保障部颁发的《关于确立劳动关系有关事项的通知》中规定，符合以下几个要素的劳动关系成立：用人单位和劳动者符合法律、法规规定的主体资格；用人单位依法制定的各项劳动规章制度适用于劳动者，劳动者受用人单位的劳动管理，从事用人单位安排的有报酬的劳动；劳动者提供的劳动是用人单位业务的组成部分。因此，无论是否签订劳动合同，二者之间的劳动关系都将自用工开始之日建立，陈某与公司具有事实劳动关系，这一点是可以肯定的。

从形式上看，无论是董事会决议会议纪要，还是公司的聘书都是由公司单方做出的，不具备协商合意且各执一份的协议形式。

从内容上看，会议纪要虽然记载了公司名称、陈某的姓名、服务期限、职位与薪酬等内容，但较之劳动合同欠缺尚多，连必备条款都不完备，何谈其性质等同于劳动合同。根据《劳动合同法》第八十二条，用人单位自用工之日起超过一个月不满一年未与劳动者订立书面劳动合同的，应当向劳动者每月支付两倍的工资。用人单位违反本法规定不与劳动者订立无固定期限劳动合同的，自应当订立无固定期限劳动合同之日起向劳动者每月支付两倍的工资。因此，公司应当对未签书面劳动合同的行为承担法律后果。

企业在员工离职时会面临解除劳动合同的问题，尤其对于跳槽员工的劳动合同处理，往往会出现跳槽员工已经无法继续履行劳动合同，不得不提前终止劳动合同的法律效力。这时，就需要企业与员工进行协商沟通，在意见统一的前提下对劳动合同进行解除。

管理者在制定劳动合同的内容时，一定要对法律必备条款给出详尽的明示，要尽量避免和预防劳动合同解除中的风险，同时也要避免劳动合同无效问题的产生。特别要注意的是在签订劳动合同时，要注意劳动合同的效力，劳动合同被确认无效，给对方造成损害的，有过错的一方应当承担赔偿责任。因劳动者的过错导致合同无效，劳动者应赔偿用人单位的财产损失。而用人单位有过错的，劳动者可以要求用人单位支付劳动报酬、社会保险、经济补偿等，另外，劳动者必要时也可以要求给予企业相应的制裁。

那么企业在实际面临劳动合同解除时还应该注意哪些问题呢？

（1）除了法定条件，任何约定不得解除劳动合同的条件均无效（协商一致解除劳动合同，不是在订立劳动合同时就协商排斥其他法定的解除劳动合同的权利）。

（2）任何约定违约金、赔偿金的，均无效。《劳动合同法》第二十二条、第二十三条规定：用人单位为劳动者提供专项培训费用，对其进行专业技术培训的，可以与该劳动者订立协议，约定服务期。劳动者违反服务期约定的，应当按照约定向用人单位支付违约金。用人单位与劳动者可以在劳动合同中约定保守用人单位的商业秘密和与知识产权相关的保密事项。对负有保密义务的劳动者，用人单位可以在劳动合同或者保密协议中与劳动者约定竞业限制条款，并约定在解除或者终止劳动合同后，在竞业限制期限内按月给予劳动者经济补偿。劳动者违反竞业限制约定的，应当按照约定向用人单位支付违约金。

《劳动合同法》第二十五条规定，除第二十二条和第二十三条规定的情形外，用人单位不得与劳动者约定由劳动者承担违约金。

(3)《劳动合同法》第二十二条规定：用人单位为劳动者提供专项培训费用的，用人单位要求劳动者支付的违约金不得超过服务期尚未履行部分所应分摊的培训费用。

【思考题】

1. 请简要回答面试中应注意的细节问题。
2. 请简要回答你对晋升公式内涵的理解。
3. 请简要回答员工离职前的相应表现。

【案例分析题】

1. 本章案例6-1中，自信满满的小贾为何会被面试官拒绝？如果是你，你将会怎么回答？

2. 结合本章案例6-4“竞岗风波”，你认为竞岗失败后，小陈应该是继续留在原单位还是另谋高就？如果继续留下来，以后工作中应如何表现？如果辞职，那么在寻找下一份工作的过程中应注意哪些事项？请谈一下你的看法。

第三篇

外部关系篇

第七章

上司关系管理

【培养目标】

1. 帮助读者认清上司。

2. 帮助读者掌握上司关系管理的技能。

3. 让读者了解应对各种类型上司的方法。

【培养要点】

1. 帮助读者认识不同类型上司和企业组织的特点。

2. 告诉读者要学会谦虚、主动结盟、强化信任、认清形势、主动汇报、掌握技巧，做到主动沟通，管理好上司关系。

3. 帮助读者了解DISC上司、女上司、不轨上司、年轻上司、暴躁型上司、自负型上司和阴险型上司的特点及应对策略。

【本章框架】

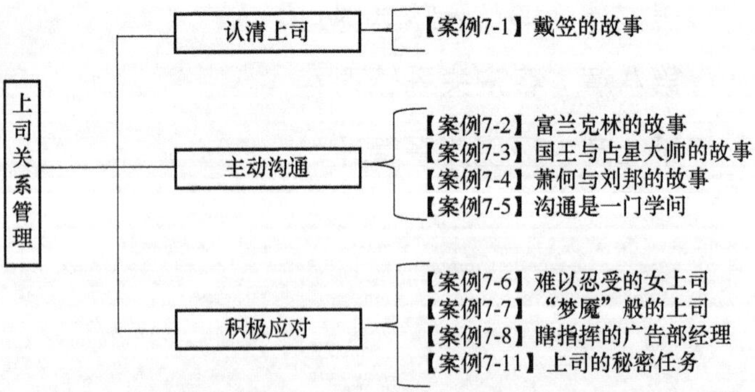

上司是每个人重要的外部工作环境。员工关系的关键是上司关系。⊖在企业中，上司一方面依靠职权，掌握着众多的资源，在规则制定、资源分配中具有举足轻重的作用；另一方面，上司的理念和行为直接影响和塑造了下属、团队甚至组织的关系，成为员工关系存在和健康发展的关键。在很大程度上，上司关系完全与下属关系、团队关系和组织关系不在一个

⊖ Cheung M F Y, Wu W P, Chan A K K, et al. Supervisor-Subordinate Guanxi and Employee Work Outcomes: The Mediating Role of Job Satisfaction [J]. Journal of Business Ethics, 2009 (88): 77-89.

层面，这也是为什么本书将其放在外部关系篇来加以介绍的原因，以突出其重要性。

做好上司关系管理，成为企业员工职业生涯中尤为重要的一课。作为企业中普通的一员，我们并不能决定企业的员工关系，只有提高自身能力，掌握上司关系管理的技巧，才能顺利开展工作，帮助我们更好、更快、更安全地融入组织，实现晋升，避免“因上司而走”的魔咒。作为企业的中层管理者，例如人力资源部长，要开展员工关系及相关工作，也需要与上司建立良好的关系。

上司关系管理是一门学问，需要我们认真研究和学习。为了能够掌握上司关系管理的技巧，我们将带领大家认识上司的性格特点、行为方式和类型，帮助大家根据上司的不同类型采取有针对性的措施，主动沟通、积极应对，实现自我成长。

第一节 认清上司

一、摸清上司的类型

上司通常是组织选择的，代表组织的意志，具有权威性。我们有时候难免会被安排在一个与自己性格不合的上司手下工作。然而，我们作为企业员工并不能选择和更换上司，要么认真工作，听其摆布；要么离开企业，摆脱束缚，做一个性情中人。但这都不是长久之计，都不利于自己的职业发展。如果可能的话，我们应当做一个什么样的上司都喜欢的部下。如果不管跟随怎样的上司总是“以我为主”，那么与上司之间的配合就会不协调，工作难以取得进展。所以我们应当从中立的角度观察上司，认真研究上司的性格类型、行为方式、原生家庭、核心家庭等，然后做出相应的配合，这样工作就会变得非常顺利。

◆【案例 7-1】

戴笠的故事

蒋介石一生善于搞特务活动，同时，他控制手下特工的办法也很多，其中最主要的办法就是对特工授予大权，但不给高位，以防他们在政治上坐大。戴笠任军统头目十多年，始终是副局长，少将军衔还是拖到 1945 年 3 月才公布。尽管如此，两人合作得相当默契。一方面戴笠要报蒋介石的知遇之恩；另一方面他也是一个有心计的人，深知以自己的资历、能力和水平，绝难跳出蒋介石的手心。唯有取得蒋介石的绝对信任，才能飞黄腾达。

对于蒋介石的心理和性格的研究，戴笠可谓是精细入微、揣摩到家。蒋介石发号施令，一概用“手令”，一年下来，一般都能装满 10 只公文箱，从军事、政治到党务、经济，无所不包。但对特务工作历来讳莫如深，很少下达“手令”，特别是涉及暗杀、离间这些事情，更是小心谨慎，不留半点蛛丝马迹，以免授人以柄。戴笠早就摸透了蒋介石的这一套把戏，凡是涉及政治上的敏感话题，戴笠坚持向蒋介石做口头汇报，对蒋介石的某些指令，他也只用脑记，从不笔录。回到军统局本部传达时，戴笠一般只讲“奉谕”，究竟奉谁之“谕”，不做任何解释。对于戴笠的这一套办法，蒋介石也暗暗赞赏。

戴笠素知蒋介石用人行事十分注意仪表和风度，每次去见蒋介石时，他必衣冠整洁，精神抖擞，回答问题简明扼要，从不拖泥带水。

蒋介石对部下最忌讳两点：一是结党营私，自成体系；二是贪污。这两方面，戴笠都能把握到位，表面上从不参加任何派别的活动，以免招来蒋介石的猜疑。他还经常整肃军统小特务的贪污受贿行为，沽名钓誉。

蒋介石用人有两条最重要的原则：一看是不是浙江人或黄埔出身；二看是什么人保荐。在军统的人事安排上，戴笠谨遵这两条原则，重要职位大都由浙江人或黄埔生把持。凡向蒋介石推荐的人员，非浙江人或黄埔生不荐。

他素知蒋介石独断专行，常有让下属防不胜防的地方。在核定计划、回答问题时，戴笠必须准备两三套方案。在没有准备好第二套方案之前，第一套方案决不拿出来。所以，戴笠每次向蒋介石献计呈策时，很少有不被采纳的。

蒋介石性格暴烈粗野，对下属动辄训斥，甚至动手打人。但蒋介石也有一个原则，不是亲信心腹不打，挨打的人必有重用。蒋介石打戴笠时，经常是痛骂之后罚跪，罚跪时再拳脚相加，毫无顾忌，由此可见，蒋介石对戴笠的信任之深。明白了蒋介石的良苦用心，戴笠每次挨打时，都毫无怨言，反以为荣。

对人对事，蒋介石都按亲疏远近有一本细账，对此，戴笠极尽揣摩迎合，十分准确。1941 年夏天，蒋介石到西安视察防务，在西庙游玩时，蒋介石不发一言，久久不肯离去。陪同的胡宗南百思不得其解，事后向挚友戴笠讨教。戴笠说，蒋介石是想在那建一幢别墅，之所以不说出来，是想让亲信们心领神会。一年后，再次来到西安的蒋介石，被胡宗南特地安排到西庙新建的行宫“常宁宫”，蒋介石果然格外高兴，对胡宗南恩宠有加，还把儿子蒋纬国交给胡宗南栽培。

（资料来源：沈美娟．戴笠传［M］．北京：中国文史出版社，2012.）

深刻认识上司，可以保全自我。如果我们能够对上司的脾气性格、为人处世风格等有明确的认识，那么，我们能够根据上司的情况来汇报工作、处理事务，甚至能够在关键时刻，不对上司形成威胁，像范蠡一样，全身而退，保全自我。

当然摸清楚类型，在任何人际关系中都是有用的。首先应当搞清楚自己是什么类型，正所谓“知己”，良好的自我认知是与上司良好沟通的基础。每个个体要充分认知自己的性格特征、处事方式，进而积极调整自我，学会自我成长。若个体不能正确地认知自我或者认知出现了偏差，则很可能导致错误的行为，功劳越大，出现的问题可能就越大，给自己、团队和组织造成不可挽回的损失。然后在与不同类型的对象接触时，尽可能地配合对方采取行动，这样双方的沟通一定会变得更为顺畅。

二、上司的 DISC 类型

上司非常重要，在很大程度上决定了员工的晋升。同时，上司又是类型多样、情况复杂的，很难将其分清楚、讲明白，但是，DISC 分类法能够简洁地将上司进行大体分类，使分类管理上司关系成为可能。

（一）上司是组织中的关键人物

上司是组织选择的，能够代表组织，具有权威性，因此，上司必然成为组织中的关键人物，掌握着众多的资源，主导着规章制度、资源分配、企业文化，甚至是员工的信仰和价值观。甚至有些上司将自己当成“皇帝”，对下属吆五喝六，不仅干涉下属的工作，而且严重影响下属个人的生活。

面对组织选择且个性十足的上司，下属可以通过了解上司的工作经历、兴趣爱好、主要关系、行为习惯等，与上司创造更多的共同话题，形成更加紧密的关系。

（二）按D、I、S、C型对上司分类

根据上司的人格特征，可以将其分成D（Dominance，支配）型、I（Influence，影响）型、S（Steadiness，稳健）型和C（Compliance，规则）型四种类型。了解上司的人格特征，有助于了解他的价值主张、驱动力、工作偏好和对下属的偏好。

1. D型：结果导向

D型的上司行动力强，以结果为导向，脾气大，有魄力，如孙悟空型。

支配型上司是天生的领导者，他们的价值取向只有一个，那就是结果导向。他们的工作模式是以问题为主，以结果为唯一目标，勇往直前。支配型上司的性格特征是自尊心极强，所以在支配型上司面前，自己需要做的就是尊重他和服从他的指挥。

支配代表了D型上司直截了当、控制一切和独断专行的性格特征，D型上司同时是“指挥者”和“支配者”。D型上司渴望控制并改善自己的生活和工作环境。

D型上司经常会说的话是：“结果呢”“成果是什么”“下一步的行动是……”“我们的目标是……”“应该如何做呢”，等等。D型上司追求的永远是实际的成果，只有成果能带给他最大的激励和驱动力。

D型上司的特点如下：

（1）主动与他人握手，而且很用力。

（2）从来不怕目光直视对方，而且表情严厉，让人望而生畏。

（3）说话的口吻常常是命令式的。

（4）在谈话中经常打断别人。

（5）经常被人指出说话快、做事快、走路快，吃饭也快。

（6）总是质疑他人。

（7）常常忘记说“请”，很少说“谢谢”，几乎不说“对不起”。

2. I型：乐观的社交者

I型上司的性格非常爽朗、待人友善，和D型上司一样是外向型性格，但是却比D型上司要温柔婉转得多，如猪八戒型。

应该说在I型上司手下工作是非常开心的，因为I型上司喜欢营造一种轻松的、以人为本的工作氛围。如果I型上司在团队中，那么团队的气氛一定是最好的。I型上司喜欢影响他人而不是控制他人，他喜欢交际和沟通，强调互动。

D型上司和I型上司的区别非常明显：D型上司追求的是结果，而I型上司最大的驱动力是社会认同——在工作中，他需要上司、同事、客户和下属的认同（人的认同），需要时刻感受到自己是受欢迎的。

I型上司喜欢讲信用的下属。如果自己承诺过什么，那自己最好做到。但是I型上司的抗压能力比较弱，遇到难题时容易逃避和陷入混乱。I型上司扮演的角色是“社交者”，他注重工作中的人多于事，喜欢交友和沟通，容易接近，在新团队中是最快融入、最能和团队其他成员打成一片的人。

I 型上司的特点如下：

（1）爱笑，而且是那种毫无掩饰的大笑。

（2）总是忍不住想向人显摆一些“重要资料”。

（3）喜欢与人高热度地握手，见面就熟。

（4）十分健谈，尤其喜欢煲电话粥。

（5）觉得大家说得都有道理，所以对每个建议都表示同意。

（6）穿着很时尚，至少关注时尚。

（7）讲话时有很多肢体语言。

（8）被人说天真。

3. S 型：完美主义者

S 型上司是职场中最坚实可靠的后盾。S 型上司是高标准的完美主义者，他们注重程序和逻辑性，擅长分析和思考，讲究细节。把事情本身做好是 S 型上司工作中最大的驱动力，这里面绝不含有感情因素，如唐僧型。

S 型上司喜欢精确、稳定、有逻辑的做事方法，希望下属能够在工作中、汇报工作时提供完美的说明和详细的数据。S 型上司是纯粹的理性者。

S 型上司更多分散在技术部门，与程序和数据打交道是他们最擅长的事情。如果一家公司有 D 型上司做营销总监，有 I 型上司做人事，有 S 型上司做技术总监，那么这家公司的效率将因为完美的配置而大大提高。

和 D 型上司的充满激情以及 I 型上司的情绪化有极大的不同，S 型上司的性格谦逊而温和，稳定的情绪是他们明显的特点。S 型上司非常擅长履行职责，如果能够给出最详细的指令，他们将是表现最好的那一种类型。

相对来说，S 型上司是最关心下属感受的上司（虽然 I 型上司也很关心别人，但是其目的是使自己受欢迎）。S 型上司具有更多的耐心和同情心，是非常好的倾听者，在工作上不独断，善于理解和支持他人的工作。

S 型上司在工作中的最大优势在于其持之以恒——“打天下”时 D 型上司更适合，但是做一成不变的工作时，他们一定会感到无聊；但是 S 型上司却能够坚持下去，像程序那样长期完美运行。S 型上司抗拒改变，他们喜欢稳定的环境，喜欢稳固的工作关系，很少跳槽，对企业的忠诚度是非常高的。S 型上司天生是被动的。

S 型上司竭力避免冲突和对立，他们很少主动要求下属，也不擅长表达。S 型上司更多的是调和冲突的人，其性格就像《西游记》中的唐僧——对待下属宽容，同时也不喜欢纷争。他们做事之前会考虑很久，但是一旦决定就不会改变。

D 型需要被团队支持，I 型善于融入团队，而 S 型则喜欢做背后的支持者。

S 型上司的特点如下：

（1）握手轻轻而友好。

（2）总是安静和善，面带微笑。

（3）能耐心地倾听他人说话，不时点头。

（4）办公室里会放着家人的照片。

（5）桌子上的东西井然有序，排列整齐。

（6）一般说话慢、行动慢。

（7）不轻易表态。

4. C型：配合支持他人

C型上司是服从者，他们服从的是组织和规则，他们通常尽忠职守、遵守规定、做事谨慎，如沙僧型。

C型上司非常喜欢规则和程序，绝对遵守纪律，与S型相比，他们更加专注细节且维持着极高的标准，就像程序一样精准。C型上司永远是企业中最守规矩的人，如果一家企业即将倒闭，即使其他上司都跳槽了，C型上司也会留到企业倒闭的那一天。C型上司最容易发挥优势的就是那些极度要求规则和精确度的职业，如律师、医生、质量监督管理局工作人员等。

C型上司的特点如下：

（1）握手矜持而轻微。

（2）办公室非常整洁有序。

（3）说话很有逻辑性。

（4）很在意准时，一切必须按计划进行。

（5）不习惯与人进行目光交流。

（6）可能比较拘谨而谦虚，容易愁眉苦脸。

（7）爱纠正别人细微的错误。

三、企业组织的特征

要想了解上司，还需要把握组织的特征。

（一）组织中上司的来源

上司的来源是多样的，有组织外部空降的，也有组织内部提拔的，他们的能力素质也各有不同，有与岗位匹配的，同时，也存在众多与岗位不匹配的，而且上司经常变动，由此给组织中成员带来适应不同来源、不同素质、新旧更替的上司的压力十分巨大。另外，在一个组织里，每个个体面对的上司并非唯一，而是多个。众多上司意见不一致是常态，员工要让每一个上司都满意几乎是不可能的事，因此下属面对上司不得不如履薄冰。

（二）组织成员的双重性格

组织中的人往往具有双重性格：一方面推崇和为贵，另一方面却最难合作；一方面奉行集体主义，另一方面单枪匹马打江山；一方面要求讲道德，另一方面不讲竞争规则；一方面希望建立规则，树立公正的秩序，另一方面自己遇事也会“走后门”，扰乱组织规则。

（三）组织内的差序格局

“以己为中心”的差序格局，实际上是以家族血缘关系为中心，在此基础上形成的人际关系具有排他性。在人际交往中，一般是关系越靠近家族血缘关系——“己”的中心，就越容易被人们接纳，也就越容易形成合作的、亲密的人际关系；越是远离“己”的中心，就越容易被人们排斥，就会形成疏淡的人际关系。

在组织中，有些人对自己的上司不满，工作就敷衍了事，这种思想和行为走向了极端，甚至会通过恶意破坏公物和单位业务来泄私愤。有些人做他的本职工作很努力，但他这样做是为了报答上司的“知遇之恩”。例如诸葛亮“鞠躬尽瘁，死而后已”，是为了报答刘备的

“三顾”之恩，否则就会“茅庐高卧，省多少六出祁山”。在组织中每个人都有一个工作岗位，每个岗位也都有相对明确的职责，当人们在这些岗位上做事时，头脑中的主导意识分为下面三种情况：①如果想的是“执行公务”“履行义务”，以及要对一个看不见的“团体”负责，这是“团体格局”行为方式；②如果想的是这件事做得好或不好都会体现在自己的“业绩”上，从而影响自己的升迁或赏罚，这是从个人利益（“己”，即“差序格局”的“中心”）的角度考虑问题；③如果我们想的是把事情做好了就会得到上司或有影响力的人物（也许是同事）的认可，以此来报答他对自己的信任、赏识或支持，这是以与自己个人关系密切程度的其他具体人（“差序格局”中最近的一圈、关系网络中的重要部分）为出发点来考虑问题。

当然，在现实当中，人们可能会同时存在这几方面的考虑。同一个人，处于不同的单位环境中，表现可能全然不同。

（四）组织内外部环境剧烈变化

企业组织在发育过程中环境因素的影响十分重要。尽管组织具有一些共同的基本特征，但组织的重要方面仍然随社会背景的变化而不同。中国正在经历社会转型，组织和组织的发育过程构成了社会转型的重要特征，国际环境、国内环境以及组织内部环境都发生着剧烈的变迁。

第二节 主动沟通

管理上司关系需要下属能够主动成长，积极沟通。上司关系管理是一门学问，下属应学会谦虚、主动结盟、强化信任、认清形势、主动汇报、掌握技巧（见图7-1），这样，知己知彼，充分准备，才能更好地管理好上司关系。

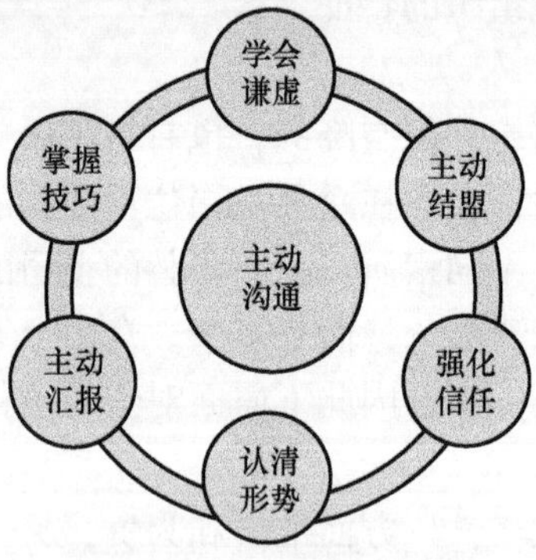

图7-1 主动沟通的技巧

一、学会谦虚：做饱满谦逊的“稻穗”

◆【案例7-2】

富兰克林的故事

美国著名的政治家和科学家、《独立宣言》起草人之一的富兰克林，有一次到一位前辈家拜访，当他准备从小门进入时，因为小门的门框过于低矮，他的头被狠狠地撞了一下。出来迎接的前辈微笑着对富兰克林说："很疼是吧？可是，这应该是你今天拜访我的最大收获。你要记住：要想平安无事地活在这人世间，你就必须时时记得低头。"从此，富兰克林把"记得低头"作为毕生为人处世的座右铭，时时刻刻学会低头，懂得低头，敢于低头。

（资料来源：笔者依据相关资料整理）

谦虚是处理上司关系的必备素质。上司作为按照组织标准选择和安排的人才，必然在某些方面有其过人之处，能够带领下属完成组织目标，因此，作为下属，我们要心怀敬畏，虚心向上司请教，学习上司的长处，帮助自我成长。

在工作中，尤其是面对上司的时候，一定要谦虚，不争功；面对自己在工作中所犯的错误，一定要勇敢"低头"，承认错误，端正态度，认真改正。

民间有句非常贴切的谚语："低头的是稻穗，昂头的是稗子。"越成熟越饱满的稻穗，头垂得越低。只有那些稗子，才会显摆招摇，始终把头抬得很高。我们在工作中要谦虚地低下头，认真积累，做饱满谦逊的"稻穗"。

二、主动结盟：形成利益的共同体

◆【案例 7-3】

国王与占星大师的故事

一位占星师的预言往往能够应验，这威胁到了国王的权力，于是国王就想置他于死地。一天晚上，国王召见占星师。之前，国王告诉埋伏在周围的士兵们，一旦他给了暗号，就冲出来杀死占星师。

不久，占星师到了，在下达信号之前，国王决定问他最后一个问题："你声称了解占星术，而且清楚别人的命运，那么告诉我，你自己的命运如何，你能活多久?"

"我会在陛下驾崩前 3 天去世。"聪明的占星师回答说。

这个故事的结局是，占星师的命不但保住了，而且在他有生之年，国王不仅全力保护他，慷慨地赏赐他，还聘请高明的宫廷医生来照顾他的健康。最后占星师甚至比国王还多活了好几年，这虽然否定了他的预言能力，但却证明了他具有操控权力的一流手腕，主动与国王形成利益联盟。

让别人相信失去你可能会给自己招来灾难，甚至死亡，他们就不敢冒着危险来找答案，这就是占星师真正的目的。

（资料来源：笔者依据相关资料整理）

真正聪明的下属，是让上司和组织需要他，而不是让上司和组织感谢他。只有时刻让人需要，自己才能在别人心中有不落的地位，而感激其实是很容易被遗忘的。

在生活和工作中都是如此，自己所能做的就是一直完善自己，形成自己的核心专长，使自己变得不可替代，甚至上司或者公司离了自己都无法运转。

三、强化信任：建立上司关系的基石

◆【案例7-4】

萧何与刘邦的故事

萧何从一个大人转变为刘邦的跟班，跟自己的手下去打天下，有这道理吗？萧何能成就刘邦，但刘邦绝对成就不了萧何，从这个意义上，萧何的选择是务实的。后来刘邦当了皇帝，一起打江山的被刘邦铲除了不少，而萧何却被降权继续留用。

当领导感觉你存在威胁的时候，请拿出自己的诚意消除猜忌，这样做才能让自己不处于险境。刘邦起事之初就试探过萧何的“居心”，毕竟身份低微起家却将萧大人归入帐下，刘邦心里多少有点不自信。而萧何却用忠心的追随以及“自己没那么大的胆量，只有跟着你才能成大事”的坦白一点点换取信任。

事后，萧何奉刘邦之命管理整个关中、汉中、巴蜀区域。刘邦在前线疲于奔命，应付着项羽大军，整个后方不得不全撂给了萧何。虽然他很了解萧何，知道其忠诚能干，即使如此，也无法彻底安下心来，毕竟是好大一片江山啊！当萧何把自己成年的子孙、堂兄弟们全都送到前线，实际上是送给刘邦当人质的，使得刘邦彻底放心了。

随着形势的变化，在事情的关键时刻，挺身而出或许有一片美好的未来。刘邦衣食无着的时候，还惹是生非，都是萧何为他善后，包括派出曹参击杀了秦的斥候。萧何时刻为他人着想，处处维护。后来刘邦成为泗水亭长，也算是混进了体制内，每次出差，萧何都比其他人更关照他。沛县起兵，萧何更是二话不说率全族人参加，这着实令刘邦感激万分。

（资料来源：王培公，王亮．楚汉传奇［M］．武汉：长江文艺出版社，2013.）

认真做事，忠于上司，充分信任上司，才能赢得上司的信任，奠定上司关系管理的基石。[⊖]有些上司，不喜欢阿谀奉承别人，却喜欢下属赞赏、忠于自己；不信任其他人，却希望下属能够充分信任自己。上司的这种分裂性人格，使得下属必须认真做好本职工作，表现出对上司的无限忠诚，充分信任，才能赢得上司的信任，加入他的“队列”。

当上司感觉到下属威胁到他的切身利益的时候，他会猜忌，会臆想，甚至采取打击报复措施，将有威胁的下属“消灭”，在这种情况下，真诚沟通，及时汇报，倾听建议，服从安排，能够重新赢得上司对自己的信任，才能避免不幸的发生。

四、认清形势：把握上司关系的关键

◆【案例7-5】

沟通是一门学问

小张是公司的营销部经理，最近他在工作中遇到了一些问题。公司的新晋副总是总

⊖ Zhang A Y, Tsui A S, Song L J, et al. How do I trust thee? The employee-organization relationship, supervisory support, and middle management trust in the organization [J]. Human resource Management, 2008 (47): 111-132.

经理的好朋友，他原来的职位并不高，能力也不是很强，然而凭借着与总经理的关系成为副总经理。小张对副总经理的为人并不是很欣赏，甚至有些看不惯。在别的营销部经理都在努力讨好副总经理的时候，他只做分内事，不愿过多地与副总经理交流。由于小张领导的团队业绩居全公司第一，渐渐引起了其他几位经理的不满，他们几次在副总经理面前打小报告。时间长了，副总经理难免对小张存在一些偏见。同时，由于小张骨子里有点“清高”，在干好本职工作的同时，不太愿意和身边的人过多地“拉近乎”，渐渐地就有些不合群。小张很苦恼，他觉得自己应该主动拉近与大家的距离，可是又不知道该怎么做。

（资料来源：笔者依据调研资料整理）

组织是社会的缩影，深受中国传统文化影响的组织仍旧或多或少地保持着家长式管理的特点。在这种中国式的“管理”的背景下，组织的管理不是员工的事，而是由上司来“管”下级，由上司来“理”下级。一方面，组织的最高管理层对组织的经营运作拥有最高的权力，可以直接管理组织内部的一切大小事务；另一方面，最高管理者的思维方式、处事风格对组织员工起到很大的“教化”作用，甚至影响着整个组织的行事风格。作为组织的一员，要想在这种环境下求生存求发展，就要在理解中国组织特点的基础上，在做好本职工作的同时，处理好与不同级别同事之间的人际关系，才能做到“左右逢源”。

（一）正确看待家长式领导

组织采取家长式的领导方式，一方面是由于领导不愿下放“权力”；另一方面则是由于员工职业化素养不高，难以达到领导的需求。㊀因此，作为组织的员工，面对这样的大环境，在处理与上下级的关系时就要注意调整自己。在与上司相处时，注意提升自身的职业素养，加强自我管理，让领导能够放心地把任务交给自己；而在与下级相处时，则要对员工建立起充分的了解和信任，能够用人之所长，把合适的任务交给合适的人，大胆授权、适时收权，在不断培养员工能力的同时也减轻了自己的负担。

（二）一元化权力结构下的自我定位

在中国组织中，一般情况下，真正的领导只有一个，他有时候处在组织结构的金字塔塔尖，有时候处在组织中的其他位置，甚至是组织外，而其余员工的权力范围都很有限。作为组织的员工，首先，要明确自己的定位，要培养自己的核心竞争力，使自己成为组织中不可或缺的一员，同时看清方向，不要成为不同利益集团博弈下的“棋子”。其次，要善待下属，虽然彼此在职务上有所差别，但人格上是平等的，都是在为组织“打工”，没有谁高人一等。最后，要尊敬上司，在金字塔形的组织晋升结构之中，自己的上司肯定是有过人之处的，多虚心请教，不但可以学习对方的优点，更可以与其建立良好的关系，为将来的职业发展铺路。

（三）管理自己的上司

要想把工作做好，还要学会管理自己的上司，具体到工作中表现为：不要盲从上司，如果上司做出的决策存在问题，要给足上司面子，先尽量执行，遇到困难时再向上司请教，并

㊀ Farh J L，Chen X P. The paternalistic leadership of Chinese organization：an analysis of culture perspective［J］. Logical Psychology Reseach，2000（13）：1-54.

适当地提出自己的建议。另外，不要企图改变上司，如果让上司认为“我还不如你，需要你来教我”，会使他觉得很没有面子。可以通过向上司请教的方式，摆数据、列事实，让上司自己意识到改变的必要性，进而做出一定的改变。

（四）与上司保持一致

在《墨子》中，提出了“尚同”（即“上同”）的观念，提倡下面的人对上面的人听话，做到“与中央一致”，在组织的管理中也是如此。如果下属与自己的想法一致，下属就更容易被认为是“自己人”，进而信任下属。在组织中，上司对待下属时，应明确表达自己的想法，让下属了解自己的想法，进而才会被认同和遵循。下属在对待上司时，要能够明白上司的“言外之意”，尽量与上司的思想和组织的理念保持一致，让自己“融入”，赢得上司的信赖。

（五）正确处理局部利益与整体利益的关系

作为组织的一员，特别是在某个分公司或者某个小团体担任“一把手”时，不要让上司感到自己不受他的控制，尽量在大方向上保持与上司的一致，同时做到积极汇报，让领导放心。当本部门和其他部门甚至整个组织之间发生利益冲突时，尽量以大局为重。同时对待掌管着某个完整机构的下属，也要注意放权和收权，让其为组织服务。

五、主动汇报：掌握上司关系管理的重点

为了及时、准确地理解上司指示精神的实质和更好地把握上司的情况和意图。向上司汇报什么、采取何种方式进行汇报等，都是每个员工不可等闲视之的重要问题。

（一）慎重选择汇报请示的方式

1. 定期汇报请示

自己处理好的问题，如果不向上司报告，往往会使上司不了解实情，做出错误的判断。当然，不少事情无须一一向上司报告。但是，原则上可称之为“问题”“事件”的，还是要向上司报告。报告的时机因事情重要的程度不同而异。很重要的事，必须即刻提出报告。至于次要的或日常性事务，可以在一天的工作终了时，提出扼要的报告。上司根据这些报告，能了解情况，可以将它们作为拟订计划的参考。

2. 及时汇报请示

松下幸之助先生这样认为：一个人完成工作后是否马上汇报请示，不仅能看出他是否具备有始有终的责任观念，更能看出他是否有不忽视小事的警觉能力。而一个人如果能完成困难的工作，却不能做平凡的小事，这样的人就不是真正能担当大任的人，更不是企业的灵魂人物。另外，对于坏消息更要及时报告，以便迅速处理解决。

3. 中途报告请示

如果一件任务完成得很顺利或完成时间很短，就不用中途报告，不过在以下两种情况下，就需要中途报告：其一，完成一件任务需要很长时间，在解决途中就需要向领导汇报工作的进展情况，以便领导对自己的工作有所了解；其二，有意外事故发生时，也需要提出中途报告，分析原因，展示过程，并接受以后工作的指示。

（二）博得上级领导满意的汇报方法

1. 做好准备

从一定意义上讲，汇报工作是一种比较特殊的问答式对话，既有说话的技巧，又有心理

沟通的艺术，是一门综合学问。掌握这门学问的人，汇报工作时说话既清楚、简练，又分寸得当、逻辑性强，说出的道理令人信服，上级领导一听就明白，且容易引起心理上的共鸣。在向上级领导汇报工作时，要博得上级领导满意需要做好以下准备：

（1）注意汇报对象的唯一性（当听汇报的领导问起“这个汇报还有人听过没？”最好不要说还有××领导听过。）

（2）此次汇报的主要目的是什么？（这是必须清楚的。）

（3）不进行这次汇报自己能否顺利地解决问题？（汇报越重要，越要做好这方面的准备。）

（4）与汇报相关联的情况是否都了解清楚了？

（5）上级领导是否准备讨论自己提出的问题？（这样可估计到汇报时将出现的一些障碍。）

（6）自己对汇报的良好开端是否有信心？（会遇到什么样的主观和客观的障碍？它们的严重程度如何？）

（7）什么样的汇报开端对自己和对方是合适的，什么样的是不合适的？

（8）在汇报中利用什么样的方法可以对上级领导产生作用？（援引权威者的见解、谈解决问题的重要性。）

（9）上级可能向自己提出什么问题？

（10）是否做好了方案的准备？（当领导问起自己的想法时，一定不能一问三不知，心中要有几个方案。）

如果按照上述忠告和建议去做，汇报就会显得更加成熟。

2. 完美开头

在组织进行工作时，“报告、联络、商谈”是必不可少的，但上司与下属之间最容易产生摩擦的就是报告、联络、商谈。这三种情景的沟通方式，决定了今后工作的顺畅程度。

如果现在的工作必须占用上司的时间，请他做出明确的判断，而上司又忙于多项工作时，于是心想趁早约定时间，趁机向上司询问“明天下午两点有时间吗？”但上司的回答绝对会完全出乎意料，“没时间，下次吧。”反思一下就会发现上司如此冷漠的原因。首先，身为下属却安排了上司的时间，这是关键的失误所在。其次，没有明确占用时间的长短，让上司无法判断。最后的问题在于，并没有让上司明白自己要说的问题是什么。

对于这种情况，应当询问“部长，关于××的事，我可以占用您1分钟时间吗？”这样的表达一清二楚，而且可以给上司一种“很快结束”的安心感。“1分钟”的说法，只是为了让上司不管无论多忙都无法拒绝自己的请求而采用的说辞，并不意味着真的必须在1分钟内结束，因为一旦上司接受了商谈，一定会让自己把话说完。在这个过程中，自己可以得到很多有帮助的建议，工作的品质将得到大幅度的提高，上司对自己的评价也会更高。所以适当改变一下说话的方式，上司和下属都能够顺畅地完成工作。

3. 言简意赅

相信大家都已经听说过著名的“电梯游说”，据说美国硅谷一位年轻的经营者在与著名投资人共同搭乘电梯的30s时间里介绍了自己的事业，并成功地获得了巨额的资金援助。所以在占用上司的1min交谈中，需要用30s说明重点，然后给上司30s时间做出判断。或许会认为30s时间太短，但细想一段广告时间也才只有短短15s，所以30s时间已经绰绰有余。

为了在30s内简洁地向对方说明情况，我们需要将谈话内容划分为几个要点。从心理学角度来说，2个给人感觉太少，4个则太多，所以3个刚刚好。这样将要点分为3部分后，在短时间谈话中传达的内容则会清晰、简洁、接近本质。

这里向大家介绍“3个要点”技巧，首先将想要传达的内容分为对现状的掌握情况，对现状的解释以及理由，结论以及解决方法。但是在我们实际运用时，特别是在商业领域，一般情况下应当先告知对方结论，然后再告知理由。当然上述所说传递信息用30s只是一个标准，并不意味着一定要限制在这么短的时间内。关键在于将传达的信息集中在真正重要的内容上，并且将内容分为3个要点，使对方更容易理解。

(三) 竭力避免不合时宜的汇报方式

领导听下属汇报工作，是与其沟通的方式，也是了解下属能力和智慧的有效途径。所以，在汇报工作时下属一定要尽量避免不合时宜的几种汇报方式。

1. 长篇大论，却始终不见“庐山真面目”

有些中层领导见到上级领导，总好像有说不完的心里话，唠不完的知情嗑。汇报起工作来，心底里总暗暗告诫自己：“机会难得，一定得把工作成绩一滴不漏地向上级领导汇报。”于是，汇报起来面面俱到，简直是海阔天空，包罗万象。结果上级领导越听越烦。

2. 汇报中掺杂个人恩怨

汇报中最忌讳加入个人恩怨，假借公事的名义，暗中实施打击报复。可以断言，如果汇报工作中假公济私，上级领导察觉后，恐怕会非常讨厌这种小人。

3. 汇报时间、地点不合时宜

这类问题多出于主动找领导汇报的时候。作为上级领导，特别是职务较高的领导，工作都比较忙。有些领导很难找到，于是有的人就采取等、堵的办法找领导——上下班时，午休前，回家途中，或领导参加会议、活动期间。如无特殊情况和紧急事宜，这些时间或地点是不宜汇报工作的。

(四) 中层领导请示汇报中存在的忌讳

向上级请示汇报，是中层履行职能过程中应行使的权利与义务，是沟通上下级关系、获得上级指导和支持的一个重要途径和手段。这项工作在执行过程中也存在一些忌讳，主要有：

1. 遮遮掩掩，要小聪明

有的中层领导将自己分管的单位工作视作自我的“小天地”，自认为能驾驭全局，将请示汇报视作累赘和多余。为此，喜欢个人说了算，大小主意自己拿，长期不向上级或分管领导请示汇报，甚至出了问题、有了漏洞也进行“封锁”，上级找上门来还遮遮掩掩，以防“家丑”外扬。

2. 越级汇报工作

在正常情况下，按照组织原则和领导程序，应遵循逐级请示汇报的原则。可有的中层领导总认为单位最高领导水平高，权威大，说话灵，为了图省事、走捷径，遇事不经直接分管领导，便找到单位最高领导向其请示汇报，自觉不自觉地将直接分管领导放在“空当”里。

3. 自作主张，先斩后奏

在一件事情决策之前，明知应向上级领导请示汇报的也自作主张，事后因怕担责任或已经出了漏洞才不得已向领导汇报，以便让领导为其承担责任。这种请示汇报法叫“马后炮”，是推卸责任的不老实做法。

4. 推诿扯皮，拈轻怕重

个别中层领导由于个人主义或本位主义作怪，一遇到急、难、险、重任务总想推给别人。为“名正言顺”地“卸包袱”“踢皮球”，便打着请示汇报的旗号，采取“孩子哭抱给娘”的做法，或言不属于自己的工作范围，或言难以单独完成，以便借领导权威性表态把重担子压给别人，达到自己一身轻的目的。

5. 恶人告状，颠倒是非

有些中层领导由于思想作风不正，当与同事产生了矛盾、分歧时，不是先找自身原因，或本着团结的愿望出发，进行沟通以排解矛盾、消除分歧，而是借请示汇报之名，行“恶人先告状”之实，而且汇报的内容往往与事实有较大出入，甚至颠倒是非。其本意是想通过向领导先奏一本，达到搞臭对方、发泄私愤的目的。

6. 一味吹捧领导

有个别中层领导不是把精力放在事业上、工作中，而是挖空心思地寻求取得上级领导好感的途径和手段。其中之一就是假借请示汇报工作的名义接近上级领导，特别是主要领导，凭察言观色的本领，专拣上级领导爱听的讲，甚至进行无聊的吹捧，搞精神贿赂，企图由此取悦上级领导进而获取上级领导的青睐。

（五）向上司报告坏消息

这是同上司最紧张、最艰难的对话之一。下属不仅因对话可能失败而局促不安（无论是否是自己的错），而且还担心这种挫败将影响自己在企业里的地位。完成职责、减少潜在危险的关键，是应尽快把会谈转成一种讨论，商量下一步怎么办，而不是去纠缠事情的对错。这时下属的秘诀在于，虽然消息来源于自己，但自己能控制舆论导向。下属报告坏消息时首先要坦言，局势已超出自己的控制能力，或者干脆承担责任，提出行动计划来减少损失。

1. 态度端正，行为得当

把向上司汇报坏消息看成是证明自己善于随机应变的机会，做好承担责任的思想准备，但没必要自责。而且要明白，上司的怒气并不一定是针对自己，可能是针对局势。不要显出一幅悔悟的样子，除非自己确实该被责怪。但是，一定要表示关注，不是为自己，而是为企业。抓住每次机会，把话题引到眼下该办的事情上来。不要回避上司的自尊心——做得巧妙一点，说几句好话并不能取代承担责任，但它能转移无名怒火。

2. 做好准备工作

做好为什么发生这种事的解释。最要紧的是写一份详细的书面建议，列举一连串行动计划。

3. 时机选择

不可以在不合适的场合突然提出，但应该尽快让此事引起上司的注意。关键是消息必须最早出自自己这里。如果上司能善待，或者继续询问，则重申自己的立场，随即报告准备采取的行动。

六、掌握技巧：上司关系管理的润滑剂

掌握必备技巧，才能更好地管理上司关系。在上司关系管理过程中要投桃报李，满足上

司需求，增进与上司的关系；一定要学会谦虚，不争功，多赞美，满足上司的自尊心；在日常工作中，一定要多请示多汇报，不可自作主张，按照个人意愿处理上司安排的事情；在给上司提意见的时候，一定要把握好分寸，注意方式，既要让上司满意，还能够让上司欣然接受自己的建议。

上司关系管理的必备技巧和五大禁忌如表 7-1 所示。

表 7-1　上司关系管理的必备技巧和五大禁忌

必备技巧	五大禁忌
了解领导，投其所好 赞美而不奉承 多请示多汇报 办事不要自作主张 以尊重领导为原则 提出建议时要注意分寸	表达太过于直接 提出意见时不注意方式 把上司当朋友无话不说 触及上司的禁忌话题 在上司面前抱怨工作

第三节　积极应对

作为下属，对公司政治有所了解的同时，也要能够主动学习，做到积极应对，这就需要将上司进行分类，依据不同类型的上司开展不同的沟通、应对策略，做到心中有数，对症下药，管理好上司关系。

一、应对 DISC 上司

（一）与 D 型上司沟通的策略

与 D 型上司进行沟通，一定要以工作本身为主，以结果为导向，沟通明确的计划和问题，赞赏上司的意见和想法，详见表 7-2。

表 7-2　与 D 型上司沟通的策略

要　点	具体策略
结果导向	以工作本身为主，在乎结果、成绩、效率、速度、成本
	需要配合他简单、直接的性格，明确，一针见血
	公事为重，除非公事说完，否则不要说其他不相关的
明确的计划和问题	要问明确的问题，给他至少两个以上的选择
	方案需要明确、有效率、有逻辑，过程让他开心
	如果双方意见不合，就针对事实展开讨论
负面评价和肯定	因上司不容易接受别人负面的评价，可以明确事实、委婉建议
	很喜欢获得别人的肯定，要赞扬他的行动力和能力
额外需求	给他适当的空间，要让他感觉他不会被人利用
	他是不会吃亏的，与他谈判最好的结果是双赢
最常使用的词语和句式	结果、成果、目标、效率、效益、百分比、条件、优势
	应该如何做？下一步的目标是什么？如何达成结果？

（二）与I型上司沟通的策略

与I型上司进行沟通，一定要以工作中的人为主，营造友善、和谐的气氛，积极向上司汇报，赞同他的想法，支持他的梦想，尊重他的地位，详见表7-3。

表7-3 与I型上司沟通的策略

要 点	具体策略
以人为本的沟通	多谈工作中的人，少谈工作中的数据和事实
	记下沟通中的细节，因为他可能会忽略
	沟通时需要营造一种友善的气氛
稳固的地位感	积极向他汇报，并表现出充分的尊重，多征求他的意见
	提供I型上司重视的人的想法和意见
	采取委婉的方式，不要让自己的意见威胁到他
使他更有动力	和他讨论新鲜、有趣的事情，生动地描述前景和未来
	支持他的梦想
额外需求	I型上司需要地位和保持自己的地位感
	要使他感觉到自己被重视
最常使用的词语和句式	奖励、激励、多亏了你、和谐、奋进
	那就靠你了！多亏了你……我们可以做到

（三）与S型上司沟通的策略

与S型上司进行沟通，一定要有明确且利于理解的逻辑，遵循做事的计划和程序，聆听上司的想法，避免直接冲突，详见表7-4。

表7-4 与S型上司沟通的策略

要 点	具体策略
程序第一	告诉他自己做事的逻辑是什么，问明确的问题
	多谈论工作的程序和计划，使他知道自己工作的进度
	告诉他自己做事的顺序、流程、时间和步骤
安全感	聆听他的话语，响应他的意见，使他感到自己受重视
	有不同意见时，要态度温和有逻辑性，避免激烈的方式
需要的态度	留给他思考和决定的时间
	多肯定和感谢他的无私、他对团队的贡献
额外需求	温馨的相处方式，对他表示自己的友善和忠诚
	可以先建立良好的气氛，再说公事
最常使用的词语和句式	程序、数据、流程、步骤、顺序
	下一步是什么？程序？流程？工作是否顺利？要支持？

（四）与C型上司沟通的策略

与C型上司进行沟通，一定要遵循程序，汇报工作要简洁明了且有充分的数据支撑，要制定严格的时间计划表，详见表7-5。

表 7-5　与 C 型上司沟通的策略

要　　点	具 体 策 略
程序第一	直截了当，就事论事，避免分散注意力
	要给出明确的事实和详细的数据，如百分比、对比数据
	给予其明确的计划表
	给予明确的时间表
最常使用的词语和句式	数据、对比、同比增长、同比下降、百分比
	这是相关的资料和数据；我们需要做的是……
	根据这个数据，我们能够得出的结论是……

二、应对女上司

◆【案例 7-6】

难以忍受的女上司

小李是萧萧的直接下属，平心而论，他十分佩服萧萧的能力，也了解她是凭借自己多年的努力一步一步走到今天的位置的，可是对于萧萧的一些缺点，他也十分难以忍受。其一，就是他觉得萧萧有些心胸狭窄，犯的一点错误她都会记得很久，并且常在公共场合提醒他，弄得他十分尴尬。一次小李在做项目的时候弄错了一个数据，结果此后每次提交报表时萧萧都要当众提醒他别弄错了，使小李十分尴尬。其二，萧萧有些任人唯亲，她周围的几个帮手都是跟她私交十分好的人，而得罪过她或者与她有意见分歧的人则很难得到她的重用。因此自己在与她相处时不得不小心翼翼，生怕做错了什么事而导致她的反感。

（资料来源：笔者依据调研资料整理）

随着时代的发展和社会的进步，女性的地位有了很大的提升，她们在工作中的表现丝毫不亚于男性，一些业绩突出的女性也逐步进入到组织的管理层中。由于性别的不同，男女在性格特点上存在着很大的差异，这就决定了在处理与女性上司的关系时更加困难。要处理好与女性上司的关系，首先就要了解女性的心理特征和其面临的职场困境，在理解的基础上与之进行沟通，并加以适当的关心和鼓励，与其建立良好的关系。

（一）职场女性的心理特点

女性普遍具有完美主义倾向，具体在工作中就表现为自我期望较高，进而对他人的要求也比较高。相较于理智的男性，女性在很多情况下比较感性，对情绪的体验和表达也要更加强烈。在工作中就表现为：关心身边人的感受，注重与下属的交流沟通；在巨大的工作压力下抗压能力较弱，更加需要他人的关心和安慰；容易将情绪带入工作中等。

同时，女性做事比较细致，更加注意细节，并且记住消极事物（例如下级的工作失误）的数量要远远多于男性。有时就会给下属留下“记仇”的消极印象。其实也许她并不是有意记住这些琐事，也不是特意提起，只是性格特征造成的而已。

（二）职场女性的困境

受传统文化的影响，社会上还是存在着很多对女性不公平的现象。在组织中，一些职业和岗位存在着隐形的“性别歧视”。在大多数公司的管理层中，男性占绝对优势，女性要想进入管理层，则需要付出更多的努力。

而且中国的女性在家庭中扮演着重要的角色，负责子女的教育、家庭琐事的处理，如此一来分散了大量精力，使女性很难和同龄的男性一样，将大部分精力投入到工作中。女性无论是在心理还是生理上都与男性存在一定差别。加之30多岁正是女性生理和心理变化巨大的阶段，虽然女性具有做事圆融、感情细腻、处事周全等优点，但是无论从抗压能力、身体素质，还是从开拓精神来讲，都略逊于男性。

（三）学会与女上司沟通

既然了解了女性与男性在性格上的不同之处，在与女性上司相处时，就要注意这几个方面，投其所好，用她能够欣然接受的方式来沟通：

首先，因为女性做事往往较细致，所以在工作时最好注意细节，避免犯低级错误。如果女上司对自己的一些小错记忆太久，常常提起，可能只是因为她过于细致，害怕犯重复性的错误，而并不是所谓的“记仇”，所以没必要太放在心上。

其次，由于女性往往比较缺乏安全感，因此在工作中尽量多向其汇报工作进展情况，听听她的意见，至少让她知道自己在做什么。

最后，女性有时候会有些情绪化，只要确信自己没有错，就不要在意，也不要去顶撞。

（四）适当关心和鼓励

女性往往比较脆弱，即使是看上去很强势的女上司，在遇到巨大的工作和生活压力时也难免会感到力不从心。况且女性还要照顾家庭，一些家里的琐事也常常会影响到工作中的情绪。作为下属，尽量做到会察言观色，当发现上司情绪不好的时候，如果感觉她是想发怒，那就尽量躲得远一些，并且不要在工作上犯小错误，以免无辜受累；如果是心情沮丧，则可以适当找些话题安慰，并开些无伤大雅的玩笑，但不要过多询问原因，因为原因往往来自家庭；如果是情绪紧张，则很可能是因为工作压力太大，此时可以多向她汇报工作上的进展，用暗示的方法给予鼓励，坚定其攻克难关的信念。

（五）如果上司太恶劣

当女上司实在是很难相处的时候，能躲则躲，尽量避免与她发生正面冲突，不要在她在意的事情上犯错误。比如女上司是个完美主义者，那么工作中就要十分注意细节，避免犯小错误。如果女上司是事必躬亲型，那么所有工作都要仔仔细细检查安排清楚，不要就她不懂的技术问题纠缠，尽量让她感到自己在虚心接受她的意见。如果上司实在太恶劣，则要考虑这份工作是否还有继续下去的价值，如果没有，则可以在矛盾激化之前申请调职或者干脆更换工作，不要因为一个不好的上司而影响了自己未来的职业生涯。

三、应对不轨上司

面对不轨上司的时候一定要掌握技巧：谨防上司“占小便宜”，避免和不轨上司单独相处，不要随便收上司的礼物，大胆举报，走为上策。

（一）谨防上司“占小便宜”

如果上司经常色眯眯地看自己，或者对自己动手动脚，那就一定要提高警惕。这个时候自己必须明确提出让对方注意举止，并且对他的行为表示强烈的不满。不然他会得寸进尺，因为不轨上司基本都是利用这种“占小便宜”的方式慢慢接近下属，如果自己不坚决拒绝他的行为，他会越来越胆大，越来越放肆。

（二）避免和不轨上司单独相处

因为工作需要有的领导会经常出差，但有一些不怀好意的上司，他要女下属陪同自己一起出差，借出差的名义达到和女下属单独相处的个人目的，然后伺机对其实施骚扰。如果上司有非分之想，自己千万不能去。上司约自己吃饭，无法拒绝时，在不告诉他的情况下带上一两个朋友去，相信吃完这一顿就没有下一次了。

（三）不要随便收上司的礼物

上司送给女下属的礼物不要随便接受，实在无法拒绝的可以抛到其他女性同事那里，然后说领导发福利了，相信上司会知趣的。这样也就减少了上司接近自己的机会。

（四）大胆举报

如果无法摆脱上司的纠缠，可以向上司的直接领导举报或报警。

（五）走为上策

如果上司总是对自己纠缠不休，那么自己“走为上策”。

四、应对年轻上司

进入企业，常常会遇到比自己年轻的上司，为了能够应对年轻上司，需要适应上司，缩小沟通差异；将“说教”从表达习惯中删除；做称职员工，而非“唠叨父母”。要么同甘共苦，要么另谋出路。

（一）适应上司，缩小沟通差异

缩小差异的第一步，是要知道不同年代人之间的沟通差异。当自己和不同年代的上司共事时，这一点尤为重要。要想建立良好的关系，必须了解上司的沟通交流风格，然后相应地调整自己的风格。承认差异和采用折中的方法是值得称道的，即使自己没有面临这样的境况。相比于回避那些明显不会自行消失的问题，它的确要好得多。

（二）将“说教”从表达习惯中删除

和同时代的人一起追忆往事可能是一种乐趣，但频繁追忆会令不相关的人生厌。从表达习惯中将下列短语删除：“我年轻时”“我当主管时”“我们从不那样做”，删除任何听起来像自己是过来人的一些词句。自己不再是驾驶员，在这段旅程中，只是一名乘客。

（三）做称职员工，而非“唠叨父母”

即使上司看起来很年轻，足可以做自己的孩子，但他毕竟不是自己的孩子，这一点很容易被忽略。抵制住做上司“父母”的冲动。交谈时不要用这样的开场白，“好吧，亲爱的”，或者“根据我的经验”。这可能会让上司觉得他正在被父母或那些自认为懂得比他多的人说教指挥。当让自己阐述意见时，回答要简明扼要，在提供详细资料之前，先看上司的反应，确认有迹象表明他想听更多的细节之后再详细展开。

控制好自己指示性的手指，不要乱动。自己最不应该做的就是阐述观点时无意中挥动手指，在上司面前指指点点。

五、应对暴躁型上司

◆【案例 7-7】

“梦魇”般的上司

销售总监周伟是办公室最大的噪声源。在他的办公室里，时不时会传出撕文件、摔杯子、跺地板的声音，接下来便是一顿暴风骤雨般的痛骂。这样的戏几乎每天都要上演，周伟的部下们每天都战战兢兢，生怕一不小心又引起了“火山喷发”。每个月第一周的周一是区域经理们向周伟汇报的日子，只听见办公室里一顿痛骂过后，东区经理脸色惨白地走了出来，把材料放在桌子上，转身去了洗手间。看得出来，这个平静的表情是她尽力控制的结果。“不是吧？东区这个月的销量增长那么高还要挨骂？那我们这几个区域增长率不高的经理还不得被他吃了？”几个经理顿时人人自危。

（资料来源：笔者依据调研资料整理）

暴躁型上司是许多员工的梦魇，他们自己往往工作能力出众，所以对业绩一般的员工缺乏宽容之心。而且他们等级观念分明，不会体谅下属，只要下属犯了一点错误，他们立刻会一顿斥责，甚至还会当着其他同事的面痛斥下属，丝毫不留情面。这类上司如此表现主要是两种内在因素同时在起作用，即他们有严重的被威胁感，同时又迫切想采取某种行动。这里所说的“被威胁感”主要是指害怕被剥夺了自己最在意的东西（如被人爱戴和赞许），他们感受到的“威胁”在一般人眼里通常都是鸡毛蒜皮的小事（例如，自己认为绝妙的主意没有得到重视）。尽管别人并不在意，他们却视为奇耻大辱，认为自尊心受到了伤害。

当然，做好本职工作是应对暴躁型上司的关键。暴躁型上司的工作能力通常十分出众，自然对下属的工作能力要求也很高，希望下属能够达到自己想要的标准，而且让刚刚“狂轰滥炸”的人做出通情达理的反应是不太容易的，所以应对的步骤必须简单明了、直截了当。

（一）摸清情绪变化

有的人生来就喜怒无常。但人大多都有一个情绪变化的周期，一段时间心情好，一段时间心情差。人在情绪低落的时候，对于稍微负面的消息会感到沮丧，对于正面的消息也不太可能兴奋。在上司处于情绪低落期时，先远离上司，否则一点不如意的小事就可能成为上司情绪爆发的导火索。要摸索清楚上司对哪些事情敏感，越清楚则越能防患于未然。可以根据实际的工作情况列出一个上司的敏感清单：

——完成任务误了限期（上司并没有事先提醒）。

——开会迟到（即便会议开得不好，令人索然寡味）。

——去请示工作时，正赶上上司在给他人打电话。

——报告中出现了错字等低级错误。

……

摸清上司的情绪以及敏感的事情之后，最要紧的是要善于趋避。在其情绪好的时候提出自己对工作的建议，打字或书写时小心一点，或看见他在打电话就自觉退出等。

（二）让上司把火发够

性格暴躁的人发火总会有个尽头，等上司发完火之后，他会发现发火丢了自己的形象，伤害了下属的自尊，他会懊恼不已。让他把火发个够，不要针尖对麦芒，以牙还牙。如果他不能充分认识到自己发火造成的后果，对下属的愤怒和难堪熟视无睹，自己可以尝试选择在恰当的场合说出这种行为给自己带来的影响。但为了避免上司再一次大发雷霆，一定要事先想好该对他说什么，怎样去说。尽可能地不谴责、少唠叨和不抱怨。一定要说清楚哪些是令自己不痛快的事情，只说不议，然后说出自己的感受和产生的影响。

（三）岔开注意力

如果上司发起火来短时间内无法平息，可以适当干扰他一下，分散他的注意力。多数情况下，如果自己已经很清楚老板发脾气的原因，可以用"等一等""是呀"等一些中性表述，赶紧通过自己的声音或者态度向他传递对他的尊敬，例如，"老板，请等一下，您刚才说的东西十分重要，我们回过头来是否可以再好好讨论一下。"在此之前加上他的称呼，缓和一下紧张的气氛。经过这个小插曲之后，上司爆发的节奏很有可能被打乱，转而关注你们之间要讨论的事情。如果上司变得更加激动和愤怒，这时可以选择暂时离开，让上司单独待一会，防止上司说出更加难以挽回的过头话。

（四）用幽默回应

不要低估幽默在职场中的力量。幽默可以缓和工作中潜在的紧张局面，帮助度过危机，而且会对上司与下属之间的关系产生持久而长远的影响。幽默同样能使脾气暴躁的人无法"发威"。但一定要掌握好分寸，绝不是说闲话。例如，可以挑选一个上司完成任务心情大好的时候，抓住时机说："经理，您的笑容太有魅力了，比刘德华还要帅啊。如果您经常这样微笑，员工一定会被您的笑容折服而更加努力地工作。"这种幽默的说法经理也会明白其中的意思，以后会注意自己在员工面前的言行。

六、应对自负型上司

◆【案例7-8】

瞎指挥的广告部经理

广告部经理辞职后，公司没有从外部招聘，而是委任销售部的一位区域经理担任。这位经理虽然是学广告出身的，但毕业后一直做销售工作，对于广告业务了解不多。这让做了很多年广告投放工作的张平颇感不快。因为不论张平向这位经理汇报什么情况，得到的答复无非是这几句："这个杂志的水平不行啊，他们的发行量太低了吧？""这个广告的设计不够大气，让设计部换一个方案。""给对方的费用太低，人家能好好做吗？"为了证明自己的"明智"，新经理总是给张平挑错，而张平那些"错误"最后都被证明是可行的方案。有时候，张平不得不坐在领导的办公室恭敬地聆听长达几个小时的教诲。疲惫地走出经理办公室后，张平后悔自己怎么没在去年得中耳炎的时候双耳失聪。

（资料来源：齐忠玉．与领导沟通的7个技术［M］．北京：中国电力出版社，2010.）

自负型上司通常专业技能不及下属，但是出于"面儿"，十分注重自己的观点和想法，而不是下属的意见，自负地瞎指挥，导致工作出现偏差。应对自负型上司最重要的是"听话"。自负型上司的观点和想法并不一定正确，但是，在与其沟通的过程中，一定要认真倾听，并连连点头表示赞赏，满足其自负的心理需求。应对自负型上司还需要一些实用技巧。

（一）充分做好准备

自负型上司最好吹毛求疵，眼里容不得半点草率、马虎和不认真。所以应对这种上司首先要对其交代的任何工作都做好充分的准备。所写的报告一定要条理分明，有理有据，数据清晰，事例翔实，建议中肯，干脆利落不含糊其词，并给出建议的理由。打印的内容应认真校对，杜绝出现打字或拼写错误。对于上司的指令要"听话"，但仅"听话"是不够的，还要变通、灵活，保证工作顺利、达标完成。虽然上司的有些想法不正确，但是也有我们可以借鉴的地方，如果上司的想法是错误的，下属可以按正确的方法开展工作，但是一定要保证工作的质量。但做好这些事情，千万不要指望上司能对自己有所赞扬，因为这些工作是上司认为下属应该做的分内事，做完了这些，自己在上司心中也只能由一个"纰漏不断"的人上升为"可以放心"的人。

（二）用请教的方式提出问题

◆【案例 7-9】

诱导上司自我否定

上司交给小笨一项重要的任务，按照上司的既定思路做出一个详细的策划方案。他发现上司的思路有一个致命的错误，如果按照这个思路做策划方案，客户肯定不会接受。

于是，小笨找到上司，当时上司和全公司的领导正在开会，小笨当着众人直截了当地说："你的思路根本不对，应该这样……"他直接否定了上司。这让上司感觉很没面子。

而聪明的小聪在遇到这样的事时，则采用一种委婉、迂回的方式表达自己的意见。比如："张总，您这个想法简直是太牛了，如果按照您的想法去做，我们一定会实现销售额翻倍的。但是有一点我还是不够明白，能否请您讲解一下，顺便也让我长长见识……"

上司在解释的过程中突然意识到了自己的错误，赶紧更正了，他更感激小聪委婉的请教。

（资料来源：笔者依据相关资料整理）

上司都很看重面子，作为下属，不顾忌上司的面子挑战他的权威是非常危险的，尤其是在公共场合，让上司难堪是最忌讳的。如果直接对上司表示不同看法，只能引起争辩而不会导致共鸣。如果遇到一些非常重要的事情，最好的办法就是设计出一系列的问题让上司在造成不良后果之前能自动发现纰漏所在。这种问题分为两种类型：一种是"乖宝宝"类；另一种是"外延"类。"乖宝宝"类就如上述案例中小聪的说法，希望领导开导。"外延"类问题就是要求领导把他的想法或计划在时间和范围上展开来谈。例如“我想我已经听明白了您的工作计划，您能不能再讲讲如何把它推广到其他部门去的做法呢?”这样用提问题的方式可以让自己无须明确表示反对，避免陷入尴尬，又不会让上司认为自己是个无能之辈。注意千万不要用“但是”，虽然大多数人认为这是一种比较委婉表达自己异议的词语，但“但是”这个词语所代表的反对意思已经众所周知。提问也可以避免上司过分自信，因为在回答自己的问题时，他们需要重新思考一遍做决定所依据的事实，在这个过程中他们有可能自己“幡然醒悟”。

（三）给足上司面子

◆【案例 7-10】

把拍板的快感留给上司

小笨的部门一行五人要去北京某周边城市谈判，老板要小笨考察一下前去的交通方式，小笨一合计，一行五人，坐公交车不方便，人也受累，会影响谈判效果；打车，一辆车坐不下，两辆费用又太高；还是包一辆车好，经济又实惠。

小笨的说话方式：

主意定了，小笨来到老板跟前：“老板，您看……”小笨把几种方案的利弊分析了一番，接着说：“我决定选择第三种方案，车已经租好了。”

老板听完立刻沉下了脸：“既然都决定了，还和我说什么。”

小聪的说话方式：

主意定了，小聪来到老板跟前：“老板，您看……”小聪把几种方案的利弊分析了一番，接着说：“老板，您帮我们拿个主意吧!”

老板很高兴地选择了小聪的方案。

（资料来源：笔者依据相关资料整理）

自负型上司尤其爱面子，一定要把拍板的快感留给他。对于工作所取得的成果也一定要归功于上司。如果上司因为自己的固执己见，眼见着就要把事情弄得一发不可收拾，千万不能幸灾乐祸地说：“看，你这里错了吧!”因为此时自负型上司见自己精心设计的计划出了错，往往会找一个替罪羊。由于下属曾经在设计计划的时候或多或少地参与过，很有可能错误的承担人就由他转嫁到了下属的身上。下属可以装作不经意地问：“我当时提的那些问题是不是打乱了您的思路?”这样并不是在帮助上司掩饰过错，而是使其不会恼羞成怒。

七、应对阴险型上司

◆【案例 7-11】

上司的秘密任务

“你去撰写一份邮件给商业客户群，内容概要都写在这上面了，写完以后交给我看一下。”夏雨给下属沈明布置了一个新任务。沈明离开办公室之前，夏雨又嘱托了一句：“这份邮件不难写，先打印出来尽快交给我，我修改一下再发。另外，这件事一定要保密。”

邮件草稿写完之后，沈明打印出来交给了夏雨。夏雨简单地看了一下，稍微修改了一些词语，就让沈明发过去了。之后，夏雨又让沈明把邮件的内容概要和草稿拿过来，当场扔进了碎纸机。过了几天，沈明发的邮件惹了祸。商业客户部的总监看到邮件后很生气。沈明这才知道自己被上司当“枪”使了，却有苦说不出——因为夏雨根本没用电子邮件来布置工作，而且也把相关证据都毁了。若不是以前自己工作还算出色，保不准就被开除了。此后，沈明开始处处提防着上司夏雨。

（资料来源：笔者依据调研资料整理）

这种“笑面虎”一样阴险的上司具有很高的危险性，他们通常拥有和蔼的微笑和得体的举止，但是，当自己掉进陷阱时，会发现他在陷阱边看着自己笑。从表面上来看，他是每个下属的好朋友，善解人意又体贴，若是对他说出心里话，他会转身把这些搜集来的情报添油加醋地散播出去，挑拨自己与其他同事的关系。

面对阴险的上司，要做好充分的思想准备，能够及时脱身而出。阴险的上司通常会将“无关痛痒”的下属拉出来，为自己当“挡箭牌”，抵御竞争对手的攻击；或者设置陷阱，将不同“阵营”中的下属置于死地；更有甚者，没有任何缘由，对自己“队伍”里的下属“下黑手”。对于前两种情况，可以通过提高自身核心竞争力和“站好队”来避免。对于第三种，还需要掌握一定的技巧。

（一）消极抵抗

在确保自身安全的前提下可以适当地让自己的工作“卡壳”。例如，“偶然”将文件放错了地方，“一时大意”耽误了工作的期限，诸如此类。一是，这样消极抵抗可以增强自己的斗志；二是，当有同样心态的同事也做类似的事情时，上面就有可能会派人来检查工作，从而让阴险型上司暴露。

（二）有证据意识

如果发现上司有违规行为或者有陷害自己的行为，一定要着手搜集证据。平日里将两人之间的对话和上司命令自己的事情详细记载，并标注日期。同样，记载自己当时和随后做出的反应。这些凭据一定要个人收藏，不可放在办公室里面。因为很有可能自己到时候被人当场解雇根本没有办法再拿走个人文件。对于与个人业绩、奖金有关的资料也要掌握在手，因为一旦上司“下黑手”，便会造谣中伤，把自己贬得一文不值，并进而借由工作业绩太差辞退来打击报复。

（三）寻求集体安全

下属要团结同事来应对阴险型上司。如果通过研究上司，确定他是阴险型上司，那么一定要与同事团结起来，将上司告诉自己的事情和同事反复核对，不要轻易相信他，以免被上司当“枪”使而浑然不知。如果揭发上司，也尽量设法让同事一同揭发，这样众口一词别人很难怀疑其真实性。即使上司想打击报复，也让他知道他面对的不是自己一个人。此外，与同事一起行动可以避免自己出现“心理失衡”的情况，因为在抗争的过程中十分容易怀疑自己过于天真，以卵击石。同时，也可向同事倾诉，让自己的心情能够得到舒解。

【思考题】

1. 请分析自己上司的特点及 DISC 类型。
2. 请总结应对自己当前上司的策略。
3. 如何把握上司关系管理中的“适度原则”？

【案例分析题】

1. 案例 7-1 中，戴笠为什么能得到蒋介石的重用？对你有何启发？
2. 案例 7-5 中，小张应该如何与上司沟通？
3. 案例 7-6 中，小李该如何应对“难以忍受的女上司”萧萧？

第八章

客户关系管理

【培养目标】

1. 引导读者认识到客户价值的重要性，以及积极员工关系与客户关系的紧密联系。

2. 引导读者关注企业营销团队管理，以及营销团队进行客户开发及维护的要点。

3. 使读者意识到企业发展不同阶段应采用不同的销售策略，以及积极员工关系管理的着力点。

【培养要点】

1. 企业依靠客户求生存，客户关系在企业众多关系中具有核心地位，而员工关系恰恰是连接企业客户关系、内部关系以及外部环境关系的黏合剂。

2. 为更好地维护客户关系，企业应注重员工关系尤其是营销部门员工关系管理。管理者给予营销员工更多的关怀，以营销员工满意来促进客户满意。同时还应积极引导营销团队内部沟通配合，营销部门与企业其他部门之间的跨部门协作。

3. 营销员工在客户开发、服务时，应表现出更多的自信，自信更多地源于企业内部跨部门的沟通，源于对产品的深知。企业要坚持真诚沟通、用心经营、居安思危的经营理念。

4. 企业经营的不同阶段采用的销售及管理策略不同，应根据不同阶段企业所占有的资源明确企业销售的基础、重点与关键，员工关系管理的着力点也应随之调整。

【本章框架】

客户关系管理

- 客户价值及关系
  - 【案例8-3】“老干妈”雄厚的现金流
  - 【案例8-5】朝阳本色在客户“逼迫”下的成长
  - 【案例8-6】10亿个SIM卡芯片出货是如何做到的
- 客户开发及管理
  - 【案例8-7】陆强华的职业生涯
  - 【案例8-17】三杯茶与一分钟请求
  - 【案例8-19】和总统做一笔小生意
  - 【案例8-20】“梅尔多”铁锤
  - 【案例8-22】17岁的百万富翁
- 客户服务与管理策略
  - 【案例8-23】用心经营自己的人际关系
  - 【案例8-26】“芬克斯”酒吧的原则
  - 【案例8-27】我知道你是明星

第一节　客户价值及关系

一、互联网时代客户日趋重要

（一）互联网时代企业的目标客户

1. 企业依靠客户求生存

德鲁克有一句名言：企业存在的目的就是创造客户。[㊀]客户是企业存在的前提条件，客户是企业资金的源头活水，客户是决定企业强大的至关重要的因素，企业的资源只有客户才是越用越多的。[㊁]产品、技术等生产要素可以购买，员工可以招聘，资金可以通过融资获取，而获得客户只有一条途径，即长期经营，对于任何企业，客户都是必须紧密维护的资源。

企业的命运建立在与客户利益关系的基础之上，企业似船，客户似水，"水能载舟也能覆舟"，客户可以给企业带来利润，使企业兴旺发达，但客户的流失也会使企业付出惨痛的代价。对《财富》杂志排名前1000位公司的200位经理调查后得出结论，企业增长性与清楚地识别客户有明显的联系（见表8-1）。该表反映了高增长率的企业比低增长率的企业更加懂得客户识别的重要性，并运用技巧来强化核心客户为企业创造更多的价值。

表8-1　企业增长与客户识别的联系

指标属性	高增长率公司	低增长率公司
极其清楚哪些客户更有价值（%）	38	22
从前10位客户得到的年收入（%）	46	32
强化客户识别的表现指数（%）	7.0	5.7

2. 互联网时代企业客户更加个性化

互联网使得企业目标客户的范围更加精确和具体。传统企业的营销对象一般集中于人口密集的区域或社会协会团体等大型组织，而互联网的发展使得越来越多的个体进入企业的营销范围，使企业服务的对象由最初的群体性客户向个体性客户转变。有的企业更是率先建立起网络平台，与客户尝试着"一对一"互动的新型营销模式，体现了企业为适应时代发展而针对客户设计的个性化服务。

◆【案例8-1】

数码厂商的个性营销——娱乐营销典型代表

e世界娱乐营销就是借助娱乐活动，通过各种活动形式与消费者实现互动，将娱乐因素融入产品或服务，从而促进产品或娱乐服务取得良好的市场表现。"三位一体"与

㊀ 刘澜．管理十律——商学院不教的临床管理学［M］．北京：机械工业出版社，2015.

㊁ Seybold P B. Outside Innovation：How Your Customers Will Co－Design Your Company's Future［M］. New York：Haper Business，2006.

"互动性"是娱乐营销不同于以往营销活动的最显著特点。娱乐营销有两大特点：实体、媒体、消费者三位一体和互动性。

作为中关村数码产品集散地的e世界数码商城，选择娱乐营销使其在中关村具有鲜明的个性特征。每到周末，电台就会有一档名为"音乐e世界"的栏目，直播明星们在e世界与消费者亲密接触。每到此时卖场门前就会聚集大量消费者，场内的商家也深深受益于这种宣传方式。经过一年的时间，e世界已经邀请了多位明星歌手来此助阵，甚至是专辑签售，例如阿牛、张含韵、爱戴、潘美辰等多位明星都曾到场。

（资料来源：笔者依据相关资料整理）

3. 互联网时代企业客户关系要灵活调整

随着互联网经济的发展，消费方面最突出的表现就是消费过程中客户更加注重消费的体验，更加追求消费过程的个性化服务，拥有更多的选择权，"卖方市场"转变为"买方市场"。在客户需求变化如此之快的互联网时代，谁能够灵活、迅速地对市场变化做出反应，谁就能掌握市场竞争优势。

像惠普那样的公司，有32万名员工，实施计划可能需要很长时间；而在芬兰赫尔辛基的一家5个人的小公司，可以很快地实施计划，比如做出《愤怒的小鸟》。因此互联网时代对大公司的挑战更加明显，企业更应做好员工关系管理，以保证企业内部的整体协调性，从而应对互联网对企业客户关系管理的冲击。

（二）互联网时代企业的客户价值

◆【案例8-2】

今天只有一名顾客

商场经理检查新来的售货员一天的业务情况。"今天你向多少名顾客提供了服务？"经理问。"一名。"这名售货员答道。"仅仅一名顾客？"老板又问，"卖了多少钱？"售货员回答："58334美元。"经理大吃一惊，他请这位售货员解释一下怎么卖了那么多钱。"首先我卖给了那个男人一只钓鱼钩，"售货员说，"接着卖给他一根钓竿和一只卷轴。然后我问他打算到什么地方钓鱼，他说去海里。所以我建议他应该拥有一条船——他就买了一艘20ft（1ft = 0.3048m）长的小型汽艇。运走时，我带他到咱们商场的汽车销售部，卖给了他一辆微型货车。"老板惊愕不已地问道："你真的卖了那么多东西给一个仅仅来买一只鱼钩的顾客？""不！"新来的售货员回答："他本来是到旁边柜台为他患偏头疼的夫人买一瓶阿司匹林。我对他说：'先生。你的夫人身体欠佳，周末如果有空，你不妨带着她去钓鱼，那真是太有意思了！'"

（资料来源：笔者依据相关资料整理）

案例中该售货员成功地发掘了一名客户，为公司创造了58334美元的价值。是他运气好吗？刚好碰到一位有经济实力的客户？答案不止于此！售货员有一双善于观察的眼睛，透过客户的行为，发现客户的真实需求，进而以客户的需求作为自己营销的目标，步步引导，激发客户满足需求的欲望，从而在提供服务的同时将创造价值变得水到渠成。越是在互联网时代，企业越要关注个体化客户的价值。

1. 互联网经济“寓大于小”，更加关注个体化客户的价值

互联网经济是一种“寓大于小”的发展模式。在互联网时代，企业不再是社会经济活动的最小单位，个人才是社会经济活动的最小单位。这使得传统企业的形态、边界发生了变化，开放、灵活、“寓大于小”成为商业变革的趋势。

“寓大于小”的发展战略要求企业更加关注客户的个性化需求，满足客户对产品和服务的价值需求，更加关注客户价值，分析客户价值影响，更好地服务、维护客户。

2. 互联网时代企业客户价值多元化

客户价值是客户为企业提供的价值，即从企业角度出发，根据客户消费行为和消费特征等变量测度出客户能够为企业创造的价值，该客户价值衡量了客户对于企业的相对重要性，是企业进行差异化决策的重要标准。客户不仅为企业带来经营现金流，优质的客户更会协同企业共同成长。下面将客户价值分为当期和潜在两个层面展开。

（1）当期价值。当期价值即客户现阶段能为企业形成的价值。当客户与企业建立了联系，客户对企业就形成了关注，这种关注很快就能转化为企业的订单，企业现金正是依靠这些订单才能源源不断地流入。因此客户是企业利润之源，只有管理好客户的当期价值才能为企业的后续发展带来源源不断的现金流。

◆【案例 8-3】

“老干妈”雄厚的现金流

几十年来，“老干妈”一直沿用传统工艺精心酿造，优雅细腻，香辣突出，回味悠长，是辣酱行业享誉海内外的领导品牌。每一天，“老干妈”厂房里都会生产出大约 130 万瓶辣椒酱，等待着被发往中国各地的大小超市，以及遍布五大洲的 30 多个国家和地区。陶华碧和她的家族是“老干妈”90% 的股权拥有者，是她创造了一个“辣椒酱帝国”。“老干妈”由最初的手工作坊，发展到现在的国际化大公司，有着其独特的现金流理念。

无论是收购农民的辣椒，还是把辣椒酱卖给经销商，陶华碧从最初建厂时就坚持永远是现款现货。“我从不欠别人一分钱，别人也不能欠我一分钱。”“老干妈”没有库存，也没有应收账款和应付账款，只有高达数十亿元的现金流。正是“老干妈”的这种现金流管理方式，这种十几年如一日的庞大现金流的进出，为“老干妈”的“不上市、不贷款”提供了可能。

（资料来源：笔者依据相关资料整理）

在互联网环境下，企业应该借助互联网的优势，积极主动地宣传企业的产品或服务，吸引更多消费者的眼球，互联网时代提倡的就是关注度经济，谁获得了消费者更多的关注度，谁就在竞争中获得了优势。

（2）潜在价值。客户的潜在价值最明显的就是客户与企业在以后长时间贸易中能给企业带来的收入，即该客户对企业的终身价值。例如，可口可乐公司预测其中一位忠诚客户

50 年能给公司带来收益 1.1 万美元；万宝路公司预测其一位忠诚的烟民 30 年能给公司带来的收益是 2.5 万美元，AT&T 公司预测其一位忠诚客户 30 年能给公司带来的收益是 4.2 万美元等。[㊀]因此，企业必须把眼光放长远，不但要重视客户当前的价值，更需要进一步创造和提高客户的终身价值。

客户的个人影响力也不容忽视。客户的个人影响力就是客户在消费企业产品或服务后感受到了满意，借助其个人的交际朋友圈，为企业进行无形的宣传，这种宣传往往为企业形成了"口碑营销"。事实证明，口碑传播比广告更能促进消费者的购买欲望，一个重要的原因就是口碑传播过程中没有商家的参与，是消费者的自发行为，人们更愿意相信这种不带功利性质的宣传方式。商业期刊《Journal of Marketing》有一篇关于口碑效应研究的论文，里面提供了一组数据：在影响消费者对某种特定产品的选择方面，口碑的作用是专业推销员的 4 倍，是纸媒广告的 7 倍；在转变消费者对产品的认识由否定到肯定时，口碑产生的效果是广告的 9 倍。[㊁]

◆【案例 8-4】

九阳面条机的口碑效应

2013 年为推广公司新品面条机，九阳公司曾经举办过一次宣传活动。公司向 50 位新妈妈或准妈妈赠送该款面条机试用，这 50 位试用者使用后发出了 150 条微博评价。在随后的一周内，这 150 条评价约被转发 19 万次，产生 5600 多条评论，累计曝光次数超过 4140 万次。正是靠这种宣传方式，使得九阳公司的新品面条机很快被市场接受，为公司带来了极大的利润，而公司在这次宣传活动中的全部成本仅仅十多万元。

（资料来源：笔者依据相关资料整理）

优质客户能推动企业成长、壮大。在信息爆炸的互联网时代，越来越强调客户与企业的合作，客户与公司之间应该是一种相互促进、互惠共赢的合作关系。客户能通过各种渠道来反映他们在消费某一企业产品得到的感受，有些反映可能会对企业造成一定的负面影响，但绝大多数可以促进企业的发展进步。尤其是优质的客户对于企业的价值，远非财务账单上的账面价值能衡量，还为企业的发展起到了推动作用。

◆【案例 8-5】

朝阳本色在客户"逼迫"下的成长

朝阳本色有机食品有限公司成立于 2009 年 5 月，总投资 1.2 亿元，占地面积 100 亩（1 亩 $=666.67m^2$），是一家集有机蔬菜种植、加工、销售为一体的综合性食品加工出口企业。企业主要生产加工有机蔬菜，有机食品现已广销海外市场，其中美国市场占企业出口总市场约 2/3，是企业的主要出口市场，可实现年出口创汇 2000 万美元，销售收入

㊀ 周贺来．客户关系管理实用教程［M］．2 版．北京：机械工业出版社，2013.

㊁ 李琦晨．辣道至简：老干妈陶华碧的经营智慧［M］．北京：新世界出版社，2015.

106 亿元，实现利税 4000 万元。

说到朝阳本色的成长，就必须提到一个人，那便是朝阳本色的董事长赵玉梅，可以说赵玉梅董事长能有今天的成就，多亏了客户的“诱导”和“逼迫”。

2009 年，赵玉梅相中了辽宁朝阳喀左的自然条件，在当地政府的支持和配合下，赵玉梅决定在喀左投入 2000 万元进行基地建设。在基地建设初期，朝阳本色以 800 元/亩通过土地租种的方式组织实施，然而，农户对新进企业的不信任以及农户之间的矛盾让基地建设变得困难重重，这也让已经投入了 2000 万元的企业开始打“退堂鼓”。

然而，客户听闻企业新基地建设，提出了对新基地参观的要求，在客户的压力下，企业硬是“硬着头皮”把位于喀左的基地建了起来。

朝阳本色能有今天的存在和发展，离不开客户对企业的支持与推动，这也是朝阳本色发展迅速的原因。时至今日，朝阳本色仍然在客户的推动下，进行着各类国际认证，企业所经历的艰辛只有企业知道，但同样，企业为此得到了最根本的产品品质保障，这也形成了朝阳本色在有机行业内极具竞争优势的核心能力。

（资料来源：笔者依据调研资料整理）

二、客户关系是企业关系的核心

◆【案例 8-6】

10 亿个 SIM 卡芯片出货是如何做到的

2014 年，同方微电子（以下简称同方）的 SIM（客户识别模块）卡芯片出货量达到了 10 亿个以上，占据全球 SIM 卡市场 20% 左右的市场份额，并且彻底摆脱了以前在该行业低端市场出货、利润率低下的状况。

在这样一个开放、自由竞争的环境中，同方是如何取得这样的成就的呢？回顾过去三年在同方的经历，王礼宇（同方市场部负责人）认为这主要得益于与整个 SIM 卡行业产业链上下游的紧密合作。

首先，同方与国内三大电信运营商——中国移动、中国联通、中国电信保持着密切联系。这三大电信运营商控制着行业内采购量最高的市场，能够指引该行业的发展方向。通过与这三大运营商频繁、高密度、全方位的接触，早在三年前同方就制定了 SIM 卡芯片的市场策略，并精准规划了相应的产品体系，并且几乎是每个月都通过与三大运营商的接触进行着不断的修正。过去的 2014 年，同方能实现 10 亿个芯片的出货，并且还有较高的利润率，主要得益于三大运营商的 4G LTE SIM 卡的采购，而同方在 2013 年就在该领域布局了容量在 224KB 的 SIM 卡芯片，精准地满足该市场的需求，同时还很好地控制了成本，保证了具有强于竞争对手的竞争力。

其次，同方与行业内全球采购量最大的前十大客户都保持着密切的业务来往。全球前十大客户的采购量大概占市场 80%，通过与这些客户的密切合作，付出 20% 的努力即实现了同方 80% 的销售量，达到了事半功倍的高效率。早在五年以前，同方就开始与这些客户做生意，走国际化的路线，而直到今天，同方的竞争对手还没有敲开其中大部分客户合作的大门，这也保证了在该行业同方具有的强大竞争力，为同方 2014 年的出货量奠定了坚实的客户基础。

再次，同方与芯片代工厂建立了战略合作伙伴关系。众所周知，在芯片行业，有一种芯片设计公司叫作 Fabless，意思就是没有工厂，只是纯粹的设计，又叫 Design House。由于芯片加工厂投资规模巨大，国际、国内绝大部分芯片设计公司都是该类型，同方也是其中之一。正是由于这样的行业分工、合作，使得同方与竞争对手的竞争延伸到了芯片代工厂那边。

同方在三年前与宏力建立了战略合作伙伴关系，尝试在宏力的新工艺产品线上做产品。一方面，帮助宏力磨合新上的产品线，同时，冒着失败的风险获得了宏力在技术上的大力支持以及排他性的协议条款，使得同方在更高级的工艺上的技术领先优势一直持续到今天。2014 年才有另外一家主要竞争对手模仿同方与宏力的商业合作模式在另外一家芯片代工厂的新工艺产品线上开始了新产品开发。

同方和芯片代工厂建立的战略合作伙伴关系，保证了在芯片代工厂产能上的优先级。由于行业分工的存在，一家芯片代工厂要承担几十家，甚至上百家芯片设计公司的芯片产品生产任务，这就造成了芯片代工厂产能持续的、严重的不足。在这种背景下，同方通过与芯片代工厂的战略合作伙伴关系，保证了在产能上的优先级。虽然还是不能随心所欲地任由同方下单，但是已经能够提供让运营商、卡商满意的产品交付能力。

综上所述，今天，同方依据与三大运营商的密切接触，很好地布局了容量从 112KB 到 768KB 的 native 卡芯片、Java 卡芯片以及 SWP－SIM 芯片等低端、中端甚至高端全系列的 SIM 卡芯片产品；依据与全球前十大采购量公司的业务合作，保证了同方的出货渠道及出货数量；依据与芯片代工厂的紧密合作，很好地控制了成本，保证了产品具有极强的竞争力。从而，收获了 2014 年 10 亿个 SIM 卡芯片的出货，为董事会、股东交出了一份满意的答卷，从始至终贯穿着同方与行业内产业链上下游的密切合作，只有这样才能在激烈竞争的市场中突围，成为行业的翘楚。

（资料来源：笔者依据调研资料整理）

现在很多企业都在发展品牌，认为品牌是企业利润的来源，不小心就会陷入品牌的误区，给企业带来利润的恰恰是客户，品牌仅仅是吸引客户的有效工具。柯达品牌虽强，但失去了客户，依然在激烈的竞争中轰然倒塌。正如案例中的企业清晰地认识到客户关系的重要性，回顾过去三年同方微电子的经历，其成功主要得益于与整个 SIM 卡行业产业链上下游的密切合作。

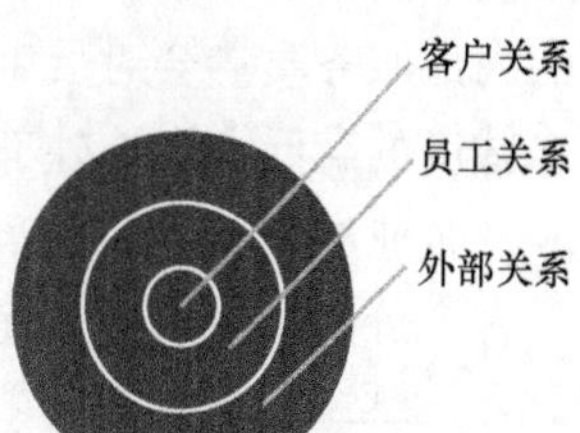

图 8-1　关系图示

可见，客户关系是企业关系的核心，在公司发展中，客户起的作用是决定性的，企业只有将客户关系巩固好，才能在激烈的市场竞争中站稳脚跟。

如图 8-1 所示，在企业关系网中客户关系处于核心地位。第二层是员工关系，即员工关系是企业客户关系与企业其他关系的纽带，员工关系主要由团队关系、组织关系、上下级关系构成。

最外层即企业的外部关系，外部关系主要由环境关系、社会关系、政治关系、家庭关系构成。

三、客户关系由员工关系来实现

企业大都越来越重视客户关系，但殊不知，客户关系是通过员工关系来实现的，企业投资员工关系是持久获得客户关系的基础。[⊖]当人们争议是客户重要还是员工重要时，折射出的是环境对人的漠视。无论员工还是客户本质是人，只有尊重人、抓住人性的需求，才能抓住企业的未来。

20 世纪 90 年代初，赫斯克特（J. L. Heskett）教授等提出了服务利润链理论，用服务利润链（即员工-客户利润链）的框架来描述员工和客户之间的联系，如图 8-2 所示，为服务组织如何通过资源利用、过程再造以及核心能力的构建来实现企业成长提供了一种有效的管理模型。

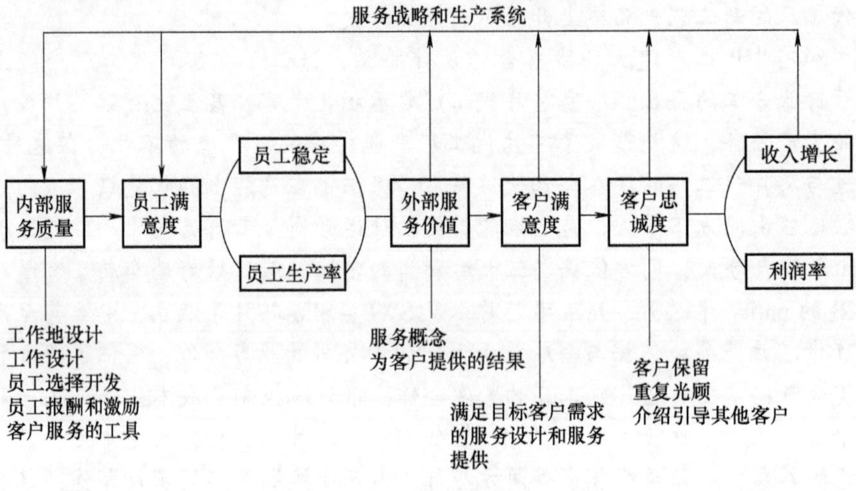

图 8-2　服务利润链

服务利润链涵盖了企业、员工、客户三方之间的关系，由四大构件组成：员工、服务、客户和企业的经济绩效。服务利润链模型告诉我们，利润是由客户的忠诚度决定的，忠诚的客户给企业带来超常的利润空间；客户忠诚度是靠客户满意度取得的，企业提供的服务价值决定了客户满意度；最后，企业内部员工的满意度和忠诚度决定了服务价值。简而言之，客户的满意度最终是由员工的满意度决定的。1999 年，洛夫曼（G. W. Loveman）和 Heskett 对原模型进行了更新和修改，提出了简化后的服务利润链模型，该模型认为组织对员工所提供的内部服务质量会对员工满意度有影响，而员工是否满意会影响员工对组织的忠诚度，员工忠诚度的高低会影响外部服务质量水平，最后影响客户满意度、忠诚度和组织的利润。

企业员工所提供的产品和服务价值与客户满意和忠诚有着直接的联系。企业员工的工作是客户价值产生的必然途径，员工的工作效率和工作质量高低决定了他们所创造价值的高

⊖ Hallowell R, Schlesinger L A, Zornitsky J. Internal service quality, customer and job satisfaction: Linkages and implications for management [J]. People and Strategy, 1996, 19 (2): 20-31.

低。只有满意和忠诚的员工才有可能创造出高效率、高质量的产品和服务。员工是联系企业与客户的纽带，员工与客户进行沟通，提供客户需要的服务，员工的行为及行为的结果是客户评价企业产品和服务质量的直接来源。正是由于员工和客户的高接触性，员工对工作的态度、情绪以及其提供的服务质量都会直接影响到客户的满意水平。

美国奥新顿工业公司的总裁曾提出一条“黄金法则”：关爱你的客户，关爱你的员工，那么市场就会对你倍加关爱。因为只有满意的内部员工，才能带来满意的外部客户，只有满意的外部客户才能给企业带来丰厚的利润回报。因此，企业管理者为了更好地实现外部客户的满意和忠诚，应充分重视内部员工的满意与忠诚。

然而多数企业只注重如何吸引外部客户，较少关心员工的心态，而员工也很少了解企业的业务范围、企业的目标利益，以及自身服务对客户与企业的影响。员工组织关系不健全、不稳定，员工对客户服务是一种机械地重复，单纯的微笑并不能使客户满意。如果员工在服务中不能发挥最大潜能与创造性，服务质量不稳定，那么客户与员工对各自所获产品的满意度均较低。

第二节　客户开发及管理

一、营销团队的管理

管理者总是希望自己的员工对客户的服务能多动脑筋，超出客户的期望值，但是，所谓用心服务，又很难量化考核，因为服务人员每天遇到的事情、客户千差万别、无法预料，对于这些事情的处理也就无法事前规定。要员工用心对待客户的最佳办法是用心对待自己的员工。人心是一致的，用你期望的员工待客之道对待员工，真心对待员工，员工才会真心对待客户。

（一）营销员工离职谁的错

营销团队的离职率往往居高不下，而营销员工的离职对企业的损失也不是能简单估算的。一方面，营销员工离职，企业的培养心血付诸东流，员工忠诚度荡然无存；另一方面，营销员工离职，企业失去的不仅是一名人才，还有该员工联系的客户资源，因为客户选择与某企业合作很大程度受到营销员工的影响；更有甚者不仅自己离职，还带领一批营销精英离开，这也是企业最不希望看到的局面，其中最典型的莫过于原创维集团副总陆强华离职事件。

◆【案例 8-7】

陆强华的职业生涯

1. 陆强华与创维

1996 年，陆强华应邀加盟创维集团，出任创维集团中国区营销部总经理。当时创维的年销售收入为 7.8 亿元。陆强华按照自己的营销策略，到 2000 年离职，在这短短四年间，创维年销售额已做到 43.4 亿元，提前两年进入行业五强，坏账总额奇迹般控制在销售总额 1‰的范围之内。

陆强华的营销模式被称为“集中受控式”，其核心是财务和物流必须由总部进行集权管理。创维集团董事长黄宏生希望进一步扩展业务，认为这一营销模式稳重有余而灵动不足。因此决定：不换思路就换人，从而导致两人发生矛盾。

2000 年 8 月 1 日，黄宏生通知陆强华，要对其工作进行调整，次日，陆强华被免职。在此前两天，创维已委任杨文东替代陆强华的职务。

陆强华认为，从职业规矩来说，如果董事长要调动他的工作应提前协商，他感到“措手不及”。他说，在 8 月 2 日被免职之后，他曾与黄宏生有过两次沟通。黄宏生给他一个新位置：中国区总经理。陆强华认为，当时自己加盟创维，双方是就“中国区域销售总部总经理”这一职位签约的，现在的新位子只是有名无实的虚衔，陆强华说：“这一招表面上是把我养起来，实际上养到一年半载，我的‘武功’就废了，到那时，还会有同样的待遇给我吗?”陆强华没有接受新的安排，再之后就是众所周知的陆强华带领原创维 100 多名营销精英加盟高路华。

2. 陆强华与高路华

2000 年 11 月 4 日，陆强华带领原创维 100 多名营销精英加盟高路华，出任新组建的东菱电器集团总裁兼中国销售总部总经理。

2001 年彩电行业价格战横行，整个彩电行业惨淡经营，而高路华的品牌形象不佳，这对陆强华都是考验。结果在 2001 年年初的 100 天内，凭借陆强华的魅力和声誉，新高路华在全国有选择地吸纳股东客户 600 多家，筹集资金 1 亿多元，补充了企业营运资金。一年多时间，一个新高路华浴火重生。其彩电产销达 180 万台，销售额达 18 亿元，闯入彩电六强。

但是陆强华在高路华重演了在创维的宿命。陆强华最终还是被高路华董事长黄仕灵辞退。

3. 陆强华自己创业及悲壮谢幕

在高路华被免职后，立志“高路华将是我职业经理人最后一站”的陆强华以千万元启动资金，与十余个旧部下在上海创立上海人众电器集团，担任董事长兼总经理。但此时家电行业极不景气，再加上 18 个月内两次被东家炒鱿鱼，以至于陆强华个人品牌效应大打折扣，在家电行业陆强华终究是无力回天。

2007 年 4 月 14 日，陆强华因突发脑溢血辞世。陆强华的悲壮谢幕也为企业员工关系管理敲响警钟，任何一个企业在关注员工关系管理时，首先要关注员工的生存关系，因为生存是员工关系管理最先要解决的命题。

陆强华在营销团队建设上有其独特之处，与团队内的成员相处融洽，关系紧密，因此他能够带领营销团队创造销售奇迹。但正是这样一个能与客户、与员工很好地建立关系的营销奇才，在创维无法与黄宏生进行有效的沟通，导致双方互相猜忌，在高路华亦是如此结局，令人惋惜。

（资料来源：笔者依据相关资料整理）

从该案例中应学习到，营销员工对企业的重要性。尤其是在员工关系管理中，企业的客户关系正是靠着营销部门的员工辛勤地维护，客户选择与该企业合作，很大程度上都是受到与其接触的营销人员的影响。

在人员岗位调整上最难以处理的就是市场部门的调整，调整不当就会出现“某某公司营销员工携公司客户资源自立门户单干了”“某某人又带着公司客户资源跳槽了”“某某人不单带走了客户资源，还带走了公司的业务骨干”等情况。无论这些情况中的哪一种都不是我们愿意看到的。

（二）尊重企业一线营销员工

◆【案例8-8】

凯悦饭店平等的员工与总裁

凯悦饭店一直是全球旅馆业的翘楚，其总裁不时会脱掉昂贵的西装，换上服务生的制服帮客人提行李，这种做法可以算是与员工无声的沟通，他向所有的员工传递了一个信息：我和你们是一样的，在凯悦服务绝对无损于任何人的尊严！这正应了一句古话“此时无声胜有声”，老板的行为直接影响着员工的满意度，我们姑且不谈老板是出于关爱的目的还是出于心计，但是结果证明这种做法是正确的，凯悦饭店以优质的客户服务著称，一直是全球旅馆业的翘楚。

（资料来源：笔者依据相关资料整理）

哈佛大学的一项研究发现：提高5%的员工满意度，会连带提升11.9%的外部客户满意度，同时也使企业效益提升2.5%。因此企业有必要通过员工关系管理策略实现员工满意，而对于营销员工就是让他们感到尊重。一般情况下，一线营销员工待在公司的时间较短，长期开展营销活动、漂泊在外，更希望被重视。如果管理者在沟通时使营销员工感受到重视，这无疑是对他们最大的鼓励。以此增加员工工作满意度，进而来提高客户满意度，为企业创造竞争优势并带来收益。

（三）鼓励营销员工“冒尖”

◆【案例8-9】

培养老鹰而非鸭子

老鹰能在高空盘旋注视四面八方，而鸭子却只能在水面上生活。鸭子整天都会嘎嘎叫，换句话说，鸭子除了会嘎嘎叫以外，它什么都不会做。这好比处理事情时光说不练，缺乏执行力，于事无补。

（1）鸭子常会认为自己没有能力完成事情，而就此放弃；老鹰则会反问自己该如何做才能完成。

（2）鸭子通常光说不做，而且很会找借口，说得多而做得少；而老鹰总是时时学习，努力做事，少说多做，寻找解决问题的方法。

（3）鸭子通常不敢冒险；老鹰通常会鼓起勇气去做事，具备冒险精神，而且经过详细计划。

(4) 鸭子在做事前通常要花很长的时间来做决定，但是做事却只有三分钟的热度；而老鹰深思熟虑后，就很果断，对自己非常有信心。

(5) 鸭子总是等着别人来喂食，如果饲料不够，它便会大声嘎嘎叫；而老鹰懂得如何想办法去主动获取它所需要的东西。

(资料来源：笔者依据相关资料整理)

培养一个优秀的营销梯队可以为市场部培养良好的竞争气氛。对那些在自己工作岗位上倾心入迷、才华横溢的尖子人物，公司除了使用传统的、一般的赞赏、表扬、荣誉、物质奖励等手段以外，更要给予他们强有力的鼓励和支持，通过赋予他们更大的权力和责任，给他们以更多的用武之地，更多的晋升、晋级、内部调动的机会，从而发挥每个人的自觉性和创造性，充分发挥和挖掘其潜能，以实现他们的人生价值，让他们担当市场营销部门的骨干甚至领导，给他们更大的企业舞台委以重任，发挥他们的专长和优势。

(四) 用心与营销员工沟通

1. 营销部内部沟通

◆【案例 8-10】

沟通不畅的营销团队工作效率降低

黄女士是某集团公司销售部部长，是一个精明能干、事事追求完美的领导，工作要求细致入微，布置工作也是反复确认，天天调度。因黄部长的精心管理，销售部连年被公司评为卓越团队，黄部长个人也备受公司高管赏识。黄部长注重管理而非经营，对很多业务的要求和方向性把握经常与下属观点产生分歧，销售部所有同事的工作都经常被黄部长批评，很难得到领导的肯定和鼓励。开始大家也经常与黄部长探讨工作方式以及目标方向的设定，但提出的建议很少被采纳，慢慢地大家都不再发表意见，做什么，怎么做，做成什么样，都完全按照黄部长的指示执行，即使大家心里知道方向不对，或者客观上达不到目标，还是会做下去，结果没有达成时再做工作调整，大大降低了工作效率。

(资料来源：笔者依据相关资料整理)

营销部门中的沟通是必需的，但是当沟通成为一种死板的公式时，营销人员的工作必然也同公式一样程序化。沟通的目的是要保持信息的通畅，而用心沟通不仅会很容易达到这一目的，很大程度上也可以让一线员工拥有良好的心态。因为管理者都希望自己的营销人员能够以真诚的态度感染顾客，那么，管理者首先要用真诚的态度去感染员工。管理者应努力营造一个轻松的沟通环境。如果整个营销组织的沟通环境紧张、沉闷、压抑，营销人员的心情就很难阳光明媚，在面对客户时，也很难表现出最佳状态，更别提尽心竭力地开发、维护客户了。

◆【案例 8-11】

大雁的团队合作

大雁在迁徙过程中，当每只大雁展翅高飞时，也为后边的队友提供了“向上之风”，“V”字队形为雁群增加了71%的飞行范围，团队合作能使成员互相帮助，更轻松地到达目的地，因为它们的旅行建立在相互信任的基础上。

当某只大雁偏离队伍时，它会立即发现单独飞行的辛劳和阻力，它会立即飞回队伍，善用同伴提供的“向上之风”。当前导的大雁疲倦之时，它会退到队伍的后面，而另一只大雁则会飞到前导位置补位，以这种轮流付出的方式保证大雁迁徙的效率，最终到达新的居所，完成种群迁徙。

（资料来源：聿文．医疗保健品营销管理与创新［M］．北京：中国农业出版社，2006.）

在营销团队中，所有的员工正如同迁徙的大雁一样，都必须要共同努力、互相帮助来共同完成公司的经营业绩。在营销过程中，最容易产生人与人对利益分配的不同观点之争，毕竟营销过程充满了竞争，但这种竞争应该是良性的、可控的，并且是合作的。

在营销团队内部，管理者应鼓励员工为完成工作目标而努力，但切忌员工之间恶性竞争，要在团队内建立共同的愿景，将员工个人的成绩与整体团队的成绩形成互动联系，员工之间形成一种竞合的思想，彼此之间在合作中竞争，在竞争中合作，为实现团队整体目标共同努力。

2. 营销部与其他部门沟通

◆【案例 8-12】

医疗用品营销员的尴尬

一位销售医疗用品的营销员坐在医院药品部的办公室里，向医师推销公司的产品。

医师：贵单位生产的医用胶有什么特性？

营销员：比市场上的医用胶纯度高，具有固化时间短、黏结强度大等优点。

医师：能说得具体些吗？

营销员：具体的产品构成我不是很清楚，我也不是研发部门的员工，但总之要比第二代医用胶的配方简单多了。

医师：固化时间要多长？

营销员（想了一下）：好像是2～6s，来得及操作。

医师：扩散性和封闭性怎么样？

营销员：应该没问题吧？（不确定的口气）

医师：临床有试用吗？效果有记录吗？

营销员：这个是质检部门在负责，我不是很清楚。

医师：连你自己都不清楚就不好办了。你还是回去先搞清楚再过来吧！

营销员尴尬地走出了办公室。

（资料来源：王宏．销售人员岗位培训手册［M］．北京：人民邮电出版社，2007.）

营销人员更应该加强企业内的跨部门沟通，因为营销工作并不是单纯与客户沟通，还需要良好的企业内部沟通。只有在企业内沟通充分，营销人员才能对其所要销售的产品有足够的认识和了解，在解决客户疑问时表现出更多的自信。另外，营销人员需要将在外收集的相关信息与产品研发部门、企划部门的同事分享，使整个企业掌握最新的市场动态信息。这样的分享会使营销人员在公司内得到更多的理解和支持，部门与部门之间的协作会更顺畅。

◆【案例 8-13】

营销人李华面对财务部经理的质询

李华，飞龙公司某地区销售经理，年末在公司总部向总经理汇报营销成绩，虽然今年的业绩不及去年的3/5，但对于才走出大本营突击区域市场的飞龙公司而言，也不算差——排在了公司各区域市场的第三名。

从总经理办公室出来后，李华还沉浸在被总经理表扬的喜悦中，一个声音突然传来，叫住了他，是财务部的负责人。事情又来了！李华心里不禁咯噔了一下。

财务部的问题在李华的预料之中，那就是那笔已超过 3 个月账龄的 10 万元应收账款。“你们（财务部）以前催收的时候，我不是讲过原因和大概什么时候回款吗?”李华心里面想着。不过他也不得不接受财务部的再次质询，并向财务部负责人通报催收工作的“最新”进展。“对不起，具体怎么催款是你的事。但是，让每一笔应收账款如期安全到账也是我们的责任，所以还想听听李经理的具体催款打算。或许，我还可以给你一些建议哦。”在财务部经理的要求下，李华也只能将自己的全盘催款计划摆上桌面，供其品评可行性。“真是的，清清闲闲地坐在办公室还耀武扬威!”李华在送走财务部经理后，越想越窝火。

（资料来源：聿文，李政权．营销即革命［M］．北京：中国农业出版社，2006.）

不要以为只有自己、只有在外打江山的营销人是劳苦功高的，其他人都待在装有空调的办公室偷闲。应该认识到大家都是在以不同的形式为这个“大家庭”做着贡献，大家相互协作才能助推企业的进步。

另外，营销员工绩效考核得分高，年终奖金多，导致其他部门眼红也是可能的，营销人员要把企业内其他部门同事当作客户一样维护。看到同事为企业的发展做出的贡献，当同事有突出表现、有亮点时要善于赞美，所谓“伸手不打笑脸人”就是这个道理；长期在外奔波，年终“回家”时记得带些特产送给同事，表达自己虽在外工作但心系公司同事的心情。这样更加利于营销团队跨部门沟通。

（五）了解营销员工的任务压力

1. 沟通对象的压力

因为营销人员面对的多是陌生人，而他们如果希望达成交易，又需要保持主动出击的沟通方式。人们总会恐惧和陌生人打交道，是因为很容易被拒绝。可以想象，两个陌生人，一方有求于另一方（营销人员有求于客户），被沟通的一方总会先自我保护，用拒绝来应对推销；就算是有些陌生人对营销人员推销的产品略感兴趣，但是人们总希望自主做决定而非被迫决定，就算可能客户有需要但也希望是自己去寻找营销人员而非接受推销，所以也会选择拒绝。

于是，面对经常性的拒绝成为营销必经之路，而人的本性总是希望得到他人的认可、尊重，甚至顺从。营销人员在开发新客户、面对陌生人时所遭到的各种拒绝是其工作压力之一。

2. 谈判困难和订单流失的压力

营销人员的压力不仅来自沟通对象，同时面对的沟通环境也是有压力的，这主要来自销售谈判的多方博弈。因为不管是客户还是营销人员自己，都希望能用最优的价格和条件完成交易，所以营销人员不得不全副精神面对客户提出的各种问题和最后对价格的百般挑剔，从建立基本意向到最终的谈判完成、签署合约、履行合约，像西天取经、多经险阻。如果历经苦难终成正果还好，但是如果百般努力最后却镜花水月，那会让营销人员十分失落、大受打击，压力自然就产生了。

3. 越来越增加的业绩目标压力

有些企业在制定销售目标时，会根据同期销售指标完成情况及现有市场环境做出大致估测，而有些企业完全是“拍脑袋”想出销售目标，不管是哪种情况，销售目标肯定是要比同期有所提升的，肯定不是营销人员按部就班就能完成的。只有这样，公司的整体销售业绩才能逐步提升，才能在行业竞争加剧的外部市场环境下站稳脚跟。但是外部不断变幻的市场环境、日益增多的竞争对手，再加上销售目标逐步增长，这些都对营销人员工业绩指标的完成带来不小的压力。

（六）营销团队的人际互动

1. 观察员工情绪，及时疏导其压力

营销员工在面对压力时，最需要的是别人的理解与支持。所以，时时关注营销人员的精神状态，及时给予其压力疏导，也是每位管理者的重要职责之一。不论是外部市场环境，还是客户要求的提高，或是个人生活所带来的压力，都需要管理者放在心上，及时帮助员工疏导。

对于营销员工的心理疏导，最重要的是管理者对营销人员的真心关怀。做一名营销员工的称职“倾听者”，如遇到明显反常、情绪压抑、压力较大的员工时，要倾听其所遇到的困难，对生活方面的尽力解决，对工作方面的予以资源支持与指导，让员工明白自己的工作并没有白做，内心的苦闷企业能够理解。不要让负面情绪无所释放或持续累积，否则一定会出突发问题。

2. 目标设定与共识

为了缓解营销员工的工作压力，必须努力缩小员工在目标压力与心理畏惧之间的差距。最有效的方法之一就是管理者与营销人员共同设定业绩和活动量（为达成业绩而实现的资源积累量）目标，并与员工达成共识。其中，管理者切忌每次直接拍一个目标下来，强行要求员工接受并执行，最后直接站在一个高高在上的位子要结果。

正确的方法可以是，目标设定并下达前，管理者主动与员工互动，了解其最近的经济需求和生活目标，从这个个人目标出发，引导其建立销售业绩目标；同时坦诚告知营销团队整体的目标和压力，希望他能共担压力，建立荣誉感；同时对完成目标的路径和所需工作内容、资源配置都进行详细沟通，令其充分了解目标设定后的可实现性，帮其建立起营销信心。

3. 进行日常辅导并随时解决业务问题

实践表明，员工满意度水平在很大程度上取决于与直属上级的关系。最受欢迎的不是最和蔼的领导，而是最能够帮助员工解决工作中实际困难的领导，也就是经常被大家挂在嘴边的“教练型”管理者。回到目标设定之后的场景，当时员工可能是信心满满，开始努力冲锋了，但是在之后的实际业务开展和营销推进中，一定会遇到很多现实的困难，小问题很容易堆积成大问题，让压力累积。

所以，在营销团队中一种好的人际互动方法就是，管理者主动观察员工的工作，发现谁有问题就及时主动地与他互动，随时解决其业务中的问题和困扰，同时鼓励员工主动向领导和有经验的人提出问题，这种日常辅导就变成了最佳的人际互动，在持续解决问题的过程中，管理者会越来越得到员工的信赖。

二、接触客户的技巧

◆【案例 8-14】

成功的销售服务

一位西装笔挺的中年男士，走到玩具摊前停下，他随手拿起一只声控玩具飞碟。售货小姐马上上前接待。

“先生，您好。您的孩子多大了？”售货小姐笑容可掬地问道。

“6 岁。”男士说着，并把玩具放回到原位，眼光又转向其他玩具。

“6 岁！”售货小姐提高嗓门说，“这样的年龄玩这种玩具正是时候。”说着把玩具的开关打开，男士的视线又被吸引到声控玩具上。

售货小姐把玩具放在地上，拿着声控器，开始熟练地操纵着，前进、后退、旋转，同时也说着：“玩这种声音控制的玩具，有助于培养孩子的自主和领导意识。”他接着把另一个声控器递到男士手里。于是，那位男士也开始玩了起来。大约两三分钟后，售货小姐把玩具开关关掉。

男士开始问：“这一套多少钱？”

“380 元。”

“太贵了！算 300 元好啦。”

“先生，和培养令郎的才华比起来，这实在是微不足道。”售货小姐稍停了一下，拿出两个崭新的干电池说：“这样好了，这两个电池免费送您！”说着便把一个原封的声控玩具飞碟，连同两个电池，一起塞进包装用的塑胶袋里递给男士。

男士一只手摸进口袋里掏钱，另一只手接下玩具问：“不用试一下吗？不会有问题吗？”

“品质绝对保证！”售货小姐一边说一边递上名片。

男士高兴地交了钱，拿着玩具满意而去。

（资料来源：王宏．销售人员岗位培训手册［M］．北京：人民邮电出版社，2007.）

案例中的售货小姐成功且愉悦地将声控玩具飞碟销售给了男士，我们注意到在向男士销售的过程中，售货小姐始终面带微笑，态度平和，不急不躁，这种细节上的处理是其成功的前提。售货小姐并没有一味向男士介绍该玩具如何优越，而是讲了该玩具能带给男士的消费体验，能带给男士的消费回报，以此来打动客户购买玩具。正如企业的销售，企业是通过销售服务帮助客户解决需要的。

（一）先消除对方的抵触感

一个人不能总想着让别人相信自己是对的，而应先看看他已经相信了什么，在这个基础上再想办法让他接受自己。不管做什么工作，即使对方提出了非常不专业的问题，也不要第一时间否定他，而应在引导中，慢慢消除对方的抵触感，让对方相信自己，并理解自己说的话。要知道，在被人说服时，人都会有某种程度的心里抵触，如果不消除这些抵触感，是很难让对方相信自己的。

（二）微笑让对方放下架子

亲和力对于每个行走在社会的人来说都非常重要，有人说，如果想要天天点钞票，就要学会张嘴就会笑。在生意场上，笑代表了一种善意，具有很大的作用，没有人不喜欢和一个精神饱满、笑容可掬的人打交道。如果想和客户搞好关系，取得客户的信赖，就要给对方送上善意的微笑，这种亲和力一旦发挥，即使遇上难缠的客户，也能使其在微笑面前放下架子，这正是笑的亲和力产生的心理作用的结果。

（三）态度是语言的调味品

态度是语言的调味品，它可使交谈变得如沐春风，与人谈话时要有自我感情的投入，这样才会以情动人。在与陌生人接触时，无论其能否发展成企业的最终客户，都应该表现出职业营销人员的素养，以真诚的态度对待每一位客户，要知道营销是在帮助客户满足其需要，而不是伸手向客户拿支票。

◆【案例 8-15】

乔·吉拉德的玫瑰花

有一次，一位中年妇女走进乔·吉拉德的汽车展销室，说她想在这儿看看车，打发一会儿时间。她告诉乔·吉拉德，她想买一辆白色的福特车，就像她表姐开的那辆一样。但对面福特车行的推销员让她过一小时后再去，所以她就先来这儿看看。她说，这是她送给自己的生日礼物，“今天是我 55 岁生日。”“生日快乐！夫人。”乔·吉拉德一边说，一边把她请进办公室，自己出去打了一个电话。然后，乔·吉拉德继续和她交谈：“夫人，您喜欢白色车，既然您现在有时间，我给您介绍一下我们的双门式轿车——也是白色的。”他们正谈着，女秘书走了进来，递给乔·吉拉德一束玫瑰花。乔·吉拉德慎重地把花送给那位妇女：“尊敬的夫人，有幸知道今天是您的生日，送您一份薄礼，祝您好运！”她很受感动，眼眶都湿了。“已经很久没有人给我送礼物了。”她说，“刚才那位福特推销员一定是看我开了部旧车，以为我买不起新车，我刚要看车，他却说要去收一笔款，于是我就上这儿等他。其实我只是想要一辆白色车而已，只不过表姐的车是福特的，所以我也想买福特的。现在想想，不买福特的也可以。”

最后她在乔·吉拉德手里买走了一辆雪佛兰，并填了一张全额支票。其实，从头到尾乔·吉拉德都没有劝她放弃福特而买雪佛兰。只是因为她在这里感觉受到了重视，于是放弃了原来的打算，转而选择了乔·吉拉德的产品。

（资料来源：笔者依据相关资料整理）

无论对方是什么样的性格，人们都会慢慢适应并接受，人们不能接受的是不好的态度。无论性格如何，面对一个人谈话时，态度是冷淡还是欣赏，对方肯定是能感受到的，因此在和人交往的时候，无论在什么情况下，都尽量不要去敷衍别人，要有一颗诚恳的心。

（四）循序渐进与客户沟通

（1）学会观察。观察客户的装束，学会用不同的姿态来接近客户。例如，看到客户穿运动的品牌，大概判断出这个人喜欢放松的交谈；如果客户穿的是很正式的西装，那么与其聊天可能要注意保持一种认真、正派的态度。

（2）注意信息的交流。营销人员需要先敞开自己的心扉，可以先自我介绍，再去请教客户的姓名、职业，然后试探性地引出彼此都感兴趣的话题。毕竟与陌生人接触，如果不先做介绍，就开始询问对方的情况，可能会被认为是一种试探。在一般情况下，营销人员在哪方面介绍了自己的情况，客户也乐意就这方面谈他个人的情况。

（3）注意倾听。学会倾听是所有营销人员的必修课，在对方讲述过程中，一定要保持认真倾听的状态，不要随意打断别人说话，应该及时回应，例如一句“真想不到，您说的这一点太有趣了”，会让对方觉得自己很愿意听他的讲述，因此在第一次谈话时就会有种相识已久的感觉。

◆【案例8-16】

客户的医生儿子

世界著名营销大师，吉尼斯营销纪录保持者乔·吉拉德，在他的职业生涯中，不乏失败的案例，其中就有一则是由于他没有做到一名合格的倾听者。乔·吉拉德花了一整个晚上在想下午为什么会失败，按照客户的身份地位向其推荐了最佳车选，性能优越价格合理，为何在要签单的时候，客户却要求再思考一下呢。吉拉德想不出自己究竟错在了哪里，最终，还是忍不住给客户打了电话。

吉拉德说：“今天我试着卖车给您，我觉得自己已经成功了，可是您却走了出去。”

“没错。”客户说。

“是怎么回事?”吉拉德问道。

“你开玩笑，现在是晚上11点。”

“我知道，很抱歉。不过我实在很想做得比今天下午更好。您能告诉我，我哪里做错了吗?”

“你是当真的?”

“当真!”

“好，你现在正仔细听吗?”

"是的，洗耳恭听！"

"可是你今天下午却没有。"

然后客户告诉吉拉德，当他已经决定要向吉拉德买车，却在签名的那一刻有了一丝犹豫。为了缓和自己的情绪（毕竟他要投下10万美元），客户开始跟吉拉德聊起儿子吉米（Jimmy），今年正要到密歇根念医学院。他对这个儿子很骄傲，叙述着儿子的所有表现、学业成绩、老师眼中的好学生、运动全能，还有对未来的野心。说实话，那天晚上客户在电话里告诉吉拉德的时候，吉拉德一点也记不起来白天他曾经说过这些。原来下午吉拉德根本没有听进去。

客户说吉拉德对于这些似乎并不在乎，一点兴趣也没有，一旦谈妥生意，思绪就不晓得飘到哪里去了。客户说，吉拉德好像在注意办公室外面同事讲的笑话。

（资料来源：乔·吉拉德，罗伯特·凯斯摩．怎样销售你自己［M］．王淑贤，马亚博，李谦，译．北京：中国人民大学出版社，2007.）

销售大师吉拉德都曾败北于倾听上的不用心，我们还有什么理由不去认真倾听呢？同时要懂得回避某些话题。例如不要问对方的婚姻状况，因为有些人选择了独身，还有许多单亲家庭。每个人的婚姻生活都可能有一些独特性，为避免尴尬，不要轻易发问，除非对方主动提及，这时再给予回应。

面对沉默要保持淡定。当从一个话题跳跃到另一个话题，或许会出现一段沉默的时间，当双方都沉默的时候，不要对片刻的沉默慌张，必要的沉默是很正常的。

◆【案例8-17】

三杯茶与一分钟请求

北汽某公司与当地高职大专院校进行校企合作，定期会到学校招聘一线操作工人，避免不了要和合作院校的领导打交道。有一次，刘经理要代表公司去拜访一家汽车工程职业技术学院主管教学的副院长，之前都是跟学校的招生就业处的领导打交道，这一次是初次拜访这位副院长，刘经理带着公司的车模，和一位本地的同事到了他办公室。

首先刘经理表达了公司对副院长给予北汽的大力支持与帮助，车模是公司在产的车型，刘经理为副院长介绍了这款E系列轿车的情况，从外观到内饰，再到发动机。这位副院长为人也比较爽快，和北汽某相关领导熟悉，很快双方就聊了起来，并且副院长给刘经理沏了一杯茶，刘经理发现双方有了共同的"爱好"——品茶。刘经理敏锐地感觉到这是与副院长建立谈话基础的前提。刘经理与副院长聊了一会儿他所理解的茶文化，二人聊得非常投机。

然后双方又聊北汽的发展，副院长说到北汽某公司落户当地第一家合作的院校就是他们，因为刘经理是北京总部调过来的，来学校之前做了一番"功课"，提前准备了一些材料记在了心里。目前在北汽公司有多少他们学校的学生，有哪些表现比较优秀，哪些成为班组长，学生在公司的发展和表现，刘经理都向副院长做了介绍，并肯定学校在人才培养和人才输送方面做得很好，赞美他们学校发展很快、很好。

接下来聊副院长对北汽公司的了解，副院长说去过公司总部，与哪些领导见过面，刘经理恰巧就在总部大楼工作，接着副院长的话，给他介绍总部大楼有哪些特色，聊着聊着，副院长提到一位领导就是刘经理在总部的老板，这样双方关系又近了一层。这期间茶已经喝了三杯，刘经理看气氛差不多了，感情交流得很好，便向副院长提出了公司的请求，希望近期再招聘几十名学生，请他给予大力支持，副院长很爽快地答应了，并说“北汽的事，我全力支持！”

（资料来源：笔者依据调研资料整理）

接触陌生人的时候，要努力制造一种轻松愉快的气氛。在沟通的时候，要随时留心对方态度的变化。这是一个很典型的拜访陌生人，“先沟通感情，再沟通事情”的案例，如果没有前面的“三杯茶”，后面的一分钟请求恐怕没那么容易和爽快地得到结果。

三、有效开发客户

开发客户的过程就是建立关系的过程，在与客户接触的过程中，照顾到客户的面子，让客户感觉到企业的人情味，对于企业与客户关系的建立是很有帮助的。有专家认为，人情是人与人进行社会交易时，可以用来馈赠对方的一种资源，即我们通常讲的“送人情”“人情债”。

我国的人情味最是让营销人员难以舍弃，个别客户在遇到困难的紧急关头得到了营销人员的帮助，这在人情交往中属于“恩情”的范畴，对此困难提供帮助的人叫作“恩人”，这就超越了简单的客户与企业之间的交易关系。

（一）充分记录客户的信息

哈维·麦凯（Harvey Mackay）是美国麦凯信封公司的创始人、董事长和总裁，同时也因为在人际关系学方面的成就，被人们称为世界第一人际关系大师。作为一家以卖信封起家的公司，麦凯信封公司如今的营业额已超过 7000 万美元，他的成功之道在于没有人能够比他更加了解客户。麦凯为他的每个客户都建立了一份档案，里面要求业务员记录客户的 66 件事。66 件事情主要包括客户的基本信息、教育背景、家庭情况、业务背景资料、特殊兴趣、生活方式、客户的反馈信息七个方面，见附录 C。而通过附录 D 可以判断终端客户对企业的价值。在掌握客户足够的信息后，麦凯信封公司便能够在竞争时创下好业绩。

营销人员应积极与客户接触，掌握详细的客户信息，但要把握适度的原则。例如对客户的生活尤其是家庭私生活不应该过细地调查，这样往往会适得其反，引起客户的不满。在经济收入方面也是如此，不能过多涉入客户的经济领域，那样会让客户感觉没有安全感。但营销人员在与客户沟通时可以就彼此之间的共同爱好或话题进行对话，这样既不会让客户感觉到啰唆，又能增进彼此的友谊。在客户需要帮助时，在自己力所能及的范围内，给予客户最好的帮助。

◆【案例 8-18】

送礼送金不如送心

业务员小张接到客户的电话，原来客户临时要去趟泰国，需要用一下小张的车。因为两人比较熟络，小张就毫不犹豫地答应了。根据小张对客户的了解，这个客户是第一次去泰国，而且客户不是个细心的人，于是在开车去接客户的途中，小张买了些小物件。送客户到达机场了，小张取出了一个小包让客户带上，客户没多说，拿着东西就匆匆登机了。后来，当客户从泰国回来的时候，第一个要见的人居然就是小张，原来小张给客户带的东西有风油精、诺氟沙星、创可贴等外出旅行的必备药品。在关键的时候，就是这些小物品帮了客户的大忙，小张成了客户眼中的救星。他们的关系直线上升，顿时由熟人进入信任的层面。

（资料来源：笔者依据相关资料整理）

虽然小张送给客户的小物件与企业的产品完全不挂钩，但却博得了客户的满意，最终帮助企业开发了一个长期大客户。这都源于营销人员的用心观察，像对待朋友一样对待客户，在力所能及的范围内给予帮助。

（二）不是营销产品而是自信

◆【案例 8-19】

和总统做一笔小生意

美国一位名叫乔治·赫伯特的推销员，成功地将一把斧头推销给了总统小布什。布鲁金斯学会得知这一消息，把刻有“最伟大推销员”的一只金靴子奖给了他。这是自1975 年该学会一名学员成功地把一台微型录音机卖给尼克松以来，又一名学员成功登上如此高的推销门槛。

布鲁金斯学会创建于 1927 年，以培养世界上最杰出的推销员著称于世。它有一个传统，在每期学员毕业时，设计一道最能体现推销员能力的实习题，让学生去完成。克林顿当政期间，他们出了这么一个题目：请把一条三角裤推销给现任总统。八年间，有无数个学员为此绞尽脑汁，可是，最后都无功而返。克林顿卸任后，布鲁金斯学会把题目换成：请将一把斧子推销给小布什总统。鉴于前八年的失败与教训，许多学员都知难而退。个别学员甚至认为，这道毕业实习题将会和克林顿当政期间一样毫无结果，因为现在的总统什么都不缺少。再说即使缺少什么，也用不着他亲自购买。再退一步说，即使他亲自购买，也不一定正赶上你去推销的时候。

然而，乔治·赫伯特却做到了，并且没有花多少工夫。一位记者在采访他的时候，他是这样说的：“我认为，将一把斧子推销给小布什总统是完全可能的。因为他在得克萨斯州有一座农场，里面长着许多树。于是我给他写了一封信，我说，有一次，我有幸参观您的农场，发现里面长着许多树木，有些已经死掉，木质已变得松软。我想，您一定需要一把小斧头，但是从您现在的体质来看，这种小斧头显然太轻，因此您仍然需要一把不甚锋利的老斧头。现在我这儿正好有一把这样的斧头，它是我祖父留给我的，很适合砍伐枯树。假若您有兴趣的话，请按这封信所留的信箱，给予回复……最后他就给我汇来了 15 美元。”

乔治·赫伯特成功后，布鲁金斯学会在表彰他的时候这样说：金靴子奖已空置了26年，26年间，布鲁金斯学会培养了数以万计的推销员，造就了数以百计的百万富翁，这只金靴子之所以没有授予他们，是因为我们一直想寻找这么一个人——他不因有人说某一目标不能实现而放弃，不因某件事情难以办到而失去自信。

（资料来源：笔者依据相关资料整理）

作为一名营销人员，要清楚地认识到，最先展现在客户面前的不是产品，而是自己。因此，每一次销售都以成功地将自己销售出去作为前提。乔治·赫伯特的故事告诉我们，有时候不是销售任务太艰难，而是营销人员对自己失去了信心，自己选择了放弃，营销人员在客户开发过程中要展现出充分的自信，有销售的信心，虽然有信心未必就代表着成功，但失去信心一定不会成功。

1. 自信源于对产品的深知

营销人员在进行销售工作前，一定要了解自己是在进行一项怎样的服务，自己的服务能够在哪些地方给客户带来帮助，充分了解销售产品的功能，切忌一问三不知，东拉西扯，避重就轻，这样会让客户感觉你很不专业。

2. 小事容易让人不自信

营销人员应随时留意自己的身体状态，在生活中，我们很多时候被一些小事困扰，小事会让人变得不自信。恰恰是这些微不足道的小事，构成了影响营销员工销售成功的因素。如果这些小事一直阻碍着营销员工的成功，会让人觉得你“总在关键时刻掉链子”，久而久之，自己也会形成这种观念，导致不自信。

3. 建设强大的内心

在与陌生人接触前要先建设自己强大的心理。与陌生人接触，不要给自己太大压力，尤其有求于人的时候，不要有“一次拿下”这种不切实际的想法，也不要强迫自己一定要被别人喜欢。不要给自己太大的心理负担，这样不利于自己的成长。

社会心理学家说过：“人并不是因为害怕而逃跑，而是因为逃跑而害怕。人并不是因为伤心而哭，而是因为掉泪而伤心。”这是因为人在受到刺激而意识到身体的变化时，会引发恐惧、悲伤、愤怒的感情。懂得了心理的这些微妙变化，也就可以做出适当调整。在与人初次见面时，如果步伐沉重，会更感到不安；如果步伐比往常轻快，就可以缓解自己不安和紧张的心理，心情也能放松。

（三）产品质量是会说话的

◆【案例8-20】

“梅尔多”铁锤

在美国纽约州，有一家妇孺皆知的“梅尔多”公司。这家公司是靠制造“梅尔多”牌铁锤起家的，它的起家时间很长，但过程却非常简单。

“请给我做一柄最好的锤子，做出你能做得最好的那种。”多年前，在纽约州的一座村庄，一个木匠对一个铁匠说。“我是从外地来的，在这里做一个工程，我的工具在路上丢了。”“我做的每一柄锤子都是最好的，我保证。”铁匠戴维·梅尔多非常自信地说。“但你会出那么高的价钱吗？”“会的。”木匠说，“我需要一柄好锤子。”铁匠最后交给他的，确实是一柄很好的锤子，也许从来就没有哪柄锤子比这个更好。尤其值得称道的是，锤子的柄孔比一般的要深，锤柄可以深深地楔入锤孔中，这样，在使用时锤头就不会轻易脱柄。木匠对这个锤子十分满意，不住地向同伴炫耀他的新工具。第二天，和他一起的木匠都跑到铁匠铺，每个人都要求定制一把一模一样的锤子。这些锤子被工头看见了，于是他也来给自己定制两件，而且要求比前面定制的都好。“这我可做不到，”梅尔多说，“我打制每个锤子的时候，都是尽可能把它做得最好，我不会在意谁是主顾。”一个五金店的老板听说了此事，一下子订了两打，这么大的订单，梅尔多以前从来没有接过。不久，纽约城里的一个商人经过这座村庄，偶然看见了梅尔多为五金店老板定制的锤子，强行把它们全部买走了，还另外留下了一个长期订单。

在漫长的工作过程中，梅尔多总是在想办法改进铁锤的每一个细节，并不因为只是一个铁锤而疏忽大意。尽管这些锤子在交货时没有贴“合格”或“优质”等标签，但人们只要在锤子上见到“梅尔多”几个字，就会毫不犹豫地买下它。就这样，在一个不起眼的乡村小镇诞生的小铁锤，慢慢成了美国乃至全世界的名牌产品，而梅尔多本人也凭着这些铁锤终于成为亿万富翁。

（资料来源：笔者依据相关资料整理）

互联网时代，企业应该对客户的需求有一个基本的认识，即客户需要购买的永远不是便宜，而是产品价值。宝马很贵，开的人越来越多；苹果手机很贵，用苹果的人越来越多。因此企业不应为了蝇头小利而放弃产品价值开发，不能以次充好打价格战。企业是要为每个客户提供百次的服务，而不是一次性交易。企业应在保证质量和价格成正比的基础上，给客户带去更完善的服务体验。

（四）冷漠可能被真诚打动

◆【案例 8-21】

5：30 的演奏

有一个孩子非常喜欢拉小提琴，他 7 岁时就和旧金山交响乐团合作演奏了门德尔松的小提琴协奏曲，未满 10 岁就在巴黎举行了公演，被人们誉为神童。1926 年，10 岁的小男孩在父亲的带领下，来到巴黎拜访艾涅斯库，他一心想成为艾涅斯库的学生。他说：“我想跟您学琴！”艾涅斯库冷漠地回答：“你找错人了，我从来不给私人上课！”男孩坚持说：“但我一定要跟您学琴，求您先听听我拉琴吧！”艾涅斯库说：“这件事不好办，我正要出远门，明天早晨六点半就要出发！”男孩忙说：“我可以提早一个小时来，在您收拾东西时拉给您听，好吗？”艾涅斯库被男孩的坚决意志打动了，他说：“那好吧，明早五点半到克里希街 26 号，我在那里等你。”

第二天早晨 6 点钟，艾涅斯库听完了男孩的演奏。他兴奋而满意地走出房间，对等候在门外的男孩的父亲说：“我决定收下你的儿子。不用付学费，他给我带来的快乐完全抵得过我给他的好处。”男孩从此成为艾涅斯库的学生，他努力学琴，最终学有所成。他就是后来的世界著名小提琴演奏家梅纽因。

（资料来源：笔者依据相关资料整理）

案例中的小男孩就是在做着最普通的销售，不同的是销售的产品是他自己、是他对于小提琴的热爱，而客户则是他心仪的导师艾涅斯库先生。从艾涅斯库一开始的回绝到最后的主动收徒，我们看到：再冷漠的客户都可以被打动，只要执着；再没有退路的事，都会有余地，比如让艾涅斯库听琴，只要坚忍不拔。

（五）尝试为别人解决难题

◆【案例 8-22】

17 岁的百万富翁

达瑞出身于美国一个中产阶级家庭。父母在生活上对他要求很严，平时很少给他零花钱。达瑞 8 岁的时候，有一天他想去看电影，身上却分文全无。是向爸妈要钱还是自己挣钱？达瑞第一次开始思考这样的问题。最后，他选择了后者。他自己调制了一种汽水，把它放在街边，向过路的行人出售。可那时正是寒冷的冬天，没有人购买，最后只等到两个顾客——他的爸爸和妈妈。

他偶然得到了和一个成功商人谈话的机会，当他对商人讲述了自己的“破产史”后，商人给了他两个重要的建议：第一，尝试为别人解决一个难题，那么你就能赚到许多钱；第二，把精力集中在“你知道的、你会的和你拥有的”东西上。这两个建议很关键。因为对于一个 8 岁的男孩而言，他不会做的事情还很多。于是他穿过大街小巷，不停地思考：人们会有什么难题？如何为他们解决难题？这其实很不容易。好点子似乎都躲起来了，他什么办法都想不出来。

但是有一天，父亲无意中激发了他的灵感火花。一天吃早饭时，父亲让达瑞去取报纸——美国的送报员总是把报纸从花园篱笆中一个特制的管子里塞进来。假如你想穿着睡衣，一边舒服地吃早饭，一边悠闲地看报纸，就必须先离开温暖的房间到房子的入口处去取报，即使在天气不好的时候也必须如此。虽然有时候只需要走二三十步路，但也是非常麻烦的事情。当达瑞为父亲取回报纸的时候，一个主意诞生了。

当天他就挨个按响邻居的门铃，对他们说：每个月只需付给他 1 美元，他就每天早晨把报纸塞到他们的房门下面。大多数人都同意了，达瑞很快有了 70 多个顾客。当他在一个月后第一次赚到一大笔钱的时候，他觉得简直是飞上了天。高兴的同时他并没有满足现状，他还在寻找新的赚钱机会。经过一段时间的思考，他决定让他的顾客每天把垃圾袋放在门前，然后由他早晨送报时顺便运到垃圾桶里——每个月另加 1 美元。他的顾客很赞赏这个点子，于是他的月收入增加了一倍。后来他还为别人喂宠物、看房子、给植物浇水，他的月收入随之直线上升。

9 岁时，他开始学习使用父亲的计算机。他学着写广告，而且开始把小孩子能够挣钱的方法全部写下来。因为他不断有新的主意，有了新主意就马上实施，所以很快他就有了丰厚的积蓄。他母亲帮他记账，好让他知道什么时候该向谁收钱。随着业务的扩大，达瑞必须雇用别的孩子为他帮忙，然后把收入的一半付给他们。如此一来，钱便潮水般涌进了他的腰包。一个出版商注意到了达瑞，并说服他写了一本书，书名叫《儿童挣钱的250个主意》。因此，达瑞在他12岁的时候，就成了一名畅销书作家。后来电视台发现了他，邀请他参加许多儿童谈话节目。他在电视里表现得非常自然，受到许多观众的喜爱。到15岁的时候，达瑞有了自己的谈话节目，通过做电视节目和电视广告，他已经发展到日进斗金的程度。当达瑞17岁的时候，他已经成了百万富翁。

（资料来源：笔者依据相关资料整理）

企业营销人员时常进入一个营销误区，他们总是认为自己在卖产品。他们一直在推广自己的产品有多好、自己的服务有多棒……案例中小男孩的成功得益于成功商人的点拨，这次交谈使他明白了，营销的第一步就是了解客户需求，以客户需求为基点，结合自己的能力尝试为别人解决问题。为帮助客户而销售，而不是为了提成而销售。

客户开发就是如此，营销人员不能将客户单纯地作为取支票的对象，要站在客户的角度为客户去解决问题，有时候这种帮助可能与企业产品完全无关，仅仅是对客户无助时的热情帮助，但这就在客户与企业之间播下了友谊的种子，我们需要做的就是“浇水、施肥”，培育这种友谊、关系。

第三节 客户服务与管理策略

传统的市场营销战略的根本目标是市场份额的扩大。其基本的前提是市场份额的扩大将会带来利润的提高，从而使企业将其主要目标放在市场份额的扩张上。通过大力促销和广告来吸引客户，扩大市场份额，却忽视了对客户的保留以及长期关系的建立。随着市场环境的变化，市场份额和利润两者之间的作用关系已大大减小。有研究表明，吸引一位新客户所花的费用是保留一位老客户的5倍以上。

一、贯穿企业的服务理念

企业营销人员要以积极的态度和行为来维护客户关系，原因在于，是客户让营销人员拥有了自信，是客户让营销人员拥有了财富，是客户让营销人员拥有了地位，是客户让营销人员拥有了事业。

（一）用心经营是根本

◆【案例8-23】

用心经营自己的人际关系

经济大恐慌期间，日本有许多中小企业都受到严重波及，纷纷面临破产的命运。有一家酱菜店也深受影响，老板虽然勉强经营，却是举步维艰。他很不甘心，心想：“努力了大半辈子，不能就这么放弃。”于是，他开始拼命研究如何让日益挑剔的客户愿意继续照顾他的生意。有一天，他想到一个绝妙的方法。老板跑到苹果的产地，订购了一批苹果，并在尚未成熟的苹果上贴了一个标签，等红苹果成熟时撕下标签纸，于是在水果上便会留下一片空白，老板便在这个空白处发挥创意。当周边的酱菜店纷纷倒闭，这家酱菜店的销售量却大增，每天都是客户盈门，最后还扩大生产，供不应求。那位酱菜店老板的成功秘诀究竟是什么？就是在苹果上的创意。原来每次他都会从客户名单中挑出200位客人，把他们的名字写在透明的标签纸上，并贴在苹果的空白处，然后随货品一起送给客户。每当客户收到这些苹果时，都充满惊奇与感动，他们没有想到老板竟如此细心与用心。酱菜店老板的这个小动作，其实花费不多，但是当每位客户接到这份小礼物时，心中都非常感动，更甚于赠送一箱酱菜的价值。因为这富有人情味的苹果，客户们深刻记住了这家酱菜店，只要苹果的盛产期一到，客户们便会想起："该是订购酱菜的时候了。"

（资料来源：笔者依据相关资料整理）

企业服务客户的目的就是获得客户的忠诚，获得与客户的长期合作，谋求长远的发展，那么为什么不用心服务呢？用心经营必须要贯穿到企业的方方面面，在产品生产上要用心，保证企业的产品质量，在客户服务上更要用心。"人心都是肉长的"，企业的用心与否，客户都会看在眼里，酱菜店老板一个小小的举动，挽救了自己的小店，老板的细心经营让客户感觉到了尊重，感受到了企业的服务态度。

互联网时代，消费者更加强调消费体验，这更对企业的用心经营提出了新的要求，只有用心服务，将每一次服务做到最好，才能为消费者创造更好的用户体验，才能在产品市场竞争中占据优势。

（二）真诚沟通是渠道

1. 有能之人输在傲

一个人如果想做管理，想和更多的人打交道，就需要修建自己的心性，无能之人输在懒，有能之人输在傲。真正有能力的人，会正确看待自己的优势，把自己的优势和能力看成是上天眷顾自己的礼物，不会因此去鄙视别人。

◆【案例8-24】

轻浮是营销的大忌

小李想找一位大客户谈点生意，经过多方辗转，终于约到了他。小李找的饭店档次很高，诚意很足，但是一顿饭下来之后，这位客户却觉得小李轻浮，不想再跟他打交道了。原来，在吃饭的时候，小李开了一瓶好酒，虽然这位客户强调说他是开车来的不能喝酒，小李还是开了酒，并说可以让司机送他回家。殊不知这位客户有严重的胃病，但是在小李的多番要求下，他勉强喝了一杯，没想到小李却开始炫耀自己的酒量，炫耀当年如何靠着能喝酒拉到很多关系、做成很多事。甚至说出了"会喝酒的男人才叫男人，不喝酒的男人不叫男人"这样的言论。听完这句话，客户勉为其难喝掉了一杯高度白酒，但是却已经很不愉快了。而且整顿饭下来，小李一直吹嘘自己的酒量，始终没有谈到工作的事情，这种轻浮的态度让客户很不满意，并且他觉得，能喝酒是一种本事，但是不会喝酒不代表是无能之辈，小李的做法让他觉得很不专业。

（资料来源：笔者依据相关资料整理）

2. 学会控制情绪

任何一种情绪不受控制，都会成为做不好事情的原因，也正因为这一点，情绪不好成为不好好做事的借口，比如“我今天对你态度不好，是因为我心情不好”，“我对客户发火了，是因为我今天情绪不好”，等等。每一条都似乎向我们诉说着控制情绪非常困难，但事实上，如果面对的那个人是领导呢？还会轻易发脾气吗？

控制情绪主要看个体的控制力。在想发脾气的时候，可以尝试抽离环境，调整情绪，用其他的事情转移注意力；也可以尝试放松自己，两眼微闭做缓慢的深呼吸，并且想象一些美好的景象；等等；还可以采取“无为”，即生气后什么都不要做，也许过段时间会发现自己好像没那么生气了。

◆【案例8-25】

糟糕的情绪

小张是一名销售人员，他是个争强好胜的人，希望通过自己的努力做出好业绩，因此工作非常努力认真，业绩很突出，并且在季度审核时被评为销售明星。成为销售明星之后，小张的压力开始变大，对客户的态度也变了，行动上明显很急躁。每次与客户谈生意，他总是希望客户能够立刻决定购买自己推销的产品，并且一再催促，这使得很多客户开始反感起来，即使本来打算购买，也最终因生气匆匆离去。就这样，小张的业绩每况愈下，心里更是着急，在销售中手忙脚乱，并且一遍又一遍地催促客户购买，如果客户拒绝，他就会很生气。慢慢地，小张的压力越来越大，动不动就想骂人，工作也是频频出错，越来越多的客户向公司投诉小张态度有问题。小张急于求成，使自己错误百出，不仅没有提高业绩，反而严重影响了工作，得不偿失。

（资料来源：笔者依据相关资料整理）

（三）学会拒绝守原则

◆【案例8-26】

“芬克斯”酒吧的原则

有一位名叫罗斯恰尔斯的犹太人，在耶路撒冷开了一家名为“芬克斯”的酒吧。酒吧的面积不大，30m^2，但却声名远播。有一天，他接到了一个电话，那人用十分委婉的口气和他商量说：“我有十个随从，他们将和我一起前往你的酒吧。为了方便，你能谢绝其他顾客吗？”罗斯恰尔斯毫不犹豫地说：“我欢迎你们来，但要谢绝其他顾客，不可能。”打电话的不是别人，是美国国务卿基辛格博士。他是在访问中东的议程即将结束时，在别人的推荐下，才打算到“芬克斯”酒吧的。基辛格后来坦言告诉他：“我是出访中东的美国国务卿，我希望你能考虑一下我的要求。”罗斯恰尔斯礼貌地对他说：“先生，您愿意光临本店我深感荣幸，但是，因您的缘故而将其他人拒于门外，我无论如何办不到。”基辛格博士听后，摔掉了手上的电话。第二天傍晚，罗斯恰尔斯又接到了基辛格博士的电话。首先他对之前的失礼表示歉意，说明天打算带三个人来，订一桌，并且不必谢绝其他客人。罗斯恰尔斯说：“非常感谢您，但是我还是无法满足您的要求。”基辛格很以外，问：“为什么？”“对不起，先生，明天是星期六，本店休息。”“可是，后天我就要回美国了，您能否破例一次呢？”罗斯恰尔斯很诚恳地说：“不行，我是犹太人，您该明白，礼拜六是个神圣的日子，如果经营，那是对神的玷污。”

这个故事，可能很多人不信，但事实确是这样。此小酒吧连续多年被美国《新闻周刊》列入世界最佳酒吧前15名。一个30m^{2}的小酒吧，竟能享受如此高的美誉，的确令人惊讶。

（资料来源：笔者依据相关资料整理）

虽然企业是以营利为目的的，但如果企业为了营利而舍弃了自己的经营原则，变为一个唯利是图的公司，那么这个企业很快就会泯然众人矣。罗斯恰尔斯身上体现了一个优秀的营销人员必备的原则：拒绝，坚守企业的经营原则，坚守信仰的原则，像基辛格这样的人也要让步于企业经营原则。只有那些能够在适当时候拒绝一些东西的人，生活与事业才能够洒脱。

◆【案例8-27】

我知道你是明星

电影明星洛依德将车开到检修处，一个女工接待了他。她熟练灵巧的双手和年轻俊美的容貌一下吸引了他。整个巴黎都晓得他，但此姑娘却没表示出丝毫的惊讶和兴奋。“您喜欢看电影吗？”他不禁问道。“当然喜欢，我是个电影迷。”她手脚麻利，看得出她的修车技术非常熟练。半个小时不到，她就修好了车。“您可以开起了，先生。”他却依依不舍：“小姐，您可以陪我去兜兜风吗？”“不，先生，我还有工作。”“这同样是您的工作。您修的车，难道不亲自检查一下吗？”“好吧，是您开还是我开？”“当然我开，是我邀请您的嘛。”车跑得很好。姑娘说：“看来没有什么问题，请让我下车好吗？”“您不想陪我吗？我重新问您一遍，您喜欢看电影吗？”“我回答过了，喜欢，而且是个影迷。”“您不认识我？”“怎么不认识，您一来我就认出来了，您是当代影帝阿列克斯·洛依德。”“既然如此，您为何对我如此冷淡？”“不！您错了，我没有冷淡。只是我没有像别的女孩子那样狂热。您有您的成绩，我有我的工作。您今天来修车，是我的顾客，我就像接待顾客那样接待您，将来如果您不是明星了，来修车，我也会像今天一样接待您。人与人之间不应该如此吗？”他沉默了。在普通的女工面前，他感觉到了自身的浅薄与狂妄。“小姐，谢谢！您让我受到了一次很好的教育。现在，我送您回去。要修车的话，我还会来找您。”

（资料来源：笔者依据相关资料整理）

“我知道你是明星”，多么简短而又有力量的一句话，这句话直击每个营销人员的内心深处。对于权贵与财富的崇拜，无疑让自己戴上了有色眼镜，只会使自己更自卑。在营销服务过程中，营销人员会遇到形形色色的客户，其中不乏社会名流，但对于一个优秀的营销人员，应恪守营销人员的本分，工作与服务才是与客户对话的内容，不应该使自己的工作受其他非相关因素的影响。

（四）居安思危赢生存

◆【案例 8-28】

割草小男孩的“询问”

一个替人割草的男孩打电话给斯宾塞太太：“您需不需要割草工？”回答说：“不需要了，我已有了割草工。”男孩又说：“我会帮您拔掉花丛中的杂草。”斯宾塞太太回答：“我的割草工也做了。”男孩又说：“我会帮您把走道两旁的草剪齐。”斯宾塞太太说：“我请的割草工正是这样做的。谢谢你，你再到别的地方问问吧。”男孩便挂了电话。男孩的朋友问他：“你不是就在斯宾塞太太家修剪草坪吗？为什么还要打这样的电话？”男孩说：“我只是想知道我做得有多好！”

（资料来源：笔者依据相关资料整理）

只有不断了解别人对自己的评价，才有可能知道自己的长处与短处；只有不断改进工作，才会永远有工作。没有一个企业可以万古长青，尤其是在互联网时代，随处都有创新，随处都有挑战，如果企业固守阵地，只会加速自己的衰败。

二、企业发展不同阶段的管理策略

根据企业生命周期理论，一个企业从无到有，从幼小到强大再到衰竭大概经历四个阶段，分别是初创期、成长上升期、成熟稳定期和衰退期，这四个阶段企业的资源占有情况不同、资本实力有所不同、企业所处的市场环境也不尽相同、所面对的机遇和挑战也不同，因此企业的管理策略也应该因时、因地、因事而有所侧重、调整，包括企业员工关系管理着力点也应随之调整。图 8-3 是企业生命周期图。

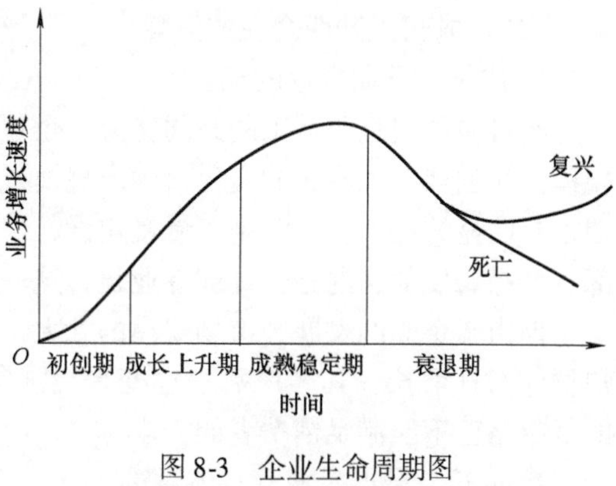

图 8-3 企业生命周期图

（一）初创期企业的策略

1. 初创期企业的经营特点

企业初创期一般具有高成长性，但也同样面临着高风险性，该阶段企业面临的最大问题就是如何生存下去，求生存是这阶段企业的重中之重，因此，这一阶段，几乎企业的所有工作都是围绕销售开展的，全力销售是初创企业工作的重点。

这一阶段的企业大都是企业主发现目前市场机遇或市场空白区域，市场中存在着新的需求，有进入的可能，然后企业主集结一些志同道合的人士、精英开展工作。有代表性的企业就是马云创立的阿里巴巴，在发现互联网这一新兴领域之后，马云本着一种“时不我待，舍我其谁”的精神，找到了合作拍档，加上自己的妻子，用2万元的启动资金，简单地租了个房间，就开始了创业历程。这一阶段企业内的员工对于企业的认同感是极高的，他们是一群有理想、有抱负的人的集合体，企业内的沟通也最顺畅。

2. 初创期企业的具体对策

由于处于初创期，企业无技术，无法依靠技术优势吸引客户；在市场中没有知名度、没有信誉，更没有人脉来帮助企业宣传。因此这一阶段企业只能依靠新颖性、低价格来吸引客户的眼球，谋取客户的关注，员工关系管理聚焦于企业创业团队之间的沟通管理。图8-4为初创期企业的策略。

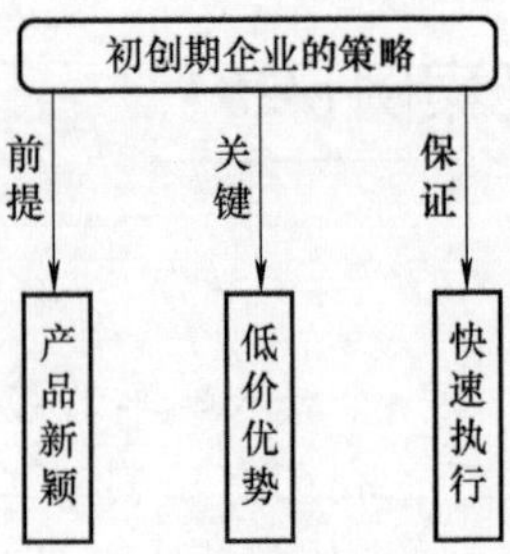

图8-4　初创期企业的策略

初创期企业大都是创业者发现市场未被填补的需求，相当于“夹缝中求生存”。企业应该抓住这些尚未被满足的需求，开发适销对路的新产品，为企业生存创造可能。产品新颖是初创期企业生存的前提条件。

企业处于初创期，规模较小，市场定位比较灵活，内部经营成本较低，外部关系成本低，可以将产品的价格控制在比较合理的范围内，在市场中形成一定的价格优势。低价优势是保证企业在初创期生存与发展的关键因素。

初创期企业的客户关系全靠创业者自己来维护，这一阶段的员工关系即创业者们之间的关系，员工关系管理的着力点应聚焦于创业团队之间的沟通。应通过创造者们作为企业主人翁的精神，积极开发营销工作，主要表现在营销计划的执行力上，如果企业没有坚定的营销执行力，一切还是回归零点，产品再优质、价格再优惠也是徒劳。因此，坚定的执行力是初创期企业发展的保证。

（二）成长上升期企业的策略

1. 成长上升期企业的经营特点

经过初创期企业员工的共同努力，企业进入到发展的成长上升阶段。在该阶段，企业的规模比初创期有了明显的变化，生产规模扩大，企业市场竞争力提高；企业员工队伍较初创期也有明显的壮大，企业制度慢慢建设起来，组织形态更加完整，团队更加健全，市场销售部、产品研发部、财务会计部专业化，这一阶段企业呈现一种快速增长的发展态势。

但由于企业的发展，市场规模的壮大，企业市场客户竞争达到更加激烈的程度，企业客户群体与日增长，其客户需求也变得更加复杂，单纯的低价格已不能满足消费者的需求。

2. 成长上升期企业的具体对策

虽然经历了初创期的努力，无论企业规模、市场占有率、市场影响力还是企业内员工数量，都有了许多提高，但是企业发展的重点还是产品的销售。这一阶段企业的产品已经被市场所接受，产品失去了市场新颖性，所以企业要在其他方面寻求突破，如图8-5

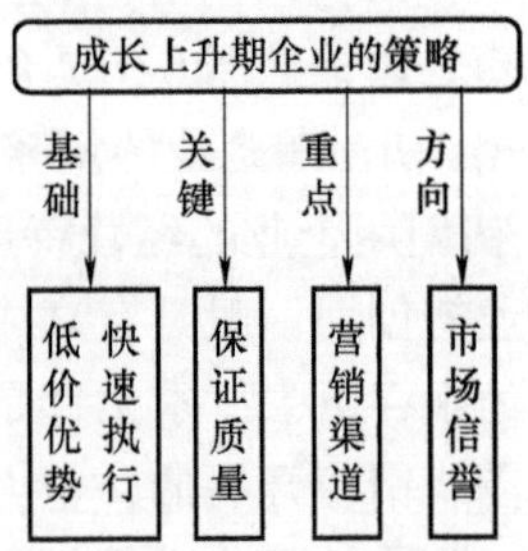

图8-5　成长上升期企业的策略

所示。

成长上升阶段的企业应以其初创期的低价优势和快速执行为基础。以建设企业质量管理体系为关键，尤其在互联网时代，产品更新换代如此之快，只有保证产品质量才是企业发展的关键，“三鹿奶粉事件”一度导致中国整个乳产品行业萎靡不振，就是由于企业没有把好质量关。

另外，成长上升阶段应依靠企业资本大力开发营销渠道，营销员工努力开发，建立企业客户人脉圈，扩大企业的市场占有率。

最后，成长上升阶段企业市场影响力有所提高，企业应把握这个机会，努力塑造企业社会、市场形象，建设企业市场信誉，为企业品牌的建设树立根基。

该阶段企业员工关系管理应聚焦于质量监管部门与专业营销团队的管理。搞好企业质量监管部门与营销团队的员工关系，企业的质量及营销渠道才有保障。

（三）成熟稳定期企业的策略

1. 成熟稳定期企业的经营特点

成熟稳定期是一个企业的经营最佳状态，这一阶段企业增长达到最大化，企业规模最大，市场占有率达到最大规模，企业内部形成完整、系统的管理结构，且对人才吸引能力强，抗市场风险能力强。基于成熟稳定期企业的优势，企业经营者都会竭尽全力延续企业的成熟期。

2. 成熟稳定期企业的具体对策

成熟稳定期企业实力雄厚，但正是由于企业规模庞大，才更应该保证销售策略的快速执行力建设，再优秀的企业如果策略执行不到位，一切都是空谈。企业的重点应该放在紧抓质量管理、拓宽营销渠道、提高市场信誉上，如图8-6所示。

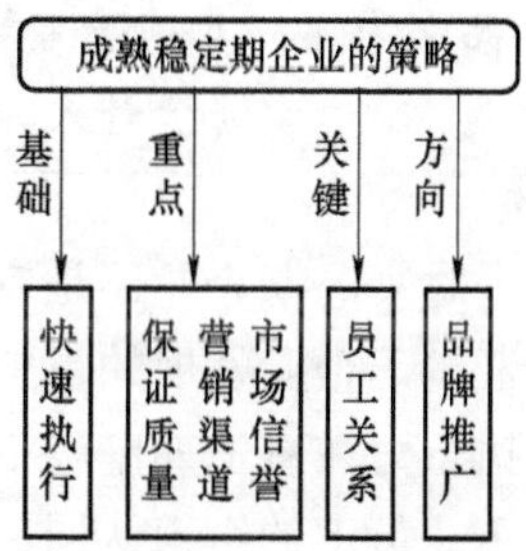

图8-6 成熟稳定期企业的策略

与成长上升期不同，成熟稳定期企业经营的关键是员工关系。员工关系是连接企业内外部一切关系的纽带，企业应依靠员工关系发展客户关系，发展社会关系，维护媒体形象关系。另外这一阶段企业的发展方向应该落实在品牌推广上，借助企业强大的实力和市场影响力，努力塑造强势品牌，依靠品牌延续企业的成熟期。

（四）衰退期企业的策略

1. 衰退期企业的经营特点

虽然企业进入了衰退期，但企业的资本和规模依旧是最大的，只是企业的市场增速下降，企业的产品在市场上的占有率下降，市场认可度降低。这一阶段企业的市场信誉还在，企业的品牌影响力还很强大，只是其所处的经营领域市场前景黯淡，企业员工缺乏创新意识，而优秀员工也萌生退意，领导层机构冗杂，导致信息沟通不畅，企业变革难度系数大。

衰退期企业迎来了最大的市场考验，如图8-3所示，如果经营良好，各方面关系处理得当，企业可能焕发第二春，转衰为增，再次进入繁荣阶段；相反，如果企业经营管理不当，政策落实不到位，就会一落千丈，彻底死亡。

2. 衰退期企业的具体对策

企业进入衰退期主要原因是产品不被市场所接受，企业缺乏产品创新。因此这一阶段为使企业转衰为增，企业市场策略的关键是销售团队收集市场需求信息，并将市场信息及时向企业内部反馈，这就要求企业组织内部加强沟通，使沟通渠道顺畅，尤其是市场部与企业研发团队的跨部门沟通。因此衰退期企业员工关系管理应聚焦于研发团队关系管理、企业内部跨部门员工关系管理，如图 8-7 所示。

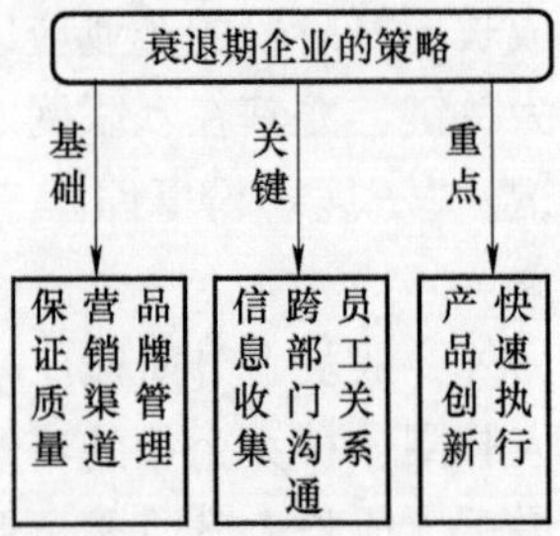

图 8-7　衰退期企业的策略

◆【案例 8-29】

迷茫的研发部

M 软件公司的研发部召开了一场会议，汇报正在做的产品测试。按照进度，测试已经进入第二轮，但产品部的主管突然提出增加一些需求，这些新需求势必会导致产品研发的延期。产品部的主管并没有给出具体的时间表，研发部对此感到茫然，不知道下一步该如何去做，他们渴望产品部给出具体的决定，或者他们可以主动与产品部主管进行交流，了解具体情况，保证工作的连续性。令人遗憾的是，研发部的工程师并未主动与产品部沟通，其结果可想而知。

（资料来源：赵卜成. 沟通零误解［M］. 北京：中信出版社，2012.）

同时衰退期企业还是应该立足于其无可挑剔的质量、广泛的营销渠道以及品牌优势进行市场营销。企业发展的重点是产品创新，以及快速执行。伴随着企业的发展，其赖以生存的快速执行力在衰退期已经不见踪影，更多的是偷懒、卸责、搭便车，在转型关键时期，应该激起企业员工的组织认同，使其为企业的延续努力奉献，共同努力。

【思考题】

1. 请写出你认为在服务沟通时的“好话”。
2. 你认为在与客户沟通时应注意哪些事项？作为一名销售人员，应该怎样来开发客户？

【案例分析题】

1. 结合本章案例 8-7 以及相关资料，请分析陆强华的优点与不足。如果你是黄宏生或黄仕灵，你会怎么对待陆强华离职事件？

2. 结合本章案例 8-10，思考以下问题：

（1）下属与领导对工作安排及工作方式意见不一致时，是否要进行沟通并达成一致？

（2）如果领导不能接受意见，下属是应该继续谏言并保留意见执行，还是放弃谏言完全依照领导安排工作？

第九章

环境关系管理

【培养目标】

1. 帮助读者了解什么是商业生态系统，并学会在当今商业生态环境下的生存法则。

2. 帮助读者厘清政府运作规律，进而学会构建政府关系。

3. 帮助读者认识传媒关系的重要性，以及如何构建传媒关系。

【培养要点】

1. 构建和谐员工关系，对内要求企业重视内部治理结构的建立，对外则需要企业正确审视商业生态环境。尤其在互联网时代下，企业所处的市场环境越发复杂，这就对企业的关系管理提出了更高的要求。

2. 构建政府关系，需要了解政府的条条与块块，正确看待政府对员工关系的调节作用，明确政府和企业的异同，并把握好政府和企业的距离。

3. 构建传媒关系，需要明白互联网时代传媒的重要性，在企业危机公关时借用好传媒的力量，同时从细节着手，构建与媒体的良好关系。

【本章框架】

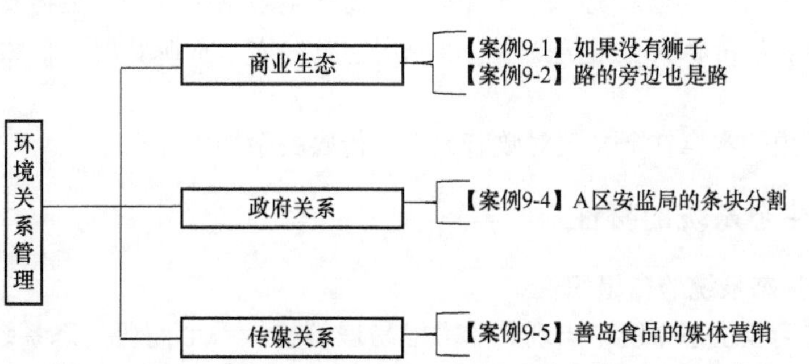

在互联网迅速发展的今天，企业的环境变得越发复杂。如何在瞬息万变的市场环境下生存？企业除了构建良好的内部关系和客户关系外，还要处理好与政府、传媒等的关系，并积极营造有利的商业生态环境。

第一节　商业生态

商场如战场。长期以来，在这个没有硝烟的战场上，企业与企业之间、企业的部门之间，乃至顾客之间、销售商之间都存在着一系列的冲突。如果将商业生态系统与自然生态系统进行类比，每个企业都可以看作一个活生生的生物，都要经历出生、成长、成熟直至衰亡的过程。尽管它们有着不同的寿命，它们也像自然中的生物一样，相互竞争，同时又彼此合作，不断地调整自己以适应日新月异的环境。因此，美国学者詹姆斯·穆尔（James Moore）提出了“商业生态系统”这一全新的概念，以生物学中的生态系统这一独特的视角来描述当今市场中的企业活动，打破了传统的以行业划分为前提的竞争战略理论的限制，力求“共同进化”。

一、商业生态系统的成员

“商业生态系统”的概念最初由詹姆斯·穆尔在文章《掠食者与猎物：新的竞争生态》中提出，他将商业生态系统定义为“以组织和个人的相互作用为基础的经济联合体，商业世界的有机体”。因此可以将商业生态系统定义为以相互作用的组织和个体（商界中的有机体）为基础的经济群落。随着时间的推移，它们共同发展自身能力，并倾向于按一个或多个中心企业指引的方向发展自己。

按照不同的特征、结构、职能、性质等标准，商业生态系统有各种不同的结构功能划分与系统分类。

按照社会职能和形态特征来划分，商业生态系统包括消费者、供应商、主要生产者、其他风险承担者、金融机构、贸易团体、工会、政府以及类似政府的组织等。

按照结构要素与功能特征来划分，商业生态系统大致分为生物成分和非生物成分两大部分。商业生态系统中的生物成分包括：企业人以及同质企业所形成的群体、消费者、供应商、市场中介（包括代理商、销售渠道、销售补充产品及提供服务的组织）和投资者。这些生物成分被视为商业生态系统中的主要物种。商业生态系统中的非生物成分则包括政治法律政策相关形势、经济状况、科学技术发展状况、社会人力资源状况、自然资源状况和文化背景等。

由于篇幅所限，本章在下文仅对政府关系、传媒关系加以介绍。

二、商业生态系统的特性

（一）商业生态系统的自组织性

自组织性在商业生态系统中出现是非常容易理解的。一个商业生态系统就是一个过程，在这个过程中，参与者自愿地集合在一起，没有外部或内部的领导。在企业相互联系中确立目标，协商并规划出新的秩序。或许会受到政府的控制和鼓励，但总体上是企业自由地创造了其喜欢的结构。这种发展是持续不断的，新的联系总是不断产生，而旧的又不断被分解。

（二）商业生态系统的环境适应性

商业生态系统的功能能否正常发挥，以及商业生态系统能否顺利进行演化，首要的条件就是看商业生态系统的环境制度是否与之配套。商业生态系统环境制度对商业生态系统的作用具有两重性，即配套的环境制度可以促进商业生态系统的发展，反之与商业生态系统不相配套的环境制度会制约商业生态系统的演化，甚至会造成商业生态系统的紊乱。

自然生态系统中的一个物种能够生存、繁衍不是因为它更强大、更机智，而是因为它更能适应环境的发展。同样，一个企业能否在商业生态系统中持续地生存发展，在于其能否适应企业生态环境的变化。比如，我们所熟知的可口可乐、西门子、通用电气等国际性企业有着上百年的历史，表现出来的仍是生机勃勃的发展前景，而也有大量的企业在经历了短暂的辉煌之后走向了衰落。

（三）商业生态系统既有合作又有冲突

商业生态系统中的企业，彼此之间既有合作，也有冲突。但总体来讲，通过彼此合作，企业间能够进行优势互补，进而为企业创造更大的收益。如麦当劳和肯德基共同维持一个商业圈，往往不是脸对脸，就是肩并肩，在经营中既具有自己的特色，又能维持共同的发展。

三、商业生态下的生存

互联网时代的商业竞争已经进入白热化阶段，无论是哪个行业、哪种产品、哪级服务，“你想做的别人已经做了”，几乎少有尚待开发的处女地。当今的企业发展中，有时需要我们更加努力，有时则需要有新的思想，尝试不同的抉择，并正确看待竞争。

（一）假如丛林中没有狮子

◆【案例 9-1】

如果没有狮子

一位动物学家对生活在非洲大草原奥兰治河两岸的羚羊群进行了长期研究。他发现，东岸羚羊群的繁殖能力比西岸的强，每分钟的奔跑速度也比西岸的快 13m。这些差别使这位动物学家百思不得其解，因为这些羚羊的种类和生存环境都是相同的：都属羚羊类，都生长在半干旱的草原地带，饲料来源也一样，以一种叫莺萝的牧草为生。

有一年，在动物保护协会的赞助下，动物学家在奥兰治河的东西两岸各捉了 10 只羚羊，分别把它们送往对岸。结果，从东岸运到西岸的 10 只羚羊，一年后繁殖到 14 只，从西岸运到东岸的 10 只，一年后还剩下 3 只，另外 7 只全被狮子吃了。这位动物学家终于明白，东岸的羚羊之所以强健，是因为它们附近生活着狮群；西岸的羚羊之所以弱小，正是因为缺少天敌。没有天敌的动物往往最先灭绝，有天敌的动物反而会逐步繁衍壮大。大自然的这一悖论在人类社会也同样存在。罗马曾经是一个强盛的帝国，但后来消失了。真正使罗马帝国灭亡的，不是别人，正是它自己——一个没有了敌手的帝国，最终在惰性的退化中消失了。

（资料来源：笔者依据相关资料整理）

不要憎恨自己的敌人。真正促使一个人咬着牙坚持到底，真正激励一个人不断成功的，不是鲜花和掌声，不是亲人和朋友，而常常是那些打击和挫折，以及那些一直想将自己彻底打败的敌人和对手。

（二）埋头苦干与抬头看路

◆【案例 9-2】

路的旁边也是路

1956 年，松下电器与日本大阪制造厂合资，设立了大阪电气精品公司。这家公司的前身是专做电风扇的，后来开发了民用排风扇。但即使如此，产品还是显得很单一。时任总经理的西田千秋准备开发新的产品，试着探询松下的意见。松下对他说：“只做风扇的生意就可以了。”松下的想法是想让松下电器的附属公司尽可能专业化，以期有所突破。可是当时的电风扇制造已经做得相当卓越，颇有余力开发新的领域。尽管如此，西田得到的仍然是松下否定的回答。

然而，西田并未因松下这样的回答而灰心丧气。他紧盯住松下问道：“只要是与风有关的任何事情都可以做吗？”松下并未细想此话的真正意思，但西田所问与自己的指示很吻合，回答说：“当然是这样。”四五年之后，松下又到这家工厂视察，看到厂里正在生产暖风机，便问西田：“这是电风扇吗？”西田说：“不是。但是和风有关。电风扇是冷风，这个是暖风。你说过，要我们做与风有关的生意。这难道不是吗？”后来，公司的产品越来越丰富，除了电风扇、排风扇、暖风机、鼓风机之外，还有果园和茶圃的防霜用换气扇、培养香菇和家禽养殖用的调温换气扇等。西田千秋只做风的生意，为松下公司创造了一个又一个辉煌。

（资料来源：笔者依据相关资料整理）

我们在一条路上不断地走，常常会觉得自己已经把路走完了。实际上，路的旁边也是路。西田千秋开始走在松下指引的那条路上，后来他试着往旁边跨了几步，就发现了无数的路，而且条条都是全新的路，并最终领他走向了巨大的成功。更多的时候，我们在生活的路上走得不好，不是路太狭窄了，而是我们的眼光太狭窄了，所以最终堵死我们的不是路，而是我们自己。

（三）平等竞争与合作共赢

◆【案例 9-3】

龟兔赛跑

龟兔赛跑的故事，妇孺皆知，耳熟能详。为什么呢？小故事，大道理。以下四个不同版本的龟兔赛跑，正好折射出不同商业时代的思想和战术。

版本之一：农耕时代，缓慢但持续的人会赢得比赛。

从前，一只乌龟和一只兔子在互相争辩谁跑得快。它们决定比赛分高下，选定了路线，就此起跑。

兔子带头冲出，奔驰了一阵子，眼看已遥遥领先，心想，可以在树下坐一会儿，放松一下，然后再继续比赛。兔子很快就在树下睡着了，而一路上笨手笨脚走来的乌龟则超越了兔子，完成了比赛，成为货真价实的冠军。等兔子一觉醒来，才发觉它输了。

版本之二：工业时代，动作快且前后一致的人将胜过缓慢且持续的人。

兔子因输了比赛而倍感失望，为此它做了些缺失预防工作（根本原因解析）。它很清楚，失败是因它太自信、大意，以及散漫。如果它不自认为一切都是理所当然的，乌龟是不可能打败它的。

因此，它单挑乌龟再来一场比赛，乌龟也同意。这次，兔子全力以赴，从头到尾，一口气跑完，领先乌龟好几公里。

版本之三：信息时代，拥有核心专长，且能够改变游戏规则并发挥核心专长的人取胜。

这下轮到乌龟要好好检讨了，它很清楚，照目前的比赛方法，它不可能击败兔子。它想了一会儿，然后单挑兔子再来一场比赛，但是是在另一条稍许不同的路线上。兔子同意了，然后两者同时出发。

为了确保自己立下的承诺——从头到尾要一直快速前进，兔子飞驰而出，极速奔跑，直到碰到一条宽阔的河流。而比赛的终点就在几公里外的河对面。兔子呆坐在那里，一时不知怎么办。这时候，乌龟一路姗姗而来，爬入河里，游到对岸，继续爬行，完成比赛。

版本之四：网络时代，拥有核心专长固然不错，但总有一些状况下自己是技不如人，合作成为主旋律。

这下子，兔子和乌龟成了惺惺相惜的好朋友。它们一起检讨，两个都很清楚，在上一次的比赛中，它们可以表现得更好。所以，它们决定再赛一场，但这次是同队合作。它们一起出发，这次是兔子扛着乌龟，直到河边。在那里，乌龟接手，背着兔子过河。到了河对岸，兔子再次扛着乌龟，两个一起抵达终点。比起前次，它们都感受到一种更大的成就感。

综上所述，在遭逢失败后，兔子和乌龟都没有就此放弃。兔子决定更拼，并且投入更多的努力；在尽了全力之后，乌龟则选择改变战术。

（资料来源：笔者依据相关资料整理）

传统企业视商业为零和竞争，较少考虑互利或共生关系，主张“绝对不要把钱留在桌面上”。现代企业总是寻求双赢的共生关系，既在合作中竞争，又在竞争中合作。由此产生了一个新词汇：竞合。例如苹果公司与微软公司、麦当劳与肯德基的关系就是一种竞合关系。在很多情况下，市场并非只够一家企业生存。当我们不再与竞争对手较力，而是关注如何完成某项任务时，我们会表现得更好。这就是竞合，既有竞争又有合作。

第二节 政府关系

政府关系既是企业公共关系的基础，也是最重要的工作内容之一。良好的政府关系有助于企业其他工作的全面开展，了解政府的运作机制，学会构建政府关系，已经成为企业能否长期发展的重要影响因素，以及企业构建员工关系的基础。

一、政府的条条与块块

我国的行政体系呈现出中央垂直管理和地方政府管理交织的条块结合结构。在社会发展的不同阶段，中央政府与地方政府的权限划分有所不同。通过改革条块结构，可以不断调适地方管理与部门管理间的关系，进而达到根据社会经济形势、时代背景等调整中央与地方关系的目的。如果中央需要集权，可以加强“条条”控制；如果中央要发挥“块块”的积极性，可以紧缩“条条”的职权。

◆【案例9-4】

A区安监局的条块分割

A区政府下辖22个街道办事处、7个乡镇、579个居委会、84个村委会。除此之外，A区政府还管辖着42个委、办、局、中心、大队，垂直管理着9个局、队以及执法机构和事业单位。其中有部分委、办、局对安全生产负有行业主管职责，如文化委、商务委、住房城乡建设委；有部分委、办、局对安全生产负有专项主管职责，如质监局。

从“条”上看，区安监局一个科室的业务可能要同时受到市局几个处室的指导、监督。换言之，市局几个处室分派的业务有时需由区局一个科室承担。业务实施主要在于基层，任务繁重，其分布情况呈“正三角形”，而业务落实的机构及人员配置又呈“倒三角形”。虽然安监局是综合监管部门，不必事事亲为，许多工作可以交由行业主管部门办理，但各项工作的谋划、部署、分配，活动的组织，与各相关委、办、局、企业的协调，都需要付出相当多的时间、精力、人力和物力。一项工作的开展，不只是一个人或一个科室的事，它牵扯到多个科室相互协调、配合。更不用说几项任务同时开展。而这种基层一个主责科室对上级多个处室负责的任务分配情况，在基层安监局工作中是较为普遍存在的。

这种“倒三角”的任务分配形式，严重影响了工作完成的质量，并且导致工作以应付上级交办的任务为主，主动性较差，还使得基层安监人员没有充足的时间和精力深入地分析、思考如何更好地开展工作。由于缺乏理性做指导，最终会使安全生产综合监管进入工作分配、应付，再分配、再应付的缺乏创造性的循环当中。另外，区安监局已经是“条”上最基层的部门，属地（街道、乡镇）政府中没有设立安全生产监管的专门机构，区安监局即使人头编制不够也得硬着头皮顶上去。在中央政府承诺的财政供养的人员只减不增的背景下，增加人员编制的想法也显得不切实际，即使增加两三个人的编制，对于全区十多万家企业的执法工作而言也只是杯水车薪。

“块”上的情况也不容乐观。由于区安监局行政隶属于区政府，与区政府所辖的乡镇街道及所属其他委、办、局为平级单位。在实施综合监管过程中，监督管理如何实施，也是一个时常困扰基层安监部门的问题。这种机构设置为基层安监局开展工作带来了很多尴尬。听起来“综合监管”似乎权力很大，但到底如何发挥其作用？在工作中如何进行监督管理？尤其与同一级乡镇街道、委、办、局之间如何相处？如果行业主管部门、相关职能部门以及属地政府能够真正参与进来，那么，安全生产监管就有了“腿”，能够真正落地，否则仅靠安监局的几个人，即使跑断腿也难以实现安全生产检查的“全覆盖”。但这又谈何容易！安全生产监督管理联席会议的机制虽早已建立，安监局作为牵头部门的区安全生产委员会办公室也挂靠在安监局的综合监督科，但光是这样的委员会在区政府的各委、办、局中大大小小设置了十多个，几乎每一个部门都对应着相应的委员会，委员会名义上是协调统筹，但运行起来，在安排不动其他同级部门的时候，很多事情只能是“谁牵头，谁负责”。尤其是对于安监局这类“条”上的部门而言，机构设置从国家安监总局到各级地方政府“一竿子插到底”，一旦出现安全生产事故，第一个被问责的部门就是安监局，即承担责任的主体是安监局。这也是困扰着许多基层安监部门，造成基层安监局实施综合监管的阻力因素之一。

（资料来源：笔者依据相关资料整理）

案例中，A 区安监局作为“条”上的部门，受到国家安监总局和市安监局的垂直领导，同时，也受作为“块”上的区委区政府的领导，因此，存在双重领导的问题。在此背景下，区安监局想要推动执法还要与“块”上的平级单位——街道、乡镇打交道，双方在人员安排、执法安排上存在利益冲突，需要在这些约束条件下，把这项工作做好，就要研究“条”“块”运行模式下的体制。

二、政府与企业的异同

互联网时代，不仅给企业的管理带来了新的挑战，也为政府的治理提出了新的要求。政府管理与企业管理有许多相似之处，如都必须履行一般的管理职能，包括计划、组织、决策、控制、协调等。但是政府管理以及政府管理机构的行为有其特定的范围和特殊的规律，与企业管理存在着很大的差别。政府的管理不仅包括对综合范畴的经济的管理，也包括对综合范畴的社会的管理。政府在社会各种机构和企业中起协调的作用，为企业的发展创造一个良好的市场环境。

（一）政府与企业的不同之处

1. 角色不同：裁判员与运动员

从扮演的角色来看，政府与企业存在着很大的差异。政府相当于市场经济下的“裁判员”，而企业则相当于“运动员”。在新中国成立初期，国有企业和政府是一体的，就是俗称的“既是运动员，又是裁判员”，当时，政府作为经济活动的管理中心，几乎包揽了所有的经济活动。随着改革开放和市场经济的发展，政府逐渐退出经济管理活动，成为维系社会生产经营秩序的“裁判员”，其主要职能从直接从事和干预具体经济活动转变到从事经济调节、市场监管、社会管理和公共服务，有效实施宏观调控，创造市场机制，充分发挥作用的环境条件上来，而企业则成为生产经营的主体，扮演着“运动员”的角色。

2. 目标不同：整体公平与局部效率

从管理的目标来看，政府管理的主要职能是为人民提供非营利性的产品或服务，其目的是公益性的。而企业管理的主要目标是通过生产和销售产品或服务来盈利。两者的目标不同，就决定了两种不同类型的管理机构在维持生存方面也会有很大差异。政府管理是非营利性的，其生存并非依靠出售产品或服务来维持，而主要依赖立法机构的授权。企业管理则是以营利为目的，企业的生存与发展也完全依赖盈利的多少。因此，企业管理的决策在很大程度上受市场因素即顾客需求所左右，而政府管理的决策兼顾了整体公平与局部效率。

3. 产品不同：公共服务与商业产品

从二者的产出来看，政府机构与企业也存在着巨大差别。政府管理的主要产品是公共服务，其行为的合法性、公众舆论好坏、减少各种冲突的程度、公共项目的实施与效果、公共产品的数量及其消耗程度等是其主要的衡量指标。而企业的产出为商业产品，其产品的盈利情况、生产规模的扩大程度、市场占有率的提高等是主要的评价标准。

（二）政府与企业的相同之处

1. 领导者的重要性

无论何种类型的组织，其决策、计划、组织、行动都离不开领导者的作用。对于企业而言，好的领导者能够发现商机，带领组织追求更大的利益；而对于政府而言，优秀的领导者能够更好地完成公共服务，为社会创造更大的价值。因此，无论是政府管理还是企业管理，领导者都同样重要。优秀的领导者能够在个人素质修养的基础上，凭借深厚的学识和丰富的工作经验，处理组织中遇到的各种问题，管理好组织的员工关系，为组织创造更多的价值。

2. 地方政府主义

当企业完全追求利润而忽视社会责任等其他问题时，就变成了纯粹的利己主义者，会危及其他组织的利益，地方政府同样如此。

3. 服务的重要性

“基础不牢，地动山摇”，任何组织一旦脱离群众、脱离人民，就会失去修正前行方向的拉力，容易走上组织发展的歧途。因此，近年来，学者们开始提出服务型组织的概念。所谓服务型组织，是指在平等、正气、信任的基础上，以提升服务能力和构建服务平台为支撑，不断提升服务层次，拓展服务内容，最终打造出服务的文化，实现群众参与、群众满意，并实现组织和群众共同发展目标的基层组织。

三、政府对员工关系的调节

狭义的员工关系主体包括员工、雇主（或者称为管理方），从广义的角度来看，其主体应当还包括政府。在员工关系中，政府是作为第三方出现的，它主要是通过宏观政策机制来调整员工与雇主的关系。政府的主要作用表现在：一是劳动关系立法的制定者，通过立法规范雇主和雇员的行为；二是公共利益的维护者，通过政策调节企业员工关系管理的一般环境，通过监督、干预等手段促进员工关系的协调发展；三是公共部门的雇主，以雇主的身份直接参与和影响员工关系。

（一）立法规范行为

法律和制度规范了雇佣双方的行为，强制性地约束了雇佣双方的权利、义务和关系。近几年我国劳动法律制度逐步完善，2005 年之前我国只有《劳动法》《企业劳动争议处理条例》《最低工资规定》等法律法规，满足不了劳动力市场和企业内部对劳动关系和员工关系法律协调的需要。2008 年后，《劳动合同法》《促进就业法》《劳动争议调解仲裁法》的相继实施，对企业的员工关系管理产生了非常大的作用。法律的颁布使得企业与员工之间的关系趋向规范化和法制化，促进了市场机制在劳动力市场中的配置效率，同时也体现了法律对弱势群体的保护。

（二）政策调整力量

政策主要包括政府的各种方针政策，包括经济政策、就业政策、教育培训政策等。这些政策的实施会直接或间接影响员工关系管理。例如，当经济政策的主要目标是充分就业和促进经济快速增长时，一般会通过法律和法规等手段来减弱雇主的谈判能力。此外，就业政策对于劳动关系的影响更为直接。就业政策通过对供求状况的调整改变雇佣双方在劳动力市场上的力量对比，也可以通过激励和约束性政策使企业内部的劳资关系发生变化。

四、政府与企业的距离

互联网时代，市场竞争越来越激烈，企业组织面临更加复杂多变的关系环境，不仅要处理与内部顾客的关系，更要协调与政府、外部顾客、同业者之间的关系等。如何让组织在各种关系的推动下健康成长，而不是被束缚，同样值得思考。企业在与政府打交道时，如何与政府建立良好关系十分重要。

良好的政府关系有助于企业其他工作的顺利开展；反之，如果政府关系没有处理好，势必会对企业发展造成不良影响。构建良好的政府关系需要遵循以下三个基本原则：

（1）保持良好沟通。定期的沟通是构建关系的基础。作为企业的管理者，要积极和政府相关部门及领导进行沟通，养成定期向政府相关部门汇报、交流的习惯。这样不但有利于和相关人员的关系建立，而且能够在沟通过程中了解到政府最新的政策信息，为企业未来的发展方向提供参考。

（2）维持长期联系。良好的关系不是一朝一夕建立起来的，需要企业管理者长期坚持不懈的努力。临时抱佛脚难以构建稳固的关系，要坚持长期的一定频次的联系，这样关系才具有持续性和稳固性。

（3）关系的建立要符合法律法规和社会道德。上文中也提到，政府和企业的目标并不相同。政府维护的是全社会的整体利益，而企业只是社会的一部分。因此，政府的政策和行为有时不一定符合某个特定企业的利益。在这一点上，企业要有局部服从整体的意识。

第三节 传媒关系

互联网的出现使人类社会进入了一个新的历史阶段，信息社会的雏形正在慢慢形成。它改变了传统电视、报纸新闻事件的传播速度，使任何信息都能够在第一时间全球化、网络化、透明化。无论是发生在我们身边的小事，还是发生在地球每个角落的重大事件，都可以通过网络媒体快速地向全球传播。可以说，网络媒体的出现改变了我们的生存方式，也改变了传媒业。在这种情况下，企业想要生存和发展，就不可避免地要学会和各种媒体打交道。

一、网络时代酒香还怕巷子深

（一）互联网时代的传媒变革

在互联网时代的大背景下，传统传媒产业已经和文化产业、制造业等相互交融，传统传媒方式和新兴传媒方式相互碰撞又相互融合，形成了现在的胶着状态。2012 年以前，《传媒蓝皮书》关于传媒产业的结构和分类主要包括报纸、图书、期刊、广播、电视、电影、音像、互联网、移动媒体、广告十大行业。2013 年起，根据传媒产业结构的变化，在细分市场的基础上，将传媒产业分为印刷媒体、广电媒体、PC 互联网和移动互联网四大板块，如表 9-1 所示。

表 9-1　传媒产业四大板块

印刷媒体	报纸、期刊、图书、音像、户外
广电媒体	电视、广播、移动电视、电影
PC 互联网	在线视频、在线阅读、门户网站、搜索引擎、网络游戏、网络购物、社交媒体
移动互联网	移动阅读、移动视频、移动社交、移动电商、移动游戏、移动搜索、生活服务

互联网的到来改变了传统的信息传播方式，无论是否承认，媒体尤其是网络媒体已经成为企业发展过程中不可或缺的一部分。对于企业的管理者而言，无论是商业信息的获取、企业资讯的发布，还是企业与外界的沟通交流，都离不开媒体。然而，一些企业主却视媒体如“猛虎”，甚至打出“防火防盗防记者”的标语，实在不可取。既然无法阻挡媒体尤其是网络媒体的渗透和影响，何不大大方方打开门，积极构建和媒体的关系，让媒体成为企业发展的“加速器”呢？网络时代，酒香也怕巷子深，如果能够巧借媒体之力为企业发展做宣传，无疑事半功倍。

（二）企业需要重视雇主品牌建设

即使在互联网时代，企业的核心依旧是人和关系，只是互联网更加突出了人的重要性，将关系向着更深的维度拓展。在运营一家企业的过程中，必然连接了多种关系，家庭关系、员工关系、外部社交圈的关系都是十分重要的。对内企业应处理好与员工的关系，良好的员工关系是开展外部关系的前提。而员工关系的重点则是雇主品牌建设。良好的雇主品牌对员工有一定吸引力，在很大程度上也能减少招聘成本。

传统的雇主品牌建设，主要是依靠企业自身的实力，着重于企业价值观文化建设，企业如果达不到一定的规模和行业地位，就形成不了一定的影响力，更谈不上雇主品牌建设。而互联网时代改变了这种情况。尤其雇主品牌的建设，不是宣传什么它就像什么或者是什么，铺天盖地的广告有时抵不上一个小事件的曝光，移动互联网预留给企业的危机公关时间，已经从早年的 48h、24h，到现在的 2h，甚至 1h。个别事件对于雇主品牌的破坏情况，从来没有像今天这样需要从企业品牌建设的高度去重视。

如何借助互联网进行雇主品牌建设？过去很多企业和员工，绝大多数没有经历过沟通培训，加之内部沟通缺乏规范化的体系，容易引发诸多问题。比如企业主与家族成员的沟通不畅会导致内部猜疑，企业主与员工的沟通方式不恰当会导致误解和埋怨等。

高质量的沟通是创新的源泉，互联网时代下，企业内部不再局限于自上而下的任务传递式的沟通，而应打通自下而上的沟通渠道，建立横向交叉的沟通方式，充分聆听员工意见尊重员工需求，不以“打小报告”“走关系”的方式说话，打造和谐的沟通氛围。改变过去单向传播的方式，建立双向沟通、多向沟通的渠道，使企业内部信息更加通畅，更有利于雇主品牌的建立。

（三）产品宣传需要依托媒体渠道

对于企业而言，媒体对产品的宣传和良好的服务是其在市场中获得成功的重要保证。企业可以通过媒体广告和宣传迅速扩大产品销售，获得利润，传播企业形象，增强企业竞争力。但产品的宣传并非简单地加大广告投放就能达到目的。如何做好媒体营销，防止宣传浪费，更是一门学问。

◆【案例9-5】

善岛食品的媒体营销

善岛食品有限责任公司下设筑岛食品有限公司和大连海珍珠食品有限公司。1992年成立，最初为镇属企业，后与日本合资，水产品以鱼为主，2008年日本撤资。2014年，出口总额达5亿元，2015年增长1.5亿元，公司国内销售额达到1.4亿元。董事长郝丽萍重视员工关系管理，通过对员工的关心稳定人心，达到合作共赢的目的。她经常强调，要做好企业宣传，第一是品牌建设，第二是与互联网企业合作。为此，善岛食品与大连的互联网平台商建立了紧密的合作关系，在网络上对产品进行宣传。同时在薪酬福利制度上，中层（车间厂长）基本年工资12万元，根据盈利，盈奖亏扣，额度在10%左右。员工配备五险一金，宿舍里有电视，且专门设有夫妻房，吃住免费。因此，职工对于企业的忠诚度很高，工作时间最长的员工已有20多年。

（资料来源：笔者依据相关资料整理）

二、企业危机公关要巧借传媒助力

企业的发展离不开媒体宣传的助力，但是这种助力有时也是一把“双刃剑”。中国有句古话说，“好事不出门，坏事传千里”，对企业而言尤为如此。尤其是在互联网时代，有时企业的一件“小事”，就有可能演变成为全民皆知的“大事”。铺天盖地的广告有时候抵不上一条小小的负面消息。在互联网尤其是社交网络发展迅速的大背景下，人们有了进行社会传播和信息采集的自主权。任何一个人，只要他发布的内容和信息能够得到一定的价值认同，就可能实现一种裂变效应，形成过去只有电视、报纸等主流媒体才能达到的传播规模和传播效应，甚至有时候会超越它们的影响力。

◆【案例9-6】

“愤怒”的邮件

2006年4月7日晚，EMC大中华区总裁L回办公室取东西，到了门口才发现自己没带钥匙。此时，他的私人秘书瑞贝卡已经下班，L能联系到瑞贝卡。但数小时后，L还是难抑怒火，于是在4月8日凌晨1点通过内部电子邮件系统用英文给瑞贝卡发了一封措辞严厉且语气生硬的谴责信。

这封信翻译成中文如下：“瑞贝卡，我星期二曾告诉过你，想东西、做事情不要想当然！结果今天晚上你就把我锁在了门外，我要取的东西都还在办公室里。问题在于你自以为是地认为我随身带了钥匙。从现在起，无论是午餐时段还是晚上下班后，你要向你服务的每一名经理都确认无事后才能离开办公室，明白了吗？”英文原信的口气比上述译文要激烈得多。这封邮件L同时传给了公司几位高管。

面对大中华区总裁的责备，两天后，秘书回了更加咄咄逼人的邮件，原文如下：“第一，我做这件事是完全正确的，我锁门是从安全角度上考虑的，一旦丢了东西，我无法承担这个责任。第二，你有钥匙，你自己忘了带，还要说别人不对。造成这件事的主要原因都是你自己，不要把自己的错误转移到别人的身上。第三，你无权干涉和控制我的私人时间，我一天就八小时工作时间，请你记住午餐和晚上下班的时间都是我的私人时间。第四，从到 EMC 的第一天到现在为止，我工作尽职尽责，也加过很多次班，我没有任何怨言，但是如果你们要求我加班是为了工作以外的事情，我无法做到。第五，虽然我们是上下级关系，也请你注意一下你说话的语气，这是做人最基本的礼貌问题。第六，我要在这里强调一下，我并没有猜想或者假定什么，因为我没有这个时间，也没有这个必要。"本来，这封咄咄逼人的回信已经令人吃惊了，但是瑞贝卡选择了更加过火的做法。她回信的对象选择了"EMC（北京）、EMC（成都）、EMC（广州）、EMC（上海）"。这样一来，EMC 中国公司的所有人都收到了这封邮件。

在瑞贝卡回邮件后不久，这封女秘书对老板的火爆邮件被数千外企白领接收和转发，几乎每个人都不止一次收到过邮件。其中，流传最广的版本居然署名达 1000 多个，而这只是无数转发邮件中的一个而已。

作为"邮件门"事件的直接后果，瑞贝卡很快辞职，然而在事件的后续跟踪中，网络有传言，L 也由于此事件很快就被 EMC 调离原任。

（资料来源：笔者依据相关资料整理）

员工关系管理时要重视媒体思维，防微杜渐，把问题消灭在萌芽时期，及时对员工进行疏导，防止负面消息的扩散和传播。当发生危机时一定要及时进行危机公关，将负面影响降到最低，甚至扭转局势。

（一）危机发生前

危机分为突发性的、渐进性的和持久性的。突发性的危机来得十分突然，令人猝不及防。因此企业必须有一支常备不懈的危机管理团队。渐进性的危机可能包括员工士气低落、工作场所的骚扰等，这样企业一般有更多的时间对此加以分析和策划，这时相关的负责人要说服企业的高管尽快采取行动以免危机恶化。持久性的危机包括谣言和传闻，如企业要裁员的传闻等。媒体一般对此类新闻十分感兴趣。所以企业对于损害企业形象的谣言一定要主动出击，及时遏制谣言的传播，在企业内部建立畅通的沟通渠道，聆听员工对企业的评价，当企业对自己的评价和员工对企业的评价有差距时，这就说明企业存在潜在的危机。在任何危机发生之前，企业应该建立危机计划，包括企业在应对危机时针对媒体、员工和顾客等的模拟回答和提纲。

（二）危机发生后

危机发生后应该尽快确定危机的来源和真相，以便企业能在第一时间做出决策。企业发生危机后，一定会成为媒体的关注对象。拒绝接受媒体的采访，只会给自己带来麻烦。最好不要做出"无可奉告"之类的回应，这样只会给人造成搪塞和掩盖事实真相的印象。企业作为发言方接受媒体采访时，同样要先弄清楚自己的权利，许多企业发言人在接受访问时往往会不知不觉中将自己当作"被传讯的证人"，而不是一个向广大听众传递信息的活跃参与者。因此，发言人在回答之前要弄清楚自己的权利，这样才能从容不迫地应付各种难易问题。对于危机一定要以人之常情对待，站在没有受到危机影响，但关注危机的旁观者的立场上看待危机，在对内对外的信息传递中保持绝对坦诚，并利用所有可利用的资源传递企业的正面信息，让公众了解企业为危机采取的措施。

（三）化危机为转机

企业发生危机后，媒体更想知道当事一方的态度。处理危机切忌犹豫不决、不知所措、打击报复、模棱两可、盛气凌人、制造对抗等。以上任何行为都无助于危机的解决，只会加剧危机的恶化。企业应该尽一切努力让大众听到自己的声音，正面地表达自己的观点和意见。对于有冲突性的负面问题，企业可以尽可能地选择防守性的观点，这样比逃避问题和现实来得更高明一些。危机既包含危险，但也包含了危机。如果企业能够准确确定危机的根源，有针对性地传递公正、准确的信息，就会使危机带来的危害降到最低，使企业的信誉转危为安。如果企业处理得当，还能使危机化为转机，改变公众对企业的看法。

三、构建传媒关系要注意的问题

关系的构建绝非一朝一夕的事情，构建传媒关系同样如此。要想和媒体保持良好的关系，就要熟悉媒体内部的运营规律和规则，并与其保持良好的沟通，建立共赢关系。

（一）建立媒体档案资料库

媒体档案好比营销的业务档案，记录了企业所在地（不限于）的媒介种类，每个媒介的相关栏目，以及栏目的记者编辑、栏目发表过的相关文章、栏目的报道风格等。对企业而言，媒体大致非为三类：第一类是常来常往的友好单位；第二类是偶尔造访的擦边单位；第三类是惹不起可以躲得起的不速之客。企业要将主要精力放在第一类媒体上，将与其沟通纳入办公室的日常工作范围。

如果说媒体对于企业的宣传很重要，媒体的记者和编辑则是企业和媒体联络感情的枢纽。企业管理者要把媒体记者和编辑当成朋友，用心地去和他们交朋友，才能避免危机公关时临时抱佛脚的尴尬情况出现。企业在平日里可以通过多种渠道搜集媒体人的信息，可以采取的方法有：在企业新闻发布会上通过签到表搜集媒体信息，通过同行或者其他合作者搜集媒体信息，以及在行业聚会上获得相关信息等。企业搜集的资料不仅要包括媒体人的基本信息，还要涉及媒体人生活的许多方面，例如媒体人的生日、爱好等，全面了解媒体人的喜好，以便更好地沟通。

（二）建立相互信任的关系

企业与新闻媒体的合作首先得益于相互信任的关系，做到坦诚相见，真诚合作，为此，要消除企业与媒体间常常出现的相互抱怨。

媒体常对企业的抱怨是：试图左右关于企业的新闻内容，违背了新闻自由的原则；侵占有限的版面过度宣传企业自己；采用行贿等手段对新闻记者加以利用，从而影响新闻的独立性和公正性；对新闻的编辑和原则不理解，横加指责。

企业经常对媒体的抱怨是：对企业抱有偏见；没有报道企业的实际经营情况；对新闻没有一视同仁，播出与否往往与经济利益挂钩；对新闻内容要求过于苛刻，缺乏灵活性。

企业离不开媒体进行品牌宣传和形象树立，媒体也离不开企业提供消息源。双方应以正确的态度消除以上抱怨。企业与新闻媒体的沟通应坚持以下原则：①企业高层管理人员要直接参与。这不仅体现出企业对与媒体沟通的重视，有利于树立良好的形象，而且也便于回答媒体的提问，传递出的信息也更加可信和具有权威性。②诚实守信。这样才能取得新闻媒体的信任，与之建立起融洽的关系，开展有效合作。③配合记者工作，提供服务。在新闻媒体需要时，提供满意的服务，如及时有效地提供新闻媒体所要的资料，包括图片和文字资料，安排好记者的来访，创造条件帮助其完成采访任务。

(三) 主动与媒体进行沟通

在信息大爆炸时代，企业管理者不能再同以前一样，守株待兔似地等着记者主动上门报道，要主动把素材提前准备好，联系相应的媒体，争取发到影响力更大的媒体平台上。

大多数新闻媒体在一个报道周期中至少要召开两场重要的会议，一是采前会，一是编前会。顾名思义，采前会是在记者外出采访前与编辑一起策划选题，确定报道方向；而在编前会上，上一期新闻报道中的疏漏、错误和过失会被讨论，同时将重点商议这一期的头条或封面新闻。采前会和编前会对需要借助媒体沟通的单位来说是抓住媒体注意力的两次机会，这时的任务就是让这些编辑、记者看到自己所提供信息中的新闻价值，把它们纳入会议议程中。同时，与记者打交道时一定要注意细节，不要口无遮拦，举止失态，因为自己的一言一行，甚至一个眼神都会被记者看到眼里，并用文字记录下来。

(四) 维持日常的信息供给

良好的媒体关系绝非一两次新闻发布会、几条企业新闻就能够建立起来，需要企业与媒体保持长期的沟通和合作。对于媒体而言，拥有一定的新闻信息的来源是非常必须与重要的。因此，企业可以从这一方面入手，定期提供给媒体一些企业的新闻。这些新闻可能单个看起来对企业形象的宣传帮助并不大，但是如果能够持续挖掘和提炼其中的新闻价值，同时提供给记者，长此以往，就会有相当不错的效果。一方面为媒体记者提供了新闻素材，另一方面也对企业进行了宣传，同时还能够建立起与媒体的良性互动，一旦发生危机事件，也能够有渠道影响媒体舆论方向，将损失降到最小。

(五) 掌握行业话语权

对于企业管理者而言，如果让记者觉得自己对于行业有比较深刻的认识，能够给他的思路和文章提供一些借鉴和参考，那么两者之间就很容易建立起良性互动，企业的一些思想、观点也更加容易传播出去，进而得到更广泛的认可，从而形成一定的话语权。因此，作为企业的管理者，在不断发展壮大企业的同时，应该对自己企业所在行业的市场营销、产品、技术、品牌等相关知识有足够的涉猎和掌握，甚至对竞争对手、上下游产业都非常熟悉，让记者觉得自己有沟通的价值。通过这种方式，更容易与媒体建立起平等、互信的媒体关系。

【思考题】

1. 什么是商业生态系统？
2. 在当前中国的商业生态系统下，如何建立共赢的关系？
3. 政府与企业最大的异同分别是什么？
4. 在构建政府关系时，你所在的企业遇到的最大问题是什么？
5. 在构建传媒关系时，你觉得最需要注意的地方在哪里？

【案例分析题】

根据案例 9-3 的内容，回答以下问题：

1. 农耕时代、工业时代、信息时代兔子或者乌龟为何能获胜？
2. 网络时代兔子与乌龟同时到达终点的结果你是怎样看待的？对你有何启发？

第四篇

亲密关系篇

第十章

家庭关系管理

【培养目标】

1. 让读者透过两性与恋爱关系了解男女各自的需求及自我成长的途径。

2. 让读者透过婚姻关系提升爱的能力，并与伴侣携手应对职场挑战。

3. 让读者了解应对亲密关系变故的策略，培养积极的心态，防患于未然。

【培养要点】

1. 帮助读者认识两性与恋爱关系中男女不同的爱的需求，提供恋爱技巧供读者学习，以正确地给予对方所需要的爱。了解男女各自的需求，不仅有利于生活幸福，而且有利于读者与职场中的异性相处，有助于自我成长。

2. 帮助读者了解婚姻关系缔结前应做的准备、夫妻关系中的矛盾以及矛盾化解的方法，让读者明白家庭如何作为一个整体去经营，以及夫妻双方如何携手应对职场挑战。许多人全凭自己的主观感受与个人经验行事，一不小心就可能会伤及最亲最爱的人，留下不少人生的遗憾。

3. 帮助读者正确地看待亲密关系的变故，离婚不可跟风盲从。指导读者掌握离婚诉讼问题和走出离婚阴影的方法，并通过半路夫妻来鼓励离异人士继续相信新的恋情。无人喜欢变故，相关知识的增加会提高免疫力。

【本章框架】

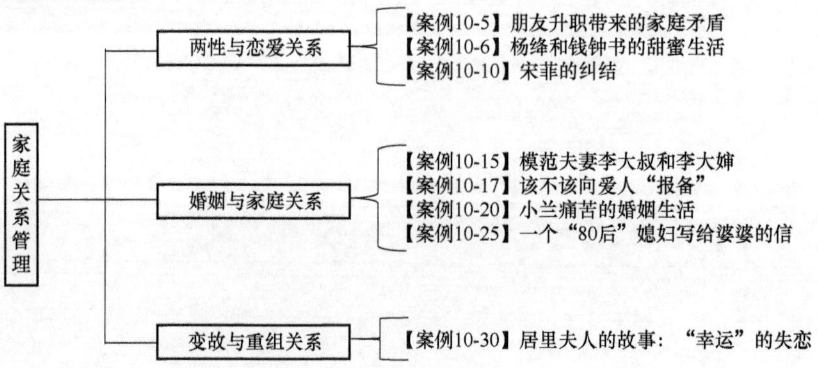

爱是搭建一切关系的基础，没有爱的员工关系难以持续，而爱是需要学习的，每个人都离不开爱，更需要在爱与被爱中成长。家庭是每个人最初得到爱和学会爱的地方，回到家庭的亲密关系中获得最基本的爱的能力是非常必要的。职场问题往往根源于早期原生家庭问题，想要彻底解决职场问题也必须依靠家庭的关爱。

企业开展积极员工关系管理所实施的员工援助计划（EAP），其原理也是让员工通过回归到原生家庭寻找心理问题根源，然后依靠家庭的关爱配合治疗。一般人在家庭教育、学校教育以及社会教育中极少学习到系统、可操作性的家庭理念、知识与技能，因而现代公民迫切需要“补”上家庭这一“课”。尤其是企业人力资源及相关部门的从业者，通过了解家庭来读懂人，学会与人相处，构建有爱的员工关系管理体系。

第一节　两性与恋爱关系

恋爱是婚姻和建立家庭的起点，美好的爱情是完美婚姻和幸福家庭必要的前提条件。熟悉恋爱关系的建立和维护，以及恋爱相关问题的应对是当务之急。对于成家立业的职场人士，再系统了解男女各自的需求，也是自我成长的重要内容。

罗伯特·斯滕伯格（Robert Sternberg）在爱情三元论中提出爱情由亲密、激情和承诺三个核心成分组成，两性关系中缺少任何一个成分都不能被称为爱情。爱情三元论为诊断恋爱健康与否提供了标准。健康的恋爱关系应该包括亲密温暖的情绪体验，渴望和对方结合的激情状态，维护爱情关系的承诺。由于男女之间存在着差异，他们表现亲密、激情和承诺的形式不一样，也就是他们对爱情的需求不一样。

约翰·格雷（John Gray）在《男人来自火星　女人来自金星》中归纳出了男女各自不同的基本情感需求。只有洞悉到这些爱的需求，才能够彻底了解彼此的心理，满足对方的需求，才能给予对方所需要的爱。因此，想用正确的方法爱对方，就必须了解对方的需求。

一、女性的需求

女性基本上需要关心、了解、尊重、忠诚、认同和安慰。

（一）女性需要关心与了解

◆【案例10-1】

何伟的烦恼

何伟在一家外企工作。刚结婚的那几年，他经常给妻子发浪漫短信和制造小惊喜。可自从被提拔成部门领导之后，由于应酬增多，回家的时间越来越少，也越来越晚。家对于他来说更像是一个旅馆，每天在外奔波之后，回到家只想倒头大睡。他和妻子沟通的时间也越来越少，渐渐地他忽略了妻子。好几次，妻子想跟他说点什么事情，他也懒得听。有时他想和妻子说点事，还没说上两句就因观点不一致开始争吵。时间一长，夫妻双方都觉得无话可说，虽然生活在一个屋檐下，可是彼此感觉很陌生，工作上、感情上的事都不愿意向对方倾诉。

（资料来源：笔者依据相关资料整理）

当男人对女人的感受表示感兴趣、关心她的幸福时，她会觉得被爱、被关心。如果能够在一天繁忙的工作中，记得给她打个电话，问她“你怎么样？这一天过得如何？心情如何？”或者当她去看病的时候，打电话问她“今天看医生，结果怎么样？”这些简单的行动都可以让她产生温馨的感觉，并让她知道她在你的思念之中。事业固然很重要，但不能以忽视伴侣为代价，妻子希望得到丈夫的重视。

了解一个女人的最好方式就是倾听。女人渴望被了解，男人的倾听让她满足。男人如果没有妄加判断，而是感同身受地倾听女人传达感受，她会觉得自己被爱与了解。在案例中，何伟的妻子还没有觉得感受被了解之前，何伟就贸然拒绝倾听，妻子因此觉得受伤了。

（二）女性需要尊重

胡适先生曾幽默地说过“新三从四得”：太太出门要跟从，太太命令要服从，太太说错了要盲从；太太化妆要等得，太太生日要记得，太太打骂要忍得，太太花钱要舍得。这种幽默的提法充分体现了对太太权利、愿望和需求的优先考虑，太太会觉得很受尊重。以记得对方生日或结婚周年纪念日这样的方式表达尊重是满足女人需要的基本方法。此外，还要尊重她的选择、喜好，尊重她的朋友，尊重她的家人。若她能感到受尊重，她就会给予男人需要的感激。

（三）女性需要忠诚

◆【案例 10-2】

巴乔的爱情故事

著名意大利球星巴乔和妻子玛丽·安德蕾娜是儿时的邻居，两人相濡以沫的爱情成为一段佳话。巴乔在采访中曾说：“对我来说，家庭是第一位的。我是个幸运的丈夫，我和安德蕾娜结婚后一直在一起，特别是在我遇到困难时，她总是站在我身边。有个调查说，现在我还是意大利女人最喜欢的球员之一。说实话，每当听到有人赞美我帅气时，我总感到好笑。我并不认为自己是性感偶像，也不觉得生活中有什么抵挡不住的诱惑。原因很简单：当你爱一个女人时，只存在那个女人。我爱安德蕾娜，我们结婚快 20 年了，感情一直没变。当然生活中可能发生任何事情，也许有一天我们会分手，但这是我现在最不愿做的事。”

也许正因为这份对于爱情近乎固执的忠诚，才令他成为万千球迷心中那个永远的唯一。

（资料来源：笔者依据相关资料整理）

女人天性里就渴望一段稳定的、不渝的关系，比如信誓旦旦的爱情。她们渴望在动荡的外界和内心中寻得一处妥帖的空间，可以被永远地理解、支持和爱护。她们害怕被忽略、被遗忘。很多女性在参加婚礼时，每当听到“无论富有还是贫穷，无论健康还是疾病，无论年轻还是衰老，我都会爱护你、支持你、陪伴你，一生一世，不离不弃”，就会禁不住感动落泪，因为这是男人给予女人安全感的承诺。男人把女人的需要放在优先地位，因支持她、满足她而感到幸福和自豪，意味着女人的这种爱情需求也得到了满足。

（四）女性需要认同

◆【案例 10-3】

追梦女孩阿欣

阿欣这两年都是一个人在家带孩子，妈妈在阿欣很小的时候就去世了，婆婆身体也不好，请保姆又觉得不放心，而且开销较多。于是，阿欣辞去了歌手的工作。阿欣的丈夫平时特别忙，所以家里一切杂七杂八的事情都由她一个人做。这两年，阿欣基本上没与外界接触，两年的时间都消耗在烦琐的家务中，精力全部花在了孩子身上。

随着孩子一天天长大，阿欣内心却怅然若失，心中唱歌的梦想又开始燃烧。她渴望在舞台上展示自己，渴望观众热烈的掌声，渴望丈夫为自己感到骄傲。在丈夫的支持下，阿欣参加了歌手选秀活动，成功进入了决赛。丈夫为了让阿欣全力投入到自己热爱的事业中，主动换了份清闲的工作方便照顾小孩。阿欣在获奖后，泪流满面地感谢丈夫对自己梦想的鼎力支持和对自己事业的高度认同。

（资料来源：笔者依据相关资料整理）

随着时代的发展，女性的形象更加丰富、多元，从强调温柔贤惠、小鸟依人到主张彰显个性、独立自主，现代女性已不再局限于生儿育女、相夫教子的传统角色，她们热衷于追寻职业理想和人生的价值，她们希望她们的伴侣也支持她们的梦想、认同她们的工作。

（五）女性需要安慰

◆【案例 10-4】

失败的竞聘　暖心的安慰

赵莹是一名兢兢业业、勤奋进取的职场女性。由于工作认真出色，得到了上司的高度认可。得知公司马上要举行中层干部的竞聘，赵莹马上找到了自己的竞聘目标，并花费了大量的心血进行准备。竞聘中，赵莹激情洋溢的竞聘演讲感染了在场的每位评委，受到评委的一致好评。毫无悬念，赵莹的名字出现在了最后的公示名单上。正当赵莹准备走马上任的前夕，人事处告知赵莹由于接到对她的实名举报，不得不取消任命。这一晴天霹雳给了赵莹非常大的打击，她意志非常消沉，一度想到辞职走人。看到赵莹情绪跌入谷底，赵莹的丈夫李磊感到非常难过。李磊特意请了 10 天公休假陪着赵莹，想方设法地安慰她，既晓之以理，又动之以情，终于，赵莹走出了低落期，以积极饱满的情绪重新投入到工作之中。

（资料来源：笔者依据调研资料整理）

女人常常需要男人的安慰来抚慰她受伤的心灵，给予她温暖的关爱。尤其是在职场上打拼的女性，工作中的各种打击可能会逐渐瓦解她的意志，这时来自男人的安慰是让她重拾信心与勇气的“能量棒”。

二、男性的需求

男性最基本的需求分别是信任、接受、感激、赞美、肯定、鼓励。

（一）男性需要信任

女人对于男人的信任，是对男人最大的支持。女人是否承认他的价值、相信他的能力，直接关系到男人事业的成与败。当他受到信任时，就会迸发出巨大的能量，不断取得进步；但当他感受不到信任、失去活力与力量时，就会陷入对自己能力的怀疑之中。

（二）男性需要接受

◆【案例 10-5】

朋友升职带来的家庭矛盾

晓刚和子芸，苏明和小乔是两对年轻夫妻，因为子芸和小乔是大学同学，加上晓刚和苏明又都爱打篮球，所以他们两对夫妻关系非常好。一天，晓刚和子芸带着礼物去看望苏明夫妻俩，并告诉他们，由于晓刚在单位表现不错，马上要调到省城机关工作，子芸也会跟着丈夫一起过去生活，他们是来向苏明夫妻俩道别的。跟前来家中道别的晓刚和子芸道别之后，小乔对好友的离开感到非常伤感，对子芸丈夫的升迁和省城的生活感到特别羡慕，她抱怨自己的丈夫苏明不思进取，怎么不像晓刚那样积极能干。可苏明觉得自己的愿望在于营造健康温馨的小家庭而不是升职当官。小乔对于丈夫的想法大为不满，不停地埋怨苏明无能、安于现状，令苏明大为恼怒，摔门而去，一连好几天都没回家。

（资料来源：笔者依据调研资料整理）

若女人通过无数方法来改变男人或促使他进步，男人会觉得自己受到控制、受操纵、被拒绝、没有爱。而当女人充满爱意，接受男人的本来面目，而非试图改变对方时，男人才会感受到女人的爱。男人需要别人接受他，包括接受他的缺点。要接受一个人的缺点很不容易，但是，请记住，帮助男人成长的最好方法就是不要尝试用任何方式去改变他。当然，女人未必事事都同意男人的观点，但可以接纳男人的想法、言语、举动、感受的合理性。当他得到接受，男人便如释重负，也更易认同女人的感受。

（三）男性需要感激

◆【案例 10-6】

杨绛和钱钟书的甜蜜生活

杨绛在东吴大学上学时，当时流传追求杨绛的男同学有孔门弟子“七十二人”之多。1932 年，钱钟书在清华园认识了无锡名门才女杨绛，且一见钟情。第二年，钱钟书与杨绛便举办了订婚仪式。

在 20 世纪的中国，杨绛与钱钟书可谓天造地设的绝配。胡河清曾赞叹：“钱钟书、杨绛伉俪，可说是当代文学中的一双名剑。钱钟书如英气流动之雄剑，常常出匣自鸣，语惊天下；杨绛则如青光含藏之雌剑，大智若愚，不显刀刃。”在这样一个单纯温馨的学者家庭里，两个人过着“琴瑟和谐，鸾凤和鸣”的生活。

一天早上，杨绛还在睡梦中，钱钟书早已在厨房忙活开了，平日里“拙手笨脚”的他煮了鸡蛋，烤了面包，热了牛奶，还做了醇香的红茶。睡眼惺忪的杨绛被钱钟书叫醒，他把一张用餐小桌支在床上，把美味的早餐放在小桌上，这样杨绛就可以坐在床上随意享用了。吃着夫君亲自做的饭，杨绛幸福地说：“这是我吃过的最香的早饭。”听到爱妻满意的回答，钱钟书欣慰地笑了。

（资料来源：笔者依据相关资料整理）

男性得到感激，表明他的努力没有白费，从而大受鼓舞，愿意更多地付出。感激是一剂“强心针”，会使男人浑身充满力量，产生更大的动力，也会更加尊重她的伴侣。

（四）男性需要赞美和肯定

◆【案例 10-7】

意外的赞美

有一对夫妻，两个人是自由恋爱结婚的。结婚以后，因为双方都很有教养，所以没有吵过架，不过夫妻俩常常彼此不讲话，相互冷战。先生心里想，太太应该先跟我讲话，而太太心里也想，先生应该先和我讲话。于是两人谁也不肯先开口。平时你吃你的饭，我做我的事，家庭显得很沉闷。

先生是一位音乐家，爱好音乐，很顾家，性格也温和，从没有疾言厉色；太太是贤妻良母，把家庭打理得非常好，打扫得一尘不染。十多岁的女儿在旁观看，爸爸妈妈都这么好，可是为什么他们不亲近呢？小孩子也不懂。

有一天，太太在擦地板，先生在弹吉他，太太忽然把抹布放下来，说：“这一段很好听。”先生一听很惊讶地说：“你真的有听我弹琴吗？”“怎么没有听你弹，我天天都在听你弹啊！”“你怎么都没有告诉我呢？”两个人就想，好久以来，彼此误会，冷战这么长的时间太不值得了。先生提议：“我们从明天起，再恢复谈恋爱时候的状态，每天到公园散步十分钟。”

其实夫妻平时要多沟通、多赞美对方，常讲“我爱你”，就能促进两人之间的感情。

（资料来源：笔者依据相关资料整理）

赞美和肯定男人，意味着对他怀有崇拜、喜悦和认可的心情。赞美和肯定让男人感动，于是他竭尽全力，为女人带来更大的回报，一言一行，皆是无限爱意。例如，男人把家里的熔丝修好了，女人就应该称赞他，让他知道你看到了他的努力。男人需要女人对他的赞美和肯定。

(五) 男性需要鼓励

◆【案例 10-8】

妻子的态度影响丈夫的成败

王五和张四一起入狱，获刑数年。王五的妻子非常悲观，写信告诉狱中的王五，“你这辈子算是完了，没有咸鱼翻身的日子了。咱俩也就此别过了吧!”王五看了妻子的来信非常难过，他既怪自己的命运不济，也怪妻子的薄情寡义。谁劝他都没有用，郁郁寡欢，无力排解，最后生了大病，险些丧命。张四的妻子非常积极，她亲自去狱中探望张四，“万幸万幸，出狱后你一定可以东山再起，咱们夫妻齐心，一定能干一番事业。”妻子的鼓励成为张四强大的精神支撑，于是他安心读书，学习各种经营管理知识，刑满释放后做起了生意，凭着丰富的商业知识储备和踏实肯干的决心，他的生意越做越大，成为亿万富翁。

(资料来源：笔者依据相关资料整理)

男性的爱情需求（女人的鼓励）得到满足之后，男人就会展示出美好的一面。女人的鼓励会让男人在情绪低落的时候有依靠，重新燃起无穷的斗志。

三、恋爱的技巧

恋爱关系就是自我与恋人的联系。要建立良好的恋爱关系，就要在恋爱互动中既掌握自我成长、自我丰富的技巧，又注重提高与恋人相处的技巧，不断调适自我与恋人的关系，与恋人和谐相处。处理恋爱关系的过程也是自我关系提升的过程，而自我关系是与外界一切关系包括员工关系的基础，因而健康的恋爱关系对于良好员工关系的建立也是大有裨益的。

首先来看表 10-1 的“女性手册”。

表 10-1　女性手册

自我成长（如何提升安全感）	自我管理（如何与对方相处）
丰富自己	不要追问过去
有自己的兴趣	不要逼他每天说“我爱你”
有自己的工作	以柔克刚
有自主权但不是强权	接受他的家人
适时展示性感	允许他有异性朋友
管理情绪，克制感性	赞美他并注意方式方法

(一) 恋爱中女性自我成长的途径

(1) 丰富自己。女性丰富自己的途径有很多，比如养成看书的习惯，和有思想的优秀的人交朋友，重视自己的身体健康，学会投资理财，试着发现生活中的美等。

(2) 有自己的兴趣。有兴趣爱好的女人，生活一定丰富多彩。沉浸在美好的兴趣中，不仅可以避免成为“望夫石”一样的女人，还可以陶冶性情，修身养性，提高自己的生活品位和素质，同时还能自得其乐。

（3）有自己的工作。无论男女，都需要有社会生活，而工作是参与社会生活的重要途径。对女性而言，工作可以让自己拥有自给自足的经济能力、不卑不亢的社会身份以及固定节律的健康生活。如今社会离婚率逐年升高，女性如果没有独立的经济来源，遇到意想不到的变故时，生活将会非常窘迫。

（4）有自主权但不是强权。女性在恋爱期间必须理智，有自己的主见而不是对男性唯命是从。太听话的女性，往往会让男性失去好奇心和兴趣。与有自主权的女性相处对男性而言是一种很刺激的挑战，爱情常常会在这种挑战中坚定下来。但女性不可太强权，否则会伤害到男性的自尊心，不利于感情的发展。

（5）适时展示性感。性感的女人首先要自信，其次要有丰富的肢体语言和柔美温软的语调。

◆【案例 10-9】

自信是“丑小鸭”变“白天鹅”的秘诀

名模吕燕可以说是一个很好的例子，她出道时被圈里人称为“丑女模特”，她是来自农村的女孩，也没有高的学历。就是这个没有资本可炫耀的女孩，在巴黎获得了世界超级模特比赛的亚军，成为现在时尚界公认的性感魅力女星。和吕燕合作的摄影师称赞她在镜头前特别自信，也很合作，将她独特的东方性感发挥得极其到位。

（资料来源：笔者根据相关资料整理）

（6）管理情绪，克制感性。从性格特质的统计学角度来看，女性的情绪稳定性比男性低。女性不应该让自己的情绪到处蔓延，更不应该随意向别人宣泄自己心中的愤怒。美国研究应激反应的专家理查德·卡尔森（Richard Carlson）说：“我们的愤怒有 80% 是自己造成的。”当女性感到情绪不稳定时，应该马上冷静下来，要承认生活并不是完全公正的，任何人都不是完美的，任何事情不会每次都按计划进行。

（二）恋爱中女性与恋人相处的技巧

（1）不要追问过去。每个人都有过去，过去的恋情是每个人心中已经痊愈的“伤疤”，而很多女性常常出于好奇心试图再去撕开男人的“伤疤”，这种做法只会再次唤起恋人的伤痛，不利于感情的发展。

（2）不要逼他每天说“我爱你”。男人就算再怎么爱他的恋人，在公共场合，特别是在他的同事和朋友面前，你想要他说出“我爱你”简直比登天还难。因为男性在人前总是要表露出独立、强悍的硬派作风，偏偏这三个字给人的感觉太过显露真情。

（3）以柔克刚。许多职场女强人和女上司在工作中养成了强悍硬派的作风，对下属发号施令，呼来喝去，在恋人面前，继续发号施令并企图控制男人。没有男人愿意忍受自己的女朋友整天在自己面前发号施令。如果需要男朋友的帮助，可以用请求的语气，或是偶尔撒撒娇，以柔克刚。

（4）接受他的家人。女性和男朋友的家人没有任何血缘关系，虽然和男朋友是因为爱情走到一起，但是却难以对他的家人也产生很深的爱。由于女人和男朋友及男朋友家人的原生家庭不同，双方很难和平融洽地相处。女人往往无法像爱自己的家人一样去爱他们，有的甚至矛盾重重，让男朋友夹在中间甚是为难。如果想继续保持恋爱关系并顺利地走向婚姻的殿堂，女人应学会理解、体谅并接受对方的家人，并告诉自己：男朋友健康的成长成才离不开他家人的辛勤培育，应心存感激之情。

◆【案例 10-10】

宋菲的纠结

宋菲是“剩女”大军中的一员，目前就职于北方一家国企的人力资源岗位，收入可以养活自己，在读工商管理硕士（MBA），父母已从国企单位退休，有一个弟弟已经结婚生子，家里基本没有负担。经朋友介绍，宋菲认识了现在从事信息技术行业的方超。最初在相亲的时候，宋菲就一个要求——男方家最好是北方人，只是希望彼此的生活习惯不要给以后的生活带来不必要的困扰。和方超接触的初期，宋菲了解到方超是地地道道的南方人，可看见方超身材高大，外形俊朗，宋菲也对这个南方男孩心生好感。

然而，在相处了一段时间以后，宋菲随方超去了他南方的老家才发现，南方的生活习惯和风俗的确与北方大相径庭。方超父母对宋菲非常热情，可几天下来，四个人吃饭的桌上每餐就四个菜，而且装菜的盘子也不大，吃惯了分量十足的大盘菜的宋菲心里很不高兴，觉得这么小碟的菜，两口就没了。方超家一日三餐都是吃米饭，让从小到大爱吃面食的宋菲很不习惯，宋菲向方超抱怨自己在方家不受重视，方家压根不为宋菲准备面食。爱好打麻将的方超父母，几乎每天晚上都约亲戚朋友来家打麻将，让宋菲十分看不惯。纵使方超一再安慰宋菲，宋菲还是提前回来了。

回来后，宋菲开始担心同方超结婚后双方习惯难以调和，且与对方父母更难处好关系，因此打起了退堂鼓。可是，想到方超对自己百般照顾，以及他优秀的条件和敦厚的品性，又觉得难以割舍。

（资料来源：笔者依据调研资料整理）

（5）允许他有异性朋友。生活中，与没有异性朋友的人相比，与异性有正常交往的人往往更加成熟、智力更加发达、身心更加健康。拥有异性友人的男性会更加了解女性的思维方式，懂得和女性的沟通相处之道，从而减少与伴侣的矛盾。但是，异性交往是人际交往中最敏感、最微妙的，男性必须把握好正常的“度”。男朋友与异性的正常交往，女性不应过度猜疑、干涉或是破坏。

（6）赞美他并注意方式方法。适当的赞美之词总能让人如沐春风。懂得赞美艺术的人，轻易就把自己的想法完美地表达了，也给被赞美者带来了莫大的荣耀感。

◆【案例 10-11】

懂得赞美艺术的卡米拉

看看卡米拉是怎么运用赞美艺术的。在 1989 年两人的电话交流中，查尔斯说：“你最大的成功就是爱我。”卡米拉则充满崇拜地回答说：“哦，亲爱的，你是那么吸引人，爱上你太容易了，比从椅子上掉下来还容易。”

（资料来源：笔者依据相关资料整理）

赞美要赞得有办法，不然会弄巧成拙，最怕赞了别人认为是缺点的东西，譬如对方是肥胖的，你却说对方身型好，对方写的字难登大雅之堂，你却说对方写了一手好字，对方听到只会以为你在讽刺他，所以赞美别人之前要想清楚，要基于事实。

再来看表 10-2 的“男性手册”。

表 10-2 男性手册

自我成长（如何增加魅力）	自我管理（如何与对方相处）
丰富自己	适度殷勤地灌溉爱情
学会倾听他人	善于交流沟通
学会自我肯定	适当照顾对方的喜好
有自己的事业	给予对方适度的安全感（忠诚）
培养幽默感	切忌自私小气

（三）恋爱中男性自我成长的途径

（1）丰富自己。男性丰富自己的途径有很多，例如：端正对待工作和学习的态度，养成看书的习惯，培养自己的兴趣，跟有思想的优秀的人交朋友，重视身体健康，远离不良嗜好。

（2）学会倾听他人。不仅恋爱中的男性，生活与职场中的男女同样都需要经常与人沟通交流，而学会倾听他人是与对方实现良好互动的前提。学会倾听首先要做到全神贯注地聆听，不要打断对方，要体会其背后的深意并加以复述，让对方感觉到被接纳；同时还要边听边思考，分析对方传达的信息并适当表达自己的观点与判断，切忌让对方觉得在自说自话。

（3）学会自我肯定。感情是一面巨大的镜子，我们总能够通过亲密伴侣发现自己的“特质”。如果我们自己都无法接受自身的某些东西，那就不能指望亲密伴侣接受它们。自我肯定能够带来很多好处，其中之一就是在感情上会少些隔阂，这也意味着会给恋爱关系带来更多的良性循环。

（4）有自己的事业。事业是男人生存的基础，是男人价值的真正体现。拥有自己事业的男人是自信的，因为事业是对他能力的一种肯定。钟爱自己的事业并为之奋斗的男人在女人眼里是迷人的、有魅力的。

（5）培养幽默感。所谓幽默感，就是一种提升他人与自己相处的愉悦程度的能力。男人的幽默感就像女人的好身材一样，对他人来讲是一种天然的吸引力。幽默感作为个人魅力的加分项，可以从男性的很多方面体现出来。例如，有幽默感的男性会用轻松诙谐的语言缓解尴尬的谈话氛围，体现其机智聪慧，有幽默感的男性会在适当的场合适度地自嘲，体现其自谦有礼等。提升幽默感，需要从内在、外在、修养、思想等很多方面去努力，因为有涵养支撑的幽默感才是幽默，否则可能沦为不讨喜的玩笑。

◆【案例 10-12】

幽默的力量

著名作家梁实秋擅长演讲，他的演讲独具风采，给人们留下了深刻的印象。他在台湾师范大学任教期间，当时的校长刘真常请名人到校演讲。有一次，主讲人因故迟到，在座的师生都等得很不耐烦。于是，刘真便请在座的梁实秋上台给同学们讲几句话。梁实秋本不愿充当这类角色，但校长有令，只好以一副无奈的表情慢吞吞地说："过去演京剧，往往在正戏上演之前，找一个二三流的角色，上台来跳加官，以便让后台的主角有充分的时间准备。我现在就是奉命出来跳加官的。"话不寻常，引起全场哄堂大笑，驱散了师生们的不快。

（资料来源：笔者依据相关资料整理）

（四）恋爱中男性与恋人相处的技巧

（1）适度殷勤地灌溉爱情。恋爱中最不可缺少的就是真心，男人通过向女朋友献殷勤，一方面确实可以为对方提供许多实际帮助，解决一些麻烦和问题，同时更是在向恋人表达自己的真心，这对于获得女朋友的信赖和增进两人的感情十分必要。但同时要知道过犹不及，凡事都有度，对女性的照顾也是如此。很多时候过度殷勤非但不会取悦恋人，反而会增加对方生活和心理的负担。

（2）善于交流沟通。女性经常抱怨说，和男人说话时，对方要么根本不听，要么听了也不理解。上述情景在恋爱交往乃至婚姻生活中十分常见。研究表明，男女之间如此难以交流和沟通的一个重要原因在于男女说话的语调和方式存在差异。了解了原因，男性在恋爱中与对方沟通时就要首先学会倾听恋人的诉求，凡事多从对方的角度出发，以女性习惯的沟通方式清楚地表达自己的意见和观点，就可以避免不必要的误会。

（3）适当照顾对方的喜好。在女性的各类需求中很重要的一点是认同。随着时代的进步与收入的提高，女性的形象更加多元。现代女性除了生儿育女之外越来越热衷于培养和发展自己的特长与喜好。例如某女性恰好是女画家协会的会员，如果男朋友能够认同她的喜好并给予必要的支持，那对她来讲将是莫大的满足。

（4）给予对方适度的安全感。如果问一个女性，她在爱情中最想要的是什么，最可能得到的答案并不是昂贵的礼物、浪漫的氛围，而是安全感。缺乏安全感的本质是害怕，害怕自己被抛弃，害怕自己有危险，害怕自己不被珍惜，而又无力承担独自面对这个世界的后果。因此，恋爱中的男性如果能够恰到好处地给予对方必要的安全感，不仅可以使恋人免于担心与害怕，而且还会增进女朋友对自己的信赖。给予女性安全感最重要的方式是保持对她的忠诚。对于女人来说，如果男人不忠，拈花惹草且对待感情不专一，只会让女人感到不踏实，看不到爱情的希望。

（5）切忌自私小气。自私小气这种毛病，看似无伤大雅，实则伤人于无形之中。自私小气的男性，在每件事情上只会在意自己的感受，很少站在女性的角度看问题。由于心胸狭窄，在单位和生活中也很难表现出豁达的心态，与同事之间、邻里之间很难相处融洽，所以他的事业很难有大的发展，他的心情也很难阳光明媚。因此，男性不管是对待恋人还是组织中的他人，切忌自私小气。

四、办公室恋情

办公室恋情是职场生活特别敏感的话题，恋情涉及与同事、下属、上司间各种复杂的关系，若恋情处理不当，很容易影响工作，甚至断送前程。面对办公室恋情，恋爱双方应综合考虑权衡利弊，然后根据具体情况采取相应对策。

（一）办公室恋情的优点

（1）恋爱的安全系数大大提升。相比网恋、他人介绍等途径认识的相亲对象，双方作为同事关系的办公室恋情显得知根知底，更加可靠。

（2）不用再担心由于工作导致两个人见面的机会很少。不同于异地恋，办公室恋情不但使两个人可以在工作后的休闲时间一起享受美好的时光，而且在工作时间也可以互相见面。这是办公室恋情最大的好处。

（3）拥有共同的话题。由于双方在同一个单位工作，双方的交际圈交集很多，因而也具有非常多的共同话题，共同话题是恋爱双方拥有感情默契的表现。

（4）减少“第三者”插足的概率。由于双方在同一个单位，减少了艳遇、第三者插足等不良事件发生的可能，有利于维护恋情的发展。

（二）办公室恋情的弊端

（1）易产生视觉疲劳。真正的恋爱需要一定的距离，如果两个人时时刻刻都黏在一起，未免会少了些许神秘感。随着时间的推移，两个人之间的热情也就慢慢地淡了下来，缺少了激情。

（2）工作中接触异性会有所不便。当工作中需要与异性相处的时候，会下意识地感受到自己恋人的眼睛在看着自己，这时就会感觉不自然，甚至会有些紧张，进而影响到工作的效率。尤其是恋人不够宽容大度时，就会被看得很紧，甚至导致不必要的矛盾。

（3）可能产生以公谋私的现象。如果是上司和下属谈恋爱，那么在对下属进行工作评价、升职审查时，就难免会带入个人感情。若上司不能对每个下属做到公平对待，明明有优秀的人才不予提拔，反而选择了业绩平平的恋人，势必会引起其他人的不满。

（4）如果两人分手，会特别尴尬。办公室里最需要和谐友爱的工作氛围，在这样的氛围中，团队成员间密切配合、精诚合作，会提高团队的工作效率。而过于尴尬的氛围会造成许多负面影响，影响团队的业绩。

（三）处理办公室恋情的方法

如何正确对待办公室恋情，才能让这段爱情更加稳固？

1. 了解企业对于办公室恋情的态度

企业对于办公室恋情的态度往往莫衷一是。有的企业禁止办公室恋情的发生，更不能在企业公然宣传，如有发生，至少有一方必须离开企业；而有的企业鼓励办公室恋情，提倡“肥水不流外人田”，将办公室恋情当作员工的“福利”。当所在的企业明令禁止办公室恋情时，恋爱双方就需要反复权衡恋情的利弊，如果决定走向婚姻，还要考虑失业和再就业的问题。

2. 理智审视恋情是否适合发展

恋爱时要理智地审视爱情的成分，审视双方到底适不适合发展。如果这个答案是否定的，就彻底分开；如果是肯定的，再进一步考虑其他因素。

3. “隐瞒”比“公开”更好

爱情就是一把双刃剑，尤其是办公室恋情，如果办公室恋情公开，两个人都会受到很大的影响，不看好这段关系的人会添油加醋，如果工作稍有闪失，最终可能归因于这段恋情，所以“隐瞒”是更好的方式。

4. 坚持适度原则

作为情侣，在工作中要懂得避嫌，既然要隐瞒下去，就要公私分明，不要给别人误以为你们是一对的错觉，少接触是最好的选择。

5. 建立双方的信任感

办公室恋情是脆弱的，因为它要经受的考验太多。两个人生存在同样的工作环境中，对于双方的举动都了如指掌，有时，同事间出格的动作可能会造成双方的误会，所以建立双方的信任感尤为重要。

6. 树立坚定的信念

对于恋人而言，要有坚定的信念，才能在布满荆棘的路上一直走下去，如果没有坚定的信念，一点风吹草动就会击溃爱情防御线。

7. 双方共同努力

爱情是需要两个人共同努力才能走到一起的，所以，无论是不是办公室恋情，都要双方共同努力，只有双向的发展才能让两个人越走越近，最终修成正果。

第二节　婚姻与家庭关系

婚姻是恋爱的归宿，代表着爱情瓜熟蒂落。爱情三元论也贯穿于婚姻之中，不同的时期，爱情三元论的成分强弱会发生变化。在新婚蜜月期，三种成分都会处于峰值，但随着时间的推移，激情会慢慢退却，承诺与亲密可能与日俱增。若婚姻关系处理不当，亲密、激情都将褪去，承诺也会被打破。因此，夫妻双方从陌生、相识、相知、相恋、身心的结合到婚姻的妥善经营，可以说是一场艰难的修行。唯有在婚姻的修行中系统地学习到如何来爱自己亲密的爱人，才能具备关爱同事、关爱他人的能力。

一、新婚前后的常识及风险

（一）婚前准备

家庭作为职场的大后方，其幸福稳定对职业发展至关重要。尤其对于刚刚踏入职场的新人而言，通常工作不久便要面临结婚成家的现实。新婚生活能否成为个人职业发展的效能倍增器，首先取决于婚前的准备是否充分。新人结婚前的准备应是婚姻而非婚礼，因此，在准备结婚的时候，与婚礼定在哪一天、婚礼有多梦幻、宾客有多少相比，找到科学系统的方法来管理和保持婚姻的长久与幸福更为重要。只有结婚前把这些事情考虑清楚，双方充分沟通好并达成共识，才能保证婚姻细水长流、事业基业长青。

1. 金钱的问题

关于金钱的问题有很多，譬如家庭存款由夫妻中的一人保管还是各管各的，谁来计划日常的开销预算，谁来筹划家庭的投资计划，谁来决定买什么位置的房子，谁来决定买什么型号、多大排量的车子，双方的消费习惯相差是否很大等。以上与钱有关的问题双方在结婚前一定要在日常生活中沟通交流，达成口头或书面的共识。

2. 生养孩子的问题

统计数据表明，在稳定的婚姻中生养后代能够显著提高夫妻双方的幸福指数。但要认识到孩子在给家庭带来欢乐的同时，也会为婚姻引入一系列现实问题。譬如，关于是否生孩子，生多少孩子，多大年龄生孩子，如何教养孩子，甚至因为孩子出生而衍生的落户、入学等问题都需要夫妻双方在婚前达成共识。此外，两个人在其他重大家庭规划与决定上也要彼此认同，因为要知道孩子并不是“救世主”，他的到来并不能拯救破败的婚姻。

3. 性与诱惑的问题

双方在结婚前需要探索好自己的婚姻伴侣是不是之后几十年唯一的性对象，自己是否能够很好地处理婚外诱惑，伴侣如果发生了婚外情自己应该采取什么样的应对措施，是毁灭性地报复、一味地姑息、长期地容忍，还是选择坚韧地爱。上述问题也许并不需要开诚布公地表达，但是却可以在长期的相处与交往中慢慢意会。

4. 兴趣爱好的问题

双方要有共同的兴趣与爱好，比如双方有共同喜欢的电视剧，有一起喜欢去的国家和城市，他在练习摄影的时候她会给他做模特，她做了一桌自己家乡的饭菜他会很乐意吃，他买电子产品的时候她会很开心地和他一起挑选，他们同样喜欢烧烤和火锅。他们不但是彼此最爱的人，还是彼此最好的朋友，这样才能开心地生活在一起。一份稳定持久的婚姻，不只需要“我爱你”，更需要“我喜欢你”。

5. 浪漫爱情的延续问题

浪漫并不因为婚姻而结束，人也不会因为一张结婚证而改变。婚前要和女朋友约会，婚后女朋友变成了老婆还是要约会，婚前送女朋友鲜花是浪漫，婚后一起动手用买花的钱做顿可口的饭菜也是浪漫。如何在长期的恋爱关系中保持这种约会的惯性并把惯性带到婚姻之中，这是结婚前需要双方认真考虑的。

6. 家庭和事业的平衡问题

两个人的职业生涯规划是否一致，在事业上的目标是否彼此认同，这些问题虽然很难说清楚，但是当真正影响到家庭生活的事业变化到来的时候，双方是否能够共进退，这些在结婚前就要认识清楚，既不能为了事业牺牲家庭，也不能为了家庭牺牲事业，唯有美满的婚姻关系做基础，才能保证良好的工作关系。

7. 三个家庭的关系问题

所谓三个家庭，是指双方父母的家庭和彼此组成的新家庭。这三个家庭之间的关系怎么处理将直接关系到婚后的生活状态，并进一步影响到个人的工作发展。筹划双方父母的交流活动是保持友好的重要方式。同时在保证亲情的前提下，双方父母对于两人的干涉也要有限制，在想清楚如何处理三个家庭关系的问题之前不能着急结婚。

8. 制定争吵的规则

既然两个人在一起肯定会吵架，那么婚前就要制定好争吵的规则并利用有限的吵架机会来练习怎么吵架。吵架要为了解决问题而吵，而不是为了吵赢对方而吵，要试着去了解对方，而不是一味让对方迁就自己。

9. 用聆听的方式进行交流

统计数据表明，聆听能解决 50% 的问题，对于婚姻生活、人际交往，甚至工作无不如此。因此，与爱人交流不只是说，更要听。通过倾听了解对方的长处和短处，然后利用自己的特点来互相补充。

10. 保持自我，共同生活

在结婚之前要清楚地认识到两个人亲密关密的前提，是保持彼此独立的个体与人格。不要把时间全部放在二人世界中，要有自己喜欢做的事情并抽出时间去做，要有自己的朋友圈子和社交生活。保持自我是为婚姻生活减压并保证个人生活、工作持久稳定的一剂良药。

（二）“幻想”与现实

步入婚姻殿堂之后，随着激情褪去，日子逐渐趋于平淡，此时女人就会发现男人好像婚前把要说的话都说完了，对自己的喋喋不休，他总是以最简短的词句来回答；而男人则会觉得女人应该照顾好家里的一切，时不时地切个水果送到自己身旁。然而，现实的婚姻生活为男女双方当头浇了一盆冷水，对婚姻各种“幻想”的气球被一一刺破。此时，如果不能用理智的态度面对婚前和婚后的变化，那么婚姻不但不会是搭载我们走向家庭幸福、事业成功的列车，还会成为消耗彼此、滑向深渊的陡坡。

幻想与现实1：婚前幻想还会像以前那样因为出差分别而用电话缠绵，婚后发现女人只有无聊或有事时才会打电话给男人，而男人出差后则干脆消失。

积极应对：调整心态，长情是深埋心底最温暖的情意，没有电话的缠绵并不意味着对方不爱自己，充分信任彼此，给予对方自由呼吸的空间。

幻想与现实2：婚前幻想彼此会习惯并接受对方的兴趣，婚后发现女人蜷在沙发里抱着枕头和纸巾看肥皂剧，男人窝在书房里喝着红牛熬夜打游戏。

积极应对：各自拥有独立的心理空间会使双方更亲密，不必勉强自己分享对方的兴趣，只要在对方需要一同分享快乐或痛苦的时候陪在身边便足够。

幻想与现实3：婚前幻想将坦诚告诉对方关于自己的一切，婚后却都学会了把真正重要的事情藏在心里。

积极应对：正是因为在意对方才会有所隐瞒，只要无伤婚姻实质，留些滋味在心里倒也无妨。

幻想与现实4：婚前幻想无论发生多大分歧总会彼此退让，婚后发现男人会为了小事与女人抬杠，女人也变得斤斤计较。

积极应对：平和的心态比什么都重要，两口子吵架无所谓谁对谁错，发生分歧的时候只有一方暂时让步和容忍，双方的日子才可能告别喋喋争论。

幻想与现实5：婚前幻想如果其中一方生病另一方会侍奉左右，婚后发现女人生病时丈夫常常忙于应酬，男人生病时妻子常常心生厌烦。

积极应对：不应要求自己的伴侣太过完美，男人要兼顾好事业和家庭，多抽时间陪陪妻子，女人要多些耐心给爱人，体谅生病时脆弱的丈夫。

幻想与现实6：婚前幻想将热衷于为对方做可口的饭菜，婚后发现彼此越来越对做饭深恶痛绝，甚至会因为对方吃了自己爱吃的菜而生气。

积极应对：习惯从婚前幻想中的“琴棋书画诗酒花”到婚后现实中的“柴米油盐酱醋茶”的转变，婚姻不仅要共同经营感情，更要共同经营饭桌。

幻想与现实7：婚前幻想丈夫的钱就是自己的钱，婚后女人却总会在丈夫钱包里发现来路不明的钱。

积极应对：夫妻之间私房钱这点事，犹如大禹治水，宜疏不宜堵。此外，双方要达成“彼此挣钱是为了家，挣来的钱属于全家”的共识。

幻想与现实8：婚前幻想对方遵守结婚时的许诺，为了自己而改变所有的缺点，婚后发现对方不仅将承诺忘得干干净净，而且增加了更多毛病。

积极应对：尝试着慢慢接受或淡化对方的某些缺点，换个角度看待问题，男人不要奢求妻子是贤妻良母，女人也要多看看丈夫的可爱之处。

（三）婚后角色的转变

在婚姻头两年夫妻关系通常来说不够牢靠，因为在婚姻的初期，无论男人或者女人，都需要花时间来转换自己的角色。婚后的角色转变实际上是心态的转变，为人男友到为人夫，为人女友到为人妻，原本独立的两个人共同组成一个家庭，成为彼此的责任。只有尽早磨平身上的棱角，学会如对待亲人般关爱对方，才能构建良好的婚姻关系，进而才有精力和能力处理好外界的其他关系，包括员工关系。如何顺利度过新婚的磨合期，尽快适应婚后角色的转变？

新婚夫妻六招适应婚后角色转变：

（1）学会处理好工作与家庭的关系。新婚的年轻人，通常都处于职业或者创业的初级阶段，他们渴望在单位中更多地表现自己，渴望在创业中干出一番天地，连续的加班甚至以办公室为家是他们一贯的作风。由于刚从独身的状态进入婚姻家庭，他们还未成功地转换角色，还未形成按时回家的习惯。

（2）学会理财，拒绝“卡奴”和“月光”。婚前许多年轻人都有超前消费的习惯，他们热衷于出国旅行、透支购物、办卡健身，这些过度消费的习惯导致他们每月收入所剩无几，甚至负债累累。作为新婚的夫妻，应转变婚前不良的消费习惯，每月制订存钱计划，只有这样刚搭建的小家庭在遇到突发事件时才能游刃有余地进行处理。

（3）家里开火，不再冷火秋烟。恋爱阶段看电影、喝咖啡、上馆子是“爱情三部曲”，因而恋人们也养成了经常下馆子的习惯。长期在外面吃饭，既不卫生，也不实惠，不是长久之计。婚后，夫妻应养成在家开火做饭的习惯，既健康又实惠，同时可以增加二人在家务中的交流互动，增进夫妻间的感情。

（4）由恋人变为家人。当两人之间的爱情被生活磨平成为亲情，两人的关系也就从恋人变成了家人。结婚之后，恋爱时期的你侬我侬可能会慢慢消退，而更多的是夫妻间的相濡以沫。两人应充分意识到角色的转变，不要因感到爱情浓度的下降而抱怨。

（5）参加聚会，记得“报备”。婚前，可以随心所欲地熬夜聚会，可有了家庭之后，参加聚会一定要提前告知伴侣，以免对方担心，切不可以放任自流。

（6）坚定地表明自己已婚的状态。结婚之后需要承担起对伴侣的责任和义务，需要对婚姻保持忠诚。凡是遇到有人对自己表达暧昧的时候，一定要表明自己已婚的身份状态，以免给婚姻带来伤害。

二、夫妻生活是一场艰难的修行

艰难的修行，在最亲密的夫妻关系里。无论是和父母之间，还是和子女之间，都会发生矛盾和冲突，更别说是和其他人了。但是和父母子女之间，有血浓于水的血缘纽带拴系着。唯独夫妻之间，因为关系最近、距离最近，所以摩擦和冲突也最多。夫妻间要想完成这场修行，必须清理原始家庭所带来的负面影响，应对好互联网时代的挑战，处理好夫妻之间的差距并解决夫妻吵架问题。

(一) 处理原生家庭的影响

美国著名“家庭治疗大师”萨提亚（Virginia Satir）认为，一个人和他的原生家庭有着千丝万缕的联系，而这种联系会影响他的婚姻关系。当人一出生，就开始受到原生家庭成员的影响，特别是父母的思想观念、性格特点、行为方式、夫妻关系、教养方式等更是潜移默化地影响着子女。加之，上千年传统家庭观念和文化的影响，中国人从物质到心理都非常依恋原生家庭。由于夫妻双方来自不同的原生家庭，婚姻关系中自然充斥着来自不同原生家庭关系模式的碰撞。要想婚姻健康幸福地维系下去，就必须找到应对原生家庭影响的相处之道。

1. 了解彼此的思想观念，理解对方爱的表达方式

当自己没有感受到爱的时候，并不代表爱不在身边，毕竟，每一个人表达爱的方式不同。当自己受伤的时候，并不代表别人要来故意伤害。因此，夫妻双方一定要结合彼此的思想观念来看对方表达爱的方式，并适当表达自己爱的需求。

◆【案例 10-13】

都是“大方”惹的祸

丈夫小高和妻子小美是一对新婚夫妻，小高非常疼爱自己的妻子小美。小高家境优越，而小美家庭条件贫寒。前些日子，公司组织小高去日本考察，听说日本化妆品不错，小高出国之前特意向公司女同事请教了口碑较好的日妆品牌，想给小美一些惊喜。去了日本后，小高辗转了好多家专卖店终于买到了同事推荐的高端限量版化妆品，心想小美一定会非常喜欢。回来之后，小美看见有礼物自然非常高兴，可问了价格之后，把小高臭骂了一通，弄得小高非常伤心。

（资料来源：笔者依据调研资料整理）

小高若在生活中多观察小美家人和小美勤俭节约、讲求实惠的观念，就应该能够理解小美对爱的需求并不是名贵奢侈的礼物；而小美若多留意小高以往的生活观念，就应该体谅小高的一片好心，给予感激，并适当表明自己真正看重的是小高的心意，并不是昂贵的礼物。

2. 了解彼此的成长环境，熟悉对方的性格特点

良好的家庭氛围会促进孩子身心的成长，能使孩子生活在温馨的环境中，得到关爱保护，获得爱和尊重的体验，从而心情愉快，情绪健康，性格健全。相反，如果孩子成长在家庭关系紧张、父母经常争吵的环境中，则极易产生焦虑不安、自卑、恐惧等不良情绪。孩子长大成家后，不良的情绪、古怪的性格也可能影响婚姻的质量。

◆【案例 10-14】

强势母亲的影响

夏静是一个内心极度敏感、性格软弱的女孩。夏静小时候，经常看见爸爸妈妈争吵

打架，每到这时，她特别害怕，就会躲进自己的小房间。夏静的妈妈是个性格极为强势的女人，只要爸爸妈妈有了矛盾，夏静若不站在妈妈这边一起对爸爸“冷战”，妈妈就会用“白眼狼”和“狼心狗肺”等难听的字眼来骂她。妈妈经常不允许夏静和院子里的小朋友一起玩，也不让夏静和亲戚家的小孩来往。长此以往，夏静成为一个性格软弱、内心非常敏感、善于察言观色的女孩。妈妈略有不悦之色，她便立刻能察觉到。

结婚后，跟丈夫张禹的相处还算和谐，由于夏静性格软弱，张禹和夏静很少出现针锋相对的时候。可夏静敏感的性格给夫妻关系造成了一些影响。有时张禹下班回到家中，神情严肃冷峻，夏静便会觉察到，然后一遍一遍地询问丈夫不开心的原因，导致原本情绪平静的张禹，觉得异常烦躁。有时张禹思考工作问题，神色凝重，夏静心情也会大受影响，以为丈夫对自己有所不满。敏感的性格让夏静自己也非常疲惫。

（资料来源：笔者依据调研材料整理）

张禹若充分了解妻子原生家庭的成长环境，熟悉妻子的性格特征，那一旦妻子对他感到敏感多疑的时候，他应主动说出自己所想所思，让妻子放心；夏静也需要充分认识自己的性格，心理暗示自己不可过分敏感，尽量做一些别的事情转移对丈夫的过分注意。

3. 了解彼此的行为方式，尊重对方的生活习惯

原生家庭的行为模式对子女的影响根深蒂固，大多数我们喜爱或讨厌的自己身上的某种行为，都可以在父母身上找到影子。生活习惯看起来虽小，却是影响婚姻关系和谐与否的重要因素。男女双方应尊重对方的生活习惯，如果有可能的话，尽量潜移默化地影响对方。

◆【案例 10-15】

模范夫妻李大叔和李大婶

李大叔和李大婶是社区里模范夫妻的代表。两人结婚 20 多年，恩爱有加，子女被培养得也都非常出色。被问到他们的相处方式时，李大婶说，夫妻之间磕磕碰碰在所难免，最重要的是相互理解、相互包容、相互体谅。结婚头些年，李大叔和李大婶在生活上很多行为习惯都不一样，就连最简单的洗碗方法都不一样。李大叔的母亲洗碗仅用温水冲洗来祛除油脂，所以李大叔洗碗时也不爱放洗洁精。李大婶一开始觉得用洗洁精洗碗是理所当然的事情，既能祛油又能杀菌。李大婶当然看不惯不放洗洁精的洗碗方式，她试图让李大叔改变方法，可李大叔坚持说温水祛油好且没有化学物质残留。沟通无果之后，李大婶也只好默认了李大叔的洗碗方法，可自此以后，李大婶主动承担更多的洗碗家务。过了很长一段时间，李大婶外出聚餐回家后，惊讶地发现李大叔正在往锅里滴洗洁精。李大叔不好意思地说，拿惯了你用洗洁精洗过的碗，再拿我用温水洗过的碗，感觉还是你洗的干净。

（资料来源：笔者依据调研资料整理）

4. 了解双方父母的感情状况，检视自己的婚姻

父母感情不和，甚至离异，缺乏对子女未来家庭教育的系统培训，并且在无意识状态下

犯着家庭教育的致命错误，让子女往错误的婚恋之路上行走，对子女的婚姻相当不利。一般来说，父母恩爱，家庭祥和安宁，子女大多内心安宁，睿智大方，婚姻也较为顺利。而父母不和，子女往往没有安全感，孤僻冷漠，婚姻之路也比较崎岖。

◆【案例 10-16】

苦恼的小芳

几年前，小芳一个人离开老家来到北京打拼，开了一家女装店，生意还不错。她谈了一个男朋友，男朋友开始对她还不错，于是两人领了结婚证。但渐渐地丈夫开始显露出种种劣迹，丈夫没有稳定的收入，一切开支都靠小芳，还经常要一些昂贵的东西，小芳一般都会满足。由于小芳凡事都顺着他，他开始有暴力倾向，小芳身上经常青一块紫一块。再后来丈夫开始找别的女孩子，甚至当着小芳的面和其他女孩子卿卿我我。小芳非常痛苦，不止一次想离婚，但只要丈夫一句软话她就会原谅对方。她的朋友们非常气愤，恨小芳这样软弱。小芳也不明白，自己怎么这样？

原来，小芳3岁的时候父母感情破裂离婚，小芳觉得，都是因为自己不够乖才导致父母离婚，她想，只要她听话，父亲就会回到她身边。结婚之后，她把对父亲的感觉投射到了丈夫身上，潜意识里总有一个声音告诉她，“只要你听话，丈夫就会对你好。”

（资料来源：笔者依据相关资料整理）

小芳应了解自己在成长历程中曾发生的事，学习用现在的、较为成熟的、更客观的立场检视探寻自己性格形成的源头，走出父母婚姻的阴影，在过去和现在的情绪之间设一道防火墙，不让过去的情结继续纠缠在现在的婚姻里。

5. 了解双方父母的教育方式，摸清婚姻里的亲疏关系

父母采取相对民主的教育方式，子女通常比较会照顾他人的感受；而父母采取过于放任的教育方式，会让子女我行我素，不太注重他人的感受。

◆【案例 10-17】

该不该向爱人“报备”

26岁的小杨，用她的话来形容，就是从小到大家庭氛围很民主，爸妈要去什么地方，都会如实告诉小杨，而小杨要做什么事，也都会和父母商量。而丈夫小蒋的性格却和小杨截然相反。小蒋是她的大学同学，父母都是商人，平时没时间管他，他小学时就被送到寄宿学校去学习，这让小蒋养成了凡事自作主张的个性。连考大学填报志愿，他都没有和父母商量。在大学里谈恋爱时，小杨自己功课也忙，对小蒋独立的个性很欣赏，但结婚后，小杨下班回到家，经常莫名其妙就找不到小蒋了。为此，小杨和小蒋吵了好几次。小蒋说：“自由了20多年，她突然规定我事事要向她汇报，我实在受不了，而且也没这个必要，我连自己爸妈都不汇报，干吗要向老婆汇报？”

（资料来源：笔者依据相关资料整理）

小蒋和小杨首先需了解到由于双方父母的教育方式不同，导致他们对于亲疏感拥有不同的需求。小杨应给予丈夫较多的自由空间，不要试图控制对方；小蒋也应多替小杨考虑，经常报备自己的行程，让对方安心。

（二）应对互联网的挑战

互联网使人类的交往跨越时空、遍及全球，人们择偶范围也随之空前扩大了。不少夫妻最初都是通过互联网这个平台认识的。借助互联网在家上班群体的迅速扩大，有利于夫妻在工作上的互帮互助，情感上的充分交流，延长了夫妻相守的时间。网络影院、网络游戏、网络动漫、网络音乐、网络文学和网上旅游等新型休闲娱乐方式在日常生活中逐渐流行，极大地丰富了夫妻的精神生活。网络预约厨师上门、网络家政、网络医生、网上购物等活动让家务的劳动量大大减少，这在一定程度上减少了家庭矛盾。

但互联网对婚姻关系也有一定的负面影响，如网络色情活动所助长的性泛滥威胁着婚姻稳定，网络痴迷不利于婚姻稳定等。

◆【案例10-18】

“网恋”让婚姻走向终结

一位结婚八年的男士谈到在渐渐厌倦了现实婚姻的平淡以后，网上的恋情给了他很大的精神安慰，不仅重温了谈情说爱的兴奋，还在网上注册结婚并举行了隆重的婚礼，过上了恩爱的“夫妻生活”。尽管这是虚拟的、纯精神上的，却让自己沉溺其中，有一种找回过去快乐的感觉。但是，正因为自己的“网上婚姻”，现实婚姻中的妻子终于忍无可忍，决定和他离婚。

（资料来源：笔者依据相关资料整理）

面对互联网给婚姻带来的众多挑战，夫妻双方应携起手来共同应对。夫妻双方应制定好家庭规则，每天规定上网娱乐的最长时限，其他家庭成员进行监督，奖惩分明。节假日和休闲时间，夫妻双方多组织参与户外活动，有小孩的话，可多参与户外亲子活动，加强夫妻之间的交流，培养家庭成员间的亲密感。如果实在无法戒除网瘾，在与家庭成员沟通后，可选择断网一段时间，直到网瘾得到彻底根除。

（三）正视夫妻间的差距

很多夫妻都是这样，在结婚前了解不够，结婚后才发现双方在很多方面存在着差距，而且差距还比较大。求同存异才是夫妻和睦的法宝。聪明的人，是会包容的人，是会接受的人，而不是一味要求别人改变的人。要知道，所有的矛盾和冲突都来自改变和要求。求同存异，性格和行为互补，才是真正的美好。

1. 正确对待这一现象

人与人之间都存在不同程度的差距。即便两个学历相同的人，在知识结构和层面上也会存在着千差万别。某些人优点特别突出，缺点也特别明显。所以，要正确认识和对待人与人之间尤其是夫妻之间的差距。差距是永远存在的，没有差距是绝对不可能的。

2. 发现爱人的优点

努力去发现爱人身上存在的优点，并且积极肯定和鼓励，让爱人的优点更加充分地展现出来。人都是需要赞同和欣赏的，得到了认同，就等于得到了尊重，这会充分调动人各方面的积极性。

3. 忽略爱人的缺点

如果用放大镜去找优点的话，那么就要戴上墨镜忽视对方的缺点。人都是有缺点的，而且“江山易改，本性难移”，有些人的缺点是一辈子也难以改变的。与其难为爱人和自己，倒不如忽略掉那些无关紧要的缺点。

4. 慢慢缩小差距

用自己所学所知，用自己的特长喜好，慢慢地带动和感染爱人。爱人不会的，要耐心教；爱人不懂的，要耐心讲；爱人不擅长的，要帮助爱人做。循循善诱，不仅仅适用于孩子，一样适用于在某些方面懵懂无知的爱人。

5. 培养至少一项共同的兴趣

婚姻其实是需要夫妻之间共同成长的。这种成长必须要有共同的兴趣作为土壤。有了共同的兴趣，才会有共同的追求，才会有更多的共同话题，才会通过交流了解对方。而这所有的一切其实都是从其他普通的交流中所无法得到的。那种在共同兴趣下的眼神、那种细节上的会心一笑，都会拉近夫妻间的距离。

6. 做一对比翼双飞的好夫妻

有些夫妻，在身份、地位、学历等方面都存在着很大的差距，但是由于夫妻双方的努力和趋同，最后几乎看不出来差距在哪里了。聪明的人会牵着爱人的手一起走。比翼双飞的好夫妻都是相互协调和配合的。对方飞不快，自己就飞慢点等着对方，这样的夫妻才是人人羡慕的好伴侣。

（四）解决夫妻吵架

夫妻吵架是再平常不过的事情，偶尔吵吵小架并不是一件坏事情，重要的是夫妻一定要注意吵架的场合，把握好吵架的分寸，切勿让吵架伤及夫妻感情。

1. 吵架应注意的问题

（1）注意吵架的场合。夫妻吵架是夫妻之间的私密事，吵架要选择适合的场合。要注意保护对方的面子，不要在外人面前指责对方，当着外人的面争吵。不要当着双方父母的面争吵。一方面不要让父母亲担心，另一方面，把父母卷入夫妻战争只会使矛盾加剧，不利于解决问题。不要当着孩子的面争吵。孩子的心灵很脆弱，他们还不会理性地对待父母的争吵，当着孩子的面只会增加孩子的心理负担和不安全感。

（2）设置吵架禁语。经常看到夫妻吵架，越吵越凶，失去了理性与控制，伤人的话脱口而出。夫妻之间应该有个约定，无论什么情况，有些禁语是不能说的，如离婚、脏话、人身攻击的话、伤害对方父母的话等。

（3）就事论事。很多夫妻吵架总是会“跑偏”，不停地翻对方的旧账，越吵离主题越远，不但没有解决问题，还引发了很多新的问题。所以夫妻吵架要就事论事，不能翻旧账，也不能牵扯其他问题。

2. 解决吵架的对策

（1）离开现场。夫妻双方应提前约定好，在脾气上来之前，迅速离开现场，让彼此冷静下来。相比于激动的情绪，平静的情绪更容易表达想法。

（2）闭目6秒钟。有研究证明，在遭到刺激时，理性追赶上感性需要6秒钟。6秒钟之后，再表达自己的想法。

（3）吵架不要隔夜，有问题一定要当天解决，杜绝冷战。

（4）吵架之后，一方若主动求和，另外一方需积极回应，切勿耿耿于怀。

（5）互换角色重复吵架内容。夫妻双方互换立场再次争吵，他们会发现对方的想法也是有道理的，从而体谅对方。

三、妻子应该做及不应该做的事情（图10-1）

妻子应该做的事情
- 接受丈夫的全部
- 顾及丈夫的脸面
- 懂得对丈夫表达感恩
- 肯定丈夫的优点但要适度
- 支持丈夫所做的任何努力

妻子不应该做的事情
- 敏感但不要多疑
- 不要尝试控制对方
- 不要当着他的面夸另一个男人
- 拒绝任何形式的暧昧
- 拒绝沉迷于网上购物

图10-1 妻子应该做及不应该做的事情

（一）妻子应该做的事情

1. 接受丈夫的全部

女人对男人的接受，对于男人来说十分关键。然而，很多婚姻的破裂是源于夫妻双方都不接受彼此的真实模样。切忌不要有意去设法“改造”对方，这样的努力十有八九会失败。通过婚后生活潜移默化的过程，人的个性自然而然会发生变化。

2. 顾及丈夫的脸面

有些女人很善解人意，该给男人面子的时候绝不吝啬，而有些女人很不明智，经常毫不留情地撕碎男人的面子。比如当着众人的面揭丈夫的短；当着亲戚的面，把丈夫说得一无是处；当着子女的面，说丈夫不配为人父；当着朋友的面，埋怨丈夫不会赚钱；在聚会上要小性子，甩手而去；大庭广众之下，把丈夫骂得狗血喷头；经常在家庭矛盾中斥责丈夫无能；时不时地把家丑外扬；当着丈夫的面，和别的男人打情骂俏等。男人一旦丢掉了面子，心里的阴影便会越积越重，直到冷彻肺腑。

3. 懂得对丈夫表达感恩

随着女性受教育程度的提高，越来越多的女性具有强烈的事业心，并且在职场取得前所未有的成功。给“女强人”提出三点忠告：舍得牺牲、适时“示弱”、懂得感恩。虽然工作繁忙，但也要多花一点心思在爱情及家庭上。对于丈夫的点滴付出，则要懂得感恩，肯定他对家庭的贡献。

4. 肯定丈夫的优点但要适度

对待丈夫的优点，要积极认同并加以鼓励。在肯定其优点的时候，也要讲究方法，不能一味肯定和赞美，不能盲目崇拜和敬仰。若盲目崇拜，可能导致对方对自己的轻视。如果把对方捧在天上，自己的姿态就势必会低到尘埃。如果一味表扬甚至随和，对方会变得骄傲，从而忽视自己。

5. 支持丈夫所做的任何努力

每个伟大的男人背后总有个更为伟大的女人。女人不要只停留在丈夫身后，而应该支持丈夫所付出的努力。当男性所挚爱的女子用任何一种方式接受并且鼓励他们的时候，他们的能量是超乎想象的。

（二）妻子不应该做的事情

1. 敏感但不要多疑

适度敏感但不可过度敏感，多疑是种病。丈夫和异性的正常交往，例如说个话、聊个天、发个短信，大可不必耿耿于怀。夫妻之间只要不违反婚姻的契约关系，完全可以给对方足够的自由。猜疑丈夫，会让丈夫感到不受尊重，进而产生屈辱感。长此以往，丈夫可能会采取措施进行报复，以达到心理平衡。

2. 不要尝试控制对方

控制对方等于限制自己。男人有了问题和压力，女人要给他足够的空间去休息、去疗养、去考虑对策，给他一个自己的“山洞”，让他一个人静一静，别去打扰他。夫妻虽然很近，但是也必须有自己的隐私和自由。过分注意对方的一言一行，时时刻刻追寻对方的踪迹，就是消耗时间和精力，女人也会变得不堪重负。

3. 不要当着他的面夸另一个男人

就如女人也不希望男人在自己面前夸另一个女人一样，男人也很介意女人当着他的面夸另一个男人，就算这个男人是女人的亲人或是男人的朋友，男人都可能无法忍受。女人和丈夫在一起的时候，却拼命地夸另一个男人，这会让丈夫觉得妻子看不起他，是非常不理智的做法。

4. 拒绝任何形式的暧昧

在职场上，妻子应自尊自爱，与领导和同事保持适当的距离，婉拒不明确的职场社交，不要接受异性的馈赠，警惕上司给予的与个人工作、学习、业绩不相符的奖赏和提拔。在虚拟世界中，妻子应保持对丈夫的忠诚，坚决拒绝任何破坏夫妻感情的网络活动，例如与男性朋友网上暧昧，与陌生男性网络交友或玩虚拟婚姻游戏等。

5. 拒绝沉迷于网上购物

不少女性对网购欲罢不能，有的甚至影响了家庭和生活。有报道显示，苏州有一名女子因网购成瘾与丈夫发生争执，一气之下剁下了自己的大拇指，以示戒掉网购的决心。

四、丈夫应该做及不应该做的事情（图 10-2）

丈夫应该做的事情
- 关爱疼惜伴侣
- 陪她聊天
- 学会回家
- 充分理解妻子
- 坚守婚姻的承诺
- 主动承担部分家务
- 保证亲子时间
- 积极开导妻子

丈夫不应该做的事情
- 不可斤斤计较财产
- 不可大男子主义，更不可耍蛮横
- 坚决拒绝“小三”的诱惑
- 不可沉迷于网络游戏

图 10-2　丈夫应该做及不应该做的事情

（一）丈夫应该做的事情

1. 关爱疼惜伴侣

记得出差每天一个电话。出门在外，最牵挂自己的人就是自己的妻子，为了让她放心，为了让她睡好觉，别忘记每天打一个电话。记得妻子的生日，世界上最近的人就是自己的妻子。如果忘记了她的生日，她会很伤心。生日那天，记得不要让她做饭，有条件的话，可以带她去吃饭，享受一下浪漫。

2. 陪她聊天

女人天生是喜欢倾诉的，她们通过倾诉把压力释放出来。所以，一个爱妻子的人，一定要学会倾听和陪聊。不轻易打断女人的话，偶尔表示赞同，会让妻子更加爱丈夫。

3. 学会回家

演员陈道明说："好男人的基本标准：不一定要浪漫，但一定要负责任；不一定要挣大钱，但一定要养家；不一定要事事听父母，但一定要有孝心；不一定要三从四德，但一定要宠老婆；不一定要飞黄腾达，但一定要有时间陪家人。"回家的男人，才能够体会到妻子的担心，才能够感受到儿女的挂念，才能够享受到天伦之乐。

4. 充分理解妻子

女人的唠叨是一种关心爱人的形式，这是她幸福感的宣泄，千万不要打断她心底那幸福感的奏鸣。妻子撒娇是爱的赐予。男人应该"怕"老婆，"怕"是谦让，是爱的凭证。

5. 坚守婚姻的承诺

张中行先生写过一段关于伴侣的断想："已成伴侣，应珍视如意部分，忽视不如意部分，'躬自厚而薄责于人'。坎坷经历，时间拉长，会使不如意部分淡化，如意部分浓化，以是，伴侣不难成为恩爱的。事来于天，成于人。"张先生的话无疑也是经营婚姻的一个秘诀。

6. 主动承担部分家务

家务应由夫妻双方共同承担，如果其中一方工作较忙，另一方可以多承担一些，但是空闲的时候，一定也要从事一些家务。即便是全职主妇，也不应包揽所有家务。夫妻一起从事家务劳动也是一种家庭生活情趣，正所谓男女搭配干活不累。夫妻在一起协作，有利于夫妻加深感情，培养情趣。

7. 保证亲子时间

在中国有着长期的"男主外、女主内"和"看孩子是女人的事"的传统，尽管《三字经》中有"养不教，父之过"的古训，一些男士还是不愿意待在家里。父母共同参与亲子教育，有助于孩子理解男性和女性的不同角色；如果没有父亲的参与，男孩在表达男性特征和女孩在表达女性特征时会遇到障碍。4 岁前不与父亲一起生活的男孩在性别角色上趋于女性化，同时，早期失去父爱的女孩在女性角色的形成上也受到影响。

◆【案例 10-19】

父亲在儿子成长中的角色

张晓的丈夫陈伟供职于一家大型国有企业，儿子刚出生不久，陈伟就被派往海外分公司工作，从此照顾儿子的重担就落在张晓一个人的身上。虽然张晓与丈夫的感情依然相当亲密，可在与儿子的相处过程中，她渐渐地发现，无论自己如何尽心尽力地照顾他，也无法完全取代爸爸的位置。前两天，张晓带儿子去野生动物园看动物，许多小朋友都由爸爸领着兴奋地拿着面包屑喂小动物，可因为张晓生性害怕和动物亲密接触，所以儿子也特别害怕小动物。张晓深深地觉得爸爸妈妈在孩子成长中的角色是完全不一样的，回来和丈夫沟通后，丈夫每次休假回家都会专门腾出时间与儿子单独相处，与儿子一起发掘好玩的事情。

（资料来源：笔者依据调研资料整理）

8. 积极开导妻子

女人天生内心敏感、心思细腻，加上兼顾家庭和工作的压力难免让女人有脆弱无助的时候。丈夫应该常常换位思考，积极开导妻子，帮助妻子打开心结。积极而温暖的话语是开导妻子的方式之一，其实丈夫也可以组织很多户外活动来帮助妻子走出低落的情绪。

（二）丈夫不应该做的事情

1. 不可斤斤计较财产

家庭里该开支的，一定要开支。家里可以没有奢侈品，但是得有必需品。如果有能力，男人应适当满足女人穿衣打扮的消费需求，因为爱打扮是女人一生的爱好。

2. 不可大男子主义，更不可耍蛮横

传统大男子主义意味着男人在婚姻中占有绝对的主导和支配地位，一切是“他说了算”，另外也充分地表达了一种不平等。男人不可以耍蛮横，不能仗着自己有力气，在生气的时候以武力相威胁，或者直接付诸武力。打人犯法，家暴可耻。

◆【案例 10-20】

小兰痛苦的婚姻生活

小兰，26 岁，性格非常软弱，从老家远嫁到上海。丈夫于宏，34 岁。最初相识的时候，小兰觉得于宏重点大学毕业，国企就职，条件还算不错，便决定交往。恋爱中，小兰发现于宏是个有担当、有责任感的人，他不抽烟不喝酒且无不良嗜好，对自己的父母相当孝顺，还积极地筹划与小兰两人的未来。恋爱半年后，两人迈入了婚姻。婚后，小兰发现于宏有严重的大男子主义思想。他对小兰缺少关心，当小兰哭了、病了或是累了，他从来不管不问，把她当成附属品。于宏认为，赚钱是他的责任，而家务事、孩子应全权交给小兰。当然，他的工资卡、房产等也自己一手掌握。结婚快四年，于宏打着为小兰好的旗帜对她施加各种语言暴力，说她废物、蠢蛋、脑子不开化，甚至还动手狠狠地打了小兰，这让小兰对生活的热情渐渐消退。于宏明确禁止小兰交际朋友，认为她的朋友都是下三烂。对小兰的父母，一年到头从不主动关心，还在小兰面前故意贬损她的父母和弟弟。于宏总是很少和人交际沟通，就连他父母也一样，家里都是冷漠相对，没有欢声笑语。

（资料来源：笔者依据相关资料整理）

3. 坚决拒绝“小三”的诱惑

第三者插足是许多婚姻瓦解的直接原因。男人必须控制自己的道德良知，遇到“小三”的诱惑，一定要态度明朗，坚决回绝；在职场中，一定要公私分明，把握好分寸；任何时候都需要控制冲动，临危不乱。只有这样才能坚守好婚姻阵地，保卫好爱情果实。

4. 不可沉迷于网络游戏

互联网给我们提供便捷的同时，也带来了不少问题。婚后，不少丈夫因沉迷于网络游戏而不收拾家务，不读书学习，知识蜕化，不思进取，夫妻关系恶化，甚至导致婚姻破裂。

◆【案例 10-21】

可怕的网络游戏

一“80 后”男子朱某婚后迷恋上了网络游戏，为购买网络装备，耗资几十万元，先后将两套住房出卖，一家人生活质量直线下降。日前，这对“80 后”的小夫妻在当地人民法院协议离婚，五年的婚姻历程因为丈夫沉迷网游画上了句号。

（资料来源：笔者根据调研资料整理）

五、把家庭作为整体来经营

把家庭作为整体来经营是把家庭当作一个系统，在这个系统中，个人与家人是互动关系，各个成员通过彼此间的互动、协调和沟通所形成的整体，大于每个成员单独行动时简单相加之和。各成员间通过相互间的互动沟通，可以使家庭气氛变得更加和谐。

（一）家庭需要规则

俗话说“国有国法，家有家规”。不管是治理国家还是经营家庭，都需要有一定的规则。规则，大到国际法、国家法律，小到学生守则、游戏规则，其本质都不是束缚个人的自由，而是为了达到“共赢”的目的，通过规定每个人在群体中可以履行的义务，从而在一定合理的范围内保障每个人的权利和自由，和谐共处。就一个家庭而言，家庭成员之间，如夫妻之间、亲子之间在日常生活中难免会发生情感摩擦，每当此时，就是开始制定和执行家庭规则的时候了，其目的是为了尽快发现问题、解决问题，减少纠缠和伤害。缺乏家庭规则意识，不懂得如何制定规则，如何在维护自己权益的同时照顾别人的权益，那么，家庭成员之间的隔阂就可能越来越深，结果可能是“多败俱伤”。

1. 家庭规则的分类

（1）家庭各成员日常行为的规范，如起居饮食、待人接物、行为习惯和交友规则。

（2）就具有分歧和矛盾的事件制定的细则，如孩子的学习和玩耍规则、夫妻的家务分工规则。

另外，规则还可分为口头约定规则和书面约定规则。

2. 执行规则时的注意事项

（1）规则订立后，无须处处提起需要遵守的规则，只要简要地提醒一下，或干脆直接依照规则奖惩即可。比如规定孩子睡前要刷牙、洗脸、洗脚，可在睡前简单提醒他：“睡前要做什么?”

(2)实施惩罚最有效的措施是取消他的一些特权，如不得收看某个电视节目一晚、不准玩电脑游戏一天。所有惩罚不应超过24小时。

(3)规则一旦订立，就一定要坚决执行。每个人的习惯不可能一天就能形成，需要有一段适应的时间。为了能让规则顺利地坚决执行，一开始订立的惩罚就不要太苛刻。

(4)根据具体情况来修订、增删原有的规则内容，约定从何时起开始执行修订后的规则，但在之前还应遵守旧的规则。

(5)家庭成员之间经常聊天，表达对彼此的关心和欣赏，肯定每位成员所取得的进步。

3. 家庭之间的规则举例

美国总统奥巴马和夫人为两个女儿制定了九条看似简单但操作性极强的家规：①不能无理抱怨、争吵或者惹人讨厌、取笑；②一定要收拾好床铺，不能只是看上去整洁就行；③自己的事情自己做，如自己冲麦片或倒牛奶，自己叠被子、设置闹钟，自己起床、穿衣服；④保持玩具房干净；⑤帮父母分担家务，每周1美元；⑥生日或是圣诞节，没有豪华的礼物和华丽的聚会；⑦每晚8点30分准时熄灯；⑧安排充实的课余生活：玛利亚跳舞、排戏、弹钢琴、打网球、玩橄榄球，萨莎练体操、弹钢琴、打网球、跳踢踏舞；⑨不准追星。

(二)家庭需要仪式

家庭经营需要规则来约束成员的行为，但对家庭而言，很多规则或说教不如一起去做一件大家都不觉得烦躁的事情。家庭教育需要仪式，培养好习惯可以从仪式感很强的活动入手，从有趣的、有意思的仪式入手，重复多了，就形成了习惯。习惯坚持下去，就会被所有参与者内化吸收。这些小小的家庭仪式打破了日常生活的忙忙碌碌，它可以让家庭做的某件普通的事情变得特别，会让一家人因共同的目标而变得更亲密。家庭仪式是家庭成员在家庭空间之内按照一定道德规范进行的、具有情感意义的、较为固定的互动行为程序和表达方式。仪式有正式仪式和非正式仪式。

正式的家庭仪式主要包括祭祖等仪式活动。很多大家族很重视农历大年三十的“祭祖”。三十当天，一家几代人会集合，去墓地拜祭家族的先辈们，很庄重地上香、叩拜。每年的祭祖仪式让每个家族成员开始追忆以往的时光并对生命产生虔诚的敬畏之心。即使是再贪玩的小孩，也会乖乖地跟随着长辈们前去祭拜。“仪式感”让后辈的心里装进感恩、敬畏和责任，还有祖辈留给的精神力量。

非正式家庭仪式主要包括聊天、家庭聚会等日常仪式活动。一周或一个月一次，全家人在一起阅读一本书，一起到某个地方散步、爬山、游泳或者野餐。

◆【案例10-22】

特别的仪式

有一位“70后”爸爸，有一次很偶然地拥抱了他母亲，令老太太非常感动。老太太向其他老人说起此事，洋溢着幸福的笑容，而这一幕恰巧被他看到了。从此，他每次向老太太告别，拥抱就成了仪式。有了这样爱的小仪式，老人家的心里更加温暖，身体也更加健康。

有位年轻的妻子因为从小看到妈妈给爸爸洗脚，所以她婚后也通过这种方式把自己的爱传递给丈夫，而没有这样经历和感受的丈夫却“吓得直躲”。她就把父母的这个仪式说给丈夫听，现在夫妻俩很享受这样爱的施与受。

（资料来源：笔者依据相关资料整理）

（三）家是一个尊重人的地方

家庭若要作为一个整体来经营，其家庭成员应相互尊重，相互包容，和谐相处，心往一处想、劲往一处使，把家凝结成一个爱的整体来抵御生命中的任何挫折。

1. 夫妻间彼此尊重

下面以两种情况为例，介绍一下夫妻应彼此尊重的重要性。

（1）传统观念认为，男主外女主内。在这种观念的左右下，很多妻子承担了较多的家庭事务，劳动价值不但得不到认可，还因为耗费了大量的时间和精力，职业发展受到了限制。而丈夫基于妻子的奉献与牺牲，从婚姻家庭中获得情感支持、生活方便和经济利益。此种婚姻由于女性在经济上的无法独立，财产无法自由支配，在开支上会引发矛盾，导致婚姻的不稳定，最终可能走向解体。

◆【案例 10-23】

强势的爸爸

周丽丽的爸爸是公司的总经理，而妈妈是一名家庭主妇。爸爸常常看不起妈妈。有时爸爸嫌妈妈唠叨，就会对她嚷嚷：“闭嘴！”久而久之，连女儿周丽丽也会有模有样地对妈妈大喊大叫。要是她想打断妈妈的话，发表一下自己的意见，就会对妈妈咆哮：“闭嘴，你听我说……”

（资料来源：笔者依据相关资料整理）

妻子应找到导致夫妻双方地位不平等的原因，想出解决的对策。若是由于经济原因，妻子应积极加入职场大军，成为职业女性，以免由于经济不独立，在家里丧失应有的尊重。

（2）不管是在古代还是现在，夫妻关系中，丈夫不受尊重的例子也很多，最具有代表性的就是“上门女婿”。岳父岳母大姨子小舅子，难免会对“嫁”进来的男人心怀偏见。他们觉得，一个男人甘愿“上门”，一定会抱有某种目的。

◆【案例 10-24】

“上门女婿”的痛苦境遇

王涛来自农村，家里条件非常不好，还有两个未成家的哥哥。王涛凭借着自己的本事考上了市里的一所大学，毕业后顺利地留在了市里工作。工作后在同事的介绍下认识了本地女孩杨妍，与杨妍见第一面，王涛就喜欢上了她。两人没有相处多久，杨妍的爸爸妈妈就催着杨妍赶快结婚。考虑到王涛家境不好，他们要求王涛做“上门女婿”。王涛父母实在拿不出来钱作为聘礼，于是王涛进了杨妍家当起了“上门女婿”。

王涛到了杨家，凡是能干的活全干。可他没想到，一天他用新买的拖布拖了外面的阳台，因为不了解杨家新拖布只拖室内的习惯，岳母便大发雷霆，王涛不敢与她争辩，这事就算过去了。他本来以为杨妍是个很温柔很善良的女人，可是慢慢地他发现杨妍和她母亲一样脾气都很暴躁，不分场合不分对错，只要有一点做得不好就口吐脏话，弄得王涛苦不堪言。

（资料来源：笔者依据相关资料整理）

想要做好上门女婿，自尊不妨放低一点，神经不妨大条一点，努力更要多一点。上门女婿不是人生的归属，应该是生活上的一个开端。以安定的生活为契机去追求事业上的成功，接下来在婚姻中才能赢得尊重。

2. 婆媳关系间的相互尊重

常言道：“家家有本难念的经。”其中一本就叫“婆媳经”。在家庭中，两代人之间的矛盾冲突，最明显和最常见的就是婆媳冲突。婆媳不合，是不少人提起就摇头叹息的问题。

◆【案例 10-25】

一个“80 后”媳妇写给婆婆的信

婆婆：

我的生命来自父母，我今天的学历、能力、教养及待人处世之情商，皆从父母处承传，没有一分一毫是你的贡献。所以，我不懂，为何一结婚，我活了 20 多年的岁月全部必须归零，然后，变成所谓“你家”的人，而且，还是你家“最小”的人呢？我在“你家”的地位竟不如我今年才两岁的儿子。我心里很不平衡。我帮你做事情，你还得感谢我父母的栽培以及我的劳心劳力。如果你不感激那也就算了，但你不应该对我抱有极大的成见，总是拿着放大镜来挑剔……尽在鸡蛋里面挑骨头。

我白天上班，经济独立，不必依靠你的儿子，也还没有靠过你儿子养呢。我今天所具备的谋生能力，全仰赖我父母给我的教育和自身不断学习成长的能力。所以，我无法忍受自食其力后，还好像责无旁贷、理所当然地必须为“你家”做贡献。我一没欠你，二不需要你养，也从没拿过你一毛钱。在家里，我可以尊重你的意见，但不会让你做主。

在此，容我对你打开天窗说亮话：电费是我支付的，酷暑炎夏我开冷气睡觉，你不准有意见，我要上班，睡眠质量对我事关重大。

“佛要金装，人要衣装”，我买几套衣服、鞋子都由我说了算，与你无关，我在花自己赚的钱。你想管的话，就去管你儿子的钱吧。我的地盘我做主，难道还要看你的脸色？

你别以为你的儿子多棒，如果没有我也出去赚钱的话，你去年可以出国旅游两周吗？哪来的钱？

你所有的恩情功劳都在你儿子身上，要回报你的话也是他。如果我的父母如今也这样挑剔你儿子的话，你会舒服吗？试问你儿子为人婿，给予了我的父母多少？

在此提醒你：以后想吃水果的话，叫你儿子切给你吃；衣服也请你儿子洗，你帮他洗了二十几年的衣服；要去看医生，请他提早下班带你去……我不想老被扣全勤奖。当我感冒时，你对我总是冷言冷语，笑我身体差，所以，你身体有恙时，我也提不起更多的同情心。

总而言之，儿子孝顺你是应该的，而我，则会把孝心回馈给生我养我的父母。

如果你一定要我帮你做事的话，那么，请你闭上那张挑剔的嘴巴，然后，心存感激。我肯帮你做，只是看在你是我丈夫的母亲，仅此而已。

我写这封信，你一定觉得我大逆不道，但人与人之间是互相尊重的，如果你不尊重我，就算我看在你是长辈退让几分，但我还是要把底线说清楚的。你会说“做人的媳妇要知道理”，但是，我也要反驳你——我从来就不是你养大的，更没有欠你，对你，我已经做到最大的容忍与尊重了，而需要学习和与时俱进的倒是你自己。

赠一句话给你：婆婆，尊重别人也是尊重你自己！

（资料来源：笔者依据相关资料整理）

案例中，媳妇对婆婆非常不满，言辞激烈，甚至有欠妥当，但确实反映了婆媳相处中一些不可回避的问题。从古至今，婆媳关系就一直被列为最难处理的家庭关系之一。在传统社会的“男主外女主内”的家庭劳务分工模式下，婆媳均为女性，婆婆作为年长者具有绝对的主持“家政”的权威，地位上是“婆尊媳卑”，婆婆在管理媳妇上具有至高无上的权力。

随着时代的发展和思想的进步，媳妇挣开了传统的枷锁，要求与婆婆平等相处，相互尊重。可由于婆媳二人生活在不同的时代背景和家庭背景下，双方的价值观、生活方式、个性习惯都不同，相处起来非常容易产生隔阂，婆媳关系往往相当紧张。

聪明的媳妇往往可以很快地和婆婆打成一片，但是有的媳妇却不能如此，搞好婆媳关系是有技巧的。

（1）维系平等关系。婆媳双方都要承认对方有独立的人格和经济地位，双方之间的关系是一种平等的人际关系，而不是一种一方必须依从于另一方的支配与被支配的关系。认识到这一点很重要。如果双方或一方对这种关系缺乏正确的认识，认为对方必须或应该听从、服从自己，从而把这种平等的人际关系视为支配与服从的关系，则必然会在行动上、态度上表现出来，由此导致双方关系的紧张和失调。

（2）彼此尊重对方。婆媳长年生活在一起，难免会发生一些不协调的事情，作为媳妇，要多尊敬婆婆。婆婆年纪大，管家经验丰富；婆婆也不要总是在媳妇面前摆架子，要看到媳妇的长处，多尊重媳妇的意见。也就是说，双方要彼此尊重。

（3）谅解并体贴对方。所谓谅解，就是站在对方的立场去考虑问题。我们的先辈在处理人际关系时所提倡的“设身处地”“以己度人”“己所不欲，勿施于人”等原则，都包含着谅解的思想，是处理人际关系的“金玉良言”，也完全适用于处理婆媳关系。例如，星期天去公园，做媳妇的不要只和丈夫、孩子去，而把婆婆留在家里，应该一同前往，这样婆婆也就不会产生寂寞孤单的感受。反之，媳妇对丈夫照顾较多，对婆婆相对照顾不周，做婆婆的也应多给予体谅。如果婆媳双方在相处中都能设身处地为对方着想，相互谅解，婆媳不但不会出现大的矛盾，而且还会发展得如同亲子关系那样密切。

（4）避免争吵。婆媳之间出现了分歧、产生了矛盾时，双方一定要保持冷静的头脑。即使一方发脾气，另一方也应克制自己的情绪，等对方情绪平静后再商讨处理存在的问题。心理学告诉我们，消极而强烈的情绪容易使人失去理性，导致冲突升级；争吵还具有“惯性”，即一旦因一点小事“开战”，日后往往有事便吵，久而久之，成见会越来越深。因此，当一方情绪反应激烈时，另一方应保持冷静与沉默，或者寻机走脱、回避，等事态平息后再交换意见，处理问题。

（5）物质上的孝敬与情感上的交流相结合。媳妇要和婆婆搞好关系，除了物质上孝敬之外，还应注意搞好感情交流，消除心理上的隔阂。只有彼此及时沟通，双方的心理距离才会缩短。因此，做媳妇的平日里要经常向婆婆问寒问暖，每逢老人身体不适，更需悉心照料，使老人在精神和生理上得到安慰和照顾。

（6）发挥儿子的中介作用。婆媳关系是亲子关系与夫妻关系各自延伸而形成的一种新的家庭人际关系，儿子在婆媳关系中扮演着“中介”角色，儿子作为婆媳关系的中介，对婆媳双方的性格特点最为了解，因此，儿子在处理婆媳关系中起着十分重要的作用。由于婆媳之间既缺少母子间的亲切感，又没有夫妻间的亲密感，因而出现的隔阂往往不容易消除，通过儿子从中周旋，可以消除心理屏障，使婆媳关系和好。

3. 亲子关系间的相互尊重

家庭是孩子的第一所学校，父母是孩子的第一任老师。父母和孩子的关系虽然是长辈与小辈的关系，但在人格上都是平等的关系。父母是教育者，同时，也要和孩子共同成长。只有建立起相互尊重的亲子关系，才能把孩子培养成为拥有健康品格的人。

（1）父母应尊重孩子。传统的中国式家庭教育强调命令与服从，喜欢“塑造”，希望孩子按照自己的意愿去发展，这在很大程度上剥夺了个体自由选择的权利。家长用专制的态度对待孩子，经常挑剔孩子的行为，不信任、不尊重孩子，会使孩子难以培养出自信、自爱及自尊。长此以往，个性强的孩子会与家长对抗，不能建立起良好的亲子关系；而个性弱的孩子会认为家长一定是对的，因而经常自责，变得自卑，没有自己的主见。

◆【案例 10-26】

玲玲的梦想

“玲玲，你将来想去做什么呀？”爸爸问。

“我要当一名伟大的科学家！”玲玲很认真地回答。

一旁的妈妈冷笑一声插话了：“你那五门有三门不及格的成绩还想当科学家？”

玲玲想起这次期末考试的成绩，不禁低下了头。

（资料来源：笔者依据相关资料整理）

上面事例中，妈妈的冷嘲热讽会给女儿的自信心带来极大的打击，玲玲的心里也挺不是滋味。在孩子成长的过程中需要鼓励和肯定，以帮助孩子培养出对自己能力的认识和自信心。玲玲的妈妈应该充分肯定玲玲的理想，用理想来鼓励玲玲努力学习、提升能力，并帮助玲玲“攻破”功课的难关，朝着理想前进。

随着时代的发展和生活条件的改善，许多父母希望将过去自己缺失的所有精神和物质关爱都投射到孩子身上，他们往孩子身上倾注了过多的爱，导致溺爱。父母事无巨细地为孩子做好了各方面的筹划，出门怎样走，书包怎样背，考什么样的大学，学什么样的专业，甚至是谈什么样的对象和找什么样的工作都是父母一手操办。他们总是认为孩子还小，最需要的就是庇护，完全没有把孩子当作独立的个体给予尊重，也未曾尊重孩子的需要和想法，完全剥夺了孩子自己的成长空间，让孩子对父母产生过度的依赖，丧失了独立的人格。

◆【案例 10-27】

林肯的成长故事

一个1周岁左右的小男孩，被年轻的妈妈牵着小手来到公园的广场前，要上有十几个阶梯的台阶。小男孩却挣脱开妈妈的手，他要自己爬上去。他用胖胖的小手向上爬，他的妈妈也没有抱他上去的意思。当爬上两个台阶时，他就感到台阶很高，回头瞅一眼妈妈，妈妈没有伸手去扶他的意思，只是眼睛里充满了慈爱和鼓励。小男孩又抬头向上瞅了瞅，他放弃了让妈妈抱的想法，还是手脚并用小心地向上爬。他爬得很吃力，小屁股抬得老高，小脸蛋也累得通红，那身娃娃服也被弄得都是土，小手也脏乎乎的，但他最终爬上去了。年轻的妈妈这才上前拍拍儿子身上的土，在那通红的小脸蛋上亲了一口。这个小男孩，就是后来成为美国第16任总统的林肯。他的母亲便是南希·汉克斯。母亲汉克斯在林肯9岁那年不幸病故。但毫无疑问，她用坚强而伟大的母爱抚养了林肯，使他勇敢而坚定地走向未来。

（资料来源：笔者依据相关资料整理）

父母宠爱孩子无可厚非，但也要懂得有所收敛，把握好“度”。林肯的母亲意识到了家庭是塑造孩子品格的第一场所，充分尊重孩子成长的规律，放手让孩子自己摸索成长的方法，培养了林肯独立坚韧的性格。正是这种正确的教育态度，促使林肯历经九次失败后，终于问鼎了白宫，并取得了辉煌的业绩。

（2）父母应赢得孩子的尊重。家庭作为一个整体的系统，家庭成员之间是相互影响的，一个成员的行为会影响其他成员的行为、认知和情感的变化，这些变化不是单向的，而是双向的影响。父母应尊重孩子，孩子也要尊重父母。作为父母，都希望能够得到孩子的尊重和敬爱，让孩子学会尊重父母也是父母管教有方的表现。孩子对父母的尊重，表现了孩子对父母的信任，父母只有赢得了孩子的尊重，才能让孩子心悦诚服地听从父母的要求和建议，从而构建良好的亲子关系。作为父母要想赢得孩子的尊重必须做到以下几点：

1）父母应以身作则。孩子是父母的一面镜子，受父母搭建的原生家庭的影响，孩子的一举一动都是以父母作为榜样的，父母千言万语的说教效果可能比不上以身作则的示范，孩子会在父母的模范行为的感召下，尊重父母。父母在家庭关系中，应多商量、少命令，多沟通、少指责，既应尊重孩子的祖父母和外祖父母，夫妻间也应互相尊重，久而久之，孩子也会潜移默化地受家庭成员的相处模式的影响，模仿和学习尊重他人。

◆【案例 10-28】

霸道的“小少爷”

暑假期间，王女士把四年级的儿子明明送去小姨家住，与两个表兄弟一起玩。孩子们玩得很开心，但是明明的小姨却开玩笑似的向王女士投诉：“我这个星期是你儿子的保姆啊，你家少爷不好伺候啊，可把我累惨了。”在小姨家的这段时间，明明不仅不搞自己的内务，换下来的脏衣服随便往地上丢，吃饭的时候看到不合意的饭菜，就开始抱怨，“怎么都是这样的菜，小姨，去叫点外卖加餐吧。”而且晚上看电视时也不管长辈正在看，拿起遥控器就换自己喜欢看的频道等。

原来，王女士是做生意的，在家对丈夫、保姆都是上司对下属的口吻，甚至对儿子也是吩咐的口吻，所以明明也就对保姆以吩咐的口吻要求对方为自己做事。逐渐地，明明越来越以自己为中心，不考虑周围人的感受。

（资料来源：笔者依据相关资料整理）

王女士只有转变对待丈夫、保姆和其他人的态度，平等礼貌地与他人相处，充分尊重他人，才能让明明耳濡目染，慢慢地发生改变。

2）邀请孩子参与家庭规则的制定，自己也应遵守规则。社会是充满规则的海洋，要想让孩子将来能够适应社会规则，规范自己的行为，家庭也应该有规则可循。没有规则的家庭是无序的，它会造成夫妻、亲子沟通管道堵塞，家庭关系不良。在制定家庭规则时，父母一定要征求孩子的意见，尊重孩子的想法和建议，以便更好地了解孩子的需求，培养孩子的自律精神。作为父母，应该抛弃将自己凌驾于规则之上的错误想法，充分尊重家庭规则的约束力，一旦违反规则必须主动受罚，身教重于言传，只有这样，才能受到孩子的尊重。

3）让孩子引以为傲，获得孩子的尊重。《圣经》上说，“父亲是儿女的荣耀。”孩子只有为自己的父母感到骄傲，才能更加尊重自己的父母。父母在工作上的敬业与成绩、生活中的真诚与担当、仪表上的端庄与优雅都能让孩子感到骄傲，但父母成为孩子的骄傲更重要的是靠他们的人格和处世的道德标准。

4）尊重孩子的隐私，和孩子交朋友。对于孩子的隐私，许多父母总是想法设法地去侦察和窥探，如翻抽屉看日记、拆信件，甚至打骂训斥。这些做法会伤害孩子的自尊心，造成孩子沉重的精神压力，甚至使孩子产生敌意和反抗，导致父母和孩子关系的恶化。父母应以对待朋友的方式，平等地处理孩子的隐私问题。所有家庭中的两人关系里，第一层是“朋友”。如果亲子关系出现问题，可以先从“朋友”这层重新开始。把对方看作一个自己想建立良好朋友关系的人，调适自己的行为和语言，以符合同朋友的相处模式，让对方感受到平等与尊重，一段时间后，孩子可能更愿意将心中的秘密告诉父母，接受父母的建议。

5）承认自己的不足，与孩子共同成长。父母并非圣人，总是处于高高在上的权威地位，会与孩子产生距离感。父母应采取虚心的态度，遇到难题同孩子一块解决，以平等和互相尊重的态度对待孩子。例如家中的事问问孩子的意见，在决定中照顾到孩子的需要。若不能接纳孩子的意见，应先向他们解释，以表示在乎他们的感受。这样，孩子也就慢慢地养成了尊重他人的习惯。

（四）用“存取款”的理念来经营家庭

要想经营好一个家庭，我们需要先了解一个“情感账户”，或者说“爱情银行”的观念。“情感账户”这个观念是美国心理学家威拉德·哈利（Willard Harley）提出来的。

“情感账户”是指我们每个人心里都有一个账户，每一次自己让对方开心，做了一些让对方高兴的事，说一句体贴的话，或是原谅对方的错误，就是在对方的账户里存款；每次让对方哭、受挫折、受痛苦，逞一时之快而出言不逊就是在对方的银行中提了款。存款丰厚，很多小问题就可以被原谅。但是，如果银行里已经赤字、债台高筑，再来任何一点小事，都可以变成大事。美国华盛顿大学高特曼（John Gottman）教授的研究指出，健康的婚姻家庭中，“存款”与“提款”的比例应大于5：1。但有种“做好是应该，做错就该骂”的传统观念，使情况变得更糟。

关于这个观念有一个很重要的原则，就是我们存款的时候要“投其所好”，而不是“给己所要”。例如，A非常口渴的时候，B给A一杯水，这是存款。但是A非常口渴的时候，B给A几个馒头，因为B自己肚子饿了，他想A也饿了。这是存款还是提款？从B的角度来看，这是存款，他的动机是好的。但是从A的角度来看，这不是A想要的东西，这可能是一个提款。所以，我们要爱别人，就要用别人爱的语言。

六、夫妻携手应对职场挑战

每个人都期望家庭幸福和事业发达，员工关系与夫妻关系既能相互促进，又在很多时候相互矛盾，由于偏执一方而酿成不少缺憾。不少企业家或高管由于忙于打拼事业，疏于经营夫妻关系，事业成功时才发现幸福与自己擦肩而过。只有在和谐友爱的夫妻关系和家庭关系基础上，夫妻双方才能共同面对职场挑战，实现家庭和工作的“双赢”。

（一）家庭和工作的平衡

事业成功和家庭幸福几乎是所有人的渴望。工作重要还是家庭重要，变成了类似鸡与鸡蛋的问题：没有工作，如何供养整个家庭？家庭不支持，工作便会有顾虑。工作与家庭的时间分配问题显得尤为重要。工作、家庭如何平衡，其中最关键的一点是弄清楚自己想要的是什么。如果要得到生活的平衡，不妨认真思考一下对于自己来说什么是最重要的，自己所追求的最高目标是什么，如何才能使自己拥有真正的幸福。处理工作与家庭的关系时，就像抛接球一样，要同时抛接几个球，就不可能让它们处于同一高度。窍门就是不要让任何一个球掉到地上，在它落地之前设法接住。如果处理不好就有可能造成事业上的失败，家庭悲剧的发生。所以，为了避免这些不幸的发生，一定要掌握好一个“度”，努力寻找到工作与家庭之间的平衡，并尽力去维持这种平衡。

做好家庭和工作的平衡对很多领导而言是非常重要的。某些领导特质对婚姻家庭是非常不利的，领导需要随时进行角色转换。领导在单位需要调配和差遣下属，如果领导把这些习惯带到家里，家就不像家了。由于领导在单位发号施令久了，受到太多的称赞和追捧，有时容易把家人也当作下属一样使唤，忘了自己在家里的角色定位。

为了做到家庭和工作的平衡，应在尽可能搞好工作的同时，不淡化家庭观念，转换并扮演好领导、下属、贤妻、良夫等多重角色，体谅对方的辛劳，工作之余也应承担起部分家务。

（二）外派、两地分居

被单位外派，必定工作能力、独立能力较强，独自在外，没有家人的关心，势必会在工作上投入更多的精力，可能会应酬、熬夜、不懂得调理身体等，容易引起身体疾病。另外，外派人员虽然每天有工作相伴、同事作陪，但个人情感还是存在空缺，会因为家人不在身边而情绪低落。如果身边出现一位关心、体贴的人，极易出现感情危机。那么职场夫妻应如何应对两地分居问题呢？

（1）约法三章，遵守规则。规则是约束双方行为、维系婚姻关系的重要保障。例如，夫妻双方可以约定好，不管多忙，必须每天保持联系；产生矛盾或者争吵之后，不吵隔夜架，当天解决，不回避问题或进行冷战；吵架之后，一方主动求和，另外一方笑脸相迎，给对方台阶下。

（2）统一协作，藐视距离。作为一对异地夫妻，除了打电话以外完全可以一起做些别的事情。非异地夫妻不会花很多的时间去打电话，而是一起去完成某些有趣的事情。异地情侣也可以花时间一起做事情，例如同时上网观看电视或电影。最好可以拟出一份关于协作活动的项目清单。

（3）不管多忙，保证每天交流。尽可能多与伴侣进行交流。尽管异地夫妻看不到对方，但是建立和维持情绪上的沟通十分重要。并不总是需要冗长而又有深度的交流。告诉对方自己的小成就或是小挫折，问问该怎么办。电子邮件、微信、QQ 都可以用起来。写封情书或是在线上送个没理由的小礼物。这样，交流的质量也会随之增加。

（4）追求共同的爱好。如果双方都感兴趣的电影上映了，那么各自去看，然后电话交流观后感。同时阅读一本书，打电话时一起做白日梦。让各自的手表每时每刻都显示相同的数字，让各自的闹钟同时响起，在每天的某一时刻同时思念对方，体会此刻对方也在思念自己的甜蜜。发挥创造力，让彼此更加贴近。

（5）忘却完全控制对方的邪念。人生来平等，没有人可以或是应该被其他人控制。既然决定了选择这段异地恋情，就要接受这个事实，不要妄想随时随地监视对方。常常有人因为没有联络上伴侣，给对方打了一整夜的“夺命连环电话”，以至于第二天对方看到手机上 100 多个未接来电，感到十分崩溃。只要双方关系还在继续，那就要完全相信对方，给对方自由呼吸的空间。

（6）重视每次小聚。在夫妻小聚的时候，营造家的氛围。特意在爱人回来之前装扮一下温馨的家，泡上一杯清新的绿茶，摆上一桌可口的饭菜，插上一束芬芳的鲜花，把自己收拾得漂亮帅气，让对方感受到家的温暖。切忌在短暂的小聚中，为家庭琐事拌嘴，如遇此种情况，可以转移话题缓和紧张的气氛。

（三）农民工的两地分居

1. 农民工的“红灯婚姻”

◆【案例 10-29】

生产线上的“临时夫妻”

陈琴比张军小两岁，有两个孩子，丈夫在老家务农。2008 年，陈琴来到服装工厂做熨烫女工。她和张军在同一条加工线上工作，张军时常帮陈丽整理服装，清理线头。时间一长，两人相互产生好感。2009 年，张军向陈琴表明了心意，想和她组成“临时夫妻”，表示不会破坏其家庭。

“一开始，我很为难，一边是家里的丈夫和孩子，一边是阿军对自己的照顾，挣扎了很久。”陈琴说，一个月后，她答应了张军，理由是丈夫曾经背叛过她，加上周围姐妹不少都组成了“临时夫妻”，过得很幸福，她因此减少了负罪感。至今，张军和陈琴在一起已有四年时间。但是，他们都不想影响与老家“那一位”的关系，毕竟已经有孩子了，所以维护得小心翼翼。他们会按时给家里寄钱，甚至以寄得更多来作为补偿。不过，很多时候纸是包不住火的。“临时夫妻”发展到最后，造成家庭破裂的例子并不少见。

（资料来源：笔者依据相关资料整理）

当下，我国城市化进程中，人口流动频繁，大批农民工涌入城市务工。很多夫妻是一方外出打工另一方留守家中。夫妻长期两地分居，给农民工的婚姻带来了极大的不稳定性，导致很多“临时夫妻”的产生，甚至离婚。主要有以下一些原因：

（1）转型婚恋文化的冲击，传统婚姻观念发生深刻变化。在城市里打工的农民工，与在家里留守的另一方在思想观念上的分歧越来越大。一方在城市里见多识广，而留守的一方观念还基本停留在原地。观念分歧导致情感难以融合，情感必然淡漠，没有感情的婚姻自然难以为继。

（2）两地分居的婚姻导致家庭功能淡化。在农村劳动力向城市转移的大潮中，农村婚姻家庭关系由长期共同生活向长期分离生活转变。农民工夫妻部分的选择是一方为赚钱而外出，另一方为孩子老人而留守，还有一种是夫妻都外出打工，但是不在同一个地方。长期分居两地，缺少交流与沟通，夫妻感情淡漠。

（3）自我监控薄弱，“临时夫妻”产生。农民工外出打工，扩大了视野，增加了收入，改善了生活，社会身份改变。很多农民工在感受五光十色的都市与农村生活环境的强烈反差后，与留守一方的裂痕和冲突增加，“第三者”“婚外情”屡见不鲜。重庆市农民工离婚现状调查显示，因婚外情而提出离婚的男农民工占男方提出离婚的70%。

（4）户籍制度的阻碍影响家庭稳定。城市农民工的婚姻受到了城乡差别和户籍制度的阻碍，农民工不能获得城镇户口，只能在长期打工的城市暂居。因此，他们就不能享受城市居民的社会福利和基本的社会保障，农民工子女在城市接受教育的机会很少，即使短暂地留在父母的务工地点，但最终很可能因为学费昂贵、非城市户口等原因被迫选择回到农村学校读书。孩子本是维系家庭的重要纽带，父母和孩子间的长期分离，常常会使孩子这个家庭的重要纽带失去了应该发挥的作用，同时也淡化了进城务工者作为家长应尽的责任和义务。

（5）婚前感情基础薄弱导致婚姻的高风险。广大农村青年的婚姻缔结模式仍然带有深深的“非自主”烙印，由于文化层次不高，相互了解的机会不多，凑合过日子的心态，很多农村青年走入“媒妁之言，父母之命”的传统婚姻形式。另外，许多农民工外出打工时的年龄很小，其外出打工中很难遇到合适的婚姻对象，父母就包办了婚姻。

（6）“闪电式结婚”渐成风。外出务工的农村青年，大多处于恋爱、结婚的黄金时期。

由于诸多条件的制约，他们只能在家乡寻找伴侣，从而使“闪电式结婚”十分普遍：一是有的在家时间少，常年忙于打工，见了几面就结婚；二是有的农民工由于家庭经济条件的限制，只要碰到基本认可的对象，就急于结婚，婚前了解可想而知。草率结婚导致婚姻基础薄弱，是造成农民工离婚低龄化现象逐步突显的重要原因。

2. 留守儿童问题多

当夫妻共同外出时，随之而来的主要问题则是子女的抚养和教育。很多农民工子女因为种种限制，无法进入城市学习，只能留在农村家中和爷爷奶奶一起生活，结果造成亲子关系的疏远。而亲子交往的缺失也会对儿童的正常社会化和健全人格发展带来不利影响，以致形成目前备受关注的“留守儿童”教育问题。目前“留守儿童”的问题主要表现在：

（1）家庭教育的缺失。对于留守儿童来说，由于父母一方或双方均在外打工，他们缺少了起码的与父母交流的机会。部分农民工婚后夫妻关系恶化，甚至离异。夫妻离异后由其中一方单独抚养孩子，给孩子的身心带来多方面不利的影响，孩子性格上表现为柔弱内向、自卑孤僻。另外，父母离异对孩子的教育缺失，一味地靠寄钱来弥补，让孩子养成了好逸恶劳、大手大脚花钱的不良习惯，不利于形成健康的习惯。有的父母对孩子不闻不问，导致孩子自暴自弃走上了危害城市公共安全、违法犯罪的道路。

（2）爷爷奶奶的溺爱放纵。父母外出打工，隔代监护人——爷爷奶奶无法随时了解孩子的情况并给予有效的管理，给了孩子一个过于自由、放纵的空间，大部分留守儿童在校的学习态度较差、学习兴趣不足。由于监护人的忽视和留守儿童较差的自律性，他们对于一些较危险的事情缺乏理性的判断和行为控制，很容易造成一些安全隐患。若不加以正确引导，他们还很容易受社会上“不务正业”的不良少年的影响，染上酗酒、抽烟、赌博、聚众闹事等不良习惯。

（3）学校教师的情感支持不明显。在青少年时期，父母与教师是儿童的“重要的人”，尤其是小学中低年级的留守儿童。当父母远离时，教师就成了孩子情感依恋的对象。但老师对留守儿童的支持更多地体现在学习帮助上，情感支持非常欠缺。

若要挽救农民工的婚姻，夫妻应如何共同携手面对这一挑战呢？

（1）夫妻双方应经常保持沟通，共同学习。两地分居的农民工夫妻若能成为彼此的知心朋友，在纷繁复杂的异地生活中，经常倾听对方的倾诉，分享心情、慰藉对方，即使两人距离遥远，两颗心的距离会无比靠近。所以，夫妻两人应保持交流，一起树立正确的婚恋观，并在每天的交流中不断强化情感。

（2）密切关注家乡的动态，寻找返乡工作的机会。随着地方经济的迅速发展、小城镇投资环境的改善，农村剩余劳动力在居住地附近就业的机会增加了。若夫妻二人能够在本地实现就业，便能减少因夫妻两地分居而引起的离婚情况。

（3）夫妻二人应积极地教育孩子。夫妻在外务工，虽然没有机会随时随地陪伴在孩子左右，但是两人可以分工每天给家里的父母、孩子打个电话，询问他们的生活、孩子的学习情况，并多多提醒父母督促、管教孩子，一定要让孩子明白父母是非常爱他们的。每周或每两周，可以给孩子的老师打个电话沟通孩子的在校表现，掌握孩子的动向。此外，设置奖励制度也是鼓励孩子的好方法，答应孩子一旦他取得某方面的进步，就给予一件礼物进行鼓励。此外，如果有可能的话，在孩子寒暑假的时候，把孩子接到自己身边相处一段时间，以培养与孩子的感情。

（4）丰富文化生活。农民工夫妻应在分居的空闲时间里，多读书、多学习，丰富自己的文化生活。只有丰富农民工的健康文化生活，才能增进农民工的科学文化知识，提升他们的综合素质，加强他们的家庭责任感。

第三节 变故与重组关系

关系的变故是不幸的，会让人产生挫败感，但就像任何失败和挫折一样，关系的变故也有两面性。马克思说："离婚是对已经死亡的婚姻的宣告。"理智的离婚无论对于夫妻双方还是对于社会都是幸事，离婚使幸福在毁灭中再次重生。没有人喜欢变故所带来的不确定性，随着相关知识的增加，可能会提高免疫力，防患于未然。若处理得当，变故关系也不失为自我成长的一条途径。

一、居里夫人的不幸与幸运

◆【案例 10-30】

居里夫人的故事："幸运"的失恋

1883 年，16 岁的波兰姑娘玛丽亚，即后来的居里夫人，到某贵族之家当家庭教师，她计划挣一些钱出去上大学。两年后，这家的长子卡西米尔与玛丽亚相恋，玛丽亚刚过 19 岁，他们计划结婚。当然，上大学是不可能的了。

可是，由于门第不同，他们的婚姻遭到卡西米尔父母的坚决反对，意志薄弱的卡西米尔屈从了父母。玛丽亚痛苦万分，竟准备"同尘世告别"，但她终于凭着顽强的意志克制住了自己。

于是，她把个人的不幸化为献身更大目标的动力，化为教育培养当地贫苦孩子的善心以及只身赴巴黎求学的勇气。

人们认为，这是一次幸运的失恋。否则，她的历史将会被重写，人类将失去一位迄今为止最伟大的女科学家。

居里夫人的失恋是她人生的一次挫折，从挫折与痛苦中解脱出来，重新振作，投入到科学研究中，她才有了后来的成功。

（资料来源：笔者依据相关资料整理）

（一）正确对待不幸

所有的不幸，最终都会随着时间而流逝，让人接受和淡忘，即使有些不幸曾让人感到痛不欲生。面对不幸的降临，有的人会选择迎头而上，迎来了新的转机，而有的人选择一味逃避，结果更加不幸。

遇到不幸的感情，适当的伤心难过宣泄情绪是非常必要的，但这个时期不宜过长，以免沉浸于悲伤之中不能自拔，做出过激的行为。即使眼泪未干、头痛失眠也需要强迫自己去完成日常生活的全部事情，包括规律的三餐饮食、例行的公事、夜灯下的阅读、周末的郊游等，这都是转移注意力和调试心情的方法。经常暗示自己豁达一些，开朗一些，把不幸当作是历练的过程，只有挥别错的人才能和对的人相逢，永远相信“转角遇到爱”。如果实在无法对自己进行调试，长时间走不出失败感情的泥沼，可以向心理医生寻求帮助。一旦走出不幸的感情之后，一定要痛定思痛，认真地总结经验教训，为自己以后的生活多添一份把握。

（二）塞翁失马焉知非福

有一个人成天祈祷“上帝”给他幸福，他的诚心打动了“上帝”，一天，美丽的幸福女神终于推开了他的家门。他喜出望外，连忙请她进屋。“且慢……”幸福女神说：“我还有一个妹妹呢。”说完便把躲在门旁的妹妹拉上前去。“这……”他吃了一惊：这个妹妹长得那么丑陋，于是就问：“她是你的亲妹妹吗？”“不错，她是我的亲妹妹，是不幸女神。”幸福女神回答道。“那，我就请你进来，让她待在外面，好吗？”幸福女神断然说：“这可不行！我们俩如胶似漆，如影随形，何时何地都不能分开。”

幸福与不幸如影随形，追求幸福的人们不可忘记幸福女神这一箴言。当某种不幸降临的时候，幸福也许正在不远处朝我们招手。唯有饱经磨难，正视且敢于接纳不幸的人，才能找到真正的幸福；反之，容易被不幸吓倒、击倒的人恐怕永远与幸福无缘。

二、要成长而不要轻易离婚

随着经济的发展，人们生活水平的提高，大家对婚姻质量的要求也越来越高，经济上的独立加心理上的独立，致使离婚率越来越高。离婚能给人一时的解脱，但离婚的一些后遗症也给人带来更多痛苦，所以不要轻易离婚。

（一）矛盾在于化解而不在于回避

任何一段感情都是要用心经营的。人无完人，任何两个人相处，都会产生矛盾，我们要学会化解矛盾，而不是回避矛盾。离婚并不是解决婚姻问题的唯一方法，所以希望寻求真正幸福的人们，不要太冲动，不要动不动就想到“离婚”。

（二）离婚伤害父母和孩子

爱情是两个人的事，但婚姻没这么简单，离婚后双方父母和孩子也要跟着受伤害，夫妻双方解脱了，他们怎么办？如果孩子在身边，会分外操心；如果孩子不在身边，会分外牵挂。

（三）离婚会暂时失去心灵的归宿

婚姻也许让双方放弃了很多，离婚也许会给双方带来短暂的轻松和快乐，然而快乐过后的空虚谁能填补？一个人不可能永远在外漂泊，当自己漂累的时候，是不是又会渴望有一个温馨的港湾？

（四）再婚面临更为复杂的家庭关系

离婚后可以再婚去寻找幸福。但面对再婚后相对复杂的家庭成员关系，需要重新培养感情。而且第二次婚姻远比第一次复杂，婚姻的路可能更难走。同时，自己也不再年轻，还能经得起折腾吗？

（五）再婚面临舆论的非议

离婚后再次步入婚姻会备受无聊之士的关注，即便想从头再来，好好过日子，他们也会用各种流言蜚语给再婚人士带来困扰。面对闲言碎语，再婚者是否拥有强大的内心去面对呢？

三、离婚诉讼的顾虑及对策

(一) 对方"不睬"法院传票

很多当事人在诉前与对方谈及离婚时，对方态度恶劣，甚至扬言，若起诉了也不接传票，也不会到庭，就是让对方离不成！其实，大可不必担心。根据相关经验，最终"不睬"法院传票的寥寥无几。虽然现在法院审理离婚案件，通常是打电话或寄信让当事人来取，但如果遇到拒不配合的当事人，法院仍会派员送达。即使当事人拒签，法院仍可依法采用留置送达，只是手续麻烦了一些而已。如果当事人一方接到了法院传票，基本上都会到庭的，不然法院可能会缺席判决，可能会做出对拒不到庭一方不利的判决。为了使自己的"权益"不受损失，当事人自然不会缺席。

(二) 对方隐匿财产

一旦对方接到了法院传票，很多当事人担心对方开始隐匿家庭共同财产，其实这个担心并不是多余的，几乎60%以上的案件都会涉及一方涉嫌隐匿财产的情况。因此，防止对方隐匿财产，应当提前准备。比如，在起诉前，就将家庭共同财产的发票收集好，或请朋友做见证证言，兼采用影像取证技术。另外，对于银行存款、股票等，可以在起诉的同时申请法院调查或律师出具调查令调查，一旦查出财产下落，可以视情况采取财产保全措施等。

(三) 对方造假债务

造假债务也是离婚案件中常见的问题。例如，原先父母赠予购房款，现在补写一张欠条企图变成借贷关系；自己股市中的钱说是替他人炒股的资金；甚至直接找亲朋伪造欠条。担心对方造假，是离婚诉讼中当事人最大的顾虑之一。其实，也不必过于担心。法院有一定的诉讼规则，"造假"也并不是容易得逞的。目前，理论界普遍的观点是，法院在审理离婚案件时，不宜直接对债务问题进行处理。法院通常的做法是，如果一方当事人对债务不予认可，通常对债务不予实质审理，而是建议债权人另案起诉。"造假"要面临鉴定、质证的考验，还要面对《婚姻法》第四十七条不分、少分的后果，甚至参与人还要承担伪证罪的刑事后果，因此，"魔高一尺，道高一丈"，只要注意诉讼权利与技巧，诉讼中对方"造假"的问题可以防范和解决。

(四) 过了举证期限

根据最高人民法院的庭审规则，如果当事人不按举证期限举证，过期法院不再组织质证。这就要求当事人相当熟悉人民法院关于举证程序的相关规定，相关内容在立案时，法院回执的"举证通知书"当事人一定要认真阅读。如果不注意过了举证期限，先向法院说明情况，以期得到法院的延期举证批准。一般情况下，只要对方当事人特别是律师不提异议，法院不会主动因举证过期而拒绝质证。但是，如果关键性的证据得不到质证，自己又是原告，只能采用撤诉的劣招来补救了。

(五) 找不到"第三者"的证据

离婚案件近60%涉及婚外情问题。很多当事人常常找不到对方有"第三者"的证据。其实，如果构不成同居，花大力气找"第三者"证据的意义是不大的。因为能直接证明婚外情的证据很难取证，一般当事人只能拿到电话清单、通话记录、短消息内容、相对亲昵的照片、证人证言，甚至堵在门外等。这些证据证明力相对较小，一般法院不会因这些证据而认定对方有过错。花这么多精力和金钱去取没有实质意义的证据是不合算的。因此，只要手边有一定能够让法院明白的证据，就可以了，不必太在意这些证据是否对法官司法裁量时产生倾向影响。

（六）双方都要房子

房子是生存最基本的生活资料。如果双方都想得到房子，法院一般会考虑到以下因素判决：

（1）孩子归谁抚养。一般情况下，孩子归谁抚养，房子判归谁的可能性会较大。

（2）照顾无过错一方。例如，另一方有《婚姻法》第四十六条规定的四种恶习，即有重婚、同居、家暴、虐待、遗弃家庭成员的情形，考虑无过错方的利益，法院会酌情考虑无过错方的权益。

（3）如果双方条件相同，又没有孩子，法院还可能采用竞价方式解决房屋归属，即把房屋判给出价最高的一方，另一方拿取折价款。

（七）双方都要孩子

如果孩子已满十周岁，一般听取孩子的意见；如果孩子不满十周岁，幼儿期内的孩子一般情况下判归母方的可能性较大。除此之外，法院会酌情考虑双方的经济条件、思想品质、孩子一贯的生活环境等情况，以"对孩子成长有利"的原则，酌情判决。

（八）对方不让见孩子

如果判决书/调解书或离婚协议规定了孩子的探视权，但在实际的履行中，一方或其父母以各种理由拒不让另一方行使探视权，享有探视权的一方可以通过所在地的居委会沟通协商，未果，可在收集相关证据的前提下，向人民法院提起侵权之诉。但要注意的是，法院强制执行一般只会采取排除妨碍措施，而不会对孩子的人身采取强制措施。

（九）对方拒不履行调解书/判决书中的义务

如果一方拒不履行应给付的义务，另一方可以通过法院强制执行。目前，法院执行是先不预收费用的。目前焦点问题是房屋对价款的给付执行，往往会出现，一方不是拿不起钱而是不想拿钱的情况。因此，必须采用其他方式给履行义务方施加压力。比如，申请法院查封其分得的房产，限制其行使权利，这样会促使义务人履行债务。另外，还可以申请法院执行其工资收入等。

（十）对方声称其在法院有关系

很多当事人聘请律师时，首先会问："您同某某法院关系如何？"或者，担心对方社会关系多，在法院认识或拐弯认识办案人员，担心判决结果对自己不利。这种想法一般情况下是多余的。离婚案件审理已形成一套独特规则，一般情况下，办案人员会按这套规则行事。离婚所涉及的财产分割要么是夫妻共同财产要么不是，界定分明，法官自由裁量权相对于其他经济案件较小，托关系施加影响，恐怕难以达到目的。

四、怎样走出离婚的痛苦

（一）更加努力工作

离婚后，男女各方需要照顾自己的衣食住行，又要抚养孩子，若完全寄希望于对方的抚养费，一旦对方停止给予经济上的费用，生活将陷入窘迫的境地。离异双方可以通过工作获取经济上的保障，让自己自立自强，还可以依靠工作把自己从离婚的痛苦中转移出来，迅速走出婚姻失败的阴影。

（二）给孩子更多的陪伴

男女双方在婚姻里忍受了很多煎熬，孩子何尝不是如此？让孩子接受单亲家庭的现实，不管孩子多大年龄，对于他们来说，都是无法抹去的伤害。尽可能多陪孩子，不要让孩子同时失去父爱和母爱。如果条件允许，带着孩子出去走走，看看外边的世界，告诉孩子生活可以选择，让孩子明白单亲家庭不过是一种形式罢了，也让自己的心释放一下。

（三）依偎在父母旁边

离婚的消息，尽量不要告诉父母，父母年纪已大，接受不了子女突然离婚的事实。领着孩子去父母身边待些日子吧，和他们说说话，陪他们唠唠家常，也让孩子知道单亲家庭的孩子不孤单。

（四）多和亲友聊聊天

不要总是憋闷在家里，也不要假装自己很轻松，刚离婚的人心情一定特别低落。越是假装心里就会越苦，不要随便和外人絮絮叨叨，那样就会变成可悲的祥林嫂，和自己信赖的亲友聊聊天，讲讲心里的憋屈，谈谈以后要面对的路，偶尔和朋友聚会一下，千万不可借酒消愁。

（五）反思过去，重新规划人生

离婚意味着结束双方所构建的关系模式，不合适的关系模式是婚姻走向尽头的罪魁祸首。由于个体原生家庭的关系模式都不一样，婚后会不自觉地将原生家庭的关系模式带到婚姻中来，夫妻双方若无法协调彼此的差异并搭建好新的关系模式，结果只会埋葬了婚姻。离婚之后，应该反思自身在前一段关系中存在的问题，积极清理原生家庭的关系模式对婚姻的不利影响，积极地自我成长；否则，即便再次走入婚姻，也会因为相同的原因而出现变故。

离婚后，代表曾经的生活已经过去。从此时起，自己是个独身的人，是个需要更加努力打拼的人，不能让自己偷懒，要时时刻刻打起精神，为了孩子，为了以后的路，为了父母，好好为自己规划人生，积极地自我成长。不要被失败的婚姻压倒，越是离异了，就越要勇敢、自立、自强，越要有尊严地活下去，越要相信更好的自己会遇到更好的恋情。

五、半路夫妻

有这样一群老人，他们有儿有女，却独自居住，他们就是空巢老人。现在的“80后”乃至“90后”大多都是单独居住，这样造成了大量空巢家庭，很多家庭里通常只有一对甚至一个单身老年人留守。同样是空巢家庭，有老伴儿的老人生活上可以互相照顾，相互照料，远离孤独和寂寞，即使有突发事件，也能有人在第一时间打电话求助亲人或医院。而单身的空巢老人面对独自一个人的家常常感到空虚和寂寞，终日无所事事，甚至会得老年抑郁症。

作为子女一定要多花些时间来陪伴老人，使其体会到家庭的温暖和安慰。可子女终究替代不了老伴儿的作用，因此子女们应该尊重老人追求幸福的权利，支持他们再婚。

（一）伴侣会一直陪伴

◆【案例10-31】

生病时有老婆陪伴的老孙

老孙因为生病住进了医院，儿女们过来看看后，因为工作忙或家里有孩子要照顾，都很快走掉了。住院期间，只有老伴儿天天守候在身边端屎端尿地侍候他。老孙不禁感叹：还是老婆知冷知热啊！

（资料来源：笔者依据相关资料整理）

俗话说，少年夫妻老来伴。街头巷尾，常常见到许多老年夫妻相守相伴，共度晚年。他们虽有儿女，却由于各种原因，或者奔波于生计，或者远在他乡，不能厮守在老人身边。这个世界上，最疼爱孩子的是父母，但是父母早晚要离开。父母最疼爱的是子女，可惜子女会远走高飞。所以，要好好爱伴侣，因为只有伴侣，才是那个最后守候在身边的人。

（二）半路夫妻的相处之道

半路夫妻相爱容易，相处难。随着老年再婚的人越来越多，怎么样和老伴儿相处才能一起安详地过好晚年再婚的幸福生活呢？

1. 平时要对爱人好

不生气，不吵闹，不打骂，真心爱护对方，把对方当成生命里的另一半。学会接受对方，包容对方，原谅对方，呵护对方，用一点一滴的爱让伴侣真正成为自己生命中的一部分。

2. 真诚地对待对方的子女

许多半路夫妻过着如履薄冰的日子，彼此都在强求情感的专注，利益的分配，而忽视了对方子女的感受。离婚家庭给孩子带来的伤害影响着他们的一生，半路夫妻更应该去填补孩子们身上缺失的爱，懂得取舍，创建幸福和谐的家庭。

3. 凡事都要学会包容和忍耐

这个世界上没有完美的人，自己的爱人也是。所以凡事都要学会包容和忍耐。即便爱人有这样那样的缺点，只要无关大局，也要视而不见。结婚之后，要学会闭上眼睛享受生活。要接受已经存在的一切和当下发生的一切。不要整天对爱人横挑鼻子竖挑眼，更不应该与自己的前任进行比较。

4. 微笑着对待爱人

对爱人好，具体到一件事上，就是永远微笑着面对那个与你朝夕相伴的人。微笑，会让生活变得更美，会让夫妻关系变得更加和谐。早上起来的时候，微笑着问声好；上班走的时候，给爱人一个拥抱。这些点点滴滴的小事，积累起来，就是满满的美好和幸福。

5. 自己好了，爱人就更好了

美好的婚姻，是谁找自己谁幸福，自己找谁谁幸福。自己好了，爱人就好了；自己美了，爱人就美了；自己幸福了，爱人就更幸福了。做个好伴侣，从自己开始。

【思考题】

1. 恋爱关系中男女的基本需求分别有哪些？
2. 办公室恋情的利弊是什么？如何应对办公室恋情？
3. 家庭如何做到系统整体地经营？
4. 如何走出离婚的痛苦？

【案例分析题】

根据案例 10-10“宋菲的纠结”的内容，结合本章知识点，回答以下问题：

1. 案例中宋菲对感情产生动摇的主要原因是什么？
2. 如果宋菲想要继续维系这段恋情，她应该怎么做？

第十一章

社会关系管理

【培养目标】

1. 认识到强弱关系在关系网络中的作用。
2. 认识到社会惯性作用下古今关系间的联系。
3. 认识中西方关系的内涵与处理的差异。

【培养要点】

1. 关系多样性是社会系统的基本特征，是个体生存与发展的基石。强弱关系相互交织、共同作用，形成丰富而有序的关系网络。在建立与维系关系的过程中，要认识到强关系的局限性与弱关系的必要性。

2. 中国古代社会关系在社会惯性的作用下依然发挥着影响力。皇权背景下的关系模式，专制社会对自我的漠视，官本位文化的影响等对当今的关系认知与重建提出了挑战。新中国成立以来，从计划经济时代到改革开放，关系重组的行动一直在持续。

3. 在对关系的认识、构建与处理上，中西方存在着明显的差异。跨国公司应基于不同文化下的关系规则进行有效管理。

【本章框架】

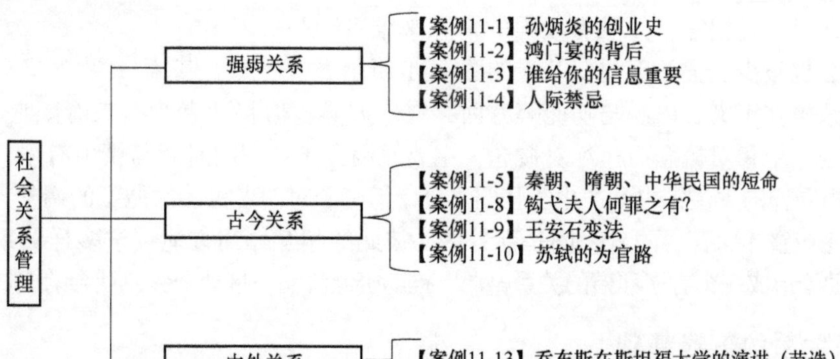

第一节 强弱关系

一、多样性是生存的基石

当今世界，关系无处不在，与其说我们生活在地球上，不如说我们生活在一个巨大的关系网络中。在这个庞大而复杂的网络中，每个人都以不同的形式与他人建立着内容不一、强度各异的连接，特别是随着现代信息技术的发展，无论是对群体而言还是对个体来说，这种连接都日趋多样化。这既是个体在激烈的生存斗争中的必然选择，同时也进一步促进着、成就着个人的生存与发展。正如“六度理论”所阐述的，平均通过五个中间人就能够认识世界上的任何一个陌生人，这不仅体现了错综复杂与多样性的关系网，也揭示了关系交织中的资源流动，为个体立足于世奠定了强有力的基础。

纵观各种生态系统，不难发现，多样的关系是任何一个系统中都必不可少的存在与推动因素。在自然界，动植物之间的竞争、合作、共生、寄生等关系普遍存在，有效地维系了自然生态系统的平衡。同样在商业环境下，同事之间、下属与领导之间、部门之间、企业之间、行业之间等纷繁多样的关系之间信息与资源的共享流动，更是成为孕育创新的肥沃土壤，影响着企业、行业乃至整个国家经济环境的波动起伏。可见，关系的多样性不仅是社会各个系统的基本特征，也是其生存与发展的力量源泉。

基于关系在个体、群体以及社会生活中的重要性，各个领域对于关系的研究也如雨后春笋般蓬勃发展起来。美国社会学家格兰诺维特（Mark Granovetter）基于关系程度划分的强关系与弱关系成为近年来人们认识关系的重要理论依据。他认为人际关系可以划分为两种：①强关系，它最有可能产生于家庭成员、同事、同学等之间，他们在生活和工作中有较多的互动机会，人与人之间关系紧密，有较强的情感维系着。血缘关系、地缘（老乡）关系等都是强关系的典型代表。②弱关系，例如见过一面或是无意间提到的一个人，可能和我们是弱关系，在这种关系中，人与人之间联系较少，可能只是聊过几句或是打过招呼，并没有较强的情感来维系，并且互动的机会也很少。强关系与弱关系如图 11-1 所示。

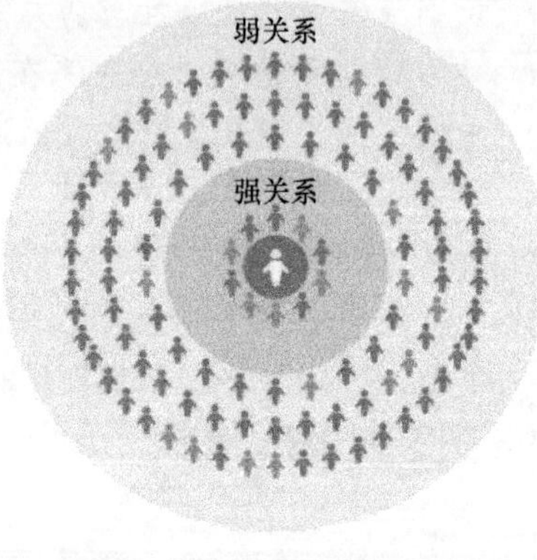

图 11-1 强关系与弱关系

强弱关系虽在定义、内涵与功能等方面存在着差异，但将两者割裂来看则是不合理的，强弱关系更是一个相对概念而非绝对概念，主要原因在于人们的时间与精力有限，不可能对所有关系付出同样的关注，也就产生了强弱之分，但随着对两者投入的能量的调整，强弱关系也会随之改变。整体而言，两者之间是互补的，彼此的相互作用方能促进多样关系的合理配置，进而有助于形成一个有序和谐的关系格局，推动资源流动，带动个体、社会的成长与发展。

二、强关系的五缘基础

（一）强关系的由来

强弱关系的由来与建立并非空穴来风，而是立足于中国数千年的传统底蕴，特别是强关系具备着深厚的文化根基。古代中国人的宿命观是很强的。宿命观作用于人际关系方面，便形成了“缘”的观念。缘是中国人心目中的一种命定的或前定的人际关系。在传统的中国社会里，缘扮演着重要的角色。在日常生活中，在世俗传说里，缘是对各种人际关系最方便的解释。和谐而喜剧性的关系固然是缘，龃龉而悲壮性的关系也是缘。亲如父子或夫妻是一种缘，萍水相逢的际遇也是一种缘。古代中国人这种将各种人际关系都解释称缘的态度，可以称为“泛缘主义”。㊀

在中国的历史中，缘的观念最早起于何时，已渺不可考。但其明显形成是在佛教传入中国以后。佛教的“因缘果报”之说与“三世因果流转”之论，很可能是缘的观念的主要思想源头。探索缘的观念的流传与演变，最丰富、最有用的资料是唐代以后各种稗官野史、传奇小说以及笔记小说。

基于传说和现实的演变，缘可以分为两类：缘分与机缘。前者是一种长期之缘，后者是一种短暂之缘。缘分是一种持久性社会角色关系，所涉及的是亲子、夫妻、师生、主仆、朋友等长期社会关系。具体而言，长期之缘主要有以下几种：家属之缘（如夫妻、父子、母子、兄弟等），亲戚之缘（如姻亲等），师生之缘，朋友之缘，同事之缘（如上司与下属等），其他长期之缘（如主仆、邻居等）。机缘则是指一种临时性的人际互动关系，所涉及的是同舟、同店、同餐、同（考）场、同难等短暂的社会关系。具体而言，短暂之缘主要有以下几种：同乘舟车之缘，同席餐饮之缘，同店宿止之缘，同作博弈之缘，同场考试之缘，同遭危难之缘，主客相处之缘，他乡遇故知之缘，买卖交易之缘，病人与医生之缘，其他短暂之缘。

从上述描述中可看到，长期之缘主要涵盖了亲缘、业缘、血缘、地缘、友缘，基本涉及了人生各方面的强关系，既成为强关系合理性的基础，也丰富了强关系的内涵与功能，成为强关系演变与功能发挥的历史渊源与文化源泉。

（二）强关系的功能

强关系具有持续性与亲密性，它在我们的人际交往中扮演着重要角色，这种角色功能在今天依然发挥着举足轻重的作用。从信息传递来看，强关系是一种重要的可直接利用的信息来源，可作为社会融合的一种重要动力，那些拥有强关系的人可以迅速获益。强关系可以减少机会风险和促进复杂知识的转移，是更重要的知识传播渠道。求职渠道更多的是通过强关系建立的，特别是当有关工作机会信息引起高度重视和不易得到时，强关系常常比弱关系更重要。在人际关系方面，强关系维系着群体或组织内部成员之间的关系，可在大部分人之间建立起信任、理解和包容，有助于协调群体成员的生活或工作，对职位、名誉、权力变化的影响是无可替代的，对团体的发展也是至关重要的，甚至是管理群体事务的社会基础。

◆【案例 11-1】

孙炳炎的创业史

新加坡森林企业集团是在东南亚很有影响的大企业，它在新加坡和马来西亚拥有19家下属公司，经营贸易、金融、工业、建筑、种植业及矿业。集团企业的董事主席孙炳

㊀ 杨国枢. 中国人的蜕变［M］. 北京：中国人民大学出版社，2013.

炎是这片“森林”的营造者，他从一个小学徒干起，经过半个多世纪的艰苦努力和精心经营，终于成了大富豪。

1932年，20岁的孙炳炎决心自己创办公司，他在两个哥哥的帮助下，在芽笼地区办起了森林木材公司。开始时，这个“公司”只是一家小作坊，总共只有三名职员。既无资金，又无熟悉的客户，起步非常困难。好在他们兄弟通力合作，两年后逐渐有了些盈利。这时，兄弟三人就决定分开各自单立门户，独资经营。大哥办了森业公司，二哥办了森安公司，孙炳炎则保留森林公司。兄弟三人都想试试自己的能力。当时，他们每人手中分得的资金是2000元。他们在同一起跑线上开始了竞赛，然而，后来的事实证明，老三是他们中唯一的胜利者。

分家以后，孙炳炎仍旧以经营木材为主，他既是老板，又是售货员和收账员，实际上是单枪匹马地开始了第二次创业。孙炳炎的森林公司信誉良好，获得各地厂商的信任，资金周转也比较灵活。他开始有了一大批稳定的客户，许多木材电锯厂、建材五金商行和洋行都和森林公司发展业务关系。到太平洋战争爆发前夕，孙炳炎经营的水泥业在东南亚已有一定规模。10年时间，公司的资本已有数十万元，成为初具规模的企业。

为了进一步发展企业，孙炳炎还将森林公司改为森林私人有限公司，除了他自己保留89%股份之外，其余的股份都卖给本公司的职员。这就意味着各级职员都成了公司的股东。大家的利益拧在一起，这样就确保了每一个职员工作都尽职尽责，更大地发挥了员工的积极性。到1986年，森林企业集团在新加坡有13家公司，在马来西亚有6家公司，共计19家，总资产约16亿元。

（资料来源：笔者依据相关资料整理）

从孙炳炎创立与壮大新加坡森林企业集团的案例中，我们可以看到强关系贯穿始终，发挥着至关重要的作用。其起家于兄弟之间的血缘关系，并通过与建筑承包商以及职员人才的业缘得到进一步的发展，直至成为东南亚一带的大型企业。显然，强关系的存在与巩固为孙炳炎的企业发展奠定了基础、扫清了障碍，建立起了长效动力的运行机制。

三、强关系的有限性

基于先天或后天的连接，强关系具备诸多的功能，但强关系本身却并不能确保其正向功能的充分发挥，利用或管理不当反而可能导致相反的作用，甚至利用强关系的特点造成更大的伤害。史上有名的“玄武门之变”就是太子李建成奉唐高宗李渊之命见驾，却在玄武门外被自己的弟弟拦住，最后被李世民拉弓射死。

◆【案例11-2】

鸿门宴的背后

项羽驻扎在鸿门后，范增说：“刘邦原来是个又贪财又好色的无赖。这会儿进了关，不贪图财物和美女，可见他野心不小。”项羽瞪着眼睛大骂：“刘邦这小子，明天一早，我们就到霸上去收拾他！”项羽哪里知道，他的另一个叔父项伯和张良是生死之交，连夜骑着快马跑到刘邦营里想救出张良。张良把项伯的话又都告诉了刘邦。刘邦吓得没法儿说，就和张良两个求项伯去说情。

第二天，天刚蒙蒙亮，刘邦带着张良、樊哙、夏侯婴等几个心腹和一百来人到了鸿门。到了营前，刘邦只带着张良一人进去见项羽。他不敢行平辈礼，趴在地上。项羽杀气腾腾地问他："你有三项大罪，知道不知道？天下痛恨秦王，你自作主张把他放了这是第一。你随便改变法令，收买人心，这是第二。你抗拒诸侯，不准他们进关，这是第三。"刘邦说："请将军允许我把话说完，再办我的罪。第一，秦王子婴前来投降，我不敢自作主张，只是暂时把他看管起来，等候将军发落。第二，秦国法令苛刻，我急于约法三章，就是为了宣扬将军的恩德。第三，我怕盗贼未平，秦军的残余可能作乱，不能不派人守关，哪儿敢抗拒将军呢？"项羽听到这儿，脸色缓和多了。说着，他叫刘邦坐下，留他喝酒。

喝酒喝了不少时间，范增见项羽还不杀刘邦，便借个因由出去叫项羽的叔伯兄弟项庄过来，让其舞剑，瞧个方便，杀了刘邦。项伯看出了名堂，也起来对项羽说："一个人舞不如两个人舞。"他也拔剑起舞，用身子挡住刘邦。

过了一会儿，刘邦起来上厕所，张良向项伯低声告个便儿，刘邦嘱咐张良留着代他向项羽告辞，他只带着樊哙、夏侯婴他们几个人从小道跑回霸上去了。项羽见刘邦好久没回来，就派陈平去请他。张良进去赔不是，说："沛公醉了，怕失礼，叫我奉上白璧一双，献给将军，玉斗一双，献给亚父。"

项羽说："沛公呢？"张良说："他怕将军的部下跟他为难，先走了，这会儿大概已经快到霸上了。"张良献上礼物。等到他向范增献玉斗时，范增拔出剑来把它打破了，自言自语地说："唉！真是个小孩子！没法替他拿主意。夺天下的一定是刘邦。我们等着做俘虏吧！"

（资料来源：百度．百科．项庄鸿门宴舞．http：//baike. baidu. com/view/6526968htm. ）

上述案例因经典而得以在历史上流传下来。对于企业的人来说，一方面要注重利用强关系的功能，建立和谐的团队关系，创造积极的工作氛围，使团队合作的力量得到最大限度的发挥；另一方面，也要规避强关系的有限性，避免工作上的公私不分带来的阻碍，避免家庭、朋友间的不和谐影响个人在工作中的专注。

四、弱关系的必要性

弱关系的发现与提出得益于社会学家克利斯托佛·杰克斯（Christopher Jencks），40 多年前他和同事出版了《不平等》一书。该书研究发现，知道了一个人的家庭背景、智商水平、受教育程度，甚至职业之后，几乎还很难预测其收入水平。于是他们认为，决定收入的重要因素是"运气"：偶然结识的熟人，引导自己进入了这个行业，当自己找工作的时候，恰好这里有这个职位……总而言之，运气对收入的影响远比成功人士承认的大得多。当社会学家马克·格兰诺维特读到这本书时，他认为自己恰好找到了这个被认为是"运气"的东西到底是什么，这就是"弱关系"的力量。概括起来说，就是在恰当的时候、恰当的地方正好有了恰好的关系。

为什么这种“弱关系”能发挥如此重要的作用呢？格兰诺维特给出的一个关键原因在于信息的不对称。强关系通常是由一群拥有共同点的人聚在一起，有时候它会限制我们，从而得不到更丰富的经验、机会以及信息。从感情的角度来说，这样彼此是非常舒适的，但从信息获取的角度来说，这种交往的有限性会局限在一定的圈子里，强关系通常会在信息、活动以及人脉上互相重合。相反，弱关系通常处于关系网的外围，更有可能带来新的信息和机会，可以成为联系另一个世界的桥梁，因此可能会带来我们所不知道的信息和机会。

以求职为例，如果雇主和求职人是“强关系”，就是在亲戚朋友圈里的人，相互了解，而且职位与求职者双方都合适，当然最好。关键是这种可能性非常小，所以最紧密的朋友往往帮不上忙，他们所知的信息几乎雷同，都是冗余的。亲戚朋友等“强关系”认识的人范围太小，出现这种恰好搭配的概率很小。而“弱关系”就是有那么一点点联系的人，范围是几何级的翻倍，人数就很多，找到较好搭配的概率也就呈现几何级增长。“弱关系”的本身不一定很有价值，但有价值的是它能使我们的关系网延伸得更广。因而，拓展弱关系有助于员工获取更多的信息资源，建立广泛的关系网，进而为长远的发展进行铺垫。

◆【案例11-3】

谁给你的信息重要

强弱关系谁给我们的信息更具价值？也许我们可以从网络中发现不少蛛丝马迹。在有了网络后，研究人员可以更好地分析我们是通过什么联系得到的新知识。比如你在各种社交媒体上经常阅读和转发来自网友的各种推荐，那么是亲密好友的推荐更有用，还是弱关系的推荐更有用呢？Facebook的数据团队2012年针对这个问题做了一项非常巧妙的研究。研究者利用一个简单的办法判断你跟各个网友之间的关系强弱。比如说，你们之间经常互相评论对方发的状态，那么你们就是强关系，否则就是弱关系。

让我们来看看人们在Facebook上分享的那些网页链接——如果你分享这个链接，你大概认为这个链接是有用的。这种分享有两种可能性：一种是你的朋友（不管是强关系还是弱关系）先发了这个链接，你看到以后转发；另一种是你自己独自发现这个链接。可以想象，前一种方式发生的可能性肯定要比后一种大，社交网络的作用就是让网友向我们提供信息。Facebook的这个研究通过随机试验的办法来跟踪特定的一组网页地址，结果发现，别人分享这个地址给我们，我们看到以后再转发的可能性，比我们自己看到这个地址直接分享的可能性大五倍以上。这两种可能性的比值也就是网友分享的放大效应。

我们的转发行为是亲疏有别的，人们更乐意转发“强关系”分享的信息。统计发现，如果强关系发给我们一条信息，我们转发它的概率大约是弱关系发过来信息的两倍。这是理所当然的，强关系之间本来就有类似的兴趣。有人甚至担心，社交媒体加剧了“物以类聚，人以群分”这个局面，我们会不会因为总跟志趣相投的人待在一起而把社交圈变成了一个个孤岛呢？

不用担心。这个研究最巧妙的一点是，它不但比较了我们愿意转发强关系还是弱关系的信息，还比较了两种不同关系的放大效应。强关系的放大效应是6，而弱关系的放大效应是9。也就是说，同样一个网址，你看到一个弱关系分享给你再转发的概率，是你自己发现这个网址再分享概率的9倍。说白了，就是强关系告诉你的有用信息，你自己本来也有可能发现，而弱关系告诉你的有用信息，如果他没告诉你，你恐怕就发现不了了。然后再考虑到人们接收到来自两种关系的信息总量，把它们用相应的分享概率加权平均之后，发现来自弱关系信息的影响力远远超过强关系。也就是说，虽然人们重视强关系，但人们的大部分知识还是来自弱关系。

（资料来源：笔者依据相关资料整理）

可见，这个研究与格兰诺维特的观点是非常相似的，所有人都喜欢强关系，但是熟归熟，工作归工作。当我们考虑找人创业，找人合作，哪怕是找人了解信息的时候，“弱关系”则增加了我们的选择。

五、弱关系的规律性

“逢人只说三分话，不可全抛一片心”“人心隔肚皮”“可怜人意，薄于云水”，这些俗语都道出了人与人之间存在一定的防线。没有强关系的强大缘分基础，甚至缺乏足够的时间与空间优势，对于企业员工而言，如何打破人际陌生并与人互动，如何将弱关系连接进关系网络中，可以从人际吸引、人际交换以及人际沟通三方面进行建立与维系。

（一）人际吸引是前提

人际吸引是人与人之间喜欢的积极态度或喜爱情感。在社会交往中，人们不仅相互感觉、相互认识，而且也形成一定的情感联系。这种情感联系集中表现在人际吸引上。人际吸引是在合群需要的基础上发展起来的，吸引的一般形式是喜欢或友谊。

人际吸引有赖于时间条件。这不仅关乎人际交往的频率，而且主要涉及交往时机的妙用，选择恰当的时机适时开展人际交往，能够产生“边际效应”。加强人际吸引，能达到事半功倍的效果。例如在他人遭受困难或灾难时，及时伸出援助之手，可起到雪中送炭的作用；在他人遇到喜事或取得成就之时，适时加以祝贺，可达到锦上添花的作用。每个人在心情好的时候对他人的悦纳性就强，反之则排斥性就强。因此，为加强人际吸引，应注意与人交往的重要时机的把握，与人交往的时机选择应遵循“同患难、共欢乐”的原则。

人际吸引要注意空间距离。空间邻近因素对人际吸引的作用已为人广知，近水楼台先得月，向阳草木早逢春。我们都最先熟悉亲近邻近的人，即便是居住在同一公寓或住宅区，最初也是对住在附近的人比住得较远的人亲近。教室的座位之类也是如此，在入学初，一般是先与座位最近的人容易成为最好的朋友。

另外，自我呈现是人际吸引的重要环节。人们为了让自己给他人留下好印象，建立和发展良好的人际关系，往往采取各种方式恰当地呈现自己。在人际交往中，人们会有意识地表现自己好的方面，以符合他人期望的方式呈现自己，这叫“投好呈现”。另外，人们为了取得他人对自己的了解和信任，也往往需要采取恰当的“自我表露”[⊖]方式。自我呈现的关键

⊖ 自我表露是指个体与他人交往时，自愿在他人面前真实展现自己的行为，倾诉自己的想法。这种呈现方式称为真实呈现。这种呈现方式也要适度，因人而异。假如一个人总是不愿呈现自己真实的形象和想法，胸有大志而口不言，喜怒哀乐不形于色，从不表露自己内心的真实世界，也难以与他人建立亲密的人际关系。相反，如果一个人总是将自己的所有烦恼一股脑地倾倒给他人，也会让他人产生厌烦情绪，对其采取敬而远之的态度。因此，恰当的自我表露方式应根据关系亲疏而有所区别。

在于，自己必须相信并且付诸行动，确实有理由出现，而且有重要的东西必须给人看。

（二）人际交换为原则

在人们的日常经验中，建立人际关系要遵循人际交换的原则。关系是一个系统，一个环节出现问题，会影响到其他部分。而恰如其分地进行交换，则有助于维持并经营好个体的弱关系。也就是需要从交换的内容、方式、程序和结果等环节遵循不同原则。

交换的内容要遵循“顺应需求”的原则。“己所不欲、勿施于人”是交往中的黄金原则。然而每个人都是彼此不同的，各有各的需求。“萝卜白菜各有所爱”，没有太多“自以为是”的道理。要用别人喜欢的方式来对待别人，不要用一种自己所喜欢的被人对待的方式来对待别人。例如，如果他们喜欢直截了当的交往，那么就用直截了当的方式与他们交往；如果他们喜欢用那种能有助于建立更个性化人际关系的闲聊方式来交往，那么自己就和他们闲聊来增进感情。

交换的方式要遵循“把握距离”的原则。不卑不亢，不远不近，视为明智。这就需要我们每个人深思不同距离背后的含义与作用。进行交换时，以什么位置和身份来交换，交换到什么程度，都需要思考距离的区别。这里的距离包括空间距离和心理距离。对方和自己的关系如何，可以通过他与自己保持的距离来判断。彼此间的对话也和双方实际距离的远近有很大关系。

交换的程序要依据“闭环管理”的原则。闭环管理体现了交换的主要流程，即有得到就要有所付出，要求得到满足就要学会回报。通俗地说，就是要有“人情”意识和“感恩”意识。没有什么是理所当然的，他人的帮助也好，批评也罢，都要用一种乐观积极的态度来看待，并对他人的善意给予及时的回应。在自己的人情账上，要时刻记录每天的支出与所得，明确其间的“欠款”，赶在一个周期结束前把“欠款”还上，并真诚地送上一句感谢。所谓“有借有还再借不难”。

反之，如果一个人总是在交换中处于只进不出的状态，很多事情开了一个头，请人家帮了忙，等事情快结束的时候却迟迟不收尾，连一句像样的感谢或者回应都没有，忘记把“环”闭上，那么下一次或许就不会这么好运了。人脉就如同一缕清泉，要时时流动，礼尚往来。而不善于“闭环管理”，不知道“有始有终”，再广泛的人脉也会如同一潭死水，被自己潜意识里狭隘的想法所彻底堵死，在时间的暴晒中逐渐蒸发干枯。

交换的结果要遵循“合作共赢”的原则。即使对方处于优势位置，双方的交换依旧是合作而非不是扶贫，作为劣势者也有交换的资本。如何建立与优势者的联系？需要双方有共同的志趣或者做好准备工作，让对方看到自己的价值所在。共赢是双方的效益最大化。如图 11-2 所示，往往很多人在交换的过程中，缺乏合作共赢的眼光和胸怀，常常做尽“损人不利己”的事情，在利人与利己中失衡，导致关系的破裂。

利人 损己	利人 利己
损人 损己	损人 利己

图 11-2 人际交往“合作共赢”的四个维度

（三）人际沟通来维系

人际关系，简单地说，我们每一个人都有能量，不同的能量相碰撞就会产生磁场，产生磁场后，彼此调整自己的频率，就形成人际关系。而人际关系中的沟通就是对准频率，频率不对，就会听而不闻、视而不见、沟而不通。我们要从自己做起，调整自己的频率，而不是让别人调整频率。要先观察对方的频率，把自己的调得和他一样，他就很容易和自己沟通。

在细节上，沟通需要用心察人，用心观色。一个人说话的速度、说话的音调、说话的节奏等，能帮助我们揣摩对方的心理。说话的速度常常能反映一个人的心情，说话快的人突然慢下来，那他可能有些不满，而说话慢的人忽然加快语速，他可能在说谎，或者心中怀有愧疚。一般人说谎时，由于害怕事情被揭穿，音调会不自主地提高。同时，为了反对他人的意见，也可能提高自己的音调。说话的节奏也很重要。节奏比较顺畅时，说明他很有信心；若张口结舌、吞吞吐吐，说明他缺乏自信。复述说话者的人，表示自己一直在注意听；一边听话一边点头，表示全神贯注，心无旁骛；自问自答的人，多半相当顽固；既不肯定又不否定的人，或许具有一定程度的神经质。

此外，既要听人说话，又要看一个人说话的样子，综合判断，才可以决定信或不信。表情比言语本身更能表达内心的动态。人类五官之中，眼睛是最敏锐也是最诚实的。而我们的面部肌肉就像拼图一样，可以分成一块一块的，我们根据它们的移动情况，分析“拼图”主人的情绪，喜怒哀乐都可以从中看出来。并且，这些肌肉也会“说话”，告诉我们它的主人对对方的态度。舒适柔和的脸部表情能够增添人的魅力，相反，就会使别人不舒服。当我们与人沟通时，自己也是被观察的对象，这就需要我们也要注意面部的表情。心理学研究发现，一个长时间的微笑（持续0.5s）比一个短时间的微笑（持续0.1s）显得更真诚和更有魅力。

同时，中国人最重视圆满，也就是设法站在每个人的立场上，让大家都有面子。在沟通的过程中，尽量站在对方的立场上，这样有助于沟通的顺利进行。我们每个人都有一种偏好，倾向于认为别人与我们拥有相同的感受，悲伤或者兴奋。当我们发现别人与我们拥有的态度不一致时，我们就会不喜欢这个人。对此，一方面应该强调双方所同意的事情，当差异不可避免的时候，就要采取“求同存异”的方法，“不”字一出口，等于把大门关上了，双方就会产生一种心理紧张关系。所以，我们在和别人交谈时，不要以讨论意见作为开始，而应该以双方所同意的事作为开始。另一方面要挖掘和运用天然相似性。例如，两个陌生人在长途客车上相遇，他们的位置都在驾驶员背后，彼此无言。不料，车开到半路就抛锚了，驾驶员忙了好久也没有修好。其中一位正打算开口，另一位抢先一步建议驾驶员把油路再查一遍。前一位听出了对方的口音，于是试探着问：“你是天津人吧？”“嗯，是的，不过都离开家乡六七年了。”“噢，我也是天津的。你老家在天津哪儿住？”于是，这一对陌生人就谈了起来。

◆【案例11-4】

人际禁忌

人在一生中会遇到很多不同的人，有些会变成好朋友，有些会变成仇人……重点是，你自己想过是什么原因导致演变成仇人或朋友的吗？

（1）别以为你和你的朋友是那种“你的东西就是我的，而我的东西是你的”的关系。告诉你：错啦！东西绝对要分清楚，不然到最后，东西坏了……要让对方赔，又觉得不好意思。所以自认倒霉，但因此在心中自然形成一种排斥感。

（2）别以为你和你的朋友好到不论到哪里，人家都会带你白玩。告诉你：错啦！偶尔一两次，或许受得了。时间一久，换成谁都受不了……所以出门玩之前，最好先讲好：油钱大家分摊，花费大家先交钱，玩后再清点退还。这样不仅大家玩得快乐，也可以更增进朋友间的感情……

(3) 别以为你和你的朋友熟到连他们的厨房、卧室你都可以自由出入……告诉你：错啦！越是好的朋友，越是要彼此尊重。因为毕竟不是自己的家，你凭什么自由进出别人的地盘？那种行为只会让人觉得你不尊重对方。

(4) 别以为你和你的朋友感情很好，一切都可以比较随便，就算到对方家，也不用在乎礼节。告诉你：错啦！越是好的朋友，礼节越是不能少。前去拜访时最好带点礼物，哪怕是一点水果。正所谓礼轻情意重，礼多人不怪。

(5) 别以为你和你的朋友可以好得连上厕所都形影不离。告诉你：错啦！偶尔给对方自己一点空间，让彼此去看看身边的人、事、物，彼此的视野会更开阔。给自己及对方更大的空间，会让彼此成长的速度更快。

(6) 别以为你和你的朋友可以互相模仿，有同样的喜好。告诉你：错啦！每个人的审美观不同，模仿久了，只会让对方倒尽胃口。因为朋友会欣赏你自己喜欢的东西，而不是你模仿的东西。也因为你跟他有所不同，他才会觉得新鲜。否则你喜欢的和他喜欢的都一样，那干脆自己把自己当朋友算啦。干吗还找一个人来配合呢？所以，要学会欣赏对方的喜好，而不是模仿。

(7) 别以为你和你的朋友好到有难就可以离家出走逃到他家。告诉你：错啦！或许他可以帮你一阵子，但是他也必要负责起你在他身旁的责任。久了，换成任何一个人都会觉得交个朋友自找麻烦，也会在心中产生一种厌恶感。所以，越是好的朋友，越要学会去体会他的心情及他的难处。自己的难处自己担，千万不要长久麻烦别人。

(8) 别以为你和你的朋友可以常常腻在一起，这样就觉得彼此感情很好。告诉你：错啦！和好朋友在一起固然会让你忘记烦恼，但是别忘了，还是要常常充实自己。让自己给对方的感觉永远是“新鲜”的，否则就像叫你天天都吃一样的菜。充实自己是吸引朋友最大的主因！

(9) 别以为你和你的朋友天天都可以聊很久很久，不见面就觉得难受。告诉你：错啦！真正的朋友会在你特别的日子，如生日时，打通电话问候你的人，不会因为不常联络就忘记你的存在。朋友不会因为时间的距离而有所改变。

(10) 别以为你的朋友是可以全权托付的人，希望他能帮你决定自己的事。告诉你：错啦！如果你常给对方这种期许，那只会让对方有成就感一阵子。久了他会受不了。因为他在替你下决定时，他要承担决定的后果。那种压力其实比自己替自己下决定更大。所以，好朋友是在你自己下完决定后，或在下决定时，在旁边给你建议的人，而不是去决定你该怎么做的人。

(11) 别以为你的朋友在你缺钱时会自动帮助你。告诉你：错啦！亲兄弟都要明算账的，何况外人。所以更要清楚，欠人的就该快还，别以为没什么借据就可以慢慢拖。要想想看对方是因为相信你才会借钱给你的，难道你要自己破坏信用吗？在现实中，其实讲到钱就会伤感情。这是不可否认的。所以，越是好朋友，钱财越要分清楚。

朋友可以一辈子，也可以因为一点小事而成了仇人。从小地方做起，越是看起来不重要的小细节，越是会影响之间的友情。好好看看自己哪样没做到，别因为一些小细节而让你损失了一个好朋友，朋友也需要用心慢慢去经营。

（资料来源：笔者依据相关资料整理）

上文从人际吸引、人际交换与人际沟通三个方面告诉我们建立弱关系的一些规律，案例则以鲜活生动的方式指出维护关系时的人际禁忌，正反两个方面有助于我们把握好关系建立与维护的规律，让弱关系发挥更大的作用。

第二节 古今关系

一、社会惯性的巨大旋涡

著名经济学家张培刚先生曾说过“长江从源头到上海，什么关系形式都有”，在中华5000年的悠久历史中，存在着各种各样的关系机制，这些形式、内容不一的关系机制或适应或阻碍了不同的社会形态与时代发展，成为我们认识与研究某一时期社会生活与政策制度的重要依据，共同构成了浩渺历史中的宝贵资源。

但在承认关系多样性的同时，我们也不得不直面社会惯性对关系的影响。社会作为一部庞大的机器，其运行必然存在着惯性，任何人、任何社团、任何国家都无法消除这种惯性，无论是在经济层面、政治层面还是在社会文化层面都是如此。以往历史中形成的定式与传统都将持续影响新事物的前进，一定程度上会导致社会机制、思想文化等陷入无限循环的旋涡中。

当然，社会惯性是日积月累的结果，其转变也不可能一蹴而就。关键在于我们要认识到社会惯性的存在与作用，认识到这种传统的关系模式存在的问题，进而学会调整自身的心态与行为，采取更为健康的关系建立与维系方式，建立有序而和谐的关系网络。

◆【案例 11-5】

秦朝、隋朝、中华民国的短命

历史上短命的王朝不一定由篡位而来（如秦朝），但篡位而立的王朝大都短命。中国漫长的封建社会中只有一个王朝例外：它虽由篡位而立却长寿，虽由武人秉政却很仁慈，这个王朝就是宋朝。

下面以秦朝、隋朝这两个王朝和中华民国为例介绍，这三个时代最富戏剧性也最耐人寻味。

这三个时代共同的特征是：都十分强大；多具有制度性创新。

秦朝统一了六国，结束了战国以来中国分崩离析的局面，创立了强大的中央集权郡县制封建国家，使帝制绵延2000多年。

隋朝结束了南北朝时期的分裂局面，重新建立了强大的封建国家，创立了科举取士制度，这一制度后来延续了1000多年。

中华民国推翻了封建帝制，结束了清朝的统治，创立了“共和”制度，并使“民主共和”观念深入人心。

但这三个具有划时代意义的时代为何却一律短命？秦朝只有15年，隋朝只有37年，中华民国只有38年。

仔细分析历史就会发现，这三个时代的共同特征是：新政权的建立基本上是在旧政权基础上的延续，在建立过程中，旧的政权根基并没遭到致命性的打击，因而统治者吸取的历史教训十分有限，甚至权力意识盲目膨胀，目空一切。秦朝为政苛刻，修长城、修道路、焚书坑儒……隋王朝无视天下初定，劳民伤财，搞大工程、大战争、大外交、大巡游……中华民国虽推翻了帝制，但大地主、大资产阶级专政的本质并没改变，尤其蒋氏执政后，对内残酷剥削百姓，用特务手段打击异己，对外委曲求全，丧权辱国……

历史证明，旧政权的基础被打击得越彻底，新政权的根基就越牢固。

（资料来源：笔者依据相关资料整理）

从秦朝、隋朝以及中华民国短命的共同点中，可以清晰地看到社会惯性的绵延与深远影响，想要在短时间内改造社会几乎是不可能完成的事情。因而要想建立适应时代发展的新的员工关系，首先必须认识到社会惯性的作用，进而才能采取有效的方法进行克服与引导，逐渐使关系体制能够沿着崭新的道路前进。因此本节注重对从古至今的关系发展进行梳理，使读者在了解惯性对关系的历史烙印的基础上，反思现今关系的运行机制与时代意义。

二、皇权背景下的关系模式

（一）皇权下的主要关系类型

1. 皇帝与宰相

在封建社会，皇帝是国家政治的核心，同时也可谓是权力博弈的焦点。从法理上讲，皇权属于皇帝无疑，但现实情况却非常复杂。并非所有的皇帝都能牢牢掌握皇权，因此历朝历代的帝王为了防止大权旁落都想方设法、绞尽脑汁，于是中国古代的皇权也就经历了一个逐渐强化的过程。

而在皇权强化的演进中，无论如何是绕不过秦始皇的，因为他确定了中国皇权的最基本的精神——中央集权。通过废除封建、推行郡县，加强了中央对地方的控制。但凡事都有利弊，强化中央集权却导致了皇帝与宰相的矛盾日益突出。

宰相，又叫丞相、相国，是古代对除皇帝外最高行政长官的称谓。宰相具有处理国政、任免官吏、举荐人才的权力，还拥有对皇帝的建议权和一定的监督权以及调动军队的权力，明末清初王夫之曾说“宰相之重，仕宦之止境也”，足见宰相地位之高，位极人臣，可谓是“一人之下，万人之上”。

虽然宰相的存在有效地分担了皇帝的重担，但中国帝王中很少有人甘心做个“甩手掌柜”的，众所周知，把权力交给宰相固然容易，但想要收回来却很难。中国宰相的群体里，既有诸葛亮、文天祥之类德才兼备的人物，但也不乏赵高、董卓、曹操、秦桧那样的野心家、阴谋家，如果任用了这样的臣子做宰相，轻者大权旁落，沦为傀儡，重者国破家亡，死无葬身之地。而且，即使不像董卓、曹操那般野心勃勃，但凡是能做到宰相这个职位的政治家，大多沉浮宦海几十年，能量过人，魄力超群，拥有庞大的势力集团，在朝野一呼百应。在施政治国方面也有自己的理念，一旦大权在握，自然要做出一番事业来，未必会对皇帝唯命是从，这样一来皇权与相权之间的斗争就突出了。㊀

㊀ 喻大华．帝制往事［M］．北京：商务印书馆，2015.

因而，皇帝既要用宰相为之分劳，又要避免其威胁到皇权，这本身可能就是一对矛盾。因此在皇帝的担心与不安中，相权便不断被压缩，终于在朱元璋时代，这一困扰中国古代政治达千年之久的难题得到了解决。在洪武十三年杀了宰相胡惟庸之后，朱元璋宣布取消中书省，废除宰相之职，把属于宰相的权力分散到吏户礼兵刑工，直接归皇帝领导，这样一来，皇帝成了“国家元首”兼“政府首脑”，中央集权变为了皇帝“一人专权”。皇权得到了空前的加强。

◆【案例 11-6】

胡惟庸谋反

胡惟庸谋反案，是明太祖朱元璋开国以后杀戮功臣案件中最严重的一桩政治案件。

胡惟庸是在和州时就跟随明太祖打天下的，是明朝的开国功臣之一。他有办事才能，又善于揣摩明太祖的心思，办事小心谨慎，所以地位一天比一天高，由县主簿（知县副职）做到知县、太常寺卿（礼部官员）、中书省参知政事。尽管刘伯温曾对明太祖批评过他，说他是一匹顽劣的牛犊，只会把车拉翻，明确反对让他做宰相，明太祖还是将宰相的职位授给了他。

做了宰相的胡惟庸，逐渐得意忘形，不再谨小慎微，官员的升降、案犯的生杀等大事，他不再一一向明太祖禀报，而是独断专行。京城内外官员送来的奏章，凡是有不利于他的内容的，他就私自拦下，不报到明太祖那里。他还收下各地官员无数的贿赂。然而，世上没有不透风的墙，明太祖渐渐有所耳闻。

1379 年，占城国（今越南南部）使臣来到北京朝贡，胡惟庸不向明太祖报告，自行接待。宫内太监发现后，立即奏告明太祖。明太祖大怒，严厉追究胡惟庸及六部长官的责任。第二年，又有人告发胡惟庸有造反的阴谋，朱元璋越加愤怒，不但处死了胡惟庸及其全家，还诛杀了与胡惟庸有牵连的大大小小的官员及他们的家属，达 15000 多人。

（资料来源：笔者依据相关资料整理）

2. 皇帝与功臣

在中国古代，功臣是指为王朝立下杰出功勋的文臣武将。自古皇帝打天下治天下，靠的绝不是单打独斗，肯定离不开一帮豪杰之士的辅佐，尤其是在王朝开国之初，往往功臣扎堆，皇帝和功臣的关系也十分复杂。按人之常理理解，在历经九死一生，克服千难万险，终于赢得新朝开国之后，君臣自然额手称庆，论功行赏，共享富贵，其乐融融，但残酷的事实却是一批批功臣被送上断头台，以致留下了一句著名的成语——兔死狗烹。

既然兔死狗烹是中国古代历代开国政治中的普遍现象，就难以用忘恩负义、刻薄寡恩等个人品德上的因素来解释君主的这一举动，而应注意解释这一现象的深层次原因。几乎所有被杀的功臣罪名都一样——谋反，这是君主制时代不可饶恕的大罪，也是皇帝最害怕的行为。对开国帝王来说，其江山本来就是“反”来的，自然害怕被“反”了去，因而取得皇位后，帝王首先想到的是怎样才能永保江山不动摇，为了达到这一目的，就必须消灭一切可能对皇权产生潜在威胁的人，于是，功臣们不知不觉地就占到了皇帝的对立面。诚如有学者指出的，功臣被杀，不是因为谋反，而是因为他们有谋反的实力。因而，卓越的功勋、杰出的才华、庞大的势力便成为功臣们的“原罪”。

当然在王朝政治中，功臣们大多也知道自己深处险境，往往也有一套自保的办法。例如：“归隐转型法”，交出权力，并且和原来的事业、人脉完全脱钩，远离一切是非；“自我抹黑法”，一旦功成名就，便与民争利、贪赃枉法，显得爱财如命、胸无大志，此时皇帝也会半真半假地训斥几句，但内心却是放心的。除此之外，功臣还有一着险棋可走，起兵造反，推翻皇帝，建立新朝，从而将皇帝与功臣的历史又来了一次轮回。

总之，皇帝与功臣的关系是中国古代政治的一个缩影，从曾经相互信任的同生共死的关系演化至相互猜忌兔死狗烹的结局，无疑是国家私有、皇权专制、皇位世袭体制下的悲剧。

◆【案例 11-7】

韩信之死

汉高祖刘邦出身微贱，既没有显赫的家世，也没受过良好的教育，起兵之后，实力有限，本非项羽的对手，如果不是得到了张良、韩信、萧何等人中豪杰的辅佐，他无论如何不可能夺取天下。对此，刘邦也清楚地认识到了。据《史记》记载，刘邦登上帝位之后曾说：“夫运筹策帷帐之中，决胜于千里之外，吾不如子房。镇国家、抚百姓、给馈饷、不绝粮道，吾不如萧何。连百万之军，战必胜，攻必取，吾不如韩信。此三人者皆人杰也，吾能用之，此吾所以取天下也。”

尽管刘邦对韩信赞赏有加，但韩信还是难逃被杀的命运。作为中国军事史上罕见的人才，他曾率军出陈仓，定三秦，分兵北伐，一直把项羽打得四面楚歌，号称“战无不胜”。可贵的是，他还从事军事理论研究，著有兵法三篇。然而，当朝局渐稳之时，汉高祖对韩信的戒心也在一步步加强，不断限制、削夺韩信的权力、地位，君臣关系已经十分紧张，不久，发生了地方官反叛朝廷的事件，有人告发韩信和这次叛乱有关，更成为韩信被杀的导火索。

汉高祖十一年隆冬的一天，韩信被骗进宫，被武士捆翻在地，拖出去处死，年仅35岁，不仅自己遭殃，还被灭了三族。一代骁将就这样悲惨地结束了短暂的一生。

（资料来源：笔者依据相关资料整理）

今天，已经不存在皇帝、宰相与功臣，但不可否认的是，皇帝与宰相、功臣的关系在当今的职场上仍在持续上演。例如，员工应如何处理好与上司的关系，一方面可以从历史中寻找答案，另一方面也要考量现实中的实际情境。

3. 皇帝与太监

在中国古代，有一个和皇帝的历史一样长的群体——太监，皇帝跟太监相伴相生。小到帝王的宫闱生活，大到国家的治乱兴衰，太监都扮演了极为重要的角色，以致成为皇帝制度的重要组成部分。

太监本是宦官的尊称，是指被阉割后丧失了生殖能力的，为皇帝、贵族服役的奴仆，也被叫作公公、老公等。在世界历史上，亚洲、欧洲、北非等国家的宫廷中都曾有过太监，但以中国古代的太监历时最久，也最为典型。据《诗经》《周礼》等记载，早在先秦时代的西周王朝就开始有太监，秦汉以后，随着皇权的发展，太监和皇帝的关系越来越密切，在历史上发挥的作用也越来越大。[⊖]

作为皇权制度的一部分，太监群体存在的前提在于去势——割掉生殖器，清朝叫“净身”。按照皇权观念的解释，宦官的“无性”在于无生育能力，无生育能力就没有后代，没有后代就没有私欲膨胀，没有私心的膨胀就没有野心，没有野心也就没有危险。这一推理不无道理，但是在政治发展史上却是一个明显的错误。

鲁迅在《寡妇主义》中说道，“中国历代的宦官，那冷酷险狠，都超出常人许多倍”，这与他们出身低贱、历经磨难以及生理缺失有很大关系。

中国的宦官史就是一部政治僭越史。汉朝、唐朝、明朝太监的势力都很大，甚至成为左右朝政的一股特殊力量，尤其是明朝，称之为“太监监国”也毫不过分，不少太监阳奉阴违，一方面百般揣摩皇上的心思，以此得到皇上的倚重与信任，另一方面却依仗着皇帝的信任与宠爱，卖官鬻爵、贪赃枉法，甚至假传圣旨，陷害忠良。

4. 皇帝与后宫

家庭生活关系着人生的幸福美满、血缘的绵延不绝，再加上古代中国是家国合一的宗法社会，所以，自古人们将其视为人生的头等大事。而皇帝的后宫不仅是个人的私生活问题，更影响着国家的治乱兴衰，不可小视。

与今天不同，古代皇帝广纳后宫，佳丽成群，以至春色无边，有三宫六院七十二妃之说。皇帝充实后宫，一方面有满足私生活欲望的考虑，另一方面也是为了皇家子嗣的繁衍，为了天下的世代相传。基于这两个目的，后宫似乎就成了皇权的工具。

在中国古代，男女双方都没有婚姻自主权，一律由父母做主，这叫“父母之命，媒妁之言”，皇家更是如此，首先考虑的既不是相貌美丑，也不是脾气秉性，而是国家的或自身宗族的利益。例如，清朝皇后中蒙古公主较多，选择蒙古公主的出发点就是为了边疆的稳定，此外中国古代的皇室太后和皇后也往往来自于同一家族，使得近亲结婚成为皇室中的普遍现象。此外，后宫还有着诸多嫔妃，皇帝笑纳、接收以及选拔这些人也大多与政治挂钩。

可见，后宫嫔妃几乎是作为“商品”被买进皇宫的，而进入皇宫后因森严的等级、繁复的礼法，后宫女性在皇权的威严下个性人格遭到了极大的压制，甚至有了立子杀母的残忍制度。

◆【案例 11-8】

钩弋夫人何罪之有？

汉武帝是中国历史上为数不多的长寿皇帝，活到 69 岁，在位 54 年。汉武帝活得长久，晚年时疑心病却加重，逐渐与太子合不来，在佞臣江充制造的巫蛊事件中，逼得戾太子最后自杀身亡。这时候他已经 60 多岁了，戾太子死后，他也为嗣君问题伤透了脑筋。实际上，因为他的长寿，他的几个儿子已经先他而死了；没死的几个成年的，他也看不上。这时候，他把一个才五六岁的儿子，叫钩弋子（刘弗陵）的，选为太子。

⊖ 喻大华. 帝制往事［M］. 北京：商务印书馆，2015.

钩弋子的母亲是钩弋赵婕妤，也就是拳夫人。历史记载说，武帝巡狩过河间，望气者言此有奇女，天子亟使使召之。既至，女两手皆拳，上自披之，手即时伸。由是得幸，号曰拳夫人。钩弋夫人生下了儿子，汉武帝非常宠爱。行将就木的汉武帝决定立这个小孩子为太子继承大统，但他怕儿皇帝继位后，大权落入太后手中。于是，他一面决定由刘弗陵接班，一面命令杀掉刘弗陵的母亲赵婕妤。历史记载说，“后数日，帝谴责钩弋夫人，夫人脱簪珥叩头。帝曰：‘引持去，送掖庭狱！’夫人还顾，帝曰：‘速行，汝不得活！’卒赐死。顷之，帝闲居，问左右曰：‘外人言云何？’左右对曰：‘人言且立其子，何去其母乎？’帝曰：‘然。是非儿曹愚人之所知也。往古国家所以乱，由主少母壮也，女主独居骄蹇，淫乱自恣，莫能禁也。汝不闻吕后邪！故不得不先去之也。’”赵婕妤被处死的时候年仅26岁。

我们无法判断汉武帝的这个做法对于保持江山稳定到底有无作用。如果他不杀赵婕妤，赵婕妤会像汉武帝的祖奶奶吕雉那样把持朝政，外戚专政，让刘家大好江山落入赵家吗？历史无法假设。或许会，或许不会。但防微杜渐，宁枉杀一万也不会漏掉一人，此乃专制皇帝的特权。

汉武帝开了立子杀母的先河之后，很长时间没有人学习他的这个做法。但是，在近500年后，北方少数民族建立的北魏政权，接过汉武帝的衣钵，把它作为一个国家制度，隆重推行。从中可见皇帝与后宫的微妙关系，即使得到了皇帝的万般宠幸，即使亲生儿子得以登上皇位，也难以挽救嫔妃的身家性命。

（资料来源：笔者依据相关资料整理）

从钩弋夫人的经历中可以清晰地看到皇权下的后宫毫无平等、尊重、人格可言，“主旋律”之下，一般家庭中的“家长制”“家庭暴力”便不难理解了。

5. 皇帝与变法

中国历史上有一个王朝盛衰的周期性现象，哪个王朝都避免不了兴起、鼎盛、衰落、灭亡的过程，于是，王朝的“中期”问题也因之而生。换言之，中期就是王朝由盛转衰的过渡期。表面上看，此间江山一统、金瓯无缺，但经过长时间的积累，国家机器百弊丛生，社会矛盾危机重重，问题成山，积重难返，统治者不甘沉沦，又难施回天之力，整个社会处于焦灼、困顿之中。[⊖]

处于中期的皇帝面临着艰难的选择：如果苟且偷安，不顾长远，没落的大趋势就无法扭转；如果妄用佞臣，胡作非为，王朝就会在下坡路上飞奔，于是，中期就变成了晚期；相反，皇帝若可以兴利除弊，大胆变法，一旦取得成效，不仅能延长王朝的生命周期，甚至可能重现中兴。因而大多有志于治理好国家的皇帝都会选择变法来摆脱王朝没落的颓势。

唐、宋、元、明、清，都为统治时间超过百年的大王朝，漫长的历史时光不仅使历史按时期得以清晰地呈现，统治者也可以较深入地反思、调整，所以，这些王朝大多进行了中期调整性质的变法，但几乎都未能达到预期的目的。不仅变法者身败名裂，还累及国运，间接成为王朝覆灭的替罪羊。史学界通过总结分析这些变法历程普遍认为，缺乏皇帝的强有力支

⊖ 喻大华. 帝制往事 [M]. 北京：商务印书馆，2015.

持是变法失败的原因之一。

变法如果没有皇帝的支持就不会开始，但为何皇帝又会成为变法失败的原因呢？其实，中国古代的皇帝代表着各方面的利益，帝王术的基本原则是“平衡”，而不是“选边站”，如果没有皇帝的支持，变法一天也坚持不下去，但随着变法的深入，必然暴露出越来越多的问题，皇帝统筹全局，自然要随时调整，要想让皇帝孤注一掷，投身变法，本来就是违背王朝政治规则的不切实际的幻想。所以，皇帝一方面支持变法，另一方面防范限制着变法，在平衡中发展。

◆【案例 11-9】

王安石变法

王安石是北宋著名的政治家和文学家，是抚州临川（今江西临川）人，他在 22 岁那年考中进士后就在地方上做官。在担任鄞县知县的时候，取得不俗政绩的同时积累了丰富的工作经验。

而与此同时，庆历新政失败后的北宋一方面面临着严重的阶级矛盾和民族矛盾，积贫积弱的状况日趋恶化，另一方面朝廷每年还要付给辽国和西夏大量钱财，可谓是内外危机四伏，北宋政府面临着严重的危机。因而要求改革的呼声在一度沉寂之后，很快又高涨起来。

嘉祐三年（1058 年），王安石进京述职，作《上仁宗皇帝言事书》，系统地提出了变法主张，主张对宋初以来的法度进行全盘改革，革除宋朝存在的积弊，扭转积贫积弱的局势，建议朝廷改革取士、重视人才，请求立即实现对法度的变革。但没被仁宗采纳。

1067 年，宋神宗赵顼即位。年仅 20 岁的宋神宗，很想有所作为。早在即位以前，他就听人讲到王安石，说这人很有才能。因此，他一登皇位，就想起了王安石，命王安石担任江宁（在今南京）府知府。没几个月，他又把王安石调到京城，担任翰林学士。到京以后，宋神宗就召见他，问他：“你认为治理好国家，要从哪儿下手？”王安石毫不迟疑地说：“变风俗，立法度，这是当务之急。”宋神宗连连点头称是，并说：“希望你好好帮助我变革朝政。”

1069 年，宋神宗任命王安石为副宰相，第二年又任命他为宰相。当时，朝廷中的宰相和副宰相有好几个，有的年老怕事，有的反对变法。王安石知道，要和这些人一起实行变法，显然是不可能的。他一担任副宰相，就经过神宗批准，马上建立了一个主持变法的新机构——制置三司条例司，并任用了一批新人。这个机构名义上是王安石和另一个官员两人掌管的，实际上都由王安石主持。

宋神宗急着实行变法，在条例司刚成立的第二个月就催问新法的制定情况。王安石赶快派人到各地察看农田水利和赋役等方面的情况，加紧制定新法，颁布天下。

包含了青苗法、免役法、均税法、保甲法等新法的推行，收到了显著的效果，既发展了生产，又增加了政府的收入。可是，新法也触犯了大地主的利益，遭到了大官僚、大地主等保守派的反对。他们议论纷纷，不断咒骂王安石，攻击变法。

尽管王安石毫不惧怕，宋神宗却没有那么坚定。他要王安石对新法稍许做点修改，王安石却坚持不改。

1074 年，有的地方大旱，一连十个月不下雨，灾区农民被迫流亡。保守派画了一幅流民图，呈送宋神宗，说："旱灾是因为王安石变法造成的。只要停止变法，天就下雨了。"保守派大都是元老重臣，他们得到神宗的祖母曹太后和母亲高太后的支持。这两个太后也在神宗面前哭着鼻子，攻击新法说："王安石把天下搞乱了。"

由于保守派势力强大，反对激烈，宋神宗逐渐动摇起来。王安石两次被迫辞职。第二次辞职后，他就一直住在江宁府，再也没有出来做官。1083 年，宋神宗病死，十岁的宋哲宗赵煦即位。高太后执政，用反对变法的司马光做宰相，新法一个个被废除了。

（资料来源：笔者依据相关资料整理）

皇帝与变法的关系反映在职场中，犹如上司与众员工的关系，上司需要员工完成工作目标，达到要求的工作绩效，这样上司对企业也有所交代。但在这个过程中为维系和谐的员工关系，上司对众多的下属还需要平衡，不过分偏爱某一个员工来规避员工之间的恶性竞争与不良的工作氛围。

6. 皇帝与士大夫

在中国传统社会结构中，士号称四民之首，占据着中心的位置。荀子所谓的"儒者在本朝则美政，在下位则美俗"大致点破了士的政治和社会文化的功能。秦汉统一帝国以后，在比较安定的时期，政治秩序和文化秩序的维持都落在士的身上；在比较黑暗或混乱的时期，士也往往负起政治批评或社会批评的任务。通过汉代的乡举里选和隋唐以后的科举制度，整个官僚系统大体上是由士来操纵的。通过宗族、学校、乡约、会馆等社会组织，士成为民间社会的领导阶层。无论如何，在一般社会心理中，士是读书明理的人；他们所受的道德和知识训练使他们成为唯一有资格治理国家和领导社会的人选。

但或许也正是知识分子对政治的热情与参与能力，造就了他们在中国政治上动荡的位置变化。既有秦始皇的"焚书坑儒"，也有北宋的"文人治国"，士既有流放于江湖之中，也有与皇帝共治天下。面对这样的极端，为寻求稳定的政治地位，士通过科举制等制度纷纷加入到官僚体制中，根据阎步克教授的研究，这一形态是封建时代士大夫在经过了战国秦汉时期儒生、文吏的分化，到东汉时期二者的再度结合而最终定型，他指出，儒生文吏的融合过程，意味着在经历了因分化而来的冲突之后，这两种角色或群体之间又重新建立了密切的制度性联系。当然，这已是立足于长足分化基础之上的全新整合了。尽管此后局部的变迁并未终止，但是我们仍然相信，经历了"吏服雅训，儒通文法"这个儒生、文吏的融合过程之后，以学者文人兼为官僚为特征的所谓"士大夫政治"，就真正扎下了根基。可见，士在中国的政治体制中是不纯粹的，更多的是以文人—官僚的二位一体模式存于政治与皇权之中。

而二者完美结合的成熟时期无疑是宋朝。君圣臣贤，是儒生们对理想政治的一种期待。得君行道也一直是士大夫们实现理想和价值的渴望。但随着皇权专制的不断加强，皇帝与士之间关系的这种理想状态也慢慢倾斜成君强士弱的不平衡，士大夫的个人特点也逐渐偏向于大夫而非士，"学而优则仕"，学人更多以仕途为追寻的目标，渴望进入官僚体制中，不为针砭时弊而为权力地位，在这样的心态下，士大夫难以有独立的判断，而更多地成为专制皇权的维护者。正如余英时先生在《中国知识分子的边缘化》中所谈到的"知识分子早已放弃了对中心的幻想并且心甘情愿地居于边缘的位置了"。

◆【案例 11-10】

苏轼的为官路

苏轼（1037—1101），字子瞻，又字和仲，号东坡居士，自号道人，世称苏仙，北宋眉州眉山（今属四川省眉山市）人，宋代重要的文学家，宋代文学最高成就的代表。除了在文学上的造诣之外，作为胸怀天下的知识分子，苏轼在政治上也渴望有所成就，然而与其在文学上的春风得意不同，其官场经历多少蒙上了一层悲剧色彩。

苏轼重气节、有志向，博通经史，关心时事，以图强国。21 岁那年中进士，没想到刚刚踏入仕途，便卷入了一场没完没了的政治风波之中。

苏轼做主簿、签判一类地方官的时候，王安石任参知政事，推行新法。苏轼反对“新法”。他写了几篇文章如《商鞅论》《拟进士廷试策》，或是借古喻今，含沙射影，或是借题发挥，旁敲侧击，而在《上神宗皇帝万言书》中则是公开地全面攻击“新法”。

王安石是敬重苏轼的，认为苏轼“乃当今奇才”。虽然苏轼和他政见不同，但王安石毕竟是王安石，他和苏轼的交情依旧。可是，树欲静而风不止，一些跟随王安石的人不停地在打苏轼的小报告，在王安石的耳边添油加醋地“如此这般”“这般如此”。“三人成虎”，王安石也有些相信了。待皇上问“可用苏轼时”，王安石说：“如果要推行新法，就不能重用苏轼”。苏轼呢，也感到京城难待，便再三请求外调。之后几年，他做过通判，杭州、密州、湖州等地的知州。待王安石罢相，追求高官厚禄的投机者越来越多地混入变法派。严肃的政治斗争部分地变成了统治集团内部争权夺利的倾轧和报复。苏轼成了其中的不幸者。谏官李定等人摘出他一些讽刺新法的诗句，加以弹劾，他被捕入狱，这就是有名的“乌台诗案”。过了七年，司马光等旧党上台，苏轼虽未能完全消除对王安石变法运动的敌意，但又不满于司马光旧党集团的倒行逆施，旧党中的一些人便把他看作第二个王安石，他在旧党中也无法容身，于是又请外调。到宋哲宗执政、新党再度上台，苏轼的日子一天比一天难过，一贬再贬，从惠州到遥远偏僻的海南岛，后死在遇赦北归的途中。

苏轼的遭遇一是在于他敢讲真话，他自称“言必中当世之过”，说自己作文“皆欲酌古以御今，有意于济世之实用”。他钦慕屈原、诸葛亮那样经世济时的人物，想做一个风节凛然、敢作敢为的儒者。二是小人作怪。苏轼才华过人，正所谓“木秀于林，风必摧之，行高于众，众必非之”。他对王安石有意见，对司马光有看法，那些伺空献媚取悦、以谋荣升的小人们看得清清楚楚。等到时机一到，或说苏轼非议新法、讥蔑王安石，或说苏轼不满旧党，痛骂司马光等。最典型的事例是有人向皇上反映道：“苏轼四年前护送父亲灵柩回川妄冒公差，往还以舟载物，贩卖私盐”，皇上将信将疑，命人查办，均无所得，轰动一时的“苏案”才算了结。可惜，苏轼无辜蒙冤，闭门待罪，心有怨气而无可奈何。

苏轼才高德重，却不善走“钢丝”，那样为求活而求活，对他来说很难活着，就算勉强活着，也会活得很苦、很累、很不值得。

（资料来源：笔者依据相关资料整理）

从苏轼在官场的失意中，我们能看到知识分子是渴望步入仕途的，但进入官场后却往往要么因读书人的直言不讳、书生意气而遭排挤不得意，要么成为皇权专制的维护者，在一定程度上摒弃了独立思考的能力。

7. 皇帝与皇子

在皇权时代下，有一件堪称是“定国本”的大事儿——立太子。立太子是中国皇帝制度的重要内容，也是历代帝王十分头疼的问题，这不仅因为儿子众多，难以选择，还在于立储之后，父子猜忌，互相提防，关系微妙，矛盾很容易激化。

首先，立谁为太子。中国帝王一般都有一个庞大的后宫，因此往往子孙成群，而皇位却只有一个，立谁为太子似乎都不是最好的选择。其实，按照我国西周时代的宗法制度，这个问题是很好解决的，因为宗法制度的核心是嫡长子继承制，也就是说皇后生的第一个儿子就是太子的不二人选，由他继承皇位符合宗法制度的基本原则，而且简单易行。但随着社会的发展，对统治者的要求也越来越高，仅凭嫡长子的身份未必就能让统治集团心悦诚服，一个人是否适合做一国之君，还要看品德、才干、学识等，所以随着时间的推移，嫡长子的继承权越来越得不到保障。在中国古代的漫长时光中，嫡长子虽然在宗法等级社会中占据着极大优势，但很少能登上皇帝的宝座。历代皇帝在选择继承人的时候，长期在“立嫡”“立长”“立贤”这三个标准间摇摆困顿。

这样一来，实际上往往容易变成“立爱”，皇帝喜欢哪个皇子，他就是当之无愧的继承人，于是，皇子们各显其能，皇后嫔妃钩心斗角，皇亲国戚暗中角力，满朝大臣建言献策，各方都为皇帝与皇子的关系加上一把火。

其次，选定太子之后，皇帝又应如何与太子相处。综合历朝历代的情况可知，太子和皇帝的关系十分微妙，二者堪称是天生的一对矛盾。太子又叫储君，通俗地说就是候补皇帝，他什么时候能去掉候补二字，成为名副其实的皇帝呢？自然就是得看皇帝什么时候寿终正寝。在皇帝和太子对这层利害关系都心知肚明、心照不宣的情况下，再加上皇帝与太子各自处在亲信的包围中，过着相对独立的生活，碍于森严的等级和礼法，很少有自由的感情交流，时间一长自然相互猜忌，互相试探，互相提防，早已不似寻常百姓家的父子的关系了。

◆【案例 11-11】

康熙两废太子

康熙十四年（1675 年），康熙皇帝将刚刚出生的嫡长子允礽立为太子，并为此举行了盛大的典礼。康熙皇帝对太子非常喜爱，他亲自教太子读书，给予他很高的地位。

一次康熙南巡，年仅十岁的太子留在北京，十分想念爸爸，就不断写信。远在千里之外的康熙收到儿子的来信，看着幼稚的字迹、言语，欢喜得不得了，为此写了一首又一首的诗来表达内心喜悦的感受。

然而这份曾经深厚的父子感情终究也没能逃过帝位的诱惑与离间。随着时间的推移，在康熙看来，太子在生活上不像自己那样简朴，对大臣也不像自己那样客气，尤其是随着皇帝的年迈，太子的身价水涨船高，朝中不乏官员向太子示好，甚至是连康熙的亲信也主动向太子透露皇帝的饮食起居。按理说太子受到拥戴，作为父亲应该感到高兴才是，但皇家不比寻常百姓，太子的得势一定程度上意味着皇帝的失势，是对皇权的挑战。

据现有史料可知，从康熙二十九年（1690 年）起，皇帝逐渐对太子有了成见，起因是康熙患病，太子“无忧色”，康熙十分心寒，又不能小题大做，只好独自生闷气。此时，在表面上还看不出父子有什么裂痕，但实际上裂痕正在扩大。

康熙四十七年九月，康熙帝率领众皇子群臣到塞外行围打猎，其中发生的事件最终促使皇帝跟太子翻脸了。先是有人揭发太子对大臣粗暴，继而年仅七岁的皇十八子患上了腮腺炎，病死在塞外，康熙十分悲痛，而太子无动于衷，康熙认定太子无情无义。更为蹊跷的是，在塞外期间，康熙晚上发现太子有时来到自己帐篷前“裂缝窥视”，如此行为也让康熙认为太子有图谋不轨早登皇位之心，于是康熙下定决心废掉太子，说他“不法祖德，不尊朕训，肆恶虐众，暴戾淫乱”。又说“朕不卜今日被鸩，明日遇害，昼夜戒慎不宁”，言外之意就是说太子有图谋不轨的嫌疑，宣布废黜太子，关押监禁。

自古以来，废黜太子都非同小可，太子毕竟是康熙选择、培养了三十多年的接班人，断然废掉，实在难以向天地、祖宗、臣民交代，所以，康熙一边宣布太子罪状，一边挥泪，最后倒地哭得死去活来。而且太子一废，其他皇子见有机可乘，或者落井下石，或者积极活动，弄得康熙不胜其扰。时过境迁，康熙之后又恢复了太子的地位，但五十一年再次废黜太子，足见名分虽可恢复，但父子感情已经不比往日了。此后，康熙不再立太子。

（资料来源：笔者依据相关资料整理）

（二）对自我的漠视

中国两千多年封建专制对中国人个性的影响是显而易见的，尤其是清代。清代作为一个集大成的时代，是对中国历史积累大梳理大总结的时代。用史学家高翔的话来说，就是“如果把康乾朝代和三代以前号称盛世的其他各个时期相比，就会发现，无论是在繁荣的质上还是量上，它都远逾前代，具有集大成之势”，“康乾盛世无论是从政治上、经济上还是学术文化上，都显示出中国传统社会已经达到了登峰造极的鼎盛状态”。清代的皇帝们一方面有效地解决了民生问题，同时也在另一方面高效地推进了专制制度的缜密与牢固程度，在强化军权、防范权臣、对待农民起义以及思想文化领域，清代皇帝都取得了开创性的成就。经过三代百余年的努力，伴随着中国封建专制的完善与牢不可破，中国国民的自我意识却在这一过程中不断地受到压制，因而当面对问题与挑战时，往往会选择依赖与退缩，缺乏进取气质与团结意识，缺乏果断力和独立思考的能力。

可以说，这种对自我的漠视既不利于个体内在的价值追求、外在健康关系的维系与拓展，同时也不利于国家与社会的进步。因而，在今天，我们更要促进健全自我的形成、发展与维持，在此基础上发展现代性的国民精神，进而带动整个国家政治、经济与文化的飞跃。

◆【案例 11-12】

鲁迅弃医从文

鲁迅是我国现代最伟大的文学家、革命家和思想家，早年在日本仙台医学专科学校学习。

一天，在上课时，教室里放映的片子里一个被说成是俄国侦探的中国人，即将被手持钢刀的日本士兵砍头示众，而许多站在周围观看的中国人，个个无动于衷，脸上是麻木的神情。这时身边一名日本学生说："看这些中国人麻木的样子，就知道中国一定会灭亡！"鲁迅听到这话忽地站起来向那说话的日本人投去两道威严不屈的目光，昂首挺胸地走出了教室。他的心里像大海一样汹涌澎湃。一个被五花大绑的中国人，一群麻木不仁的看客一一在脑海闪过，鲁迅想到如果中国人的思想不觉悟，即使治好了他们的病，他们也只是在充当毫无意义的示众材料和看客。现在中国最需要的是改变人们的精神面貌。他终于下定决心，弃医从文，用笔写文唤醒中国老百姓。

从此，鲁迅把文学作为自己的目标，用手中的笔做武器，写出了《呐喊》《狂人日记》等许多作品，向黑暗的旧社会发起了挑战，唤醒了数以万计的中华儿女，起来同反动派进行英勇斗争。直到生命的最后一刻，他仍夜以继日地写作。

（资料来源：笔者依据相关资料整理）

（三）官本位的影响

漫长的历史进程中，中国没有绕过专制的藩篱，中国皇权将社会严格按照政府的结构组织起来，形成了中国社会的一大特色——官本位。即使我们已经进入现代社会，官本位的印记也依旧影响着人们的思维与行动方式。

在一些企业，上司与下属不是双向互动运行的工作关系，而变成了上司对下属拥有绝对权力的等级关系，在这样的一种关系体制中，决策的标准也往往变成了等级的大小，上司的意见成了判断正误、善恶与美丑的主要标准，并且上司级别越高就越正确。同时，为了成为说话正确的上司群体，成为公司中的领导级别，晋升也往往变成了暗潮汹涌的战场，滋生了诸多晋升"渠道"，促生了各种歪门邪道，显然这既不利于展现公司的公平公正，发挥员工的向心力，也不利于企业的可持续发展。

因而，在市场经济越来越向前发展的今天，只有慢慢地去除官本位思想，员工关系才能够转变为真正意义上的平等互动的关系，晋升渠道也才能更加透明与公正，企业才能不断地在竞争激烈的市场环境下谋得一席之地。

三、新中国成立，关系重组

1949 年，新中国成立，中国人民从此站起来了。新中国的成立，建立了人民民主专政的社会主义国家，推翻了长期压在中国人民头上的帝国主义、封建主义和官僚资本主义"三座大山"，否定了政治生活中少数人对于多数人的统治，广大劳动群众翻身得解放，消灭了剥削和压迫，建立了属于人民自己的廉洁政府，实现了政治平等和解放，在中国历史上第一次推行人民当家做主，为民主政治发展开辟了广阔的前景。

新中国的成立让国家面貌焕然一新，在此后的数十年间，上到国家制度与大政方针的设计，下到社会、家庭关系的变化，都在新环境下进行着关系的新调整。在政治关系上，通过建立人民代表大会制度、中国共产党领导的多党合作与政治协商制度、民族区域自治制度等来对政府与人民、执政党与其他党派、中央与地区、城市与农村的关系进行重新定义，例如通过诸多措施建立了城乡二元身份制；在经济上，一方面通过没收官僚资本保证国营经济的领导地位，通过去掉资方，将劳资关系变为劳动关系甚至是干群关系，另一方面在城市中打击金融投机平抑市场物价，在农村通过土地改革与人民公社化运动等解放生产力发展生产关系，通过这些措施，对国营与私营、城市与农村的经济关系进行了进一步的布局与安排；在社会和家庭关系上，无论是农村的人民公社的合作集体关系还是城市中的单位制度，几乎将全部社会成员吸纳其中，既形成了一个利益群体，也垄断与控制着社会资源。

整体而言，通过对政治、经济以及社会关系的调整，整个大的关系构架得以建立，其基本思路在于进一步将社会成员纳入宏观的社会主义制度中，国家力量渗入社会生活的方方面面，家国进一步融合，关系界限进一步模糊。

四、改革大潮中关系的变动

进入20世纪七八十年代，基于对社会主义进程的反思以及面对新的形势，党与国家主动适应、调整新的关系，开始实行改革开放。中国进行经济改革之前，占据国民经济主体地位的公有制企业（国营企业和集体企业）并无雇佣关系一说，建立在计划经济体制基础上的企业劳动关系被形容为一种“开放”式的自上而下的行政隶属关系或者称为“劳动行政关系”。这种关系的两个终极是国家和企业的工人，国家成为唯一的“雇主”，负责配置劳动力，确定社会的工资水平，决定社会的福利标准等。而随着改革进程的推动，国有企业在劳动管理体制、劳动关系主体身份的明确以及劳动关系主体之间的利益结构等方面都进行了改革，例如，1993年中央政府开始允许国有企业裁减富余人员以提高企业的经济效益，大批工人以“下岗”的形式进入企业开办的“再就业服务中心”或类似机构，领取基本生活费并寻找新的就业岗位。此后，在国有企业改制中，数以千万计的工人在根据工龄一次性领取经济补偿金之后，完成了“身份置换”，放弃了“国有企业工人”的身份，与企业解除了劳动关系，成为失业下岗工人或者被要求提前退休。

在国有企业改革的同时，私营企业的雇佣关系也在磨合中重构。私营企业的员工关系也因这类企业数量与从业人数的迅速增长而得到人们的关注，并形成了基本共识，即这类企业的员工关系一直具有典型的雇佣关系的特征。具体表现为，员工关系双方主体明确，私营企业雇主是劳动力的支配者和使用者，是资本的收益者，员工则是让渡劳动力的被雇佣者。员工与企业是两个不同的利益群体，他们之间的关系首先是经济关系，雇主追求的是利润最大化，员工追求的是工资最大化，劳动力的价格完全由市场价格来决定，工资水平则在遵循“工资率不高于边际生产率”这一经济学原则的基础上，根据劳动力市场的价格变化随时进行调整，并且反映不同素质劳动力的稀缺程度。员工关系双方是一种契约关系，雇主与员工按照雇佣合同保留着解雇和辞职的权利。

整体而言，私营企业员工关系的基本特征是雇主（经营管理者）主导。所谓的“主导”表现为员工关系受到雇主（经营管理者）的控制。首先，在劳动力供给过剩的条件下，劳动力市场是买方市场，也是雇主（经营管理者）控制的市场，他们可以根据企业对劳动力的需求对求职者做出筛选。其次，劳动条件，包括劳动环境、劳动时间、劳动强度等基本上是由雇主（经营管理者）来确定。再次，员工关系过程受到雇主（经营管理者）的控制，在录用和解雇、工资与福利、奖励与处罚等各方面，均由雇主（经营管理者）单方决定。最后，雇主（经营管理者）对员工关系的主导还表现为对员工组织的控制，在私营企业，由于雇主或是抵制工会或是介入控制工会，员工们有时难以形成集体的力量。

私营企业员工关系不仅仅表现在员工和雇主这两极之间，还包括如下几个层面：单一所有者与其家庭成员之间；多个所有者中不同所有者之间；所有者与职业经理人之间；具有血缘、亲缘、友缘的老员工与新员工之间；不同地域的员工之间。上述任何一个关系不协调或发生冲突，都会将私营企业员工关系推向一个艰难的境地。

第三节 中外关系

一、案例导读：乔布斯

◆【案例 11-13】

乔布斯在斯坦福大学的演讲（节选）

我很幸运，年轻时就发现自己爱做什么事。我 20 岁时，跟 Steve Wozniak 在我爸妈的车库里开始了苹果电脑的事业。我们拼命工作，苹果电脑在 10 年间从一间车库里的两个小伙子扩展成了一家员工超过 4000 人、市价 20 亿美元的公司，在那之前一年推出了我们最棒的作品——麦金塔（Macintosh），而我才刚迈入人生的第 30 个年头，然后被炒了鱿鱼。

要怎么让自己创办的公司炒自己鱿鱼?

好吧，当苹果电脑成长后，我请了一个我以为他在经营公司上很有才干的家伙来，他在头几年也确实干得不错。可是我们对未来的愿景不同，最后只好分道扬镳，董事会站在他那边，炒了我鱿鱼，公开把我请了出去。曾经是我整个成年生活重心的东西不见了，令我不知所措。有几个月，我实在不知道要干什么好。我觉得我令企业界的前辈们失望——我把他们交给我的接力棒弄丢了。我见了创办惠普（HP）的戴维·帕卡德（David Packard）和创办英特尔（Intel）的鲍勃·诺伊斯（Bob Noyce），对他们说我很抱歉把事情搞砸了。我成了公众的负面示范，我甚至想要离开硅谷。但是渐渐地我发现，我还是喜爱着我做过的事情，在苹果电脑所经历的事情没有丝毫改变我爱做的事。我被否定了，可是我还是爱做那些事情，所以我决定从头来过。

当时我没发现，但是现在看来，被苹果电脑开除，是我所经历过最好的事情。成功的沉重被从头来过的轻松所取代，每件事情都不那么确定，让我自由进入这辈子最有创意的年代。接下来五年，我开了一家叫 NeXT 的公司，又开了一家叫 Pixar 的公司，也和后来的老婆谈起了恋爱。Pixar 接着制作了世界上第一部全计算机动画电影《玩具总动员》，现在是世界上最成功的动画制作公司。然后，苹果电脑买下了 NeXT，我回到了苹果电脑，我们在 NeXT 发展的技术成了苹果电脑后来复兴的核心。我也有了个美妙的家庭。我很确定，如果当年苹果电脑没开除我，就不会发生这些事情。这帖药很苦口，可是我想苹果电脑这个病人需要这帖药。有时候，人生会用砖头打你的头。不要丧失信心。我确信，我爱我所做的事情，这就是这些年来让我继续走下去的唯一理由。你得找出你爱的，工作上是如此，对情人也是如此。你的工作将填满你的一大块人生，唯一获得真正满足的方法就是做你相信是伟大的工作，而唯一做伟大工作的方法是爱你所做的事。如果你还没找到这些事，继续找，别停顿。尽你全心全力，你知道你一定会找到。所以，在你找到之前，继续找，别停顿。

（资料来源：笔者依据相关资料整理）

在中国的传统观念中，乔布斯被自己创立的公司赶走显然是一件匪夷所思的事情。中国对关系的定义与执行是模糊的，各种关系也是跨界混淆的，关系没有规则也就导致人与人之间的界限有着非常大的弹性空间可以为己所用，而西方的关系有着清晰而明确的规则与界限，各关系更像是无数条平行线独立而非彼此渗透。

二、中西关系的异同

（一）差序性的两端关系与中距离关系的对比

中国人的两端关系与西方人的中距离关系之间的差异具体体现在以下几个方面：差序性与团体性，灵活性与规则性，依赖性与独立性。需要说明的是，比较的目的不是分出伯仲，而是从一个更为宽广的视野中看到中国人的自我与关系的特质。

1. 差序性与团体性

费孝通先生通过对中国社会的深入观察，在《乡土中国　生育制度》中把中国社会结构的特点归纳为“差序格局”，即“社会关系是逐渐从一个一个人推出去的，是私人联系的增加，社会范围是一根根私人联系所构成的网络”，“好像把一块石头丢在水面上所发生的一圈圈推出去的波纹”。⊖这种“差序格局”的结果是中国人之间的关系呈现出两个极端，即紧密关系与疏远关系。在紧密关系中，个体与整体相融，以至于边界极为模糊，人与人之间无须分清你我、制定规则，人与事之间也没有必要“打破砂锅问到底”、凡事弄个清楚和明白；而疏远关系中，个体又表现为相对独立的整体，彼此之间无须互通有无，甚至可以“老死不相往来”，无须规则的约束。

与“差序格局”相对应的是，西方现代社会中人与人的关系呈现“团体格局”的特点，即人与人之间的关系就像“一捆一捆扎清楚的柴”，这种团体性的形成是基于西方个体之间始终保持一种安全的中距离。在中距离的调节下，个体以事为中心，规则调节彼此之间的关系，自我与超我达到相对均衡的程度。中国人往往抱怨与西方人很难深交，因为我们习惯用亲密关系的标准来衡量彼此之间的关系，中距离往往象征的是不信任。而持中距离观的西方人，彼此见面很热情，初次接触较为容易。即使是熟人，应该按什么规则就是什么规则。对此，不少刚到国外的中国人极不适应。

2. 灵活性与规则性

中国社会强调“天人合一”，因而，个体的人际关系缺乏清晰的边界。一方面，“通融”“变通”“特事特办”等视作正常甚至是某种“创新”；另一方面，规则等可立也可以“灵活地”加以修改、放弃。

在西方社会，道德和法律具有客观和清晰的内容与标准。西方宗教中的“天”，可以理

⊖ 费孝通．乡土中国　生育制度［M］．北京：北京大学出版社，1998.

解为一种“上帝”强加于人类社会的、不依人的意志为转移的外在“规则”，从而加强了对人的约束。

3. 依赖性与独立性

中国人习惯于在与他人的相互依赖中寻求发展与突破，“靠山吃山，靠水吃水”，或“生死由命，富贵在天”等说法不绝于耳。由于从小习惯于在别人的挑剔与指点中改造自己的缺点（而不是突出自己的优势），所以在任何场合的自我呈现，都是循礼而行，以“不犯错”为最主要的动机。此外，每个人习惯甚至希望别人给他一个标准和要求，通过别人的建议意见去追求自我的发展，这在一定程度上展现了对他人的依赖。

西方人习惯于自我依赖即自我独立。他们强调“自助之人得天地”，或“祈祷上帝，做好准备”，因而人与人之间的关系倾向于排他而且是短暂的，个体也常常通过参与竞争而不是依靠他人得到自己的位置。在西方人的想法里，“欲望”与“行为”这两者是由“一个目标”的观念予以统一的。

但在中国文化里，对别人的依赖是如此强烈，以致理想的情况是将“欲望”与“行为”分开——一己之行动被用来满足与己有社会关系之他人的欲望，而这个他人的行动，也倒过来被导向于满足一己欲望。这种相互依赖的安排，可以彼此通过对方来满足自己的欲望。

（二）整体性的超我概念与个体性自我的对比

中西方之间差异的表现，大体可以概括为如下方面：内倾与外倾；整体与个体；超我与自我。

1. 内倾与外倾

钱穆判定中西文化，一个是内倾型文化，另一个是外倾型文化，它们的不同，实质上就是人生表现的不同，即“成己”与“成物”的不同。中国文化植根于农村，是在黄河流域这块土地上以农业为基础发展起来的。由于农耕民族与耕地相连，胶着而不动，其生活方式是安守田土，依时而行。因此，在农业社会生长的民族，“一向注重向内着”，不求空间之拓展，“唯望时间之绵延”，其文化以固守本土、安定守成、质朴厚重、沉着稳健、崇尚和平为特征，是一种旨在“求安足”（即政治上求“安”，经济上求“足”）而不在求富强的内倾型文化。与以“安足静定”特征的中国农耕文化相反，西方文化则属于“唯求富强”的外倾型商业文化。这种文化起源于内不足，故需要不断向外寻求、征服，以“吸收外面来营养他自己”。所以，商业文化比较注重空间的拓展和武力的征服，有强烈的战胜欲和克服欲，容易形成流动进取、崇尚竞争、内部团结、富有战斗性、侵略性和财富观念等民族性格，是一种典型的外向型的趋向于富强型（政治上求“强”，经济上求“富”）的“霸道文化”。

2. 整体与个体

中国文化和西方文化共同承认“个体”和“整体”的存在，但是彼此在“先后”的观点存在着差异。西方人认为“个体先于整体”，但是中国人认为“整体先于个体”，因而中国人的关系也是一种整体中的人际关系。[⊖]西方文化往往秉承“各人自扫门前雪，休管他人瓦上霜”的基本思维，认为只有每个个体自由发展，才会有整体的自由发展。而中国文化往往强调关系的资本作用，认为如果人际关系良好，大家乐于帮忙，通过发挥整体的力量，

⊖ 曾仕强．人际关系与沟通．北京：清华大学出版社，2004.

往往比较容易获得成功。这种整体重于个体的概念，对中国人的人际关系产生了颇为重大的影响。并且中国人通常通过血缘、地缘等建立关系，此外还可以用“同学”“同事”“同行”等拉近彼此之间的距离。

3. 超我与自我

儒家的“天人合一”“人人皆可以成为尧舜”的推论是建立在性善论之上的。因此，每个人都可以在自我心性的修养中达至天命、天理、天道。如此一来，就不可能有任何一个客观外在的价值标准来衡量这无数的天理、天道，因为绝大部分人都认为自己的所行是尽良心、知于命的。儒家以修养为核心的自我认识，往往把外在的社会规范和内在的价值之源含混不清，并且过于重视人性中“高层”的一面，忽略了“低层”与“深层”的一面，对真正属于个体层面的“自我”的认识不够。儒家的“内在超越”和“内圣外王”看上去好像是一幅趋向无限完美的图画，但实际上却因人的有限而无法达成。比较而言，西方人对自我的认识，无论是在神学、哲学、伦理学层面，还是在社会学、心理学、人类学、管理学以及社会实际运行层面，都较为细致。

三、跨国公司“社会约束”

经济全球化背景下，全球价值链实质就是“规则”之链，当前的员工关系已经不是传统意义上的“劳资关系”“劳动关系”，其本质上是由一系列利益主体（涉及投资者、生产商、中间商、国际组织、外国政府与本国政府以及员工）构成的复杂的治理结构。作为规则意识不强的流动员工、企业主、政府官员，对于这种复杂治理结构的适应无疑是一个痛苦而艰难的过程。

随着人们价值观念、消费观念的改变，以及对可持续发展观的认同，围绕着捍卫消费者利益、劳工利益、环境利益等公众利益，在西方社会掀起了一系列的广泛深入持久的既相互衔接又相互扭结的社会运动，包括消费者运动、劳工运动、环保运动、女权运动、社会责任投资运动、可持续发展运动等。西方的消费者越来越关心他们所购买的商品的生产是否符合基本的人权标准和环保标准。他们以“拒绝购买”作为手段，迫使企业特别是品牌企业为了市场份额而不得不认真听取消费者的声音。在社会责任投资方面，主要是通过“道德投资”和“环境投资”来引导企业注重改善劳工状况和环境保护。通过一系列运动，捍卫公众利益的许多新的价值观念和发展观念日渐成为西方社会的共识，与这种共识相适应的是形成了新的社会力量，迫使企业按照其相应的道德要求来调整经营行为。

在劳工组织、人权组织等非政府组织的推动下，生产守则运动由跨国公司“自我约束”的“内部生产守则”逐步转变为“社会约束”的“外部生产守则”。所谓“社会约束”的生产守则，其实是一种“通过对跨国企业施压来建立跨国劳动检查的制度”。这种劳动检查制度的主要特点是通过作为第三者的社会监察和认证组织，按照以国际劳工标准为依据而制定的“工厂守则”或“生产守则”，对于企业的劳动标准实施状况进行监察并予以认证。无论是“自我约束”还是“社会约束”，一定意义上讲都是属于民间行为，并没有国家强制力量。

通过劳工标准检查，使得劳工标准和劳工权益保护这一命题在企业和社会的范围内获得了更加广泛和深入的社会认知程度，特别是对提高劳动者和雇主双方的权利意识都有积极的意义。但这一运动对提高劳工标准和保护劳工权益的实际作用是有限的。需要注意的是，一些厂家为了获得订单而应付检查，使得在劳工标准的监察认证中存在着严重的形式主义。有相当大一部分的企业为了通过检查认证而不惜向检查认证人员提供作假的工资单和工作时间记录，威逼工人按照企业规定的口径回答检查认证人员的询问等。“自我约束”的企业内部劳工标准监察，或是“社会约束”的公证机构的劳工标准认证和检查，其实施效果，需要在揭开跨国公司“形象工程”这一面纱之后进一步加以观察。

【思考题】

1. 当今的关系构建应如何从传统文化中取其精华去其糟粕?
2. 试论当今中西方在关系处理时应如何相互借鉴。
3. 全球化背景下跨国公司应如何处理员工关系?

【案例分析题】

1. 通过案例 11-3，思考在互联网时代背景下如何从弱关系中获取信息?
2. 案例 11-10“苏轼的为官路”对你有何启发?
3. 基于案例 11-13，试从古今关系、中西差异分析乔布斯对关系的处理。

第五篇

关系理论篇

第十二章

本书理论脉络

【培养目标】

1. 帮助读者掌握生存关系的基本理论。
2. 帮助读者掌握亲密关系的基本理论。
3. 帮助读者掌握经济关系的基本理论。
4. 帮助读者掌握政治关系的基本理论。
5. 帮助读者掌握社会关系的基本理论。

【培养要点】

积极员工关系管理源于心理学而不拘泥于心理学，需要从多个学科吸收营养和精神食粮，这些主要包括政治学、经济学、社会学、生态学、法学、哲学、历史学、管理学、工会学等学科。囿于学科分工，研究往往各自为政，没有进行积极的信息和观点交流，学者交往也呈现“差序格局”的现象，这将阻碍员工关系管理的深入研究。

本书倡导跨学科、跨文化的对话与交流，从人际技能与自我成长这一视角将生存关系、亲密关系、经济关系、政治关系与社会关系的相关理论进行梳理，供读者选择阅读，并引发对员工关系管理理论的思考。

人是自然的一部分，人类的一切活动都可视作生存应对和生存质量的改进。关系的基础是生存，无论个体还是组织，只有生存下来，才能进一步发展，使自身生存得更好，进而为人类社会做出贡献。生存关系、亲密关系、经济关系、政治关系与社会关系五者之间相互联系，生存关系是其他四种关系的基础，如图 12-1 所示。

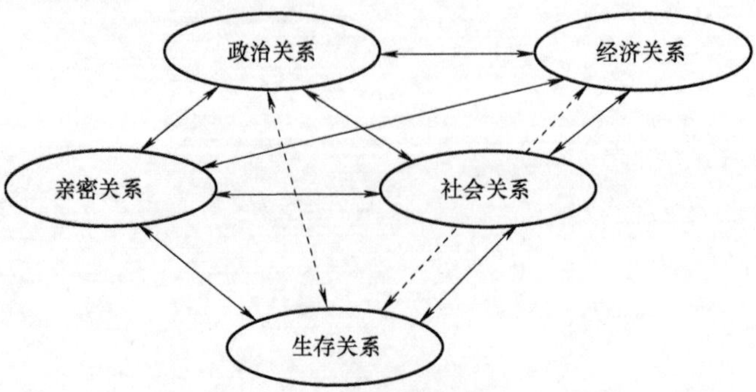

图 12-1　五大关系的联系

第一节 生存关系的基本理论

一、用进废退与适者生存

拉马克（J. B. Lamarck，1774—1829）是一位进化论先驱者，他一生中最伟大的贡献在于创立了生物史上第一个比较完整的生物进化论体系。用进废退与获得性遗传是拉马克进化学说的核心。拉马克认为，生物在新的环境直接影响下，某些器官经常使用就发达增大，不使用的器官就削弱或衰退，直至消灭。拉马克认为上述变化是可以遗传的，即获得性遗传。生物经过这样长期不断地加强和完善适应性状，便能形成新物种。通过后天的获得性遗传，生物持续演变，不断进化。[一]

1859年，达尔文在《物种起源》中提出了生存斗争与自然选择（即最适者生存）的概念。[二]一切生物都有高速增加的倾向，而生存空间和资源有限，因此不可避免地就出现了生存斗争。同种的个体之间所进行的斗争几乎必然是最剧烈的，因为它们居住在同一区域内，需要同样的食物，并且遭遇同样的危险。能够生存的那些生物中最适应的个体，假使向着任何一个有利的方向有所变异，它们就比适应较差的个体能够繁殖更多的后代。一般来说，最强壮的雄性最适于它们在自然界中的位置，它们留下的后代也最多。

二、情绪是人的正常生理与心理反应

我们的情绪是与生俱来的，情绪能够拯救人类。人类最基本的情绪反应正是在有关生存与地位的关键情形之下发生的。例如，恐惧迫使我们逃离危险，愤怒促使我们勇于挑战，爱慕则推动我们去寻找配偶、生育后代。因此，情绪在人类祖先的身上起到了协助生存、促进繁衍的作用，这也解释了情绪延续至今的原因。

这一观点的支持者主要是进化心理学家，即达尔文的现代拥护者们，他们认为，我们能够感受愤怒、喜悦、悲伤、恐惧等各种情绪，就像我们能够站立、取物一样，使人类在这个自然界中更好地生存下来，并繁衍生息。达尔文在1872年提出了“Big six”，即六大情绪：喜悦、惊讶、悲伤、恐惧、厌恶、愤怒。对于情绪理论，还有以威廉·詹姆斯（William James）为代表的生理学派、爱比克泰德（Epictetus）为代表的认知派和玛格丽特·米德（Margaret Mead）为代表的文化主义（见表12-1）。[三]

情绪与生俱来，是一种本能。人在处理自身以外的关系时，首先要与本能对话，克服本能中对生存不利的方面。比如贪婪的本能，人类因为贪婪，使地球的生存环境愈加恶劣，如果不克制这种本能，进而改善人类的生存空间，那么人类终将会走向灭亡。处理好生存关系，然后去面对其他复杂的关系，即先生存，再发展。

[一] 拉马克．动物的哲学［M］．沐绍良，译．北京：商务印书馆，1939.

[二] 达尔文．物种起源［M］．周建人，译．北京：商务印书馆，1995.

[三] 弗朗索瓦·勒洛尔，等．我们与生俱来的七情［M］．王资，译．北京：生活书店出版有限公司，2015.

表 12-1　情绪的四大理论

学说流派	主　张	创立者或代表人物	生活忠告
进化论派	我们的情绪与生俱来	查尔斯·达尔文（1809—1882）	应当关注情绪，它们是有用的
生理学派	我们的情绪源自身体的反应	威廉·詹姆斯（1842—1910）	控制身体方能控制情绪
认知派	我们的情绪源于思想	爱比克泰德（55—135）	换种方式思考，情绪尽在掌握之中
文化主义	我们的情绪源自文化	玛格丽特·米德（1901—1978）	表达或解读某些情绪前，应当关注所处文化

三、生存中的挑战与回应

大到国家，小到个体，如果不能回应随时都会来临的挑战，就会被淘汰。

鸦片战争之前，长期闭关锁国政策的实施使当时的中国人并不了解世界，也没有一个可以审视自己的世界性的参照系统。鸦片战争的炮火惊醒了一部分开明人士，他们开始睁眼看世界，西方政治经济文化开始若明若暗地展现在他们眼前时，中华民族站在这个巨大的时代镜子前时，也就具备了自我认知的条件，并对挑战做出回应。战争的失败空前地损害了当时中国人“中央大国”的自大心，也挫伤了民族自尊心。加之对“五四运动”文化革命思潮更深刻、更彻底的反思，完成了又一重大发现，即把国家推向现代化，新中国的成立也就是这种思潮的结果。[㊀]

如今的中国屹立于世界民族之林，足见其在挑战与回应中的成长。看到成绩要自信而不可自大，看到差距不可自卑而要自尊，我们还有很大的成大空间。

四、生态系统竞合理论[㊁]

美国威斯康星大学社会工作系教授查尔斯·扎斯特罗（Charles H. Zastrow）博士，是现代社会生态系统理论最为著名的代表人物之一。生态系统是指由生物群落与无机环境构成的交融互摄、相互依存的统一整体。生态系统可大可小，类型多种多样，大到整个地球，小到一个团队，都可以算是一个生态系统。总体来说，我们可以将生态系统分为三种：一是自然生态系统，如原始森林、海洋等；二是社会生态系统，是有着深刻的人类印记的生态系统；三是商业生态系统，即以相互作用的组织和个体为基础的经济群落。

作为生态系统的一员，人类主要生活在人工生态系统中，通过自己的力量认识并改造自然。然而，随着生产力的不断提高，人类在生态系统中越来越以主人自居，人与自然的矛盾也就越来越尖锐。不论是在自然生态系统中，还是在社会生态系统中，抑或是商业生态系统中，都存在着激烈的竞争。适者生存是生态系统的进化法则，但是竞争又是与合作相互依存的，竞争最理想的结果是双赢，既有竞争又有合作才能维持生态系统的稳定。

人与环境的关系变得紧张的根源正是人类的主人翁心态。长久以来，人类都以生态系统

㊀ 刘平青，等．领导力与项目人力资源管理［M］．北京：机械工业出版社，2012.

㊁ 查尔斯 H 扎斯特罗，卡伦 K 柯斯特-阿什曼．人类行为与社会环境［M］．师海玲，等译．北京：中国人民大学出版社，2006；刘平青，等．领导力开发——理论、方法与案例［M］．北京：清华大学出版社，2014.

的主人自居，试图驾驭自然、操控自然。人类砍伐了大量的树木来建造房屋，将自然界中的动物圈养起来驯化它们，改变了山川的本来面貌让自己生活得更加便利……这种主人翁的心态使得人类有时忽视了生态系统固有的平衡和发展规律，只在意自己是否有更舒适的生存条件。然而，尽管人是生态系统中最高级的存在，但也并不意味着人能随意改变整个系统。生态系统有其固有的平衡，各个组成部分之间也存在着固定的关系链，如果在不经意间破坏了关系链，打破了平衡，原来的生态系统就消失了，那么等待人类的也只能是灭亡。

尽管竞争是生态系统中不可缺少的，但竞争并不意味着你死我活。在生态系统中，竞争与合作从来都是相伴而生的，只有合作而不竞争，生态系统就不会向前发展，而没有合作的竞争也只会带来两败俱伤。

第二节　亲密关系的基本理论

亲密关系是永恒的关系，是其他关系的重要基础。每个人身上带有的特质与问题与原生家庭密切相关。家庭是帮助人类社会化的场所，家庭也是经济的单元。亲密关系有助于调整情绪，维持工作与家庭的平衡。维持好亲密关系，有助于进一步处理好经济关系、政治关系和社会关系。

一、自我理论

（一）弗洛伊德的自我理论[㊀]

在精神分析理论中，精神分析理论创建者弗洛伊德提出了其关于自我的独特的概念。他将自我分为本我（Id）、自我（Ego）和超我（Superego）三个部分。他认为：本我属于人性的非社会化部分，代表本能需要，总是寻求满足和快乐；超我代表良心，属于被社会道德规范所制约的部分；自我介于本我和超我之间，发挥着引导本我用社会能接受的方式满足需要的作用。这三个部分具有不同的功能：本我力图表现自己，超我努力压抑本我，形成冲突，当超我较强而本我被经常压抑时，会继续影响人的行为，自我控制着本我的冲动和超我的需要，并运用各种心理防御机制调整本我与超我的关系。

弗洛伊德认为，这三种构成不是静止的，而是不断地相互作用着。健康的人这三种作用必然是均衡协调的。本我是生存的必要原动力，超我监督和控制主体按照社会道德标准行事，自我调整冲动欲望，对外适应现实环境，对内调节心理平衡。

（二）埃里克森的自我同一性危机理论[㊁]

埃里克森（E. H. Erikson，1968）认为，人的一生要经历一些自我同一性危机（Identity Crisis），对于这些危机，人们会采取积极或消极的方式面对，从而对自我的发展产生重大影响。其思想体系的形成，与其从小父母离异也有着一定的关联。他提出，通过适当的方式度过危机，会促进自我成熟，建立稳定的自我同一性。根据埃里克森的理论，人生一共有八个阶段的危机。

㊀ 张汝伦．十大思想家［M］．上海：上海古籍出版社，2001.

㊁ 林崇德．发展心理学［M］．2版．北京：人民教育出版社，2009.

二、儿童的心理畸变[㊀]

玛利亚·蒙台梭利（Maria Montessori）在《童年的秘密》一书中阐述了儿童心理畸变的原因与表现。正常化会导致许多童年时期特征的消失，既包括那些被认为是有缺陷的特征，还包括通常被看作是“优点”的特征。儿童是在不断更新的，他们自身有一种新的和完整的形式，这种形式决定了儿童的发展。儿童所有的心理畸变都有一个原因，即儿童不能采取他发展的独特形式，因为他在自己的形成时期遇到了一个有敌意的环境，在形成时期，儿童的潜在能力应该通过实体化的过程展现出来。儿童心理畸变的表现有障碍、依附、占有欲、权力欲、自卑、恐惧、说谎等。

三、爱情三元论[㊁]

罗伯特·斯滕伯格提出爱情三元论，他认为所有的亲密关系都可以用三个基本要素加以说明，分别是激情（Passion）、亲密（Intimacy）与承诺（Commitment）。

“激情”是指外表的、生理上的吸引力，想要与对方结合的渴望，浪漫或兴奋的感觉都属于激情。通常，在关系刚发展的初始阶段，激情是最具主导性的元素。“亲密”是指情感上的交流、信赖与连接，是一种能够陪伴且轻松相处的感受。“承诺”则是决定与对方维持稳定关系，负起关系的责任和长期交往下去的决心，常见的承诺形式是以结婚来表现。以上三者若能兼备，则属于“完整之爱”，这种关系能带来强烈的幸福与满足。若三者任缺其一或只具备一种元素都不能称之为真正的“完整之爱”。

四、自卑补偿理论[㊂]

心理学家阿尔弗雷德·阿德勒在分析了自卑感和优越感之后，提出了自卑补偿理论。

我们每个人都有不同程度的自卑感，因为我们都发现自己所处的地位是我们希望加以改进的。没有人能长期地忍受自卑之感，它一定会让人采取某种行动来解除紧张状态。假使一个人已经气馁了，即使他不再认为脚踏实地的努力能够改进他的情境，他仍然无法忍受他的自卑感，他仍然会努力设法要摆脱它们，只是他所采取的方法不能使他有所进益。他的目标仍然是“凌驾于困难之上”，可是他却不再设法克服障碍，反倒用一种优越感来自我陶醉或麻木自己。

当一个人面对无法适当应付的问题时，若自己无法解决这个问题，此时出现的便是自卑情结。由于自卑感总是造成紧张，所以争取优越感的补偿动作必然会同时出现，但是其目的却不在于解决问题。争取优越感的动作总是朝向生活中无用的一面，真正的问题却被遮掩起来或撇开不谈。个人限制了他的活动范围，苦心孤诣地要避免失败，而不是追求成功。他在困难面前会表现出犹疑、彷徨，甚至是退却的举动。

五、工作-家庭边界理论

工作和家庭是当今社会绝大多数成年人生活中最为重要的两个领域，能够快乐地工作、

㊀ 玛利亚·蒙台梭利．童年的秘密［M］．单中惠，译．北京：中国长安出版社，2010.

㊁ 林肇贤．心理学了没？［M］．北京：中信出版社，2014.

㊂ 阿德勒．自卑与超越［M］．李心明，译．北京：光明日报出版社，2006.

幸福地生活是每个人追求的生活目标。企业快速发展带来的激烈竞争会产生巨大的工作压力，包括更长的工作时间以及更高的工作强度，导致员工面临或轻或重的工作家庭平衡问题，从而引发一系列的社会负面现象：工作满意度低、离职率过高、亚健康、过劳死、家庭不和、婚姻满意度降低、离婚率高等。

克拉克（Sue Campbell Clark）在2000年提出了工作-家庭边界理论（Work-family Border Theory），该理论认为，人们每天不停地在工作与家庭这两个领域之间跨越和转换。工作与家庭之间的冲突实质上是一种边界冲突，工作与家庭边界的特征（渗透性和弹性）是导致工作和家庭产生冲突或平衡的主要原因。工作-家庭边界理论指出，人们如何处理及协商工作和家庭两个领域的范围与疆界，决定了其在工作与家庭上的平衡。[⊖]而现如今，基于互联网下的工作环境，工作的时间和空间不再受到约束，工作和家庭也开始相互渗透，许多员工已经难以在工作和家庭生活之间画出明确的物理边界和心理边界。

个体的工作-家庭系统中，工作与家庭通过相互作用，让系统处于相对协调的稳定状态。个体是否能够意识到工作-家庭系统的状态，并在关键的时候进行调整和改变，是保持系统平衡必不可少的。例如，在非工作时间温馨的家庭活动时，有工作电话进入，可能是工作上紧急的事情，如果不及时处理，上班后会有更多的事情和压力产生，这就是考验员工维持工作和家庭平衡的能力。如果可以很快地转换角色，接电话尽快处理好工作事务，然后又很快地回到原来的家庭角色，就可以最大限度地降低突发事件对工作-家庭系统的冲突，维护系统的平衡。因此，想要提高员工工作-家庭平衡的状况，基础是提高员工保持工作-家庭系统平衡的能力。

第三节 经济关系的基本理论

人类社会的经济活动，首先由家庭、族群为单元展开，应对生存、解决饥饿是重要目标，自给自足是不错的理想状况。西方工业革命后公司开始大量出现，随着殖民、垄断、技术等因素的介入，公司的剥削和对人的异化与温情脉脉的家庭经济形成鲜明的对比，马克思是较早论述这一现象并试图解释其内在机理的学者。劳动分工演化的过程历经冲突、合作、调节等一系列进程。劳资关系也是一个系统，现如今各方存在竞合关系。

一、马克思的剥削理论[⊜]

卡尔·马克思认为，凭借生产资料所有权无偿占有劳动者的剩余劳动就是剥削。“凡是社会上一部分人享有生产资料垄断权的地方，劳动者，无论是自由的或不自由的，都必须在维持自身生活所必需的劳动时间以外，追加超额的劳动时间来为生产资料的所有者生产生活资料。”在自由资本主义时期，资本原始积累过程中充满了欺骗、压榨和野蛮的暴力，资本主义反公平和毁灭人性的丑陋现象充分显现。马克思在广泛深入了解工人受剥削受压迫的情况下，认为剥削是以生产力发展到一定阶段为条件，以生产资料私有制为基础，生产资料所有者利用生产资料所有权无偿占有劳动者的剩余劳动（剩余价值）的经济关系。价值与剩

⊖ Clark，等. Work/familyborder theory：A new theory of work/family balance［J］. Human Relations，2000（6）.

⊜ 中共中央马克思恩格斯列宁斯大林著作编译局. 马克思恩格斯选集［M］. 北京：人民出版社，2012.

余价值的存在以及人对它们的追逐是生产无政府状态和阶级尖锐对立的经济根源，为实现社会公平和人的自由发展，就要消灭资本主义所有制。

马克思是严格地以历史唯物主义的观点去看待和评析剥削问题的。他认为剥削制度的产生、存在与发展，一种剥削方式被另一种剥削方式所取代，剥削制度和剥削现象的最终被消灭，没有剥削关系的新社会制度的产生与发展，都不是出于人们主观愿望的结果，应该从生产力的发展和生产力与生产关系的相互作用中去探求其根源。马克思的剥削理论是以劳动价值论为基础进行展开的。马克思从商品二因素到生产商品劳动的二重性，再到只有劳动力创造价值和剩余价值，建立了科学的劳动价值论。而马克思的剥削理论又是基于其劳动价值论的，即剥削也就是对被剥削者在剩余劳动时间里所创造的剩余价值的一种剥夺。在马克思看来，这样的剥削之所以可能，正是以资本主义制度中生产资料的私人所有权为前提的。如果生产资料被国有化，那么剥削也就变得不可能。

二、劳动分工理论

人类与动物的一个重要区别在于人类社会的组织要比任何动物社会复杂得多。正如亚当·斯密（Adam Smith，1776）强调指出的，人类社会组织的一个显著特点便是分工。只有极少数动物社会，例如蚁类社会和蜂类社会，具有最简单的分工。人类社会中分工的特征不仅在于比动物社会复杂，而且在于分工由简单到复杂的演进过程。技术进步，生产率的提高，个人间相互作用和相互依存程度的增长，整个人类社会所拥有的知识的增加，市场一体化程度和市场容量的增大，企业的出现和发展，个人专业化程度和全社会职业多样化程度的提高等都与分工演进相关联。[一]

大卫·李嘉图（David Ricardo，1817）提出比较优势的概念。这个概念与亚当·斯密的分工经济概念有本质上的区别。许多经济学家认为李嘉图的比较优势概念比起斯密基于报酬递增的分工经济理论是一个进步。斯密的分工经济仅当每个人至少在一种工作中比其他人的生产率高，也就是说仅当存在绝对优势时才成立。而根据李嘉图的理论，只要存在比较优势，即使没有绝对优势，贸易的好处仍可能存在。

阿尔弗雷德·马歇尔（Alfred Marshall，1920）强调了供求分析在经济学中的核心地位，提出了纯消费者与纯生产者的概念。然而，他对需求和供给的解释与经济组织的联系甚少，而一旦接受纯消费者与纯生产者的两分法，企业的内部组织就被当作一个黑箱。阿林·杨（Allyn Young，1928）给出了需求和供给的另一种解释，需求和供给是分工的两面。按照斯密和杨的观点，分工经济以专业化经济为基础。分工以专业化为基础，但又不同于专业化，如果所有人都从事同一专业，那就没有分工。分工是一种组织结构，在这种结构里不同的个人从事不同的专业。因此，专业化和职业的多样化是分工的两个方面。[二]

三、雇佣关系中的效率、公平和话语权[三]

约翰 W. 巴德（John W. Budd）在《劳动关系：寻求平衡》一书中提到雇佣关系的三

[一] 亚当·斯密．国富论［M］．张海峰，富强，译．合肥：安徽人民出版社，2012.

[二] 杨小凯，等．专业化与经济组织———一种新兴古典微观经济学框架［M］．北京：经济科学出版社，1999.

[三] 约翰 W 巴德．劳动关系：寻求平衡［M］．于桂兰，等译．北京：机械工业出版社，2013.

个目标：效率、公平和话语权（Efficiency，Equity，Voice）。效率是指有效地、利润最大化地使用劳动力以促进经济繁荣；公平是指在经济报酬分配、雇佣政策管理以及雇员安全提供方面的公平合理；话语权是指雇员实际影响工作场所决策的能力。

效率是检验经济效益或企业绩效的标准，公平是检验对待雇员是否公正的标准，而话语权是检验雇员参与程度的标准。提高灵活性和生产力的工作场所政策就是实现效率的例子；而实现公平则可以体现在体面的工资与福利政策，或者是规定只能以合法的、与绩效相关的理由解雇员工的政策；员工通过工会实现的自主权和代表权，则体现了对话语权的追求。

有时，这三个目标的作用方向是一致的，例如公平的待遇和雇员话语权增加了组织承诺，降低了离职率，从而提高了生产率和质量（效率）。然而，这些目标也时常会发生冲突，例如公平的待遇可能降低了灵活性，进而降低了效率，或者雇员的话语权可能会使决策制定变得更烦琐，进而导致效率降低。一方是效率，另一方是公平和话语权，这两方经常产生最激烈的冲突。而且公平和话语权之间也会发生碰撞，例如当工会为了更好地实现公平而集中权力的时候，却不能保证及时回应雇员个体的需求和话语权。因此，劳动关系必须在这三个时而相互冲突的目标之间寻求平衡。

四、西方劳资关系变化为员工关系[⊖]

西方的劳资关系呈现出由冲突转为合作的趋势，劳资关系逐渐转变为员工关系。

（一）早期工业化时代的劳资关系

1. 背景

18 世纪中期，以蒸汽机的发明为标志的产业革命从英国开始，席卷欧洲、美洲，全球进入了一个新的时代——资本主义工业化时代。在这个时代，经济制度发生了本质变化，工业生产逐渐取代农业生产，占据了经济发展的主导地位，市场经济取代了小农经济，社会结构日益复杂化。在资本主义早期，资本主义处于原始积累阶段，对内表现为对本国劳动者的剥削，对外表现为对殖民地的掠夺。大批劳动者被迫离开土地，不得不依靠出卖劳动力谋生，这使劳动者具备了成为工人阶级的基本条件。资本与劳动相结合，新型的雇佣关系就这样产生和发展起来。在这一时期，不但形成了现代意义上的雇佣关系，而且雇员人数逐渐增多，成为社会阶层结构中的主体。

2. 特征

在早期工业化进程中，雇主为了获得更多利润，花费更少的劳动成本，使用各种方法来剥削工人。由于过度竞争、贫富分化、商品和货币对劳动者的异化，致使工人的劳动条件和生活状况都急剧恶化。早期工业化时代，雇主对工人的剥削是残酷的。

各国政府普遍信奉古典主义“自由竞争”理论，认为市场是最有效率的。政府不干预劳资关系，完全交由劳动力市场自动调节。资方在劳动关系中具有优势，劳动者在缺乏制度保证时处于绝对劣势，而劳动保障方面的法规非常少，因此西欧和美国产生了早期的工会。早期工业化时代劳动关系的表现形式是激烈的对抗，劳动关系处于不稳定和直接对立之中。一方面，雇主或资方通过压低工资、延长工时、威胁压迫工人等多种手段获取利润；另一方面，工人运动总体上处于分散、个别和局部的状态。雇主对工人组织进行了激烈的抵制，各

⊖ 程延园．员工关系管理［M］．上海：复旦大学出版社，2004.

国的立法都禁止工人结社、罢工和示威。这一时期的工会还很不完善，资方占有绝对的优势地位。政府表面上采取自由放任的态度，实则倾向于雇主一方。

（二）管理时代的劳资关系

1. 背景

19 世纪中期到 20 世纪初期，资本主义经济开始从自由竞争向垄断过渡。这一时期经济发展的基础是从 19 世纪中期开始、在 19 世纪末和 20 世纪初达到高潮的第二次技术革命。科学技术的巨大进步，工业生产的迅速发展，使企业的规模越来越大，财富逐步聚集到少数资本家“精英”手中。生产和资本高度集中，为少数大资本家的联合和实行垄断创造了条件。垄断组织在各个部门陆续建立，并发展为工业资本与银行资本相融合的金融资本的统治。

新技术革命也带来了生产组织的变革。在这个阶段，贫富差距不断扩大，社会矛盾日益尖锐。从 19 世纪 70 年代到第一次世界大战爆发的 40 多年里，主要资本主义国家发生了五次世界经济危机，资本主义制度暴露出越来越多的问题，遭到社会有识之士的不断抨击。政府也认识到为了巩固政权和统治，就不得不要求管理方做出让步，同时也要对劳动者的工作保障等问题加以管理。

2. 特征

（1）工人运动继续发展，工会组织广泛建立，队伍逐渐壮大，并且形成层次，工人力量开始不断增强。

（2）资方或雇主在不断加强的工人运动中开始让步，从早期的对工人的直接剥削和压迫变为通过改进管理，增加在工作中的科学分析和对工人的激励，来追求利润最大化的目标。

（3）劳资矛盾的目标没有变化，仍然是工人争取更好的工作和生活条件，但是其激烈程度有所弱化，表现形式出现多元化，集体谈判制度得到了确认。

（4）政府的政策发生了变化，从不干预到出台大量的立法、建立相应的机构干预劳资关系，各国相继通过了工厂立法、劳动保护立法、劳动保险立法、工会法、劳动争议处理法等法律。劳动关系向更加稳定、有序的方向发展。

（三）劳资冲突的制度化

1. 背景

20 世纪上半叶，世界经济经历了两次世界大战和历史上最严重的经济危机。战争期间，资本主义国家的经济与政治均陷于动荡之中，生产和贸易遭到严重的破坏。由于民族矛盾突出，劳资矛盾相对退居次要地位。

20 世纪二三十年代，空前严重的经济危机，大量的企业破产和工人失业，使劳资关系重新紧张起来。受俄国社会主义革命和经济危机的影响，各主要资本主义国家相继爆发了以政治为目的的较大规模的罢工。

面对劳资关系的再度紧张，政府不得不直接干预经济。这一方面表现在劳动部门就业管理职能得到扩大和加强，政府开始对劳动力市场进行宏观干预。这种对经济的干预以美国“罗斯福新政”为主要代表。另一方面，各国都进一步发展了社会保障制度，提高了社会保障水平。

2. 特征

（1）该时期的劳动关系受重大历史事件影响较其他时期更为明显。两次世界大战和大危机使劳资矛盾在缓解和激化之间反复振荡，从客观上促进了劳动关系的加速发展。

（2）政府进一步放弃了原来的不干预政策，加强了劳动保障立法和宏观调控。政府对产业发展和劳动力市场等多领域进行了宏观调控。

（3）企业的管理方更加关注员工的社会性特征，客观上缓和了劳动关系的紧张状态。

（4）该时期冲突逐步制度化，产业民主和三方性原则首次被提出，集体谈判制度的范围进一步扩大，使调整劳动关系的渠道更宽，选择余地更大。

（四）劳资关系的成熟与员工关系的发展

1. 背景

从第二次世界大战结束至20世纪八九十年代，世界经济发展出现了很多新变化：科学知识技术的蓬勃发展，计算机的发明和应用，自动化控制领域的突飞猛进。在科学技术快速发展的情况下，世界各国经历了一个经济快速增长的时期，资本密度不断增大，对工人技术水平的要求提高。同时，企业规模也由于规模受益的原因而不断扩大。全球科技和经济快速发展，企业规模不断扩大，对企业管理提出了新要求。

随着第二次世界大战后全球经济的快速发展，出现了像英国、瑞典这样的福利国家，福利国家以社会保障制度完善、社会保障水平高而著称。在其他西方国家，社会保障制度也有了不同程度的提高。现代社会保障制度于20世纪四五十年代进入了成熟阶段。社会保障制度的发展对于改善劳资关系以及促进员工关系的发展具有相当重要的意义。

2. 特征

（1）经过前几个时期劳资关系的发展，政府不但认识到调整劳资关系的重要意义，而且调整手段也已经相当完备，立法体系完善，社会保障制度和保障水平随着经济的发展不断提高，为劳资双方有效沟通所提供的各种服务也比较完备。

（2）在政府立法、服务体系的干预下，管理方与员工双方都更愿意通过相对缓和的形式来解决冲突，使双方都得到好处，因此从总体上看，冲突的激烈程度在不断下降，合作成为员工关系的主流。

（3）经过长期的发展，国家（政府）、企业和员工“三方格局”形成，员工参与管理的产业民主制度、集体谈判制度等都已相当完善。解决劳资矛盾、劳资争议的途径实现了区域制度化和法律化。

（五）员工关系的新发展

20世纪末至今，随着新时代高新技术和通信技术的发展和运用，以及经济全球化和知识经济的不断发展，工作组织和工作设计发生了根本性的变化。环境的多变对组织结构提出了挑战，同时也对员工提出了更高的要求。工作组织形式从多等级的官僚制变为了网络化供应、团队工作等模式，组织形式发生了较大的变化。同时，随着科技的发展和产业的转型，传统的“白领”和“蓝领”的界限越来越模糊，知识型员工成为社会中坚力量。另外，随着经济一体化的不断发展，发达国家为了降低劳动力成本大量地进行海外投资和产业转移，这些举动较易引发国内劳资冲突。发达国家的工会面临着知识经济的挑战，尤其是互联网技术，使员工关系管理“去中心化”“职位化”“去权威管理”，组织越来越扁平。

新时代员工关系呈现出了新的特点。首先，随着跨国公司的兴起和经济全球化的不断发展，改变了资方、政府和工会的权力平衡；其次，跨国工会以及工会联盟的发展相对滞后，跨国投资中的劳资关系管理越来越重要；再次，传统的劳动管理和调解方式不能较好地满足员工关系管理的需要，组织内部越来越强调知识管理和柔性管理；最后，发展中国家面临着劳动标准与劳动力比较优势的权衡问题。

第四节　政治关系的基本理论

一、马克斯·韦伯的理论

(一) 对科层制的批判[一]

19 世纪，科层制理论被许多社会政治同盟的领导人、官员和历史学家所倡导。而思想家马克斯·韦伯对这种“科层制可以解决一切根本政治问题”的观点进行了猛烈的抨击。韦伯认为，科层制事实上是现代条件下对公民自由的最大威胁。然而，韦伯又认为，在现代社会，科层制是唯一一种最基本的政治与经济的组织形式与行政工具，是现代理性主义和技术至上主义的产物，是现代行政管理体制的根本特征。科层制在本质上是为了从技术层面最有效地实现政治目标。

随着现代社会的经济与政治的进一步分化与复杂，科层组织也越来越复杂，具体行动者越来越难以了解组织的整体运行，即使组织的领导者也是如此。因为科层制的高效率正是高度的专业化、复杂的分工所带来的，每个人仅仅对他所负责的那一个局部负责，仅仅关心他职责范围内的那一部分，而不可能也无法去关心整体。也就是说，科层组织的高效率是建立在成员对组织行为和组织目标不承担任何个人责任的基础之上的。在科层组织中，最高的美德是“螺丝钉精神”，即安于为整体做出贡献，尽管对整部机器一无所知。

如果说，个人的自律与自我决定是现代个人自由的前提，那么，在科层制度中，个人的自我决定已不再具有意义，即使一个人就他所知道的范围做出了合理选择，但是他并不知道这种选择是否导致整体的合理性。韦伯认为，这种形式或程序的要求或许可以允许全社会表达多元的相互冲突的价值观，因而这是一种完全不同于以自然法为基础的古典自由主义的新自由主义。

(二) 官僚制度[二]

马克斯·韦伯认为，很有必要为大型产业的组织和管理建立一种理性的基础。问题在于如何使任何大型组织都能够更系统地行使职能。在韦伯看来，答案就是官僚制度。官僚制度指的是由管制或职位来进行管理，而不是由个人或“世袭”身份来管理。官僚制度被认为是理想的，它不意味着是最合适的，但却意味着是组织的“纯粹形式”。在实践中将会出现各种组织安排的联合或混合，不过为了理论分析的目的，韦伯只想描述一种类型的特征。官僚结构可以作为一种标准模式，从而易于小型企业（“世袭”）组织向大型组织中的专业化管理过渡。

韦伯的官僚制度包括的要素有：

(1) 进行劳动分工，明确规定每位成员的权力和责任，将这些权力和责任作为正式任

[一] 马克斯·韦伯．社会组织和经济组织理论［M］. 1920. 参考：张汝伦．十大思想家［M］. 上海：上海古籍出版社，2001.

[二] 丹尼尔 A 雷恩．管理思想史［M］. 孙健敏，黄小勇，李原，译．北京：中国人民大学出版社，2009.

务合法化。

(2) 将各种职务或职位组织成权力层级，从而形成一种权力链或等级原则。

(3) 根据通过正式考试、培训或教育而获得的技术资格来选拔所有的组织成员。

(4) 官员是任命的，而不是选举产生的。(在某些情况下，整个组织的首脑是例外。)

(5) 行政管理人员领取固定薪酬，他们是专业的管理人员。

(6) 行政管理人员不是他们所管理的组织的所有者。

(7) 行政管理人员要严格遵守与其官方任务相关的规则、纪律和制约。这些规则和制约是客观的和去个性化的，毫无例外地适用于所有情况。

二、"市场失灵"与"政府失灵"

现实经济运行中，当市场制度不能有效运行时，人们寄希望于政府这种具有权威和规模效应的制度安排。研究与实践表明，即使最完善的政府制度也有弊端。

(一)"看不见的手"与不可回避的"市场失灵"

在几百年经济思想中，主张市场"看不见的手"和政府"看得见的手"这两大对立的经济思潮兴衰交替，出现过几次换位和回归。当市场不能有效配置资源时，经济学家便会把目光投向政府，希望政府能解决"市场失灵"。但是，当政府对经济的控制或干预太强时，经济学家又会将"政府失灵"作为经济发展的主要障碍，呼吁减少政府的控制或干预，主张回到自由的市场机制。

在古典经济学家看来，政府充当守夜人，即提供产权保护，监督合同履行，保证经济活动依法有序进行；市场机制作为"看不见的手"，会自动调节资源配置，引导社会福利最大化。

新古典经济学与古典经济学一脉相承，基本上都认可市场机制"看不见的手"的调节功能。其根本原因在于，当近代生产方式刚刚从自给自足的小农社会脱胎而出时，经济活动十分简单，家庭与企业高度重叠，企业规模小且组织结构简单，灵活地适应市场机制，单个经济主体以较少的信息量就能够进行决策。

随着经济活动越来越繁复，市场失灵接踵而至。[1]经济学家发现，市场失灵的一部分原因是经济中存在着所谓的公共产品、自然垄断和外部性。借用斯蒂格利茨(Joseph Stiglitz)的话说，公共产品、自然垄断和外部性等市场失灵现象只是界定了政府活动的范围。[2]市场失灵的真正根源在于，市场制度只是人们进行经济活动的一种工具，是多样性制度中的一种制度安排，当人们在利用这种制度安排时，并没有也不可能有人能对其负全部责任。随着技术更新和社会进步，人类克服市场失灵的能力已极大地提高。即便如此，人类也许永远无法回避所有的市场失灵。因为随着人类生产过程的越来越复杂和分工的日益精细，市场失灵将会不断地以各种新的形式出现。

面对市场失灵，新制度经济学家跳出传统意义上寄希望于政府的狭隘思维，他们的研究视角转向企业组织及其他制度安排。威廉姆森(O. Williamson)认为企业组织的出现是市场

---

[1] 马尔科姆·卢瑟福. 经济学中的制度：老制度主义和新制度主义[M]. 陈建波，郁仲莉，译. 北京：中国社会科学出版社，1999.

[2] 亚当·斯密. 国民财富的性质和原因的研究[M]. 郭大力，王亚南，译. 北京：商务印书馆，1976.

失灵的替代。[一]然而，“经济人”来自于家庭，他们一方面求助于市场机制，另一方面又离不开家庭或家族及其他制度安排。市场制度与家庭或家族制度之间，表现为既互补又矛盾的关系。资本主义发展的历史表明，“自由市场”只不过是一个神话，自发调节的市场只有在一种形式的关系中才能呈现出来。[二]市场交换虽然给人们带来利益，却未成为每个家庭生活唯一的方式，情感、安全、健康等难以从市场交换中获取，而多从家庭或家族中得到。布罗代尔（Braudel）也指出，历史上的“市场经济”从来都不是整个经济的全部，不仅“非市场活动”（主要指家庭劳务）长期存在，而且很多资产和物品不是以市场交换方式来转移的，如遗产、礼品等。[三]无论如何，人类在追求美好生活的过程中，离不开这两种制度安排。

（二）“看得见的手”[四]与可怕的“政府失灵”

与其他社会组织相比，政府的普遍性、合法性、强制性等特点提供了政府出面干预经济的理由。针对亚当·斯密和李嘉图的自由贸易论，德国的李斯特（C. Rist）提出了幼稚工业论，强调政府有理由采取贸易保护主义扶植本国工业。这里，经济学家赋予政府管理进出口和征收高额关税，并将国家税收的一部分用于补贴某些民族工业这样极为权威的角色。随着经济活动变得越来越复杂，劳动分工越来越深入，市场失灵渐渐成为严重的问题。以马克思和恩格斯为代表的一些学者提出公有制和计划经济的思想，认为应该废除私有制，用全社会的计划取代市场机制。但很多经济学家并没有接受马克思和恩格斯关于用公有制和计划经济全面代替市场机制的观点。[五]他们认为，废除市场机制以后，经济因失去供需自动平衡的价格机制，结果必然是供需的长期失衡。

进入20世纪的时候，经济学家们逐渐看到，在现实世界中，经济的周期性波动随着失业等不良经济现象时有发生。以凡勃伦（T. Veblen）、康芒斯（H. Commons）等为代表的旧制度学派主张国家调节和仲裁劳资矛盾、反对自由放任政策。马歇尔的门徒庇古（A. C. Pigou）创立了福利经济学，虽然总体上讲他仍然排斥政府干预经济生活，但他对自由放任的理想主义也进行了激烈批评，认为国家应出面校正生产外部性以防止出现边际私人净产值与边际社会净产值相背离的现象发生。

以缪尔达尔（G. Myrdal）、林达尔（E. Lindahl）和俄林（B. Ohlin）等为主要代表人的瑞典学派在1929—1933年大危机中逐渐成熟起来。他们秉承该学派的理论先驱维克塞尔（K. Wicksell）国家干预经济的理论传统，以瑞典社会民主党执政半个世纪的实践经验为其佐证与支持。

苏联在20世纪20年代后开始的中央计划经济，第一个将马克思和恩格斯的思想付诸实践，很短时间内由一个后进国家发展为工业强国。与此形成鲜明对照的是，西方各国经历了20世纪30年代空前未有的大萧条，使市场失灵的问题突显在每一个人眼前。这一切不仅使发展中国家受到极大的鼓舞，西方世界的经济学家也从这本“活教材”中汲取灵感。凯恩

[一] G J 施蒂格勒．产业组织和政府管制［M］．潘振民，译．上海：上海三联书店，上海人民出版社，1996.

[二] M E 斯皮罗．文化与人性［M］．徐俊，等译．北京：社会科学文献出版社，1999.

[三] O 哈特．企业、合同与财务结构［M］．费方域，译．上海：上海三联出店，上海人民出版社，1998.

[四] R 科斯，A 阿尔钦，D 诺斯．财产权利与制度变迁——产权学派与新制度学派译文集［M］．佚名，译．上海：上海三联书店，上海人民出版社，1994.

[五] Y 巴泽尔．产权的经济分析［M］．费方域，段毅才，译．上海：上海三联书店，上海人民出版社，1997.

斯主义便呼之欲出了。

凯恩斯（Keynes，1936）认为，为了创造有效需求，达到充分就业，政府甚至可以不惜采用赤字财政和高通货膨胀政策来筹措推行政府支出所需要的资金。他的经济理论和政策建议不仅被西方国家政府作为其经济政策行动指南，在20世纪50~60年代的发展中国家也有颇大的市场。然而，在许多国家，政府长期执行赤字财政政策，并用通货膨胀政策来筹措财政预算，结果造成了70~80年代的滞胀。原中央计划经济国家自80年代以来纷纷改道换辙，转而推行以市场为导向的经济改革。

与“市场失灵”相对应，以布坎南（James Buchanan）为首的公共选择学派针锋相对地提出了“政府失灵”。布坎南认为，政府既不全知全能，也不仁慈，只是一套政策、法律结构，作为任何人类互动的功能性秩序的基本要素。根据“经济人”假定，政治家也是使自身利益最大化的理性人，理性的政治家通常受到三方面的激励：收入、尊敬和权力。因此对他们来说，承担社会功能只是实现个人目标的手段。公共选择理论认为，在由个人选择向集体选择过渡的过程中，由于存在着种种投票悖论，民主程序本身是有毛病的，而在此基础上形成的政府行为也就不可能十全十美。

同“市场失灵”相比，“政府失灵”显得更为可怕，尤其是没有法律对政府行为进行约束的时候。[一]苏联曾经经历过破坏性的农业集体化，是政府失灵极其可怕的例子。凯恩斯主义与前中央计划经济国家犯了一个类似的错误。他们看到“市场失灵”的同时却完全忽视“政府失灵”的存在，提出的政策措施难免充满理想主义色彩。虽然凯恩斯看到了传统经济学中时间无涉的缺陷，也看到了现实中人的生命是有限的，但是，他在主张政府干预经济的时候，却把政府官员的任期限制滑稽地抛在了脑后，以致对执政期政府官员的机会主义行为视而不见。还有，“裁判员”与“运动员”通过家庭或家族网络可以连接起来，政府官员及其“影子”时而跑到球场踢球，破坏了市场公平竞争原则。[二]

三、洛克的法律思想[三]

在欧洲法律思想史上，约翰·洛克（John Locke）第一次从理论上论证了“天赋人权”原则。神权法思想是西欧封建社会君主专制的理论基础之一，因此它是建立资产阶级政治法律制度的严重障碍。17世纪，英国神学政治法律思想的代表人物是菲尔麦（Filmer），他以《圣经》为根据，宣扬“君权神授”和“王位世袭”。这虽然是一种陈腐的理论，但经过漫长的中世纪，人们的思想被其严重地束缚，在当时的英国也相当有市场，甚至很多议员虽然反对国王的专制与暴虐，但仍信奉国王是上帝在人间的代表。洛克的《政府论》上篇就是以菲尔麦为靶子，逐一批驳这种观点。他认为，国家并不是“上帝”创造的，权力与法也不是神授的，王位也不能世袭，因为这“既无自然法也没有‘上帝’的明文法。”洛克对神权法思想的否定为其自然法思想奠定了基础，也是“他的经验哲学在政治领域中的应用”。

[一] 小艾尔德弗雷德 D 钱德勒．看得见的手——美国企业的管理革命［M］．重武，译．北京：商务印书馆，1987.

[二] 加里·贝克尔．人类行为的经济分析［M］．王业宇，陈琪，译．上海：上海三联书店，上海人民出版社，1996.

[三] 李进一．洛克的法律思想［J］．中国人民大学学报，1998（4）.

四、社会契约论[⊖]

法国思想家让·雅克·卢梭于1762年提出《社会契约论》，其中主权在民的思想是现代民主制度的基石，深刻地影响了逐步废除欧洲君主绝对权力的运动，和18世纪末北美殖民地摆脱英帝国统治、建立民主制度的斗争。美国的《独立宣言》和法国的《人权宣言》及两国的宪法均体现了《社会契约论》的民主思想。

“人人生而自由，却无处不在枷锁之中。”卢梭所说的政治权威在我们的自然状态中并不存在，所以我们需要一个社会契约。在社会契约中，每个人都放弃天然自由，而获取契约自由；在参与政治的过程中，只有每个人同等地放弃全部天然自由，转让给整个集体，人类才能得到平等的契约自由。

五、皇权政治

皇权政治在世界历史上普遍存在。权力主义在中国古代社会占有重要的地位，而权力最终又往往上移集中到皇帝那里，所以称之为“皇权”。

官本位是中国皇权专制的根源性意识，也是中国古代文化的一大特色。因为在古代中国，行政可以支配一切社会资源，一切社会组织都必须以行政为归依。这虽然提高了工作效率，一定程度上推动了社会的发展，但同时也导致社会地位资源的高度垄断。同时家长制作为皇权专制的社会基础，实际上是皇权的家庭化。皇帝是国家中的大家长，家长是家庭中的小皇帝。儒家家庭伦理的国家化，有力地加强了社会的垂直关系。

六、公司政治[⊜]

公司政治作为一种组织现象得到学者的普遍关注是在20世纪五六十年代以后。学者们对公司政治的理解大致可以分为两类：一类是将公司政治定义为与权力运用相关的一些行为表现，持比较客观的中立态度；另一类是将公司政治定义为组织成员以其他成员或组织利益为代价的自利行为，是为实现个人隐藏目标而对权力和影响力的不正当使用，对政治持负面态度。概括而言，关于公司政治产生的根源有四种分类：

（1）人性论：认为交易是人的本性。

（2）企业本质论：企业契约履行过程中充满了不确定性和风险，组织中不同利益集团试图通过联盟等政治方式来获取资源、解决冲突和争端，弥补契约执行的缺陷。

（3）资源稀缺论：权力会影响组织中稀缺资源的分配，为了获取自身偏好的利益，不可避免地产生公司政治行为。

（4）环境影响论：在以权力为基础的科层制组织结构中，缺乏明确目标、决策流程和绩效标准的模糊情境最易触发公司政治的发生。

学者将引发政治行为的因素归纳为个体因素和组织因素两大类。其中个体因素包括高自我监控、内控型、对组织的投资、感知的其他工作机会、对成功的期望。组织因素包括资源

⊖ 让·雅克·卢梭．社会契约论［M］．庞珊珊，译．北京：光明日报出版社，2009.

⊜ 陈青兰，等．公司政治的发展及演化——中国转型经济背景下的案例研究［C］．中国管理现代化研究会、复旦管理学奖励基金会，第八届（2013）中国管理学年会——管理案例研究分会场论文集．

的重新分配、晋升机会、缺乏信任、角色模糊、绩效评估体系不明确、零和的报酬分配体系、民主化决策、高度的绩效压力、自私自利的高层管理者。

第五节　社会关系的基本理论

在中国，社会关系呈现出特有的特点。每个人的社会关系圈呈现着有亲有疏的差序格局，除了利益对等的交换，人情与面子也起到很重要的作用。同时，个体在不同圈子内会扮演不同的角色，角色间也存在着冲突。

一、差序格局理论

"差序格局"的概念是20世纪40年代费孝通先生在其研究中国乡村结构的早期作品中提出的，他把中国社会结构的特点归纳为"差序格局"，即"社会关系是逐渐从一个一个人推出去的，是私人联系的增加，社会范围是一根根私人联系所构成的网络"，"好像把一块石头丢在水面上所发生的一圈圈推出去的波纹"，"每个人都是他社会影响所推出去的圈子的中心。被圈子的波纹所推及的就发生联系"。这样一来，每个人都有一个以自己为中心的圈子，同时又从属于以优于自己的人为中心的圈子。

我国古代最有影响力的儒家学派最考究的是人伦，儒家的五项基本人伦关系是：君臣关系、父子关系、夫妇关系、兄弟关系以及朋友关系。"伦"就是从自己推出去的和自己发生社会关系的那一群人里所发生的一轮轮波纹的差序。"差序"就表示有轻有重、有近有远、有亲有疏、有高有低，各个层次之间的重要性是不同的，各层次是不具有平等地位的。

中西方在处理人际关系方面形成鲜明的对比。西方社会以个人为本位，人与人之间的关系，好像是一捆柴，几根成一把，几把成一扎，几扎成一捆，条理清楚，成团体状态，因此，西方社会中人与人的关系是一种"团体格局"，表现为每个人与他人之间是中距离。而费孝通认为，中国乡土社会以宗法群体为本位，人与人之间的关系是以亲属关系为主轴的网络关系，是一种差序格局。在差序格局下，每个人都以自己为中心结成网络。这就像把一块石头扔到湖水里，以这个石头（个人）为中心点，在四周形成一圈一圈的波纹，被圈子的波纹所推及的就发生联系。每个人在某一时间某一地点所动用的圈子是不一定相同的。波纹的远近可以表示社会关系的亲疏。

二、社会交换理论[⊖]

社会交换理论产生于20世纪50年代末期的美国社会学理论，它认为社会中的任何事物都有特定的价格，整个社会活动的实质是人与人之间相互等价地给予或回报彼此间所需要的事物。社会交换理论的基本范畴和概念包括价值、最优原则、投资、奖励、代价、公平和正义等。主要代表人物有美国社会学家霍曼斯（George Homans）、布劳（Peter Blau）和埃默森（Richard Emerson）。

有关社会交换的各种理论都在某种程度上指出：人们之间进行社会交换的指导力量是自我利益。社会交换理论认为人们进行社会活动是为了交换。社会交换理论包括以下几个核心

⊖ 金盛华．社会心理学［M］．2版．北京：高等教育出版社，2010.

概念：

（1）行为者。在社会交换理论中，行为者不仅可以是个体，也可以是合作群体或特定实体。行为主体的拓展使社会交换理论分析范围从微观人际交换扩展到宏观组织网络。社会交换理论倾向于用自我利益驱动解释人们的行为，而不重视个性对行为的影响。

（2）资源。当行为者的拥有物和行为本身对他人有价值时，就成为两者之间交换关系的资源。对于社会交换理论而言，金钱、实物、服务、信息和情感都可以是资源，只要一方的行为对另一方有价值，都可以构成社会交换。

（3）交换结构。交换关系是在相辅相成的交换结构中发展起来的，交换结构的形式包括：①直接交换——交换双方的行为互为对方的交换结果；②间接交换——在多方交换关系中，互惠交换可以是间接的，如A、B两者之间的交换并不是直接互惠，而是通过中介C的传递；③成效交换——群体为共同目标努力，创造出一个对成员共同有益的结果。

（4）交换过程。社会交换初始的完成称为交易，多次交易就形成了交换关系。在通常的直接交换关系中，交易一般采取协商交易和互惠交易两种形式：①协商交易是交易者共同决策，达成一致意见，交换也同时完成，实现一次交易，如购买行为。多次经济交换和社会交换都是协商交易。②互惠交易是行为者单方面向对方做出有利行为来给对方好处。

三、人情面子

中国社会是一个讲求情理的社会。所谓“情理”，正确地说应该就是中国型的正义平衡感觉，是深藏于个人心中的感觉而不具有实定性，但它却引导听讼者的判断。中国社会对普遍主义的“理”和特殊主义的“情”不做二元对立的划分，以期待人们做人办事的时候两者都不偏废，希望在两者之间做出平衡和调和。

（一）人情的内涵[⊖]

黄光国认为在中国文化下，人情有三种不同的含义：①人情是个人遭遇到各种不同的生活情境时，可能产生的情绪反应，即生活中的喜怒哀乐。②人情是人与人进行社会交易时，可以用来馈赠对方的一种资源，即我们通常讲的“送人情”“人情债”。③人情是中国社会中人与人应该如何相处的社会规范。人情的社会规范主要包括两类行为：一方面，在日常生活中要通过馈赠礼物或相互拜访等方式与关系网内的人士保持良好的关系；另一方面，当关系网内的某一人需要帮助的时候，全力帮助他，做人情给他。

情理社会在人情往来上的非对等性在于期望彼此因为情的产生而使交换关系不是一次（或若干次）性地完结，或结束一次重新开始一次，而是发生了一次就能连续性地循环下去。

从理性上讲，资源交易总是倾向于最终能够在价值上得到衡量，甚至于诉诸法律来解决，包括精神赔偿费、人生保险费等都可以换算成价格。但人情来往上的互惠失败，诸如知恩不报或恩将仇报，却是无法用费用可以解决的。比如一个人对另一个人背信弃义，在传统中国人看来这些行为同价格实在没有什么关系。因为中国人认为生活中有些东西是不能以价格来计算的，只能诉诸道德或生命来解决，以便让这个无情无义的人在舆论和道德谴责中一辈子都感到良心不安。

⊖ 黄光国，胡先缙．面子——中国人的权力游戏［M］．北京：中国人民大学出版社，2004.

中国人的人情交换有三种类型：①某人在遇到危难的紧急关头得到了他人的帮助，这在人情交往中属于“恩情”的范畴，提供帮助的人叫作“恩人”；②比较有目的的人情投资，通常叫“送人情”，“送人情”导致接受的对方有亏欠或愧疚感（也就是中国老百姓常讲的“不好意思”），双方构成一种“人情债”关系，结果在对方提出要求的时候不得不按对方的要求回报；③一般性的礼尚往来，也就是有来有往的互相走动、请客或过节时的送礼行为，以加强彼此的感情，最终会在“给面子”中实现交换。㊀

（二）面子的内涵

黄光国从社会心理学的角度指出，“面子”是个人在社会上有所成就而获得的社会地位或声望（Hu，1944）；所谓面子功夫，其实就是一种“印象整饰”的行为，是个人为了让别人对自己产生某种特定印象，而故意做给别人看的行为（Schlenker，1980；Schneider，1969，1981；Tedeschi and Riess，1988）。中国人十分顾及面子，他们将其与自尊紧密联系在一起。这主要是由于面子不仅关系到个人在其社会关系网中地位的高低，而且涉及他是否被别人接受以及被人接受的程度，同时还会影响到他在其社会关系网中能否享受到特殊的权力。

胡先缙在《中国人的面子观》中分析总结出，面子在根本上是一种由于个人表现出来的形象类型而导致的能否被他人看得起的心理和行为。㊁中国人的“面子”最先是借由地位、财富、权力和才能建立的，然后通过运用手段和社会中的一些名流建立起社交关系，同时还要避免做出可能引起非议的举动。“面子”可以通过出借、争取、添加等方式获得。社会赋予“面子”的价值是双重的。一方面，它指的是经由正当途径取得的声望，即名誉；另一方面，它暗示了一种“自我膨胀”的欲望。

中国人讲面子总是倾向于把相关者的有关心理和行为考虑进来，因此具有层层辐射出去的作用。在面子方面，一个家族或家乡里出了一位名人，家族和家乡的人们不需要这位名人的首肯，就已经沾到他的光了。面子涉及的是个人的资源要让他人来分享，如争面子的意思是指当一个人获得了受人羡慕的学识、才华、职务之类，或有了被人认同的行为或事迹时，那些没有这些特征的人通过特定的关系可以分享到这些特征。比如给某人面子就表示可以让那个人分享自己的荣誉、名声以及由此而来的物品、财富、地位、权势等。

面子作为一种资源扩散方式，是以他人对他的正面评价作为回报的，如他人对施予资源者的感谢、感激、颂扬等都会让资源拥有者感到自己有面子。由此可以看出，资源拥有者愿意和谁共享“脸”产生的资源，就是在给谁面子，而对方只要多多地恭维、抬举和捧场就是对资源拥有者最好的回报。给他人面子既是对他人重要性的承认，也是对他人的成功、德行或善举的肯定、羡慕、欣赏等。如果一个人尽管有物品、财富、地位等，但没有人愿意分享他的资源、沾他的光，那么就是不给他面子。在中国文化背景下，别人不给一个人面子最有可能是由于道德问题，或者是他过去伤害过此人的感情或自尊心，又或者是别人不认同他资源的来路，比如一个人通过偷盗得来的钱财，纵使他再富有，他仍然没有面子。

四、角色理论㊂

角色（Role）最初是由拉丁语 rotula 派生出来的。这一概念最初在学术著作中出现是在

㊀ 翟学伟．人情、面子与权力的再生产［M］．北京：北京大学出版社，2005.

㊁ 胡先缙．中国人的面子观．中国社会心理学评论（第2辑）［M］．北京：社会科学文献出版社，2006.

㊂ 金盛华．社会心理学［M］．2版．北京：高等教育出版社，2010.

斯迈尔（George Simmel）的《论表演哲学》一文中，在这篇文章中，他提到了“角色扮演”。到了20世纪30年代，“角色”一词才被专门用来讨论角色问题。科学的“角色”定义应当是：一定社会身份所要求的一般行为方式及其内在的态度和价值观基础。

（一）角色冲突

角色冲突（Role Conflict）是指个人不能同时满足对其有意义的多种角色期望而履行不同角色时所出现的矛盾心态。外在社会对于在社会结构之中占据一定位置的人如何行为和如何看待事物，总有一定的期望，这种期望也就是角色期望（Role Expectation）。在现实社会生活中，一方面，一个人往往同时具有多种不同的社会身份，为对应这些身份，他被要求履行不同的角色；另一方面，对应于同一特定社会身份，不同的人或社会群体所持有的角色期望也不尽相同，他可能因此被要求去按照不同的角色模式去行动。这样，当一个人受到时间或精力的限制，不能同时满足外在社会不同的角色期望而履行不同角色，同时这些角色对其又都具有一定意义，回避履行任何角色都会出现消极后果（如受制裁或被人拒绝）的时候，就会出现角色冲突。

由于多种社会身份引起的角色冲突成为角色间冲突（比如一个学生在学校是学生，但回家则是儿子或女儿，在要好的同伴面前又是朋友），对应于这些不同身份，外部社会的要求有时是互不相容的，因而会在一个人身上引起冲突。自古所谓“忠孝不能两全”，就是典型的角色冲突。外界社会将同一种身份存在不同的角色期望所引起的角色冲突称为角色内冲突。

角色冲突的强度取决于两个因素。其一是角色之间的共同性。角色冲突的强度与角色之间的共同性成反比例关系。角色之间的共同性越大，冲突越小；共同性越小，则冲突越大。其二是角色自身的限定性。角色的限定性越大，规定也就越严格，角色执行者就越难于偏离这些要求。因此角色冲突的强度与角色限定性成正比例关系，限定性越大，出现冲突时，强度也越大；限定性越小，冲突时强度也越小。

角色间冲突的解决途径是，首先明确各角色的重要性和不履行某种角色的后果，然后按照最优选择的原则，根据情况分出各种角色的轻重缓急，优先执行最为重要和能避免严重后果的角色。对于角色内冲突，解决途径则是明确有关角色的一般模式，然后比较不同的角色同一般模式的差异，再本着行为与态度要接近一般模式的原则，优先执行与一般模式差异较小的角色。

（二）角色创造

角色创造（Role Making）是指行为超出一般角色模式，拓展原有角色行为范围的过程。任何一个社会角色，除其明确限定的行为模式之外，还有一个非限定性的模糊领域。关于这一领域中的行为是不是也可以归为某一角色，没有明确的规定，这样，对于一些不墨守成规、敢于进取而有独特性的人来说，他们的行为常常会冲破典型的角色行为模式，触及模糊领域中的各种行为，并通过自身的行为实践将这些行为与自身角色联系到一起，形成对某一角色的概念，将这些行为也包含其中。这样一个复杂的过程，就是角色创造。

不同的人与社会对于角色创造的容忍性是不同的。倾向保守的人和社会，对于角色的理解非常容易固定在典型的行为模式之中，因而对于超出一般模式的角色创造的容忍性非常小。而倾向开放的人和社会，对于角色的理解会表现出良好的适应性和应变性，因而对于角色创造的容忍性比较高，能够很快地适应新的角色概念。

（三）角色偏常

角色偏常（Role Deviance）是指一个人行为和心理准备长时间偏离社会期望，形成与自己社会身份不相适应的行为和心态结构。心理学家在通过实验研究探讨角色偏常原因的过程中发现，角色偏常现象是十分复杂的，行为偏离社会期望只是表面现象，其背后的实质是个人的整个行为动力系统的各个环节，包括其所受到的外部对待、评价与角色期望，其内在的自我概念系统、动机机制及表现于外的行为模式和行为的后果，都偏离了特定社会身份要求的一般模式。

研究表明，个人行为动力系统中的各个方面构成了一个协同活动、倾向一致的整体，系统中的内、外动因与行为作为整体系统的不同环节，总是彼此相互影响、相互适应、自相一致的。当一个人的行为动力系统处于良性循环时，其外部动力因素、内部动力因素及行为和行为效果诸方面是在相互促进的基础上相互适应、自相一致的。良好的社会对待、评价与角色期望，会形成积极的自我概念，产生积极的行为动机和实际行为；而由积极的行为所产生的良好行为效果，又会使其获得更好的社会对待、评价和更积极的角色预期。如此循环往复，使整个行为动力系统保持良好的运动状态。

五、社会化理论[⊖]

社会化是指个体在与社会的互动过程中，逐渐养成独特的个性和人格，从生物人转变成社会人，并通过社会文化的内化和角色知识的学习，逐渐适应社会生活的过程。经过这一过程，社会文化得以积累和延续，社会结构得以维持和发展，人的个性得以形成和完善。社会化概念的内涵有一个从狭义到广义的发展过程。20 世纪 50 年代以前，以少年儿童为对象，研究个体如何从“生物人”转变为“社会人”。从 20 世纪 50 年代开始，认为社会化更是内化社会价值标准、学习角色技能和适应社会生活的过程。

社会化的主要类型包括儿童时期的初始社会化、青年时期的预期社会化、成年时期的继续社会化、老年时期的逆向社会化以及再社会化。个体可以通过成长的环境，如家庭、学校、同龄群体、工作单位、大众传媒等接受社会化。个体接受社会化主要有以下基本内容：

（一）促进个性形成和发展，培养完美的自我观念

个性又称人格，其最基本的含义是指个人具有的稳定的、综合的心理特征，是一个人基本的精神面貌。它包括两个方面，即个性倾向和个性心理特征。个性的形成和发展是在一定的遗传或生理素质和一定的社会条件基础上，通过社会实践活动逐步实现的，是社会化的产物。

个性的核心内容及其形成、发展水平的标志是自我。自我也称自我观念或自我意识，它是个体对自己存在及存在状况的觉察，是自己对于属于自己的人的特征及生理、心理状况的认识，其中包括自我评价、自我感觉、自尊心、自信心等一系列涉及认识自己的内心活动。

培养人的完美的自我观念，就是要人们把对自己的认识与社会规范协调一致，使人们在经历了社会化的过程之后，从外在行为到内心世界都尽可能地合乎社会需要。

（二）内化价值观念，传递社会文化

社会化研究的文化角度认为，社会化就是社会文化的传递过程，“社会人”不过是掌握

⊖ 郑杭生．社会学概论新修［M］．北京：中国人民大学出版社，2003.

了社会和群体的行为方式，并将社会文化的主要内容内在化了的人。按照这种观点，社会化的内容就是个人学习和掌握社会文化。

社会文化的核心内容包括价值体系和社会规范两大部分。人们通过社会化接受价值体系，可以确定行为的目标和行为的方式。通过社会化而使人们接受社会规范，可以约束人们的行为，调整个人与社会、个人与个人、群体与群体之间的社会关系。此外，社会文化的内化对于社会来说，意义更为深远，它使文化得以继承、传递和延续。

（三）掌握生活技能，培养社会角色

社会化的最终结果总要体现在个人对社会角色的扮演上，社会化过程就是角色学习的过程。角色学习又必须以基本生活技能和某些专门技能的掌握为基础。未成年人必须首先学习基本生活技能，并在此基础上掌握专门技能。成年人除不断深化专业技能外，也需要不断发展基本生活的技能，特别是在科学技术日新月异的现代社会。同时，角色学习也包括在社会化不同阶段对于不同角色的理解和把握。

【思考题】

1. 差序格局在生活和工作中是否有体现？通过本书的学习，你觉得该如何面对这些情况？

2. 你身边是否出现过关系紧张或冲突的情况？请用本书提到的理论加以分析。

附　录

附录 A　个体常用的关系管理工具

一、个人习惯

- 建立短期目标和长期目标。建立短期目标和长期目标是非常必要的。建立目标不仅可以督促自己不至于虚度光阴，同时也能够让其他人得知你有哪些实际的需要（而不是停留在空谈上）。一定要定期检查和修改自己的工作计划，以使计划符合目标的需要。带着目标上路，去和朋友、客户、同事进行沟通，才能有针对性地获得他们的支援。
- 把自己的联系网络画出来。在一张纸上画出自己的联系人及你和他们之间的关系特点。通过这张"网络图"，你可以清楚地看到对你最重要的是谁，以及谁对你起过决定性的作用，并且定位自己在这张图中所处的位置。只有这样，你才能够更好地利用你的人际资源来改善生活和工作。你必须经常更新它，保证自己拥有最新的版本。
- 随时为自己准备一份自我介绍。为自己准备一份自我介绍，并且要尽可能地专业和详细。人与人相处的过程中，第一印象往往占据非常重要的位置。因此在很多场合，个体给人的第一印象至关重要。好的形象以及专业的自我介绍能够为个体加分很多。
- 懂得适时毛遂自荐。学会适度和主动地推荐自己。"毛遂自荐"成功的故事历来有之。如果认为自己有能力去做某件事情，就要站出来为自己打响知名度。这并不是不择手段或者不谦虚的表现，而是让自己的才华能够有用武之地，从而也能够及时获得人们的帮助。
- 出门前做一次自我检查。在出门前，首先检查自己的形象，其次看看是否携带了数量充足的名片。这是个体的"武器"，上阵前，要先检查自己是否已经"全副武装"，然后问一下自己是否已满怀信心。
- 随手记东西是一个好习惯。例如，在每一张所收到的名片上都记下初次交流的日期以及相关事项。好记性不如烂笔头，当你在乎别人的时候，别人才有可能在乎你。
- 不要吝啬于表达你的感激之情。多说几个"谢谢"总是好的。成功人士的特性之一就是常怀感恩之心。要学会主动表达你的由衷感激之意，让对方第一时间就知道你的心意。以感恩的心来对待所有曾经扶持过你的朋友，你会发现不但自己的人际关系愈加牢固，别人也将以你为效仿的对象，你们的关系也将更加坚不可摧。

- 经常和朋友联系。正如培植一盆植物需要不断地浇水一样，保持朋友之间的联系也要适时地打电话、送小卡片或者送小礼物。通过这种方式来向对方表达感激之意，就如同栽培一棵人际关系常青树。不要小看这些东西，它能够像阳光、水分与养分一样，让你们的友谊之树常青。
- 设计一套有效的时间管理系统。不要总是抱怨没有时间，你要知道，时间就像是海绵里的水，总是能够挤出来的。如果你能控制时间，你就能控制一切。一旦你能够掌握时间资源，那你就完全有能力更有效率地生活和工作。
- 每天检查“工作进度”。要学会每天都给自己“结账”一次，看看工作进度表的落实程度究竟如何。这样就会避免太多的工作做不完给你造成的心理压力和心理负担。每天都详细检视当天的工作进度表，你会发现这一天你是怎么样度过的。哪怕是一项工程浩大的计划，你也可以感受到稳健的前进脚步。同时你也能够知道自己是离成功之路更近，还是根本就在原地踏步。
- 今天的事情今天完成。我们每个人每天的时间都是24h，你要做的事情就是把今天的事情在这24h内分配好。不要养成拖延的坏习惯，也绝对不要“以债养债”，你要知道每天的工作就是那么多，如果你做不完，就会加班。因此，学会分配好时间，认真完成好当天的任务，无形之中你的工作效率自然就会提高。
- 积极参加各种社团组织。尽可能地积极参加各种社团和交际俱乐部。只有通过社团，你才能够遇到更多的人，你的人际关系才可能拓展。另外，你也可以融入这个陌生的大家庭中，认识更多和你有共同兴趣和爱好的人，并让人们发现你的才能。
- 偶尔尝试一些自己不在行的事情。我们都知道人应该有自信，但是，如何才能真正地快速地培养出你的自信？就是专挑你不在行的事情去了解，大胆出击，就像吃甘蔗的感觉，会越来越尝到甜头。有了自信，你就会“举头三尺有神明，抬头三尺有人脉”了。
- 经常评估自己的关系网。时常对你的人际关系网进行评估，并且不断地拓展你的人际关系网。当然，要持之以恒，不可能只做一次就一劳永逸。

二、人生态度

- 看人长处。你看着别人都顺眼，就能与人处好关系，就懂得用人所长。一枝独秀不是春，百花齐放春满园。只有懂得与人友好相处的人，才能成大事。懂得用人所长，你也就拥有了领袖的素质。
- 帮人难处。就是在别人困难的时候一定要伸出你关爱援助的手。锦上添花，不如雪中送炭。人在春风得意的时候你帮他，他不一定会记得你。在别人有难的时候你给予了帮助，人家会记你一辈子的好。在你有困难的时候，人家也会同样帮助你，你的路才会越走越宽。
- 记人好处。就是要常怀感恩之心。要知道，每个人从出生到死亡，每一点进步、每一滴收获，都离不开父母、师长、家人、朋友的帮助。永远记得别人的好，才能每天拥有阳光，每天都有朋友相伴，终生都有幸福相随。当然，完善人格还包括其他很多方面的内容。一个人无论选择从事什么工作，在开始做人生计划的时候要记住，最基本的前提是要做一个好人。我们可以做不成伟人、名人，那是极少数人才能做到的，但每个人都可以做一个好人。

- 赢家关注的是问题的答案，输家却只看到答案的问题。这不但是两种人的区别，更是两种人生态度的差异。前者很难被洗脑，后者很容易被控制。
- 学会用心去读懂世界，而不只是睁着双眼看世界，也不要睁一只眼闭一只眼。前者是超凡的人，中者是平凡的人，后者是消极避世的人。
- 正视自己的优点和缺点。优点和缺点都不可忽视。你要明白自己有哪些专长和资源正是他人所迫切需要的，没必要妄自菲薄，任何人都是“天生我材必有用”，都有自己的优势。不管你的专长是来自专业的训练还是业余的摸索，只要是你独有的能力，就可以转化成对他人的吸引力，变成正向的“人际关系动能”，同时这也成为你能够吸引别人的优势。另外，对于缺点必须坦然面对，在内部的检省中，把它们并列出来进行检查、总结和反思，不要采取回避的态度，而应努力克服。
- 学点“老二哲学”。人外有人，天外有天，即便你很强，也不用显示自己是当之无愧的老大。跟跑战术是聪明的发展策略，可以为自己赢得发展空间。
- 多考虑别人，而不是你自己。成功者总是多为别人考虑，于是大家都为他考虑。这是因为，先为别人提供价值，别人才会反过来为你提供价值。也就是说，你满足了别人的需求，大家也会一起来满足你的需求，这时你想不成功都难。想通了这一点，你就能成为一个乐于助人和喜欢让利的成功者。

三、生活常识

- 永远不要认为金钱可以买到忠诚，金钱和忠诚是完全没有交集的两个截然不同的概念。
- 千万不要妄想让全部的人都认可和喜欢你。这是痴人说梦。实际上，能够获得多数人的注意（即便只是注意到了你，还谈不上喜欢或讨厌），已经是成功的表现了。
- 一个人在炫耀什么，就说明他的内心缺少什么；一个人在掩饰什么，就说明他正为此而自卑。
- 切记，不要夸自己有多好，人们一般不会相信；也不要贬损自己有多坏，人们会相信的。
- 在人需要尊重和欣赏时，你恰好及时地提供。满足这个条件，你就可能成为一个受欢迎的人。
- 为朋友提供一流服务。当你尽心尽力地为你的朋友帮忙的时候，你的朋友会觉得你这个人非常可靠，你会获得良好的口碑，这样你就能够树立起自己的“金字招牌”。事实上，人和人之间的关系是相互的，你怎样对待别人，别人也会怎样对待你。
- 付出诚意和耐心。真诚和耐心是最宝贵的品质。你要时刻记住，在你的人脉关系网上的每一个盟友，和他们关系的维系都需要你的诚意和耐心。你得靠这两种品质来对待你的盟友，从而能够使你们之间的关系更加稳定。同时，这也能够培植你自己的实力，营造“双赢”的局面。
- 让自己具备无可挑剔的品格。要有高尚节操与专业涵养。永远切忌口不择言。人际关系绝对不可滥用。但是拥有良好的品格可以让你的死对头再也不会针对你。

- 尊重每一个不起眼的人。伟人与凡人的差别，就在于伟人可以去尊重每一个人，即便那个人是个流浪汉。所以，要以敞开的胸襟面对每一个可能与任何人结缘的机会。
- 用“六度理论”找到5个人。根据“六度理论”，几乎每个人之间都有一条脐带相连接，一个点可以到达世界的每一个角落，一条线可以联系到世界上的每一个人。你一定要用这个理论帮自己找到那5个人，结成自己的人际关系网，来提升人生的质量。
- 必须知己，才能知彼。有句话叫：“知彼者，智也；知己者，大智也。”对别人了如指掌，确实是一种智慧；但只有对自己十分了解的人，才拥有大智慧。换言之，若不知己，就没办法知彼。所以，拿出一张纸，列举一下到目前为止你最引以为傲的五件事。
- 赢“天下”：赚钱不是最重要的。赚钱虽然很重要，但不应该成为你的人生目标。你应该努力让自己成为最顶尖的从业者，成为受人尊敬和让人模仿的对象。这时赚钱就是水到渠成的事情。只要你做到了行业的第一名，你就能拥有自己的“天下”，也一定会取得成功。
- 做最重要的事情。我们没有时间去做好每一件事，也没有时间去思考每一件事，但我们一定有时间把对自己最重要的事情做好。有时候，你只要把一件事情做到极致就行了，这已经是巨大的成功。凡是想同时做好多件事情的人，结果往往是不尽如人意的。看看那些取得很大成功的人士，他们都是把自己最擅长的一件事情做到了无与伦比。
- 诚信的常识。确认自己是一个有诺必践的人，并确认自己是一个只承诺可以做到的事情的人。对于企业家、工薪族、丈夫乃至任何一种社会角色来说，这一常识都是极为重要的。虽然你并不在乎外界对你的众说纷纭，或者不关注人们对你的争议，但一定不能失去信誉。这是做人的根本，否则人们会对你敬而远之，没有人愿意和你交朋友，也不会有人主动帮助你。
- 加班的常识。人们总觉得加班一定是有好处的，但事实恰恰相反。如果实在没有必要，不要加班，尽可能在上班时间完成工作。加班有时被认为是勤奋的表现，但也可能被视为工作效率低下而不得不加班。
- 不要在公开场合谈论你的婚姻。就算所有人都已知晓你的婚姻状况，你也不要公开谈论它。这涉及一个原则：我的私事我做主，别人无权过问。这会让你赢得尊重，并且让人们主动与你保持一定的合理距离，而不是在你的默许下直接和频繁地越过禁区，对你造成一种压迫感。
- 培训的常识。每个人都要为自己准备新的培训，进行充电。千万不要把培训班当成一次轻松的旅途，视作一次无聊的游玩。培训的目的是增加自己的知识，提高自己的技能。即便有些培训对你没有价值，也可以视为一次积累人脉的好机会。总之，只要是培训，总有积极的用途，不要急着排斥。

四、情绪管理

- 心情再差，也不要写在脸上，因为没有人喜欢看；日子再穷，也不要挂在嘴边，因为没有人无故给你钱；工作再累，也不要抱怨，因为没有人无条件替你干；生命再短，也不要随意作践，因为没有人为你的健康买单；生活再苦，也不要失去信念，因为美好将在明天；品性再坏，也要孝顺父母，因为你也有老的那天。

- 任何情况下，都不要生气，这是拿别人做错的事情来惩罚自己。
- 愤怒的常识。愤怒是一种力量，既伤害别人，也伤害自己。在生活中，每个人都有愤怒和暴躁的时候，这不奇怪。但我们可以做到在生气的时候控制自己，尽量不表现自己的愤怒，至少不立刻发作。要把愤怒看成一只野兽，将它关在笼子里，比放出来要安全。
- 焦虑来源于恐惧而不是压力。不要把焦虑和压力混为一谈。许多人在工作中陷入焦虑，并非由于压力太大，而是出于对工作的恐惧。战胜恐惧的唯一办法就是热爱你的工作，积极地参与到社交活动和工作的讨论、思考当中去，用工作的成就感来驱除焦虑的情绪。越是逃避，焦虑就会越加严重。因此，当你试图逃避一件事情时，立刻对自己喊停，以免情况更加不妙。
- 情商和智商同等重要。重视智商而忽视情商，或重视情商而忽视智商，这两种极端都是错误的。事实上，智商和情商同等重要，智商的高低反映了人们智力水平的高低，情商的高低体现了情感品质的差距。智商较高、情商较低的人适合从事技术工作，两者都高的人则能在管理领域做出好的成绩。总的来说，要想取得事业的成功，这两者是缺一不可的。
- 警惕不自觉的自卑。最应该警惕的是内心隐藏的自卑，比如不自觉地吹牛或炫耀。凡是与此有关的行为，其实都是自卑的体现。
- 警惕自己的嫉妒之心。要以由衷的称赞来取代本能的嫉妒之心。无论你是否认识这个人，只要他（她）能够给予你激励或启发，你就要诚挚地感谢他。如果这个朋友提供的是诤言，你就更要对这样的朋友说声谢谢。最好让这成为你的习惯，这样的话以后不仅你的事业和前途，而且就连你的人生观都将会改写。

五、沟通技能

- 说服别人，掌握一个原则：讲清好处和坏处。不管你的目的是销售、辩论、激励还是演讲，这一原则通通适用，且永远有效。
- 用 80% 的时间去倾听，再用 20% 的时间去说话。
- 沟通的目的不是去不断证明对方是错的，而是证明自己是对的。但学者们发现，只有少数人才懂得这一点，大多数人在沟通时变得更像在指责对方，而不是解决问题。
- 太直白并不是好事，坦诚是一种好品质，但需要适当的包装。有时候，直白相告虽然满足了我们的心意，却收不到想要的结果。
- 必须在 24h 内回复所有的来电。学会把它养成一种习惯，从而能够确保你那条人际关系网络上的信息畅通。
- 想好再开口。在拿起话筒之前，先思索一下待会儿要讲些什么。永远要记住，不论做什么事情，做好充分的准备总是没有错的。
- 学会倾听。学会倾听朋友的倾诉。能够成为朋友愿意倾诉的对象，你就在他们心目中占有了很高的地位。学会倾听的艺术就是：一定要有足够的耐心，同时，要很好地为他们保守秘密。
- 沟通巧技能：强而不霸、弱却有心；沟通系统、细节感人；尊重差异、展示特色；角色明确、换位思考。

六、政治技能

- 学会对人讲三种话：场面话、私下话、心里话，但何时讲，何时不讲，切记掌握好时机，而且有的心里话，可能需要你藏在心里一辈子。
- 所有的人都站在同一阵营或同一立场，并不一定就是好事，而且很可能是坏事，例如他们都站在了船的一边。
- 永远不能忽视一个强势人物身边的拎包“马仔”。对于他们，你必须无差别对待。
- 人是有气场的，经历和素质决定了一个人的气场。气场强盛的人，连敌人都“喜欢”他；气场衰弱的人，会遭到所有人的“欺负”。
- 任何事都要避免单打独斗。学会把自己的生活、工作与人际关系成功地融为一体，让它们产生化学反应，形成联动。永远记住，在这个万物共存的世界，靠一个人单打独斗是绝对行不通的。做任何事，都要避免只能投入你一个人的力量。
- 善用关系，善用自己的关系网。你需要一座桥梁，把你的公私两种生活领域连接起来，在提升生活境界的同时，让好的关系来成就你的事业。关系不能放在箱底，而要时常联络，让它们在生活和工作的不同区间进行流动，既增加你与朋友们的感情，也提升了生活的质量和事业的成色。
- 保持中立。在任何的员工纷争或派系斗争面前，你都该保持中立，不要表现自己的倾向和立场，避免自己卷入内部纷争或政治斗争。偏离中立的做法是危险的，也是不明智的，不论谁获胜，你都将失去另一方的支持。因此，“孤立主义”是最好的良药，不管你是什么角色，不要轻易表态和站队。
- 必须承认办公室政治。在全世界的范围内，我们都必须承认并接受办公室政治的存在。你越有能力，就越要重视你在办公室的人际关系，否则你可能陷入连绵不断的矛盾和纠纷，最后发挥不出自己的能力。办公室政治还有一个作用，就是帮你找到持有相同立场和利益需求的阵营，和他们联合起来，壮大自己的力量，就避免了孤军奋战的局面。
- 时刻占据一个得道多助的位置。联合多数抗击少数，这是斗争的常识，也是竞争取胜的法宝。所以，让自己随时都处在一个得道多助的位置，让你的对手失道寡助，你就赢定了。

附录B　组织常用的关系管理工具

一、领导魅力

- “领导力”加上“赏惩力”，等于领袖。
- 赏识你的手下，并让他知道。在恰当的时机，当众表达你对他的欣赏和赞叹。在他们做错事情时，则尽可能私下提出你的批评。哪怕你要让他为此离职，也要将办公室的房门关紧，单独表达你的惋惜之情。
- 别让员工觉得你在管他，让他觉得你是在帮他，你就赢了一半。
- 授权就像在野外放风筝，有时你要收一收，有时则要放一放。是放还是收，取决于你下属能力的强弱和忠诚度的大小。

- 不是能力强、业务好就能成为称职的领导。就像有些人，他爬梯子的速度特别快，却经常架错墙。
- 公司就是一辆汽车，老板和他的管理者要做的只有一件事：将合适的人请上车，不合适的人请下车。
- 如果你拥有一家企业或一个部门，那么，多去管理，少去领导，一切以制度说话。但在此之前，要确保自己手握一个好制度。
- 寻找一个擅长沟通的手下，然后重用他。仅靠你自己处理好团队的沟通是不够的，要培养互动的氛围，鼓励员工都大胆表达、自由释放才华，你还需要授权给优秀的管理人员。任命一个擅长沟通的手下，让他来帮你做这件事，分担你的压力。他的工作就是和每位员工沟通，询问他们对于公司的看法，然后反馈给你。这个人应该在公司有很好的人缘，而且直言不讳，性格正直，能让团队中的大多数人信任。在他面前，公司的员工可以放心说话，你就能及时获得最新的信息。
- 待人。想做大事，就必须团结有本事的人；想做实事，就必须团结脚踏实地的人；想保证事情顺利，就必须把哪些平庸的人也团结起来。
- 全局要掌握，细节要放权。如果你是管理者，最要紧的一条管理常识是：把核心工作抓在自己手中，由你来掌握大方向，但细节和具体的执行部分则要放权给能干的下属。应该懂得让别人帮你处理工作、打点生意，学会远程操控，从更高的高度来决定事情的进展。这样你才是称职的老板。

二、员工手册

员工手册主要是企业内部的人事制度管理规范，同时又涵盖企业的各个方面，承载传播企业形象、企业文化的功能。它是有效的管理沟通工具，是员工的行动指南。

（一）员工手册的内容

（1）手册前言：对这份员工手册的目的和效力给予说明。

（2）公司简介：使每一位员工都对公司的过去、现状和文化有深入的了解。可以介绍公司的历史、宗旨、客户名单等。

（3）手册总则：一般包括礼仪守则、公共财产、办公室安全、人事档案管理、员工关系、客户关系、供应商关系等条款。这有助于保证员工按照公司认同的方式行事，从而达成员工和公司之间的彼此认同。

（4）培训开发：一般新员工上岗前均须参加人力资源部等统一组织的入职培训，以及公司不定期举行的各种培训，提高业务素质以及专业技能。

（5）任职聘用：说明任职开始、试用期、员工评估、调任以及离职等相关事项。

（6）考核晋升：一般分为试用转正考核、晋升考核、定期考核等。考核评估内容一般包括指标完成情况、工作态度、工作能力、工作绩效、合作精神、服务意识、专业技能等。考核结果为“优秀、良好、合格、延长及辞退”。

（7）员工薪酬：员工最关心的问题之一。应对公司的薪酬结构、薪酬基准、薪资发放和业绩评估方法等给予详细的说明。

（8）员工福利：阐述公司的福利政策和为员工提供的福利项目。

(9) 工作时间：使员工了解公司关于工作时间的规定，这些往往和费用相关。基本内容是：办公时间、出差政策、各种假期的详细规定以及相关的费用政策等。

(10) 行政管理：多为约束性条款。例如，对办公用品和设备的管理、个人对自己工作区域的管理、奖惩、员工智力成果的版权声明等。

(11) 安全守则：一般分为安全规则、火情处理、意外紧急事故处理等。

(12) 手册附件：与以上各条款相关的或需要员工了解的其他文件，如财务制度、社会保险制度等。

(二) 员工手册的编写原则

在编写员工手册的过程中，应遵守依法而行，权责平等，讲求实际，不断完善，公平、公正、公开五个原则。

(1) 依法而行：员工手册的制定要遵循国家的法律法规和行政条例。

(2) 权责平等：员工手册应充分体现企业与员工之间的平等关系和权利义务的对等。

(3) 讲求实际：员工手册要有实际的内容，体现企业的个性特点。

(4) 不断完善：员工手册应该适时、不断改进、不断完善。

(5) 公平、公正、公开：员工是企业的一员，企业的发展离不开全员参与，所以要广泛征求大家的意见，对好的意见和建议要积极采纳。在编制过程中，要有工会的参与，为员工谋求合法的权益。

员工手册是企业规章制度、企业文化与企业战略的浓缩，是企业内的“法律法规”，同时还起到了展示企业形象、传播企业文化的作用。它既覆盖了企业人力资源管理的各个方面规章制度的主要内容，又因适应企业独特个性的经营发展需要而弥补了规章制度制定上的一些疏漏。站在企业的角度，合法的员工手册可以成为企业有效管理的“利器”；站在劳动者的角度，它是员工了解企业形象、认同企业文化的渠道，也是自己工作规范、行为规范的指南。特别是，在企业单方面解聘员工时，合法的员工手册往往会成为有力的依据之一。随着国家政策的出台，法律、法规的修改与完善，以及企业自身的发展情况，员工手册要进行及时更新。

三、员工援助计划

员工援助计划（Employee Assistance Program，EAP）是企业组织为员工提供的系统的、长期的援助与福利项目；通过专业人员对组织以及员工进行诊断和建议，提供专业指导、培训和咨询，帮助员工及其家庭成员解决心理和行为问题，提高绩效及改善组织气氛和管理。

在世界500强中，有90%以上的企业建立了EAP。美国有将近1/4的企业员工享受EAP服务。经过几十年的发展，EAP的服务模式和内容已包含了工作压力、心理健康、灾难事件、职业生涯困扰、婚姻家庭问题、健康生活方式、法律纠纷、理财问题、减肥和饮食紊乱等，全方位帮助员工解决个人问题。

完整的EAP包括压力评估、组织改变、宣传推广、教育培训、压力咨询等内容。具体地说，EAP可以分成三个部分：①针对造成问题的外部压力源本身去处理，即减少或消除不适当的管理和环境因素；②处理压力所造成的反应，即情绪、行为及生理等方面症状的缓解和疏导；③改变个体自身的弱点，即改变不合理的信念、行为模式和生活方式等。

EAP服务通过帮助员工缓解工作压力、改善工作情绪、提高工作积极性、增强员工自信心、有效处理同事/客户关系、迅速适应新的环境、克服不良嗜好等，使企业在节省招聘费用、节省培训开支、减少错误解聘、提高组织的公众形象、改善组织气氛、提高员工士气、改进生产管理等方面获得很大收益。

四、公司文化

- 鼓励透明。在团队中要鼓励透明，让每个人都可以很好地了解别人。团队就像一个大家庭，人们既需要用自己的方式去做事，也需要彼此鼓励。你的任务是繁重的，也是关键的，因为你必须帮助这些人（包括不好相处的人）和谐地在一起工作。在这个过程中，透明是十分重要的，能消灭不必要的猜忌和各行其是的可能性。
- 建立最基本的原则。创业时，你需要一个团队。但更重要的是，你要建立一些最基本的原则，让团队成员了解并执行。因为每个人的风格都不一样，比如思考和工作的风格。你要让他们知道你所喜欢的工作模式，然后制定一些规则，引导大家在这个框架内进行融合，朝着共同的目标前进。
- 按显规则办事。按照显规则办事，你将立于不败之地。潜规则虽然有时可助你一臂之力，但毕竟不是长久之计，甚至会被人鄙弃。所以，尽量遵守显规则，而不是主动向潜规则妥协。你要为明纪守法而自豪，而不是对自己暗箱操作的能力引以为傲。
- 必须有固定的休息时间。工作再忙，也要按规律休息。比如在周末时至少休息一天，并在年终为自己腾出一段时间的假期。虽然损失了一定的时间，但换回来的却是身体的健康和回归后工作精力的充沛。为了家人，你也要这么做，有时间多陪陪家人，哪怕到郊外出游，甚至只看一场电影，对你的事业来说也是一种积极的刺激。等你重新工作时，会更有效率。
- 遵守规则，不要成为规则的破坏者。任何事、任何行业都有它自身的游戏规则，只有遵守而不是破坏它，在规则的范围内愿赌服输，你才能赢得同行的尊重。所以，要让自己成为行业内的绅士，按照规则做事，不要恃强凌弱，也不可由着性子胡作非为，强迫别人为你打破规则——这只能给你自己树立很坏的名声。

附录C　麦凯66表格

日期______________

最新修定时间______________

填表人______________

客户

1. 姓名______________昵称（小名）______________
2. 职称______________
3. 公司名称及地址______________
4. 电话（公）______________（宅）______________
5. 出生日期______________出生地______________籍贯______________
6. 身高______________体重______________身体及五官特征______________（如秃头、关节炎、严重背部问题等）

教育背景

7. 高中名称与就读期间______________大专名称______________
毕业日期______________学位______________
8. 大学时代得奖记录______________研究所______________
9. 大学时所属兄弟会或姐妹会______________擅长的运动是______________
10. 课外活动、社团______________
11. 如果客户未上过大学，他是否在意学位______________
其他教育背景______________
12. 兵役军种______________退役时军衔______________对兵役的态度______________

家庭情况

13. 婚姻状况______________配偶姓名______________
14. 配偶受教育程度______________
15. 配偶兴趣/活动/社团______________
16. 结婚纪念日______________
17. 子女姓名、年龄______________是否有抚养权______________
18. 子女受教育情况______________
19. 子女喜好______________

业务背景资料

20. 客户的前一个工作______________公司名称______________公司地址______________
受雇时间______________受雇职衔______________
21. 在目前公司的前一个职衔______________职衔______________日期______________
22. 在办公室有何“地位”象征______________
23. 参与的职业及贸易团体______________所任职位______________
24. 是否担任顾问______________
25. 本客户与本公司其他人员有何业务上的关系______________
26. 关系是否良好______________原因______________
27. 本公司其他人员对本客户的了解______________
28. 何种联系______________关系性质______________
29. 客户对自己公司的态度______________
30. 本客户长期事业目标为何______________
31. 短期事业目标为何______________
32. 客户目前最关心的是公司前途或个人前途______________
33. 客户多思考现在或将来______________为什么______________

特殊兴趣

34. 客户所属私人俱乐部______________
35. 参与的政治活动______________政党______________
对客户的重要性为何______________
36. 是否热衷社区活动______________如何参与______________
37. 宗教信仰______________是否热衷______________

38. 对本客户特别机密且不宜谈论的事件（如离婚等）______
39. 客户对什么主题特别有意见（除生意之外）______

生活方式

40. 病历（目前健康状况）______
41. 饮酒习惯______所嗜酒类与分量______
42. 如果不嗜酒，是否反对别人喝酒______
43. 是否吸烟______若否，是否反对别人吸烟______
44. 最偏好的午餐地点______晚餐地点______
45. 最偏好的菜式______
46. 是否反对别人请客______
47. 嗜好与娱乐______喜欢读什么书______
48. 喜欢的度假方式______
49. 喜欢观赏的运动______
50. 车子的厂牌______
51. 喜欢的话题______
52. 喜欢引起什么人注意______
53. 喜欢被这些人如何重视______
54. 你会用什么来形容本客户______
55. 客户自认最得意的成就______
56. 你认为客户的长期个人目标为何______
57. 你认为客户的眼前个人目标为何______

客户和你

58. 与客户做生意时，你最担心的道德与伦理问题为何______
59. 客户是否觉得对你、你的公司或你的竞争负有责任______
如果有的话，是什么______
60. 客户是否需要改变自己的习惯，采取不利于自己的行动才能配合你的推销与建议______
61. 客户是否特别在意别人的意见______
62. 客户是否非常以自我为中心______是否道德感很强______
63. 在客户眼中最关键的问题有哪些______
64. 客户的管理阶层以何为重______客户与他的主管是否有冲突______
65. 你能否协助化解客户与主管的问题______如何化解______
66. 你的竞争者对以上问题有没有比你更好的答案______

附录D 终端客户分类

一、工具说明

该工具从终端客户的消费能力、文化认知、个性偏好、限制条件等几个方面，区隔出三类客户。

二、工具样表

××公司终端客户分析表

分类	特征	运用
有效客户	□消费能力符合 □对其他品牌的依赖程度低 □需求强烈度、身份与消费匹配 □对公司及公司文化认同 □有现金实力和支付实力 □法律条件允许 □目标明确的专属人群 □属于与产品定位匹配的群体	条件都具备的为优质客户
无效客户	□公司付出劳动后，消费价值依然很低 □没有现金消费 □经营能力差 □与产品定位的消费群体不符 □消费目标与产品价格差距较大 □成长性差	具备一项即为无效客户
风险客户	□具有模仿能力或有盗版经验的 □违背法律与道德 □是具有破坏性质的媒体工作者 □有消费能力但没有契约精神 □同行业竞争对手	具备一项即为风险客户

三、工具操作示范

下面以有效客户分析为例。

第一步，消费能力符合

消费能力符合包括两个方面：①消费能力低，不去购买没有实力购买的产品。例如，普通打工者不会去购买奔驰，普通白领不会去购买高档别墅。②消费水准高，不会去消费低端产品，例如，富裕阶层不会购买价格低廉的衣服。

思维和操作：____

____

【示例】××咨询机构的学员多数是中小民营企业的老板或高管。国企、超大型民企老板、普通职工不是该咨询机构的有效客户。

第二步，对其他品牌的依赖程度低

有些客户有很强的品牌依赖，习惯于消费某个品牌，对其他品牌没有兴趣。

思维和操作：____

____

【示例】某女士喜欢穿国际名牌服装，但是她又不愿意花太多钱，经常光顾名牌折扣店，几乎不去其他地方购买衣服。

第三步，需求强烈度、身份与消费匹配

需求强烈度、身份与消费匹配，影响一个人的购买决策。这三个因素几乎可以决定客户是否购买。

思维和操作：____

____

【示例】××咨询机构的学员是民企老板，当老板意识到企业系统能力差时，会考虑报名××咨询机构的系统提高课程。

第四步，对公司及公司文化认同

客户对公司及公司文化认同，会促使客户购买该公司的产品或服务。

思维和操作：____

____

【示例】某男士喜欢暇步士这个牌子，为什么喜欢他自己也说不清楚，其主要原因是暇步士传递的文化得到了该男士的认同。

第五步，有现金实力和支付实力

客户要有现金准备或者支付实力。

思维和操作：____

____

【示例】××咨询机构将有效客户定位为民企老板，很大一部分原因是该咨询机构培训费用较高，相比于普通职员，老板的支付能力更有保障。

第六步，法律条件允许

要点：没有法律性质的限制性因素。

思维和操作：____

____

【示例】一般情况下，企业（尤其是大型企业）内部都会有法务部门，保证企业的各项活动（如营销、促销活动）在法律允许范围内实施。

第七步，目标明确的专属人群

市场细分，根据客户属性将客户细分至每一细分领域。

思维和操作：____

____

【示例】××企业使用客户发展潜力以及客户当前价值分别作为横纵坐标，将企业客户细分为四个不同的细分市场。

第八步，属于与产品定位匹配的群体

客户群体在消费层次上与产品定位相一致。

思维和操作：____

____

【示例】××公司主营白领化妆用品，在对白领日常工作及作息时间进行分析后，公司决定将电视广告播放主要集中于周六、周日的早上9点左右，其余时间段选择性投放。

四、工具成功示例

根据上述分析，结合企业实际，将企业客户分类填在下表中。

××咨询机构学员分类表

客户类型	特征
有效客户	民营企业老板或高管 营业额在500万元以上20亿元以下的民营企业 具有学习经历或者学习意愿的公司 具有系统建设意愿的创业者或者民营老板 500万元以下的潜力客户
无效客户	成长性差的民营企业老板 没有改革权的国营企业老总 垄断性公司、超大型民营企业 没有现金支付能力的个体户 企业中基层员工
风险客户	培训公司的讲师 没有合作的培训公司的管理者 违约型客户 经常伤害培训行业的黑名单客户 有媒体、税务背景并具有破坏动机的客户

参考文献

[1] Hsu F L K. Americans and Chinese [M]. Honoludu: the University Press of Hawaii, 1981.

[2] Tsui A S, Wu J B. The New Employment Relationship Versus the Mutual Investment Approach: Implications for Human Resource Management [J]. Human Resource Management, 2005, 44 (2): 115-121.

[3] Das T K, Teng B. Between Trust and Control: Developing Confidence in Partner Cooperation in Alliances [J]. Academy of Management Review, 1998, 23 (3): 491-512.

[4] Levinson H. Reciprocation: The Relationship between Man and Organization [J]. Administrative Science Quarterly, 1965 (9): 370-390.

[5] Aryee S, Budhwar P S, Chen Z X. Trust as a Mediator of the Relationship between Organizational Justice and Work Outcomes: Test of a Social Exchange Model [J]. Journal of Organizational Behavior, 2002, 23 (3): 267-285.

[6] Tsui Anne S, Pearce Jone L, Porter Lyman W, et al. Alternative Approaches to the Employee-Organization Relationship: Does Investment in Employees [J]. Academy of Management Journal, 1997, 40 (5): 1089-1121.

[7] 白岩松. 痛并快乐着 [M]. 武汉: 长江文艺出版社, 2010.

[8] 贝纳德. 哈佛家训 [M]. 张玉, 编译. 北京: 中国妇女出版社, 2010.

[9] 彼得·德鲁克. 管理的实践 [M]. 齐若兰, 译. 北京: 机械工业出版社, 2009.

[10] 边燕杰. 关系社会学: 理论与研究 [M]. 北京: 社会科学文献出版社, 2011.

[11] 布劳. 社会生活中的交换与权力 [M]. 李国武, 译. 北京: 商务印书馆, 2008.

[12] 曾仕强. 人际的奥秘 [M]. 北京: 北京联合出版公司, 2015.

[13] 常凯. WTO、劳工标准与劳动权益保障 [J]. 中国社会科学, 2001 (1): 126-134.

[14] 常凯. 劳动关系学 [M]. 北京: 中国劳动社会保障出版社, 2005.

[15] 常凯, 等. WTO: 劳动权益保障 [M]. 北京: 中国工人出版社, 2001.

[16] 陈文科. 大国关系论 [M]. 太原: 山西经济出版社, 2015.

[17] 程延园. 员工关系管理 [M]. 上海: 复旦大学出版社, 2004.

[18] 崔勋, 等. 从近代西方劳资关系研究视角的变迁看劳资冲突走向 [J]. 中国人力资源开发, 2010 (5).

[19] 戴建中. 我国私营企业劳资关系研究 [J]. 北京社会科学, 2001 (1).

[20] 杜红, 王重鸣. 领导—成员交换理论的研究与应用展望 [J]. 浙江大学学报: 人文社会科学版, 2002 (6).

[21] 费孝通. 乡土中国　生育制度 [M]. 北京: 北京大学出版社, 1998.

[22] 冯同庆. 中国的劳工调查与研究 [J]. 工会理论与实践, 2004 (5).

[23] 弗朗西斯·福山. 信任: 社会道德与繁荣的创造 [M]. 李宛蓉, 译. 呼和浩特: 远方出版社, 1998.

[24] 侯光明. 人力资源战略与规划 [M]. 北京: 科学出版社, 2009.

[25] 侯玉波. 社会心理学 [M]. 2版. 北京: 北京大学出版社, 2011.

[26] 胡必亮. 关系共同体 [M]. 北京: 人民出版社, 2005.

[27] 黄光国, 胡先缙. 面子——中国人的权力游戏 [M]. 北京: 中国人民大学出版社, 2004.

[28] 黄维仁. 活在爱中的秘诀 [M]. 北京: 中国轻工业出版社, 2011.

[29] 蒋巍巍. 向上管理 [M]. 北京: 人民邮电出版社, 2015.

[30] 杰弗瑞·菲佛. 权力: 为什么只为某些人所拥有 [M]. 杨洋, 译. 北京: 中国人民大学出版社, 2012.

[31] 金盛华. 社会心理学 [M]. 2版. 北京: 高等教育出版社, 2010.

[32] 金耀基．从传统到现代［M］．北京：法律出版社，2010.
[33] 居延安，胡明耀．关系管理学［M］．上海：复旦大学出版社，2005.
[34] 克里斯多福·孟．亲密关系：通往灵魂的桥梁［M］．张德芬，余蕙玲，译．上海：上海文化出版社，2012.
[35] 李维文．找对你人生中的7个人［M］．南京：江苏文艺出版社，2014.
[36] 梁漱溟．中国文化要义［M］．上海：上海人民出版社，2005.
[37] 廖保平．打捞中国愤青［M］．哈尔滨：北方文艺出版社，2011.
[38] 刘澜．管理十律——商学院不教的临床管理学［M］．北京：机械工业出版社，2015.
[39] 刘平青．家族基因：家族企业生命力解读［M］．太原：山西经济出版社，2009.
[40] 刘平青．掌控创业型企业［M］．北京：清华大学出版社，2009.
[41] 刘昕．现代企业员工关系管理体系的制度分析［M］．北京：中国人民大学出版社，2004.
[42] 马克·格兰诺维特．找工作：关系人与职业生涯的研究［M］．张文宏，译．上海：上海人民出版社，2008.
[43] 乔坤，吕途．强关系与弱关系的内涵重构——基于4家企业TMT社会关系网络的案例研究［J］．管理学报，2014，11（7）：972-980.
[44] 秦晖．传统十论：本土社会的制度、文化及变革［M］．上海：复旦大学出版社，2003.
[45] 邵渭洪．赢在职场：组织内部人际关系处理艺术［M］．上海：上海财经大学出版社，2008.
[46] 宋云海．中国皇权文化［M］．上海：上海三联书店，2014.
[47] 苏珊·海特乐．爱就是彼此珍惜［M］．黄维仁，改写．李淑烟，译．南昌：江西人民出版社，2010.
[48] 孙健敏．人力资源管理［M］．北京：科学出版社，2009.
[49] 孙立平．“关系”、社会关系与社会结构［J］．社会学研究，1996（5）.
[50] 王重鸣，阳浙江．创业型领导理论研究及发展趋势［J］．心理科学，2006（4）.
[51] 威尔·鲍温．不抱怨的世界：关系决定命运［M］．裴卫芳，邢爽，译．西安：陕西师范大学出版社，2010.
[52] 吴晓波．激荡三十年［M］．北京：中信出版社，2014.
[53] 武志红．为何家会伤人［M］．北京：北京联合出版公司，2014.
[54] 肖雪萍．成长，长成自己［M］．北京：九州出版社，2014.
[55] 岩田松雄．管理你的老板［M］．张琦，译．北京：北京时代华文书局，2014.
[56] 颜世富．关系管理［M］．北京：机械工业出版社，2008.
[57] 杨国枢．中国人的蜕变［M］．北京：中国人民大学出版社，2013.
[58] 杨国枢．中国人的心理［M］．台北：台湾桂冠图书公司，1981.
[59] 杨联升．中国文化中报、保、包之意义［M］．香港：香港中文大学出版社，2009.
[60] 杨中芳．如何理解中国人［M］．台北：台北远流出版公司，2001.
[61] 姚先国．民营经济发展与劳资关系调整［J］．浙江社会科学，2005（2）.
[62] 姚小涛，张田，席酉民．强关系与弱关系：企业成长的社会关系依赖研究［J］．管理科学学报，2008，11（11）：143-152.
[63] 一行禅师．与自己和解：治愈你内心的内在小孩［M］．汪桥，译．郑州：河南文艺出版社，2014.
[64] 于桂兰，于楠．劳动关系管理［M］．北京：清华大学出版社，2011.
[65] 余世维．有效沟通［M］．北京：北京联合出版公司，2012.
[66] 余英时．中国思想传统的现代诠释［M］．南京：江苏人民出版社，2003.
[67] 俞敏洪．在绝望中寻找希望［M］．北京：中信出版社，2014.
[68] 喻大华．帝制往事［M］．北京：商务印书馆，2015.
[69] 约翰·格雷．男人来自火星，女人来自金星［M］．芳晴，译．北京：中央编译出版社，1996.

[70] 岳晓东．三国人物心理分析与职场生存［M］．北京：机械工业出版社，2010.

[71] 翟学伟．中国人的关系原理：时空秩序、生活欲念及其流变［M］．北京：北京大学出版社，2011.

[72] 詹姆斯·弗·穆尔．竞争的衰亡——商业生态系统时代的领导与战略［M］．梁骏，等译．北京：北京出版社，1999.

[73] 张宏杰．中国国民性演变历程［M］．长沙：湖南人民出版社，2013.

[74] 张厚义，等．中国私营企业发展报告［M］．北京：社会科学文献出版社，2005.

[75] 张建君，张志学．中国民营企业家的政治战略［J］．管理世界，2005（7）.

[76] 赵曙明．人力资源管理与开发［M］．北京：北京师范大学出版社，2007.

[77] 赵玉平．领导的气场［M］．北京：北京大学出版社，2013.

[78] 杨国枢，黄光国，杨忠芳．华人本土心理学：下［M］．重庆：重庆大学出版社，2008.

[79] 郑也夫．信任与社会秩序［J］．学术界，2001（4）.

[80] 朱建军．坏传统：心理学教授的九堂历史课［M］．北京：光明日报出版社，2013.

[81] Wong C S, Kung H L. An Exploratory Investigation on Commitment to Specific Constituencies in Taiwan［J］. Chinese Journal of Psychology, 1999, 40（1）: 1-13.

[82] Corsun D L, Enz C A. Predicting Psychological Empowerment among Service Workers: the Effect of Support-based Relationships［J］. Human Relations, 1999, 52（2）: 205-224.

[83] Graen G B, Uhl-Bien M. Development of Leader-Member Exchange（LMX）Theory of Leadership over 25 Years: Applying a Multilevel Multi-domain Perspective［J］. Leadership Quarterly, 1995（6）: 219-247.

[84] Gordon M E, Miller V, Stringer C, et al. Conversations about Job Performance: A Communication Perspective on the Appraisal Process［M］. New York: Business Expert Press, 2011.

[85] Howard C M. How Your Employee Communications Programs Can Boost Productivity and Pride［J］. Public Relations Quarterly, 1998（43）: 15-23.

[86] Diefendorff J M, Richard E M, Yang J X. Linking Emotion Regulation Strategies to Affective Events and Negative Emotions at Work［J］. Journal of Vocational Behavior, 2008（73）: 498-508.

[87] Henry P J. The Role of Group-based Status in Job Satisfaction: Workplace Respect Matters More for the Stigmatized［J］. Social Justice Research, 2011, 24（3）: 231-238.

[88] Visagie J C, Linde H M. Employees' Perception of Organisational Culture in a Multi-national Construction Company［J］. The Business Review, 2011（18）: 61-68.

[89] Hackman J R. New Rules for Team Building［J］. Optimize, 2002, July: 50-62.

[90] Palferman D. Managing Conflict and Stress in the Workplace: Theory and Practice［J］. Legal Information Management, 2011, 11（2）: 122-125.

[91] Homans G C. Social Behavior as Exchange［J］. American Journal of Sociology, 1958（63）: 597-606.

[92] Cheung M F Y, Wu W P, Chan A K K, et al. Supervisor-Subordinate Guanxi and Employee Work Outcomes: The Mediating Role of Job Satisfaction［J］. Journal of Business Ethics, 2009（88）: 77-89.

[93] Zhang A Y, Tsui A S, Song L J, et al. How Do I Trust Thee? The Employee-organization Relationship, Supervisory Support, and Middle Management Trust in the Organization［J］. Human resource Management, 2008（47）: 111-132.

[94] Farh J L. Chen X P. The Paternalistic Leadership of Chinese Organization: an Analysis of Culture Perspective［J］. Logical Psychology Reseach, 2000（13）: 1-54.

[95] Seybold P B. Outside Innovation: How Your Customers Will Co-Design Your Company's Future［M］. New York: Haper Business, 2006.

[96] Hallowell R, Schlesinger L A, Zornitsky J. Internal Service Quality, Customer and Job Satisfaction: Linkages and Implications for Management［J］. People and Strategy, 1996, 19（2）: 20-31.